Informe Final
de la Trigésima Séptima
Reunión Consultiva
del Tratado Antártico

REUNIÓN CONSULTIVA
DEL TRATADO ANTÁRTICO

Informe Final
de la Trigésima Séptima
Reunión Consultiva
del Tratado Antártico

Brasilia, Brasil
28 de abril - 7 de mayo de 2014

Volumen II

Secretaría del Tratado Antártico
Buenos Aires
2014

Publicado por:

Secretariat of the Antarctic Treaty
Secrétariat du Traité sur l'Antarctique
Секретариат Договора об Антарктике
Secretaría del Tratado Antártico

Maipú 757, Piso 4
C1006ACI Ciudad Autónoma
Buenos Aires - Argentina
Tel: +54 11 4320 4260
Fax: +54 11 4320 4253

Este libro también está disponible en: *www.ats.aq* (versión digital)
y para compras en línea.

ISSN 2346-9889
ISBN 978-987-1515-88-2

Índice

VOLUMEN I

Acrónimos y siglas

PRIMERA PARTE. INFORME FINAL

1. Informe Final
2. Informe de la XVII Reunión del CPA
3. Apéndices
Nota de la RCTA XXXVII
Carta a la OMI
Programa preliminar de la XXXVIII RCTA

SEGUNDA PARTE. MEDIDAS, DECISIONES Y RESOLUCIONES

1. Medidas

Medida 1 (2014) Zona Antártica Especialmente Protegida N° 113 (isla Litchfield, Puerto Arthur, isla Anvers, archipiélago de Palmer): Plan de gestión revisado

Medida 2 (2014) Zona Antártica Especialmente Protegida N° 121 (cabo Royds, isla Ross): Plan de gestión revisado

Medida 3 (2014) Zona Antártica Especialmente Protegida N° 124 (cabo Crozier, isla Ross): Plan de gestión revisado

Medida 4 (2014) Zona Antártica Especialmente Protegida N° 128 (Costas occidentales de la bahía Almirantazgo (bahía Lasserre), isla Rey Jorge (isla 25 de Mayo), islas Shetland del Sur): Plan de gestión revisado

Medida 5 (2014) Zona Antártica Especialmente Protegida N° 136 (península Clark, costa Budd, Tierra de Wilkes, Antártida Oriental): Plan de gestión revisado

Medida 6 (2014) Zona Antártica Especialmente Protegida N° 139 (Punta Biscoe, isla Anvers, archipiélago de Palmer): Plan de gestión revisado

Medida 7 (2014) Zona Antártica Especialmente Protegida N° 141 (valle Yukidori, Langhovde, bahía Lützow-Holm): Plan de Gestión Revisado

Medida 8 (2014) Zona Antártica Especialmente Protegida N° 142 (Svarthamaren): Plan de gestión revisado

Medida 9 (2014) Zona Antártica Especialmente Protegida N° 162 (Cabañas de Mawson, cabo Denison, bahía Commonwealth, Tierra de Jorge V, Antártida Oriental): Plan de gestión revisado

Medida 10 (2014) Zona Antártica Especialmente Protegida N° 169 (bahía Amanda, Costa Ingrid Christensen, Tierra de la Princesa Isabel, Antártica Oriental): Plan de gestión revisado

Medida 11 (2014) Zona Antártica Especialmente Protegida N° 171
(punta Narębski, península Barton, isla Rey Jorge (isla 25 de Mayo)):
Plan de gestión revisado

Medida 12 (2014) Zona Antártica Especialmente Protegida N° 174
(Stornes, colinas de Larsemann, Tierra de la Princesa Isabel): Plan de gestión

Medida 13 (2014) Zona Antártica Especialmente Protegida N° 175
(Sitios geotérmicos a elevada altitud de la región del mar de Ross): Plan de gestión

Medida 14 (2014) Zona Antártica Especialmente Administrada N°1 (bahía
Almirantazgo (bahía Lasserre), isla Rey Jorge (isla 25 de Mayo)):
Plan de gestión revisado

Medida 15 (2014) Zona Antártica Especialmente Administrada N° 6
(colinas de Larsemann, Antártida Oriental): Plan de gestión revisado

Medida 16 (2014) Zona Antártica Especialmente Protegida N° 114
(Isla Coronación del Norte de las islas Orcadas del Sur): Plan de Gestión revocado

2. Decisiones

Decisión 1 (2014) Medidas sobre asuntos operacionales designadas como no vigentes
Anexo: Medidas sobre asuntos operacionales designadas como que ya no
están vigentes

Decisión 2 (2014) Informe, programa y presupuesto de la Secretaría
Anexo 1: Informe financiero auditado 2012/2013
Anexo 2: Informe financiero provisional para 2013/2014
Anexo 3: Programa de la Secretaría para 2014/15

Decisión 3 (2014) Plan de trabajo estratégico plurianual para la Reunión
Consultiva del Tratado Antártico
Anexo: Plan de trabajo estratégico plurianual de la RCTA

3. Resoluciones

Resolución 1 (2014): Almacenamiento y manipulación de combustibles

Resolución 2 (2014): Cooperación, facilitación e intercambio de información
meteorológica y medioambiental oceanográfica y de la criósfera relacionada

Resolución 3 (2014): Respaldo del Código Polar

Resolución 4 (2014): Directrices para sitios que reciben visitantes
Anexo: Lista de sitios a los cuales se aplican directrices

Resolución 5 (2014): Fortalecimiento de la cooperación en materia
de levantamientos y cartografía hidrográfica de las aguas antárticas

Resolución 6 (2014): Hacia el desarrollo de una evaluación de las actividades
turísticas y no gubernamentales en función del riesgo

Resolución 7 (2014): Entrada en vigor de la Medida 4 (2004)

Imagen y diagrama de imágenes

VOLUMEN II

SEGUNDA PARTE. MEDIDAS, DECISIONES Y RESOLUCIONES (cont.)   **11**

4. Planes de gestión   **13**

Zona Antártica Especialmente Protegida N° 113 (isla Litchfield, Puerto Arthur, isla Anvers, archipiélago de Palmer): Plan de gestión revisado   15

Zona Antártica Especialmente Protegida N° 121 (cabo Royds, isla Ross): Plan de gestión revisado   35

Zona Antártica Especialmente Protegida N° 124 (cabo Crozier, isla Ross): Plan de gestión revisado   53

Zona Antártica Especialmente Protegida N° 128 (Costas occidentales de la bahía Almirantazgo (bahía Lasserre), isla Rey Jorge (isla 25 de Mayo), islas Shetland del Sur): Plan de gestión revisado   69

Zona Antártica Especialmente Protegida N° 136 (península Clark, costa Budd, Tierra de Wilkes, Antártida Oriental): Plan de gestión revisado   89

Zona Antártica Especialmente Protegida N° 139 (Punta Biscoe, isla Anvers, archipiélago de Palmer): Plan de gestión revisado   105

Zona Antártica Especialmente Protegida N° 141 (valle Yukidori, Langhovde, bahía Lützow-Holm): Plan de Gestión Revisado   125

Zona Antártica Especialmente Protegida N° 142 (Svarthamaren): Plan de gestión revisado   137

Zona Antártica Especialmente Protegida N° 162 (Cabañas de Mawson, cabo Denison, bahía Commonwealth, Tierra de Jorge V, Antártida Oriental): Plan de gestión revisado   147

Zona Antártica Especialmente Protegida N° 169 (bahía Amanda, Costa Ingrid Christensen, Tierra de la Princesa Isabel, Antártida Oriental): Plan de gestión revisado   167

Zona Antártica Especialmente Protegida N° 171 (punta Narębski, península Barton, isla Rey Jorge (isla 25 de Mayo)): Plan de gestión revisado   181

Zona Antártica Especialmente Protegida N° 174 (Stornes, colinas de Larsemann, Tierra de la Princesa Isabel): Plan de gestión   201

Zona Antártica Especialmente Protegida N° 175 (Sitios geotérmicos a elevada altitud de la región del mar de Ross): Plan de gestión   217

Zona Antártica Especialmente Administrada N°1 (bahía Almirantazgo (bahía Lasserre), isla Rey Jorge (isla 25 de Mayo)): Plan de gestión revisado   247

Zona Antártica Especialmente Administrada N° 6 (colinas de Larsemann, Antártida Oriental): Plan de gestión revisado   301

TERCERA PARTE. INFORMES Y DISCURSOS DE APERTURA Y CIERRE   341

1. Informes de los Depositarios y Observadores   343

Informe de Estados Unidos como Gobierno Depositario del Tratado Antártico y de
  su Protocolo   345
Informe de Australia como Gobierno Depositario del CCRVMA   365
Informe del Reino Unido como Gobierno Depositario del CCFA   366
Informe de Australia como Gobierno Depositario del ACAP   370
Informe del Observador de CCRVMA   371
Informe del SCAR   377
Informe del COMNAP   381

2. Informes de expertos   387

Informe de ASOC   389
Informe de OHI   393
Informe de IAATO   398

CUARTA PARTE. DOCUMENTOS ADICIONALES DE LA XXXVII RCTA   403

1. Documentos adicionales   405

Resumen de la conferencia del SCAR   407

2. Lista de documentos   409

Documentos de trabajo   411
Documentos de información   419
Documentos de antecedentes   431
Documentos de la Secretaría   429

3. Lista de participantes   435

Partes Consultivas   437
Partes no Consultivas   442
Observadores, Expertos e Invitados   443
Secretaría del País Anfitrión   444
Secretaría del Tratado Antártico   443

Acrónimos y siglas

ACAP	Acuerdo sobre la Conservación de Albatros y Petreles
AMP	Área Marina Protegida
ASOC	Coalición Antártica y del Océano Austral
BP	Documento de Antecedentes
CC-CRVMA	Comité Científico para la Conservación de los Recursos Vivos Marinos Antárticos
CCFA	Convención para la Conservación de las Focas Antárticas
CCRVMA	Convención para la Conservación de los Recursos Vivos Marinos Antárticos y/o Comisión para la Conservación de los Recursos Vivos Marinos Antárticos
CMNUCC	Convención Marco de las Naciones Unidas sobre el Cambio Climático
COI	Comisión Oceanográfica Intergubernamental
COMNAP	Consejo de Administradores de Programas Antárticos Nacionales
CPA	Comité de Protección Ambiental
EIA	Evaluación del impacto ambiental
EMG	Evaluación medioambiental global
EMI	Evaluación medioambiental inicial
GCI	Grupo de Contacto Intersesional
GSPG	Grupo Subsidiario sobre Planes de Gestión
GTT	Grupo de Trabajo sobre turismo
IAATO	Asociación Internacional de Operadores Turísticos en la Antártida
IP	Documento informativo
IPCC	Grupo intergubernamental de expertos sobre cambio climático
MED	Modelo de elevación digital
OHI	Organización Hidrográfica Internacional
OMI	Organización Marítima Internacional
OMM	Organización Meteorológica Mundial
OMT	Organización Mundial del Turismo
PNUMA	Programa de las Naciones Unidas para el Medio Ambiente
RCTA	Reunión Consultiva del Tratado Antártico
RCC	Centros de Coordinación de Rescates

RETA	Reunión de Expertos del Tratado Antártico
SAR	Búsqueda y salvamento
SCAR	Comité Científico de Investigación Antártica
SEII	Sistema electrónico de intercambio de información
SMH	Sitio y monumento histórico
SOOS	Sistema de Observación del Océano Austral
SP	Documento de la Secretaría
STA	Sistema del Tratado Antártico o Secretaría del Tratado Antártico
UAV	Vehículo aéreo no tripulado
UICN	Unión Internacional para la Conservación de la Naturaleza
WP	Documento de trabajo
ZAEA	Zona Antártica Especialmente Administrada
ZAEP	Zona Antártica Especialmente Protegida

PARTE II

Medidas, Decisiones y Resoluciones (Cont.)

4. Planes de Gestión

Plan de gestión para

Zona Antártica Especialmente Protegida N° 113

ISLA LITCHFIELD, PUERTO ARTHUR

ISLA ANVERS, ARCHIPIÉLAGO DE PALMER

Introducción

La isla Litchfield está en Puerto Arthur, en el sudoeste de la isla Anvers, a 64°46' S, 64°06' O. Área aproximada: 0,0.34 km². Fue designada porque la isla, junto con su litoral, posee una colección desacostumbradamente variada de biota marina y terrestre, es única entre las islas de los alrededores como lugar de reproducción de seis especies de aves autóctonas y constituye un ejemplo sobresaliente del sistema ecológico natural de la Península Antártica. Además, la isla Litchfield tiene ricos rodales de vegetación, la topografía más variada y la mayor diversidad de hábitats terrestres de las islas del puerto Arthur.

La Zona fue designada originalmente como Zona Especialmente Protegida (ZEP) N° 17 mediante la Recomendación VIII-1 (1975) después de una propuesta de Estados Unidos. La Zona cambió de nombre y número a Zona Antártica Especialmente Protegida (ZAEP) N° 113 por medio de la Decisión 1 (2002). El Plan de gestión original se aprobó mediante la Medida 2 (2004) y fue revisado en virtud de la Medida 4 (2009).

La Zona, conforme con el Análisis de dominios ambientales para el continente antártico, está situada dentro del medioambiente E, Península antártica, isla Alexander y otras islas, y según las Regiones biogeográficas de conservación antártica, se encuentra dentro de la Región 3, Noroeste de la Península Antártica. La isla Litchfield se encuentra dentro la Zona Antártica Especialmente Administrada N. °7, al sudoeste de la isla Anvers y la cuenca Palmer.

1. Descripción de los valores que requieren protección

La isla Litchfield (Latitud 64°46' S, Longitud 64°06' O, 0.34 km²), Puerto Arthur, isla Anvers, Península Antártica, fue designada originalmente en base a que "la isla Litchfield, junto con su litoral, posee una colección desacostumbradamente variada de biota marina y terrestre, es única entre las islas de los alrededores como lugar de reproducción de seis especies de aves autóctonas y constituye un ejemplo sobresaliente del sistema ecológico natural de la Península Antártica".

En el actual Plan de gestión se reafirman las razones originales de su designación relacionadas con las comunidades de aves. En la isla vive un grupo muy diverso de especies de aves representativas de la región centro occidental de la Península Antártica. El número de especies de aves que usan la isla Litchfield como lugar de reproducción es actualmente seis, tras la reciente extinción local de los pingüinos Adelia (*Pygoscelis adeliae*) en la isla. La disminución de la población ha sido atribuida al impacto negativo en la disponibilidad de alimentos y la supervivencia de las crías provocada por el aumento de la acumulación de nieve y la disminución de la extensión del hielo marino (McClintock *et al.* 2008). Las especies que continúan reproduciéndose en la isla Litchfield son el petrel gigante común (*Macronectes giganteus*), el petrel de Wilson (*Oceanites oceanicus*), la gaviota cocinera (*Larus dominicanus*), la skúa polar (*Stercorarius maccormicki*), la skúa parda (*S. Lonnbergi*), y el gaviotín antártico (*Sterna vittata*). El estado de estas colonias de aves, relativamente poco perturbadas por la actividad humana, es otro valor importante de la Zona.

En 1964 había en la isla Litchfield una de las alfombras de musgo más extensas que se conocen en la región de la Península Antártica, con predominio de *Warnstorfia laculosa*, que en ese momento se creía que se encontraba cerca de su límite meridional (Corner, 1964a). *W. laculosa*, que ahora se sabe que hay *W. laculosa* en varios sitios más al sur, entre ellos la isla Green (ZAEP N° 108, en las Islas Berthelot) y la isla Avian

(ZAEP N° 118, en la bahía Margarita). Por consiguiente, el valor mencionado originalmente, que menciona que esta especie se encuentra cerca de su límite meridional en la isla Litchfield, ya no es válido. Sin embargo, en ese momento la isla Litchfield representaba uno de los mejores ejemplos de la vegetación antártica marítima fuera de la costa oeste de la Tierra de Graham. Asimismo, en 1982 se describieron varios bancos de *Chorisodontium aciphyllum* y *Polytrichum strictum* de hasta 1,2 m de espesor, considerados como algunos de los mejores ejemplos de su clase en la Península Antártica (Fenton y Lewis Smith, 1982). En febrero de 2001 se observó que estos valores habían sido gravemente comprometidos por el impacto de los lobos finos antárticos (*Arctocephalus gazella*), que han dañado y destruido la vegetación en grandes áreas de las pendientes accesibles más bajas de la isla, como consecuencia del pisoteo y el enriquecimiento con nutrientes. Los elefantes marinos del sur (*Mirounga leonina*) han tenido también un severo impacto, si bien es más localizado. Las extensas alfombras de musgo que había en algunas áreas han sido completamente destruidas, mientras que otras han sufrido daños que van de moderados a graves. Las pendientes con *Deschampsia antarctica* son más resistentes y han subsistido incluso con la presencia de numerosos lobos finos antárticos, aunque allí también hay signos obvios de daños. Sin embargo, en las pendientes más pronunciadas y en las partes más elevadas de la isla, así como en otras áreas inaccesibles para las focas, la vegetación no ha sido dañada. Asimismo, las observaciones parecen indicar que una disminución local reciente del número de lobos finos antárticos ha llevado a la recuperación de la vegetación que antes estaba dañada en la isla Litchfield (Fraser y Patterson-Fratter, nota personal, 2014). Aunque la vegetación es menos extensa y algunas de las alfombras de musgo están dañadas, el resto de la vegetación sigue teniendo valor y es una razón importante para proteger la isla. Además, la isla Litchfield tiene la topografía más variada y la mayor diversidad de hábitats terrestres de las islas de Puerto Arthur.

La Península Antártica está experimentando actualmente un calentamiento regional a una tasa que excede cualquier otra observada en el resto del mundo. El ecosistema marino que rodea la isla Litchfield está experimentando un cambio rápido y sustancial como consecuencia del calentamiento del clima, con una disminución de las poblaciones locales de pingüinos Adelia y lobos finos antárticos y cambios en la distribución de la vegetación. Por consiguiente, sería útil para los estudios a largo plazo de este ecosistema mantener el estado relativamente prístino de la isla Litchfield.

La isla Litchfield gozó de protección especial durante la mayor parte de la era moderna de actividades científicas en la región, limitándose el ingreso a la misma, mediante permisos, a los fines científicos indispensables. Por consiguiente, la isla Litchfield nunca ha estado expuesta a visitas, investigaciones o muestreos intensivos, y tiene valor como área terrestre que ha permanecido relativamente poco perturbada por la actividad humana. En consecuencia, es útil como lugar de referencia para algunos tipos de estudios comparativos con áreas más utilizadas y para dar seguimiento a los cambios de largo plazo en la abundancia de ciertas especies y en el microclima. Se puede llegar fácilmente a la isla en lancha desde la cercana Estación Palmer (Estados Unidos), y con frecuencia llegan buques con turistas a Puerto Arthur. Por lo tanto, la continuación de la protección especial es importante para que la Zona permanezca relativamente poco perturbada por la actividad humana.

La Zona designada abarca la totalidad de la isla Litchfield por encima de la línea de bajamar. Los islotes y las rocas situados frente a la costa no están incluidos en la Zona.

2. Finalidades y objetivos

La gestión de la isla Litchfield tiene las siguientes finalidades:

- Evitar la degradación de la Zona y los riesgos importantes para sus valores, evitando los muestreos y las perturbaciones innecesarias de la Zona causadas por los seres humanos;
- permitir la investigación científica del ecosistema y el medioambiente físico en la Zona, siempre y cuando sea por razones apremiantes que no se puedan realizar en otro lugar y que no pongan en riesgo los valores por los que la Zona está protegida;
- permitir visitas para fines educativos y de difusión (como informes documentales (visuales, escritos o de audio) o la producción de recursos o servicios educativos) siempre y cuando dichas actividades sean por

razones apremiantes que no se puedan realizar en otro lugar y que no pongan en riesgo los valores por los que la Zona está protegida;

- reducir al mínimo la posibilidad de introducción de plantas, animales y microbios no autóctonos en la Zona;
- reducir al mínimo la posibilidad de introducción de patógenos que puedan causar enfermedades en las poblaciones de fauna dentro de la Zona; y
- permitir las visitas con fines de gestión para cumplir los objetivos del plan de gestión.

3. Actividades de gestión

Se deberán emprender las siguientes actividades de gestión en aras de proteger los valores de la Zona:

- En lugares bien visibles de la Estación Palmer (EE. UU.), se colocarán carteles que muestren la ubicación de la Zona (así como las restricciones especiales que se apliquen) y se dispondrá de ejemplares del presente Plan de gestión, incluidos mapas de la Zona.
- Estarán disponibles las copias de este Plan de gestión en todas las naves y aeronaves que visiten la Zona o que operen en las inmediaciones de la Estación Palmer, además todo el personal (personal de los programas nacionales, expediciones de campo, jefes de expediciones turísticas, pilotos y capitanes de los barcos) que operen en las inmediaciones, que ingresen a la Zona o vuelen sobre ella, deben ser informados por su programa nacional, operador turístico o autoridad nacional competente de la ubicación, los límites y las restricciones que se aplican al ingreso y sobrevuelo dentro de la Zona;
- Los programas nacionales deberán adoptar medidas para garantizar los límites de la Zona y las restricciones que se aplican en su interior estén marcadas en los mapas y cartas náuticas y aeronáuticas relevantes;
- Los hitos, los carteles o las estructuras instaladas en la Zona con fines científicos o de gestión deberán estar bien sujetos y en buen estado, y serán retirados cuando ya no sean necesarios.
- Se realizarán las visitas necesarias a la Zona (por lo menos una vez cada cinco años) para determinar si la Zona continúa sirviendo a los fines para los que fue designada y garantizar que las medidas de gestión y mantenimiento sean las adecuadas.

4. Período de designación

Designación con período de vigencia indefinida.

5. Mapas y fotografías

Mapa 1: ZAEP N° 113, isla Litchfield, Puerto Arthur, isla Anvers- que muestra la ubicación de las estaciones cercanas (estación Palmer, EE.UU., estación Yelcho, Chile; Sitio y Monumento Histórico del puerto Lockroy N° 61, R.U.), el límite de la Zona Antártica Especialmente Administrada N° 7, sudoeste de la isla Anvers y cuenca Palmer, y la ubicación de zonas protegidas en las proximidades.
Proyección: cónica conforme de Lambert; meridiano central: 64° 00' O; paralelos estándar: 64° 40' S, 65° 00' S; latitud de origen: 66° 00' S; nivel de referencia de esferoide y horizontal: WGS84; equidistancia de las isolíneas: terrestre– 250 m, marino– 200 m.
Fuentes de datos: costa y topografía, base de datos digital de la Antártida de SCAR v4.1 (2005); datos batimétricos: IBCSO v.1 (2013); zonas protegidas: ERA (Jul. 2013); estaciones: COMNAP (mayo de 2013).
Recuadro: ubicación de la isla Anvers y el archipiélago Palmer en relación con la Península Antártica.

Mapa 2: ZAEP N° 113, isla Litchfield: Topografía y fauna.
Proyección: cónica conforme de Lambert; meridiano central: 64°06'O; Paralelos estándar: 64°46'S, 64°48'S; latitud de origen: 65°00'S; nivel de referencia de esferoide y horizontal: WGS84; Datum verical: nivel medio del mar; equidistancia de las isolíneas: terrestre – 5 m; marino – 20 m; costa, topografía, vegetación y revolcadero de elefantes marinos derivados de ortofotografía (feb 2009, ERA

2014) con una exactitud horizontal de ~ ± 2 m con una exactitud vertical de ~± 3 m; datos batimétricos del estudio PRIMO de Asper y Gallagher (2004); skúas: W. Fraser (2001-09); antigua colonia de pingüinos: ortofotografía de la Guardia Costera de Estados Unidos (1998); marca topográfica: Guardia Costera de Estados Unidos; campamento, lugar de desembarco: RPSC; áreas y zonas protegidas: ERA (enero de 2014).

6. Descripción de la Zona

6(i) Coordenadas geográficas, indicaciones de límites y rasgos naturales

Descripción general

La isla Litchfield (64°46'15" S, 64°05'40" O, 0,0.34 km²) está situada en Puerto Arthur, a unos 1.500 m al oeste de la Estación Palmer (Estados Unidos), punta Gamage, isla Anvers, en la región oeste de la Península Antártica conocida como archipiélago Palmer (mapa 1). La isla Litchfield es una de las más grandes de Puerto Arthur: mide alrededor de 1.000 m de noroeste a sudeste y 700 m de nordeste a sudoeste. La isla Litchfield tiene la topografía más variada y la mayor diversidad de hábitats terrestres de las islas de Puerto Arthur (Bonner y Lewis Smith, 1985). Hay varias colinas de 30 a 40 m de altura, con una elevación máxima de 48 m en la región centro occidental de la isla (mapa 2). Los afloramientos rocosos son comunes en estas pendientes y en la costa. En verano no hay hielo en la mayor parte de la isla, excepto por algunos parches pequeños de nieve que persisten principalmente en las laderas meridionales y en los valles. Las costas nordeste y sudeste consisten en acantilados de hasta 10 m de altura, en tanto que en las bahías del norte y el sur hay playas de guijarros.

La Zona designada abarca la totalidad de la isla Litchfield por encima de la línea de bajamar. Los islotes y las rocas situados frente a la costa no están incluidos en la Zona. La costa en sí está claramente definida y es un límite visualmente obvio, razón por la cual no se han instalado señalizadores. Hay varios carteles que indican que la isla está protegida. Son legibles, pero están deteriorándose (Fraser, nota personal 2009).

Meteorología

Se dispone de pocos datos meteorológicos acerca de la isla Litchfield, aunque de enero a marzo de 1983 se obtuvieron datos sobre la temperatura en dos sitios que dan al norte y al sur (Komárková, 1983). La temperatura era más elevada en el sitio que da al norte: ese año, en enero generalmente se situó entre 2° a 9°C, en febrero, entre -2° y 6°C, y en marzo entre -2° y 4°C, esto en 1983. Durante ese período se registró en el sitio una temperatura máxima de 13 °C y una mínima de -3°C. Por lo general, en el sitio que da al sur la temperatura era unos 2°°C más baja, registrándose en enero temperaturas de entre 2° y 6°C, en febrero, entre -2° y 4°C, y en marzo, entre los -3° y 2°C. En el sitio que da al sur se registró una temperatura de 9°C y una mínima de -4.2°C.

Los datos a mayor plazo disponibles para la estación Palmer muestran que las temperaturas regionales son relativamente moderadas, debido a las condiciones oceanográficas locales y la nubosidad frecuente y persistente la región del puerto Arthur (Lowry 1975). Los promedios anuales de la temperatura del aire registrados en la Estación Palmer durante el período de 1974 a 2012 muestran una clara tendencia a un calentamiento pero también una gran variabilidad interanual (figura 1). La temperatura máxima registrada durante ese período fue de 11.6° C en marzo de 2010, mientras que la mínima fue de –26° C en agosto de 1995. En estudios anteriores se indicó que agosto era el mes más frío y enero el más cálido (Baker, 1996). En la Estación Palmer suele haber tormentas y precipitaciones, con vientos persistentes pero generalmente leves o moderados, principalmente del nordeste.

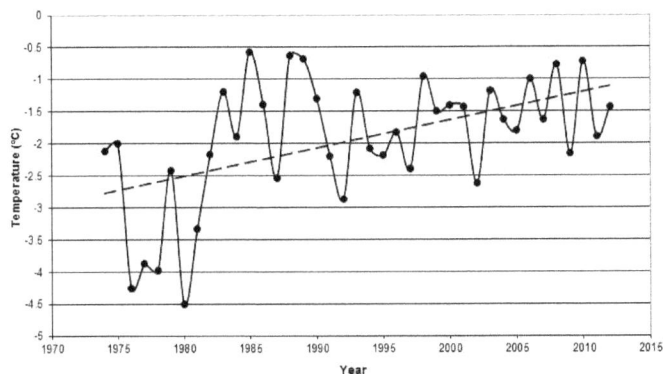

Figura 1. Temperatura media anual del aire en la superficie en la Estación Palmer, 1974–2012.
Fuente de datos: Palmer LTER (
http://oceaninformatics.ucsd.edu/datazoo/data/pallter/datasets?action=summary&id=189).

Geología, geomorfología y edafología

La isla Litchfield es una de varias islas pequeñas y penínsulas rocosas a lo largo de la costa sudoeste de la isla Anvers, que consisten en un conjunto desacostumbrado de rocas de fines del período cretáceo y principios de la era terciaria denominado "conjunto alterado" (Hooper, 1962). En este conjunto predominan la tonalita, que es un tipo de diorita de cuarzo, y la trondhjemita, roca plutónica de color claro. También abundan las rocas graníticas y volcánicas en minerales tales como plagioclasa, biotita, cuarzo y hornblenda. La isla Litchfield se caracteriza por una franja central de dioritas de textura fina y color gris mediano a oscuro que separan las tonalitas y trondhjemitas predominantemente de textura media y color gris claro del este y el oeste (Willan, 1985). La parte oriental se caracteriza por filones más claros de hasta 40 m de ancho en dirección norte-sur y este-oeste. Hay vetas menores de cuarzo, epidota, clorita, pirita y calcopirita de hasta 8 cm de espesor que cortan la tonalita en dirección sudsudeste, así como vetas de plagioclasa fírica de textura fina y color gris oscuro con vestigios de magnetita en dirección de estenordeste a estesudeste. En el oeste hay numerosas vetas de feldespato fírico de color gris oscuro de hasta 3 m de espesor, en dirección norte-sur y estesudeste. Algunas atraviesan o están atravesadas por vetas de cuarzo (escaso), epidota, clorita, pirita, calcopirita y bornita de hasta 20 cm de espesor.

No se han descrito los suelos de la isla Litchfield, aunque se observan suelos turbosos de hasta un metro de espesor en lugares donde abunda o solía abundar el musgo.

Hábitat de agua dulce

En la isla Litchfield hay algunas lagunas pequeñas: En una de ellas, situada en una colina de la parte central del nordeste de la isla, se ha señalado la presencia de algas *Heterohormogonium* sp. y *Oscillatoria brevis*. En otra laguna, 50 metros al sur, se encontraron las especies de *Gonium, Prasiola crispa, P. tesselata* y *Navicula* (Parker *et al.* 1972).

Vegetación

En 1964 se realizó un estudio detallado de las comunidades de plantas de la isla Litchfield (Corner, 1964a). En esa oportunidad se observó que la isla Litchfield tenía una vegetación bien desarrollada, integrada por varias comunidades de flora diversa (Lewis Smith y Corner, 1973). En la isla estaban presentes las dos especies de plantas vasculares antárticas, o sea el pasto antártico (*Deschampsia antarctica*) y el clavel antártico (*Colobanthus quitensis*) (Corner, 1964a; Greene y Holtom, 1971; Lewis Smith y Corner, 1973). Corner (1964a) observó que la *D. antarctica* era común en la costa norte y noroeste de la isla, con parches más localizados en salientes del interior de la isla con depósitos de minerales, formando tapices cerrados (Greene y Holtom, 1971; Lewis Smith, 1982). La *C. quitensis* estaba presente en dos lugares: un parche en la costa nordeste, de alrededor de 9 x 2 m, y una serie de seis almohadillas dispersas en un acantilado abrupto y lavado de la costa noroeste. Asociado a ambas plantas vasculares solía haber un ensamblaje de alfombras de musgo formado por *Bryum pseudotriquetrum, Sanionia uncinata, Syntrichia princeps* y *Warnstorfia laculosa* (Corner 1964a). Entre los factores que influyen en el área de distribución de la *C. quitensis* y la *D. antarctica* se encuentran la disponibilidad de un substrato adecuado y la temperatura del aire (Komarkova et al. 1985). Como consecuencia del calentamiento reciente, las poblaciones actuales de *C. quitensis* se han extendido y se han establecido colonias nuevas en la zona de Puerto Arthur, aunque eso no se ha estudiado específicamente en la isla Litchfield (Grobe *et al.* 1997; Lewis Smith 1994).

En 1982 se describieron varios bancos de *Chorisodontium aciphyllum* y *Polytrichum strictum* de hasta 1,2 m de espesor en pendientes rocosas con buen desagüe, considerados como algunos de los mejores ejemplos de su tipo en la Península Antártica (Fenton y Lewis Smith, 1982; Lewis Smith, 1982). Las zonas más expuestas de césped de musgo están cubiertas por líquenes crustosos, *Cladonia* spp. y *Sphaerophorus globosus* y *Coelocaulon aculeatum*. En barrancos profundos y protegidos solía haber una cubierta densa de líquenes que consistían en *Usnea antarctica, U. aurantiaco-atra* y *Umbilicaria antarctica*. En el fondo de un valle angosto de este a oeste había zonas elevadas de césped de *P. strictum* de alrededor de 0,5 m de alto el fondo de un valle angosto de este a oeste. Asociadas a las comunidades de césped se encontraban las hepáticas *Barbilophozia hatcheri* y *Cephaloziella varians*, especialmente en los canales de los levantamientos por congelación y con frecuencia en forma de especímenes con retraso del crecimiento en humus expuesto.

Había varias áreas permanentemente húmedas en la isla, una de cuyas características sobresalientes era las alfombras de musgo más extensas que se conocen en la Península Antártica, con predominio de *W. laculosa* (Fenton y Lewis Smith, 1982). En otros lugares había rodales más pequeños de *S. uncinata* y *Brachythecium austro-salebrosum*. La *Pohlia nutans* bordeaba las áreas más secas donde las alfombras de musgo se fusionaban con el césped de musgo.

En la superficie de las rocas había diversas comunidades con predominio de líquenes, además de numerosas especies epifíticas en los bancos de musgo. Una comunidad abierta de líquenes y briofitas recubría las rocas y los acantilados alrededor de la costa y en el centro de la isla. En la costa meridional de la isla había principalmente especies crustosas de líquenes, entre las cuales predominaba la *Usnea antarctica* y los musgos *Andreaea depressinervis* y *A. regularis*. El alga foliosa *Prasiola crispa* forma rodales pequeños asociados a las colonias de pingüinos y otros hábitats de aves marinas.

Otras especies observadas en la Zona son la hepática *Lophozia excisa*; los líquenes *Buellia* spp., *Caloplaca* spp., *Cetraria aculeata, Coelopogon epiphorellus, Lecanora* spp., *Lecidia* spp., *Lecidella* spp., *Lepraria* sp., *Mastodia tessellata, Ochrolechia frigida, Parmelia saxatilis, Physcia caesia, Rhizocarpon geographicum, Rhizocarpon* sp., *Stereocaulon glabrum, Umbilicaria decussata, Xanthoria candelaria* y *X. elegans*; y los musgos *Andreaea gainii* var. *gainii, Bartramia patens, Dicranoweisia grimmiacea, Pohlia cruda, Polytrichastrum alpinum, Sarconeurum glaciale* y *Schistidium antarctici* (Base de datos de flora BAS 2009).

Anteriormente, la población creciente de lobos finos antárticos (*Arctocephalus gazella*) había ocasionado grandes daños a los bancos y alfombras de musgo situados a poca altura (Lewis-Smith, 1996; Harris, 2001). Sin embargo, las observaciones parecen indicar el comienzo de una recuperación de la vegetación que había sido dañada en algunos sitios tras la disminución reciente de la población de lobos finos antárticos en la isla Litchfield, pese a la reciente presencia de elefantes marinos (*Mirounga leonina*), que ha ocasionado graves daños en el lugar donde se encuentra su revolcadero (mapa 2) y en las rutas de acceso (Fraser y Patterson-Fraser, nota personal. 2014). Las skúas antárticas (*Stercorarius maccormicki*) anidan en los bancos de musgo y generan cierto daño en la localidad.

Invertebrados, hongos y bacterias

No se ha estudiado pormenorizadamente la fauna de invertebrados de la isla Litchfield. Algunas observaciones realizadas en 1966 registraron la presencia de grandes poblaciones de invertebrados, en particular en las zonas colonizadas por plantas, e incluyen *Cyrtolaelaps, Protereunetes, Stereotydeus, Rhagidia, Tydeus, Alaskozetes* y *Opisa*, además de *Cryptopygus, Parisotoma* y *Belgica*. La presencia de larvas de *Belgica* era numerosa bajo el césped y el musgo, alcanzando los 10.000 por m². Se observaron grandes cantidades de *Nanorchestes* y algunas *Cryptopygus* en el alga verde *Pandorina*. Se observó el ácaro intertidal *Rhombognathus gressitti*, si bien en muy pequeñas cantidades, en una playa cenagosa rocosa de la isla (Gressitt 1967). Se observaron tardígrados *Macrobiotus furciger, Hypsibius alpinus* y *H. pinguis* en parches de musgo, principalmente en las pendientes que dan al norte (Jennings 1976).

Aves reproductoras

En la isla Litchfield se reproducen seis especies de aves, motivo por el cual es uno de los hábitats más diversos para la reproducción de la avifauna de Puerto Arthur. En el lado oriental de la isla había una colonia pequeña de pingüinos Adelia (*Pygoscelis adeliae*), que fue objeto de censo regulares desde 1971 (cuadro 1, mapa 2). Tras una disminución sustancial del número de parejas reproductoras durante un período de treinta años, los pingüinos Adelia acabaron extinguiéndose en la isla Litchfield (Fraser, nota personal 2014). La disminución de la población se ha atribuido a cambios en la distribución del hielo marino y a la acumulación de nieve (McClintock *et al.* 2008). Los pingüinos Adelia son sensibles a los cambios en la concentración del hielo marino, que influye en su acceso a las zonas de alimentación y en la abundancia de krill antártico, su presa principal (Fraser y Hofmann, 2003; Ducklow *et al.* 2007). La gran extensión reciente de las zonas sin hielo en el área de estudio del programa de investigaciones ecológicas a largo plazo (LTER) de la Estación Palmer se produjo al mismo tiempo que una disminución de 80% del krill a lo largo de la mitad septentrional del oeste de la Península Antártica y, en consecuencia, es posible que haya reducido considerablemente la disponibilidad de alimentos para los pingüinos Adelia de la isla Litchfield (Fraser y Hofmann, 2003; Forcada *et al.* 2008). En los últimos años, las ventiscas de primavera de la zona de Puerto Arthur se han vuelto más frecuentes e intensas, lo cual, sumado al aumento generalizado de las precipitaciones, se cree que ha aumentado mucho la tasa de mortalidad de los polluelos y los huevos de pingüinos Adelia (McClintock *et al.* 2008; Patterson *et al.* 2003). La colonia de la isla Litchfield recibe la mayor parte de las nevadas de las siete colonias de pingüinos estudiadas en la zona de Palmer y es la que presenta la disminución más rápida, lo cual implica fuertemente al aumento de las nevadas como factor que ha contribuido a las pérdidas de pingüinos Adelia (Fraser, en Stokstad, 2007).

Cuadro 1. Cuadro 1. Número de pingüinos Adelia (*Pygoscelis adeliae*) reproductores en la isla Litchfield, 1971-2009

Año	BP	Tipo de recuento [1]	Fuente	Año	BP	Tipo de recuento [1]	Fuente	Año	BP	Tipo de recuento [1]	Fuente
1971-1972	890	N3	2	1986-1987	577	N1	3	2000/2001	274	N1	3
1972-1973				1987-1988	430	N1	3	2001-2002	166	N1	3
1973-1974				1988-1989				2002-2003	143	N1	3
1974-1975	1.000	N4	2	1989-1990	606	N1	3	2003-1904	52		4
1975-1976	884	N1	3	1990-1991	448	N1	3	2004-2005	33		4

1977-1978	650	N1	2	1991-1992	497	N1	3	2005-2006	15	4
1978-1979	519	N1	2	1992-1993	496	N1	3	2006-2007	4	4
1979-1980	564	N1	2	1993-1994	485	N1	3	2007-2008	0	4
1980-1981	650	N1	2	1994-1995	425	N1	3	2008-2009	0	4
1981-1982				1995-1996	410	N1	3	2009-2010	0	5
1982-1983				1996-1997	346	N1	3	2010-2011	0	5
1983-1984	635	N1	2	1997-1998	365	N1	3	2011-2012	0	5
1984-1985	549	N1	2	1998-1999	338	N1	3	2012-2013	0	5
1985-1986	586	N1	2	1999-2000	322	N1	3			

1. PR = parejas reproductoras, N = Nido, P = Polluelo, A = Adultos; 1 = < ± 5%, 2 = ± 5-10%, 3 = ± 10-15%, 4 = ± 25-50% (clasificación de Woehler, 1993)
2. Parmelee y Parmelee, 1987 (se muestran los recuentos de N1 y diciembre en los casos en que se efectuaron varios recuentos en una temporada).
3. W.R. Datos de Fraser proporcionados en febrero de 2003, basados en varias fuentes publicadas e inéditas.
4. W.R. Datos de Fraser proporcionados en enero de 2009.
5. W.R. Datos de Fraser proporcionados en febrero de 2014.

Unos pocos petreles gigantes comunes (*Macronectes giganteus*) se reproducen en la isla Litchfield. En 1978 y 1979 se observaron alrededor de 20 parejas reproductoras, entre las cuales había un adulto que estaba incubando huevos y que tenía una banda que había sido colocada en Australia (Bonner y Lewis Smith, 1985). El cuadro 2 contiene datos más recientes sobre el número de parejas reproductoras. Estos datos muestran una continuación de la tendencia creciente seguida de una estabilización en las últimas temporadas. El aumento, y la actual estabilización, de la población reproductora en la isla Litchfield y en las proximidades de la Estación Palmer son una excepción notable en el marco de una disminución más generalizada de la población de petreles gigantes comunes en la región de la Península Antártica, y se han atribuido a la estrecha proximidad de áreas de alimentación ricas en presas y al nivel relativamente bajo de pesca comercial en la región (Patterson y Fraser, 2003). En el verano austral de 2004 se encontraron seis polluelos de petreles gigantes de cuatro colonias situadas cerca de la Estación Palmer con poxvirosis (Bochsler *et al.*, 2008). 2008). Aunque no se conocen las razones de la aparición del virus y se desconoce el impacto que podría tener en las poblaciones de petreles gigantes comunes, se ha señalado que los pingüinos Adelia podrían ser igualmente vulnerables a la infección.

Cuadro 2. Número de petreles gigantes comunes (*Macronectes giganteus*) en la isla Litchfield 1993-2009 (exactitud del recuento de nidos< ± 5%)

Año	Parejas	Año	Parejas reproductoras	Año	Parejas

reproductoras					reproductoras	
1993-1994	26	2000/2001	39		2007-2008	45
1994-1995	32	2001-2002	46		2008-2009	57
1995-1996	37	2002-2003	42		2009-2010	52
1996-1997	36	2003-1904	47		2010-2011	60
1997-1998	20	2004-2005	48		2011-2012	54
1998-1999	44	2005-2006	43		2012-2013	54
1999-2000	41	2006-2007	50			

Fuente: Datos inéditos proporcionados por W.R. Fraser, febrero de 2003, enero de 2009, febrero de 2014.

Los petreles de Wilson (*Oceanites oceanicus*) se reproducen en la Zona, aunque no se ha determinado su número. En la isla se encuentran hasta 50 parejas reproductoras de skúas polares (*Stercorarius maccormicki*), aunque el número de parejas reproductoras fluctúa mucho de un año a otro. Antes había skúas pardas (*S. loennbergi*) estrechamente asociadas a la colonia de pingüinos Adelia (mapa 2); el número de parejas reproductoras se sitúa entre dos y ocho. El bajo recuento de dos parejas reproductoras en 1980-1981 se realizó tras un brote de cólera aviar que mató a muchas de las skúas pardas de la isla Litchfield en 1979. También hay parejas reproductoras híbridas. Aunque en la isla se ven regularmente entre 12 y 20 gaviotas cocineras (*Larus dominicanus*), hay solo dos o tres nidos cada temporada. Unos pocos gaviotines antárticos (*Sterna vittata*) se reproducen regularmente en la isla Litchfield, los que suelen ser menos de una docena (aproximadamente ocho parejas entre 2002 y 2003) (Frazer, nota personal 2003). Estas suelen encontrarse en la costa nordeste, pero su lugar de reproducción cambia de un año a otro, y en 1964 estaban en la costa noroeste (Corner 1964a). En una visita reciente a la isla Litchfield se observó que el número de petreles de Wilson, skúas polares, skúas pardas, gaviotas cocineras y gaviotines antárticos que se reproducen en la isla ha experimentado cambios mínimos en los últimos años (Fraser, nota personal 2009).

Entre las aves no reproductoras que se ven comúnmente en los alrededores de la isla Litchfield, el cormorán antártico *(Phalacrocorax* [atriceps] *bransfieldensis)* se reproduce en la isla Cormorant, varios kilómetros al este. En verano algunos pingüinos de barbijo (*Pygoscelis antarctica*) y de pico rojo (*P. papua*) visitan la isla regularmente en cantidades pequeñas. Algunos petreles de las nieves (*Pagodroma nivea*), petreles dameros (*Daption capense*), petreles antárticos (*Thalassoica antarctica*) y fulmares australes (*Fulmarus glacialoides*) visitan la isla irregularmente. En 1975 se avistaron en la isla dos albatros de cabeza gris (*Diomedea chrysostoma*) (Parmelee *et al.* 1977).

Mamíferos marinos

Los lobos finos antárticos (*Arctocephalus gazella*) comenzaron a llegar a Puerto Arthur a mediados de los años setenta y ahora son comunes en la isla Litchfield todos los años a partir de febrero. En censos realizados regularmente en febrero y marzo de 1988 a 2003 se encontraron en promedio 160 y 340 animales en la isla en dichos meses, respectivamente (Fraser, nota personal 2003), con un máximo de 874 el 19 de marzo de 1994 (Fraser nota personal 2014). Sin embargo, en los últimos años el número de lobos finos antárticos ha disminuido en la zona de Puerto Arthur (Siniff *et al.* 2008). La disminución de la población se ha atribuido en principio a la disminución de la disponibilidad de krill antártico en la zona, que constituye un componente fundamental del régimen alimentario de los lobos finos antárticos, particularmente durante la parición (Clarke *et al.* 2007; Siniff *et al.* 2008). Se cree que la disminución de la abundancia del krill antártico se debe a la reducción de la extensión del hielo marino y a su persistencia en la zona de Puerto Arthur (Fraser y Hoffman, 2003; Atkinson *et al.* 2004).

Los elefantes marinos (*Mirounga leonina*) permanecen en las playas accesibles desde octubre a junio, y su cantidad promedio se remonta desde 1988 a 43 ejemplares durante esos meses (Fraser, nota personal 2003), manteniéndose las cantidades relativamente estables o quizás presentando un leve aumento (Fraser y Patterson-Fraser, nota personal, 2014). Un grupo de una docena o más se encuentra en el lado noreste de la isla como resultado de su desplazamiento desde un valle bajo hacia tierras más elevadas a ~150 m al noroeste del antiguo revolcadero (mapa 2). Algunas focas de Weddell (*Leptonychotes weddellii*) llegan ocasionalmente a las playas. Los datos de censos de largo plazo (1974–2005) indican que las poblaciones de elefantes marinos de la zona de Puerto Arthur han aumentado recientemente, con la disponibilidad de zonas más extensas sin hielo aptas para la reproducción. En cambio, los datos indican que el número de focas de Weddell ha disminuido como consecuencia de la reducción de la extensión del hielo fijo, que necesitan para reproducirse (Siniff *et al.* 2008). En los témpanos próximos a la isla Litchfield suelen verse también focas cangrejeras (*Lobodon carcinophagus*) y focas leopardo (*Hydrurga leptonyx*). Se han avistado ballenas minke (*Balaenoptera acutorostrata*) en la zona de Puerto Arthur durante el verano austral (de diciembre a febrero) y en otoño (de marzo a mayo) (Scheidat *et al.* 2008).

Comunidades litorales y bentónicas

Entre las islas de Puerto Arthur se producen fuertes corrientes de marea, aunque hay varias caletas protegidas a lo largo de la costa (Richardson y Hedgpeth, 1977). Los acantilados rocosos situados por debajo de la línea de bajamar se convierten en un substrato suave a una profundidad de 15 metros en promedio, y en el substrato blando, a mayor profundidad, hay numerosos afloramientos rocosos. Los sedimentos de Puerto Arthur generalmente no están bien clasificados y consisten principalmente en partículas muy finas con un contenido orgánico de alrededor de 6,75 % (Troncoso *et al.* 2008). Grandes sectores del fondo marino de Puerto Arthur están cubiertos de macroalgas, entre ellas *Desmarestia anceps* y *D. menziesii*, y también hay invertebrados sésiles tales como esponjas y corales (McClintock *et al.* 2008; Fairhead *et al.* 2006). En el substrato predominantemente de barro blando que se encuentra a unos 200 metros de la costa nordeste de la isla Litchfield se ha encontrado una rica comunidad macrobentónica, caracterizada por una gran diversidad y biomasa de poliquetos sueltos, artrópodos, moluscos y crustáceos que se alimentan de depósitos (Lowry, 1975). Un análisis de los ensamblajes de moluscos en Puerto Arthur, realizado como parte de un estudio integrado del ecosistema bentónico en los veranos australes de 2003 y 2006, indica que la riqueza y abundancia de especies son relativamente pequeñas (Troncoso *et al.* 2008). Se han encontrado peces de las especies *Notothenia neglecta, N. nudifrons* y *Trematomus newnesi* a una profundidad de 3 a 15 metros (De Witt y Hureau, 1979; McDonald *et al.* 1995). La lapa antártica (*Nacella concinna*) es común en la zona marina de los alrededores de la isla Litchfield y está muy difundida en las aguas poco profundas del oeste de la Península Antártica (Kennicutt *et al.* 1992b; Clarke *et al.* 2004). El monitoreo de la distribución de zooplancton en la zona marina que rodea la isla Litchfield indica que la abundancia de *Euphausia superba* y *Salpa thompsoni* disminuyó considerablemente entre 1993 y 2004 (Ross *et al.* 2008).

Actividades e impacto de los seres humanos

En enero de 1989, el buque *Bahía Paraiso* encalló a 750 metros al sur de la isla Litchfield, provocando la fuga de más de 600.000 litros (150.000 galones) de petróleo en los alrededores (Kennicutt, 1990; Penhale *et al* .1997). Las comunidades intercotidales fueron las más afectadas, y se encontraron hidrocarburos contaminantes en los sedimentos y en lapas intercotidales y situadas por debajo de la línea de bajamar (*Nacella concinna*), que sufrieron una mortalidad de hasta 50% (Kennicutt *et al.* 1992a&b; Kennicutt y Sweet 1992; Penhale *et al.* 1997). Sin embargo, las cifras comenzaron a repuntar poco después del derrame (Kennicutt, 1992a&b). Las concentraciones de contaminantes petrolíferos registradas en los lugares intercotidales de la isla Litchfield donde se hicieron muestreos se encuentran entre las más altas de las que se tiene constancia (Kennicutt *et al.* 1992b; Kennicutt y Sweet 1992). Se calcula que 80% de los pingüinos Adelia que anidaban en los alrededores del lugar donde se produjo el derrame estuvieron expuestos a la contaminación por hidrocarburos, y se calcula que, como consecuencia directa del derrame, esa temporada las colonias expuestas sufrieron una pérdida adicional del 16% de sus integrantes (Penhale *et al.* 1997). Sin embargo, se observaron pocas aves adultas muertas. En las muestras recolectadas en abril de 2002 se detectaron hidrocarburos en las aguas que rodeaban los restos del naufragio del *Bahía Paraiso*, lo cual parece indicar que se están produciendo fugas de gasoil antártico (Janiot *et al.* y de vez en cuando llega combustible hasta la playas del sudoeste de la isla Anvers (Fraser, nota personal 2009). Sin embargo, no se encontraron hidrocarburos en muestras de sedimentos o de la biota recolectadas en 2002 y se cree que la gran energía del mar en la zona limita considerablemente el impacto de las fugas de combustible en la biota local y la persistencia del combustible en las playas. Además, en la isla Litchfield se ven de vez en cuando desechos marinos, entre ellos anzuelos, sedal y flotadores.

Los registros de permisos expedidos por Estados Unidos muestran que, de 1978 a 1992, solo 35 personas fueron a la isla Litchfield, y que posiblemente se hayan hecho alrededor de tres visitas por estación (Fraser y Patterson, 1997). Eso representa un total de 40 visitas, aproximadamente, durante este período de 12 años, aunque, en vista de que se realizaron 24 desembarcos en la isla durante dos temporadas en 1991-1993 (Fraser y Patterson, 1997), esta cifra parecería ser una subestimación. No obstante, las visitas a la isla Litchfield obviamente fueron escasas durante este período y se han mantenido en un nivel mínimo. Las visitas han correspondido principalmente a censos de aves y lobos marinos y a trabajos de ecología terrestre.

En estudios sobre las plantas de la isla Litchfield realizados en 1982 (Komárková, 1983) se insertaron varillas de soldar en el suelo para marcar los sitios del estudio. En la cercana Punta Biscoe (ZAEP N° 139), donde se realizaron estudios similares, varias varillas que se dejaron en el lugar mataron a la vegetación circundante (Harris, 2001). No se sabe cuántas varillas se usaron para marcar los sitios de la isla Litchfield o si la mayoría fueron extraídas posteriormente. Sin embargo, se encontró una, que fue extraída, en un sitio con vegetación en un valle pequeño, a unos 100 metros al oeste de la cima de la isla, tras una búsqueda breve realizada en febrero de 2001 (Harris, 2001), y cada tanto se siguen encontrando varillas de soldar (Fraser, nota personal 2009). Se necesitaría una búsqueda más exhaustiva para determinar si todavía quedan varillas en la Zona. El 28 de febrero de 2001 no se observaron otros impactos en el medio terrestre que pudieran atribuirse a visitas de seres humanos, aunque uno de los dos carteles de la zona protegida estaba en mal estado y no estaba bien sujeto. Por consiguiente, podría considerarse que el impacto de la actividad humana en la ecología terrestre, las aves y los lobos marinos de la isla Litchfield como consecuencia de las visitas directas ha sido menor (Bonner y Lewis Smith, 1985; Fraser y Patterson, 1997; Harris, 2001).

6(ii) Acceso a la Zona

Se puede ingresar a la Zona por el hielo marino o por el mar. No se han designado rutas específicas para el acceso a la Zona, si bien el desembarcadero recomendable para lanchas pequeñas se ubica en una pequeña caleta en la costa oriental de la isla (mapa 2). Se aplican restricciones de acceso para sobrevolar y aterrizar en la Zona. Las condiciones específicas están establecidas en la Sección 7(ii) a continuación.

6(iii) Estructuras situadas dentro de la Zona y en sus proximidades

Excepto por un montículo de piedras en la cima de la isla, no hay ninguna estructura en la Zona. El 9 de febrero de 1999, el Servicio Geológico de Estados Unidos instaló un marcador permanente de levantamiento topográfico, que consiste en una varilla roscada de acero inoxidable de 5/8", en la isla Litchfield. El marcador está cerca de la cima de la isla, a 64°46'13,97"S, 64°05'38,85"O, a una elevación de 48 metros, a unos 8 metros al oeste del montículo (mapa 2). El marcador, que está clavado en roca de fondo, está marcado con un capuchón de plástico rojo para levantamientos topográficos. Cerca de la cumbre de una colina pequeña que da a la antigua colonia de pingüinos Adelia, a unos 100 metros al sur del desembarcadero para lanchas pequeñas, hay equipo de supervivencia.

6(iv) Ubicación de las zonas protegidas en las cercanías

La isla Litchfield está dentro de la Zona Antártica Especialmente Administrada No 7, sudoeste de la isla Anvers y cuenca Palmer (mapa 1). Las zonas antárticas especialmente protegidas (ZAEP) más próximas a la isla Litchfield son la punta Biscoe (ZAEP N° 139), que está a 16 km al este de la Zona, junto a la isla Anvers; la bahía South (ZAEP N° a unos 27 km al sudeste, en la isla Doumer (Recuadro, mapa 1).

7.   Condiciones para la expedición de permisos

7(i) Condiciones generales para la expedición de permisos

Se prohíbe el ingreso a la Zona excepto con un permiso expedido por una autoridad nacional pertinente. Las condiciones para la expedición de un permiso de ingreso a la Zona son las siguientes:

- que el permiso se expida solo para investigaciones científicas urgentes que no puedan realizarse en otro lugar, y particularmente para las investigaciones sobre el ecosistema terrestre y la fauna de la Zona;
- Se emite por motivos indispensables de índole científica, educativa o de difusión, que no puedan llevarse a cabo en otro sitio, o por motivos esenciales para la gestión de la Zona.
- que las acciones permitidas no pongan en peligro los valores ecológicos o científicos de la Zona ni la utilidad de la Zona como sitio de referencia terrestre;
- que toda actividad de gestión facilite la consecución de los objetivos del plan de gestión;
- Las acciones permitidas deben adherirse al Plan de gestión.
- Se dará a las actividades permitidas la correspondiente consideración a través del proceso de Evaluación de impacto ambiental para la protección continua de los valores ambientales y científicos de la Zona.
- el Permiso debe expedirse por un período determinado;
- Se deberá llevar el permiso, o una copia de este, dentro de la Zona.

7(ii)   Acceso a la zona y desplazamientos en su interior o sobre ella

Se ingresará a la Zona en lancha pequeña o, sobre hielo marino, en vehículo o a pie. Se prohíbe la circulación de vehículos en la Zona, dentro de la cual todo desplazamiento se efectuará a pie. Si el acceso por el hielo es factible, no se aplican restricciones especiales a los lugares donde sea posible el acceso en vehículo o a pie, aunque se prohíbe llevar vehículos a tierra.

Acceso a pie y circulación dentro de la Zona

Las personas que circulen a pie deben evitar en todo momento pisar las zonas con vegetación o perturbar a las aves y las focas. Los tripulantes de vehículos o lanchas y otras personas que lleguen en vehículos o lanchas no podrán avanzar a pie más allá de las inmediaciones del desembarcadero a menos que tengan un permiso que les autorice específicamente a hacerlo.

Los peatones deben mantener las siguientes distancias mínimas de acercamiento a la vida silvestre, a menos que sea necesario acercarse más para los fines autorizados en el permiso:

- Petreles gigantes (*Macronectes giganteus*): 50 m
- Focas peleteras antárticas (por seguridad personal): 15 m
- Otras aves y focas: 5 m.

Los visitantes deberán desplazarse con cuidado para reducir al mínimo las perturbaciones del suelo, la flora y la fauna, caminando sobre terreno nevado o rocoso si es posible, pero con cuidado de no dañar los líquenes. El tránsito de peatones se reducirá a un mínimo de manera consecuente con los objetivos de todas las actividades permitidas y se hará todo lo posible para reducir a un mínimo los efectos de las pisadas.

Acceso en lancha

El lugar recomendado para los desembarcos de lanchas pequeñas es la playa de la caleta que está a mitad de camino en la costa oriental de la isla (mapa 2). Se permite el acceso en lancha pequeña por otros lugares de la costa, siempre que sea compatible con los propósitos para los cuales se haya otorgado el permiso.

Acceso por aeronave y sobrevuelos

Se prohíbe el aterrizaje de aeronaves en la Zona y en la medida de lo posible deberán evitarse los aterrizajes a menos de 930 m (aproximadamente media milla náutica) de la Zona. Se prohíben los sobrevuelos a menos de 610 m (~2.000 pies) sobre el nivel del suelo, excepto cuando sea necesario por motivos operacionales con fines científicos.

7 (iii) Actividades que pueden llevarse a cabo dentro de la Zona

- Investigaciones científicas que no pongan en peligro los valores del ecosistema de la Zona o el valor de la Zona como sitio de referencia y que no puedan realizarse en otro lugar.
- Actividades con fines educativos o de difusión que no puedan realizarse en otro lugar;
- Actividades indispensables de gestión, entre ellas el monitoreo y la inspección

7(iv) Instalación, modificación o desmantelamiento de estructuras

- No se erigirán estructuras en la Zona excepto de conformidad con lo especificado en un permiso y, excepto por los señalizadores permanentes de estudios y el montículo que está en la cima de la isla, se prohíbe erigir estructuras permanentes;
- Todas las estructuras, equipo científico o señalizadores instalados en la Zona deben estar autorizados expresamente y claramente identificados por país, nombre del investigador principal, año de instalación y fecha prevista de eliminación. Todos estos artículos deberán estar libres de organismos, propágulos (por ejemplo, semillas, huevos) y suelo no estéril y estarán fabricados en materiales que puedan soportar las condiciones ambientales y planteen un riesgo mínimo de contaminación o daño a los valores de la Zona.
- La instalación (incluida la selección del sitio), el mantenimiento, la modificación y la extracción de estructuras o equipos deberán efectuarse de una forma que reduzca al mínimo la perturbación de la flora y la fauna.
- El desmantelamiento de estructuras o equipos específicos para los cuales el permiso haya expirado debe ser responsabilidad de la autoridad que haya expedido el permiso original y debe ser una condición para el otorgamiento del permiso.

7(v) Ubicación de los campamentos

Se debe tratar de no acampar en la Zona. Sin embargo, cuando sea necesario para los fines especificados en el permiso, se permitirá acampar temporalmente en el sitio designado en la terraza que está más arriba de la antigua colonia de pingüinos. El lugar para acampar está al pie de una colina pequeña (~35 m), en el lado oriental, a unos 100 metros al sudoeste de la playa que se usa para el desembarco de lanchas pequeñas (mapa 2). Se prohíbe acampar en superficies con mucha vegetación.

7(vi) Restricciones relativas a los materiales y organismos que puedan introducirse en la Zona

Además de los requisitos del Protocolo al Tratado Antártico sobre Protección del Medio Ambiente, algunas restricciones sobre los materiales y organismos que se pueden introducir en la Zona son:

- La introducción deliberada de animales vivos, material vegetal, microorganismos, y suelo no estéril en la Zona. Deben tomarse precauciones para evitar la introducción accidental de animales, material vegetal, microorganismos y suelo no estéril desde otras regiones distintas biológicamente (dentro o fuera de la zona del Tratado Antártico).
- Los visitantes deberán tomar precauciones para garantizar que los equipos de muestreo y los señalizadores ingresados a la Zona estén limpios. En el nivel máximo practicable, el calzado y el equipo que se use o se lleve a la Zona (incluidas las mochilas, los bolsos y otros equipos) deberán limpiarse minuciosamente en la estación Palmer antes de ingresar a la Zona. Los visitantes también deben consultar y seguir adecuadamente las recomendaciones incluidas en el Manual sobre especies no autóctonas del Comité para la Protección del Medio Ambiente (CPA, 2011), y el Código de conducta ambiental sobre el Trabajo de Investigación sobre el Terreno en la Antártida (SCAR, 2009).

- Toda ave traída que no sea consumida o usada dentro de la Zona, incluidas todas sus partes, productos o desperdicios, debe ser retirada de la Zona o eliminada mediante la incineración o algún medio equivalente que elimine el riesgo para la flora y la fauna autóctonas.
- No se podrán llevar herbicidas o plaguicidas a la Zona.
- Cualquier otro producto químico, incluidos los radionúclidos o los isótopos estables, que se introduzca con fines científicos o de gestión especificados en el permiso deberá retirarse de la Zona a más tardar cuando concluya la actividad para la cual se haya expedido el permiso.
- No se debe almacenar combustible, alimentos, productos químicos u otros materiales en la Zona, a no ser que esté específicamente autorizado por un permiso o estén contenidos en recipientes con suministros para situaciones de emergencia autorizados por las autoridades pertinentes, y deben ser almacenados y manipulados de forma que se reduzca a un mínimo el riesgo de su introducción accidental en el medio ambiente;
- Todos los materiales introducidos en la Zona podrán permanecer en la Zona durante un período expreso únicamente, deberán ser retirados a más tardar cuando concluya dicho período y deberán ser almacenados y manipulados con métodos que reduzcan al mínimo el riesgo de introducción en el medio ambiente.
- Si se producen vertimientos que puedan comprometer los valores de la Zona, se recomienda extraer el material únicamente si no es probable que el impacto de dicho retiro sea mayor que el de dejar el material *in situ*.

7(vii) Toma o intromisión perjudicial de flora y fauna autóctona

Están prohibidas la toma de flora y fauna autóctonas o la intromisión perjudicial que pudieran sufrir éstas, salvo en conformidad con un permiso expedido de acuerdo al Artículo 3 del Anexo II del Protocolo al Tratado Antártico sobre Protección del Medio Ambiente. En caso de toma o intromisión perjudicial con los animales, esto debería hacerse, como norma mínima, de conformidad con el Código de Conducta del SCAR para el Uso de Animales con Fines Científicos en la Antártida.

7 (viii) Recolección o retiro de materiales que no hayan sido introducidos a la Zona por el titular del permiso

- Se podrá recolectar o retirar material de la Zona únicamente de conformidad con un permiso y dicho material deberá limitarse al mínimo necesario para fines de índole científica o de gestión. Esto incluye muestras biológicas y ejemplares de rocas.
- Todo material de origen humano que probablemente comprometa los valores de la Zona y que no haya sido llevado a la Zona por el titular del permiso o que no esté comprendido en otro tipo de autorización podrá ser retirado de cualquier parte de la Zona, salvo que el impacto de su extracción pueda ser mayor que el efecto de dejar el material *in situ*. En tal caso se deberá notificar a las autoridades nacionales pertinentes.

7(ix) Eliminación de residuos

Todos los residuos deberán ser retirados de la Zona. Los residuos humanos podrán verterse en el mar.

7 (x) Medidas que puedan requerirse para garantizar el continuo cumplimiento de los objetivos y las finalidades del Plan de Gestión

Se pueden otorgar permisos de ingreso a la Zona con el fin de:

1) realizar actividades científicas de supervisión e inspecciones, que podrían incluir la recolección limitada de muestras o datos para análisis o revisión;
2) instalar o realizar el mantenimiento de postes señalizadores, hitos, estructuras o equipamiento científico o logístico esencial;
3) implementar medidas de protección;

4) realizar la investigación o el mantenimiento de manera que evite la interferencia con la investigación a largo plazo y las actividades de observación o la posible repetición de los esfuerzos. Las personas que planifiquen nuevos proyectos dentro de la Zona deben consultar con los programas establecidos que trabajan dentro de esta, como los de EE.UU., antes de iniciar el trabajo.

7(xi) Requisitos relativos a los informes

- El principal titular del permiso presentará a la autoridad nacional correspondiente un informe de cada visita a la Zona, en cuanto sea posible, y antes de los seis meses posteriores a la finalización de la visita.

- Dichos informes deberán incluir, según corresponda, la información señalada en el formulario de informe de la visita contenido en la Guía para la Preparación de Planes de Gestión para las Zonas Antárticas Especialmente Protegidas. Si corresponde, la autoridad nacional también debe remitir una copia del informe de la visita a la Parte que ha propuesto el Plan de gestión, como ayuda en la gestión de la Zona y en la revisión del Plan de gestión.

- Las Partes deberían, en la medida de lo posible, depositar los originales o copias de dichos informes originales sobre visitas en un archivo de acceso público a fin de mantener un registro de su uso, con el fin de llevar a cabo cualquier revisión del Plan de gestión y de organización del uso científico de la Zona.

- En los casos en que ello no estuviera incluido en el permiso, se debería avisar a las autoridades pertinentes sobre toda actividad realizada, medida adoptada o material vertido que no se haya retirado.

Referencias

Atkinson, A., Siegel, V., Pakhomov, E. y Rothery, P. 2004. Long-term decline in krill stock and increase in salps within the Southern Ocean. *Nature* **432**: 100–03.

Bonner, W.N. y Lewis Smith, R.I. (eds) 1985. *Conservation areas in the Antarctic.* SCAR, Cambridge: 73-84.

Baker, K.S. 1996. Palmer LTER: Palmer Station air temperature 1974 to 1996. *Antarctic Journal of the United States* **31** (2): 162-64.

Clarke, A., Murphy, E.J., Meredith, M.P., King, J.C., Peck, L.S., Barnes, D.K.A. y Smith, R.C. 2007. Climate change and the marine ecosystem of the western Antarctic Peninsula. *Philosophical Transactions of the Royal Society B* **362**: 149–166 [doi:10.1098/rstb.2006.1958]

Clarke, A., Prothero-Thomas, E. Beaumont, J.C., Chapman, A.L. y Brey, T. 2004. Growth in the limpet *Nacella concinna* from contrasting sites in Antarctica. *Polar Biology* **28**: 62–71. [doi 10.1007/s00300-004-0647-8]

Corner, R.W.M. 1964a. Notes on the vegetation of Litchfield Island, Arthur Harbour, Anvers Island. Informe inédito, archivos de British Antarctic Survey Ref AD6/2F/1964/N3.

Corner, R.W.M. 1964b. Catalogue of bryophytes and lichens collected from Litchfield Island, West Graham Land, Antarctica. Informe inédito, archivos de British Antarctic Survey Ref LS2/4/3/11.

Domack E., Amblàs, D., Gilbert, R., Brachfeld, S., Camerlenghi, A., Rebesco, M., Canals M. y Urgeles, R. 2006. Subglacial morphology and glacial evolution of the Palmer deep outlet system, Antarctic Peninsula. *Geomorphology* **75**(1-2): 125-42.

Ducklow, H.W., Baker, K., Martinson, D.G., Quentin, L.B., Ross, R.M., Smith, R.C. Stammerjohn, S.E. Vernet, M. y Fraser, W. 2007. Marine pelagic ecosystems: the West Antarctic Peninsula. *Philosophical Transactions of the Royal Society B* **362**: 67–94. [doi:10.1098/rstb.2006.1955]

Fairhead, V.A., Amsler, C.D. y McClintock, J.B. 2006. Lack of defense or phlorotannin induction by UV radiation or mesograzers in *Desmarestia anceps* and *D. menziesii* (phaeophyceae). *Journal of Phycology* **42**: 1174–83.

Fenton, J.H.C & Lewis Smith, R.I. 1982. Distribution, composition and general characteristics of the moss banks of the maritime Antarctic. *British Antarctic Survey Bulletin* **51**: 215-36.

Forcada, J. Trathan, P.N., Reid, K., Murphy, E.J. y Croxall, J.P. 2006. Contrasting population changes in sympatric penguin species in association with climate warming. *Global Change Biology* **12**: 411–23. [doi: 10.1111/j.1365-2486.2006.01108.x]

Fraser, W.R. en: Stokstad, 2007. Stokstad, 2007. Boom and bust in a polar hot zone. *Science* **315**: 1522–23.

Fraser, W.R. y Hofmann, E.E. 2003 A predator's perspective on causal links between climate change, physical forcing and ecosystem response. *Marine Ecological Progress Series* **265**: 1–15.

Fraser, W.R. y Patterson, D.L. 1997. Human disturbance and long-term changes in Adélie penguin populations: a natural experiement at Palmer Station, Antarctic Peninsula. En Battaglia, B. Valencia, J. y Walton, D.W.H. (eds) *Antarctic Communities: species, structure and survival.* Cambridge University Press, Cambridge, pág. 445.

Greene, D.M. y Holtom, A. 1971. Studies in *Colobanthus quitensis* (Kunth) Bartl. and *Deschampsia antarctica* Desv.: III. Distribution, habitats and performance in the Antarctic botanical zone. *British Antarctic Survey Bulletin* **26**: 1-29.

Gressitt, J.L. 1967. Notes on Arthropod populations in the Antarctic Peninsula - South Shetland Islands - South Orkney Islands area. En *Entomology of Antarctica*, J.L. Gressitt (ed) Antarctic Research Series **10**. AGU, Washington DC.

Grobe, C.W., Ruhland, C.T. y Day, T.A. 1997. A new population of *Colobanthus quitensis* near Arthur Harbor, Antarctica: correlating recruitment with warmer summer temperatures. *Arctic and Alpine Research* **29**(2): 217-21.

Harris, C.M. 2001. Revision of management plans for Antarctic protected areas originally proposed by the United States of America and the United Kingdom: Field visit report. Internal report for the National Science Foundation, US, and the Foreign and Commonwealth Office, UK. Environmental Research & Assessment, Cambridge.

Holdgate, M.W. 1963. Observations of birds and seals at Anvers Island, Palmer Archipelago, in 1956-57. *British Antarctic Survey Bulletin* **2**: 45-51.

Hooper, P.R. 1958. Progress report on the geology of Anvers Island. Informe inédito, archivos de British Antarctic Survey Ref AD6/2/1957/G3.

Hooper, P.R. 1962. The petrology of Anvers Island and adjacent islands. *FIDS Scientific Reports* **34**.

Janiot, L.J., Sericano, J.L. y Marcucci, O. 2003. Evidence of oil leakage from the *Bahia Paraiso* wreck in Arthur Harbour, Antarctica. *Marine Pollution Bulletin* **46**: 1615–29.

Jennings, P.G. 1976. Tardigrada from the Antarctic Peninsula and Scotia Ridge region. *BAS Bulletin* **44**: 77-95.

Kennicutt II, M.C. 1990. Oil spillage in Antarctica: initial report of the National Science Foundation-sponsored quick response team on the grounding of the *Bahia Paraiso*. *Environmental Science and Technology* **24**: 620-24.

Kennicutt II, M.C., McDonald, T.J., Denoux, G.J. y McDonald, S.J. 1992a. Hydrocarbon contamination on the Antarctic Peninsula I. Arthur Harbour – subtidal sediments. *Marine Pollution Bulletin* **24** (10): 499-506.

Kennicutt II, M.C., McDonald, T.J., Denoux, G.J. y McDonald, S.J. 1992b. Hydrocarbon contamination on the Antarctic Peninsula I. Arthur Harbour – inter- and subtidal limpets (*Nacella concinna*). *Marine Pollution Bulletin* **24** (10): 506-11.

Kennicutt II, M.C. y Sweet, S.T. 1992. Hydrocarbon contamination on the Antarctic Peninsula III. The *Bahia Paraiso* – two years after the spill. *Marine Pollution Bulletin* **25** (9-12): 303-06.

Komárková, V. 1983. Plant communities of the Antarctic Peninsula near Palmer Station. *Antarctic Journal of the United States* **18**: 216-18.

Komárková, V. 1984. Studies of plant communities of the Antarctic Peninsula near Palmer Station. *Antarctic Journal of the United States* **19**: 180-82.

Lewis Smith, R.I. 1982. Plant succession and re-exposed moss banks on a deglaciated headland in Arthur Harbour, Anvers Island. *British Antarctic Survey Bulletin* **51**: 193–99.

Lewis Smith, R.I. 1994. Vascular plants as bioindicators of regional warming in Antarctica. *Oecologia* **99**: 322-28.

Lewis Smith, R.I. 1996. Terrestrial and freshwater biotic components of the western Antarctic Peninsula. En Ross, R.M., Hofmann, E.E. y Quetin, L.B. (eds) *Foundations for ecological research west of the Antarctic Peninsula. Antarctic Research Series* **70**: 15-59.

Lewis Smith, R.I. y Corner, R.W.M. 1973. Vegetation of the Arthur Harbour – Argentine Islands region of the Antarctic Peninsula. *British Antarctic Survey Bulletin* **33 & 34**: 89-122.

Lowry, J.K. 1975. Soft bottom macrobenthic community of Arthur Harbor, Antarctica. In Pawson, D.L. (ed.). Biology of the Antarctic Seas V. *Antarctic Research Series* **23** (1): 1-19.

McClintock, J., Ducklow, H. y Fraser, W. 2008. Ecological responses to climate change on the Antarctic Peninsula. *American Scientist* **96**: 302.

McDonald, S.J., Kennicutt II, M.C., Liu, H. y Safe S.H. 1995. Assessing aromatic hydrocarbon exposure in Antarctic fish captured near Palmer and McMurdo Stations, Antarctica. *Archives of Environmental Contamination and Toxicology* **29**: 232-40.

Parker, B.C, Samsel, G.L. y Prescott, G.W. 1972. Freshwater algae of the Antarctic Peninsula. 1. Systematics and ecology in the U.S. Palmer Station area. En Llano, G.A. (ed) *Antarctic terrestrial biology. Antarctic Research Series* 20: 69-81.

Parmelee, D.F, Fraser, W.R. y Neilson, D.R. 1977. Birds of the Palmer Station area. *Antarctic Journal of the United States* 12 (1-2): 15-21.

Parmelee, D.F. y Parmelee, J.M. 1987. Revised penguin numbers and distribution for Anvers Island, Antarctica. *British Antarctic Survey Bulletin* **76**: 65-73.

Patterson, D.L., Easter-Pilcher, A. y Fraser, W.R. 2003. The effects of human activity and environmental variability on long-termchanges in Adelie penguin populations at Palmer Station, Antarctica. En A. H. L. Huiskes, W. W. La C. Gieskes, J. Rozema, R. M. L. Schorno, S. M. van der Vies & W. J. Wolff (eds) *Antarctic biology in a global context*. Backhuys, Leiden, The Netherlands: 301–07.

Patterson, D.L. y Fraser, W. 2003. *Satellite tracking southern giant petrels at Palmer Station, Antarctica*. Feature Article 8, Microwave Telemetry Inc.

Penhale, P.A., Coosen, J. y Marschoff, E.R. 1997. The *Bahia Paraiso*: a case study in environmental impact, remediation and monitoring. En Battaglia, B. Valencia, J. y Walton, D.W.H. (eds) *Antarctic Communities: species, structure and survival*. Cambridge University Press, Cambridge: 437-44.

Richardson, M.D. y Hedgpeth, J.W. 1977. Antarctic soft-bottom, macrobenthic community adaptations to a cold, stable, highly productive, glacially affected environment. En Llano, G.A. (ed.). *Adaptations within Antarctic ecosystems: proceedings of the third SCAR symposium on Antarctic biology*: 181-96.

Ross, R.M., Quetin, L.B., Martinson, D.G., Iannuzzi, R.A., Stammerjohn, S.E. y Smith, R.C. 2008. Palmer LTER: patterns of distribution of major zooplankton species west of the Antarctic Peninsula over a twelve year span. *Deep-Sea Research II* **55**: 2086–2105.

Sanchez, R. y Fraser, W. 2001. *Litchfield Island Orthobase*. Digital orthophotograph of Litchfield Island, 6 cm pixel resolution and horizontal / vertical accuracy of ± 2 m. Geoid heights, 3 m² DTM, derived contour interval: 5 m. Data on CD-ROM and accompanied by USGS Open File Report 99-402 "GPS and GIS-based data collection and image mapping in the Antarctic Peninsula". Science and Applications Center, Mapping Applications Center. USGS, Reston.

Scheidat, M., Bornemann, H., Burkahardt, E., Flores, H., Friedlaender, A. Kock, K.-H, Lehnert, L., van Franekar, J. y Williams, R. 2008. Antarctic sea ice habitat and minke whales. Annual Science Conference in Halifax, 2008.

Shearn-Bochsler, V. Green, D.E., Converse, K.A., Docherty, D.E., Thiel, T., Geisz, H. N., Fraser, W.R. y Patterson, D.L. 2008. Cutaneous and diphtheritic avian poxvirus infection in a nestling Southern giant petrel (*Macronectes giganteus*) from Antarctica. *Polar Biology* **31**: 569–73. [doi 10.1007/s00300-007-0390-z]

Siniff, D.B., Garrot, R.A. y Rotella, J.J. 2008. Opinion: Projecting the effects of environmental change on Antarctic seals. *Antarctic Science* **20**: 425-35.

Stammerjohn, S.E., Martinson, D.G., Smith, R.C. y Iannuzzi, R.A. 2008. Sea ice in the Western Antarctic Peninsula region: spatio-temporal variability from ecological and climate change perspectives. *Deep-Sea Research II* **55**: 2041–58. [doi:10.1016/j.dsr2.2008.04.026]

Troncoso, J.S. y Aldea, C. 2008. Macrobenthic mollusc assemblages and diversity in the West Antarctica from the South Shetland Islands to the Bellingshausen Sea. *Polar Biology* **31**(10): 1253–65. [doi 10.1007/s00300-008-0464-6]

Vaughan, D.G., Marshall, G.J., Connolley, W.M., Parkinson, C., Mulvaney, R., Hodgson, D.A., King, J.C., Pudsey, C.J., y Turner, J. 2003. Recent rapid regional climate warming on the Antarctic Peninsula. *Climatic Change* **60**: 243–74.

Willan, R.C.R. 1985. Hydrothermal quartz+magnetite+pyrite+chalcopyrite and quartz+polymetallic veins in a tonalite-diorite complex, Arthur Harbour, Anvers Island and miscellaneous observations in the southwesternAnvers Island area. Informe inédito, archivos de British Antarctic Survey Ref AD6/2R/1985/G14.

Woehler, E.J. (ed.) 1993. *The distribution and abundance of Antarctic and sub-Antarctic penguins*. SCAR, Cambridge.

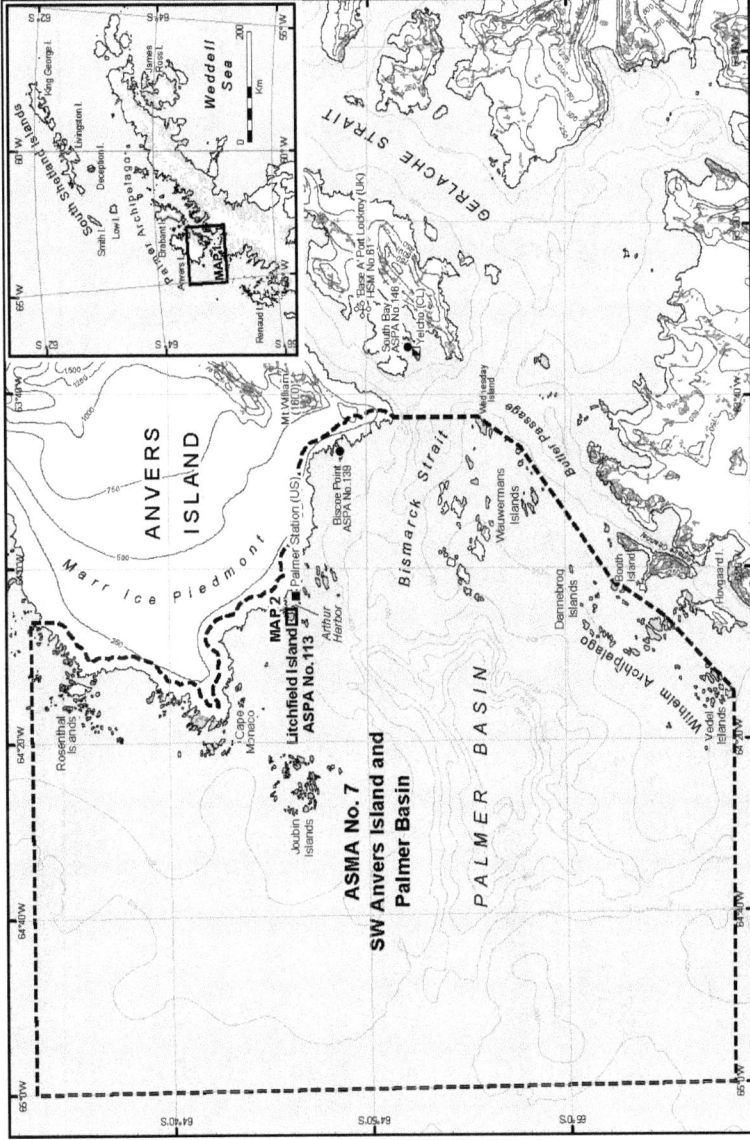

Map 1: ASPA No. 113 Litchfield Island - Arthur Harbor, Anvers Island

Informe Final de la XXXVII RCTA

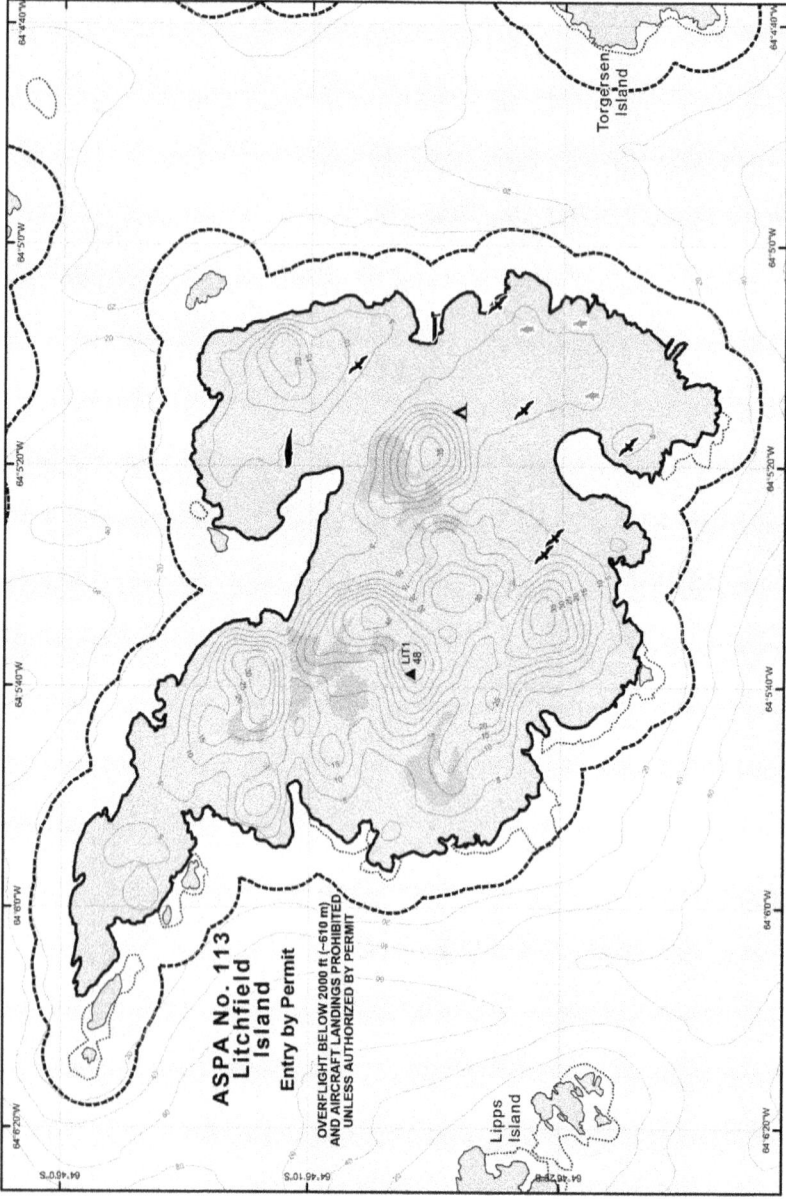

Map 2: ASPA No. 113 Litchfield Island - Physical features and selected wildlife

34

Plan de gestión para la

Zona Antártica Especialmente Protegida (ZAEP) N° 121

CABO ROYDS, ISLA ROSS

Introducción

El cabo Royds está en el extremo occidental de la isla Ross, en el estrecho McMurdo, a 166°09'56"E, 77°33'20"S. Área aproximada: 0,66 km^2. Las principales razones para su designación son que en la Zona se encuentra la colonia de pingüinos Adelia (*Pygoscelis adeliae*) más austral que se conoce, sobre cuya población se dispone de una larga serie de datos demográficos de valor científico sobresaliente y poco común. Además, la Zona tiene importantes valores ecológicos terrestres y de agua dulce, entre ellos las observaciones más australes de algas de nieve, la localidad tipo de la descripción original de varias especies de algas y la presencia inusual de una forma de materia orgánica disuelta derivada casi en su totalidad de microbios.

La Zona se designó originalmente como Sitio de Especial Interés Científico (SEIC) N° 1 en la Recomendación VIII-4 (1975) después de una propuesta de los Estados Unidos de América. La designación como SEIC se extendió mediante la Recomendación X-6 (1979), la Recomendación XII-5 (1983), la Resolución 7 (1995) y la Medida 2 (2000). Se adoptó una revisión mediante la Recomendación XIII-9 (1985). La Zona cambió de nombre y número a Zona Antártica Especialmente Protegida (ZAEP) N.° 121 en la Decisión 1 (2002). Se adoptó un Plan de gestión revisado mediante la Medida 1 (2002) y posteriormente mediante la Medida 5 (2009) cuando se redujo el tamaño del componente marino.

La zona está situada en el Ambiente P (Ross y Ronne-Filchner, basado en el Análisis de Dominios Ambientales para la Antártida) y en la Región 9 (Tierra de Victoria Meridional, basado en las Regiones biogeográficas de conservación antártica).

1. Descripción de los valores que requieren protección

Originalmente, se designó una zona de 300 m^2 en el cabo Royds mediante la Recomendación VIII-4 (1975, SEIC N° 1) Después una propuesta de los Estados Unidos que se fundamenta en su apoyo a la colonia de pingüinos Adelia (*Pygoscelis adeliae*) más austral conocida. La población de pingüinos Adelia del cabo Royds había disminuido a partir de 1956 como consecuencia de la interferencia humana durante un período en que, debido a la gruesa cobertura de hielo marino, la colonia era particularmente sensible a una disminución del reclutamiento. En 1963, las autoridades de Estados Unidos y Nueva Zelanda acordaron restringir las actividades y formular un plan de gestión para la Zona con el propósito de proteger los valores científicos relacionados con las investigaciones sobre los pingüinos. El sitio recibió protección especial a fin de que la población pudiera recuperarse y de salvaguardar los programas científicos en curso. La población se ha recuperado, y ahora excede los niveles anteriores a 1956: desde 1990, el número de parejas ha fluctuado entre 2.500 y 4.500, debido principalmente a la variación natural de la extensión local del hielo marino. La larga serie cronológica de datos sobre la población de la colonia de pingüinos en el cabo Royds tiene un valor sobresaliente y poco común, ya que posibilita la investigación de las interacciones biológicas de larga duración con factores de forzamiento ambiental y de las respuestas a los mismos. La colonia sigue teniendo un gran valor científico y ecológico y, por consiguiente, merece una protección especial ininterrumpida a largo plazo, especialmente en vista de las visitas que el cabo Royds recibe de personas de estaciones cercanas y de grupos de turistas.

La Zona original fue ampliada en 1985 como resultado de una propuesta de Nueva Zelanda (Recomendación XIII-9) de incluir una franja costera de 500 m de ancho a fin de proteger el acceso al mar y el área de alimentación cercana a la costa de los pingüinos Adelia, así como las investigaciones previstas del ecosistema marino costero del cabo Royds. En esta zona costera del cabo Royds se hicieron estudios de la estructura y la dinámica de la población de peces nototénidos. Más recientemente, los estudios de los hábitos de búsqueda de alimento de los pingüinos Adelia del cabo Royds, realizados tras la adopción de este componente marino de la Zona, mostraron que el área marina, tal como había sido designada, no era importante como área de alimentación de los pingüinos, los cuales buscan alimento en un área mayor de la que se conocía hasta ese momento. Además, las investigaciones programadas del ecosistema marino costero del cabo Royds no se han realizado en la medida de lo previsto, y actualmente son pocos los estudios que se están haciendo de la población de peces nototénidos en el cabo Royds. En vista de esos factores, y debido a que los valores específicos relacionados con el medio marino contiguo al cabo Royds siguen sin describir, se ha redefinido el límite marino mediante la Medida 5 (2009) a fin de prestar más atención al área que rodea la colonia de pingüinos Adelia. Se ha mantenido el componente marino contiguo a la colonia de pingüinos del cabo Royds porque incluye la vía de acceso principal de los pingüinos a la colonia, que de lo contrario estaría expuesta a perturbaciones innecesarias ocasionadas por los visitantes y las operaciones locales de helicópteros en las proximidades.

En las investigaciones realizadas en los últimos decenios se ha observado también que la Zona tiene importantes valores relacionados con ecosistemas de agua dulce y terrestres. El lago Pony es una localidad tipo para las descripciones originales de ciertas especies de algas recolectadas durante la expedición antártica británica de Shackleton de 1907-1909. La observación más austral de algas de nieve, entre las que predominaban las *Chlamydomonas*, se realizó dentro del perímetro de la Zona. Además, en estudios recientes se ha comprobado que la materia orgánica disuelta (ácido fúlvico) en el lago Pony es de origen casi totalmente microbiano, lo cual se considera inusual. Debido a la poca comprensión que se tiene de estas sustancias, es necesario contar con muestras de referencia aisladas con fines de investigación: una muestra recolectada en el lago Pony ha sido una valiosa contribución como referencia para la Sociedad Internacional de Sustancias Húmicas. Por último, se ha señalado que, debido a la poca diversidad de organismos del suelo, el sitio es útil para las comparaciones con otros hábitats más favorables.

La cabaña de Shackleton (Sitio y Monumento Histórico N° 15), ubicado en la ZAEP N° 157 (bahía Backdoor), está a 170 metros al nordeste de la colonia de pingüinos Adelia. Junto con la colonia, constituye una atracción de gran valor estético y educativo para los visitantes. Debido a la regularidad y la frecuencia de las visitas al cabo Royds, la Zona podría ser dañada fácilmente por los seres humanos si no se le confiere protección adecuada. Los valores científicos y ecológicos de la Zona deben ser protegidos a largo plazo de los posibles efectos adversos de estas actividades. Sin embargo, en vista de la utilidad de la colonia de pingüinos Adelia como la más accesible de cualquier especie de pingüinos para el personal de la Estación McMurdo (Estados Unidos) y la Base Scott (Nueva Zelanda), se han tomado recaudos para permitir el acceso controlado a dos miradores que están cerca de los límites, pero afuera, a fin de ofrecer a los visitantes del cabo Royds la oportunidad de observar la colonia sin afectarla mucho. Estas visitas están supeditadas a las Directrices para el sitio adoptadas por medio de la Resolución 4 (2009).

Hay reliquias de la época de los viajes de Shackleton en un depósito pequeño situado en un encierro en una bahía del lado occidental del sitio de anidación de los pingüinos (166°09'35,2"E, 77°33'14,3"S, mapa 2). El depósito tiene valor histórico y no debería ser perturbado excepto con un permiso expedido para tareas de conservación o gestión.

Los límites abarcan la totalidad de la colonia de pingüinos Adelia, la parte sur del lago Pony y el medio marino hasta los 500 metros desde la costa de la punta Flagstaff, que comprende un componente terrestre de 0,05 km^2 y un componente marino de 0,61 km^2, lo que resulta en una zona total de 0,66 km^2.

2. Finalidades y objetivos

La gestión del cabo Royds persigue las siguientes finalidades:

- evitar la degradación de los valores de la Zona y los riesgos importantes para los mismos, previniendo los muestreos y las perturbaciones innecesarias causadas por los seres humanos en la Zona;
- permitir las investigaciones científicas del ecosistema de la Zona, en particular de la avifauna y los ecosistemas terrestres y de agua dulce, siempre que no comprometan los valores debido a los cuales se protege la Zona;

- permitir otras investigaciones científicas y visitas para fines educativos y de difusión (tales como información documental (visual, sonora o escrita) o la producción de recursos y servicios educativos), siempre y cuando dichas actividades se realicen por razones apremiantes, que no puedan llevarse a cabo en otro lugar y que no comprometerán los valores por los cuales se protege la Zona;
- reducir al mínimo la posibilidad de introducción de plantas, animales y microbios no autóctonos en la Zona;
- reducir al mínimo la posibilidad de introducción de patógenos que puedan causar enfermedades en las poblaciones de fauna dentro de la Zona;
- tener en cuenta los posibles valores históricos y patrimoniales de cualquier artefacto antes de retirarlo o desecharlo, permitiendo al mismo tiempo que se realicen tareas apropiadas de limpieza y remediación si son necesarias; y
- permitir las visitas con fines de gestión para cumplir los objetivos del plan de gestión.

3. Actividades de gestión

Se deberán realizar las siguientes actividades de gestión con el fin de proteger los valores de la Zona:

- Se colocarán señalizadores de colores vivos, que deberían ser claramente visibles desde el aire y no presentar una amenaza importante para el medio ambiente, a fin de marcar el helipuerto contiguo a la zona protegida (mapas 1 y 2).
- Se colocarán letreros con ilustraciones del lugar y sus límites, que indiquen claramente las restricciones al ingreso, en lugares apropiados de los límites de la Zona a fin de evitar el ingreso accidental. Además, se colocarán banderas en el hielo marino de la bahía Backdoor, a lo largo del límite sudeste de la área marina (frente a la punta Derrick), en el primer viaje sobre el hielo marino de cada temporada, con objeto de indicar el área restringida de forma tal que aquellos que se dirijan al cabo Royds por el hielo marino sepan dónde está el límite marino de la Zona. Esas banderas se retirarán justo antes del fin de los viajes sobre el hielo marino cada temporada.
- Deberán colocarse, en lugares bien visibles, carteles que indiquen la ubicación de la Zona (así como las restricciones especiales vigentes) y deberá mantenerse disponible una copia del presente plan de gestión en todas las cabañas de investigación situadas en el cabo Royds.
- Las copias de este Plan de gestión se pondrán a disposición de todos los buques y aeronaves que visiten u operen en las proximidades del cabo Royds, y todo el personal (personal del programa nacional, expediciones en terreno, líderes de expediciones turísticas, pilotos y capitanes de buques) que operen en las proximidades, accedan o vuelen cerca de la Zona, deberán ser informados por su programa nacional, operador de turismo o autoridad nacional pertinente sobre la ubicación, los límites y las restricciones que se aplican al acceso y sobrevuelo dentro de la Zona.
- Los programas nacionales deberán adoptar medidas para garantizar los límites de la Zona y que las restricciones que se aplican en su interior estén marcadas en los mapas y cartas náuticas y aeronáuticas relevantes;
- Los señalizadores, los carteles o las estructuras erigidos dentro de la Zona con fines científicos o de gestión estarán bien sujetos, se mantendrán en buen estado y se los eliminará cuando dejen de ser necesarios.
- Los Programas antárticos nacionales que operen en la Zona deberían mantener un registro de todos los señalizadores, carteles y estructuras erigidos dentro de la Zona.
- Se efectuarán las visitas necesarias (por lo menos una vez cada cinco años) para determinar si la zona continúa sirviendo a los fines para los cuales ha sido designada y cerciorarse de que las medidas de gestión y mantenimiento sean las adecuadas.
- Los programas antárticos nacionales que operen en la región deberán realizar consultas entre ellos a fin de cerciorarse de que se tomen estas medidas.

4. Período de designación

La designación abarca un período indeterminado.

5. Mapas y fotografías

Mapa 1: ZAEP N° 121, cabo Royds: límites y topografía.

Proyección: cónica conforme de Lambert. Paralelos normales: primero, 77° 33' 10" S; segundo, 77° 33'30"S. Meridiano central: 166° 10'00"E. Latitud de origen: 78° 00'00"S Esferoide: WGS84.
Fuentes de datos:
El mapa base y las curvas de nivel están derivados de una ortofotografía mediante imágenes aéreas adquiridas por USGS/DoSLI (SN7847) el 16 de noviembre de 1993, elaborada con una escala de 1:2500, con una exactitud posicional de ±1,25 m (horizontal) y ±2,5 m (vertical) y una resolución espacial de 0,4 m. Poste señalizador: UNAVCO (enero de 2014). Límite de la ZAEP: ERA (enero de 2014). Marcas de levantamientos: LINZ (2011). Miradores y EMA (aprox.): ERA (enero de 2014). Senderos y anclajes del Plan de gestión de la ZAEP N° 157; zona aproximada de anidación de pingüinos, digitalizada a partir de imágenes aéreas con referencias geográficas, adquiridas el 19 enero de 2005 y proporcionadas por P. Lyver, Landcare Research, marzo de 2014. Las curvas de nivel (intervalo 10 metros) y otras infraestructuras fueron proporcionados por Gateway Antarctica (2009).
Recuadro 1: Región del Mar de Ross, que muestra la ubicación del Recuadro 2.
Recuadro 2   Región de la isla Ross, que muestra la ubicación del mapa 1 y de la Estación McMurdo (EE. UU.) y la Base Scott (NZ).

Mapa 2: ZAEP N° 121: acceso, instalaciones y fauna silvestre. Especificaciones cartográficas iguales a las del mapa 1, excepto que el intervalo de las curvas de nivel es de 2 m.

6. Descripción de la Zona

6(i) Coordenadas geográficas, indicadores de límites y características naturales

Descripción general

El cabo Royds (166°09'56"E, 77°33'20"S) está situado en el extremo occidental de la isla Ross, en el estrecho McMurdo, en una franja costera de tierra sin hielo de unos 8 km de ancho, en la parte inferior de las pendientes occidentales del monte Erebus (mapa 1, recuadros). La Zona tiene un componente terrestre y un componente marino.

El componente terrestre de la Zona consiste en terreno sin hielo situado aproximadamente a 350 m de la punta Flagstaff (166°09'55"E, 77°33'21"S) ocupado por temporadas por una colonia de pingüinos Adelia (*Pygoscelis adeliae*) reproductores. El límite abarca toda la zona ocupada por los pingüinos reproductores y la ruta meridional principal que usan los pingüinos para llegar al mar. El componente marino comprende una zona de mar a menos de 500 m de la costa del cabo Royds, que incluye la principal ruta de acceso de los pingüinos a la colonia.

Límite

El límite septentrional del componente terrestre de la Zona se extiende 53 m desde un encierro pequeño en una bahía de la esquina noroeste de la Zona, en línea recta hacia el nordeste, hasta un señalizador de levantamiento indicado en mapas anteriores de Nueva Zelanda como IT2 (166°09'33,3"E, 77°33'11,1"S), que consiste en un tubo de hierro clavado en el suelo. De allí, el límite se extiende 9 m al este desde el IT2 hasta un poste señalizador (166°09'35,2" E, 77°33'11,2" S), desde el cual sigue 30 m hacia el este-noroeste hasta otro poste (166°09'39,4" E, 77°33'10,9" S) a medio camino de la pendiente de una pequeña colina. Desde este poste señalizador, el límite se extiende en dirección sudeste a lo largo de 133 m, hasta un poste (166°09'59.0" E, 77°33'11,8" S) al este del lago Pony. Desde allí, el límite se extiende 42 m en dirección sudsudeste hasta un poste señalizador (166°10'01,9" E, 77°33'12,9" S), desde el cual sigue 74 m hasta otro poste (166°10'05,7" E, 77°33'15,2" S) en el extremo sur del mirador de pingüinos. Desde allí, el límite se extiende 18 m hasta la costa en la bahía Arrival (166°10'06,6" E, 77°33'15,8" S). Desde allí, el límite nordeste se extiende a lo largo de la costa desde la bahía Arrival hasta la punta Derrick. El límite desde el lago Pony (poste señalizador en 166°09'59.0" E, 77°33'11,8" S) hasta la punta Derrick coincide con el límite sur de la ZAEP N°. 157, bahía Backdoor, que ha sido designada a fin de proteger la cabaña histórica de Shackleton y los artefactos conexos (Sitio y Monumento Histórico N° 15).

El componente marino de la Zona abarca el área situada dentro de los 500 m de la línea media de pleamar de la costa de la punta Flagstaff. El límite se extiende 500 m al sudoeste desde la punta Derrick en el este (166°10'22"E, 77°33'14,1"S) de allí en dirección oeste, manteniendo una distancia de 500 m de la costa hasta 166°08'10"E, 77°33'11,8"S, y de allí 500 m hacia el este hasta la costa en la esquina noroeste de la Zona (166°9'25"E, 77°33'11,8"S).

Clima

Una Estación Meteorológica Automática (EMA) instalada dentro de la Zona, en las proximidades de la cabaña de Shackleton (mapa 2) ha registrado datos estivales desde 2007, y se encuentran disponibles los registros de 2012 y 2013, que abarcan años completos. La máxima temperatura registrada por esta estación meteorológica fue de 7,5°C en diciembre de 2010 y la mínima de -36.8°C en julio de 2012 (datos del Programa de la Estación Meteorológica Automática, Universidad de Wisconsin-Madison, a los que se accedió a través de http://uwamrc.ssec.wisc.edu/ el 18 de febrero de 2014).

Los datos sobre la temperatura del aire registrados en las cercanías de la Estación McMurdo, ubicada aproximadamente a 35 km al sudeste del cabo Royds, durante el período de 2004 a 2013 indican que diciembre fue el mes más cálido, con una temperatura promedio de -1,9 °C y que julio es el mes más frío, con una temperatura promedio de -25,7 °C (http://uwamrc.ssec.wisc.edu/ 21 de febrero de 2014). La temperatura mínima del aire registrada durante el período de 2004 a 2013 fue de -47,8 °C, en julio de 2003, mientras que la máxima fue de 8,8 °C en enero de 2007. El viento en el cabo Royds sopla principalmente del sudeste y dispersa un rocío de agua salada por toda la Zona (Broady, 1989a). Los datos de la Estación McMurdo, correspondientes al período de 1973 a 2004 muestran una velocidad media del viento de alrededor de 10 nudos, en tanto que la velocidad máxima registrada fue de 112,3 nudos (Centro de investigación meteorológica antártica, 2009).

Los registros climatológicos de larga duración muestran que, durante los años sesenta, la temperatura del aire y la velocidad del viento registradas en la Base Scott fueron relativamente bajas, seguidas de un período de calentamiento a principios de los años setenta (Ainley *et al.*, 2005). A partir de principios de la década de 1980 se observó una marcada tendencia a un calentamiento en toda la zona del estrecho McMurdo (Blackburn *et al.*, 1991) y los registros de la Estación McMurdo indican que la temperatura del aire alcanzó el nivel máximo a fines de los años ochenta antes de disminuir otra vez a principios de los años noventa (Wilson *et al.*, 2001).

Geología y suelos

El componente terrestre de la Zona abarca un terreno rocoso de flujos irregulares de lava, grava volcánica y escoria rojiza oscura, que termina en el lado del mar en un acantilado bajo de 10 a 20 m de alto. Hay suelos minerales y arena junto con sales incrustadas y suelos ornitogénicos compactados asociados a la colonia de pingüinos Adelia (Cowan y Casanueva, 2007).

Aves reproductoras

En la Zona se encuentra la colonia de pingüinos Adelia (*Pygoscelis adeliae*) más austral del mundo, cuya población anual fluctúa actualmente entre 2.500 y 4.500 parejas reproductoras durante el período de ocupación, que abarca aproximadamente desde mediados de octubre hasta mediados de febrero (Figura 1). Se calcula que el tamaño de la población en 1959 era similar al de 1909, sin indicios de que hubiera sido mayor anteriormente (Ainley, 2002), pero después disminuyó a menos de 1.000 parejas reproductoras en 1963 como consecuencia de las condiciones severas del hielo, debido a las cuales la colonia era más sensible a las perturbaciones ocasionadas por las visitas y las operaciones de helicópteros (Thompson, 1977). Tras la adopción de restricciones para las visitas y el traslado del helipuerto a un sitio más alejado de la colonia, la población de pingüinos fue recuperándose gradualmente durante los años setenta, aumentando a una tasa anual media de 15% entre 1983 y 1987 hasta cuadruplicarse (Ainley *et al.*, 2005; Taylor y Wilson 1990). Después de llegar a su nivel máximo en 1987, el número de pingüinos Adelia en el cabo Royds disminuyó abruptamente en 1988 y 1989, pero después volvió a recuperarse hasta llegar a una población comparable a la de fines de los años ochenta. Para 1998, la población de pingüinos Adelia del cabo Royds había llegado a 4.000 parejas reproductoras, cifra que para el año 2000 se había reducido a 2.400 parejas (Ainley *et al.*, 2004)

Las fluctuaciones de la población de pingüinos Adelia en el cabo Royds están relacionadas con los cambios en una gama de variables climáticas y ambientales. Wilson *et al.*, (2001) observaron una correlación inversa significativa entre el número de pingüinos Adelia y la extensión del hielo marino en invierno: cuando la cobertura de hielo marino era más extensa (es decir, se extendía más hacia el norte), la supervivencia de los animales subadultos era menor porque el hielo marino restringía el acceso a áreas de alimentación productivas. En consecuencia, el número total de pingüinos Adelia en el cabo Royds respondía con cinco años de rezago a la variación en la concentración del hielo marino. La influencia de la cobertura de hielo marino en el número de pingüinos Adelia en la Zona fue más evidente tras el varamiento de un iceberg de gran tamaño (denominado B15A, de 175 x 54 km) en la costa de la isla Ross antes de la temporada de anidación de 2000 (Arrigo *et al.*, 2002; Ainley *et al.*, 2003). La obstrucción causada por el iceberg B-15 produjo una cobertura inusualmente extensa de hielo marino en 2000, la cual, a su vez, ocasionó una reducción de 40 % en la productividad primaria. Aunque los estudios de los pingüinos Adelia realizados en el cabo Royds en 2000 mostraron un gran cambio en el régimen alimentario de los pingüinos, el impacto del aumento de la cobertura de hielo marino en la producción de polluelos fue mínima durante esa temporada (Ainley *et al.*, 2003). Durante los años siguientes, la cifra de parejas reproductoras y de polluelos que podían volar disminuyó radicalmente (Ainley 2014). Además se observó una recuperación gradual en la cifra de parejas reproductoras durante el período de 2001 a 2012, hasta alcanzar un nivel similar al existente antes del suceso causado por el iceberg B-15 (Figura 1).

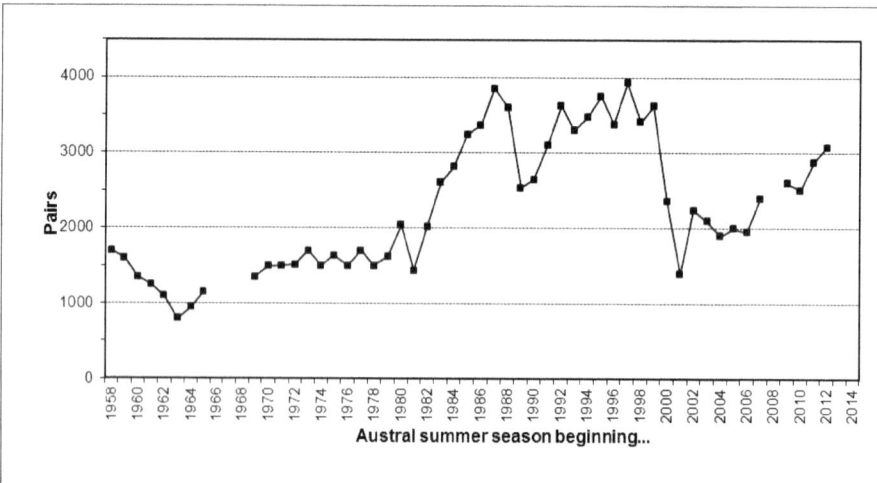

Figura 1. Número de parejas reproductoras de pingüinos Adelia en el cabo Royds, 1958-1959 y 2012-2013. (Fuentes: Stonehouse 1965; Taylor *et al.*, 1990; Woehler 1993; Woehler, nota personal, 1999; Ainley *et al.*, 2004; Ainley *et al.*, en impresión; Ainley, 2014)

Además de las influencias específicas de la extensión del hielo marino, el aumento del número de pingüinos Adelia en el cabo Royds se ha atribuido a los efectos más amplios del calentamiento del clima en la zona del estrecho McMurdo (Ainley *et al.*, 2005; Blackburn *et al.* 1991), que comenzó a mediados de los años sesenta y se volvió especialmente pronunciado en los años ochenta (Taylor y Wilson, 1990). Se cree que la mejora del clima ha tenido una influencia positiva en la población de pingüinos Adelia al reducir la extensión del hielo marino y ampliar la polinia del mar de Ross, aumentar la productividad marina y la disponibilidad de alimentos, disminuir la mortalidad invernal y aumentar el éxito reproductivo de los pingüinos (Taylor y Wilson, 1990; Blackburn *et al.*, 1991; Ainley *et al.*, 2005). Otra explicación del rápido crecimiento de la colonia del cabo Royds en los años ochenta podría ser la notable disminución del número de ballenas minke *(Balaenoptera bonaerensis)* en la Antártida, que desparecieron del mar de Ross durante esa década (Ainley *et al.*, 2007). El hábitat y las presas de las ballenas minke coinciden en parte con los de los pingüinos Adelia, lo cual parece indicar que la desaparición de la competencia puede haber llevado al auge demográfico observado en el cabo Royds y en otros lugares de la isla Ross.

Todavía no se han dilucidado las causas fundamentales de la disminución abrupta de la población de pingüinos Adelia en el cabo Royds en 1988 y 1989, aunque se la ha vinculado a cambios en la Oscilación Antártica, que influye en las condiciones meteorológicas y en el estado del hielo marino, factores que, a su vez, podrían haber llevado a un aumento de la mortalidad de pingüinos Adelia (Ainley *et al.*, 2005). Después de 1989, la colonia del cabo Royds creció con rapidez, a diferencia de las tendencias observadas en el cabo Crozier, lo cual parece indicar que la causa ha sido los cambios en los esquemas de emigración (Ainley, Ballard *et al.*, datos no publicados). Además, la continuación del calentamiento del mar en la región probablemente haya influido mucho en la persistencia del hielo marino (Ainley *et al.*, 2005) y contribuido al crecimiento de la colonia.

La Zona ha sido monitoreada regularmente desde 1957 y todos los años desde 1981 ha sido fotografiada desde el aire durante la fase de incubación de la temporada de cría. La evaluación anual de la población de pingüinos Adelia de las colonias de la isla Ross, mar de Ross, realizada de 1959 a 1997 constituye una de las series cronológicas sobre la biología marina de mayor duración en la Antártida (Taylor y Wilson 1990; Taylor *et al.*, 1990; Ainley *et al.*, 2001). Por lo tanto, la larga historia de observaciones científicas en el cabo Royds ofrece la rara oportunidad de evaluar las tendencias demográficas durante períodos prolongados, posibilitando la evaluación de los efectos de los cambios en el régimen del hielo en comparación con la dinámica demográfica de estas colonias de aves en el ecosistema relativamente prístino del sur del mar de Ross (Ballard, nota personal, 2008).

Los estudios de los hábitos de los pingüinos Adelia en lo que se refiere a la búsqueda de alimento durante los veranos australes de 1997–1998 a 2000–2001 indican que la distancia media recorrida para buscar alimento desde el cabo Royds oscilaba entre 9,70 km y 12,09 km (Ainley *et al.*, 2004) y se observó que la actividad de búsqueda de alimento era escasa a menos de 200 m de la costa (Ainley, nota personal, 2008). El área de búsqueda de alimento de los pingüinos de la colonia del cabo Royds coincide en gran medida (30 a 75%) con el área de las aves procedentes del cabo Bird y la isla Beaufort (Ainley *et al.*, 2004) Se suelen ver pingüinos anillados del cabo Royds, el cabo Bird y la isla Beaufort en las otras colonias (Ainley, datos no publicados, en Ainley *et al.*, 2003) y se ha señalado que la inmigración en el cabo Royds procedente de esos lugares fue un factor causal importante en el crecimiento demográfico a partir de la década de 1980 (Ainley *et al.*, 2004; Ainley, nota personal, 2008).

Además de la colonia de pingüinos Adelia del cabo Royds, hay una población reproductora importante de skúas polares *(Stercorarius maccormicki)* cerca del límite de la ZAEP, que en 1981 ascendía a 76 parejas reproductoras (Ainley *et al.*, 1986). Se han visto skúas que anidan y buscan alimento en las pingüineras del cabo Royds (Young, 1962a). Sin embargo, se observó que la depredación de pingüinos jóvenes por las skúas era limitada y que solo algunas de las skúas que se reproducen en el cabo Royds obtenían alimento en la colonia de pingüinos Adelia (Young, 1962b). La población de skúas disminuyó considerablemente cuando se dejó de verter desechos de origen humano en la Estación McMurdo, pero no se cree que se encuentre amenazada (Ainley, nota personal, 2008).

Biología marina y oceanografía

El componente marino de la Zona no ha sido objeto de estudios intensos ni se ha descrito plenamente. Esta región no ha estado sometida al mismo grado de muestreos que la región cercana a la punta Hut, más al sur en la isla Ross. A 500 m al oeste de la costa, el fondo del mar desciende abruptamente varios cientos de metros, con algunos acantilados submarinos. Las muestras del fondo marino tomadas a varios kilómetros al norte del cabo Royds y a unos 100 m de la costa consisten en grava volcánica gruesa y rocas pequeñas y grandes. En las investigaciones sobre la población y la estructura de los peces nototénidos realizadas en los alrededores entre 1978 y 1981 se observó que este pez abundaba y que la especie más común en ese momento era *Trematomus bernacchii*. También se encontraron *Trematomus hansoni, T. centronotus, T. nicolai y Gymnodraco acuticeps*, así como invertebrados tales como equinoideos, asteroideos (por ejemplo, *Odontaster validus*), ofiuroideos, picnogónidos (por ejemplo, *Pentanymphon antarcticum, Colossendeis robusta*), pterópodos, copépodos, anfípodos, isópodos, hirudineos, briozoos, poliquetos, ctenóforos, moluscos y medusas. No se dispone de datos más recientes sobre el medio marino cercano al cabo Royds.

Las corrientes oceánicas locales se originan en la plataforma continental del este del mar de Ross y fluyen hacia el oeste a lo largo de la plataforma de hielo flotante Ross, pasando el cabo Crozier, y después giran hacia el noroeste a lo largo de la costa de la Tierra Victoria. La corriente se divide en la isla Beaufort, donde un brazo pequeño gira hacia el sur, pasando los cabos Bird y Royds (Jacobs et al., 1970; Barry 1988).

Ecosistemas terrestres y de agua dulce

Las lagunas de la Zona, incluido el lago Pony, son ricas en nutrientes y contienen una comunidad abundante y diversa de algas adaptadas a un medio con una concentración elevada de nutrientes y salinidad, entre las cuales predominan el fitoplancton, las diatomea y los tapetes bentónicos de oscilatoriáceas (Broady, 1987). Algunas especies de algas fueron descritas formalmente por primera vez tras su recolección en el lago Pony (West y West, 1911), de modo que el sitio es una "localidad tipo". Hay algas de nieve, predominantemente *Chlamydomonas*, en pequeños parches de nieve en el pie de hielo costero junto a la colonia de pingüinos, el sitio más meridional con algas de nieve (Broady, 1989a).

El lago Pony se identificó como una fuente importante de materia orgánica disuelta de origen microbiano (Brown *et al.*, 2004). El ácido fúlvico es un tipo de materia orgánica disuelta derivada de la descomposición de materia vegetal y la actividad microbiana. El ácido fúlvico del lago Pony es un miembro final importante porque es de origen casi totalmente microbiano. El ácido fúlvico influye en las características químicas, el ciclado y la biodisponibilidad de elementos químicos en medios terrestres y acuáticos. Como estas sustancias no se comprenden bien, se necesitan muestras aisladas de referencia para las investigaciones. Se tomó una muestra de referencia de ácido fúlvico del lago Pony que fue facilitada como miembro final microbiano a fin de que pudiera distribuirse por medio de la Sociedad Internacional de Sustancias Húmicas. Debido a la abundancia de materia orgánica disuelta y su ubicación conveniente cerca de la Estación McMurdo, el lago es ideal para este trabajo en el terreno.

Desde 1990 se llevan a cabo estudios de poblaciones de invertebrados terrestres (nematodos) de los suelos ornitogénicos del cabo Royds. A diferencia de los invertebrados de los valles secos, que son más diversos, se observó una sola especie de nematodo en el cabo Royds: *Panagrolaimus davidi*) (Porazinska *et al.*, 2002). La abundancia de nutrientes en los suelos del cabo Royds es la causa de la poca biodiversidad de organismos del suelo, razón por la cual la Zona es sensible a las perturbaciones locales y mundiales ocasionadas por los seres humanos. Además, el cabo Royds sirve para comparar los hábitats que están estudiándose en los valles secos McMurdo.

Hay pocos líquenes en la Zona, aunque en otras partes del cabo Royds se encuentran distintos tipos de rodales de líquenes (crustosos, foliosos y fruticosos), distribuidos en tres áreas definidas que se cree que son el producto del aerosol marino y las formas de acumulación de la nieve (Broady, 1989a, 1989b).

Actividades e impacto de los seres humanos

Los cambios en la población de pingüinos Adelia del cabo Royds, atribuidos al menos en parte a las visitas de seres humanos y las operaciones de helicópteros, se analizan en la sección precedente sobre las aves reproductoras.

El cabo Royds es un popular destino para las visitas recreativas de personas procedentes de la Estación McMurdo (Estados Unidos) y la Base Scott (Nueva Zelanda) para ver la cabaña de Shackleton, especialmente a principios de la temporada, cuando se puede llegar al sitio en vehículo sobre el hielo marino. Estas visitas están controladas cuidadosamente por las autoridades nacionales y se puede entrar en las zonas protegidas solamente con un permiso. Se registra el número de funcionarios de la estación que visitan el cabo Royds, y un promedio de147 funcionarios de EE. UU. y 78 de Nueva Zelanda visitaron la cabaña de Shackleton por temporada, durante el período 2008-2009 a 2012-2013, en contraste con un promedio de 172 funcionarios de EE. UU. y 143 de Nueva Zelanda que visitaron la cabaña de Shackleton durante el período anterior de cinco años de 2003-2004 a 2007-2008.

El cabo Royds es uno de los sitios turísticos más populares del mar de Ross (véase el Cuadro 1), y la cabaña de Shackleton (Sitio y Monumento Histórico N°15 y ZAEP N° 157), que se encuentra a 170 m hacia el nordeste de la colonia, es una de las principales atracciones. Otros puntos muy visitados son los miradores de pingüinos, justo al norte y al este del límite existente, en las cercanías del lago Pony. Se proporciona orientación a los visitantes, las visitas son supervisadas estrictamente, y en general se respetan los límites de la Zona.

Cuadro1:
Resumen sobre visitantes

Temporada	Total de visitantes	Visitantes que desembarcaron	Total de turistas	Turistas que desembarcaron
2003-04	307	307	266	266
2004-2005	586	586	502	502
2005-2006	458	369	390	306
2006-2007	456	456	377	377
2007-2008	176	176	147	147
2008-2009	284	282	236	236
2009-2010	316	316	263	263
2010-2011	328	328	283	283
2011-2012	327	327	281	281
2012-2013	358	247	300	206

Fuente: IAATO.

6(ii) Acceso a la zona

Es posible acceder a la Zona en travesías por tierra o por hielo marino, por mar o por aire, en sitios de aterrizaje de helicópteros fuera de la Zona. Para acceder a la Zona se recomiendan rutas específicas, y aplican restricciones de sobrevuelo y aterrizaje de aeronaves. Las condiciones específicas de dichas restricciones se encuentran establecidas a continuación en la Sección 7(ii).

6(iii) Estructuras situadas dentro de la Zona y en sus proximidades

La cabaña de Shackleton (ZAEP N° 157 Sitio y Monumento Histórico N° 15) (166°10'06,4"E, 77°33'10,7"S) está a unos 70 m del señalizador del límite nordeste del componente terrestre de la Zona. A 100 m al nordeste del límite hay un pequeño refugio de investigación (Nueva Zelanda) (166°10'10,6" E, 77°33'07,5"S) (mapa 2). En enero de 2007 se instaló una Estación Meteorológica Automática (EMA) 10 m dentro del límite oriental de la Zona (mapa 2), a 80 m de la cabaña de Shackleton, y estaba presente en enero de 2014. En la Zona hay dos señalizadores de levantamientos: el IT2 está en el límite norte de la parte terrestre de la Zona y ya se ha descrito, en tanto que el IT3 (166°09'52,7" E, 77°33'19,7"S) (que también consiste en un tubo de hierro clavado en el suelo) está a 45 m al noroeste de la punta Flagstaff. Hay reliquias de la época de los viajes de Shackleton en un depósito pequeño situado en un encierro en una bahía del lado occidental de la zona de anidación de pingüinos (166°09'35,2" E, 77°33'14,3"S, mapa 2). No se debería perturbar ese depósito excepto de conformidad con un permiso para tareas de conservación o gestión.

6(iv) Ubicación de otras zonas protegidas en las cercanías

Las zonas protegidas más cercanas al cabo Royds son la bahía Backdoor (ZAEP No157 y SMH No15), que está junto al límite norte de la Zona y lo comparte; el cabo Evans (ZAEP No155), 10 km al sur; la cresta Tramway (ZAEP No130), cerca de la cima del monte Erebus, 20 km al este; el valle New College (ZAEP No116), 35 km al norte, en el cabo Bird; y las alturas de Arrival (ZAEP No122), junto a la Estación McMurdo, 35 km al sur. El cabo Crozier (ZAEP No124) está a 75 km al este, en la isla Ross. La Zona Antártica Especialmente Administrada N° 2, Valles Secos de McMurdo, está a unos 70 km al oeste del cabo Royds.

6(v) Zonas especiales al interior del área

No hay áreas especiales designadas al interior de la Zona.

7. Condiciones para la expedición de permisos

7(i) Condiciones generales de los permisos

Se prohíbe el ingreso en la Zona excepto con un permiso expedido por una autoridad nacional pertinente. Las condiciones para la expedición de un permiso para entrar en la Zona son las siguientes:

- el permiso debe ser emitido para investigaciones científicas, específicamente para la investigación de la avifauna de la Zona, o para fines científicos, educativos o de difusión indispensables que no puedan llevarse a cabo en otro sitio, o por motivos esenciales para la gestión de la Zona;
- las actividades permitidas deberán atenerse a este Plan de Gestión;
- las actividades permitidas darán la correspondiente consideración al proceso de Evaluación del impacto medioambiental para la protección continua de los valores ambientales y científicos de la Zona;
- las distancias de aproximación a la fauna se deben respetar, salvo cuando las necesidades científicas lo requieran de otra forma y esto se especifique en los permisos pertinentes.
- el Permiso debe expedirse por un período determinado;
- se deberá llevar el permiso, o una copia de este, dentro de la Zona.

7 (ii) Acceso a la zona y desplazamientos en su interior o sobre ella

En la parte terrestre de la Zona se ingresará a pie y se prohíbe usar vehículos. En la parte marina de la Zona se ingresará a pie o en vehículo cuando haya hielo marino, o en buque o lancha en los períodos de aguas libres. El acceso a pie a la Zona debe realizarse desde la dirección del sitio para el aterrizaje de helicópteros y, si se llega sobre el hielo marino o en lancha, en la bahía Backdoor y desde allí a pie, siguiendo los senderos que se muestran en los mapas 1 y 2.

Acceso a pie y circulación dentro de la Zona

El desplazamiento por tierra en la Zona deberá efectuarse a pie. Los peatones deberán mantenerse a una distancia mínima de 5 m de la fauna silvestre, a menos que sea necesario aproximarse con fines autorizados por el permiso. Los visitantes deben desplazarse cuidadosamente a fin de reducir a un mínimo la perturbación de la flora, la fauna, los suelos y las masas de agua. Los peatones deben caminar alrededor de las colonias de pingüinos y no deben ingresar a los subgrupos de pingüinos que anidan, a menos que fines de investigación o gestión lo requieran. Se debe tener cuidado para evitar pisar los nidos al desplazarse a través de los territorios de skúas. El tránsito de peatones se reducirá a un mínimo de manera consecuente con los objetivos de todas las actividades permitidas y se hará todo lo posible para reducir a un mínimo los efectos de las pisadas.

Acceso de buques y lanchas

Está prohibido el ingreso de buques y lanchas al componente marino de la Zona, excepto de conformidad con un permiso. Los buques en proceso de embarque de pasajeros deben permanecer al menos a 300 m de la costa y el acceso de visitantes, ya sea en embarcaciones pequeñas o sobre el hielo marino, debe realizarse en el sitio de desembarque, que se encuentra en la costa noroeste de la bahía Backdoor (mapas 1 y 2).

Acceso por aeronave y sobrevuelos

Se prohíbe el aterrizaje de aeronaves en la Zona. Se prohíben los sobrevuelos a menos de 610 m (~2.000 pies) sobre el nivel del suelo, excepto cuando sea necesario por motivos operacionales con fines científicos. Los helicópteros deberían aterrizar todo el año en el sitio principal de aterrizaje (166°10,38'E, 77°33,06'S), 250 m al nordeste del extremo norte del lago Pony (mapa 2). En 166°10.24'E, 77°33.11'S se encuentra el sitio de desembarque secundario, a aproximadamente 100 m al suroeste del sitio de desembarque principal, el cual debe evitarse cuando esté ocupado por la colonia de pingüinos (desde el 1 de noviembre hasta el 1 de marzo).

7 (iii) Actividades que pueden llevarse a cabo dentro de la Zona
- Investigaciones científicas que no pongan en peligro al ecosistema o los valores científicos de la Zona
- Actividades con fines educativos o de divulgación que no puedan realizarse en otro lugar
- Actividades con el fin de preservar o proteger recursos históricos de la Zona
- Actividades indispensables de gestión, entre ellas el monitoreo y la inspección

7 (iv) Instalación, modificación o desmantelamiento de estructuras
- No se podrán erigir estructuras en la Zona excepto aquellas que se especifiquen en un permiso y, excepto por los señalizadores permanentes de levantamientos y los señalizadores, se prohíben las estructuras o instalaciones permanentes.
- Todas las estructuras, equipo científico o señalizadores instalados en la Zona deben estar autorizados expresamente y claramente identificados por país, nombre del investigador principal, año de instalación y fecha prevista de eliminación. Todos estos artículos deben estar libres de organismos, propágulos (por ejemplo, semillas y huevos) y suelo no estéril, y deben estar confeccionados con materiales que soporten las condiciones ambientales y que representen el mínimo riesgo posible de contaminación o daño a los valores de la Zona.
- La instalación (incluyendo la selección del lugar), el mantenimiento, la modificación o el desmantelamiento de estructuras o equipos deberá efectuarse de una forma que reduzca a un mínimo la perturbación de la flora y la fauna, preferentemente evitando la temporada de cría principal (01 de octubre - 31 de marzo).
- El retiro de equipo específico cuyo permiso haya vencido será responsabilidad de la autoridad que haya expedido el permiso original y será una condición para el otorgamiento del permiso.

7(v) Ubicación de los campamentos

Se prohíbe acampar en la parte terrestre de la Zona. Hay un campamento a 175 m al nordeste de la Zona, junto al refugio de Nueva Zelanda (mapa 2). Cuando hay hielo marino se puede acampar en la parte marina de la

Zona, con un permiso. En esos casos se deberían evitar las rutas de aproximación de los pingüinos a menos de 200 m de la colonia reproductora, pero fuera de eso los lugares para acampar no están restringidos a un lugar determinado.

7(vi) Restricciones relativas a los materiales y organismos que puedan introducirse en la Zona

Además de los requisitos del Protocolo al Tratado Antártico sobre Protección del Medio Ambiente, algunas restricciones sobre los materiales y organismos que se pueden introducir en la Zona son:

- Se prohíbe la introducción deliberada de animales vivos, material vegetal, microorganismos, y suelo no estéril en la Zona. Deben tomarse precauciones a fin de evitar la introducción accidental de animales, material vegetal, microorganismos y suelos no estériles provenientes de otras regiones con características biológicas distintas (dentro de la Antártida o fuera del área comprendida en el Tratado Antártico).
- Los visitantes deberán tomar precauciones para garantizar que los equipos de muestreo y los señalizadores ingresados a la Zona estén limpios. En el nivel máximo practicable, el calzado y el equipo que se use o se lleve a la Zona (incluidas las mochilas, los bolsos y otros equipos) deberán limpiarse minuciosamente antes de ingresar a la Zona. Los visitantes también deben consultar y seguir adecuadamente las recomendaciones incluidas en el Manual sobre especies no autóctonas del Comité para la Protección del Medio Ambiente (CPA 2011), y el Código de conducta ambiental sobre el Trabajo de Investigación sobre el Terreno en la Antártida (SCAR 2009).
- Se prohíbe el ingreso de aves de corral y productos avícolas de cualquier tipo, incluidos los huevos desecados sin cocinar. Todos los productos avícolas (como partes, subproductos o desechos de dichos productos) que se lleven a cabañas cercanas, instalaciones o campamentos, y que no se consuman o utilicen, deben retirarse o desecharse mediante incineración o medios equivalentes para eliminar los riesgos a la flora y la fauna autóctonas.
- No se podrán llevar herbicidas o plaguicidas a la Zona.
- Cualquier otro producto químico, incluidos los radionúclidos o los isótopos estables, que se introduzca con fines científicos o de gestión especificados en el permiso deberá retirarse de la Zona a más tardar cuando concluya la actividad para la cual se haya expedido el permiso.
- No se debe almacenar combustible, alimentos, productos químicos u otros materiales en la Zona, a no ser que esté específicamente autorizado por un permiso y deben ser almacenados y manipulados de forma que se reduzca a un mínimo el riesgo de su introducción accidental en el medio ambiente.
- Todos los materiales introducidos en la Zona podrán permanecer allí durante un período expreso únicamente, deberán ser retirados a más tardar cuando concluya dicho período y deberán ser almacenados y manipulados con métodos que reduzcan al mínimo el riesgo de introducción en el medio ambiente.
- Si se producen vertimientos que puedan comprometer los valores de la Zona, se recomienda extraer el material únicamente si no es probable que el impacto de dicho retiro sea mayor que el de dejar el material *in situ*.

7(vii) Toma o intromisión perjudicial de flora y fauna autóctonas

Están prohibidas la toma de flora y fauna autóctonas o la intromisión perjudicial que pudieran sufrir éstas, salvo en conformidad con un permiso expedido de acuerdo al Artículo 3 del Anexo II del Protocolo al Tratado Antártico sobre Protección del Medio Ambiente. En caso de toma o intromisión perjudicial con los animales, esto debería hacerse, como norma mínima, de conformidad con el Código de Conducta del SCAR para el Uso de Animales con Fines Científicos en la Antártida.

7(viii) Recolección o traslado de materiales que no hayan sido traídos a la Zona por el titular del permiso.

- Se podrá recolectar o retirar material de la Zona únicamente de conformidad con un permiso, y dicho material deberá limitarse al mínimo necesario para fines de índole científica o de gestión. Esto incluye muestras biológicas, ejemplares de rocas y artículos históricos.

- Todo material de origen humano que probablemente comprometa los valores de la Zona y que no haya sido llevado a la Zona por el titular del permiso, o que no esté comprendido en otro tipo de autorización, podrá ser retirado de cualquier parte de la Zona salvo que el impacto de su extracción sea probablemente mayor que el efecto de dejar el material *in situ*. En tal caso se deberá notificar a las autoridades pertinentes.

- Salvo que esté específicamente autorizado en un permiso, se prohíbe que los visitantes manipulen, tomen o dañen artefactos históricos encontrados en la Zona o que interfieran en ellos. Se deberá avisar a las autoridades nacionales apropiadas sobre cualquier artefacto nuevo que se encuentre. Con un permiso se podrán trasladar o retirar artefactos con fines de preservación, protección o restablecimiento de su exactitud histórica.

7(ix) Eliminación de desechos

Deberán retirarse de la Zona todos los desechos.

7 (x) Medidas que puedan requerirse para garantizar el continuo cumplimiento de los objetivos y las finalidades del Plan de gestión

Se puede otorgar permisos de ingreso a la Zona con el fin de:

1) llevar a cabo actividades de observación biológica e inspección de la Zona, las que pueden incluir la obtención de una pequeña cantidad de muestras o datos para análisis o revisión;

2) instalar o realizar el mantenimiento de postes señalizadores, marcadores, estructuras o equipamiento científico o logístico esencial;

3) implementar medidas de protección;

4) llevar a cabo investigaciones o gestión de un modo que evite interferir con las actividades de observación e investigación a largo plazo o una posible repetición de los esfuerzos. Las personas que planifican nuevos proyectos dentro de la Zona deben consultar con los programas establecidos que trabajan dentro de ella, como los de EE. UU. y Nueva Zelanda, antes de comenzar el trabajo.

7(xi) Requisitos relativos a los informes

- Para cada visita a la Zona, el titular principal de un permiso debe presentar un informe ante la autoridad nacional correspondiente tan pronto como sea posible, y no más allá de los seis meses luego de concluida la visita.

- Dichos informes deberán incluir, según corresponda, la información señalada en el formulario de informe de la visita contenido en la Guía para la Preparación de Planes de Gestión para las Zonas Antárticas Especialmente Protegidas. Si aplica, la autoridad nacional también debe remitir una copia del informe de la visita a la Parte que ha propuesto el Plan de gestión, como ayuda en la gestión de la Zona y en la revisión del Plan de gestión.

- Las Partes deberían, en la medida de lo posible, depositar los originales o copias de dichos informes originales sobre visitas en un archivo de acceso público a fin de mantener un registro de su uso, con el fin de llevar a cabo cualquier revisión del Plan de gestión y de organización del uso científico de la Zona.

- La autoridad correspondiente deber ser notificada de cualquier actividad o medida que se realice y/o de cualquier material liberado al medioambiente que no sea retirado, que no estén comprendidos en el permiso.

Referencias

Ainley, D.G. 2002. The Adélie penguin: bellwether of climate change. Columbia University Press, Nueva York.

Ainley, D.G. 2014: Hatching eggs. Datos de gráficos que muestran parejas reproductoras de pingüinos Adelia en el cabo Royds entre 1996 y 2007, a los que se accedió el 2014 a través de http://icestories.exploratorium.edu/dispatches/hatching-eggs/.

Ainley, D.G., Ballard, G., Ackley, S., Blight, L.K., Eastman, J.T., Emslie, S.D., Lescroël, A., Olmastroni, S., Townsend, S.E., Tynan, C.T., Wilson, P. y Woehler, E. 2007. Paradigm lost, or is top-down forcing no longer significant in the Antarctic marine ecosystem? *Antarctic Science* **19**(3): 283–290.

Ainley, D.G., Ballard, G., Barton, K.J. y Karl, B.J. 2003. Spatial and temporal variation of diet within a presumed metapopulation of Adélie penguins. *Condor* **105**: 95–106.

Ainley, D.G., Clarke, E.D., Arrigo, K., Fraser, W.R., Kato, A., Barton, K.J. y Wilson, P.R. 2005. Decadal-scale changes in the climate and biota of the Pacific sector of the Southern Ocean, 1950s to the 1990s. *Antarctic Science* **17**: 171–82.

Ainley, D.G., Morrell, S.H. y Wood R. C. 1986. South polar skua breeding colonies in the Ross Sea region, Antarctica. *Notornis* **33**(3): 155–63.

Ainley, D.G., Ribic, C.A., Ballard, G., Heath, S., Gaffney, I., Karl, B.J., Barton, K.J., Wilson, P.R. y Webb, S. 2004. Geographic structure of Adélie penguin populations: overlap in colony-specific foraging areas.*Ecological Monographs* **74**(1):159–78.

Arrigo, K. R., van Dijken, G.L., Ainley, D.G., Fahnestock, M.A. y Markus, T. 2002. Ecological impact of a large Antarctic iceberg. *Geophysical Research Letters* **29**(7): 1104.

Barry, J. 1988. Hydrographic patterns in McMurdo Sound, Antarctica and their relationship to local benthic communities. *Polar Biology* **8**: 377–91.

Blackburn, N., Taylor, R.H. y Wilson, P.R. 1991. An interpretation of the growth of the Adelie penguin rookery at Cape Royds, 1955-1990.New Zealand Journal of Ecology **15**(2): 117-21.

Broady PA 1987. Protection of terrestrial plants and animals in the Ross Sea regions, Antarctica. *New Zealand Antarctic Record* **8** (1): 18-41.

Broady PA 1989a. Broadscale patterns in the distribution of aquatic and terrestrial vegetation at three ice-free regions on Ross Island, Antarctica. En Vincent, W. y Ellis-Evans, C. (eds) *High latitude limnology*. Kluwer, Dordrecht. *Developments in Hydrobiology* **49**: 77-95.

Broady PA 1989b. The distribution of *Prasiola calophylla* (Carmich.)Menegh. (Chlorophyta) in Antarctic freshwater and terrestrial habitats. *Antarctic science* **1**, 2-109, (18)

Brown, A., McKnight, D.M., Chin, Y.P., Roberts, E.C. y Uhle, M. 2004. Chemical characterization of dissolved organic material in Pony Lake, a saline coastal pond in Antarctica. *Marine Chemistry* **89** (1-4): 327-37.

Cowan, D.A. y Casanueva, A. 2007. Stability of ATP in Antarctic mineral soils. *Polar Biology* **30** (12): 1599-1603.

Jacobs, S.S., Amos, A.F. y Bruchhausen, P.M. 1970. Ross Sea oceanography and Antarctic bottom water formation. *Deep-Sea Research* **17**: 935–62.

Lyver, P.O'B., M. Barron, K.J. Barton, D.G. Ainley, A. Pollard, S. Gordon, S. McNeill, G. Ballard, y P.R. Wilson. [En impresión]. Trends in the breeding population of Adélie penguins in the Ross Sea, 1981–2012: a coincidence of climate and resource extraction effects. Presentado a *PLoS One* 2014.

Martin, L. 1991. Cumulative environmental change: case study of Cape Royds, Antarctica. Tesis de maestría no publicada, Universidad de Auckland.

Porazinska, D.L., Wall, D.H. y Virginia R.A. 2002. Invertebrates in ornithogenic soils on Ross Island, Antarctica. *Polar Biology* **25** (8): 569-74.

Sladen, W.J.L. y Leresche, R.E. 1970. New and developing techniques in Antarctic ornithology. En Holdgate, W.M. (ed) *Antarctic ecology I*. Academic Press, Londres: 585-96.

Stonehouse, B. 1963. Observations on Adélie penguins (*Pygoscelis adeliae*) at Cape Royds, Antarctica. *Proceedings XIIIth International Ornithological Congress, 1963:* 766-79.

Stonehouse, B. 1965. Counting Antarctic animals. *New Scientist* (29 de julio): 273-76.

Taylor, R.H. y Wilson, P.R. 1990. Recent increase and southern expansion of Adelie penguin populations in the Ross Sea, Antarctica, related to climatic warming. *New Zealand Journal of Ecology* **14**: 25-29.

Taylor, R.H., Wilson, P.R. y Thomas, B.W. 1990. Status and trends of Adélie penguin populations in the Ross Sea region. *Polar Record* **26** (159): 293-304.

Thomson, R.B. 1977. Effects of human disturbance on an Adélie penguin rookery and measures of control. En Llano, G.A. (ed) *Adaptations within Antarctic ecosystems. Proceedings of the Third SCAR Symposium on Antarctic Biology*. Instituto Smithsoniano, Washington, DC: 1177-80.

West, W. y West, G.S. 1911. Freshwater algae. *Reports on the scientific investigations: Biology, by the British Antarctic Expedition 1907-1909* **1**: 263-298; Plates 24-26.

Wilson, P.R., Ainley, D.G., Nur, N. Jacobs, S.S., Barton, K.J.., Ballard, G. y Comiso, J.C., 2001. Adélie penguin population change in the Pacific sector of Antarctica: relation to sea-ice extent and the Antarctic Circumpolar Current. *Marine Ecology Progress Series* **213**: 301-09.

Woehler, E.J. (ed.) 1993. *The distribution and abundance of Antarctic and subantarctic penguins*. SCAR, Cambridge.

Young, E.C. 1962a. The breeding behaviour of the south polar skua *Catharacta maccormicki*. *Ibis* **105** (2): 203–33.

Young, E.C. 1962b. Feeding habits of the south polar skua *Catharacta maccormicki*. *Ibis* 105 (3): 301–18.

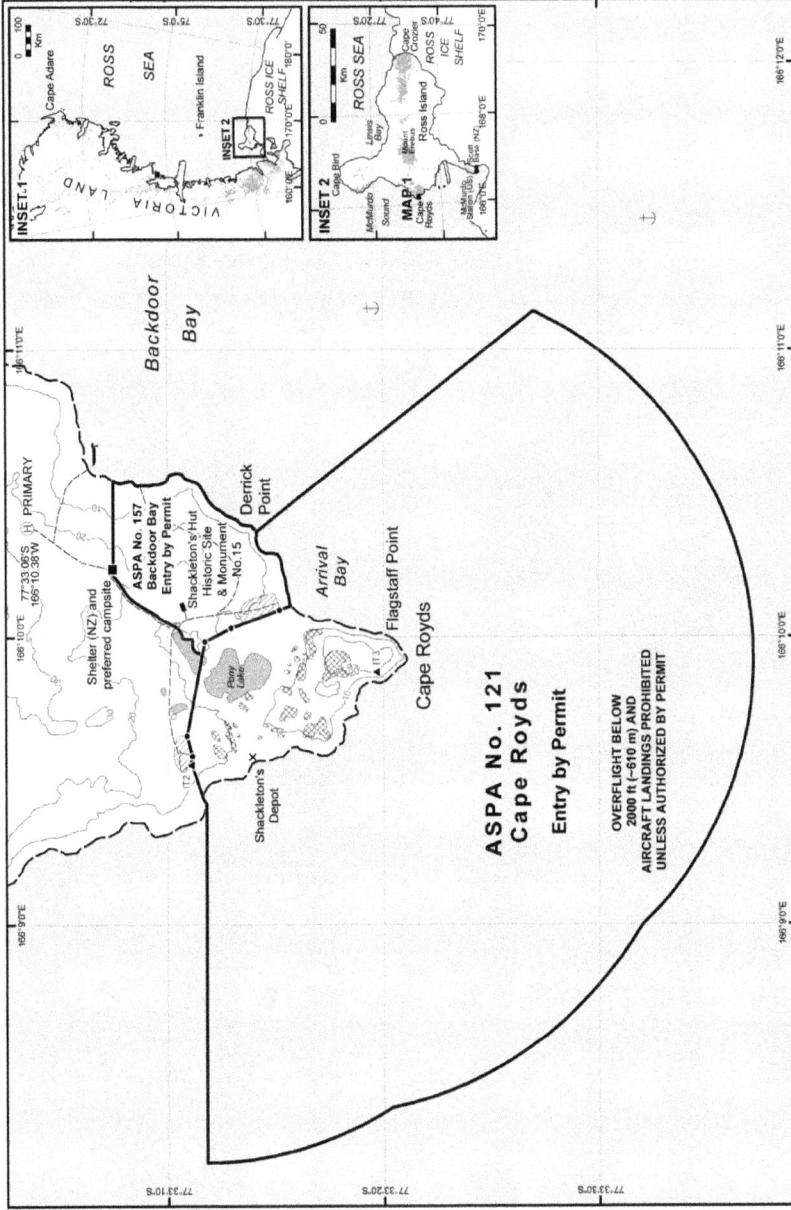

Map 1: ASPA No. 121 Cape Royds - boundaries and topography

ASPA No. 121
Cape Royds

Entry by Permit

OVERFLIGHT BELOW
2000 ft (~610 m) AND
AIRCRAFT LANDINGS PROHIBITED
UNLESS AUTHORIZED BY PERMIT

Legend:

- - - Path
Coastline (approx) 〰️ Lake / pond
Contour (10 m) ☐ Antarctic Specially Protected Area (ASPA) boundary ▪ Building
Ice free ground ▲ Survey marker
☐ Ocean 🔲 Penguin nesting area (2005 approx.) ⊕ Signpost / boundary point
🔲 Penguin viewing area

Ⓗ Helicopter landing site
⚓ Small boat landing site
⊕ Ship anchorage

05 May 2014
United States Antarctic Program
Environmental Research & Assessment

Projection: Lambert Conic Conformal.
Spheroid and horizontal datum WGS 84
Data sources: ASPA boundary: ERA (Jan 2014).
Signposts: UNAVCO (Jan 2014); Topography &
infrastructure data supplied by Gateway Antarctica (2009);
Penguins: depicted by ERA from georeferenced aerial
image (2005) provided by Landcare Research

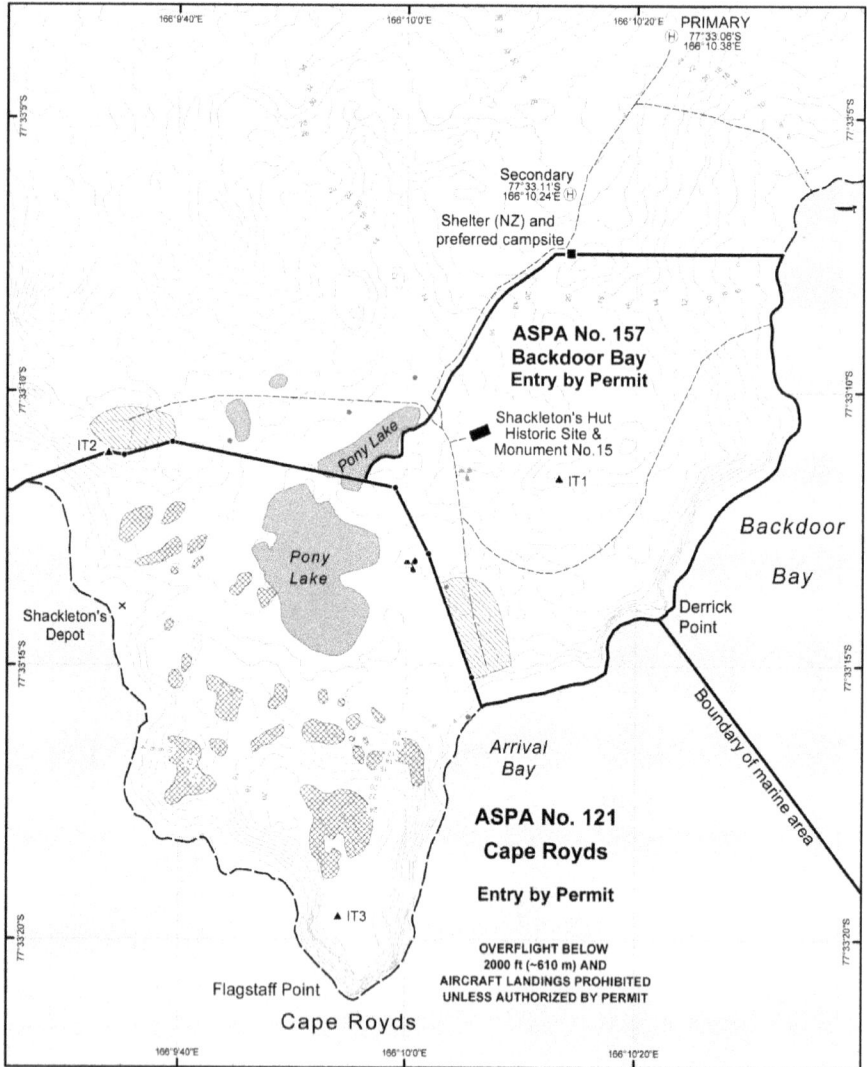

Map 2: ASPA No. 121 Cape Royds - access, facilities and wildlife

05 Mar 2014
United States Antarctic Program
Environmental Research & Assessment

Legend	
Coastline (approx)	ASPA boundary
Contour (2 m)	Penguin nesting area (2005 approx.)
Ice free ground	Penguin viewing area
Ocean	Path
Lake / pond	Building
	Survey marker

Signpost / boundary point
Signpost
Helicopter landing site
Small boat landing site
Automatic Weather Station
Historic weather station

0   50   100
Meters

N

Projection: Lambert Conic Conformal
Spheroid and horizontal datum: WGS 84
Data sources: ASPA boundary ERA (Jan 2014)
Signposts: UNAVCO (Jan 2014)
Topography & infrastructure data supplied
by Gateway Antarctica (2009)
Penguins: digitised by ERA from georeferenced aerial
image (2005) provided by Landcare Research

52

Plan de gestión para la
Zona Antártica Especialmente Protegida (ZAEP) N° 124
CABO CROZIER, ISLA ROSS

Introducción

La Zona Antártica Especialmente Protegida (ZAEP) cabo Crozier está ubicada al extremo oriental de la isla Ross, en el Mar de Ross. Área aproximada y coordenadas: alrededor de 70 km² (centrados a 169° 19 '53" E, 77° 28' 54" S), de los cuales alrededor de 43 km² (61%) son marinos (incluida la plataforma de hielo) y alrededor de 27 km² son terrestres (39%). Las principales razones para la designación de la Zona son su diversa fauna de aves y mamíferos, su rica vegetación local y sus valores históricos. El pingüino emperador *(Aptenodytes forsteri)* en el cabo Crozier es el más austral que se conoce, y también tiene disponibles los registros de estudios más extensos. La colonia de pingüinos Adelia es una de las más conocidas. La Zona es también uno de los lugares más australes de algas de nieve de los que se tiene registro. La Zona es representativa de los hábitats terrestres y acuáticos relativamente inalterados en la isla Ross, tales como las comunidades de musgos, líquenes, algas, invertebrados y microbianas.

La Zona fue designada originalmente Zona especialmente protegida (ZEP) No 6 mediante la Recomendación IV-6 (1966), a raíz de una propuesta de Estados Unidos sustentada en la prolífica fauna de aves y mamíferos, así como de microfauna y microflora de la región, y en que el ecosistema depende de una combinación sustancial de elementos marinos y terrestres de interés científico sobresaliente. Con la aprobación de la categoría de protección como Sitio de Especial Interés Científico (SEIC) en 1972, la designación como ZEP del cabo Crozier fue revocada mediante la Recomendación VIII-2 (1975) y el sitio fue designado SEIC N° 4 en virtud de la Recomendación VIII-4 (1975). La razón de la designación del SEIC N° 4 fue proteger los estudios a largo plazo sobre la dinámica poblacional y el comportamiento social de las colonias de las especies de pingüinos emperador *(Aptenodytes forsteri)* y Adelia *(Pygoscelis adeliae)* en la región. La información recopilada desde la designación del SEIC N° 4 apoyó la inclusión de las poblaciones de skúas y grupos de vegetación como valores importantes que deben protegerse en el cabo Crozier. La SEIC se amplió mediante la Recomendación X-6 (1979), la Recomendación XII-5 (1983), la Recomendación XII-7 (1985), la Recomendación XVI-7 (1991) y la Medida 3 (2001). La Zona cambió de nombre y número a Zona Antártica Especialmente Protegida (ZAEP) N° 124 por medio de la Decisión 1 (2002). En la Medida 1 (2002) los límites se ampliaron hacia el sur para incluir al espolón Igloo y para proteger la variedad de grupos de vegetación, representativa de la región del cabo Crozier. En la Medida 7 (2008) se modificó el límite occidental de la Zona para seguir una línea de longitud simple debido a que los visitantes encontraban el límite anterior difícil de seguir. Este límite fue simplificado aún más en el Plan de gestión actual, y ahora sigue una línea directa entre las cumbres del pico Bomb y la colina Post Office, y fue ajustado para excluir la cabaña del cabo Crozier de la Zona.

La Zona abarca ambientes dentro de dos de los dominios definidos en el análisis de dominios ambientales de la Antártida: "Dominio ambiental P - plataformas de hielo Ross y Ronne-Filchner" y "Dominio ambiental S - McMurdo - zona geológica de Tierra de Victoria Meridional". Bajo la clasificación de Regiones biogeográficas de conservación antártica, la Zona se encuentra dentro de la "RBCA 9 - Tierra de Victoria Meridional".

1. Descripción de los valores que requieren protección

La colonia de pingüinos emperador en el cabo Crozier fue registrada por primera vez por los miembros de la Expedición nacional antártica británica en 1902. La colonia es la más meridional que se conoce y tiene el registro de estudio más extenso de una población de pingüinos emperador. La colonia se reproduce sobre el hielo fijo que se forma entre las grandes grietas que aparecen donde la barrera de hielo Ross llega al cabo Crozier. La posición de estas grietas varía con el desplazamiento de la barrera de hielo, y se sabe que la misma colonia se mueve entre las distintas partes de las grietas durante la temporada de reproducción. Los límites de la Zona han sido trazados de forma tal que abarquen las áreas de hielo fijo que están ocupadas regularmente por aves reproductoras.

El cabo Crozier tiene una gran población de pingüinos Adelia *(Pygoscelis adeliae)* con un promedio de alrededor de 150.000 parejas reproductoras, con poco más de 270.000 parejas en 2012, lo que la convierte una de las mayores colonias de pingüinos Adelia de la Antártida. La colonia está dividida en dos grupos principales que viven a un kilómetro de distancia, conocidas como la colonia oriental y la colonia occidental (mapas 1 y 2). Además, en la Zona hay restos antiguos y bien conservados de pingüinos que revisten un valor científico particular para los estudios genéticos. Junto con las colonias de pingüinos hay una gran colonia de skúas polares (*Stercorarius maccormicki*), que se calcula que consiste en 1.000 parejas reproductoras.

En la Zona se reproducen focas de Weddell (**Leptonychotes weddellii**), en tanto que las focas leopardo (*Leptonyx hydrurga*) la visitan con frecuencia y se ven comúnmente focas cangrejeras (*Lobodon carcinophagus*) en el mar y en témpanos de hielo. Frecuentemente se ven también orcas (*Orcinus orca)* cerca de la costa de la Zona. Aunque las especies de mamíferos registradas en el cabo Crozier no se ven únicamente en la Zona ni son sobresalientes en este contexto, forman parte integral y representativa del ecosistema local.

Hay conjuntos de musgos, algas y líquenes en la Zona. En el cabo Crozier hay un sector de más de cuatro hectáreas cubierto de algas de nieve junto a las colonias de skúas y pingüinos. Rodales tan extensos como los del cabo Crozier se han visto solo en otro lugar de la Antártida continental, en la costa de la Tierra de Wilkes, y en el cabo Crozier se han documentado algunos de los ejemplares más meridionales de algas de nieve. También abundan los líquenes, con grandes áreas de líquenes crustosos de color anaranjado fuerte sobre las rocas y piedras de las laderas más arriba de la colonia de pingüinos Adelia y rodales prolíficos de líquenes foliosos y fruticosos en las inmediaciones del iglú de piedra de Wilson. Dos especies de líquenes *(Caloplaca erecta* y *C. soropelta)* observadas en el área no se han registrado anteriormente en la Antártida. Por lo tanto, la zona tiene valor al proporcionar una representación de los hábitats terrestres y acuáticos relativamente extensos y prístinos de la isla Ross que albergan una gran variedad de comunidades de musgos, líquenes, algas y microbianas, además de una fauna asociada de invertebrados.

Un puesto de mensajes perteneciente a la Expedición antártica nacional de Scott (1901-1904) está situado en la colonia Oeste (169° 14 '37,5 "E, 77° 27' 16,7" S) y fue designado Sitio y Monumento Histórico (SMH) N° 69 a través de la Medida 4 (1995). El iglú de piedra de Wilson (169° 17' 56" E, 77° 31' 51" S), designado como SMH N° 21 a través de la Recomendación VII-9 (1972), está ubicado en el sur de la Zona. El albergue de piedra fue construido en julio de 1911 por integrantes de la Expedición Antártica Británica de 1910-1913 durante su viaje invernal al cabo Crozier para recolectar huevos de pingüino emperador.

Debido a sus grandes valores científicos, ecológicos e históricos, junto con su vulnerabilidad a las perturbaciones que pueden ocasionar el pisoteo, el muestreo, la contaminación o la introducción de especies no autóctonas, esta Zona requiere protección especial a largo plazo.

2. Finalidades y objetivos

La gestión del cabo Crozier tiene las siguientes finalidades:

- Evitar la intervención humana innecesaria a fin de no degradar los valores de la zona o crear riesgos considerables para los mismos;
- Permitir las investigaciones científicas del ecosistema de la Zona, en particular sobre la avifauna, la fauna marina y la ecología terrestre, al tiempo que se garantiza la protección frente a excesos en la extracción de muestras y otros posibles impactos científicos;
- Permitir otras investigaciones científicas, actividades de apoyo científico y visitas para fines educativos y de difusión (tales como información documental (visual, sonora o escrita) o la producción de recursos y servicios educativos), siempre y cuando dichas actividades se realicen por razones apremiantes, que no puedan llevarse a cabo en otro lugar y que no pondrán en riesgo los valores de la Zona;
- Prevenir o reducir al mínimo la posibilidad de introducción de plantas, animales y microbios no autóctonos a la Zona;
- Reducir al mínimo la posibilidad de introducción de patógenos que puedan causar enfermedades en las poblaciones de fauna dentro de la Zona;
- Permitir las visitas a los sitios históricos pero bajo un control estricto con un permiso; y
- Permitir las visitas con fines de gestión para cumplir los objetivos del plan de gestión.

3. Actividades de gestión

Se deberán realizar las siguientes actividades de gestión con el fin de proteger los valores de la Zona:

- Se deberán colocar veletas duraderas en las proximidades del sitio principal designado para el aterrizaje de helicópteros cuando se prevea que habrá varios aterrizajes en el sitio en una temporada determinada. Las veletas deberán reemplazarse cuando sea necesario y retirarse cuando ya no hagan falta.
- Con objeto de marcar los sitios primario y secundario designados para el aterrizaje de helicópteros junto a la cabaña de campaña, se deberán colocar señalizadores de colores vivos que sean claramente visibles desde el aire y no representen una amenaza importante para el medio ambiente.
- Deberán colocarse, en lugares bien visibles, carteles que indiquen la ubicación de la Zona (así como las restricciones especiales vigentes) y deberá mantenerse disponible una copia del presente Plan de gestión en la cabaña de investigaciones del cabo Crozier.
- Los programas nacionales deberán adoptar medidas para garantizar los límites de la Zona y que las restricciones que se aplican en su interior estén marcadas en los mapas y cartas náuticas y aeronáuticas relevantes.
- Los señalizadores, los carteles o las estructuras erigidos dentro de la Zona con fines científicos o de gestión estarán bien sujetos, se mantendrán en buen estado y se los eliminará cuando dejen de ser necesarios.
- Los Programas antárticos nacionales que operen en la Zona deberían mantener un registro de todos los nuevos señalizadores, carteles y estructuras erigidos dentro de la Zona.
- El Personal (personal de programas nacionales, expediciones en terreno, turistas y pilotos) en las cercanías de la Zona o que ingresen a ella o la sobrevuelen deben recibir instrucciones específicas de sus programas nacionales correspondientes, o de sus autoridades nacionales correspondientes, en cuanto a las disposiciones y contenidos del Plan de gestión.

- Se efectuarán las visitas necesarias (por lo menos una vez cada cinco años) para determinar si la Zona continúa sirviendo a los fines para los cuales ha sido designada y cerciorarse de que las medidas de gestión y mantenimiento sean las adecuadas.

- Los programas nacionales antárticos que operan en la región deberían asesorarse entre sí a fin de asegurar la aplicación de las disposiciones mencionadas.

4. Período de designación

La designación abarca un período indeterminado.

5. Mapas y fotografías

Mapa 1: ZAEP N° 124 cabo Crozier: topografía y límites.

Proyección: cónica conforme de Lambert. Paralelos normales: primero, 77° 27' S; segundo, 77° 32' S. Meridiano central: 169° 15' E. Latitud de origen: 77° S Esferoide y nivel de referencia horizontal: WGS84.

Fuentes de datos:

Los datos sobre el litoral, las curvas de nivel y las aves fueron suministrados por Gateway Antarctica; límites de la ZAEP: ERA (febrero de 2014); instalaciones: mensura mediante GPS de RPSC (25 de diciembre de 2007); terrenos libres de hielo, colonias de pingüinos emperador: imágenes de Quickbird (09 de octubre de 2011); parte delantera de la plataforma de hielo de 1993 estimada a partir de imágenes aéreas ortorectificadas (DoSLI / USGS SN7848) y de 2002, 2007 y 2011 estimada a partir de imágenes de Quickbird (imágenes © 2011 Digital Globe; programa de imágenes comerciales de la NGA).

Recuadro 1: Región del Mar de Ross, que muestra la ubicación del Recuadro 2.

Recuadro 2: Región de la isla Ross, que muestra la ubicación del mapa 1 y de la Estación McMurdo (EE. UU.) y la Base Scott (NZ).

Mapa 2: ZAEP N° 124 cabo Crozier: acceso, instalaciones y fauna silvestre.

Las especificaciones cartográficas son las mismas del mapa 1.

6. Descripción de la Zona

6(i) Coordenadas geográficas, indicadores de límites y características naturales

Descripción general

El cabo Crozier (169° 21' 30" E, 77° 30' 30" S) está en el extremo oriental de la isla Ross, en un área sin hielo de la parte inferior de las laderas orientales del monte Terror (mapa 1). La Zona designada está situada en las inmediaciones de la colina Post Office (407 m), del pico Bomb (740 m) y The Knoll (360 m), que se extiende para abarcar los conos Gamble, Topping y Kyle. El espolón Igloo, el medio marino adyacente y un área de la plataforma de hielo Ross, donde grandes grietas se forman a medida que la plataforma hace presión contra el terreno. Estas grietas generalmente están cubiertas por hielo fijo, que los pingüinos emperador en reproducción ocupan durante el año.

Límites y coordenadas

El límite norte marino de la Zona se extiende 6,5 kilómetros a lo largo de la línea de latitud 77° 26' 00" S de 169° 12' 00" E a 169° 28' 00" E. El límite occidental se extiende 1,68 kilómetros desde el sur de la frontera norte a la costa, y desde allí hacia el sur por otros 800 m hasta el borde del suelo sin hielo antes de ascender a la cima de una colina baja (cerca de 300 m) ubicada arriba y hacia el este de la cabaña de campaña (mapa 1). Desde allí, el límite continua directamente a la cumbre de la colina Post Office (407 m) a 169° 12' 40" E 77° 27' 55" S. El límite sigue desde ese punto una línea recta hacia el sur, directo a un punto cercano a la cumbre del pico Bomb (740 m) a 169° 11 '30 "E 77° 31' 02" S. El límite sigue hacia abajo por la cresta sudeste del pico Bomb hasta el espolón Igloo, situado a 169° 20' 00" E 77°, 32' 00" S, y de allí sigue justo hacia el este a lo largo de la línea de 77° 32' 00" S de latitud hasta el límite oriental, a 169° 28' 00" E.

Meteorología

La estación meteorológica automática (EMA) más cercana al cabo Crozier es Laurie II, situada en la plataforma de hielo Ross, 35 kilómetros al este del cabo Crozier. Las temperaturas del aire registradas en Laurie II entre 2009 y 2013 indicaron que diciembre fue el mes más cálido en este período, con una temperatura media de -5,8 °C, y agosto como el más frío, con una temperatura media de -33,1 °C (http://uwamrc.ssec.wisc.edu/ 06 de marzo de 2014). La temperatura mínima del aire registrada durante este período fue de -56,5 °C, en julio de 2010, mientras que la máxima fue de 5,9 °C en enero de 2011. La velocidad media del viento durante el período fue de ~ 6,3 m/s con vientos con dirección predominantemente de sur a suroeste. Es probable que las condiciones en el cabo Crozier difieran como resultado de la geografía local. Por ejemplo, cerca del monte Terror probablemente influyen en la circulación del aire y vientos catabáticos locales y afectan al clima local. Por otra parte, Broady (1989) observó que los vientos predominantes en la región sin hielo cerca del cabo Crozier tienden a venir desde el sudeste.

Geología, geomorfología y edafología

El terreno sin hielo del cabo Crozier es de origen volcánico, con numerosos conos y cráteres pequeños visibles entre las pendientes suaves de escoria y lava basáltica de textura fina. Los conos fonolíticos en la colina Post Office y The Knoll tienen 1,4 millones de años, mientras que otras rocas volcánicas de la zona tienen menos de 1 millón de años (Cole *et al.* 1971; Wright y Kyle 1999). Varios de estos cerros, entre ellos la colina Post Office, sirven de escudo para las colonias de pingüinos contra los vientos del sudoeste. En la superficie hay numerosas bombas volcánicas y otros indicios de pequeñas explosiones volcánicas. Al sur de la Zona, los acantilados costeros contiguos a la barrera de hielo tienen hasta 150 m de altura. El frente de los acantilados presenta lava estratificada y tobas de palagonita de color marrón con varios parches lenticulares de basalto columnar cerca de la base. En el lado norte del cabo Crozier se pueden encontrar grandes bloques erráticos de origen continental transportados por la plataforma de hielo Ross.

Aves reproductoras

La colonia de pingüinos emperador *(Aptenodytes forsteri)* del cabo Crozier fue descubierta en octubre de 1902 por R. S. Skelton, un miembro de la expedición Discovery de Scott. La presencia de la colonia depende del hielo fijo atrapado en las grietas de la barrera de hielo Ross en el punto donde llega al cabo Crozier. El tamaño de la colonia está limitado por la superficie y las condiciones del hielo fijo, el cual también influye en la disponibilidad de lugares de reproducción protegidos de los fuertes vientos catabáticos que descienden del monte Terror. La ubicación de la colonia varía de un año a otro (mapa 2) y la colonia se traslada durante la temporada de cría, comenzando la temporada cerca de la costa y alejándose de la costa a medida que los polluelos se acercan al final de la fase de muda de plumaje. La población reproductora ha fluctuado ampliamente desde el cambio de siglo, por ejemplo, con 400 adultos registrados en 1902, 100 en 1911 y 1.300 en 1969. El número de polluelos plenamente criados y el éxito de la muda de plumaje de la colonia también ha variado (Cuadro 1). El promedio de polluelos plenamente criados en el cabo Crozier es de 514 en los años sobre los cuales se dispone de datos (Cuadro 1).

Cuadro 1. Conteo de polluelos de pingüinos emperador en el cabo Crozier entre 1983-2006 y adultos entre 2007-12.

Año	Polluelos	Año	Polluelos	Año	Polluelos	Año	Adultos
1983:	78	1995	623	2002	247	2007	537
1986	?	1996	859	2003	333 (a)	2008	623
1989	?	1997	821	2004	475	2009	303 (c)
1990	324	1998	1108	2005	0	2010	856
1992	374	1999	798	2006	339 (b)	2011	870
1993	?	2000	1201			2012	1189
1994	645	2001	0				

Fuentes: conteo de polluelos de Barber-Meyer, Kooyman y Ponganis, 2008. Conteos de adultos: Kooyman, nota personal 2014.
a) No se contaron todos los polluelos debido a las condiciones accidentadas del hielo. Por lo tanto, se supuso que había un polluelo por cada adulto contado.
b) G. Kooyman, *nota personal,* noviembre de 2007.
c) Estimación de 2009 a partir de imágenes satelitales (Fretwell *et al.* 2012).

En 2000 se desprendió una parte de la barrera de hielo Ross, formando un iceberg de 295 km de largo y 40 km de ancho. Una sección fragmentada de este iceberg, conocido como B15A, junto con otro iceberg (C16) se asentó cerca de la Isla Ross en 2001. Estos icebergs tuvieron un efecto importante sobre la distribución y la producción primaria del hielo marino, e impidieron la llegada de los pingüinos emperador. En 2001 y en varios años subsiguientes, los icebergs C16 y B15A afectaron el éxito reproductivo y la ubicación de las colonias de pingüinos emperador y Adelia al bloquear el acceso a las áreas de búsqueda de alimento y al destruir el hábitat de anidación. En 2005, la colonia de pingüinos emperador se mantuvo muy por debajo del tamaño que tenía antes de 2000, sin signos de que estuviera reproduciéndose (Kooyman *et al.* 2007). Sin embargo, en 2006 la colonia había regresado al lugar que ocupaba antes del atascamiento del iceberg y nacieron 339 polluelos (G. Kooyman, *nota personal,* noviembre de 2007, Tabla 1), y en los últimos años el número de adultos ha vuelto a niveles similares a los observados en el pasado durante el período 1996-2000.

Durante los veranos australes de 1961-1962 hasta 1981-1982 se realizó un estudio completo de la población de pingüinos Adelia en el cabo Crozier, y se registraron y anillaron entre 2.000 y 5.000 polluelos al año. Hay dos *(Pygoscelis adeliae)* colonias de pingüinos Adelia en el cabo Crozier, conocidas como colonias Oriente y Occidente. Estas se encuentran a aproximadamente 1 km de distancia, separadas por una cresta alta de 45 metros y un campo de hielo en pendiente a través del cual las aves no viajan. La costa de 1,6 km, con tres playas separadas por afloramientos rocosos, permite el acceso de los pingüinos a la colonia occidental. En cambio, la colonia oriental tiene a su disposición una playa rocosa de 50 m de ancho y 550 m de acantilados marinos. La población de las dos colonias se ha incrementado sustancialmente en los últimos 50 años, registrándose se 65.000 parejas reproductoras en 1958, 102.500 en 1966, y 177.083 en 1987. Las cifras disminuyeron a 136.249 en 1989 y a 106.184 en 1994. En 2000, se estimaba que el número de parejas reproductoras era 118.772 (basado en una proyección de conteos seleccionados de subcolonias) (Ainley *et al.* 2004). La población media combinada de las colonias Este y Oeste del Cabo Crozier en un período de 28 años era de 153.632, y en 2012 había 270.340 parejas reproductoras, por lo que es una de las mayores colonias de pingüinos Adelia en la Antártida (Lyver *et al.,* en impresión). La presencia de los icebergs B15A y C16 de 2001 a 2005 en el área de búsqueda de alimentos tuvo un efecto importante en la colonia de pingüinos Adelia del cabo Crozier (Arrigo *et al.* 2002; Ballard *et al.* 2010; Dugger *et al.* 2010).

Alrededor de 1.000 parejas de skúas polares (*Stercorarius maccormicki*) se reproducen en el terreno sin hielo que rodea la colonia de pingüinos Adelia. Entre 1961 y 1962 se inició un estudio demográfico de esta colonia, que todavía se seguía realizando en 1996-1997. Se han registrado como visitantes del cabo Crozier, provenientes de los sitios de reproducción más al norte, pingüinos de barbijo *(Pygoscelis antarctica)*, petreles de Wilson *(Oceanites oceanicus)*, petreles de las nieves *(Pagodroma nivea)*, petreles antárticos *(Thalassoica antarctica)*, petreles grises *(Fulmarus glacialoides)*, petreles gigantes *(Macronectes giganteus)*, gaviotas cocineras *(Larus dominicanus)* y las skúas polares.

Mamíferos reproductores

En la Zona se reproducen focas de Weddell (**Leptonychotes weddellii)**, habiéndose contado alrededor de 20 cachorros en los últimos años. Las focas leopardo (*Leptonyx hydrurga*) frecuentan la Zona, con unos 12 ejemplares que se reconocen como visitantes regulares, en tanto que se ven comúnmente focas cangrejeras (*Lobodon carcinophagus*) en el mar y en témpanos de hielo de las proximidades. Entre otros mamíferos que se observan con frecuencia en la Zona se encuentran orcas (*Orcinus orca*) de distintos tipos. Las observaciones regulares de orcas se realizaron en el cabo Crozier entre 2002-2009 (Ainley *et al.* 2009), llegándose a la conclusión de que los avistamientos de orcas de ecotipo-C (también conocidas como "ballenas asesinas del Mar de Ross") en el cabo Crozier habrían disminuido simultáneamente con el aumento de la pesca comercial en el Mar de Ross, en particular la merluza negra austral *(Dissostichus mawsoni)*. Las "ballenas asesinas del Mar de Ross" parecen alimentarse principalmente de peces, incluida la merluza negra austral, por lo que los autores sugieren que los cambios en los patrones de alimentación de estas ballenas en esta región pueden estar vinculados a la disminución de la disponibilidad de presas como resultado de la pesquería.

Biología terrestre: hábitats acuáticos y no acuáticos

Por toda la Zona hay algas en grandes parches de nieve, en el suelo y en las piedras, a menudo debajo de la capa superficial del suelo. En el norte de la Zona hay grandes áreas de algas de nieve, que cubren más de cuatro hectáreas de campos nevados de la periferia de la colonia de pingüinos Adelia y los lugares de anidación de skúas (Broady, 1989). Se han notificado parches particularmente grandes en el valle cubierto de nieve que está entre los dos cerros costeros del extremo septentrional de la colonia de pingüinos Adelia, con una hectárea como mínimo de nieve con un tinte verde. Sin embargo, la extensión de las algas de nieve no siempre es obvia, y el color verde con frecuencia no se ve hasta que se rompe la capa superficial de hielo blanco. En las muestras de algas de nieve predomina una especie de *Chlamydomonas*, asociada a filamentos ocasionales tipo *Ulothrix* y diatomeas. Para crecer, las algas necesitan del agua de deshielo que se filtra durante el verano, además de los nutrientes producidos por las colonias de aves.

La *Prasiola crispa* crece en las corrientes de agua lentas en las proximidades de las colonias de pingüinos; es posible encontrar *P. calophylla* creciendo en forma de cinta donde el agua se filtra a través de las piedras en las laderas de los taludes. En toda la Zona hay numerosas lagunas pequeñas, desde charcas pequeñas de alrededor de un metro de diámetro hasta un lago de cerca de 150 m de diámetro justo al sur de The Knoll. Las cuatro lagunas que hay donde se encuentran las colonias de pingüinos contienen abundantes poblaciones de fitoplancton de *Chlamydomonas* cf. *snowiae*, mientras que los estanques sirven de apoyo en otros lugares para el crecimiento de tapetes bentónicos de color rojo-marrón a azul verdoso oscuro en los que predomina la Oscillatoriaceae. Ocasionalmente se encuentran algas epilíticas (predominantemente *Gloeocapsa*, *Nostoc* y *Scytonema*) en capas negruzcas que recubren la superficie de las piedras donde se filtra el agua de deshielo.

Los musgos son escasos y están dispersos, distribuidos principalmente en forma de colchones solitarios o en un número pequeño de colchones aislados de no más de 10 cm de diámetro. Hay rodales más prolíficos a una distancia de hasta medio kilómetro hacia el nordeste de la cabaña en las laderas norte y noroeste y en las laderas que están justo encima de los acantilados de la costa, aproximadamente a un kilómetro al sur de las colonias de pingüinos. Las especies de musgos del cabo Crozier todavía no han sido identificadas.

Hay líquenes incrustantes anaranjados en huecos poco profundos, en afloramientos rocosos y en rocas grandes, y briofitas incrustantes en las pendientes que están más arriba de las colonias de pingüinos. Junto al iglú de piedra de Wilson se encuentran el liquen fruticoso *Usnea* y el liquen folioso *Umbilicaria*, ambos de color más apagado pero estructuralmente más complejos. En toda la Zona se observan capas de algas verdes. Una encuesta realizada en 2010 cerca de la colonia de pingüinos Adelia identificó 14 especies de líquenes, de las cuales dos *(Caloplaca erecta* y *C. soropelta)* no habían sido registradas antes en la Antártida, y una *(Lecania nylanderiana)* no había sido registrada antes en la Tierra de Victoria (Smylka *et al.* 2011). *Caloplaca soropelta* no se había registrado antes en el hemisferio sur; es conocida como una especie del Ártico. Las otras 11 especies, conocidas previamente en la Antártida, son *Buellia darbishirei*, *B. pallida*, *Caloplaca citrina C. saxicola*, *C. schofieldii*, *Lecanora expectans*, *L. mons-nivis*, *Lecidella siplei*, *Physcia dubia*, *Rhizoplaca melanophthalma*, y *Rinodina* sp.

Actividades humanas y su impacto

El Cabo Crozier está relativamente aislado y es de difícil acceso, y por lo general es bajo el número de visitantes a la Zona cada año, con sólo 30 permisos para la entrada emitidos por Nueva Zelanda y los EE. UU. durante el período 2009-2014. El acceso se hace por lo general en helicóptero. El sitio designado para el aterrizaje, cerca de la cabaña del cabo Crozier, requiere actuar con cuidado para evitar el sobrevuelo involuntario de la colonia de pingüinos Adelia (mapa 2). Los pilotos son informados con antelación para evitar las colonias cuando se vuela a bajas elevaciones.

Algunos materiales, tales como clavos, tornillos y bisagras permanecen en el lugar de la vieja cabaña "Jamesway", que ya fue retirada (mapa 2). Bajo los conos Kyle, Topping y Gamble siguen visibles los senderos para vehículos, aparentemente confeccionados en la década de 1970 en los suelos, a lo largo de los terrenos de aluvión (Ainley nota personal 2014).

6(ii) Acceso a la zona

Es posible ingresar a la Zona en travesías por tierra o por hielo marino, por mar o por aire. No se han designado rutas específicas para el acceso a la Zona. Se aplican restricciones de acceso para sobrevolar y aterrizar en la Zona. Las condiciones específicas están establecidas en la Sección 7(ii) a continuación.

6(iii) Estructuras dentro de la Zona y en sus proximidades

La cabaña del cabo Crozier (EE. UU.) (169 ° 11' 13 "E, 77° 27' 41" S) está situada en el lado noroeste de un pico bajo a cerca de 675 m al noroeste de la colina Post Office (mapas 1 y 2). Cada temporada se instala un repetidor de radiocomunicaciones encima de la cabaña (mapa 2). Un refugio de observación instalado en el período 1960-1980 se encontraba a los pies de la cara norte de la colina Post Office, aunque no existe actualmente. Una choza tipo Jamesway se había construido en una pequeña terraza de aproximadamente 1 km al noreste de la cabaña actual (mapa 2), aunque esta fue destruida por el fuego y, con la excepción de algunos artículos pequeños como clavos, etc., los escombros de la cabaña desde entonces han sido eliminados.

Erigido el 22 de enero de 1902, el histórico puesto de mensajes de la expedición Discovery, designado como SMH N°69 mediante la Medida 4 (1995), está situado en la colonia Occidental en la costa noroeste de la Zona (169° 14 '37,5 "E, 77° 27 '16,7 "S). El puesto fue utilizado por la Expedición nacional antártica británica de 1901–04 para brindar información a los buques de auxilio de la expedición. En el espolón Igloo (mapa 1) hay una cabaña de piedra histórica, conocida como el Iglú de Piedra de Wilson (SMH N° 21) (169° 17' 56" E, 77° 31' 51" S).

6(iv) Ubicación de otras zonas protegidas en las cercanías

Las zonas protegidas más cercanas al cabo Crozier están en la isla Ross: la Bahía Lewis (ZAEP N° 156), el sitio del accidente del avión de pasajeros DC-10 de 1979 es el más cercano y está a 45 km al oeste; la cresta Tramway (ZAEP N° 156), cerca de la cumbre del monte Erebus se encuentra a 55 km al oeste; la cabaña Discovery en la península Hut Point (ZAEP N° 158 y SMH N° 18); las Alturas de Arrival (ZAEP N° 122) están a 70 km al sudoeste, junto a la estación McMurdo; el cabo Royds (ZAEP N° 121), la bahía Backdoor (ZAEP N° 157 y HSM N° 15) y el cabo Evans ZAEP N° 155) están a 75 km al oeste; y el valle New College (ZAEP N° 116) está a 75 km al noroeste de cabo Bird.

6(v) Zonas especiales al interior del área

No hay zonas especiales designadas al interior de la Zona.

7. Condiciones para la expedición de permisos

7(i) Condiciones generales de los permisos

Se prohíbe el ingreso a la Zona excepto con un permiso expedido por una autoridad nacional pertinente. Las condiciones para la expedición de permisos son las siguientes:

- El permiso debe ser emitido para investigaciones científicas, específicamente para la investigación de los ecosistemas de avifauna, marinos o terrestres de la Zona, o para fines científicos, educativos o de difusión indispensables que no puedan llevarse a cabo en otro sitio, o por motivos esenciales para la gestión de la Zona;
- Las acciones permitidas serán de conformidad con este Plan de gestión;
- Las actividades permitidas darán la correspondiente consideración al proceso de Evaluación del impacto medioambiental para la protección continua de los valores ambientales, científicos e históricos de la Zona;
- Las distancias de aproximación a la fauna se deben respetar, salvo cuando las necesidades científicas lo requieran de otra forma y esto se especifique en los permisos correspondientes.
- Los visitantes no podrán entrar en el Iglú de piedra de Wilson (SMH N° 21) o perturbar de cualquier otra manera esta estructura o el puesto de mensajes de la expedición Discovery (SMH N° 69), a menos que esté específicamente autorizado para ello con un permiso;
- El permiso será expedido por un período determinado;
- Deberá llevarse el permiso, o una copia de este, cuando se está dentro de la Zona;

7 (ii) Acceso a la zona y desplazamientos en su interior o sobre ella

Se puede ingresar a la zona en helicóptero, en lancha o a pie. Los vehículos están prohibidos en tierra al interior de la Zona.

Acceso a pie y circulación dentro de la Zona

El desplazamiento por tierra en la Zona deberá efectuarse a pie. Se prohíbe que las personas que lleguen en aeronaves, embarcaciones o vehículos circulen fuera de las inmediaciones del lugar de aterrizaje, desembarco o descenso, salvo que estén específicamente autorizadas para ello en el permiso. Los peatones deberán mantenerse a una distancia mínima de 5 m de la fauna silvestre, a menos que sea necesario aproximarse con fines autorizados por el permiso.

Los visitantes deben desplazarse cuidadosamente a fin de reducir a un mínimo la perturbación de la flora, la fauna, los suelos y las masas de agua. Los peatones deben caminar sobre la nieve o terreno rocoso si resulta factible, pero teniendo la precaución de no dañar los líquenes. Se debe tener especial cuidado al caminar sobre terreno rocoso en las cercanías del iglú de piedra de Wilson (SMH N° 21) (169° 17' 56" E, 77° 31' 51" S), en el espolón Igloo (mapa 1), donde hay líquenes frágiles sobre las rocas. El iglú de piedra de Wilson es en sí frágil, y los visitantes no deben entrar o alterar de cualquier otra manera la estructura sin la autorización expresa para hacerlo mediante un permiso.

Los peatones deben caminar alrededor de las colonias de pingüinos y no deben ingresar a los subgrupos de pingüinos que anidan, a menos que esto sea necesario a los fines de investigación o de gestión. Se debe tener cuidado de no pisotear los nidos al desplazarse por el terreno ocupado por skúas. El tránsito de peatones se reducirá a un mínimo de manera consecuente con los objetivos de todas las actividades permitidas y se hará todo lo posible para reducir a un mínimo los efectos de las pisadas.

Acceso por aeronave y sobrevuelos

Podrán operar y aterrizar aeronaves en la Zona observando estrictamente las siguientes condiciones:

*   Los aterrizajes de aeronaves en la Zona están prohibidos excepto con autorización para fines permitidos por el plan de gestión.
*   Está prohibido sobrevolar la Zona por debajo de los 2.000 pies (~610 m), salvo que se haya autorizado mediante un permiso para los fines contemplados en el Plan de gestión;
*   Los pilotos deben cerciorarse de que las aeronaves mantengan una distancia de separación horizontal de al menos 2.000 pies (cerca de 610 m) con respecto de los bordes de las colonias de pingüinos (mapas 1 y 2) al ingresar a los lugares de aterrizaje designados, o al realizar operaciones dentro de la Zona.
*   Se prohíben los aterrizajes de aeronaves en el hielo marino a una distancia inferior a ½ milla náutica (~ 930 m) respecto de la colonia de pingüinos emperador. Los pilotos deben tener en cuenta que la colonia de pingüinos emperador puede cambiar de año en año y desplazarse a lo largo de la temporada de reproducción, incluso a varios kilómetros de la posición nominal que se muestra en el mapa 1; asimismo, la colonia también puede comprender una serie de unidades más pequeñas dentro de la Zona.
*   El lugar principal de aterrizaje de helicópteros, preferido generalmente para el acceso a la Zona, está situado en 169° 11.19' E, 77° 27.64' S (elevación de 240 m). Este lugar de aterrizaje se encuentra 150 metros por debajo y al noroeste de la cabaña de campaña del cabo Crozier (EE.UU.) y fuera de la Zona a aproximadamente 430 metros al oeste del límite occidental de la ZAEP (mapa 2). El sitio está demarcado por un círculo de piedras pintadas de color naranja brillante. En caso necesario puede utilizarse como sitio de aterrizaje una alternativa secundaria, a 169° 11.28' E, 77° 27.72' S. El lugar de aterrizaje se encuentra a 150 m por sobre la cabaña y a unos 450 m al oeste del límite de la ZAEP.
*   Un tercer punto de aterrizaje de helicópteros se encuentra más arriba y 350 m al noroeste del iglú de piedra de Wilson, a 169° 17,19 'E, 77 ° 31,75' S (mapa 1) en un área donde el terreno es relativamente plano.
*   A fin de reducir al mínimo el riesgo de sobrevolar las colonias de aves de manera accidental, los pilotos de helicóptero que ingresen a la Zona por primera vez deberían estar acompañados de otro piloto con experiencia en el vuelo dentro de la Zona.
*   Se prohíbe el uso de granadas de humo desde helicópteros salvo que sea absolutamente necesario por razones de seguridad y se deberán recuperar todas las granadas.

Acceso de buques y lanchas

Las restricciones para las operaciones de buques o lanchas se aplican durante el período comprendido entre el 1 de abril y el 1 de enero inclusive, cuando los barcos o lanchas deberán operar y desembarcar dentro de la Zona de acuerdo con la estricta observación de las siguientes condiciones:

- Los buques y lanchas están prohibidos al interior de la Zona, incluyendo su ingreso en el hielo marino de ésta, salvo que se autorice expresamente mediante un permiso para los fines permitidos en el presente Plan de gestión;
- No hay restricciones especiales acerca de que se pueda ingresar a la zona en lancha, aunque los desembarcos deben evitar las zonas donde los pingüinos entran al mar, a menos que sea necesario a los fines para los cuales se concedió el permiso.

7 (iii) Actividades que pueden llevarse a cabo dentro de la Zona

Entre las actividades que pueden realizarse en la Zona se encuentran las siguientes:

- Investigaciones científicas que no pongan en peligro los valores de la Zona;
- Actividades con fines educativos o de difusión que no puedan realizarse en otro lugar y no pongan en peligro los valores de la Zona. Los objetivos educativos y de difusión no incluyen el turismo;
- Actividades con el fin de documentar, preservar o proteger los recursos históricos de la Zona;
- Actividades de gestión indispensables dentro de la Zona, entre ellas la observación y la inspección.

7 (iv) Instalación, modificación o desmantelamiento de estructuras

- No se podrán erigir estructuras en la Zona excepto aquellas que se especifiquen en un permiso y, excepto por los marcadores topográficos permanentes y los señalizadores, se prohíben las estructuras o instalaciones permanentes;
- Todas las estructuras, equipo científico o señalizadores instalados en la Zona deben estar autorizados expresamente y claramente identificados por país, nombre del investigador principal, año de instalación y fecha prevista de eliminación. Todos estos artículos deben estar libres de organismos, propágulos (por ejemplo, semillas y huevos) y suelo no estéril, y deben estar confeccionados con materiales que soporten las condiciones ambientales y que representen el mínimo riesgo posible de contaminación o daño a los valores de la Zona.
- La instalación (incluyendo la selección del lugar), el mantenimiento, la modificación o el desmantelamiento de estructuras o equipos deberá efectuarse de una forma que reduzca a un mínimo la perturbación de la valores de la Zona, preferentemente evitando la temporada de cría principal de los pingüinos Adelia y las skúas (01 de octubre al 31 de marzo).
- El desmantelamiento de estructuras o equipos específicos para los cuales el permiso haya expirado será de responsabilidad de la autoridad que haya expedido el permiso original y deberá ser una condición para el otorgamiento del permiso.

7(v) Ubicación de los campamentos

Los campamentos fuera de la Zona deben estar dentro de un radio de 100 metros de la cabaña (169° 11' 14" E, 77° 27' 39" S). Cuando sea necesario para los fines especificados en el permiso, se permite acampar en la Zona a fin de facilitar el acceso a sitios inaccesibles desde la cabaña. Estos campamentos se harán preferiblemente en sitios que se hayan usado anteriormente, que no tengan vegetación y que no estén ocupados por aves reproductoras, en terreno cubierto de nieve o hielo si lo hay. Los investigadores deberían consultar con las autoridades nacionales apropiadas a fin de obtener información actualizada sobre los sitios donde es preferible acampar.

7(vi) Restricciones relativas a los materiales y organismos que puedan introducirse en la Zona

Además de los requisitos del Protocolo al Tratado Antártico sobre Protección del Medio Ambiente, algunas restricciones sobre los materiales y organismos que se pueden introducir en la Zona son:

- Se prohíbe la introducción deliberada de animales vivos, material vegetal, microorganismos, y suelo no estéril en la Zona. Deben tomarse precauciones para evitar la introducción accidental de animales, material vegetal, microorganismos y suelo no estéril desde otras regiones distintas biológicamente (dentro o fuera de la zona del Tratado Antártico).

- Los visitantes deberán tomar precauciones para garantizar que los equipos de muestreo y los señalizadores ingresados a la Zona estén limpios. En el nivel máximo practicable, el calzado y el equipo que se use o se lleve a la Zona (incluidas las mochilas, los bolsos y otros equipos) deberán limpiarse minuciosamente antes de ingresar a la Zona. Los visitantes también deben consultar y seguir adecuadamente las recomendaciones incluidas en el Manual sobre especies no autóctonas del Comité para la Protección del Medio Ambiente (CPA, 2011), y el Código de conducta ambiental sobre el Trabajo de Investigación sobre el Terreno en la Antártida (SCAR, 2009).

- Toda ave traída que no sea consumida o usada dentro de la Zona (y/o en cabañas o campamentos cercanos), incluidas todas sus partes, productos o residuos, debe ser retirada de la Zona (y/o cabaña o campamentos cercanos) o eliminada mediante la incineración o algún medio equivalente que elimine el riesgo para la flora y la fauna autóctonas.

- No se podrán introducir herbicidas o plaguicidas en la Zona.

- Cualquier otro producto químico, incluidos los radionúclidos o los isótopos estables, que se introduzca con fines científicos o de gestión especificados en el permiso deberá retirarse de la Zona a más tardar cuando concluya la actividad para la cual se haya expedido el permiso.

- No se debe almacenar combustible, alimentos, productos químicos u otros materiales en la Zona, a no ser que esté específicamente autorizado por un permiso, y estos se deben almacenar y manipular de forma que se reduzca a un mínimo el riesgo de su introducción accidental en el medioambiente.

- Todos los materiales introducidos podrán permanecer en la Zona durante un período expreso únicamente, deberán ser retirados a más tardar cuando concluya dicho período y deberán ser almacenados y manipulados con métodos que reduzcan al mínimo el riesgo de introducción en el medio ambiente.

- Si se producen vertimientos que puedan comprometer los valores de la Zona, se recomienda extraer el material únicamente si es probable que el impacto de dicho retiro sea mayor que el de dejar el material *in situ*.

7(vii) Toma o intromisión perjudicial de flora y fauna autóctona

Están prohibidas la toma de flora y fauna autóctonas o la intromisión perjudicial que pudieran sufrir éstas, salvo en conformidad con un permiso expedido de acuerdo al Artículo 3 del Anexo II del Protocolo al Tratado Antártico sobre Protección del Medio Ambiente. En caso de toma o intromisión perjudicial con los animales, esto debería hacerse, como norma mínima, de conformidad con el Código de Conducta del SCAR para el Uso de Animales con Fines Científicos en la Antártida.

7(viii) Recolección o traslado de materiales que no hayan sido traídos a la Zona por el titular del permiso

- Se podrá recolectar o retirar material de la Zona únicamente de conformidad con un permiso, y dicho material debería limitarse al mínimo necesario para fines de índole científica o de gestión. Esto incluye muestras biológicas, ejemplares de rocas y artículos históricos.

- Todo material de origen humano que probablemente comprometa los valores de la Zona y que no haya sido llevado a la Zona por el titular del permiso, o que no esté comprendido en otro tipo de autorización, podrá ser retirado de cualquier parte de la Zona salvo que el impacto de su extracción sea probablemente mayor que el efecto de dejar el material *in situ*. En tal caso se deberá notificar a las autoridades nacionales pertinentes.

- Salvo que estén autorizados específicamente por medio de un permiso, se prohíbe que los visitantes intenten restaurar el iglú de piedra de Wilson o interfieran en el mismo de cualquier forma y que manipulen, tomen o dañen cualquier objeto. Todo indicio de cambios recientes, daños u objetos nuevos debería notificarse a la autoridad nacional apropiada. Si se cuenta con un permiso, se podrán trasladar o retirar objetos con fines de preservación, protección o restablecimiento de la exactitud histórica.

7(ix) Eliminación de residuos

Deberán retirarse de la Zona todos los residuos, incluidos todos los residuos de origen humano.

7 (x) Medidas que puedan requerirse para garantizar el continuo cumplimiento de los objetivos y las finalidades del Plan de Gestión

Se pueden otorgar permisos de ingreso a la Zona con el fin de:

1) Realizar actividades de observación e inspecciones, que podrían incluir la recolección limitada de muestras o datos para análisis o revisión;
2) Instalar o realizar el mantenimiento de postes señalizadores, marcadores, estructuras o equipos científicos o logísticos esenciales;
3) Implementar medidas de protección;
4) Llevar a cabo investigaciones o gestión de manera tal que se evite interferir con las actividades de observación e investigación a largo plazo o una posible repetición de los esfuerzos. Las personas que planifican nuevos proyectos dentro de la Zona deben consultar con los programas establecidos que trabajan dentro de ella, como los de EE. UU. y Nueva Zelanda, antes de comenzar el trabajo.

7(xi) Requisitos relativos a los informes

- Para cada visita a la Zona, el titular principal de un permiso debe presentar un informe ante la autoridad nacional correspondiente tan pronto como sea posible, y no más allá de los seis meses luego de concluida la visita.
- Dichos informes deberán incluir, según corresponda, la información señalada en el formulario de informe de la visita contenido en la Guía para la Preparación de Planes de Gestión para las Zonas Antárticas Especialmente Protegidas. Si corresponde, la autoridad nacional también debe remitir una copia del informe de la visita a la Parte que ha propuesto el Plan de gestión, como ayuda en la gestión de la Zona y en la revisión del Plan de gestión.
- Las Partes deberían, en la medida de lo posible, depositar los originales o copias de dichos informes originales sobre visitas en un archivo de acceso público a fin de mantener un registro de su uso, con el fin de llevar a cabo cualquier revisión del Plan de gestión y de organización del uso científico de la Zona.
- En los casos en que ello no estuviera incluido en el permiso, se debería avisar a las autoridades pertinentes sobre toda actividad realizada, medida adoptada o material vertido que no se haya retirado.

8. Documentación de apoyo

Ainley, D.G., C.A. Ribic, G. Ballard, S. Heath, I. Gaffney, B.J. Karl, K.J. Barton, P.R. Wilson y S. Webb. 2004. Geographic structure of Adélie penguin populations: overlap in colony-specific foraging areas *Ecological Monographs* **74**(1):159–78.

Ainley, D.G., G. Ballard y S. Olmastroni. 2009. An apparent decrease in the prevalence of 'Ross Sea Killer Whales' in the southern Ross Sea. *Aquatic Mammals* **35**(3): 335-47.

Arrigo, K. R., G.L. van Dijken, D.G. Ainley, M.A. Fahnestock & T. Markus. 2002. Ecological impact of a large Antarctic iceberg. *Geophysical Research Letters* **29**(7): 1104.

Ballard, G., K.M. Dugger, N. Nur, y D.G. Ainley. 2010. Foraging strategies of Adélie penguins: adjusting body condition to cope with environmental variability. *Marine Ecology Progress Series* **405**: 287–302.

Barber-Meyer, S.M., G.L. Kooyman y P.J. Ponganis. 2008. Trends in western Ross Sea emperor penguin chick abundances and their relationships to climate. *Antarctic Science* **20** (1), 3–11.

Broady, P.A. 1989 Broadscale patterns in the distribution of aquatic and terrestrial vegetation at three ice-free regions on Ross Island, Antarctica. *Hydrobiologia* **172**: 77-95.

Cole, J.W., P.R. Kyle y V.E. Neall. 1971. Contribution to Quarternary geology of Cape Crozier, White Island and Hut Point Peninsula, McMurdo Sound region, Antarctica. *N.Z. Journal of Geology and Geophysics* **14**: 528-546.

Dugger, K.M., Ainley, D.G., Lyver, P., Barton, K. y Ballard, G. 2010. Survival differences and the effect of environmental instability on breeding dispersal in an Adélie penguin meta-population. *Proceedings of the National Academy of Sciences of USA* **107** (27): 12375–80.

Fretwell, P.T., M.A. LaRue, P. Morin, G.L. Kooyman, B. Wienecke, N. Ratcliffe, A.J. Fox, A.H. Fleming, C. Porter, y P.N. Trathan. 2012. An Emperor penguin population estimate: the first global, synoptic survey of a species from space. PLoS ONE 7(4): e33751.

Kooyman, G.L. 1993. Breeding habitats of emperor penguins in the western Ross Sea. *Antarctic Science* **5**(2): 143-48.

Kooyman, G.L., D.G. Ainley, G. Ballard, y P.J. Ponganis. 2007. Effects of giant icebergs on two emperor penguin colonies in the Ross Sea, Antarctica. *Antarctic Science* 19(1): 31-38.

Lyver, P.O'B., M. Barron, K.J. Barton, D.G. Ainley, A. Pollard, S. Gordon, S. McNeill, G. Ballard, y P.R. Wilson. [En impresión]. Trends in the breeding population of Adélie penguins in the Ross Sea, 1981–2012: a coincidence of climate and resource extraction effects. Presentado a *PLoS One* 2014.

Smykla, J., B. Krzewicka, K. Wilk, S.D. Emslie y L. Ślima. 2011. Additions to the lichen flora of Victoria Land. *Polish Polar Research* **32**(2): 123-138.

Wright, A.C. y P.R. Kyle. 1990. A.16. Mount Terror. En: *Volcanoes of the Antarctic Plate and Southern Oceans* (Eds. W.E. LeMasurier, J.W. Thompson). Antarctic Research Series **48**, American Geophysical Union: 99-102.

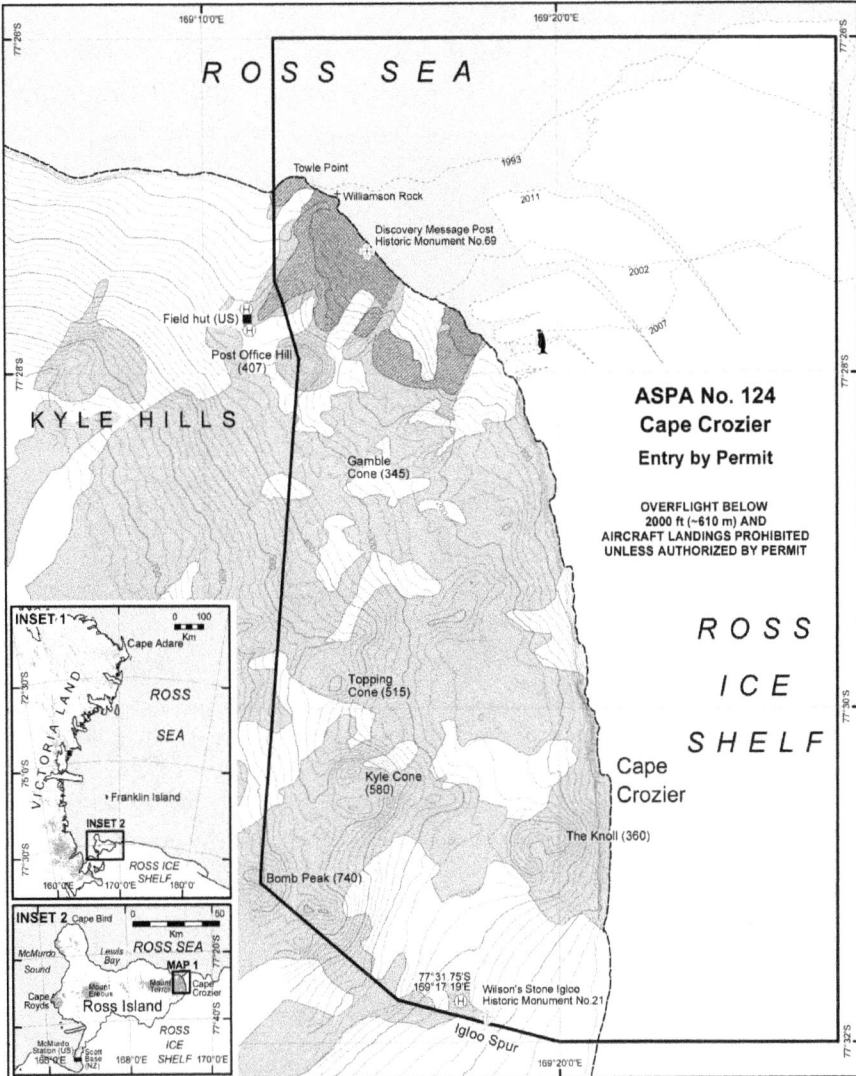

Map 1: ASPA No. 124 Cape Crozier - topography & boundary

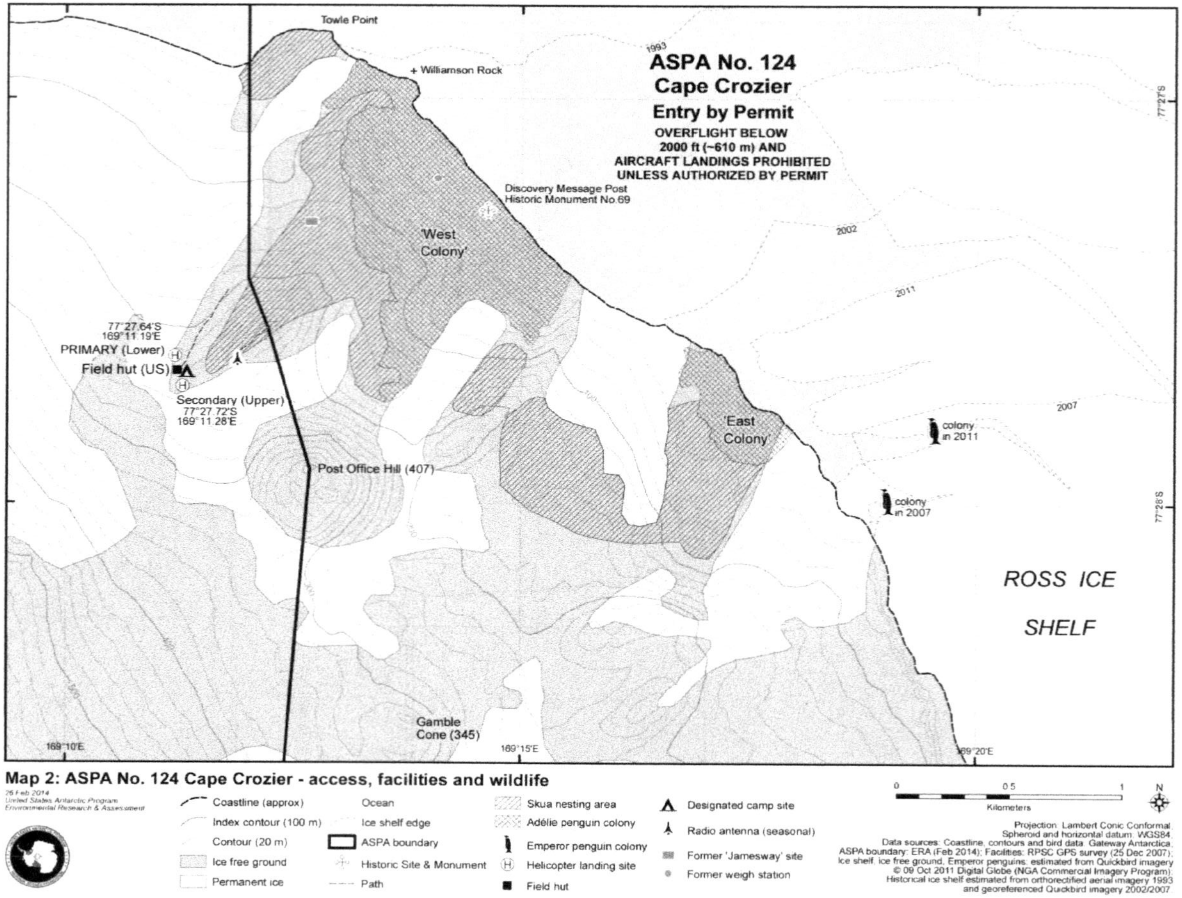

Map 2: ASPA No. 124 Cape Crozier - access, facilities and wildlife

68

Plan de gestión para

Zona Antártica Especialmente Protegida N° 128,

Costa occidental de la bahía Almirantazgo (bahía Lasserre), isla Rey Jorge (isla 25 de mayo),

Islas Shetland del Sur

Introducción

La costa occidental de la bahía Almirantazgo (bahía Lasserre) se encuentra en la isla Rey Jorge (isla 25 de mayo), islas Shetland del Sur, ~125 kilómetros al norte de la Península Antártica. Área aproximada y coordenadas: 16,8 km² (centrada en 58° 27' 40" O, 62° 11' 50" S). La Zona es completamente terrestre y los motivos principales para su designación son su diversa fauna aviar y mamífera, y su rica vegetación local, lo cual constituye una muestra representativa del ecosistema antártico marino. Se han podido realizar investigaciones científicas a largo plazo de los animales dentro de la Zona. La Zona es relativamente accesible a las estaciones de investigación en las cercanías, buques turísticos visitan regularmente la bahía Almirantazgo (bahía Lasserre), y los valores ecológicos y científicos de la zona necesitan protección ante posibles perturbaciones.

La Zona se designó originalmente como Sitio de Especial Interés Científico (SEIC) N° 8 en la Recomendación X-5 (1979, SSSI N° 8) tras la propuesta de Polonia. La designación de SEIC fue ampliada mediante la Recomendación XII-5 (1983), la Recomendación XIII-7 (1985) y la Resolución 7 (1995). Un plan de gestión revisado fue aprobado por la Medida 1 (2000). La zona cambió de nombre y número a Zona Antártica Especialmente Protegida (ZAEP) N° 128 en la Decisión 1 (2002). La zona se encuentra dentro de Zona Antártica Especialmente Administrada (ZAEA) N° 1 Bahía Almirantazgo (bahía Lasserre), isla Rey Jorge (isla 25 de mayo), islas Shetland del sur, designadas en conformidad de la Medida 2 (2006).

Los valores biológicos y científicos de la zona son vulnerables a perturbaciones humanas (como los excesos en la extracción de muestras, la perturbación de la vida silvestre, y la introducción de especies no autóctonas). Por lo tanto, es importante que las actividades humanas en la zona sean gestionadas para reducir a un mínimo el riesgo de impactos. Se ha observado una pequeña zona con la especie introducida *Poa annua* dentro de la zona, y se le está dando atención prioritaria de administración. Se considera que la zona tiene el tamaño suficiente para proteger los valores para los que se necesita una protección especial, puesto que se incluyen dentro de los límites numerosos ejemplos de las características representadas (como, por ejemplo, comunidades de plantas y animales), que debieran garantizar que la zona sea capaz de resistir los cambios que pudieran surgir de las presiones locales o regionales, particularmente cuando se consideran en conjunto con otros instrumentos que se aplican en la región, como la zona Antártica Especialmente Administrada N°1 Bahía Almirantazgo (bahía Lasserre), la Convención sobre la Conservación de los Recursos Vivos Marinos Antárticos (CCRVMA), y el Acuerdo sobre la Conservación de Albatros y Petreles (ACAP).

La zona incluye los medioambientes dentro de los tres dominios definidos en Análisis de dominios ambientales para la Antártica: el Medioambiente A: Geológico del Norte de la Península Antártica; el Medioambiente E: Península Antártica, Alexander y otras islas y el Medioambiente G: islas mar adentro de la Península Antártica. En conformidad con la clasificación de Regiones biogeográficas de conservación de la Antártida, la Zona se encuentra dentro de ACBR3 – Noroeste de la Península Antártica.

1. Descripción de los valores que requieren protección

La costa occidental de la bahía Almirantazgo (bahía Lasserre) posee una diversa fauna aviar y mamífera y una rica vegetación local, lo cual constituye una muestra representativa del ecosistema antártico marítimo. Las colonias de reproducción más grandes de los pingüinos Adelia (*Pygoscelis adeliae*) y los pingüinos papúa (*Pygoscelis papua*) dentro de la zona se encuentran entre las mayores de la isla Rey Jorge (isla 25 de mayo), y el lugar es una de las pocas zonas en se reproducen las tres variedades de pingüinos *pigoscélidos* en el mismo lugar. Otras diez aves se reproducen dentro del área, lo que incluye el pingüino barbijo (*Pygoscelis antarctica*), el petrel gigante austral (*Macronectes giganteus*), el petrel damero (*Daption capense*), el petrel de Wilson (*Oceanites oceanicus*), el petrel de vientre negro (*Fregetta tropica*), la paloma antártica (*Chionis alba*), la skúa polar (*Stercorarius maccormicki*), skúa parda (*Stercorarius lonnbergi*), gaviota cocinera (*Larus dominicanus*) y gaviotín antártico (*Sterna vittata*).

Hay elefantes marinos (*Mirounga leonina*), lobos finos (*Arctocephalus gazella*), focas de Weddell (*Leptonychotes weddellii*) que descansan o se reproducen en varias playas de la Zona. Las focas leopardo (*Hydrurga leptonyx*) y las focas cangrejeras (*Lobodon carcinophagus*) frecuentan la bahía Almirantazgo (bahía Lasserre) y ocasionalmente están presentes en las playas dentro de la zona.

Existen abundantes comunidades de plantas terrestres en la Zona, lo que incluye una de las mayores zonas de la Antártida colonizadas por el pasto antártico *Deschampsia* y el mosto *Colobanthus*. Existen grandes rodales de musgo de las familias Andreaeaceae, Bryaceae, Polytrichaceae, Pottiaceae y Grimmiaceae, particularmente en las cercanías de la costa hasta los 60 m.s.n.m. Los conjuntos de líquenes son más dominantes a mayores altitudes. También están representadas ricas comunidades microbianas, entre otras las algas (por ej. *Prasiola*, *Phormidium*), acáridos (desde las clases / subclases de *Prostigmata*, *Mesostigmata y Oribatida*) y nematodos (e.g. *Plectus* y *Panagrolaimus*).

Los valores que se deben proteger son los que están asociados con los conjuntos excepcionalmente diversos de plantas y animales, lo que es un ejemplo representativo del ecosistema marino antártico, y de los estudios científicos a largo plazo que se han realizado dentro de la zona, especialmente desde 1976. Los estudios científicos, en particular, llevados a cabo dentro de la zona han sido importantes, en cuanto, documentar e interpretar los cambios a gran escala de las poblaciones de pingüinos pigoscelidos que se han observado en la Península Antártica y sus islas mar adentro durante las últimas décadas.

La exposición reciente de las nuevas zonas de suelos sin hielo, provocada por el retroceso de los glaciares, ofrece oportunidades de estudio de los procesos de colonización, lo que representa un valor científico adicional de la Zona. Se controla sistemáticamente la condición de la especie no autóctona *Poa annua* en las morrenas deglaciadas en las cercanías del glaciar Ecology. Además se controla toda la zona para ver si existen otras especies introducidas accidentalmente.

2. Finalidades y objetivos

La gestión de la costa occidental de la bahía Almirantazgo (bahía Lasserre) pretende:

- evitar la intervención humana innecesaria a fin de no degradar los valores de la zona o crear riesgos considerables para los mismos;
- permitir las investigaciones científicas del ecosistema de la zona, en particular sobre la avifauna, los pinnípedos y la ecología terrestre, a la vez que se garantiza la protección frente a excesos en la extracción de muestras y otros posibles impactos científicos;
- permitir otras investigaciones científicas, actividades de apoyo científico y visitas para fines educativos y de difusión (tales como información documental (visual, sonora o escrita) o la producción de recursos y servicios educativos), siempre y cuando dichas actividades se realicen por razones apremiantes, que no puedan llevarse a cabo en otro lugar y que no pongan en riesgo el sistema ecológico natural de la Zona;
- reducir al mínimo la posibilidad de introducción adicional de plantas, animales y microbios no autóctonos en la Zona;
- reducir al mínimo la posibilidad de introducción de patógenos que puedan causar enfermedades en las poblaciones de fauna dentro de la Zona;
- para evitar que el pasto no autóctono *Poa annua* presente dentro de la zona se propague más allá de sus límites actuales de distribución y grado mientras se realizan más investigaciones y se elaboran estrategias de gestión para el control de largo plazo, y para coordinar estas estrategias con las ya elaboradas para

gestionar las especies no autóctonas dentro de la ZAEA N° 1 Bahía Almirantazgo (bahía Lasserre) de manera más general; y

- permitir las visitas con fines de gestión para cumplir los objetivos del plan de gestión.

3. Actividades de gestión

Se deberán emprender las siguientes actividades de gestión en aras de proteger los valores de la Zona:

- En todas los refugios de investigación permanentes de la zona y en todas las estaciones científicas ubicadas dentro de la bahía Almirantazgo (bahía Lasserre), se colocarán, en lugares destacados, carteles en los cuales se indique la ubicación de la zona (así como las restricciones especiales que se le apliquen) y se dispondrá de un ejemplar del presente plan de gestión.
- Las copias de este plan de gestión se pondrán a disposición de todos los buques y aeronaves que visiten la zona y / o estén operando en las proximidades de las estaciones adyacentes y todos los pilotos y capitanes de buques que operan en la región serán informados de la ubicación, límites y restricciones de aplicación para la entrada y sobrevuelo en la zona;
- Los programas nacionales deberán adoptar medidas para garantizar los límites de la Zona y las restricciones que se aplican en su interior estén marcadas en los mapas y cartas náuticas y aeronáuticas relevantes;
- Los marcadores, señales o estructuras erguidas en la Zona con fines científicos o de gestión deben estar asegurados y conservados en buenas condiciones, y deben ser retirados cuando ya no sean necesarios.
- Los Programas Nacionales Antárticos que operen en la Zona deberían mantener un registro de todos los nuevos señalizadores, carteles y estructuras erigidos dentro de la Zona.
- Se debe controlar anualmente la especie no autóctona *Poa annua* presente en la zona cercana al glaciar Ecology para observar los cambios en su extensión o densidad, y se deben elaborar y aplicar políticas de contención o erradicación de la especie dentro de la zona con carácter de urgente
- Antes de poder tomar una decisión informada sobre la probabilidad de éxito y los beneficios relativos al daño ambiental de un intento de erradicación, se necesita más información sobre la distribución de la especie y los actuales y posibles impactos al ecosistema. Se deben respaldar más investigaciones para abordar estas preguntas. No obstante, si la autoridad competente considera que es necesario proteger los valores de la Zona, se puede realizar la eliminación mecánica de la especie no autóctona mediante herramientas manuales en conformidad con los procedimientos establecidos como parte de una anterior evaluación de impactos.
- El personal de los programas nacionales, expediciones en terreno, turistas y pilotos que se encuentran en las cercanías de la Zona o que ingresan a ella o la sobrevuelan deben recibir instrucciones específicas de sus programas nacionales correspondientes, operadores turísticos o de sus autoridades nacionales correspondientes, en cuanto a las disposiciones y contenidos del Plan de gestión.
- Se efectuarán las visitas necesarias (por lo menos una vez cada cinco años) para determinar si la Zona continúa sirviendo a los fines para los cuales ha sido designada y cerciorarse de que las medidas de gestión y mantenimiento sean las adecuadas.
- Los Programas Nacionales Antárticos que operen en la región se pondrán de acuerdo con el fin de garantizar que se implementen las actividades de gestión antedichas.

4. Período de designación

Designación con período de vigencia indefinida.

5. Mapas y fotografías

Mapa 1: ZAEP N° 128 Costa occidental de la bahía Almirantazgo (bahía Lasserre), isla Rey Jorge (isla 25 de mayo): vista general del mapa regional.

Recuadro: Ubicación de la isla Rey Jorge (isla 25 de mayo), islas Shetland del sur, Península Antártica.

Proyección cónica conforme de Lambert; paralelos de referencia: primero 62°00' S; segundo 62°15' S; meridiano central: 58°15' O; Latitud de origen 64°00 S; nivel de referencia esferoide y horizontal: WGS84. Topografía y litoral proporcionados por Proantar, Brasil. Datos batimétricos: Carta batimétrica Internacional del Océano Austral (IBCSO) v1 (2013). Otros datos provistos por Environmental Research & Assessment.

Mapa 2. ZAEP N° 128 Costa occidental de la bahía Almirantazgo (bahía Lasserre): acceso, instalaciones y vida silvestre.

Especificaciones del mapa: Proyección: zona UTM 21S; nivel de referencia esferoide y horizontal: WGS84. Topografía y datos batimétricos proporcionados por Proantar, Brasil. Litoral actualizado desde la imagen WorldView-1 (Mar. 2008; imagery © Digital Globe cortesía del programa de imágenes comerciales de la NGA de EE.UU.). Cursos de agua digitalizados del mapa ortofotográfico de Pudelko (1979). Ubicación de *Poa annua*, lugares de desembarco de embarcaciones pequeñas, marcador y SMH N° 51 proporcionado por el Programa Antártico Polaco. Otros datos provistos por Environmental Research & Assessment.

6. Descripción de la Zona

6(i) Coordenadas geográficas, indicadores de límites y características naturales

Descripción general

La zona se encuentra en la costa occidental de la bahía Almirantazgo (bahía Lasserre) al Sur de la isla Rey Jorge (isla 25 de mayo), la mayor del archipiélago de las islas Shetland del sur. La estación Arctowski (Polonia) se encuentra 0,5 km al Norte. La Zona está compuesta de terreno sin hielo, lo que incluye peñascos pronunciados de hasta 400 m de altitud con laderas de morrenas menos empinadas salpicadas por diversos glaciares que se extienden por la costa. El litoral está compuesto de amplias playas de pedregullo interrumpidas por cabos rocosos. La superficie es de ~17 km².

Límites y coordenadas

El límite oriental de la zona sigue el litoral de la costa occidental de la bahía Almirantazgo (bahía Lasserre) desde el extremo sudeste de la caleta Halfmoon (58°27'49" O, 62°09'44" S) por ~ 6 km al sudsudeste hasta punta Demay (Mapa 2). Luego el límite sigue el litoral al sudoeste alrededor de la caleta Paradise y punta Utchatka aproximadamente por 3,5 km hasta punta Telefon (Patelnia) (58°28'28" O, 62°14'03"S). Desde punta Telefon, el límite se extiende hacia el norte en línea recta por unos 2,3 km hasta La Torre (367 m; 58°28'48" O, 62°12'55" S), un pico característico sobre el glaciar Tower. El límite continua en esta dirección unos 5,3 km hasta el pico Jardine (285 m; 58°29'54" O, 62°10'03" S). El límite desciende hacia el este en línea recta desde el pico Jardine por unos 1,7 km hasta el punto más alto de la cresta Penguin, ~ 550 m desde la estación Arctowski. Desde allí, el límite se extiende al noreste por unos 0,3 km hacia la costa sudeste de la caleta Halfmoon. En la caleta Halfmoon hay un marcador en el límite norte de la zona a 58° 27' 48.7" O 62° 09' 43.7" S, ~500 m al sudeste de la estación Arctowski (mapa 2).

Clima

El clima de la zona es el típico de la Antártida marítima. Basado en la información complementaria obtenida en la estación Arctowski (Polonia) entre 1977-2000 y desde el 2006, y en la estación Comandante Ferraz (Brasil) desde 1984, el microclima de la bahía Almirantazgo (bahía Lasserre) se caracteriza por una temperatura anual de alrededor de -1,8 °C y una velocidad promedio del viento anual de aproximadamente 6,5 m s-¹. El promedio anual de precipitaciones es 508,5 mm, la humedad es 82% y la presión es de 991 hPa. Las aguas de bahía Almirantazgo (bahía Lasserre) tienen una temperatura anual que fluctúa entre -1,8° y +4°C, bien mezcladas con las mareas y con una gran influencia de las corrientes y los afloramientos costeros (de ZAEA N° 1, Plan de gestión de la bahía Almirantazgo (bahía Lasserre)).

El clima ha cambiado recientemente bajo la influencia de sistemas de presión inestables, como el modo anular austral (SAM, por sus siglas en inglés) y la oscilación del Sur El Niño (ENSO) (Bers *et al.* 2012). El rápido calentamiento regional de la temperatura del aire en la Península Antártica occidental (WAP) que se ha observado durante los últimos 50 años es excepcional y sin precedentes, en comparación con los registros de los datos del núcleo de hielo durante los últimos 500 años (Vaughan y Doake 1996). Las reconstrucciones más recientes muestran una tendencia de calentamiento desde 1957 a 2006, de 0,12 °C por década para todo el continente antártico y de 0,17 °C por década para la Antártida Occidental (Steig *et al.* 2009). Schloss *et al.* (2012) muestran que la tendencia de calentamiento de 50 años ha producido un aumento promedio de la temperatura del aire de unos 2,0 °C en el verano y 2,4 °C en el invierno en la cercana estación Carlini (mapa 1). Kejna *et al.* (2013), al analizar los datos de las fuentes meteorológicas disponibles en la isla Rey Jorge (isla 25 de mayo) y en la isla Decepción, demostraron un aumento de 1,2 °C en el promedio de la temperatura del aire anual y un descenso de 2,3 hPa en la presión atmosférica durante un período comparable.

Geología, geomorfología y edafología

Las investigaciones geológicas en la isla Rey Jorge (isla 25 de mayo) anteriores a 1980 fueron realizadas por científicos británicos, argentinos, rusos y chilenos, aunque la zona dentro de la ZAEP N° 128 no fue descrita porque no tiene ninguna secuencia de rocas litoestatigráfico paternal (para más detalles, véanse Birkenmajer 2003). El primer mapa geológico que abarca esta zona fue presentado por Birkenmajer (1980) y republicado con modificaciones menores en Birkenmajer (2003). La zona de la ZAEP N°128 es incluida por Birkenmajer (2003) en el bloque tectónico de Warszawa (macizo autóctono), que está compuesto de roca cretácica, volcánica paleocénica, eocénica y piroclástica con indicios de rocas sedimentarias. Las rocas volcánicas pertenecen principalmente a andesita basal, andesita basáltica intercalada con tobas, escoria y brecha volcánica. Los sedimentos que contienen restos de plantas solo se encuentran en el delgado horizonte (<1 m) de la parte superior de las secciones Zamek. Además, existen maderas petrificadas dispersas en aglomerados de la Torre, y se encontró abundante flora fósil en las clásticas modificadas de la morrena Blaszczyk. Se reunió y describió una amplia colección de hojas dicotiledóneas, representadas principalmente por el gen *Nothofagus* y por las impresiones frondosas de la planta laurófila, así como impresiones de brotes de coníferas de este lugar (Birkenmajer y Zastawniak 1989; Zastawniak 1994; Dutra y Batten 2000). Muchas intrusiones de hipoabisales (enclaves, diques, mantos) de composición petrográfica y geoquímica diversa interrumpen los complejos volcánicos estratiformes del macizo autóctono Warszawa (Barbieri *et al.* 1987). Los análisis isotópicos recientemente realizados (^{40}Ar-^{39}Ar de la roca y U-Pb de circones) asignaron a las eras eocénicas la mayoría de las rocas de la zona que antes eran consideradas del Cretácico, incluidas las formaciones que contienen flora fósil (Nawrocki *et al.* 2011).

Los suelos pobres de tundra en el clima marítimo antártico son difíciles de describir según los criterios usados en los sistemas tradicionales de clasificación de suelos. La primera clasificación ecológica e intuitiva de suelos que abarcan la Antártida marina, incluida la ZAEP N° 128, fue propuesta por Everett (1976). Schaefer *et al.* (2007) identificaron 20 unidades de muestras de suelo en las cercanías de la estación Arctowski y las clasificaron de acuerdo con su vulnerabilidad en un mapa geoambiental, parcialmente comparable con las más formales unidades de suelo propuestas por Blume *et al.* (2002). Se ha puesto particular atención en las regiones de los suelos del litoral alrededor de las colonias de los pingüinos, puesto que sus ecosistemas fértiles son altamente productivos y biológicamente diversos. Los suelos ornitogénicos fueron descritos y cartografiados (o indicados en fotografías aéreas) completamente en los documentos de Tatur & Myrcha (1984); Tatur (1989) y Tatur (2002). Los suelos ornitogénicos de la Antártida marítima fueron divididos en: suelos orgánicos de pingüineras (con hidroxiapatita); suelos de la zona fosfatizada (con fosfatos de Al-Fe que contienen iones K y NH4) y suelos acumulados de fosfatos inactivos modificados. Además, se distinguieron suelos relícticos en los lugares de colonias abandonadas de pingüinos y son una característica importante de la zona. La fosfatización fue descrita como un proceso de formación de suelo, investigado también en otros documentos (e.g. Simas *et al.* 2007). Blume *et al.* (1997) y Beyer *et al.* (1999) identificaron la fosfatización como una podzolización y, mediante una nueva versión del sistema taxonómico de suelos de EE.UU., resumieron los suelos afectados por el permafrost seco (que según identificaron ocurría en la zona) como suelos anhídricos y gelisoles, donde ocurren los procesos pedogenéticos como la crioturbación, la brunificación y podzolización.

Glaciología, cursos de aguas y lagos

La zona está formada por glaciares de valles que drenan hacia el campo de hielo Warszawa, que están contenidos lateralmente por el basamento expuesto. Las colinas rocosas y aisladas están cubiertas por la brecha de fricción, con glaciares y depósitos glaciares que llenan las depresiones entre ellos. Se pueden observar acantilados prominentes de holoceno temprano en la zona costera. Las terrazas costeras del Holoceno (hasta 16 m s.n.m.) y las playas más recientes están compuestas de arena con pedregullo y rocas grandes.

Varios glaciares descienden hacia la zona, fluyendo hacia este del campo de hielo Warszawa (mapa 2). Estos han estado retrocediendo continuamente al menos durante los últimos 30 años, con frentes de marea de glaciares antiguos hasta 900 m tierras adentro entre 1997–2007 (Battke *et al.* 2001; Pudełko 2007), lo que es congruente con una tendencia del calentamiento global y una reducción local del tamaño de los glaciares flotantes en la bahía Almirantazgo (bahía Lasserre) (Braun & Gossmann 2002) . La zona sin hielo de ZAEP N° 128 ha aumentado de 20% en 1979 a más del 50% en 1999 (Battke *et al.* 2001) y sigue aumentando. Los glaciares en retroceso depositaron bandas de dorsales formadas por morrenas laterales recientes y morrenas de fondo sobre las superficies planas frente a los glaciares, a menudo con lagunas de agua salobre que recolectan las aguas glaciares derretidas mezcladas con el agua marina (glaciares Ecology, Baranowski y Windy). El terreno recientemente expuesto y los nuevos cuerpos de agua están colonizados por biota (flora y fauna) que crea una oportunidad única de estudiar los procesos de sucesión en el medioambiente antártico (Olech & Massalski 2001) .

Una cantidad de pequeños afluentes de agua de deshielo se encuentran en la zona, que surgen principalmente de los glaciares de salida que fluyen hacia el campo de hielo Warszawa (mapa 2).

Ecología terrestre

La vegetación típica de la Antártida marítima ha colonizado parcialmente el terreno sin hielo dentro de la zona. Las superficies secas y las rocas están colonizadas por líquenes, con plantas con flores como la *Deschampsia antarctica* y *Colobanthus quitensis*, que son numerosas en el lugar y ocupan superficies bastante grandes, principalmente en las cercanías de la estación Arctowski. Esto constituye una de las superficies más grandes cubiertas por estas especies en la Antártida. Las briófitas y las plantas con flores dominan la vegetación desde los 0 a los 60 m.s.n.m., a la vez que los líquenes son más dominantes sobre esta altitud. Se pueden encontrar musgos de las familias Andreaeaceae, Bryaceae, Polytrichaceae, Pottiaceae y Grimmiaceae. Alrededor de las colonias de pingüinos la riqueza y la diversidad de las especies es menor, debido al alto contenido de nitrato y amoniaco del suelo (Olech 2002; Victoria, Pereira, y Pinheiro 2009).

Se observó una especie de pasto no autóctono, *Poa annua*, en 2008-09 dentro de la zona en las morrenas deglaciadas del glaciar Ecology (Olech & Chwedorzewska 2011) (ubicación aproximada 58° 27' 54" W, 62° 10' 7" S, mapa 2). Esta especie fue registrada por primera vez fuera de la zona, en la estación Arctowski, durante el verano 1985-86 (Olech 1996), el primero de los lugares en los que la estructura del suelo había sido alterada por las actividades humanas y luego dentro de las comunidades de vegetación autóctona (Olech sin publicar, después de Chwedorzewska 2008)). La alta variabilidad genética sugiere diversos eventos distintos de inmigración de diferentes fuentes, como Europa y América del Sur (Chwedorzewska 2008).

Recientemente, se encontraron propágulos y polen del junco *Juncus bufonius* en un lugar dentro de la zona (Cuba-Diaz *et al.* 2012).

Tres tipos distintos de ácaros existen en la zona: *Prostigmata, Mesostigmata* y *Oribatida. Prostigmata* es la comunidad dominante y *Oribatida* solo se encuentra en las superficies sin hielo que han estado sin hielo por más de 30 años (Gryziak 2009).

El retroceso de los glaciares ha expuesto nuevas zonas sin hielo que están siendo colonizadas por comunidades de microbios e invertebrados, lo que incluye las algas, los ácaros y los nematodos, así como líquenes, musgos y plantas vasculares. Las especies pioneras que aparecieron primero fueron el musgo *Bryum pseudotriquetrum* y luego el pasto *Deschampsia antarctica*. En la segunda etapa de sucesión, el predominio estuvo marcado por *Colobanthus quitensis*. Los primeros líquenes que habitaron las rocas (*Caloplaca johnstoni, C. sublobulata, Lecanora* spp.) aparecieron en la tercera etapa de sucesión. La influencia sustancial de las colonias de pingüinos, que ocurre en la región de Punta Telefon (Patelnia), se reveló en la cuarta etapa. En las rocas, dominaron las comunidades de ornitocoprófilos de líquenes epilíticos, mientras que en suelo predominaron el pasto *Deschampsia antarctica* junto con las algas nitrófila (*Prasiola crispa, Phormidium* spp.) y los musgos (por ejemplo. *Syntrichia magellanica*) (Olech & Massalski 2001). La abundancia de nematodos aumentó en el momento que la superficie quedó sin hielo y las especies comunes presentes son *Plectus* y *Panagrolaimus* (Ilieva-Makulec & Gryziak 2009).

Aves reproductoras

Doce especies de aves se reproducen regularmente dentro de la zona, entre la más numerosas se encuentran los pingüinos. En 2012-13 había 6017 parejas reproductoras de pingüinos Adelia (*Pygoscelis adeliae*), 984 parejas reproductoras de pingüinos de barbijo (*Pygoscelis antarctica*) y 5396 parejas reproductoras de pingüino papúa (*Pygoscelis papua*) (datos sin publicar del Programa Recursos Vivos Marinos Antárticos de EE.UU. (AMLR)). La variación interanual de las parejas reproductoras es importante para todas estas especies, con cambios en algunos años sobre 40% (Ciaputa y Sierakowski 1999). Se observaron disminuciones importantes en el número promedio de pingüinos en reproducción entre los periodos de cuatro años de 1978-81 y 2009-12, cuando se observó una disminución promedio de casi el 69% de los pingüinos Adelia y más del 83% para los pingüinos de barbijo, mientras que los pingüinos de papúa aumentaron en 64%. Estas tendencias son coherentes con las observaciones para estas especie en otras colonias cercanas en la isla Rey Jorge (isla 25 de mayo), particularmente en Lion's Rump (Korczak-Abshire *et al.* 2013) y Punta Stranger (Carlini *et al.* 2009). Las tendencias regionales y los datos de reproducción sugieren diferenciales de supervivencia durante el invierno entre las especies (Hinke *et al.* 2007, Carlini *et al.* 2009), lo que se relaciona con las influencias remotas de los lugares de anidación dentro de la zona. Por lo tanto, los cambios que se observaron en las poblaciones en los lugares de anidación dentro de la zona no son considerados relacionados con las presiones humanas ni con los impactos que ocurren en la zona.

Cuadro 1: promedios de cuatro años de la cantidad de parejas reproductoras de pingüinos dentro de la ZAEP N° 128 (basado en información de Ciaputa y Sierakowski 1999 y datos inéditos del Programa Recursos Vivos Marinos Antárticos de EE.UU. (AMLR)).

Especie	Lugar	Período del censo			Cambio promedio (1978-81 a 2009-12)	Porcentaje de cambio (1978-81 a 2009-12)
		1978-81	1992-96	2009-2012		
Pygoscelis adeliae	Punta Llano	10.859	6.073	2.454	-8.405	
	Punta Tomas	11.899	9.886	4.578	-7.321	
	Total	*22.758*	*15.959*	*7.032*	*-15.726*	*-69,1%*
Pygoscelis antarctica	Punta Telefon	2.029	1.511	604	-1.425	
	Punta Uchatka	1.944	909	292	-1.652	
	Punta Demay	819	263	52	-767	
	Punta Llano	347	8	2	-345	
	Punta Tomas	541	1	0	-541	
	Total	*5.681*	*2.692*	*950*	*-4.731*	*-83,3%*
Pygoscelis papua	Punta Llano	2.174	1.765	4.646	2.472	
	Punta Tomas	715	267	90	-625	
	Total	*2.889*	*2.032*	*4.736*	*1.847*	*+63,9%*

Otras nueve especies de aves se reproducen dentro de la zona: petrel gigante austral (*Macronectes giganteus*); petrel damero (*Daption capense*); petrel de Wilson (*Oceanites oceanicus*); petrel de vientre negro (*Fregetta tropica*); paloma antártica (*Chionis alba*); gaviota cocinera (*Larus dominicanus*); gaviotín antártico (*Sterna vittata*); skúas polares *(Stercorarius maccormicki) y* skúas pardas *(S. lonnbergi)*. Los datos de las últimas dos especies muestran que fue escasa la reproducción exitosa en la temporada 2012-13 (Cuadro 2), cuando no se reprodujeron parejas de skúas antárticas ni parejas mezcladas. Pese a la reproducción deficiente de las skúas en esa temporada, se presentaron numerosas aves en territorio (Hinke nota personal. 2013, programa AMLR de EE.UU.).

Cuadro 2: censo de parejas reproductoras de skúas (Carneiro *et al.* 2009, datos inéditos del programa Recursos Vivos Marinos Antárticos de EE.UU. (AMLR)).

Lugar	Skúa parda			Skúa polar			Skúas mezcladas			Total		
	2012-2013	2004-2005	1978-1979	2012-2013	2004-2005	1978-1979	2012-2013	2004-2005	1978-1979	2012-2013	2004-2005	1978-1979
Punta Llano a Punta Telefon	11	21	24	0	27	5	0	6	2	11	54	31
Punta Tomas	7	21	23	0	45	7	0	10	7	7	76	38

Ocasionalmente se pueden observar dentro de la zona otras cuatro especies de pingüinos (rey (*Aptenodytes patagonicus*), emperador (*Aptenodytes forsteri*), de penacho amarillo (*Eudyptes chrysocome*) y de Magallanes (*Spheniscus magellanicus*)). Otras especies de aves antárticas (como el petrel de las nieves (*Pagodroma nivea*)) también se observan ocasionalmente en la zona (Poland 2002).

Siete especies de aves sudamericanas se han observado dentro de la zona como visitantes extraviados que solo permanecen temporalmente: garza bueyera (*Bubulcus ibis*), cisne de cuello negro (*Cygnus melanocoryphus*), Chiloe pato overo (*Anas sibilatrix*), pato maicero (*Anas georgica*), aguzanieves de rabadilla (*Calidris fuscicollis*), falaropo de Wilson (*Pharalopus tricolor*) y golondrina común (*Hirundo rustica*) (Poland 2002; Korczak-Abshire, Lees & Jojczyk 2011; Korczak-Abshire, Angiel & Wierzbicki 2011).

Mamíferos reproductores

En varios sectores de las playas puede observarse la presencia de elefantes marinos (*Mirounga leonina*), lobos finos (*Arctocephalus gazella*) y focas de Weddell (*Leptonychotes weddelli*), aunque únicamente los elefantes marinos se reproducen dentro de la zona. En 2009-10 se observaron dentro de la zona seis harenes de elefantes marinos con 238 crías (mapa 2) y durante el mismo año el número máximo de lobos finos excedió los 1290 individuos (Korczak-Abshire, nota personal). Polonia ha realizado censos anuales de focas durante todo el año, cada 10 días desde 1988 (Ciaputa 1996; Salwicka & Sierakowski 1998; Salwicka & Rakusa-Suszczewski 2002). Es evidente un fuerte ciclo anual en las cifras, con el número de elefantes marinos que alcanza un máximo entre diciembre y febrero y los lobos finos que muestran el punto máximo en febrero y otro punto alto alrededor de junio. Las focas leopardo (*Hydrurga leptonyx*) y las focas cangrejeras *(Lobodon carcinophagus)* suelen observarse con frecuencia sobre témpanos de hielo durante el invierno, aunque rara vez se acercan a la tierra (Salwicka & Rakusa-Suszczewski 2002).

Actividades e impacto de los seres humanos

La estación permanente Henryk Arctowski (Polonia) (58°28'15" O, 62°09'34" S) situada 0,5 km al norte de la zona (mapa 1) ha estado ocupada continuamente desde 1977 y puede alojar hasta 70 personas durante el verano y 20 durante el invierno. Muchas de las demás estaciones permanentes de los programas nacionales se encuentran en las cercanías de la bahía Almirantazgo (bahía Lasserre), entre otras Ferraz (Brasil) (a ~9,5 km de la zona), Machu Picchu (Perú) (a ~7,6 km de la zona) y Pedro Vicente Maldonado (Ecuador) (a ~5,2 km de la zona). Las actividades de los programas nacionales que operan en la región son coordinados por la ZAEA N° 1 Bahía Almirantazgo (bahía Lasserre).

Un campamento semipermanente que funciona solo durante el verano (EE.UU.) (58°26'49" O, 62°10'46" S) está situado dentro de la zona al sur de Punta Llano (mapa 2). Conocido como el campamento "Copacabana", tiene una capacidad para hasta seis personas y ha sido ocupado por ornitólogos cada temporada de verano desde que se estableció en 1985.

Un pequeño refugio de madera (16 m², 4 literas) (Polonia) (58°26'32" O, 62°13'03" S) está situado a unos 300 m al noroeste de Punta Uchatka cerca de la costa de la caleta Paradise. La cabaña es usada principalmente por los investigadores que estudian para las colonias de pinnípedos y pingüinos ubicadas al sur de la zona. El refugio también funciona como campamento base para glaciólogos y botánico que trabajan en los glaciares Baranowski y Windy.

La bahía Almirantazgo (bahía Lasserre) ha sido un destino permanente para el turismo, debido a su ubicación, sus valores históricos y ecológicos, y el interés debido a las estaciones científicas permanentes. La estación Arctowski ha sido particularmente popular (Chwedorzewska & Korczak 2010), registrando la cantidad de visitantes más alta en la temporada 2007-2008 (tabla 3). Las actividades principales realizadas son las visitas a la estación, con largas caminatas, paseos en kayak y embarcaciones pequeñas que también se realizan en las cercanías, pero fuera de la zona.

Tabla 3: Número de visitas turísticas a la estación Arctowski (Fuente: IAATO)

Temporada	Número de turistas (desembarcados y no desembarcados)	Número de turistas Solo desembarcados	Número de embarcaciones
2003-2004	3.284	3.284	10
2004-2005	2.684	2.684	8
2005-2006	3.178	3.178	9.
2006-2007	3.969	3.969	12
2007-2008	5.772	5.772	11
2008-2009	1.896	1.896	6
2009-2010	4.022	1.501	9.
2010-2011	387	387	4
2011-2012	624	624	4
2012-2013	1.368	1.350	7

El alto nivel de visitas a la estación Arctowski hace que la zona sea relativamente vulnerable a la introducción de especies no autóctonas. Una de dichas especies, el pasto *Poa annua*, ha establecido una población estable en la estación Arctowski (Olech 1996) y está presente en una morrena deglaciada dentro de la zona (ubicación aproximada 58° 27' 54" O, 62° 10' 7" S, mapa 2). En este lugar, en 2011, se informaron aproximadamente 70 individuos que se expandieron por una superficie de 100 m² (Olech y Chwedorzewska 2011). Polonia está respaldando más investigaciones sobre la supervivencia y la dispersión de *Poa annua* en la región, lo que se espera, ayudará a tomar decisiones informadas sobre las respuestas de gestión para las especies no autóctonas dentro y cerca de la zona (Kidawa, nota personal. -2013)

6(ii) Acceso a la zona

Es posible ingresar a la Zona en travesías por tierra o por hielo marino, por mar o por aire. No se han designado rutas específicas para el acceso a la Zona. Se aplican restricciones de acceso a la Zona para el acceso en lancha, sobrevuelo, y aterrizaje de aeronaves, y las condiciones específicas están establecidas en la sección 7(ii) *infra*.

6(iii) Estructuras situadas dentro de la Zona y en sus proximidades

Hay dos estructuras dentro de la zona (mapa 2): campamento Copacabana (EE.UU.) (58° 26' 49.27" O 62° 10' 45.89" S), ubicado a unos 500 m al sur de punta Llano y que consiste de tres cabañas de madera para alojar a seis personas. Un refugio de madera con cuatro literas (Polonia) (58° 26' 32.27" O 62° 13' 2.9" S) que está ubicado en la caleta Paradise a unos 1,2 km al sudoeste de punta Demay.

6(iv) Ubicación de las zonas protegidas en las cercanías

La ZAEP N° 125, península Fildes, isla Rey Jorge (isla 25 de mayo) y la ZAEP N° 150, isla Ardley, bahía de Maxwell (bahía Guardia Nacional), isla Rey Jorge (isla 25 de mayo) se encuentran a unos 27 km al oeste de la zona (mapa 1). La ZAEP No.132, península Potter, y la ZAEP N° 171, punta Narebski, península Barton, están a ~15 km y ~19 km hacia el oeste, respectivamente, en la isla Rey Jorge (isla 25 de mayo) . La ZAEP N° 151, Lion's Rump, en la isla Rey Jorge (isla 25 de mayo), se encuentra a 20 km al este de la Zona (mapa 1). El Sitio y Monumento Histórico N° 51, que consiste en la tumba de Wlodzimierz Puchalski coronada por una cruz de hierro y que está situada a unos 80 m fuera del límite norte de la zona (mapa 2).

La zona se encuentra dentro de Zona Antártica Especialmente Administrada (ZAEA) N° 1 Bahía Almirantazgo (bahía Lasserre), isla Rey Jorge (isla 25 de mayo), islas Shetland del Sur, designadas en la Medida 2 (2006) (mapa 1).

6(v) Zonas especiales al interior del área

No hay zonas especiales designadas al interior de la Zona.

7. Condiciones para la expedición de permisos

7(i) Condiciones generales para la expedición de permisos

Se prohíbe el ingreso a la Zona excepto con un permiso expedido por una autoridad nacional pertinente. Las condiciones para otorgar un permiso para entrar en la Zona son las siguientes:

- el permiso se emite para investigaciones científicas, específicamente para la investigación de la avifauna de la Zona, o para fines científicos, educativos o de difusión indispensables que no puedan llevarse a cabo en otro sitio, o por motivos esenciales para la gestión de la Zona;
- las actividades permitidas deberán atenerse a este Plan de Gestión;
- las actividades permitidas darán la correspondiente consideración al proceso de Evaluación del impacto medioambiental para la protección continua de los valores ambientales y científicos de la Zona;
- las distancias de aproximación a la fauna se deben respetar, salvo cuando los proyectos científicos lo requieran de otra forma y esto se especifique en los permisos pertinentes.
- el permiso será expedido por un período determinado;
- deberá llevarse el permiso, o una copia de este, cuando se está dentro de la Zona;

7(ii) Acceso a la zona y los desplazamientos en su interior o sobre ella

El acceso a la zona está permitido a pie, en embarcación pequeña o por avión. Se prohíben los vehículos en la Zona. El acceso a las zonas de reproducción de las aves durante la temporada de reproducción (1 de octubre a

31 de marzo) está restringido a los visitantes que realicen o apoyen investigaciones científicas, realicen actividades educativas o actividades de difusión con los objetivos del plan de gestión o que realicen actividades de gestión esenciales.

Acceso a pie y circulación dentro de la Zona

Las personas a pie deben evitar en todo momento perturbar a las aves y las focas o dañar la vegetación. Los peatones que ingresen a la zona desde las cercanías de la estación Arctowski cercana deben ser particularmente cuidadosos con la posible transferencia de material vegetal o de semillas del pasto invasivo no autóctono *Poa annua* y deben observar las precauciones establecidas a continuación en la sección 7(v) para reducir al mínimo el riesgo de mayor propagación.

Los peatones deben mantener las siguientes distancias mínimas de acercamiento a la vida silvestre, a menos que sea necesario sobrepasarlos para los fines autorizados en el permiso:

- Petreles gigantes (*Macronectes giganteus*): 50 m
- Otras aves y focas reproductoras o en época de muda de pelaje o plumaje: 15 m
- Aves y focas no reproductoras: 5 m.

Está prohibido que los pilotos y la tripulación de aeronaves, lanchas u otras personas que lleguen a la zona en aeronaves o embarcaciones se desplacen a pie más allá de la cercanía inmediata de su sitio de aterrizaje o de las instalaciones o cabañas salvo que se haya autorizado especialmente mediante un permiso. Los visitantes se deben mover con cuidado, de manera de reducir la perturbación a la flora, la fauna y los suelos, y deben caminar sobre la nieve o el terreno rocoso donde se pueda, para evitar así las superficies con vegetación. Cuando sea posible, evitar el suelo húmedo, donde el tráfico a pie puede dañar fácilmente los suelos delicados, las comunidades de plantas y algas y degradar la calidad del agua. El tránsito de peatones se reducirá a un mínimo de manera consecuente con los objetivos de todas las actividades permitidas y se hará todo lo posible para reducir a un mínimo los efectos de las pisadas.

Acceso en lancha

Está permitido el acceso desde el mar solo en embarcaciones pequeñas. Está prohibido el acceso a la zona de la playa entre Punta Llano y la colina Sphinx (mapa 2) desde el mar para evitar la interferencia con las comunidades de animales que están sujetas a investigación a largo plazo o en curso, excepto para los fines de visita al campamento "Copacabana" para los fines autorizados en el permiso o durante una emergencia. Los lugares de desembarco recomendados para las embarcaciones pequeñas son los siguientes (mapa 2):

1) en las playas en la caleta Halfmoon o la caleta Arctowski, ambas están fuera de la zona, donde no se necesita permiso para el ingreso;
2) en la playa inmediatamente al frente del campamento "Copacabana" (EE.UU.); o
3) en la playa inmediatamente al frente del refugio (PL) en la caleta Paradise.

El acceso desde el mar a cualquier lugar apropiado para el desembarco al sur de la colina Sphinx está permitido, siempre y cuando éste sea coherente con los fines para los que se ha otorgado el permiso. Los visitantes a la zona que lleguen en pequeñas embarcaciones deben informar a la estación Arctowski.

Acceso por aeronave y sobrevuelos

Debido a la amplia presencia de aves marina y pinnípedos dentro de la zona durante la temporada de reproducción (1 de octubre – 31 de marzo), se desaconseja el acceso aéreo a la zona en este período. Todas las restricciones al acceso por aeronave y al sobrevuelo estipuladas en este plan se aplicarán durante el período del 1 de octubre al 31 de marzo incluidos, cuando las aeronaves pueden volar y aterrizar dentro de la zona ciñéndose al estricto acatamiento de las siguientes condiciones:

1) La aeronave debe mantener una distancia horizontal y vertical de 2.000 pies (~610 m) con respecto a la costa en general y con respecto a las colonias de animales silvestres en reproducción en particular, como se identifica en el mapa 2, a menos que se autorice otra cosa en el permiso;

2) En la isla Rey Jorge (isla 25 de mayo) a menudo prevalecen condiciones meteorológicas con techo de nubes bajo, particularmente en las cercanías del casquete glacial permanente como el campo de hielo Warszawa, la aeronave debe evitar la zona a menos que sea posible mantener de manera segura las distancias mínimas horizontal y vertical de 2.000 pies (~610 m) señalada anteriormente;

3) El aterrizaje de helicópteros dentro de la zona está generalmente prohibido, excepto en los glaciares permanentes o durante una emergencia;

4) Los helicópteros que operen en la región pueden aterrizar en el lugar de aterrizaje ubicado en la estación Arctowski (58°58.849" O, 62°11.577" S), al que se deben acercar desde el noreste sobre la bahía Almirantazgo (bahía Lasserre). Se debe evitar el sobrevuelo del límite norte de la zona donde hay muchas aves y focas.

5) Se prohíbe el uso de granadas de humo para indicar la dirección del viento dentro de la zona, a menos que sea absolutamente necesario para la seguridad, y se deberán recuperar todas las granadas que se usen.

6) En las circunstancias no cubiertas anteriormente, los pilotos deben, como norma mínima, cumplir con las *Directrices sobre la operación de aeronaves cerca de concentraciones de aves* adjunta la Resolución 2 (2004);

7) Estas disposiciones no se aplican a las aeronaves pequeñas no tripuladas que puede ser lanzadas para fines científicos o de gestión.

7 (iii) Actividades que pueden llevarse a cabo dentro de la Zona

- Investigaciones científicas que no pongan en peligro el ecosistema ni los valores de la Zona.
- Actividades con fines educativos o de divulgación que no puedan realizarse en otro lugar.
- Actividades con el fin de preservar o proteger recursos históricos de la Zona.
- Las actividades de gestión esenciales, incluidas la gestión, observación e inspección de las especies no autóctonas dentro de la zona.
- Las actividades en lugares dentro de la zona que se sabe están colonizados por el pasto invasivo *Poa annua* (mapa 2) están específicamente restringidas a la investigación o la gestión respecto a las especies no autóctonas, y se prohíbe el acceso al lugar a menos que sea necesario por otros motivo científicos o de gestión apremiantes que no puedan ser realizado en otro lugar. Quienes ingresen al lugar deben tomar las precauciones de no propagar el pasto aún más al revisar y limpiar cuidadosamente el calzado, el equipo y la ropa antes de pasar a otra ubicación, tanto dentro o fuera de la zona.

7 (iv) Instalación, modificación o desmantelamiento de estructuras

- No se podrán erigir estructuras en la zona, excepto aquellas que se especifiquen en un permiso y, excepto por los marcadores topográficos permanentes y los señalizadores, se prohíben las estructuras o instalaciones permanentes adicionales.
- Todas las estructuras, equipo científico o señalizadores instalados en la Zona deben estar autorizados expresamente y claramente identificados por país, nombre del investigador principal, año de instalación y fecha prevista de eliminación. Todos estos artículos deben estar libres de organismos, propágulos (por ejemplo, semillas y huevos) y suelo no estéril, y deben estar confeccionados con materiales que soporten las condiciones ambientales y que representen el mínimo riesgo posible de contaminación o daño a los valores de la Zona.
- La instalación (incluida la selección del lugar), el mantenimiento, la modificación o el desmantelamiento de estructuras o equipos deberá efectuarse de una forma que reduzca al mínimo la perturbación de los valores de la zona, y es recomendable evitar hacerlo durante la temporada de reproducción principal (01 de octubre al 31 de marzo).
- El desmantelamiento de estructuras específicas/equipamientos cuyo permiso haya expirado, será responsabilidad de la autoridad que ha concedido el permiso original, y será una condición del permiso.

7(v) Ubicación de los campamentos

Las instalaciones del campamento "Copacabana" (EE.UU.) y del refugio (Polonia) en la caleta Paradise (mapa 2) ofrecen alojamiento limitado para uso científico, sujeto a la autorización de la autoridad pertinente. Se prohíbe acampar en otras partes al interior de la zona.

7(vi) Restricciones relativas a los materiales y organismos que puedan introducirse en la Zona

Además de los requisitos del Protocolo al Tratado Antártico sobre Protección del Medio Ambiente, las restricciones relativas a los materiales y organismos que puedan introducirse en la Zona son las siguientes:

- Se prohíbe la introducción deliberada de animales vivos, material vegetal, microorganismos, y suelo no estéril en la Zona. Deben tomarse precauciones a fin de evitar la introducción accidental de animales, material vegetal, microorganismos y suelos no estériles provenientes de otras regiones con características biológicas distintas (dentro de la Antártida o fuera del área comprendida en el Tratado Antártico);

- Los visitantes deberán tomar precauciones para garantizar que los equipos de muestreo y los señalizadores ingresados a la Zona estén limpios. En el nivel máximo practicable, el calzado y el equipo que se use o se lleve a la zona (incluidas las mochilas, los bolsos y otros equipos) deberán limpiarse cuidadosamente antes de ingresar a la Zona. Esto es particularmente importante cuando se pasa a la Zona desde la estación Arctowski cercana, donde se ha establecido el pasto invasivo *Poa annua*, y se debe limpiar el calzado y el equipo que posiblemente esté contaminado antes de salir de la estación y no se debe usar cerca de la estación antes de ingresar a la Zona. Los visitantes también deben consultar y seguir adecuadamente las recomendaciones incluidas en el Manual sobre especies no autóctonas del Comité para la Protección del Medio Ambiente (CPA, 2011), y el Código de conducta ambiental sobre el Trabajo de Investigación sobre el Terreno en la Antártida (SCAR, 2009);

- Toda ave traída que no sea consumida o usada dentro de la Zona, incluidas todas sus partes, productos o desperdicios, debe ser retirada de la Zona o eliminada mediante la incineración o algún medio equivalente que elimine el riesgo para la flora y la fauna autóctonas;

- No se podrán llevar herbicidas o plaguicidas a la Zona;

- No se debe almacenar combustible, alimentos, productos químicos u otros materiales en la Zona, a no ser que esté específicamente autorizado por un permiso y deben ser almacenados y manipulados de forma que se reduzca a un mínimo el riesgo de su introducción accidental en el medio ambiente;

- Todos los materiales introducidos deben permanecer solo durante un periodo de tiempo definido y deben ser retirados al final de dicho periodo, y

- Si se producen vertimientos que puedan comprometer los valores de la Zona, se recomienda retirar el material únicamente cuando no sea probable que el impacto de la eliminación sea mayor que el de dejar el material *in situ*.

7(vii) Toma o intromisión perjudicial de flora y fauna autóctona

Están prohibidas la toma de flora y fauna autóctonas o la intromisión perjudicial que pudieran sufrir éstas, salvo en conformidad con un permiso expedido de acuerdo al Artículo 3 del Anexo II del Protocolo al Tratado Antártico sobre Protección del Medio Ambiente. En caso de que sea necesaria la recolección o interferencia perjudicial con los animales, esto debería hacerse, como norma mínima, de conformidad con el Código de Conducta del SCAR para el Uso de Animales con Fines Científicos en la Antártida.

7(viii) Recolección o traslado de materiales que no hayan sido traídos a la Zona por el titular del permiso

- Se podrá recolectar o retirar material de la zona únicamente de conformidad con un permiso, y dicho material debería limitarse al mínimo necesario para fines de índole científica o de gestión. Ello incluye muestras biológicas, ejemplares de rocas, huesos de ballenas, artefactos de la industria ballenera, así como cualquier artículo histórico.

- El material de origen humano que pudiera comprometer los valores de la zona y que no haya sido introducido a la misma por el titular del permiso o que no esté autorizado podrá ser retirado, salvo que el impacto de su retiro pueda ser mayor que el efecto de dejar el material *in situ*, en cuyo caso se deberá notificar a las autoridades pertinentes, que deberán emitir su aprobación.

7(ix) Eliminación de residuos

Todos los residuos deberán ser retirados de la zona, con excepción de los residuos humanos, que podrán retirarse de la zona o verterse en el mar.

7 (x) Medidas que puedan requerirse para garantizar el continuo cumplimiento de los objetivos y las finalidades del Plan de Gestión

Se pueden otorgar permisos de ingreso a la Zona con el fin de:

1) Realizar actividades de observación e inspecciones, que podrían incluir la recolección limitada de muestras o datos para análisis o revisión;

2) Instalar o realizar el mantenimiento de postes señalizadores, marcadores, estructuras o equipos científicos o logísticos esenciales;

3) Implementar medidas de protección, que pueden incluir la extracción mecánica de las especies no autóctonas mediante herramientas manuales;

4) Llevar a cabo investigaciones o gestión de manera tal que se evite interferir con las actividades de observación e investigación a largo plazo o una posible repetición de los esfuerzos. Las personas que planifiquen nuevos proyectos dentro de la zona deben consultar con los programas establecidos que están trabajando dentro de la zona, como Polonia y EE.UU., antes de iniciar el trabajo.

7(xi) Requisitos relativos a los informes

- El principal titular del permiso presentará a la autoridad nacional correspondiente un informe de cada visita a la Zona, en cuanto sea posible, y antes de los seis meses posteriores a la finalización de la visita.

- Dichos informes deberán incluir, según corresponda, la información señalada en el formulario de informe de la visita contenido en la Guía para la Preparación de Planes de Gestión para las Zonas Antárticas Especialmente Protegidas. Si corresponde, la autoridad nacional también debe remitir una copia del informe de la visita a la Parte que ha propuesto el Plan de gestión, como ayuda en la gestión de la Zona y en la revisión del Plan de gestión.

- Las Partes deberían, en la medida de lo posible, depositar los originales o copias de dichos informes originales sobre visitas en un archivo de acceso público a fin de mantener un registro de su uso, con el fin de llevar a cabo cualquier revisión del Plan de gestión y de organización del uso científico de la Zona.

- Se deberá notificar a la autoridad correspondiente acerca de todas las actividades que se realicen/ las medidas que se tomen y/o respecto de todos los materiales liberados y no eliminados que no hayan estado incluidos en el permiso autorizado.

8. Documentación de apoyo

Barbieri, M, K Birkenmajer, MC Delitala, L Francalanci, W Narbski, M Nicoletti, A Peccerillo, A Petrucciniani, L Tolomeo, y C Trudu. 1987. Preliminary geological, geochemical and Sr isotopic investigations on Mesozoic to Cenozoic magmatism of King George Island, South Shetland Islands (West Antarctica). *Mineralogical and Petrological Acta (Bologna)* **37**: 37–49.

Battke, Z, A Marsz, y R Pudełko. 2001. Procesy deglacjacji na obszarze SSSI No. 8 i ich uwarunkowania klimatyczne oraz hydrologiczne (zatoka Admiralicji, Wyspa Króla Jerzego, Szetlandy Południowe). *Problemy Klimatologii Polarnej* **11**: 121–135.

Bers, AV, F Momo, IR Schloss, y D Abele. 2012. Analysis of trends and sudden changes in long-term environmental data from King George Island (Antarctica): relationships between global climatic oscillations and local system response. *Climatic Change*. doi:10.1007/s10584-012-0523-4.

Beyer, L, JG Bockheim, IB Campbell, y GGC Claridge. 1999. Genesis, properties and sensitivity of Antarctic Gelisols. *Antarctic Science* **11** (4): 387–398. doi:10.1017/S0954102099000498.

Birkenmajer, K. 1980. Geology of Admiralty Bay, King George Island (South Shetland Islands). An outline. *Polish Polar Research* **1**: 29–54.

————. 2003. Geological Results of Polish Antarctic Expeditions: Admiralty Bay, King George Island, South Shetland Islands West Antarctica. Geological map. *Studia Geologica Polonica* **120**: 1–73.

Birkenmajer, K, y E Zastawniak. 1989. Late Crataceous-Early Tertiary floras of King George Island, West Antarctica: their stratigraphic distribution and paleoclimatic significance. In *Origin and Evolution of Antarctic Biota. Geological Society of London, Special Publication,47*, editado por A J Crame, 227–240.

Blume, H-P, L Beyer, M Bölter, H Erlenkeuser, E Kalk, S Kneesch, U Pfisterer, y D Schneider. 1997. Pedogenic zonation in soils of southern circumpolar region. *Advances in GeoEcology* **30**: 69–90.

Blume, H-P, D Kuhn, y M Bölter. 2002. Soils and Soilscapes. In *Geoecology of Antarctic Ice-free Coastal Landscapes, Ecological Studies 154*, editado por L. Beyer y M Bölter, 91–113. Springer, Berlín.

Braun, M, y H Gossmann. 2002. Glacial changes in the areas of Admiralty Bay and Potter Cove, King George Island, maritime Antarctica. In *Geoecology and Antarctic Ice-Free Coastal Landscapes*, editado por L. Beyer y M Bölter, 75–89. Springer, Berlín.

Carlini, AR, NR Coria, MM Santos, J Negrete, M a. Juares, y G a. Daneri. 2009. Responses of *Pygoscelis adeliae* and *P. papua* populations to environmental changes at Isla 25 de Mayo (King George Island). *Polar Biology* **32** (10) (May 16): 1427–1433. doi:10.1007/s00300-009-0637-y. http://link.springer.com/10.1007/s00300-009-0637-y.

Carneiro, APB, MJ Polito, M Sander, y WZ Trivelpiece. 2009. Abundance and spatial distribution of sympatrically breeding *Catharacta* spp. (skuas) in Admiralty Bay, King George Island, Antarctica. *Polar Biology* **33** (5) (November 8): 673–682. doi:10.1007/s00300-009-0743-x. http://link.springer.com/10.1007/s00300-009-0743-x.

Chwedorzewska, KJ. 2008. *Poa annua* L. in Antarctic: searching for the source of introduction. *Polar Biology* **31**: 263–268. doi:10.1007/s00300-007-0353-4.

Chwedorzewska, KJ, y M Korczak. 2010. Human impact upon the environment in the vicinity of *Arctowski* Station, King George Island, Antarctica. *Polish Polar Research* **31** (1) (January 1): 45–60. doi:10.4202/ppres.2010.04. http://versita.metapress.com/openurl.asp?genre=article&id=doi:10.4202/ppres.2010.04.

Ciaputa, P. 1996. Numbers of pinnipeds during 1994 in Admiralty Bay, King George Island, South Shetland Islands. *Polish Polar Research* **17**: 239–244.

Ciaputa, P, y K Sierakowski. 1999. Long-term population changes of Adelie, chinstrap, and gentoo penguins in the regions of SSSI No. 8 and SSSI No. 34, King George Island, Antarctica. *Polish Polar Research* **20** (4): 355–365.

Cuba-Diaz, M, JM Troncoso, C Cordero, VL Finot, y M Rondanelli-Reyes. 2012. Juncus bufonius, a new non-native vascular plant in King George Island, South Shetland Islands. *Antarctic Science* **1** (1): 1–2.

Dutra, TL, y DJ Batten. 2000. Upper Cretaceous floras of King George Island, West Antarctica, and their palaeoenvironmental and phytogeographic implications. *Cretaceous Research* **21**: 181–209. doi:10.1006/cres.2000.0221. http://linkinghub.elsevier.com/retrieve/pii/S0195667100902210.

Everett, KR. 1976. A survey of soils in the region of the South Shetland Islands and adjacent parts of the Antarctica Peninsula. *Ohio State University Institute for Polar Studies Reports* **58**: 1–44.

Gryziak, G. 2009. Colonization by mites of glacier-free areas. *Pesquisa Agropecuária Brasileira* **44** (8): 891–895.

Hinke, JT, K Salwicka, SG Trivelpiece, GM Watters, y WZ Trivelpiece. 2007. Divergent responses of Pygoscelis penguins reveal a common environmental driver. *Oecologia* **153** (4) (October): 845–55. doi:10.1007/s00442-007-0781-4. http://www.ncbi.nlm.nih.gov/pubmed/17566778.

Ilieva-Makulec, K, y G Gryziak. 2009. Response of soil nematodes to climate-induced melting of Antarctic Glaciers. *Polish Journal of Ecology* **57** (4): 811–816.

Kejna, M, A Arazny, y I Sobota. 2013. Climatic change on King George Island in the years 1948 – 2011. *Polish Polar Research* **34** (2): 213–235. doi:10.2478/popore.

Korczak-Abshire, M, PJ Angiel, y G Wierzbicki. 2011. Records of white-rumped sandpiper (Calidris fuscicollis) on the South Shetland Islands. *Polar Record* **47** (3): 262–267.

Korczak-Abshire, M, AC Lees, y A Jojczyk. 2011. First documented record of barn swallow (Hirundo rustica) in the Antarctic. *Polish Journal of Ecology* **32** (4): 355–360. doi:10.2478/v10183.

Korczak-Abshire, M, M Węgrzyn, PJ Angiel, y M Lisowska. 2013. Pygoscelid penguins breeding distribution and population trends at Lions Rump rookery, King George Island. *Polish Polar Research* **34** (1): 87–99. doi:10.2478/popore.

Nawrocki, J, M Pańczyk, y IS Williams. 2011. Isotopic ages of selected magmatic rocks from King George Island (West Antarctica) controlled by magnetostratigraphy. *Geological Quarterly* **55** (4): 301–322.

Olech, M. 1996. Human impact on terrestrial ecosystems in West Antarctica. In *Proceedings of the NIPR Symposium on Polar Biology, 9*, 299–306.

———. 2002. Plant communities on King George Island. In *Geoecology of Antarctic Ice-Free Coastal Landscapes. Ecological Studies*, editado por L. Beyer y M Bölter, 215–231. Springer, Berlín.

Olech, M, y KJ Chwedorzewska. 2011. The first appearance and establishment of an alien vascular plant in natural habitats on the forefield of a retreating glacier in Antarctica. *Antarctic Science* **23** (2): 153–154.

Olech, M, y A Massalski. 2001. Plant colonization and community development on the Sphinx Glacier forefield. *Geographia* **25**: 111–119.

Poland, G of. 2002. The long-term monitoring of avifauna in Admiralty Bay in light of the changes in the sea-ice zone ecosystem (South Shetland Islands, Antarctica). En el Documento de información IP 001 de la XXV RCTA, Tema del programa CPA 5, 2002.

Pudełko, R. 2007. Orthophotomap Western Shore of Admiralty Bay, King George Island, South Shetland Islands. Warsaw, Poland: Dept. Antarctic Biology PAS.

Salwicka, K, y S Rakusa-Suszczewski. 2002. Long-term monitoring of Antarctic pinnipeds in Admiralty Bay. *Acta Theriologica* **47**: 443–457.

Salwicka, K, y K Sierakowski. 1998. Seasonal numbers of five species of seals in Admiralty Bay (South Shetland Islands, Antarctica). *Polish Polar Research* **3-4**: 235–247.

Schaefer, CEGR, RM Santana, FNB Simas, MR Francelino, EI Fernandes Filho, MA Albuquerque, y MI Calijuri. 2007. Geoenvironments from the vicinity of Arctowski Station, Admiralty Bay, King George Island, Antarctica: vulnerability and valuation assessment in Antarctica: A keystone in a changing wold. In *Online Proceedings of the ISAES, USGS Open–File Report 2007–1047, Short Research Paper 015*, editado por A K Cooper y C.R. Raymand, 1–4.

Schloss, IR, CA Michaud-Tremblay, y D Dumont. 2012. Modelling phytoplankton growth in polar coastal areas. International Polar Year (IPY) Conference "From knowledge to action". Montreal, Canadá.

Simas, FNB, CEGR Schaefer, VF Melo, MR Albuquerque-Filho, RFM Michel, V V. Pereira, MRM Gomes, and LM da Costa. 2007. Ornithogenic cryosols from Maritime Antarctica: Phosphatization as a soil forming process. *Geoderma* **138** (3-4): 191–203. doi:10.1016/j.geoderma.2006.11.011.

Steig, EJ, DP Schneider, SD Rutherford, ME Mann, JC Comiso, y DT Shindell. 2009. Warming of the Antarctic ice-sheet surface since the 1957 International Geophysical Year. *Nature* **457**: 459–462. doi:10.1038/nature08286.

Tatur, A. 1989. Ornithogenic soils of the maritime Antarctic. *Polish Polar Research* **10** (4): 481–532.

————. 2002. Ornithogenic ecosystems in the Maritime Antarctic – Formation, development and disintegration. In *Geoecology of Antarctic Ice-free Coastal Landscapes. Ecological Studies 154*, editado por L. Beyer y M Bölter, 161–184. Springer, Berlín.

Tatur, A, y A Myrcha. 1984. Ornithogenic soils on King George Island, South Shetland Islands (Maritime Antarctic Zone). *Polish Journal of Ecology* **5** (1-2): 31–60.

Vaughan, DG, y CSM Doake. 1996. Recent atmospheric warming and retreat of ice shelves on the Antarctic Peninsula. *Nature* **379**: 328–331. doi:10.1038/379328a0.

Victoria, FDC, AB Pereira, y D Pinheiro. 2009. Composition and distribution of moss formations in the ice-free areas adjoining the Arctowski region, Admiralty Bay, King George Island, Antarctica. *Inheringia Botanical Series* **64** (1): 81–91.

Zastawniak, E. 1994. Upper Cretaceous leaf flora from Błaszczyk Moraine (Zamek Formation), King George Island, West Antarctica. *Acta Palaeobotanica* **34** (2): 119–163.

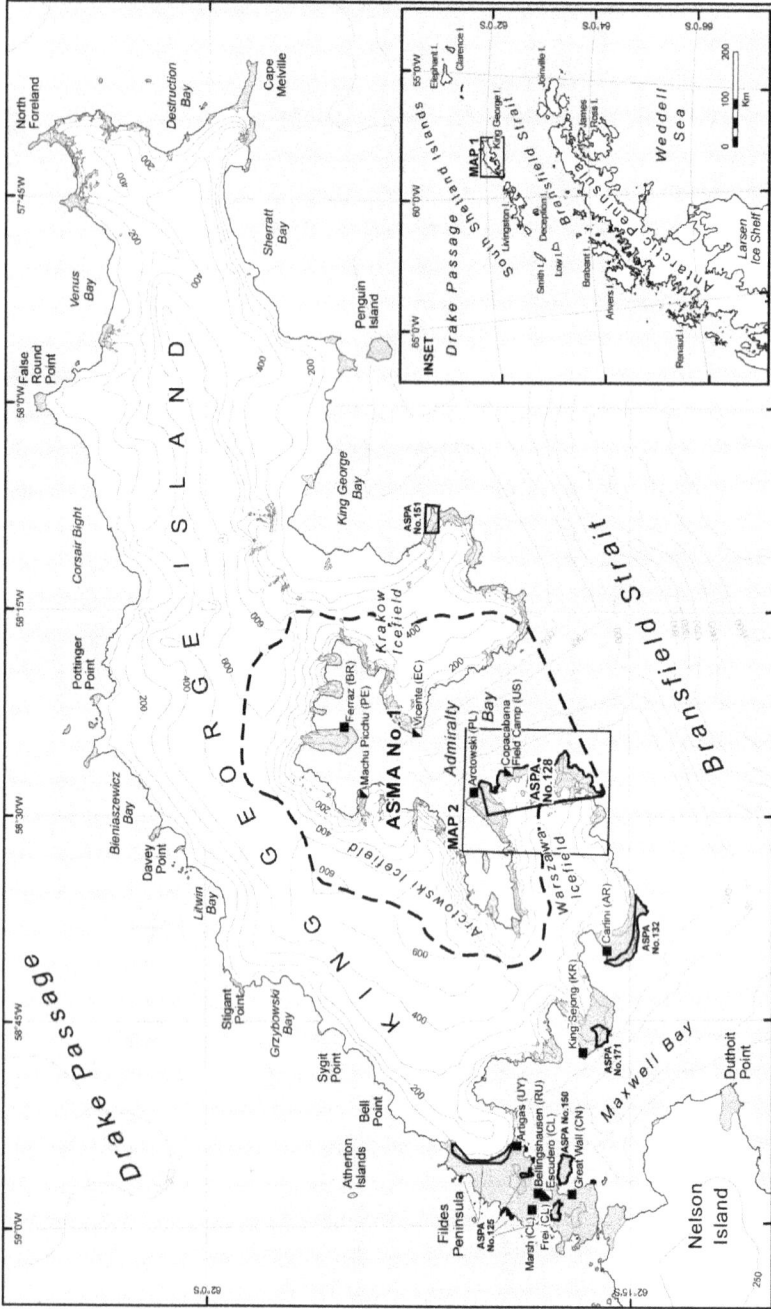

Map 1: ASPA No. 128 Western Shore of Admiralty Bay - Regional overview

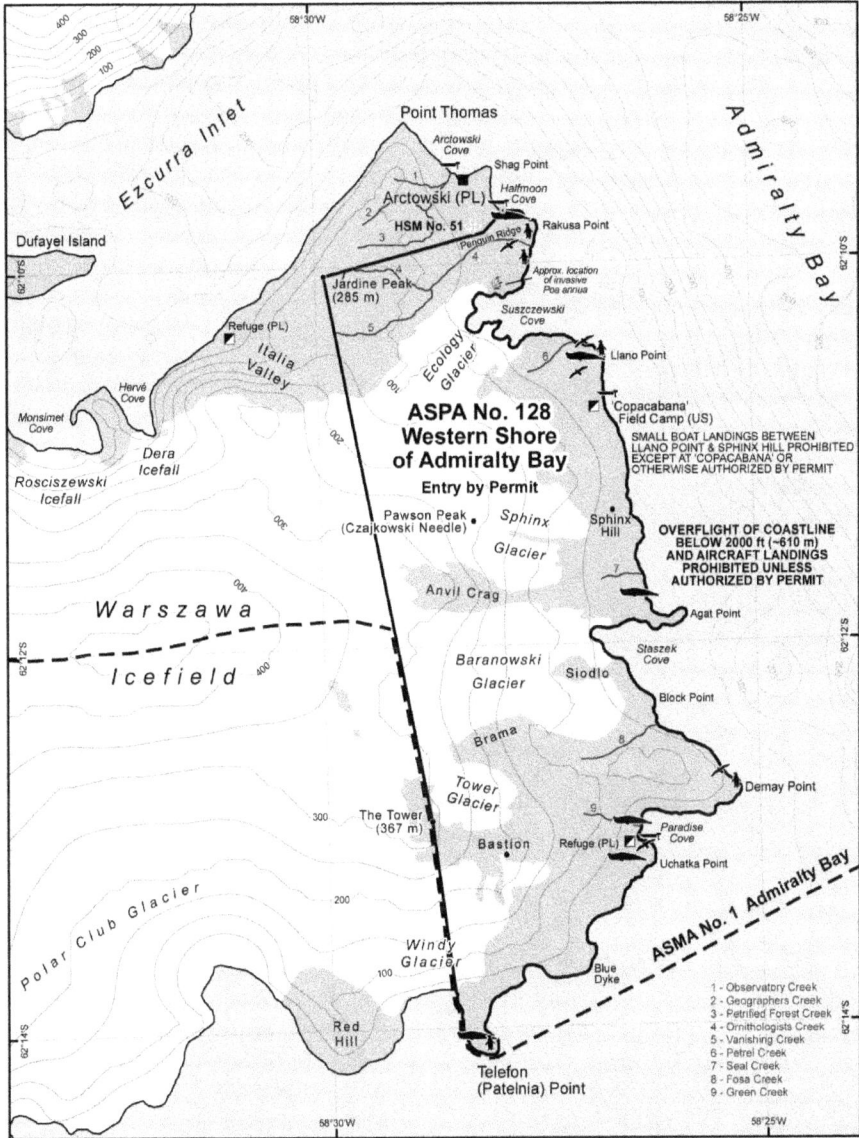

Map 2: ASPA No. 128 Western Shore of Admiralty Bay - access, facilities and wildlife

Plan de Gestión para la Zona Antártica Especialmente Protegida Nº 136

PENÍNSULA CLARK, COSTA BUDD, TIERRA DE WILKES, ANTÁRTIDA ORIENTAL

Introducción

La Zona Antártica Especialmente Protegida (ZAEP) N° 136 se encuentra en la península Clark, Tierra de Wilkes en 66°15'S, 110°36'E (véase el mapa A).

La península Clark se designó originalmente como Sitio de Especial Interés Científico (SEIC) N° 17 en virtud de la Recomendación XIII-8 (1985). Un plan de gestión revisado para SEIC 17 se aprobó en virtud de la Medida 1 (2000). El área cambió de nombre y de número a ZAEP 136 de acuerdo con la Decisión 1 (2002). Los planes de gestión revisados para la ZAEP se aprobaron mediante la Medida 1 (2006) y la Medida 7 (2009).

La ZAEP N° 136 se designa principalmente con la finalidad de proteger el ecosistema de la península Clark, que en gran medida no ha sufrido perturbaciones. Este ecosistema posee una de las comunidades de flora antártica más extensas al exterior de la Península Antártica, e importantes poblaciones reproductoras de pingüinos Adelia (*Pygoscelis adeliae*) y skúas polares (*Catharacta maccormicki*).

La ZAEP N° 136 mide aproximadamente 9,4 km² y se encuentra a aproximadamente 5 km al noroeste de la estación Casey. Las investigaciones científicas en la Zona se han concentrado en comunidades de plantas y en estudios a largo plazo de la población de las colonias de pingüinos Adelia. La protección de esta flora y la fauna dentro del área permite una comparación valiosa con las comunidades de plantas y colonias de pingüinos similares más cercanas a la estación Casey, las que están sujetas a mayores niveles de perturbación humana.

1. Descripción de los valores que requieren protección

La ZAEP N° 136 se designa principalmente con la finalidad de proteger el ecosistema de la península Clark, que en gran medida no ha sufrido perturbaciones.

El ecosistema de la península Clark posee una de las comunidades de flora antártica más amplias fuera de la Península Antártica. Sus comunidades de flora presentan una gama de variaciones ecológicas que siguen el gradiente ambiental de humedad del suelo, composición química del suelo y microclimas.

El ecosistema de la península Clark tiene una utilidad ecológica intrínseca y reviste importancia científica, especialmente en los campos de la botánica, la microbiología, la edafología y la geomorfología de glaciares. La observación del ecosistema proporciona datos de referencia cruciales con los que analizar los cambios en la briofita antártica y en las comunidades de macrolíquenes y criptógamas. Las comunidades de criptógamas también son estudios de respaldo de las fluctuaciones de corta duración de los microclimas y cambios climáticos de largo plazo que se han producido en la región desde la desglaciación hace unos 5000 a 8000 años.

La península Clark cuenta con una población reproductora relativamente poco perturbada de pingüinos Adelia (*Pygoscelis adeliae*) y skúas polares (*Catharacta maccormicki*). Desde 1959 se han estudiado las poblaciones importantes de pingüinos Adelia en punta Whitney y punta Blakeney. Estos estudios proporcionan valiosos datos comparativos para medir los impactos del ser humano sobre las colonias de pingüinos Adelia localizadas en las cercanías de la estación Casey. Además, en la mayoría de las áreas sin hielo hay petreles de Wilson (*Oceanites oceanicus*) y petreles de las nieves (*Pagodroma nivea*) reproductores.

La península Clark posee un valor geológico intrínseco. La península Clark presenta una secuencia cronológica visible del surgimiento del mar de las islas Windmill desde la desglaciación del holoceno. La Zona debe ser protegida debido a su importancia ecológica, su gran utilidad científica y la poca extensión geográfica de las comunidades de plantas. Es vulnerable a la perturbación ocasionada por el pisoteo, el muestreo científico, la contaminación y la introducción de especies no autóctonas, pero está suficientemente lejos de la estación Casey como para que las actividades realizadas en la estación ocasionen un impacto y perturbación inmediatos. En vista del valor científico y ecológico de la Zona, así como su uso para la observación a largo plazo, es necesario continuar protegiéndola.

2. Finalidades y objetivos

Las finalidades de la gestión de la península Clark son las siguientes:

- evitar la degradación de la Zona y los riesgos importantes para sus valores, reduciendo al mínimo las perturbaciones causadas por los seres humanos;
- proteger el ecosistema natural como área de referencia para estudios comparativos y para evaluar los efectos directos e indirectos de la estación Casey;
- prevenir la introducción involuntaria de especies no autóctonas en la Zona;
- reducir la introducción de patógenos que pudieran causar enfermedades en la fauna de la Zona.

3. Actividades de gestión

Se deberán emprender las siguientes actividades de gestión en aras de proteger los valores de la Zona:

- se pondrá a disposición información sobre la Zona (incluyendo sus límites y las restricciones especiales que se ponen en práctica dentro de ella), además de copias del Plan de gestión en: la estación abandonada Wilkes; la cabaña de refugio Wilkes Hilton, la cabaña de refugio Jack's Donga; la estación Casey; y en embarcaciones que visitan la región;
- se colocarán letreros en el límite de la Zona para evitar el ingreso accidental;
- los letreros, señales o estructuras en la Zona con fines científicos o de gestión deberán asegurarse y mantenerse en buen estado y retirarse cuando no sean necesarios;
- se realizarán las visitas necesarias a la Zona (en la medida de lo posible, por lo menos una vez cada cinco años) para determinar si la Zona continúa sirviendo a los fines para los que fue designada y procurar que las actividades de gestión sean las adecuadas; y
- el Plan de gestión debe ser revisado al menos una vez cada cinco años, y debe ser actualizado conforme sea necesario.

4. Período de designación

Designación con período de vigencia indefinida.

5. Mapas

- Mapa A: Zonas Antárticas Especialmente Protegidas, islas Windmill, Antártida Oriental
- Mapa B: Zona Antártica Especialmente Protegida N° 136, península Clark, islas Windmill, Antártida Oriental: Topografía y distribución de las aves
- Mapa C: Zona Antártica Especialmente Protegida N° 136, península Clark, islas Windmill, Antártida Oriental: Distribución de los tipos de vegetación más importantes

- Mapa D: Zona Antártica Especialmente Protegida N° 136, península Clark, islas Windmill, Antártida Oriental: Geología

6. Descripción de la Zona

6(i) Coordenadas geográficas, indicadores de límites y características naturales

Descripción general

La península Clark (66°15'S 110°36'E) se ubica en la costa norte de la bahía Newcomb en el extremo oriental de bahía Vincennes en la costa Budd, Tierra de Wilkes (véase el mapa A). Es una zona de hielo permanente, campos de nieve y afloramientos. Mide aproximadamente 3,5 km de ancho y 4,5 km de largo.

La ZAEP misma cubre una zona de 9,4 km² y comprende toda la península Clark al norte del límite sur que conecta el lado oriental de la caleta Powell a 66°15'15" S 110°31'59" E, pasando por 66°15'29"S 110°33'26"E, 66°15'21"S 110°34'00"E, 66°15'24"S 110°35'09"E, 66°15'37"S 110°34'40"E, 66°15'43"S 110°34'45"E hasta un punto al este sureste de las morrenas Løken a 66°16'06"S 110°37'11"E. El límite este es el extremo oeste de las morrenas Løken que al norte llega hasta una punta situada al este de la punta Blakeney a 66°14'15"S 110°38'46"E y de allí a la costa a 66°14'15"S 110°38'06"E, volviendo a lo largo de la costa hasta el punto de origen. El límite de la ZAEP se indica en los mapas A, B, C y D.

Características geológicas

La península Clark posee un valor geológico intrínseco. La península Clark presenta una secuencia cronológica visible en la costa del surgimiento del mar de las islas Windmill desde la desglaciación del holoceno. Consta de afloramientos rocosos bajos y redondeados, sin hielo. Sus valles intermedios están cubiertos de nieve y hielo permanentes o de morrenas glaciares y escombros desprendidos. Se eleva al este de las morrenas Løken donde alcanza una altitud aproximada de 130 metros sobre el nivel del mar.

Predominan los afloramientos de roca metapelítica y gneis granítico leucocrático. La roca metapelítica por lo general es foliada, migmatizada y de textura fina a media. La mineralogía de la roca metapelítica consiste en biotita-sillimanita y biotita-sillimanita±cordierita. La sillimanita presenta una foliación muy lineada y la cordierita generalmente está pinitizada.

El gneis granítico de aparición temprana es blanco, de textura media y foliado. Comprende dos intrusiones félsicas intermedias anteriores o contemporáneas a la deformación de las islas Windmill. La intrusión mayor, que ocupa gran parte del centro de la península Clark, es un gneis lenticular granítico que contiene cuarzo, K-feldespato, biotita, mica blanca y opacos. Hay pequeños afloramientos de rocas máficas y metapsamitas. Los yacimientos de rocas están orientados de sudoeste a noreste. En el mapa D se muestran las características geológicas de la superficie de la península Clark.

Las islas del grupo de islas Windmill se encuentran frente a la costa de la ZAEP. Las islas Windmill son uno de los afloramientos más orientales de un terreno mesoproterozoico de facies de granulita formadas a baja presión que se extiende hacia el oeste hasta los cerros Bunger, más hacia el oeste hasta los complejos arqueanos de la Tierra de la Princesa Isabel y hacia el este hasta Dumont d'Urville y la bahía Commonwealth. Las rocas del grupo de islas Windmill comprenden una serie de metapelitas y metapsamitas migmatíticas intercaladas con secuencias máficas a ultramáficas y félsicas con poco comunes calcosilicatos, grandes filones de fusión parcial (supracrustales de las islas Windmill), granito sin deformar, charnoquita, gabro, pegmatita, aplitas y contravetas de dolerita de aparición tardía.

Las gravas y los suelos parecen derivar de sedimentos marinos depositados en el pleistoceno. Son comunes las colonias de pingüinos subfósiles en la punta Whitney, la punta Blakeney y a lo largo de la cresta central. En los alrededores de las colonias de pingüinos abandonadas, el suelo consiste en pedregullo rico en materia orgánica derivada del guano de pingüino. En verano predominan los arroyos, las charcas de deshielo y los lagos pequeños. El mapa B describe la distribución de los lagos en la península Clark.

Flora

Las temperaturas comparativamente templadas de la península Clark facilitaron el desarrollo de una cubierta de vegetación compleja, diversa y estable. En las rocas sin hielo hay una extensa cubierta de líquenes, mientras que los musgos predominan en áreas más bajas. Los factores responsables de la distribución de la vegetación son la exposición a los vientos, la disponibilidad de agua y la ubicación de las colonias de pingüinos abandonadas.

La región de los cerros Windmill posee 4 especies de briofitas, 30 especies de macrolíquenes, 44 especies de cianobacterias y 75 especies de algas. Se sabe que muchos de estos taxones están presentes en la península Clark. En el noroeste predominan comunidades de líquenes bien desarrolladas de *Umbilicaria decussata*, *Pseudephebe minuscula* y *Usnea sphacelata*. A mayor distancia de la costa, predomina la *U. sphacelata*, que se extiende sobre las rocas metamórficas y los lechos de grava.

La comunidades de briofitas de *Bryum pseudotriquetrum*, *Schistidium antarctici* y *Ceratodon purpureus* predominan en lugares húmedos y protegidos, donde forman rodales cerrados de hasta 300 mm de profundidad. En las cosas noroeste y oeste, alrededor de las colonias de pingüinos Adelia, predominan los líquenes *Xanthoria mawsonii*, *Candelariella flava* y *Buellia frigidida*. En el noroeste predominan las *Usnea. decussata* y las *U. sphacelata* alrededor de las colonias de pingüinos abandonadas de las zonas costeras del sur, y en el centro de la península Clark predominan las *U. decussata*, *P. minuscula*, las *B. soredians* y las *B. frigid*, junto con grupos más pequeños de *Pleopsidium chlorophanum*. La microflora de la península Clark consiste en algas (entre las cuales predominan *Botrydiopsis constricta* y *Chlorella conglomerata*), bacterias, levaduras y hongos filamentosos. El mapa C muestra las distribuciones de flora en la península Clark.

Fauna

Las colonias de pingüinos Adelia (*Pygoscelis adeliae*) se encuentran en la punta Whitney y la punta Blakeney. Durante el período 2012-2013, la cifra de nidos ocupados en la punta Whitney era de aproximadamente 11.000 y, en la punta Blakeney, de aproximadamente 4.000. Las poblaciones reproductoras de estos dos sitios se han incrementado desde que comenzó la investigación entre 1959 y 1960. La población reproductora de los pingüinos Adelia en la zona cercana a la isla Shirley (ubicada 3 km al sudoeste de la estación Casey) se ha mantenido estable desde 1968. Los petreles de Wilson (*Oceanites oceanicus*), las skúas antárticas (*Catharacta maccormicki*) y los petreles de las nieves (*Pagodroma nivea*) se reproducen dentro de la ZAEP. La microfauna de invertebrados terrestres comprende protozoos, nematodos, ácaros, rotíferos y tardígrados. Los invertebrados se concentran en los lechos de musgo, los rodales de liquen y la tierra húmeda. El mapa B muestra las distribuciones de fauna en la península Clark.

Clima

La península Clark y las islas Windmill presentan un clima antártico seco y glacial. Los datos meteorológicos recopilados en los alrededores de la estación Casey indican que el rango de temperatura promedio de la península Clark va de 0,3°C a -14.9°C. Se han registrado temperaturas extremas de 9,2°C y -41°C. La precipitación es en forma de nieve y equivale a 195 mm de la lluvia caída anualmente. Durante el año hay un promedio de 96 días con vendavales, que soplan principalmente en dirección este y emanan del casquete de hielo polar. Se acumula nieve al abrigo de los afloramientos y en depresiones del substrato.

Dominios medioambientales y las Regiones biogeográficas de conservación antártica

Basado en el Análisis de Dominios Ambientales para la Antártida (Resolución 3 (2008)) Stornes está situado en el Medioambiente D: *zona geológica de la costa antártica oriental*. Según las Regiones biogeográficas de conservación antártica (Resolución 6 (2012)), las islas Frazier se encuentran en la Región Biogeográfica 7 *Antártida Oriental*.

6(ii)   Acceso a la zona

En general, se puede acceder a la Zona desde la estación Casey en vehículos que vayan sobre la nieve o embarcaciones pequeñas, de conformidad con la sección 7(ii) de este plan de gestión.

6(iii)   Ubicación de estructuras dentro de la Zona y en sus proximidades

En "Lower Snow Slope", en el este de la punta Whitney, se encuentra un puesto de observación de madera y lona muy deteriorado, que se conoce como "el Wannigan" (nombre coloquial). Fue construido en 1959 por R. L. Penney con el propósito de facilitar la realización de estudios de comportamiento de los pingüinos Adelia.

La Zona cuenta con varios marcadores topográficos e indicadores de límites que delinean su límite sur.

Hay tres instalaciones de cámaras automatizadas ubicadas en la Zona. El objetivo es observar las variaciones a largo plazo de los parámetros de reproducción de pingüinos Adelia. Dichas instalaciones forman parte de una actual red de cámaras automatizadas que abarca la Antártida Oriental. Se ubican en la punta Whitney (66°15'5.70"S 110°31'50.10"E y 66° 15' 3.20"S 110°32'2.60"E) y en la punta Blakeney (66° 14'32.20"S 110°34'53.20"E).

También hay varias estructuras adyacentes a la Zona. En su punto más cercano, el límite de la Zona se ubica aproximadamente a:

- 3,5 km al noroeste de la estación Casey (66°17' S 110°31' E);
- 1 km al norte de la antigua estación Wilkes y 0,2 km al norte de la cabaña de refugio "Wilkes Hilton" (66°15'25,6"S 110°31'32,2"E);
- 1,5 km al suroeste de la cabaña de refugio "Jack's Donga" (66°13.7'S 110°39.2'E).

6(iv)   Ubicación de otras zonas protegidas en las cercanías

Otras zonas protegidas situadas dentro de un radio de 50 km son las siguientes (véase el mapa A):

- Zona Antártica Especialmente Protegida N° 135, noroeste de la península Bailey (66°17'S, 110°33"E), a 2,5 km al suroeste de la península Clark, frente a la bahía Newcomb, junto a la estación australiana Casey;
- Zona Antártica Especialmente Protegida N° 103, isla Ardery (66°22'S, 110°27'E), e isla Odbert (66°22'S, 110°33'E), Costa Budd, en la bahía Vincennes, a 13 km al sur de la antigua estación Wilkes; y
- Zona Antártica Especialmente Protegida N° 160, islas Frazier (66°13'S 110°11'E), aproximadamente a 16 km al noroeste en la bahía Vincennes.

6(v)   Áreas especiales al interior de la Zona

Hay un área de tránsito al noreste de una línea que va desde el límite noroeste de la ZAEP en 110°38'34"E, 66°14'47"S a 110°36'54"E, 66°14'31"S (véase el mapa B). Los vehículos para ir sobre la nieve pueden cruzar por el área de tránsito para llevar a cabo actividades científicas o de gestión en el borde del hielo marino. Para no alterar la vegetación o las las colonias relícticas de pingüinos, los vehículos para ir sobre la nieve deben moverse solo en terreno cubierto de hielo o nieve. El uso del área de tránsito podría estar supeditado a condiciones específicas en los permisos.

7. Términos y Condiciones para los permisos de entrada

7(i)   Condiciones generales para la expedición de permisos

Se prohíbe el ingreso a la Zona excepto con un permiso expedido por una autoridad nacional pertinente. Las condiciones para la expedición de permisos son las siguientes:

- que el permiso se expida sólo para investigaciones científicas indispensables que no puedan realizarse en otro lugar, en particular para el estudio científico de la avifauna y el ecosistema de la Zona, o con fines de gestión indispensables y compatibles con los objetivos del Plan de gestión, tales como inspecciones, tareas mantenimiento o examen;
- las acciones permitidas no pondrán en peligro los valores de la Zona.

- las acciones permitidas son compatibles con el presente Plan de gestión;
- se deberá llevar el permiso, o una copia autorizada de este, dentro de la Zona.
- se suministrará un informe de la visita a la autoridad que aprobó el permiso, cuanto antes tras la visita a la ZAEP, pero no más de seis meses después de esta;
- los permisos serán expedidos por un período determinado.
- los titulares de los permisos deberán avisar a las autoridades apropiadas sobre cualquier actividad o medida que no esté autorizada en el permiso; y
- deberán proporcionarse todos los datos censales y de GPS a la autoridad que haya expedido el permiso y a las Partes responsables del Plan de gestión.

7(ii)   Acceso a **la zona** y **desplazamientos** en su interior o sobre ella

Solo se debe acceder a la Zona a través de:

- la cabaña de refugio "Wilkes Hilton" en el suroeste;
- la cabaña de refugio "Jack's Donga" en el noroeste; o bien
- una cuesta de la ladera occidental de las morrenas Løken, en las proximidades de la caleta Stevenson, mediante una travesía desde la estación Casey hasta la cabaña de refugio "Jack's Donga".

Se puede acceder a la estación abandonada Wilkes desde la estación Casey, por una ruta marcada con cañas hasta el sur del límite meridional de la ZAEP. Al acercarse a la ZAEP desde la estación Casey, en las áreas que están al este y el noroeste de la caleta Noonan, un tramo de la ruta está dividido, ofreciendo dos alternativas (véase el mapa B). Debe utilizarse la ruta que se encuentra más al sur cuando las condiciones del hielo cerca de la caleta Noonan permitan acceder con seguridad. Cuando no es posible acceder por la ruta que está más al sur, se debe usar la ruta que está más al norte. Como la ruta Casey-Wilkes está muy cerca del límite de la ZAEP, los peatones y los vehículos deben tener cuidado de no alejarse hacia el norte, internándose en la ZAEP.

También se puede acceder en lanchas a la estación Wilkes desde la estación Casey. En la caleta Powell, a 110°31'29"E 66°15'22"S, se ubica un sitio designado para los desembarcos de lanchas.

Se permite usar vehículos sobre la nieve para llegar al hielo marino con fines científicos o de gestión en el área de tránsito que está al noroeste de una línea que va desde el límite de la ZAEP en las morrenas Løken, a 110°38'34"E 66°14'47"S hasta la costa a 110°36'54"E 66°14'31"S. Todos los vehículos deben circular solo en terreno cubierto de hielo o nieve a fin de no alterar la vegetación y las colonias relícticas de pingüinos.

En el resto de la ZAEP, no deben ingresar vehículos, excepto en situaciones de emergencia. En cualquier otra circunstancia, el acceso a la ZAEP se hará a pie. El tráfico peatonal en la ZAEP debe limitarse al mínimo necesario para alcanzar los objetivos de las actividades permitidas. Con el propósito de proteger de daños a los suelos sensibles, comunidades de plantas y algas vulnerables y la calidad del agua, los visitantes deben evitar caminar sobre vegetación visible y terreno húmedo.

No se permite el aterrizaje de helicópteros en la ZAEP, excepto en situaciones de emergencia o para actividades indispensables de gestión. La operación de aeronaves sobre la ZAEP debe llevarse a cabo de conformidad con las *Directrices para la Operación de Aeronaves cerca de Concentraciones de Aves en la Antártida* contenidas en la Resolución 2 (2004).

7 (iii) Actividades que pueden llevarse a cabo dentro de la zona

Se permiten las siguientes actividades dentro de la Zona:

- Investigaciones científicas indispensables que no puedan realizarse en otro lugar y que no pongan en peligro la avifauna o el ecosistema de la Zona; y
- actividades de gestión indispensables, como la de vigilancia.

7(iv)   Instalación, modificación o desmantelamiento de estructuras

Se prohíben las estructuras o instalaciones permanentes en la Zona. Las estructuras, instalaciones, marcadores y equipos temporales sólo se instalarán en la Zona con fines científicos o de gestión ineludibles, y según se especifique en un permiso.

Las estructuras provisionales instaladas en la Zona deberán:

- estar claramente identificadas con el nombre del país, el nombre del organismo principal, la fecha de instalación y la fecha prevista de desmantelamiento;
- limpiarse previamente de organismos, propágulos (p. ej. semillas, huevos) y suelo no estéril;
- estar confeccionadas con materiales que soporten las condiciones ambientales antárticas y que representen el mínimo riesgo posible de contaminación de la Zona; y
- retirarse cuando no sean necesarias, o cuando caduque el permiso, lo que acontezca antes.

7(v)   Ubicación de los campamentos

No se permite acampar en la Zona. Los integrantes de expediciones deberían acampar en las cabañas de refugio "Wilkes Hilton" o "Jack's Donga".

7(vi) Restricciones relativas a los materiales y organismos que puedan introducirse en la Zona

Se aplican las siguientes restricciones:

- ningún animal, material vegetal o microorganismos vivos ni suelos no estériles deben ingresarse en la Zona en forma deliberada. Se deben tomar las precauciones para evitar que ingresen a la Zona de manera accidental: animales, material vegetal o microorganismos vivos o suelos no estériles;
- no se deben llevar herbicidas a la Zona, a menos que se requieran para mitigar la incursión de especies no autóctonas. Dichas sustancias químicas deben usarse solamente como último recurso y controlarse mediante condiciones para la expedición de permisos. Cualquier otra sustancia química (incluidos los radionúclidos y los isótopos estables, que puedan ser introducidos para fines científicos o de gestión especificados en un permiso) deberá ser retirada de la Zona a más tardar cuando concluya la actividad para la cual se haya expedido el permiso.
- no se deberá almacenar combustible en la Zona salvo que se requiera con fines indispensables relacionados con la actividad para la cual se ha expedido el permiso. En ese caso, todo el combustible deberá ser retirado a más tardar cuando concluya la actividad permitida. No se permiten los depósitos de combustible permanentes o semipermanentes;
- todo el material que se introduzca en la Zona podrá permanecer durante un período determinado únicamente, y en caso de quedar sin vigilancia, debe quedar etiquetado con un identificador del país. Todo el material introducido en la Zona debe retirarse cuando concluya dicho período o con anterioridad y debe almacenarse y manipularse de forma tal que se reduzca a un mínimo el riesgo de repercusiones en el medioambiente;
- no podrán introducirse en la Zona productos avícolas, incluyendo alimentos deshidratados que contenga huevo en polvo; y
- no se podrán dejar en la Zona depósitos de alimentos u otros suministros una vez concluido el período durante el cual son necesarios.

7(vii)   Toma o intromisión perjudicial de flora y fauna autóctonas

Se prohíbe la toma de ejemplares de la flora o la fauna autóctonas y la intromisión perjudicial en ellas, excepto con un permiso. En caso de toma de animales o perturbación perjudicial de los mismos, se debería usar como norma mínima el *Código de Conducta del SCAR para el Uso de Animales con Fines Científicos en la Antártida*.

7(viii) Recolección o traslado de materiales que el titular del permiso no haya llevado a la Zona

Se podrá recolectar o retirar material de la Zona únicamente de conformidad con un permiso y dicho material deberá limitarse al mínimo necesario para fines de índole científica o de gestión.

7(ix)   Eliminación de desechos

Deben retirarse de la Zona todos los residuos, incluidos los residuos de origen humano.

7(x)   Medidas que podrían ser necesarias para garantizar el continuo cumplimiento de los objetivos y las finalidades del Plan de Gestión

Pueden expedirse permisos para permitir la observación y las actividades de gestión e inspección de la Zona, que abarquen:

- la recolección de muestras para análisis o examen;
- tareas de emplazamiento o mantenimiento de equipo científico, estructuras y postes señalizadores; y
- otras medidas de protección.

Todos los sitios donde se lleven a cabo actividades de observación a largo plazo deberán estar debidamente marcados y se deberá determinar su ubicación con el sistema mundial de geoposicionamiento (GPS), a fin de asentarla en el Sistema del Directorio de Datos Antárticos por medio de la autoridad nacional pertinente.

Las investigaciones ornitológicas deberán limitarse a actividades que, en la medida de lo posible, no sean invasivas y no perturben a las aves reproductoras presentes en la Zona. Se autorizarán investigaciones invasivas o que causen perturbación solo si tendrán un efecto temporal y pasajero en la población.

Los visitantes tomarán medidas de precaución especiales para evitar la introducción de especies no autóctonas en la Zona, por ejemplo, a través de la transferencia de especies de otras ubicaciones en la Antártida, especialmente de otras Regiones biogeográficas de conservación antártica. Es especialmente preocupante la introducción de agentes patógenos, microbios o vegetación provenientes de suelos o de la flora o la fauna de otros sitios antárticos (incluidas las estaciones de investigación). Para reducir al mínimo el riesgo de las introducciones, antes de ingresar en la Zona los visitantes deberán limpiar meticulosamente el calzado, el equipo de muestreo y los señalizadores que vayan a usar.

7(xi)   Requisitos relativos a los informes

Las Partes deberán cerciorarse de que el titular principal de cada permiso expedido presente a la autoridad nacional correspondiente un informe en el cual se describan las actividades realizadas.

Dichos informes deben incluir, según corresponda, la información señalada en el formulario de informe de la visita contenido en la *Guía para la Preparación de Planes de Gestión para las Zonas Antárticas Especialmente Protegidas*.

Las Partes deberán mantener un registro de dichas actividades.

Durante el intercambio anual de información, la Partes deben presentar descripciones resumidas de las actividades realizadas por las personas bajo su jurisdicción, suficientemente pormenorizadas como para que se pueda evaluar la eficacia del Plan de Gestión.

Siempre que sea posible, las Partes deberán depositar el informe original o una copia de este en un archivo públicamente accesible, a fin de llevar un registro del uso que pueda utilizarse en las revisiones del plan de gestión y en la organización del uso científico de la Zona.

Deberá enviarse una copia del informe a la Parte responsable del desarrollo del Plan de gestión.

En todos los informes de visitas se deberá proporcionar información detallada sobre los datos censales, la ubicación de colonias o nidos nuevos que no hayan sido documentados anteriormente, un resumen de las conclusiones de la investigación y copias de las fotografías de la Zona.

8. Documentación de apoyo

Adamson, E., y Seppelt, R. D., (1990) A Comparison of Airborne Alkaline Pollution Damage in Selected Lichens and Mosses at Casey Station, Wilkes Land, Antarctica. En: Kerry, K. R. y Hempel, G. (Eds.), *Antarctic Ecosystems: Ecological Change and Conservation*, Springer-Verlag, Berlin, págs. 347-353.

Azmi, O. R. y Seppelt, R. D., (1997) Fungi in the Windmill Islands, continental Antarctica. Effect of temperature, pH and culture media on the growth of selected microfungi. Polar Biology 18: 128-134.

Azmi, O. R. y Seppelt, R. D., (1998) The broad scale distribution of microfungi in the Windmill islands region, continental Antarctica. Polar Biology 19: 92-100.

Beyer, L. y Bölter, M., (2002) Geoecolgy of Antarctic Ice-Free Coastal Landscapes. Ecological Studies, Vol. 154. Springer-Verlag Berlin Heidelberg:

Beyer, L., Pingpank, K., Bolter, M. y Seppelt, R. D., (1998) Small-distance variation of carbon and nitrogen storage in mineral Antarctic Cryosols near Casey Station (Wilkes Land). Zeitschrift fur Pflanzenahrung Bodendunde 161: 211-220.

Bircher, P.K., Lucieer, A. y Woehler, E.J. (2008) Population trends of Adélie penguin (Pygoscelis adeliae) breeding colonies: a spatial analysis of the effects of snow accumulation and human activities, Polar Biology, 31:1397-1407.

Blight, D. F., (1975). The Metamorphic Geology of the Windmill Islands Antarctica, Volúmenes 1 y 2, tesis doctoral, Universidad de Adelaida.

Blight, D. F. y Oliver, R. L., (1997) The metamorphic geology of the Windmill Islands Antarctica: a preliminary account. Journal of the Geological Society of Australia, 24: 239-262.

Blight, D. F. y Oliver, R. L., (1982) Aspects of the Geological history of the Windmill Islands, Antarctica. En: Craddock, C. Craddock, C. (Ed.), *Antarctic Geoscience*, University of Wisconsin Press, Madison, WI, págs. 445-454.

Clarke, L.J., et al, (2012) Radiocarbon bomb spike reveals biological effects of Antarctic climate change, Global Change Biology 18, 301-310.

Cowan, A. Cowan, A. N., 1979. Giant Petrels at Casey, Antarctica. Australian Bird Watcher 8: 66-67.

Cowan, A. N., (1981) Size variation in the Snow petrel (*Pagodroma nivea*). Notornis 28: 169-188.

Emslie, S. D., Woehler, E. J., (2005) A 9000 year record of Adélie penguin occupation and diet in the Windmill Islands, East Antarctica. Antarctic Science 17, 57-66.

Giese, M., (1998) Guidelines for people approaching breeding groups of Adélie penguins (*Pygoscelis adeliae*), Polar Record 34 (191): 287-292.

Goodwin, I. D., (1993) Holocene deglaciation, sea-level change, and the emergence of the Windmill Islands, Budd Coast, Antarctica, Quaternary Research, 40: 70-80.

Heatwole, H., et al. (1989) Biotic and chemical characteristics of some soils from Wilkes Land Antarctica, Antarctic Science 1: 225-234.

Hovenden, M. J., y Seppelt, R. D., (1995) Exposure and nutrients as delimiters of lichen communities in continental Antarctica, Lichenologist 27: 505-516.

Ling, H. U. y Seppelt, R. D. (1998) Non-marine algae and cyanobacteria of the Windmill Islands region, Antarctica with descriptions of two new species. Algological Studies 89, 49-62.

Martin, M. R., Johnstone, G. W. y Woehler, E. J. (1990) Increased numbers of Adélie Penguins Pygoscelis adeliae breeding near Casey, Wilkes Land, East Antarctica. Corella 14, 119-122.

Melick, D. R., Hovenden, M. J., & Seppelt, R. D., (1994) Phytogeography of bryophyte and lichen vegetation in the Windmill Islands, Wilkes land, Continental Antarctica, Vegetatio 111: 71-87.

Melick, D. R. y Seppelt, R. D., (1990) Vegetation patterns in Relation to climatic and endogenous changes in Wilkes Land, continental Antarctica, Journal of Ecology, 85: 43- 56.

Murray, M. D., y Luders, D. J., (1990) Faunistic studies at the Windmill Islands, Wilkes Land, east Antarctica, 1959-80. ANARE Research Notes 73, Antarctic Division, Kingston. ZAEP N° 136: Península Clark 9

Newbery, K.B. y Southwell, C. (2009). An automated camera system for remote monitoring in polar environments. Cold Region Science and Technology 55: 47-51.

Newsham, K.K. y Robinson, S.A. (2009) Responses of plants in polar regions to UVB exposure: a meta-analysis, Global Change Biology, 12, 2574-2589.

Olivier, F., Lee, A. V. y Woehler, E. J., (2004) Distribution and abundance of snow petrels *Pagodroma nivea* in the Windmill Islands, East Antarctica. Polar Biology 27, 257-265.

Orton, M. N., 1963. A Brief Survey of the fauna of the Windmill Islands, Wilkes Land, Antarctica. The Emu 63: 14-22.

Paul, E., Stüwe, K., Teasdale, J., y Worley, B., (1995) Structural and metamorpohic geology of the Windmill Islands, east Antarctica: field evidence for repeated tectonothermal activity. Australian Journal of Earth Sciences 42: 453-469.

Robinson SA, et al. (2000) Desiccation tolerance of three moss species from continental Antarctica. Australian Journal of Plant Physiology, 27, 379-388.

Robinson S.A., Wasley J. y Tobin A.K., (2003) Living on the edge – plants and global change in continental and maritime Antarctica. Global Change Biology, 9, 1681-1717.

Robinson S.A., Turnbull, J.D., Lovelock, C.E. (2005) Impact of changes in natural ultraviolet radiation on pigment composition, physiological and morphological characteristics of the Antarctic moss, Grimmia antarctici. Global Change Biology, 11, 476-489.

Roser, D. J., Melick, D. R. y Seppelt, R. D., (1992) Reductions in the polyhydric alcohol content of lichens as an indicator of environmental pollution. Antarctic Science 4: 185-189.

Roser, D. J., Melick, D. R., Ling, H. U. y Seppelt, R. D. (1992) Polyol and sugar content of terrestrial plants from continental Antarctica. Antarctic Science 4: 413-420.

Roser, D. J., Seppelt, R. D. y Nordstrom(1994) Soluble carbohydrate and organic content of soils and associated microbiota from the Windmill Islands, Budd Coast, Antarctica. Antarctic Science 6: 53-59.

Selkirk, P.M. y Skotnicki, M.L., (2007) Measurement of moss growth in continental Antarctica, Polar Biology, 30:407-413.

Smith, R. I. L., (1980) Plant community dynamics in Wilkes Land, Antarctica, Proceedings NIPR Symposium of polar biology, 3: 229-224.

Smith, R. I. L., (1986) Plant ecological studies in the fellfield ecosystem near Casey Station, Australian Antarctic Territory, 1985-86. British Antarctic Survey Bulletin, 72: 81-91.

Smith, R. I.L., (1988) Classification and ordination of cryptogamic communities in Wilkes Land, Continental Antarctica. Vegetatio 76, 155-166.

Southwell, C. y Emmerson, L., (2013) Large-scale occupancy surveys in Antártida Oriental discover new Adélie penguin breeding sites and reveal an expanding breeding distribution, Antarctic Science 25(4), 531–535.

Turnbull, J.D. y Robertson, S.A. (2009) Accumulation of Accumulation of DNA damage in Antarctic mosses: correlations with ultraviolet-B radiation, temperature and turf water content vary among species, Global Change Biology, 15, 319-329.

Woehler, E. J. (1990) Two records of seabird entanglement at Casey, Antarctica. Marine Ornithology 18, 72-73.

Woehler, E. J. (1993) Antarctic seabirds: their status and conservation in the AAT. RAOU Conservation Statement 9, 8 págs.

Woehler E. J., Riddle M. J. y Ribic C.A. (2003) Long-term population trends in southern giant petrels in East Antarctica. En: Huiskes AHL, Gieskes WWC, Rozema J, Schorno RML, van der Vies SM y Wolff W (eds) *Antarctic Biology in a global context*. Backhuys Publishers, Leiden, págs 290-295.

Woehler, E. J., Martin, M. R. y Johnstone, G. W. (1990) The status of Southern Giant-Petrels, *Macronectes giganteus*, at the Frazier Islands, Wilkes Land, East Antarctica. Corella 14, 101-106.

Woehler, E. J., Slip, D. J., Robertson, L. M., Fullagar, P. J. y Burton, H. R., (1991) The distribution, abundance and status of Adélie penguins *Pygoscelis adeliae* at the Windmill Islands, Wilkes Land, Antarctica, Marine Ornithology 19: 1-18.

Woehler, E. J., et al (1994) Impacts of human visitors on breeding success and long-term population trends in Adélie Penguins at Casey, Antarctica, Polar Biology 14: 269-274.

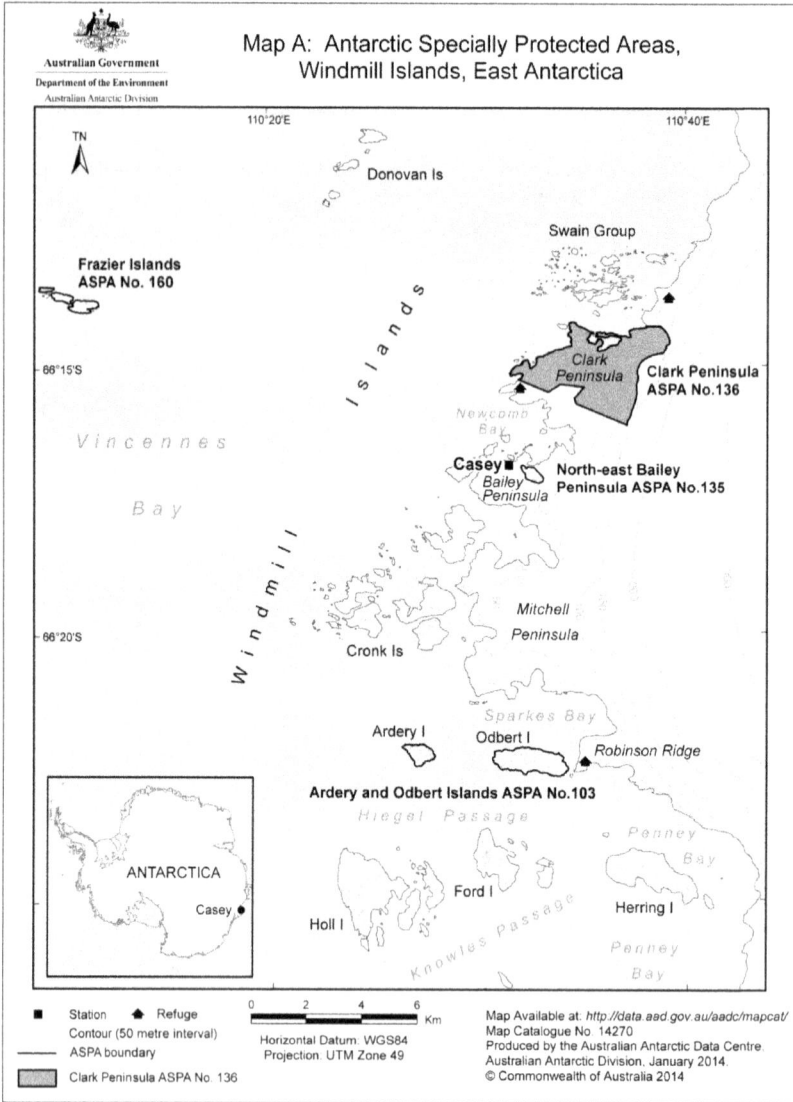

Map A: Antarctic Specially Protected Areas, Windmill Islands, East Antarctica

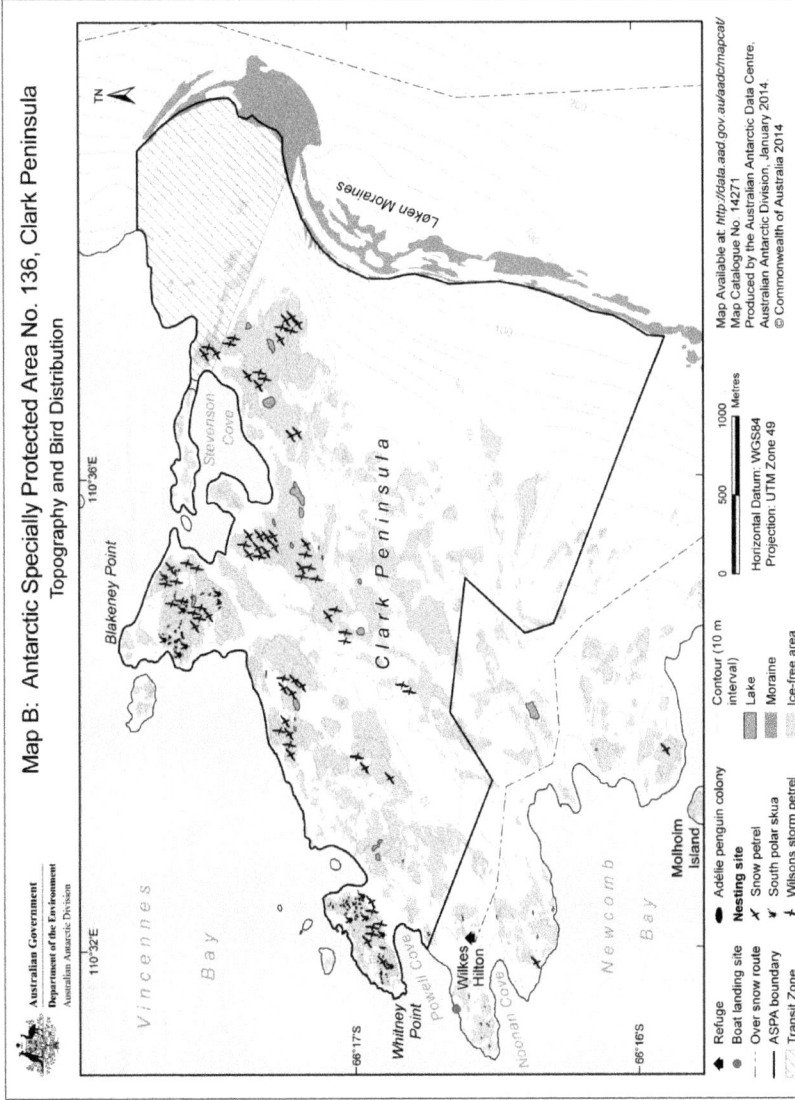

Map B: Antarctic Specially Protected Area No. 136, Clark Peninsula
Topography and Bird Distribution

Map C: Antarctic Specially Protected Area No. 136, Clark Peninsula

Vegetation

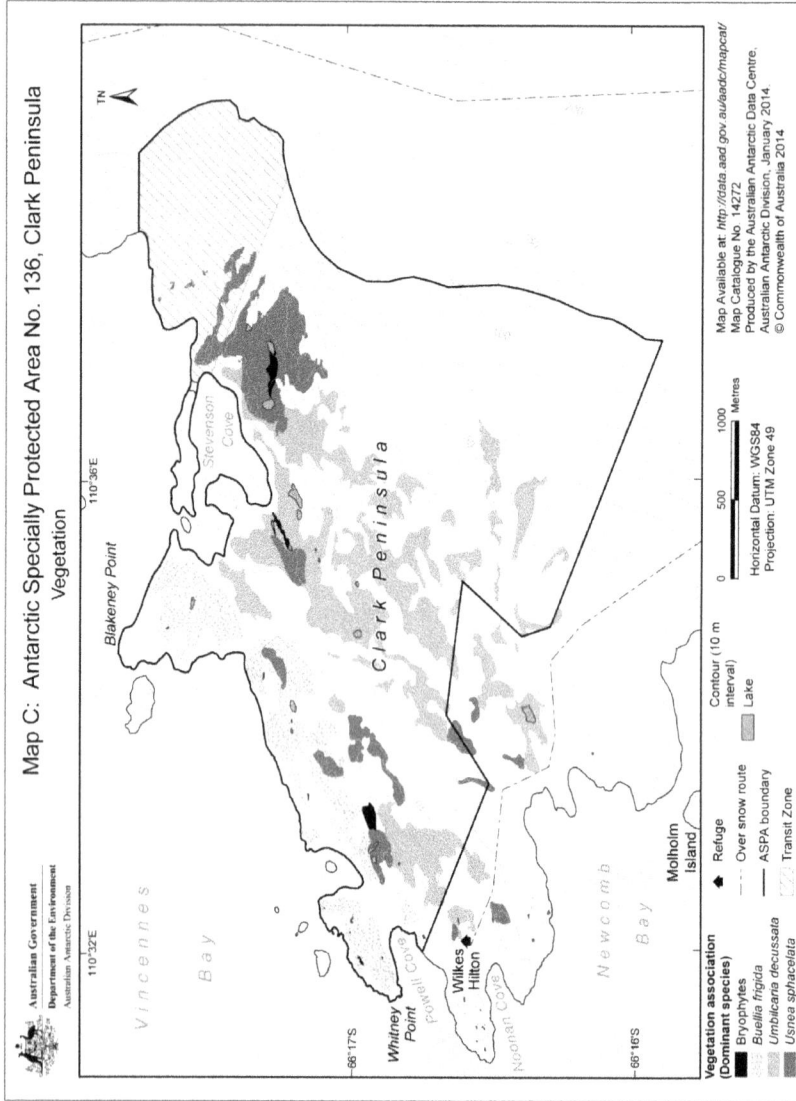

Australian Government

Department of the Environment

Australian Antarctic Division

110°32'E

110°36'E

TN

Vincennes

Bay

Whitney
Point

Powell Cove

Wilkes
Hilton

Noonan Cove

Molholm
Island

Newcomb

Bay

Blakeney Point

Stevenson
Cove

Clark Peninsula

-66°17'S

-66°16'S

Vegetation association
(Dominant species)

Bryophytes

Buellia frigida

Umbilicaria decussata

Usnea sphacelata

Refuge

Over snow route

ASPA boundary

Transit Zone

Contour (10 m interval)

Lake

0   500   1000

Metres

Horizontal Datum: WGS84
Projection: UTM Zone 49

Map Available at: http://data.aad.gov.au/aadc/mapcat/
Map Catalogue No. 14272
Produced by the Australian Antarctic Data Centre.
Australian Antarctic Division, January 2014.
© Commonwealth of Australia 2014

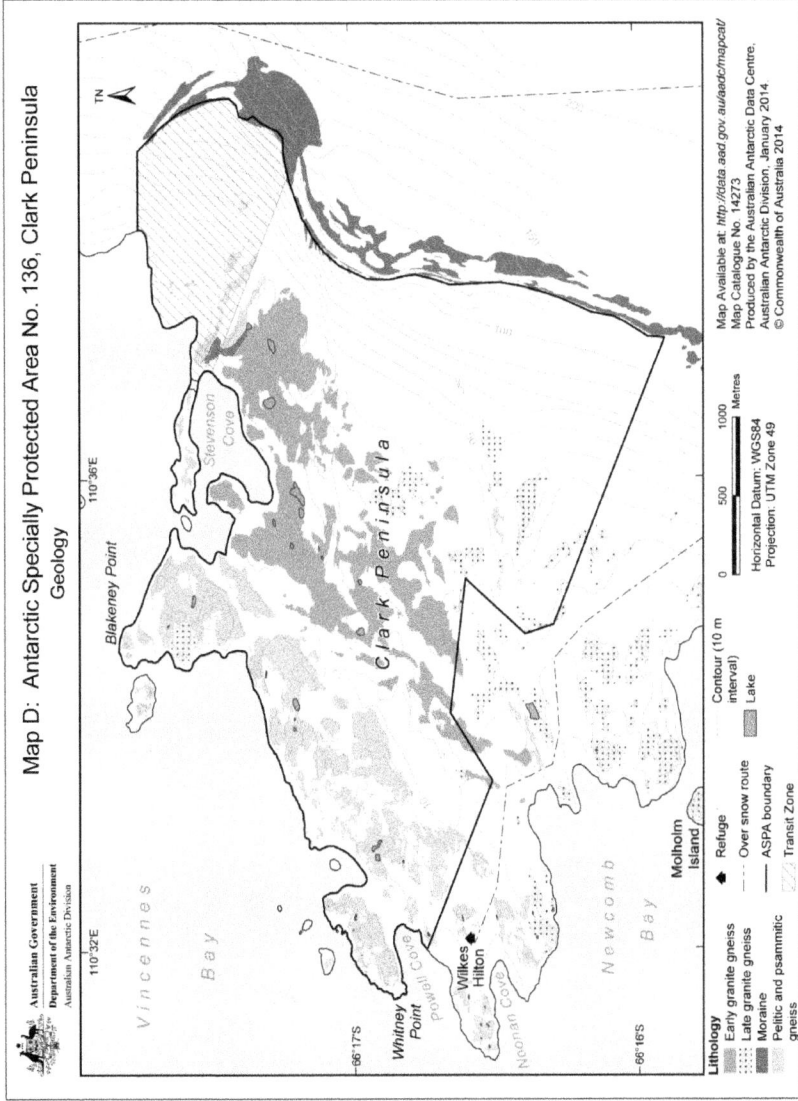

Map D: Antarctic Specially Protected Area No. 136, Clark Peninsula
Geology

Plan de gestión para la

Zona Antártica Especialmente Protegida (ZAEP) Nº 139

PUNTA BISCOE, ISLA ANVERS, ARCHIPIÉLAGO DE PALMER

Introducción

La Zona Antártica Especialmente Protegida de la punta Biscoe está situada cerca de la costa sudoeste de la isla Anvers, en el archipiélago de Palmer de la Península Antártica, a 64°48'40" S, 63°46'27" O. Superficie aproximada: 0,59 km². La razón primordial para designar la Zona se debe a sus extensas comunidades de vegetación, sus suelos y su ecología terrestre. En la Zona se encuentran los rodales más extensos de pasto antártico (*Deschampsia antarctica*) y clavel antártico (*Colobanthus quitensis*) de la región de la isla Anvers, así como numerosas especies de musgos y líquenes. La Zona es un lugar de reproducción para varias especies de aves, entre otras los pingüinos Adelia (*Pygoscelis adeliae*) y de pico rojo (*P. papua*), la skúa parda (*Stercorarius lonnbergi*), las skúas polares (*S. maccormicki*) y skúas híbridas, que han sido objeto de monitoreo e investigaciones ecológicas durante mucho tiempo. Asimismo, como la Zona ha estado protegida durante mucho tiempo, es útil como sitio de referencia para estudios comparativos y para el monitoreo a largo plazo.

La Zona fue propuesta por los Estados Unidos, y fue designada mediante la Recomendación XII-8 [1985, Sitio de Especial Interés Científico (SEIC) N. ° 20]. La fecha de vencimiento fue prorrogada por medio de la Resolución 3 (1996) y la Medida 2 (2000), en tanto que el nombre y la numeración de la Zona cambiaron en virtud de la Decisión 1 (2002). El límite de la Zona fue modificado a través de la Medida 2 (2004), para suprimir su componente marino, tras el colapso de la rampa de hielo que unía la isla a la isla Anvers. Un plan de gestión revisado fue aprobado por la Medida 7 (2010).

La Zona está situada dentro del medioambiente E – Península Antártica, la isla Alexander y otras islas, conforme con el Análisis de dominios ambientales para el continente antártico, y dentro de la Región 3 – Noroeste de la Península Antártica, conforme con las Regiones biogeográficas de conservación antártica. La punta Biscoe se encuentra dentro la Zona Antártica Especialmente Administrada N. °7 al sudoeste de la isla Anvers y la cuenca Palmer.

1. Descripción de los valores que requieren protección

Se designó a la punta Biscoe (64°48'47" S, 63°47'41" O, 0,59 km²), isla Anvers, archipiélago de Palmer, Península Antártica, debido a que el "lugar contiene un extenso rodal (de aproximadamente 5000 m²), pero discontinuo, de plantas vasculares autóctonas, pasto antártico (*Deschampsia antarctica*) y, menos común, clavel antártico (*Colobanthus quitensis*). Debajo de los tapices cerrados de pasto antártico hay un suelo franco relativamente bien desarrollado que contiene una biota rica, incluida la mosca enana áptera *Belgica antarctica*. La interferencia de la cercana Estación Palmer y de buques turísticos podría poner en peligro los programas de investigación de largo plazo.

El presente Plan de gestión reafirma los valores ecológicos y científicos excepcionales asociados a la riqueza de la flora y la fauna de invertebrados de la Zona. Además, se señala que la primera observación de *C. quitensis,* que crece al sur de 60°S, fue realizada en la punta Biscoe, informada por Jean-Baptiste Charcot de la Expedición Antártica Francesa en 1903-05. La isla en la que se encuentra la punta Biscoe contiene las comunidades más extensas de *D. antarctica* y *C. quitensis* en las inmediaciones de la isla Anvers, y son inusualmente abundantes para esta latitud. La abundancia es mucho mayor de lo que se había descrito previamente: hay rodales importantes de vegetación en casi la mitad de la isla donde está la punta Biscoe y en gran parte de la zona sin hielo de la península hacia el norte. Las comunidades se extienden por una gran parte del terreno disponible sin hielo, con una cubierta discontinua de *D. antarctica, C. quitensis,* briofitas y líquenes de varias especies, que varían en densidad por una superficie de aproximadamente 250.000 m². Un rodal de musgo en el valle prominente del lado norte de la isla principal se extiende de forma casi continua 150 metros en el suelo del valle y cubre una superficie de unos 6.500 m². Hay rodales individuales y casi continuos de *D. antarctica* y *C. quitensis* de un tamaño similar tanto en la isla principal como, en menor medida, en el promontorio que está al norte.

Muchos estudios de las comunidades de plantas estaban en curso cuando se designó la Zona en 1985. A pesar de que estos estudios se detuvieron un poco después de la designación del lugar, la investigación botánica en el lugar ha continuado. Por ejemplo, se han recogido semillas de *D. antarctica* y *C. quitensis* de la punta Biscoe para examinar la influencia del cambio climático y el aumento de las radiaciones UV-B (Day, nota personal, 1999). La punta Biscoe resultó útil para estos estudios, debido a la cantidad y la calidad de las semillas disponibles en la Zona. Se han recolectado muestras con material vegetal y suelos en la Zona con el fin de investigar los flujos del carbono y el nitrógeno en el ecosistema y evaluar la influencia del aumento de la temperatura y de las precipitaciones en el ecosistema (Park *et al.*, 2007, Day *et al.*, 2009). Además, la punta Biscoe es uno de los pocos sitios de baja altura con vegetación que todavía no han sido muy dañados por las focas peleteras antárticas, razón por la cual se ha señalado a la Zona como posible sitio de control para determinar el impacto de las focas peleteras en la vegetación y los suelos de esta región. Aunque la reciente expansión de la colonia de pingüinos de pico rojo ha causado daños y la pérdida de un poco de vegetación en los alrededores de los lugares de anidación, estos daños son relativamente pequeños si se los compara con la vegetación general que cubre la punta Biscoe, y no se cree que hayan sido comprometidos de manera importante los valores de la vegetación de la Zona.

La punta Biscoe también es valiosa para las investigaciones ornitológicas. Se están realizando investigaciones de la ecología de las aves marinas y estudios de observación a largo plazo de colonias de pingüinos Adelia *(Pygoscelis adeliae)* y de pico rojo (*P. papua*), así como skúas pardas *(Catharacta lonnbergi)* e híbridas (Patterson-Fraser, nota personal, 2010).La colonia de pingüinos de pico rojo se estableció en la punta Biscoe aproximadamente en 1992. Por ser una colonia reciente, reviste especial utilidad para la observación de los cambios ecológicos a largo plazo de la estructura y la dinámica de la población local de aves (Fraser, nota personal, 1999). La colonia de pingüinos Adelia es útil para la observación a largo plazo y la comparación con otras colonias de Puerto Arthur que están sujetas a un mayor grado de influencia humana. En este sentido, es especialmente útil que la Zona haya estado protegida de un uso humano importante, y que el uso permitido haya estado reglamentado por permisos durante tanto tiempo. La colonia de pingüinos Adelia es una de las más antiguas de la región al sur de la isla Anvers (tiene más de 700 años), de modo que es útil para estudios paleoecológicos. Además el sitio es el único de la región al que llegan todos los años skúas pardas (*S. loennbergi*), skúas polares (*S. maccormicki*) y skúas híbridas.

Hasta hace poco, la punta Biscoe estaba en una península unida a la isla Anvers por una rampa de hielo que se extendía desde el glaciar contiguo. La rampa de hielo desapareció como consecuencia del retroceso del glaciar, y ahora la isla Anvers está separada por un canal angosto de la isla donde está la punta Biscoe. El límite original de la Zona tenía forma geométrica e incluía un promontorio separado, sin hielo, situado a 300 metros al norte de esta isla, así como el medioambiente marino intercalado. Ahora la Zona incluye todo el terreno por encima de la línea de bajamar de la isla principal donde está la punta Biscoe (0,48 km²), todos los islotes y rocas situados dentro de los 100 metros próximos a la costa de la isla principal, y la mayor parte del promontorio, sin hielo en su mayor parte, situado 300 metros al norte (0,1 km²). Actualmente se excluye de la Zona el componente marino debido a la falta de información sobre sus valores. Hoy en día la Zona abarca una superficie de alrededor de 0,59 km².

En resumen, la zona de la punta Biscoe reviste gran utilidad por sus características sobresalientes en los siguientes rubros:

- ejemplos de comunidades de vegetación, suelos y ecología terrestre asociada;
- interés ornitológico, ya que varias de las especies de aves reproductoras residentes y las características paleoecológicas asociadas tienen cualidades inusuales que son objeto de estudios a largo plazo; y
- utilidad como sitio de referencia para estudios comparativos y observación.

A fin de proteger los valores de la Zona, es importante que las visitas sigan siendo limitadas y que sean manejadas cuidadosamente.

2.   Finalidades y objetivos

La gestión de la punta Biscoe tiene por objeto las siguientes finalidades:

- evitar la degradación de los valores de la Zona y los riesgos importantes para los mismos, al prevenir las perturbaciones causadas por los seres humanos y los muestreos innecesarios;
- permitir la investigación científica del ecosistema y el medioambiente físico en la Zona, siempre y cuando sea por razones apremiantes que no se puedan realizar en otro lugar y que no pongan en riesgo los valores por los que la Zona está protegida;
- permitir visitas para fines educativos y de difusión (como informes documentales (visuales, escritos o de audio) o la producción de recursos o servicios educativos) siempre y cuando dichas actividades sean por razones apremiantes que no se puedan realizar en otro lugar y que no pongan en riesgo los valores por los que la Zona está protegida;
- reducir al mínimo la posibilidad de introducción de plantas, animales y microbios no autóctonos en la Zona;
- reducir al mínimo la posibilidad de introducción de patógenos que puedan causar enfermedades en las poblaciones de fauna dentro de la Zona; y
- permitir visitas con fines de gestión para cumplir los objetivos del Plan de gestión.

3.   Actividades de gestión

Se llevarán a cabo las siguientes actividades de gestión para proteger los valores de la Zona:

- En lugares bien visibles de la Estación Palmer (Estados Unidos), situada en la isla Anvers, y de la Estación Yelcho (Chile), situada en la isla Doumer, se colocarán carteles que muestren la ubicación de la Zona (así como las restricciones especiales que se apliquen) y se dispondrá de ejemplares del presente Plan de gestión, incluidos mapas de la Zona.
- Los ejemplares de este Plan de gestión estarán disponibles en todas las naves y aeronaves que visiten la Zona o que operen en las inmediaciones de la Estación Palmer, además todo el personal (personal de los programas nacionales, expediciones de campo, jefes de expediciones turísticas, pilotos y capitanes de los barcos) que operen en las inmediaciones, que ingresen a la Zona o vuelen sobre ella, deben ser informados por su programa nacional, operador turístico o autoridad nacional competente de la ubicación, los límites y las restricciones que se aplican al ingreso y sobrevuelo dentro de la Zona.
- Los programas nacionales deberán adoptar medidas para garantizar los límites de la Zona y las restricciones que correspondan dentro de estos estén marcados en los mapas y las cartas náuticas o aeronáuticas pertinentes.
- Los hitos, los carteles o las estructuras instaladas en la Zona con fines científicos o de gestión deberán estar bien sujetos y en buen estado, y serán retirados cuando ya no sean necesarios.
- Los Programas Nacionales Antárticos que operen en la Zona debieran mantener un registro de todos los hitos, los carteles y las estructuras montados dentro de la Zona.
- Se realizarán las visitas necesarias a la Zona (por lo menos una vez cada cinco años) para determinar si sigue sirviendo a los fines para los cuales fue designada y garantizar que las medidas de gestión y mantenimiento sean las adecuadas.

4.   Período de designación

La designación abarca un período indeterminado.

5.   Mapas y fotografías

Mapa 1:   ZAEP N. ° 139: punta Biscoe, puerto Arthur, isla Anvers, se muestra la ubicación de las estaciones cercanas (Estación Palmer, EE.UU.; Estación Yelcho, Chile; Sitio y Monumento Histórico N. ° 61 de puerto Lockroy, Reino Unido), el límite de la Zona Antártica Especialmente Administrada N. ° 7, sudeste de la isla Anvers y cuenca Palmer, y la ubicación de las zonas protegidas cercanas. Proyección: cónica conforme de Lambert; meridiano central: 64° 00' O; paralelos estándar: 64° 40' S, 65° 00' S; latitud de origen: 66° 00' S; nivel de referencia de esferoide y horizontal: WGS84; equidistancia de las isolíneas: terrestre– 250 m, marino– 200 m.
Fuentes de datos: costa y topografía, base de datos digital de la Antártida de SCAR v4.1 (2005); datos batimétricos: IBCSO v.1 (2013); zonas protegidas: ERA (Jul. 2013); estaciones: COMNAP (mayo de 2013).
Recuadro: ubicación de la isla Anvers y el archipiélago de Palmer en relación con la Península Antártica.

Mapa 2:   ZAEP N. ° 139, punta Biscoe: características físicas, límites y directrices para el acceso. Proyección: cónica conforme de Lambert: meridiano central: 63° 46' O; paralelos estándar: 64° 48' S; 64° 50' S; latitud de origen: 65° 00' S; nivel de referencia de esferoide y horizontal: WGS84; nivel de referencia vertical: nivel del mar medio; equidistancia de las isolíneas: 5 m. La costa de la isla en la que se encuentra la punta Biscoe está digitalizada desde una ortofoto (nov. 2009) y se estima que tiene una precisión de ± 1 m (ERA, 2010). La península hacia el norte de la punta Biscoe, varias de las islas frente a la costa y la isla Anvers son derivadas de la ortofoto reciente y una imagen georreferenciada WorldView-2 (16 de enero de 2012) (Imagery © 2012 Digital Globe; programa de imágenes comerciales de la NGA). Las colonias de pingüinos y otras características: ortofoto (Nov. 2009) y el estudio GPS (ERA 2001).

Mapa 3:   ZAEP N. ° 139, punta Biscoe: colonias de pingüinos, grado de vegetación aproximada y sitios contaminados conocidos.
Las especificaciones cartográficas son las mismas del mapa 2. Contaminación: estudio parcial (Feb. 2001); vegetación: estimado a partir de fotos aéreas y terrestres.

6.   Descripción de la Zona

6(i) Coordenadas geográficas, indicadores de límites y características naturales

Descripción general

La punta Biscoe (64°48'47"S, 63°47'41"O) está en el extremo oeste de una isla pequeña (0,48 km^2) situada cerca de la costa sur de la isla Anvers (2.700 km^2), a unos 6 kilómetros al sur del monte William (1.515 m), en la región occidental de la Península Antártica conocida como archipiélago de Palmer (mapa 1). Hasta hace poco, la isla estaba unida a la isla Anvers por una rampa de hielo que se extendía del glaciar contiguo que fluye hacia el sur, y en muchos mapas (que ahora son incorrectos) la punta Biscoe figura en una península. Ahora hay un canal marino angosto y permanente, de unos 50 metros de ancho, que separa la isla donde está la punta Biscoe de la isla Anvers. Esta isla, en su mayor parte sin hielo, está al sudeste de la bahía Biscoe y al norte del estrecho de Bismarck. Una parte menor del terreno, en su mayor parte sin hielo, a unos 300 metros al norte, permanece unida en forma de península a la isla Anvers por una rampa de hielo.

La isla donde está la punta Biscoe tiene alrededor de 1,8 km de largo en dirección este-oeste y una anchura máxima de alrededor de 450 metros (mapa 2). La topografía consiste en una serie de colinas bajas, orientada de este a oeste y con una altitud máxima de unos 24 m. Un pequeño casquete de hielo que antes se levantaba a 12 m en el extremo oriental de la isla, ya no existe. La costa es irregular y generalmente rocosa, con numerosas bahías. Frente a la costa hay varios islotes y rocas. En varias de las bahías más resguardadas hay playas de guijarros, suaves y accesibles. El promontorio sin nombre que está al norte tiene aproximadamente 750 metros de largo (de este a oeste) por 150 metros de ancho y tiene características similares, aunque su elevación es menor.

La Estación Palmer (EE.UU.) está ubicada a 13,8 km al noroeste del puerto Harbor; la Estación Yelcho (Chile) se encuentra a unos 12 km al sudeste en la isla Doumer, y la 'Base A' (Reino Unido, sitio histórico N. ° 61) se encuentra en el puerto Lockroy, isla Goudier (frente a la isla Wiencke) a unos 13 km al este (mapa 1).

Límites

El límite original de la Zona tenía forma geométrica y abarcaba el terreno asociado a la punta Biscoe, el promontorio separado, sin hielo, situado a 300 metros al norte, además de las islas y el medioambiente marino intercalado. Un examen pormenorizado reciente reveló poca información que respaldara los valores especiales asociados al medioambiente marino local. El área marina no es el tema de estudios científicos en curso o previstos, ni está sometida a determinadas presiones o amenazas que requieran atención. Por estos motivos, se revisó el límite a fin de excluir el medioambiente marino. Ahora la Zona incluye el terreno por encima de la línea de bajamar de la isla principal donde está la punta Biscoe ($0,0.48$ km^2), todos los islotes y rocas situados a 100 metros como máximo de la costa de la isla principal y la mayor parte del promontorio, sin hielo en su mayor parte, situado 300 metros al norte ($0,1$ km^2) (mapa 2). El límite en dirección a tierra (oriental) del promontorio septentrional corta la península en el lugar donde sobresale de la isla Anvers y se distingue por una bahía pequeña que entra en el glaciar en el sur y una costa similar, aunque menos pronunciada, en el norte. La superficie total, incluida la isla principal y el promontorio septentrional, es de alrededor de $0,59$ km^2.

Clima

No se dispone de datos meteorológicos de la punta Biscoe, pero se dispone de datos sobre la estación Palmer (Estados Unidos), donde cabe suponer que las condiciones sean bastante similares. Los datos a mayor plazo disponibles para la estación Palmer muestran que las temperaturas regionales son relativamente moderadas, debido a las condiciones oceanográficas locales y la nubosidad frecuente y persistente la región del puerto Arthur (Lowry 1975). El promedio anual de temperatura del aire registrado en la estación Palmer durante el período 1974 a 2012 presenta una marcada tendencia al calentamiento, aunque también demuestra una variabilidad importante entre los años. El promedio anual de temperatura para los años 2010-2012 fue -1,34 °C. El promedio anual de la temperatura mínima fue -4,51 °C en 1980. La temperatura mínima registrada durante ese período fue-26 °C (Ago. 1995) y la máxima fue de 11,6 °C (Marzo de 2010).

Entre 1990 y 2012 el promedio anual de precipitaciones fue de 64 cm y la caída de nieve promedió los 342 cm. Las tormentas y las precipitaciones son frecuentes en la estación Palmer, con vientos que son persistentes, pero que generalmente tienen una fuerza ligera a moderada, principalmente del noreste. La nubosidad es frecuente y extensa, a menudo con techo de menos de 300 m.

Cabe suponer que estos patrones serán muy similares a los presentes en la punta Biscoe, aunque la Zona tendrá pequeñas diferencias climáticas debido a la geografía local.

Características geológicas y edafológicas

No se dispone de descripciones específicas de las características geológicas de la isla donde se encuentra la punta Biscoe ni de la península que está al norte. Sin embargo, la roca de fondo parece estar formada principalmente por gabros y adamelitas de fines del período Cretácico a principios de la era Terciaria, pertenecientes al Ciclo Orogénico Andino, que predominan en la composición del sudeste de la isla Anvers (Hooper, 1958). El gabro es una roca plutónica oscura de textura gruesa, mineralógicamente similar al basalto, que se compone principalmente de piroxeno y feldespato plagioclasa rico en calcio. La adamelita es una roca granítica compuesta de 10-50% de cuarzo y feldespato plagioclasa. En el terreno suave hay un suelo mineral de textura fina, aunque todavía no se han descrito con exactitud sus características. Debajo de los tapices cerrados de *Deschampsia* hay un suelo arcilloso relativamente bien desarrollado. Las muestras extraídas en el sur de la isla, cerca de la colonia de pingüinos Adelia, consistieron en un horizonte orgánico sobre derrubio glacial de limo arenoso o roca de fondo (Day *et al.* 2009).

Hábitat de agua dulce

En la isla donde está la punta Biscoe hay varios arroyos y lagunas pequeños que no se han descrito científicamente. En un valle del lado sur de la cordillera principal de la isla y 50 metros al nordeste del desembarcadero sur para embarcaciones pequeñas (mapa 2) hay una laguna pequeña (tal vez la más grande, de unos 30 m x 8 m) y un arroyo. La presencia de una manguera larga de goma indica que, en otra época, los visitantes posiblemente recogían agua dulce en este lugar. La manguera fue retirada en 2009-2010 y desechada en la estación Palmer. Hay otra laguna de tamaño similar (alrededor de 25 m x 6 m) en el valle prominente que se extiende de este a oeste en el lado norte de la isla. Un arroyo pequeño desemboca en esta laguna hacia el oeste. Una serie de pequeñas lagunas aparecen en las imágenes satelitales (de mediados de enero de 2012) en el extremo oriental de la isla, enclavadas en las depresiones donde anteriormente existía un pequeño casquete de hielo. Hasta ahora, el medioambiente de agua dulce ha escapado a una perturbación importante por los lobos marinos. Algunas de las lagunas cercanas a la colonia de pingüinos de pico rojo son visitadas por los pingüinos que toman un baño, y gracias a eso se han enriquecido de nutrientes (Patterson-Fraser, nota personal, 2014). No se dispone de información sobre las características hidrológicas del promontorio separado que está al norte.

Vegetación

El aspecto más importante de la vegetación de la punta Biscoe es la abundancia y el éxito reproductivo de dos plantas florales autóctonas de la Antártida: el pasto antártico (*Deschampsia antarctica*) y el clavel antártico (*Colobanthus quitensis*). Las comunidades de *D. antarctica* y *C. quitensis* de la punta Biscoe son las más importantes de los alrededores de la isla Anvers y se considera que son particularmente abundantes para un lugar tan austral (Greene y Holtom, 1971; Komárková, 1983, 1984; Komárková, Poncet y Poncet, 1985). La primera observación de *C. quitensis* al sur de 60°S fue realizada cerca de la punta Biscoe y notificada (como *C. crassifolius*) por el biólogo Turquet de la Expedición Antártica Francesa de Jean-Baptiste Charcot (1903-1905). Más recientemente se recolectaron semillas de ambas plantas florales de la Zona con fines de propagación para estudios sobre los efectos del cambio climático y la exposición a los rayos UV-B en estas especies que se están realizando en la estación Palmer (Day, nota personal, 1999; Xiong, 2000). En enero de 2004 se recolectaron muestras de material vegetal y suelos de la punta Biscoe, las cuales se usaron en experimentos plurianuales del ecosistema de tundra. Estas muestras se usaron junto con muestras de las precipitaciones y de la escorrentía superficial para medir la acumulación y los flujos de carbono y nitrógeno en el ecosistema de la punta Biscoe y para evaluar el papel de los aportes de nitrógeno de la colonia de pingüinos cercana (Park *et al.*, 2007). Las muestras se usaron también en experimentos de manipulación del clima en la estación Palmer, en los cuales se investigó la influencia del aumento de la temperatura y de las precipitaciones en la productividad de las plantas y la abundancia del tisanuro *Cryptopygus* (Day *et al.*, 2009).

La abundancia de *D. antarctica* y C. quitensis es mucho mayor que la descrita anteriormente, y casi la mitad de la isla donde está la punta Biscoe y gran parte de la zona sin hielo de la península al norte presentan rodales importantes de estas especies y una amplia gama de briofitas y líquenes. La distribución aproximada de los rodales de vegetación más importantes de la isla principal se ha calculado a partir de fotografías aéreas y terrestres (mapa 3). La distribución que se ilustra en el mapa 3 no es una descripción definitiva, sino una guía general de las principales áreas con vegetación, y no se basa en un estudio preciso del terreno. Sin embargo, sirve para indicar la escala de las comunidades de plantas, que constituyen una cubierta discontinua de composición y densidad variables en una superficie de alrededor de 250.000 m². Komárková (1983) observó un rodal discontinuo de *D. antarctica* y *C. quitensis* que abarcaba alrededor de 5.000 m² en la isla principal. Un rodal de musgo particularmente extenso en el valle principal del lado norte de la isla principal se extiende de forma casi continua 240 metros a lo largo del suelo del valle, ocupando una superficie de alrededor de 8.000 m² (Harris, 2001). Hay rodales más pequeños en otros lugares de la isla y en el promontorio separado que está 300 metros al norte. Se ha observado colonización en material de desglaciación reciente.

Los musgos tienden a predominar en el suelo de los valles, cerca de arroyos y las lagunas, y en depresiones húmedas. Entre los musgos observados específicamente en la punta Biscoe se encuentran el *Bryum pseudotriquetrum* y el *Sanionia uncinata* (Park *et al.*, 2007). En las laderas más bajas del valle que miran al norte suele haber comunidades mixtas de musgo y *C. quitensis*, con una prevalencia creciente de *D. antarctica* a medida que la elevación del terreno aumenta. Las comunidades mixtas de *D. antarctica* y *C. quitensis* son especialmente prolíficas en las laderas septentrionales a una altura de 10 a 20 metros, mientras que *D.*

antarctica tiende a ser más frecuente en los sitios más altos y expuestos, por encima de los 20 metros. Los musgos y líquenes suelen ser especies codominantes o subordinadas. En algunos hábitats hay parches pequeños de *C. quitensis* solo. Las comunidades de plantas están comúnmente en terrenos de aluvión sin nieve debajo de las colinas donde anidan pingüinos Adelia (*Pygoscelis adeliae*) y de pico rojo (*Pygoscelis papua*) (Park y Day, 2007). En la Zona se han encontrado parches de plantas vasculares muertas de hasta 20 m^2, posiblemente producto de la desecación, las inundaciones y las heladas del verano (Komárková, Poncet y Poncet 1985).

A diferencia de muchos otros lugares costeros bajos de la región, la vegetación de la punta Biscoe no parece haber sido gravemente afectada por el reciente aumento considerable de focas peleteras (*Arctocephalus gazella*). Por consiguiente, la Zona tiene potencial como sitio testigo para evaluar el impacto de las focas peleteras en la vegetación y el suelo (Day, nota personal, 1999). La expansión de la colonia del pingüino de pico rojo ha provocado daños a las áreas de vegetación en las que se concentran y anidan las aves (Patterson-Fraser, nota personal, 2014). Estos lugares son relativamente pequeños si se los compara con la superficie total de la vegetación que cubre la punta Biscoe, y no se considera que los valores de vegetación de la Zona se hayan visto comprometidos de manera importante por esta causa.

Invertebrados, hongos y bacterias

Se ha observado la mosca enana áptera *Belgica antarctica* en el suelo arcilloso bien desarrollado y los tapices cerrados de pasto antártico. Las muestras recolectadas en la punta Biscoe contenían varias especies de microartrópodos, entre ellas varias especies o géneros de ácaros, una especie de díptero y tres especies de colémbolos. El tisanuro *Cryptopygus antarcticus* era el microartrópodo más abundante (Day *et al.*, 2009). No se dispone de más información sobre los conjuntos de invertebrados de la Zona, aunque en vista de la presencia de comunidades de plantas bien desarrolladas cabría esperar una fauna abundante de invertebrados. No se dispone de información sobre comunidades locales de bacterias y hongos.

Aves reproductoras y mamíferos

Por lo menos seis especies de aves se reproducen en la isla donde está la punta Biscoe. Hay una colonia de pingüinos Adelia (*Pygoscelis adeliae*) en la cumbre de un promontorio en el lado sur de la isla, sobre una caleta angosta en la costa meridional (mapa 3). Esta colonia ha disminuido desde unos 3.000 en los años ochenta a entre 500 y 600 ejemplares en los últimos años (tabla 1). Se descubrió una colonia de pingüinos de pico rojo (*Pygoscelis papua*) en las laderas septentrionales de esta caleta, al sur de la cordillera principal de la isla, en 1992-1993 (Fraser, nota personal., 1999) (mapa 3) y la cantidad de pingüinos de pico rojo ha aumentado de manera importante en los últimos años, contándose 3.197 parejas reproductoras en la temporada 2012-2013 (Patterson-Fraser, nota personal, 2010, 2014; Ducklow *et al.*, 2013) (tabla 1).

Cuadro 1. Cantidad de pingüinos Adelia (*Pygoscelis adeliae*) y de pico rojo (*Pygoscelis papua*) reproductores en la isla donde está la punta Biscoe, 1971-2002.

	Pygoscelis adeliae			*Pygoscelis papua*		
Año	Parejas	Tipo de recuento[1]	Fuente	Parejas	Tipo de recuento[1]	Fuente
1971-1972	3.020	N3	2	0	N3	2
1983-1984	3.440	C3	3	0	C3	3
1984-1985	2.754	N1	3	0	N1	3
1986-1987	3.000	N4	4			
...						
1994-1995				14	N1	5
1995-1996				33	N1	5
1996-1997	1.801	N1	5	45	N1	5
1997-1998				56	N1	5
1998-1999				26	N1	5
1999-2000	1.665	N1	5	149	N1	5

2000/2001	1.335	N1	5	296	N1	5
2001-2002	692	N1	5	288	N1	5
2002-2003	1.025	N1	5	639	N1	5
2009-2010	594	N1	6	2.401	N1	6
2010-2011	539	N1	7	2.404	N1	7.
2011-2012	567	N1	7	3.081	N1	7
2012-2013	522	N1	7	3.197	N1	7

1. N = Nido, C = Polluelo, A = Adultos; 1 = < ± 5 %, 2 = ± 5-10 %, 3 = ± 10-15 %, 4 = ± 25-50 % (clasificación de Woehler, 1993)
2. Müller-Schwarze y Müller-Schwarze, 1975.
3. Parmelee y Parmelee, 1987
4. Poncet y Poncet 1987 (nota: el número de 3.500 dado en Woehler (1993) parece ser erróneo).
5. Datos de Fraser proporcionados en febrero de 2003, basados en varias fuentes publicadas e inéditas.
6. Los datos de Patterson-Fraser proporcionados en marzo de 2010 se basan en el censo realizado en el apogeo de la presencia de huevos.
7. Ducklow *et al.* 2013.

Las colonias de pingüinos Adelia se encuentran entre las más antiguas de la región (tienen más de 700 años) y han sido objeto de estudios paleoecológicos (Emslie, 2001). La colonia de pingüinos de pico rojo se considera de especial interés porque es reciente (Fraser, nota personal, 1999). Se están realizando estudios a largo plazo de la estructura y la dinámica de la población de las colonias de pingüinos de la Zona, lo que permitirá realizar comparaciones útiles con las colonias de puerto Arthur que están sometidas a un grado mayor de influencia humana (Fraser, nota personal, 1999). El modelo de declinación de la población reproductora del pingüino Adelia en la punta Biscoe y el aumento de la población reproductora del pingüino de pico rojo es congruente con las observaciones recientes de las colonias en los alrededores de la estación Palmer (Ducklow *et al.* 2013) y en otros lugares de la región de la Península Antártica (Hinke *et al.* 2007, Carlini *et al.* 2009).

Dentro de la Zona se reproducen anualmente skúas polares (*Stercorarius maccormicki*) y skúas pardas (*S. lonnbergi*) y también se producen híbridos. En la isla donde está la punta Biscoe se contaron 132 parejas de skúas polares y una pareja de skúas pardas el 26 y 27 de febrero de 2001 (Harris, 2001). Al mismo tiempo se contaron 15 parejas de skúas polares, por lo general con uno o dos polluelos, en el promontorio que está a 300 metros al norte. En la Zona se reproducen también gaviotas cocineras (*Larus dominicanus*) y gaviotines antárticos (*Sterna vittata*) (Fraser, nota personal, 2000), aunque no se sabe su número. No se dispone de información sobre otras especies de aves que se reproduzcan en la Zona o que la visiten transitoriamente.

Durante el verano se han observado en las playas unas pocas focas peleteras antárticas (*Arctocephalus gazella*) no reproductoras (se contaron varias en la isla a fines de febrero de 2001; Harris, 2001), focas de Weddell (*Leptonychotes weddellii*) y elefantes marinos del sur (*Mirounga leonina*). A pesar de la existencia de playas y terrenos aptos para su permanencia en tierra, normalmente se observan pocas focas dentro de la Zona. Esto se puede deber a la persistencia frecuente de escombro denso desprendido de los glaciares de la cercana isla Anvers (Fraser, nota personal, 1999). No se dispone de información adicional sobre el número y la situación reproductiva o sobre otras especies de focas. Tampoco se dispone de información sobre el medioambiente marino local.

Actividades humanas y su impacto

La actividad humana en la Zona parece haber sido mínima, pero existe poca información pormenorizada al respecto. La primera actividad humana documentada en los alrededores de la punta Biscoe se realizó hace más de 150 años, cuando John Biscoe, de la Armada Real, ingresó a la bahía, actualmente nombrada en su honor el 21 de febrero de 1832. Biscoe registró un desembarco en la isla Anvers, probablemente cerca de la punta Biscoe, para tomar posesión formal para el Reino Unido de lo que él creyó era parte del territorio continental de la Antártida (Hattersley-Smith, 1991). La visita siguiente a la punta Biscoe, de la cual ha quedado constancia, fue en 1903-1905, cuando Turquet observó allí la presencia de *C. quitensis* durante la Primera Expedición Antártica Francesa, encabezada por Charcot.

Más recientemente, en 1982, se establecieron parcelas formales para estudios de plantas en la isla cerca de la punta Biscoe (Komárková, 1983), aunque poco después se suspendieron los estudios a largo plazo planeados originalmente. Komárková insertó varillas de soldar en el suelo para marcar los sitios comprendidos en los estudios. Tras un reconocimiento topográfico parcial se hizo un mapa de la ubicación (± 2 m) de 44 varillas de soldar encontradas en el suelo y en la vegetación durante una búsqueda sistemática realizada en el lado nordeste de la isla en febrero de 2001 (mapa 3) (Harris, 2001). Las varillas fueron ubicadas en uno de los lugares con más vegetación de la isla, distribuidas en un área de por lo menos 8.000 m^2. En general, las varillas habían sido insertadas en el suelo o en la vegetación con el extremo inferior recubierto por un producto químico. Al parecer, los contaminantes de las varillas mataron toda la vegetación en un radio de 20 centímetros de cada varilla. En temporadas anteriores se encontraron numerosas varillas, posiblemente cientos (Fraser, Patterson, Day, notas personales, 1999-2002). Durante la temporada 2009-2010 se encontraron más varillas de soldar en la playa y sus alrededores, que fueron recogidas y desechadas en la estación Palmer (Patterson-Fraser, nota personal, 2010). La Zona no se considera apropiada como sitio de referencia para medir la contaminación química, puesto que persiste la incertidumbre con respecto a los tipos de contaminantes y a su concentración, los sitios afectados y la medida en que los contaminantes podrían haberse propagado por el suelo, el agua y los sistemas biológicos.

Fraser (nota personal, 2001) también notificó la presencia de hitos de plomo en la colonia de pingüinos de pico rojo. Además, se puede encontrar en las playas basura transportada por el agua (principalmente madera). En el 2009-2010 se retiró una manguera de goma (15 m de largo, ~15 cm de diámetro) de un pequeño valle cercano al desembarcadero sur para embarcaciones pequeñas.

Los estudios científicos recientes en la Zona se han centrado en el seguimiento de la situación reproductiva de pingüinos y skúas. En la Zona también se han recolectado semillas de *Deschampsia* y *Colobanthus*, y muestras de tierra y material vegetal para investigaciones ecológicas en la región de la estación Palmer. Se han exigido permisos para visitar la Zona desde que se le confirió protección especial en 1985.

6 (ii) Acceso a la Zona

Se puede llegar a la Zona en lancha, en aeronave o cruzando el hielo marino en vehículo o a pie. No se han designado rutas específicas para el acceso a la Zona para las lanchas pequeñas. Se aplican restricciones de acceso a la Zona para el sobrevuelo, las rutas preferidas de acceso de helicóptero y aterrizaje de aeronaves, y las condiciones específicas están establecidas en la sección 7(ii) siguiente. La zona de acceso para helicópteros designada que se aplica en la Zona se describe en la sección 6(v) y 7(ii) siguientes.

El ciclo estacional de la formación del hielo marino en la zona de Palmer es muy variable: el hielo marino comienza a formarse entre marzo y mayo. Durante el período de 1979 a 2004, la duración estacional del hielo marino en la zona de Palmer fue de cinco a doce meses (Stammerjohn *et al.*, 2008). Suele haber escombro denso de hielo en los alrededores de la isla, proveniente de los glaciares que se desprenden de la isla Anvers, lo que podría impedir el acceso en lanchas pequeñas.

6 (iii) Ubicación de estructuras dentro de la Zona y en áreas adyacentes

No se conoce la presencia de ninguna estructura o instrumento dentro de la Zona. El 31 de enero de 1999, el Servicio Geológico de Estados Unidos instaló en la isla donde está la punta Biscoe un señalizador permanente de reconocimientos topográficos, que consiste en una varilla roscada de acero inoxidable de 5/8". El señalizador, llamado BIS1, se encuentra a 64°48'40,12" S, 63°46'26,42" O en una elevación de 23 m (mapas 2 y 3). Está ubicado a mitad de camino a lo largo de la serranía principal de la isla, a unos 100 metros al norte del desembarcadero sur para embarcaciones pequeñas. El señalizador, colocado en roca de fondo, está marcado con un capuchón de plástico rojo para reconocimientos topográficos.

6(iv) Ubicación de otras áreas protegidas en las proximidades de la Zona

Las zonas protegidas más próximas a la punta Biscoe son: la isla Litchfield (ZAEP N° 113), a 16 km al oeste de la Zona en Puerto Arthur; la bahía South (ZAEP N° 146), a unos 12 km al sudeste en la isla Doumer (mapa 1).

6 (v) Áreas especiales dentro de la Zona

En el plan de gestión de la Zona Antártica Especialmente Administrada N° 7 se ha definido un área para el acceso de helicópteros (mapas 2 y 3), que se aplica a las aeronaves que lleguen a los lugares de aterrizaje designados en la Zona. El área para el acceso de helicópteros se extiende hacia el noroeste y el nordeste desde los lugares de aterrizaje designados hasta una distancia de 2.000 pies (610 m) de los bordes de las colonias conocidas de aves reproductoras en la Zona.

7. Condiciones para la expedición de permisos

7 (i) Condiciones generales de los permisos

Se prohíbe la entrada a la Zona, salvo con un permiso expedido por las autoridades nacionales competentes. Las condiciones para la expedición de un permiso de ingreso a la Zona son las siguientes:

- Se emite para investigaciones científicas, particularmente para las investigaciones sobre el ecosistema terrestre y la fauna de la Zona.
- Se emite por motivos apremiantes de índole científica, educativa o de difusión, que no puedan llevarse a cabo en otro sitio, o por motivos esenciales para la gestión de la Zona.
- Que las actividades permitidas no pongan en peligro los valores ecológicos, científicos o educativos de la Zona.
- Toda actividad de gestión debe respaldar las metas y objetivos del Plan de gestión.
- Las acciones permitidas deben adherirse al Plan de gestión.
- Se dará a las actividades permitidas la correspondiente consideración a través del proceso de Evaluación de impacto ambiental para la protección continua de los valores ambientales y científicos de la Zona.
- El permiso se expedirá por un período determinado.
- Se deberá llevar el permiso, o una copia de este, dentro de la Zona.

7 (ii) Acceso a la Zona y desplazamientos en su interior o sobre ella.

Se podrá ingresar a la Zona en lancha, aeronave o, sobre hielo marino, en vehículo o a pie. Cuando el acceso es viable el acceso por el hielo marino, no se aplican restricciones especiales en los sitios a los cuales se puede acceder por vehículo o a pie, aunque se prohíbe el acceso de los vehículos a la tierra.

Acceso a la Zona y desplazamientos en su interior

La circulación por tierra en la Zona deberá efectuarse a pie. Se prohíbe que las personas que lleguen en aeronaves, embarcaciones o vehículos circulen fuera de las inmediaciones del lugar de aterrizaje, desembarco o descenso, salvo que estén específicamente autorizadas para ello en el permiso.

Los peatones deben mantener las siguientes distancias mínimas de acercamiento a la vida silvestre, a menos que sea necesario acercarse más para los fines autorizados en el permiso:

- Petreles gigantes (*Macronectes giganteus*): 50 m
- Focas peleteras antárticas (por seguridad personal): 15 m
- Otras aves y focas: 5 m.

Los visitantes deben desplazarse con cuidado, para reducir al mínimo la perturbación de la flora, la fauna, los suelos y las masas de agua. Los peatones deben caminar sobre la nieve o terreno rocoso si resulta factible, pero teniendo la precaución de no dañar los líquenes. Los peatones deben caminar alrededor de las colonias de pingüinos y no entrar en los subgrupos de pingüinos que estén anidando, excepto con fines de investigación o gestión. El tránsito de peatones se reducirá a un mínimo de manera congruente con los objetivos de todas las actividades permitidas y se hará todo lo posible por reducir a un mínimo los efectos.

Acceso en lancha

Los sitios recomendados para el desembarco de lanchas son los siguientes (mapas 2 y 3):

1) la playa de la costa norte de la caleta alargada que está en la costa sur de la isla, es decir, el lugar donde es más probable que no haya hielo marino; y

2) la playa de la caleta pequeña que está a mitad de camino a lo largo de la costa norte de la isla, junto a los sitios designados para acampar y para el aterrizaje de helicópteros.

Está permitido el acceso en bote a los demás sitios de la costa, siempre que sea congruente con los propósitos autorizados en el permiso expedido.

Acceso por aeronaves y sobrevuelos

Desde el 1 de octubre al 15 de abril inclusive se aplican restricciones a la operación de aeronaves. Durante este período, las aeronaves deben operar y aterrizar en la Zona cumpliendo estrictamente las siguientes condiciones:

1) Se prohíben los sobrevuelos a la Zona a menos de 2.000 pies (~ 610 m) fuera del área para el acceso de helicópteros (mapa 2), excepto cuando se autorice específicamente en el Plan de gestión para los fines permitidos. Se recomienda que la aeronave se mantenga a una distancia horizontal de 2.000 pies (~ 610 m) de los bordes de las colonias de aves que se reproducen en la Zona, las cuales se indican en el mapa 2, salvo en el acceso a los lugares designados para el aterrizaje, cruzando el área para el acceso de helicópteros.

2) Se permite el aterrizaje de helicópteros en dos lugares designados (mapa 2): el primero (A), en la isla principal donde está la punta Biscoe, y el segundo (B), en el promontorio separado que está a 300 metros al norte. Los lugares para aterrizaje y sus coordenadas son las siguientes:

    (A) 64°48,35' S, 63°46,82' O: la grava de playa que está a unos metros por encima del nivel del mar, 35 metros al este de la playa de la costa oriental de una caleta pequeña situada en la costa norte de la isla. Hay una pequeña pileta que se llena con la marea, de unos 25 m de diámetro, a 30 m al este del lugar de aterrizaje; y
    (B) 64°48,37' S, 63°46,40' O: en las laderas inferiores (occidentales) de una cordillera, que pueden estar cubiertas de nieve, y que se extienden desde la isla Anvers hacia el promontorio septentrional. Se debe tener cuidado con los taludes de nieve que se extienden hacia el este y cuesta arriba de la isla Anvers, pues es posible que tengan grietas.

3) Las aeronaves que vayan a aterrizar en la Zona deberían aproximarse al área para el acceso de helicópteros al nivel máximo practicable. El área para el acceso de helicópteros permite el acceso desde el norte y el oeste (desde la región de la bahía Biscoe) hasta el lugar de aterrizaje A y desde el norte y el este hasta el lugar de aterrizaje B (mapa 2). El área para el acceso de helicópteros se extiende sobre las aguas libres entre los lugares de aterrizaje A y B.

4) Se prohíbe el uso de granadas de humo para indicar la dirección del viento dentro de la Zona, a menos que sea absolutamente necesario para la seguridad, y se deberán recuperar todas las granadas que se usen.

7(iii) Actividades que se pueden realizar dentro de la Zona

- Investigaciones científicas que no pongan en peligro el ecosistema ni los valores de la Zona
- Actividades con fines educativos o de difusión que no se puedan realizar en otro lugar
- Actividades de gestión esenciales, que incluyen observación e inspección

7(iv) Instalación, modificación o desmantelamiento de estructuras

- No se podrá montar ninguna estructura en la Zona, con excepción de las especificadas en un permiso, y, con excepción de los hitos y señales permanentes, se prohíben las estructuras o instalaciones permanentes;

- Todas las estructuras, equipo científico o señalizadores instalados en la Zona deben estar autorizados mediante un permiso expreso, y estar claramente identificados por país, nombre del investigador principal, año de instalación y fecha de retiro prevista. Todos estos artículos deberán estar libres de organismos, propágulos (por ejemplo, semillas, huevos) y suelo no estéril y estarán fabricados en materiales que puedan soportar las condiciones ambientales y planteen un riesgo mínimo de contaminación o daño a los valores de la Zona.

- La instalación (incluida la selección del lugar), el mantenimiento, la modificación o el desmantelamiento de estructuras y equipos deberán efectuarse de una forma que perturbe mínimamente la flora y la fauna, de preferencia, se debe evitar la temporada de cría principal (1 de octubre al 1 de marzo).

- El desmantelamiento de estructuras o equipos específicos para los cuales el permiso haya expirado será de responsabilidad de la autoridad que haya expedido el permiso original y deberá ser una condición para el otorgamiento del permiso.

7(v) Ubicación de los campamentos

Se permite acampar temporalmente dentro de la Zona en el sitio designado, a unos 50 metros al nordeste del lugar de aterrizaje de helicópteros (A), en la costa norte de la isla principal donde está la punta Biscoe. El lugar para acampar abarca la grava de playa y el terreno rocoso a unos pocos metros sobre el nivel del mar que está justo al norte de una balsa de marea transitoria, y está separado del mar más al norte por una cordillera rocosa baja de unos 8 metros. En casos de que sea necesario para fines indispensables especificados en el permiso, se permitirá acampar temporalmente en la península separada que está a 300 metros al norte, aunque allí no se ha designado un lugar específico para acampar. Se prohíbe acampar en superficies con importante vegetación.

7(vi) Restricciones relativas a los materiales y organismos que pueden introducirse en la Zona

Además de los requisitos del Protocolo al Tratado Antártico sobre Protección del Medio Ambiente, algunas restricciones sobre los materiales y organismos que se pueden introducir en la Zona son:

- Se prohíbe la introducción deliberada a la Zona de animales vivos, material vegetal o microorganismos. Deben tomarse precauciones para prevenir la introducción accidental de animales, material vegetal, microorganismos y tierra no estéril desde otras regiones distintas biológicamente (dentro o fuera de la zona del Tratado Antártico).

- Los visitantes deberán cerciorarse de que el equipo de muestreo y los hitos llevados a la Zona estén limpios. Al nivel máximo practicable, el calzado y otro equipo utilizado o llevado hasta la Zona (incluidas las mochilas, bolsos y otros equipos) deben lavarse exhaustivamente antes de ingresar a la Zona. Los visitantes también deben consultar y seguir adecuadamente las recomendaciones incluidas en el Manual sobre especies no autóctonas del Comité para la Protección del Medio Ambiente (CPA 2011), y el Código de conducta ambiental sobre el Trabajo de Investigación sobre el Terreno en la Antártida (SCAR 2009).

- Toda ave traída que no sea consumida o usada dentro de la Zona, incluidas todas sus partes, productos o desperdicios, debe ser retirada de la Zona o eliminada mediante la incineración o algún medio equivalente que elimine el riesgo para la flora y la fauna autóctonas.

- No se podrán llevar herbicidas o plaguicidas a la Zona.

- Cualquier otro producto químico, incluidos radionúclidos o isótopos estables, que se introduzca con fines científicos o de gestión especificados en el permiso deberá ser retirado de la Zona cuando concluya la actividad para la cual se haya expedido el permiso o con anterioridad.

- No se debe almacenar combustible, alimentos, productos químicos u otros materiales en la Zona, a no ser que esté específicamente autorizado por un permiso, y estos se deben almacenar y manipular de forma que se reduzca a un mínimo el riesgo de su introducción accidental en el medioambiente.

- Todo el material que se introduzca podrá permanecer durante un período determinado únicamente, deberá ser retirado cuando concluya dicho período o con anterioridad, y deberá ser almacenado y manipulado de forma tal que se reduzca a un mínimo el riesgo de ser introducido en el medioambiente.

- Si se producen vertimientos que puedan comprometer los valores de la Zona, se recomienda retirar el material únicamente cuando no sea probable que el impacto de la eliminación sea mayor que el de dejar el material *in situ*.

7(vii) Toma o intromisión perjudicial de flora y fauna autóctona

Se prohíbe retirar o perturbar la flora y la fauna, salvo en conformidad con un permiso expedido conforme al Artículo 3 del Anexo II del Protocolo al Tratado Antártico sobre Protección del Medio Ambiente. En caso de toma o intromisión perjudicial con los animales, esto, como norma mínima, debería estar en conformidad con el Código de Conducta del SCAR para el Uso de Animales con Fines Científicos en la Antártida.

7(viii) Recolección o traslado de materiales que el titular del permiso no haya llevado a la Zona

- Se podrá recolectar o retirar material de la Zona únicamente en conformidad con un permiso, y dicho material deberá limitarse al mínimo necesario para cubrir las necesidades científicas o de gestión. Esto incluye muestras biológicas y ejemplares de rocas.

- Todo material de origen humano que probablemente comprometa los valores de la Zona y que no haya sido llevado a la Zona por el titular del permiso o que no esté comprendido en otro tipo de autorización podrá ser retirado de cualquier parte de la Zona, salvo que el impacto de su extracción pueda ser mayor que el efecto de dejar el material *in situ*. En este caso, se debe notificar a las autoridades competentes.

- Se debe notificar a las autoridades nacionales correspondientes respecto de todos los elementos retirados de la Zona que no hayan sido introducidos por el titular del permiso.

7(ix) Eliminación de deshechos

Deberán retirarse de la Zona todos los desechos, incluidos aquellos de origen humano.

7(x) Medidas que pueden ser necesarias para continuar cumpliendo con los objetivos del Plan de Gestión

Se podrán otorgar permisos para entrar a la Zona para:

1) realizar actividades científicas de supervisión e inspecciones, que podrían incluir la recolección limitada de muestras o datos para análisis o revisión;
2) instalar o realizar el mantenimiento de postes señalizadores, hitos, estructuras o equipamiento científico o logístico esencial;
3) implementar medidas de protección;
4) realizar la investigación o el mantenimiento de manera que evite la interferencia con la investigación a largo plazo y las actividades de observación o la posible repetición de los esfuerzos. Las personas que planifiquen nuevos proyectos dentro de la Zona deben consultar con los programas establecidos que trabajan dentro de ésta, como los de EE.UU., antes de iniciar el trabajo.

7(xi) Requisitos relativos a los informes

- El principal titular del permiso presentará a la autoridad nacional correspondiente un informe de cada visita a la Zona, en cuanto sea posible, y antes de los seis meses posteriores a la finalización de la visita.

- Dichos informes deberán incluir, según corresponda, la información señalada en el formulario de informe de la visita contenido en la Guía para la elaboración de Planes de gestión para las Zonas Antárticas

Especialmente Protegidas. Si corresponde, la autoridad nacional también debe remitir un ejemplar del informe de la visita a la Parte que haya propuesto el Plan de gestión, como ayuda en la gestión de la Zona y en la revisión del plan de gestión.

- Las Partes deberían, en la medida de lo posible, depositar los originales o copias de dichos informes originales sobre visitas en un archivo de acceso público a fin de mantener un registro de su uso, con el fin de llevar a cabo cualquier revisión del plan de gestión y de organización del uso científico de la Zona.

- Se deberá notificar a la autoridad correspondiente sobre toda actividad realizada, medida tomada y/o material liberado y no retirado que no conste en el permiso.

8. Documentación de apoyo

Baker, K.S. 1996. Palmer LTER: Palmer Station air temperature 1974 to 1996. *Antarctic Journal of the United States* **31** (2): 162-64.

Carlini, AR, NR Coria, MM Santos, J Negrete, M a. Juares, and G a. Daneri. 2009. Responses of *Pygoscelis adeliae* and *P. papua* populations to environmental changes at Isla 25 de Mayo (King George Island). *Polar Biology* **32** (10) (May 16): 1427–33.

Day, T.A., Ruhland, C.T., Strauss, S., Park, J-H., Krieg, M.L., Krna, M.A., and Bryant, D.M. 2009. Response of plants and the dominatn microarthropod *Cryptopygus antarcticus*, to warming and constrasting precipitation regimes in Antarctic tundra. *Global Change Biology* **15**: 1640-1651.

Ducklow, H.W., W.R. Fraser, M.P. Meredith, S.E. Stammerjohn, S.C. Doney, D.G. Martinson, S.F. Sailley, O.M. Schofield, D.K. Steinberg, H.J. Venables, and Amsler, C.D. 2013. West Antarctic Peninsula: An ice-dependent coastal marine ecosystem in transition. *Oceanography* **26**(3):190–203.

Emslie, S.D., Fraser, W., Smith, R.C. and Walker, W. 1998. Abandoned penguin colonies and environmental change in the Palmer Station area, Anvers Island, Antarctic Peninsula. *Antarctic Science* **10**(3): 257-268.

Emslie, S.D. 2001. Radiocarbon dates from abandoned penguin colonies in the Antarctic Peninsula region. *Antarctic Science* **13**(3):289-295.

ERA. 2010. Biscoe Point Orthophoto 2010. Digital orthophotograph of Biscoe Point and adjacent areas of coast on Anvers Island. Ground pixel resolution 8 cm and horizontal / vertical accuracy of ± 1 m. MSL heights, 5 m^2 DTM. Aerial photography acquired by BAS on 29 Nov 2009 BAS/4/10. Unpublished data, Environmental Research & Assessment, Cambridge.

Greene, D.M. and Holtom, A. 1971. Studies in *Colobanthus quitensis* (Kunth) Bartl. and *Deschampsia antarctica* Desv.: III. Distribution, habitats and performance in the Antarctic botanical zone. *British Antarctic Survey Bulletin* **26**: 1-29.

Harris, C.M. 2001. Revision of management plans for Antarctic protected areas originally proposed by the United States of America and the United Kingdom: Field visit report. Internal report for the National Science Foundation, US, and the Foreign and Commonwealth Office, UK. Environmental Research & Assessment, Cambridge.

Hattersley-Smith, M.A. 1991. The history of place-names in the British Antarctic Territory. British Antarctic Survey Scientific Reports **113** (Part 1).

Hinke, JT, K Salwicka, SG Trivelpiece, GM Watters, and WZ Trivelpiece. 2007. Divergent responses of Pygoscelis penguins reveal a common environmental driver. *Oecologia* **153** (4) (October): 845–55.

Hooper, P.R. 1958. Progress report on the geology of Anvers Island . Unpublished report, British Antarctic Survey Archives Ref AD6/2/1957/G3.

Hooper, P.R. 1962. The petrology of Anvers Island and adjacent islands. *FIDS Scientific Reports* **34**.

Komárková, V. 1983. Plant communities of the Antarctic Peninsula near Palmer Station. *Antarctic Journal of the United States* **18**: 216-218.

Komárková, V. 1984. Studies of plant communities of the Antarctic Peninsula near Palmer Station. *Antarctic Journal of the United States* **19**: 180-182.

Komárková, V, Poncet, S and Poncet, J. 1985. Two native Antarctic vascular plants, *Deschampsia antarctica* and *Colobanthus quitensis*: a new southernmost locality and other localities in the Antarctic Peninsula area. *Arctic and Alpine Research* **17**(4): 401-416.

Müller-Schwarze, C. and Müller-Schwarze, D. 1975. A survey of twenty-four rookeries of pygoscelid penguins in the Antarctic Peninsula region. In *The biology of penguins*, Stonehouse, B. (ed). Macmillan Press, London.

National Science Foundation, Office of Polar Programs, 1999. Palmer Station. OPP World Wide Web site address http://www.nsf.gov/od/opp/support/palmerst.htm

Park, J-H. and Day, T.A. 2007. Temperature response of CO_2 exchange and dissolved organic carbon release in a maritime Antarctic tundra ecosystem. *Polar Biology* **30**: 1535–1544. DOI 10.1007/s00300-007-0314-y.

Park, J-H., Day, T.A., Strauss, S., and Ruhland, C.T. 2007. Biogeochemical pools and fluxes of carbon and nitrogen in a maritime tundra near penguin colonies along the Antarctic Peninsula. *Polar Biology* **30**:199–207.

Parmelee, D.F. and Parmelee, J.M. 1987. Revised penguin numbers and distribution for Anvers Island, Antarctica. *British Antarctic Survey Bulletin* **76**: 65-73.

Poncet, S. and Poncet, J. 1987. Censuses of penguin populations of the Antarctic Peninsula, 1983-87. *British Antarctic Survey Bulletin* **77**: 109-129.

Rundle, A.S. 1968. Snow accumulation and ice movement on the Anvers Island ice cap, Antarctica: a study of mass balance. *Proceedings of the ISAGE Symposium, Hanover, USA, 3-7 September, 1968*: 377-390.

Sanchez, R. and Fraser, W. 2001. *Biscoe Point Orthobase*. Digital orthophotograph of island on which Biscoe Point lies, 6 cm pixel resolution and horizontal / vertical accuracy of ± 2 m. Geoid heights, 3 m^2 DTM, derived contour interval: 2 m. Data on CD-ROM and accompanied by USGS Open File Report 99-402 "GPS and GIS-based data collection and image mapping in the Antartcic Peninsula". Science and Applications Center, Mapping Applications Center. Reston, USGS.

Smith, R.I.L. 1996. Terrestrial and freshwater biotic components of the western Antarctic Peninsula. In Ross, R.M., Hofmann, E.E and Quetin, L.B. (eds). Foundations for ecological research west of the Antarctic Peninsula. *Antarctic Research Series* **70**: 15-59.

Smith, R.I.L. and Corner, R.W.M. 1973. Vegetation of the Arthur Harbour – Argentine Islands region of the Antarctic Peninsula. *British Antarctic Survey Bulletin* **33 & 34**: 89-122.

Stammerjohn, S.E., Martinson, D.G., Smith, R.C. and Iannuzzi, R.A. 2008. Sea ice in the western Antarctic Peninsula region: Spatio-temporal variabilityfrom ecological and climate change perspectives. *Deep-Sea Research II* **55:** 2041–2058.

Woehler, E.J. (ed.) 1993. *The distribution and abundance of Antarctic and sub-Antarctic penguins*. SCAR, Cambridge.

Xiong, F.S., Mueller, E.C. and Day, T.A. 2000. Photosynthetic and respiratory acclimation and growth response of Antarctic vascular plants to contrasting temperature regimes. *American Journal of Botany* **87**: 700-710.

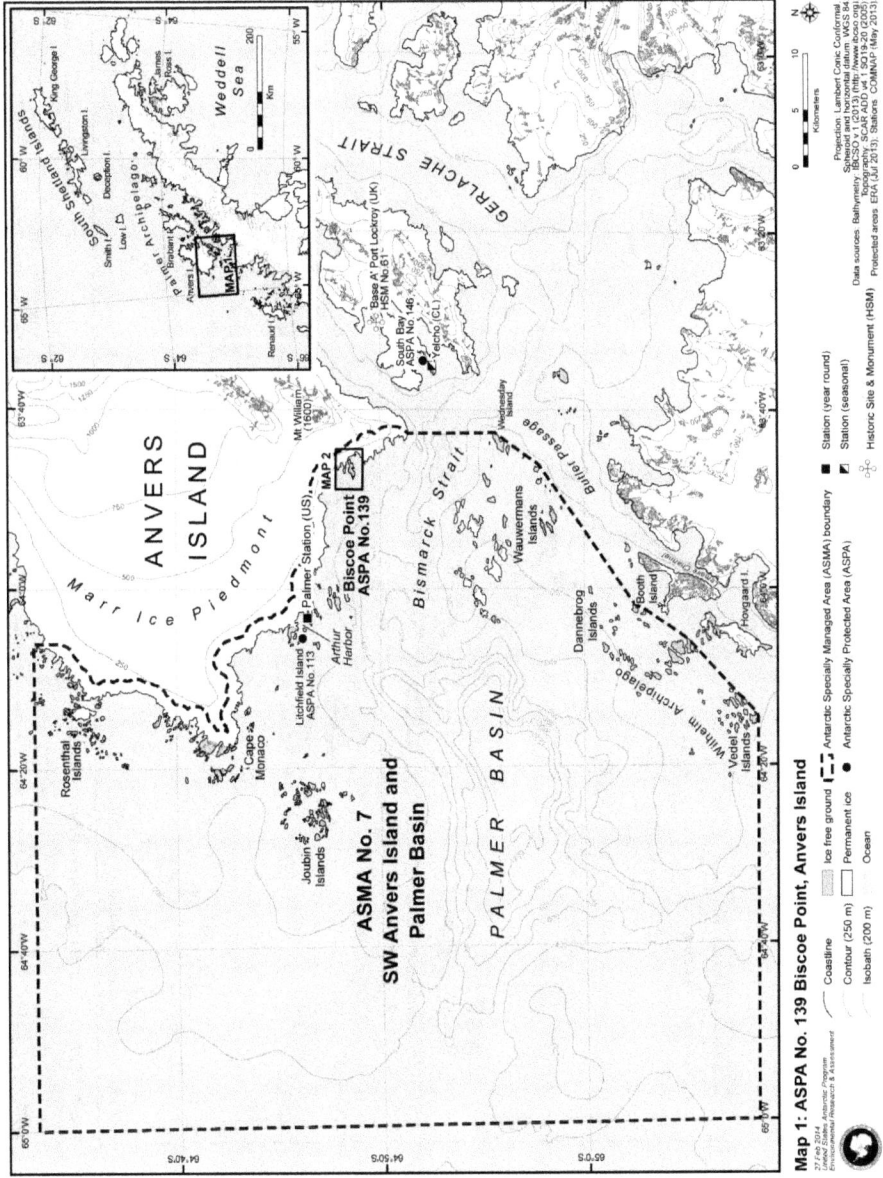

Map 1: ASPA No. 139 Biscoe Point, Anvers Island

121

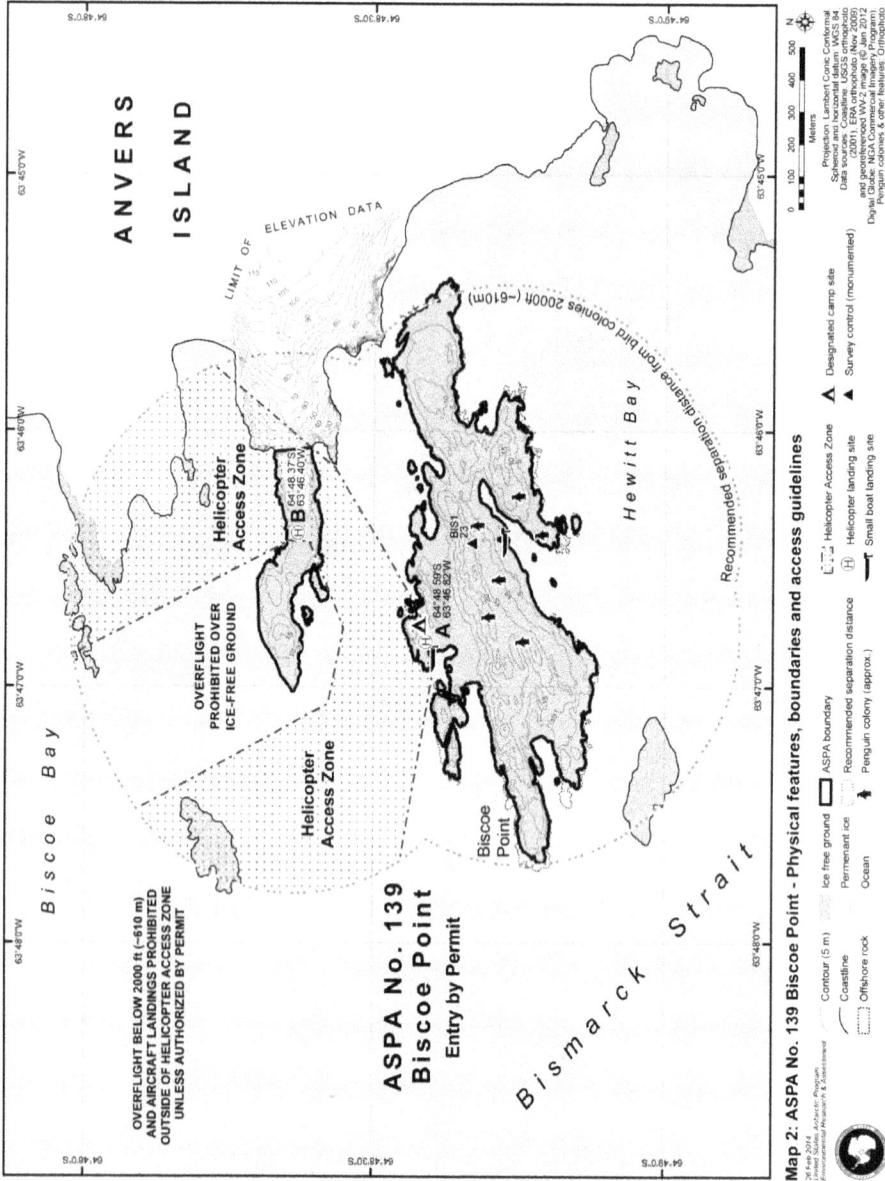

Map 2: ASPA No. 139 Biscoe Point - Physical features, boundaries and access guidelines

ANVERS ISLAND

LIMIT OF ELEVATION DATA

Biscoe Bay

OVERFLIGHT BELOW 2000 ft (~610 m)
AND AIRCRAFT LANDINGS PROHIBITED
OUTSIDE OF HELICOPTER ACCESS ZONE
UNLESS AUTHORIZED BY PERMIT

Helicopter Access Zone

OVERFLIGHT PROHIBITED OVER ICE-FREE GROUND

Helicopter Access Zone

ASPA No. 139
Biscoe Point
Entry by Permit

Biscoe Point

Bismarck Strait

Hewitt Bay

Recommended separation distance from bird colonies 2000ft (~610m)

Symbol	Description	Symbol	Description
	Contour (5 m)		ASPA boundary
	Coastline		Recommended separation distance
	Offshore rock		Penguin colony (approx.)
	Ice free ground		Helicopter Access Zone
	Permanent ice	(H)	Helicopter landing site
	Ocean		Small boat landing site
△	Designated camp site		
▲	Survey control (monumented)		

Projection: Lambert Conic Conformal
Spheroid and horizontal datum: WGS 84
Data sources: Coastline: USGS orthophoto
(2001); ERA orthophoto (Nov 2009)
and georeferenced WV-2 image (© Jan 2012
Digital Globe, NGA Commercial Imagery Program);
Penguin colonies & other features: Orthophoto
(Nov 2009) & GPS survey (ERA 2001).

0 100 200 300 400 500
Meters

26 Feb 2014
United States Antarctic Program
Environmental Research & Assessment

122

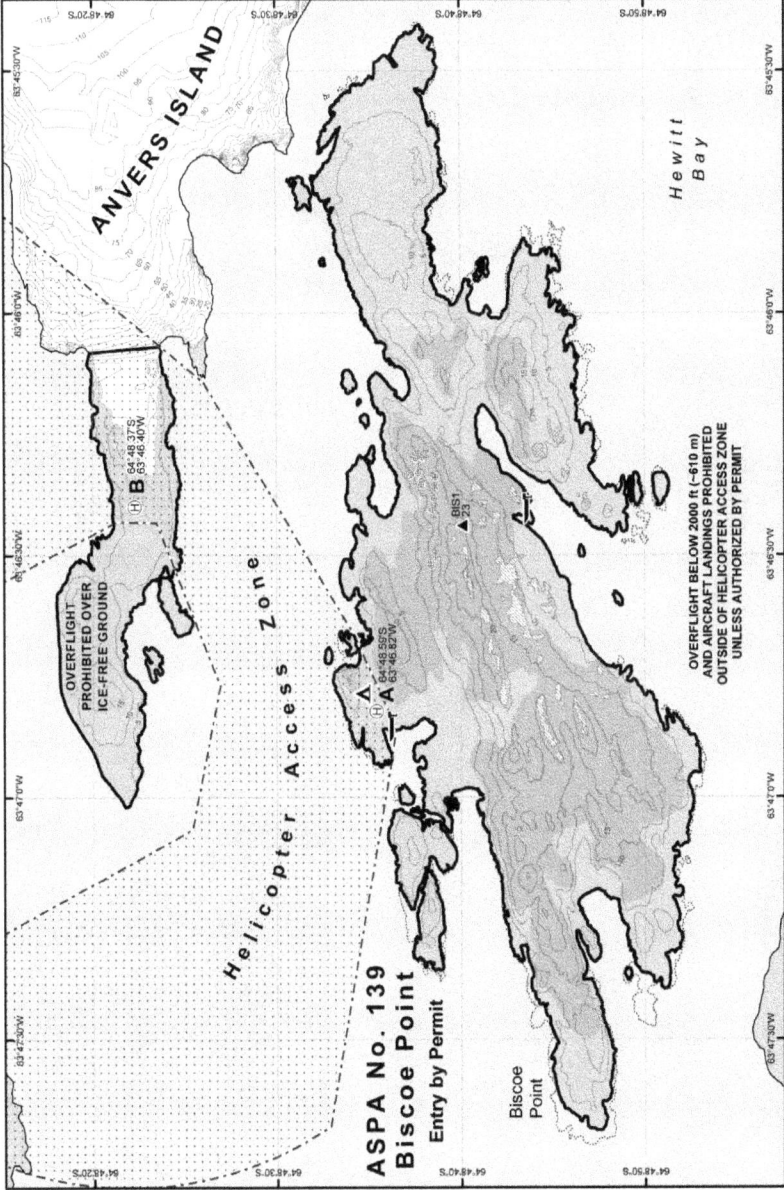

Map 3: ASPA No. 139 Biscoe Point - Penguin colonies, approximate vegetation extent and known contaminated sites

Informe final de la XXXVII RCTA

Plan de Gestión para la Zona Antártica Especialmente Protegida Nº 141

VALLE YUKIDORI, LANGHOVDE, BAHÍA LÜTZOW-HOLM

Introducción

El valle Yukidori (69°14'30" S, 39°46'00" E) se sitúa en la parte central de Langhovde, en la costa este de la bahía Lützow-Holm en la Antártida continental, a 20 kilómetros aproximadamente al sur de la estación japonesa de Syowa (69°00'22" S, 39°35'24" E) en la isla Ongul (Mapa 1). El valle tiene una longitud de entre 2 y 2,5 km de este a oeste y 1,8 km de anchura y contiene un importante torrente de deshielos y dos lagos (Mapa 2).

La Zona fue designada originalmente mediante la Recomendación XIV-5 (1987, SEIC Nº 22) tras la presentación de una propuesta de Japón. Se aprobó un plan de gestión para la Zona en virtud de la Recomendación XVI-7 (1991) y se revisó atendiendo a la Medida 1 (2000).

La Zona se inscribe, basándose en el Análisis de dominios ambientales para el Continente Antártico (Resolución 3 (2008)), como Medioambiente D: zona geológica de la costa antártica oriental. Conforme a las Regiones Biogeográficas de Conservación Antártica (RBCA) (Resolución 6 (2012)), la Zona está situada en la RBCA Nº 5, Tierra Enderby. El valle Yukidori se designó como Zona Antártica Especialmente Protegida (ZAEP) para proteger un típico ecosistema frágil de páramo antártico continental junto con las especies que lo componen, algunas de las cuales corresponden a especies endémicas y derivadas de la actividad humana en la Antártida. Además, se han llevado a cabo programas de observación a largo plazo en este sitio de gran valor.

1. Descripción de los valores que requieren protección

En el valle Yukidori se ha desarrollado un típico ecosistema frágil de páramo continental. Desde 1957 se han realizado en Langhovde estudios de campo del Año Geofísico Internacional (AGI) sobre ciencias biológicas y geológicas, y, además, en 1984 se inició un programa de observación a largo plazo en la zona del valle Yukidori. Tras la designación de la SEIC Nº 22 en 1987, se han llevado a cabo estudios de carácter más intensivo en la Zona. El programa de seguimiento a largo plazo en la Zona continúa desde 1984, en particular para controlar los cambios temporales y espaciales en la vegetación de musgos y líquenes (Mapa 2).

Los valores que requieren protección son aquellos asociados con este típico ecosistema frágil de páramo antártico continental que está situado en un entorno antártico extremadamente riguroso, y los estudios científicos de largo plazo realizados desde 1984. Se han establecido cuadrículas permanentes para la observación de la vegetación de líquenes y musgos en relación con el cambio medioambiental a largo plazo en este ecosistema continental típico. La Zona requiere protección para garantizar que este programa de observación científica a largo plazo no sufra alteraciones. Es por esta razón que la Zona se designó como SEIC Nº 22, en la Recomendación XIV-5 (1987) tras la propuesta de Japón, y se aprobó el Plan de gestión para la Zona en virtud de la Recomendación XVI-7 (1991). La actividad humana en esta zona destruiría fácilmente el frágil ecosistema situado en el riguroso medioambiente de la Antártida continental, cuya recuperación, si no imposible, precisaría de un período extremadamente prolongado. Mediante su designación como ZAEP, este valioso ecosistema de páramo debería estar protegido junto con el valor de la investigación sobre la observación medioambiental y del ecosistema.

El valle Yukidori está habitado por varios miles de petreles de las nieves. El excremento de los petreles de las nieves es importante, ya que es el principal suministro de nutrientes para musgos y líquenes.

Mediante la continua vigilancia medioambiental en la ZAEP se podrán detectar los efectos del cambio medioambiental global en la Antártida y, contribuyendo al mundo entero en su calidad de sistema de observación.

2. Finalidades y objetivos

La gestión en el valle Yukidori aspira a:

- evitar la degradación de los valores de la Zona, o riesgos importantes para los mismos, evitando la innecesaria perturbación de origen humano en la Zona;
- permitir la continuidad de programas de observación a largo plazo;
- evitar cambios importantes en la estructura y la composición de la vegetación terrestre, especialmente en los bancos de musgo y líquenes;
- evitar la perturbación humana innecesaria de los petreles de las nieves, y del medioambiente circundante; y
- reducir a un mínimo la posibilidad de introducción de plantas, animales o microbios no autóctonos en la Zona; y
- permitir visitas con fines de gestión para cumplir los objetivos del Plan de gestión.

3. Actividades de gestión

Para proteger los valores de la Zona, se llevarán a cabo las siguientes actividades de gestión:

- Se expondrán mapas que muestren la ubicación de la zona (indicando las restricciones especiales aplicables) de una forma destacada en la "caseta de investigación biológica" situada fuera del límite occidental de la Zona, donde también habrá disponibles copias del presente Plan de gestión.
- Para evitar el acceso accidental a la Zona, se deberán colocar señales que muestren su ubicación y límites, y la enumeración de las restricciones de entrada, en el punto de ingreso por el límite occidental de la misma.
- Las señales, estructuras o carteles instalados dentro de la Zona con fines científicos o de gestión se protegerán y se mantendrán en un buen estado y se retirarán cuando ya no sean necesarios.
- Debe haber disponible, en todas las instalaciones que operen en la región, información sobre la ZAEP, incluidas las copias del Plan de gestión
- El personal de los programas nacionales y de expediciones en terreno, y los turistas y pilotos que se encuentren en las cercanías de la Zona o que ingresen a ella o la sobrevuelen, deben recibir instrucciones específicas de sus programas nacionales correspondientes [o de sus autoridades nacionales correspondientes] en cuanto a las disposiciones y contenidos del Plan de gestión.
- Todos los pilotos que operen en la región deberán estar informados con respecto a la ubicación, los límites y las restricciones que apliquen al ingreso y al sobrevuelo de la Zona.

4. Período de designación

Designado por un período indefinido.

5. Mapas

Mapa 1: Costa de Sôya, Bahía Lützow-Holm, Antártida Oriental.

Mapa 2: Valle Yukidori, Langhovde y el límite de la ZAEP N° 141.

Mapa 3: La cabaña de investigación biológica y sus alrededores.

6. Descripción de la Zona

6(i) Coordenadas geográficas, indicaciones de límites y rasgos naturales

El valle Yukidori (69°14'30" S, 39°46'00" E) se sitúa en la parte central de Langhovde, en la costa este de la bahía Lützow-Holm en la Antártida continental. La Zona abarca entre 2 y 2,5 km por 1,8 km, y se sitúa entre una lengua del casquete glacial y el mar en el extremo occidental del valle. El ecosistema de páramo y los sitios de observación a largo plazo se encuentran, en su totalidad, dentro del valle Yukidori. Además, el límite de la Zona está diseñado para ofrecer protección a todo el valle / sistema de cuencas. La Zona no incluye ningún área marina.

La ubicación de la Zona y sus límites se muestran en los mapas adjuntos (Mapa 2). Se describe como el terreno comprendido dentro de la zona delimitada por las siguientes coordenadas:

El límite oriental de la Zona sigue una línea recta desde 69°14'00"S, 39°48'00"E al sur, hasta la 69°14'00"S, 39°48'00"E.

El límite septentrional de la Zona sigue una línea recta desde 69°14'00"S, 39°48'00"E al oeste, hasta el litoral situado a 69°14'00"S, 39°44'20"E.

El límite meridional de la Zona sigue una línea recta desde 69°15'00"S, 39°48'00"E al oeste, hasta el torrente de Yatude Zawa, situado a 69°15'00"S, 39°45'20"E (Mapa 2-G).

El límite occidental de la Zona entre 69°14'00"S, 39°48'00"E (Mapa 2-A) y 69°15'00"S, 39°45'20"E (Mapa 2-G) está delineado por la línea de caudal de la costa, por los límites delimitados con cuerdas, y por el torrente del valle Yatude.

Mapa 2-A (69°14'00"S, 39°44'.20"E) a Mapa 2-B (69°14'13"S, 39°43'23"E): Línea del caudal de la costa

Mapa 2-B (69°14'13"S, 39°43'23"E) a Mapa 2-C (69°14'17"S, 39°43'12"E): Límites delimitados con cuerdas

Mapa 2-C (69°14'17"S, 39°43'12"E) a Mapa 2-D (69°14'31"S, 39°42'57"E): Línea de caudal de la costa

Mapa 2-D (69°14'31"S, 39°42'57"E) a Mapa 2-F (69°14'32"S, 39°43.01"E): Límites delimitados con cuerdas

Mapa 2-F (69°14'38"S, 39°43.04"E) a Mapa 2-G 69°15'00"S, 39°45'20"E): Torrente del valle Yatude

Geología

El valle Yukidori contiene un importante torrente de deshielo y dos lagos. El torrente fluye desde el casquete glacial hacia el mar a través de sectores en forma de "V" y de "U" del valle, y entra en el lago Yukidori, situado en la parte central del valle, a 125 m por encima del nivel del mar; a continuación, luego fluye desde la esquina suroeste del lago y corre por el valle inferior formado por acantilados escarpados. Hay círculos de piedras ordenados, con un diámetro medio de un metro, ubicados en las morrenas cerca de la parte noroeste del glaciar Langhovde hacia el este el lago Higasi-Yukidori, que se encuentra situado en la cabecera del valle, a unos 200 m por encima del nivel del mar junto al borde del casquete glacial. Hay círculos de piedras poco desarrollados en los depósitos fluvio-glaciales del valle Yukidori. Alrededor del lago Yukidori hay pequeños conos de talud y rampas de talud. En los extremos inferiores del valle Yukidori, a una altitud de aproximadamente 20 m, hay terrazas fluvio-glaciales de entre 20 y 30 m de ancho y de 2 a 3 m de alto sobre el lecho actual del canal. Estas terrazas planas están conformadas por arena fina y grava más bien finas. Existe un abanico deltaico diseccionado formado en la boca del torrente. El valle se sitúa sobre una serie de capas superpuestas de rocas metamórficas proterozoicas, formadas por gneis biótico granítico, gneis biótico, gneis piroxénico y gneis hornblenda con metabasita. La foliación de los gneises posee dirección N 10° E y se sumerge de forma monoclinal hacia el este (Mapa 3).

Flora y fauna

Prácticamente todas las especies de plantas registradas en la zona de Langhovde están presentes dentro de la Zona. Entre ellas, se incluyen los musgos: *Bryum pseudotriquetrum* (= *Bryum algens*), *Bryum argenteum*, *Bryum amblyodon*, *Ceratodon purpureus*, *Hennediella heimii*, *Pottia austrogeorgica*, *Grimmia lawiana* y líquenes: *Usnea sphacelata*, *Umbilicaria antarctica*, *Umbilicaria decussata*, *Pseudephebe minuscula* y *Xanthoria elegans*. Se han registrado cuatro especies de ácaros de vida libre (*Nanorchestes antarcticus*, *Protereunetes minutus*, *Antarcticola meyeri* y *Tydeus erebus*). Existen aproximadamente sesenta especies de microalgas, incluidas aquellas especies endémicas del valle Yukidori: *Cosmarium yukidoriense* y una variedad de *Cosmarium clepsydra*. Esta vegetación está distribuida por todo el torrente. En el acantilado del valle, proliferan varias parejas de skúas polares (*Catharacta maccormicki*) y varios miles de petreles de las nieves (*Pagodroma nivea*, Téngase en cuenta que "Yukidori" es la palabra japonesa para designar al petrel de las nieves).

6(ii) Acceso a la Zona

El acceso a la Zona se trata en la sección 7(ii) del presente documento.

6(iii) Ubicación de estructuras dentro de la Zona o en áreas adyacentes

La cabaña de investigación biológica está situada en las afueras del límite occidental de la Zona (69°14'36"S, 39°42'59"E). El límite de la Zona cercano a la cabaña está delimitado por cuerdas. Se construyó en 1986 cerca de la playa, en la boca del valle, para que se produjese el mínimo impacto en la flora, la fauna y el terreno de la Zona. Existen tres lugares de observación microclimática en los puntos inferior, central y superior del torrente dentro de la Zona. Se miden factores microclimáticos como, por ejemplo, la humedad relativa y las temperaturas del aire a nivel del suelo, las temperaturas del suelo y las temperaturas a nivel del musgo. Para evaluar los cambios en la vegetación y en el medioambiente, hay instaladas cámaras hexagonales de fibra acrílica en los puntos inferior y central del área con vegetación. Estos lugares se indican en los mapas adjuntos.

6(iv) Ubicación de otras zonas protegidas en las proximidades

Ninguna.

6(v) Áreas especiales dentro de la Zona.

No existen áreas especiales dentro de la Zona.

7. Términos y condiciones para los permisos de acceso

7(i) Condiciones para la expedición de permisos

Se prohíbe el acceso a la Zona, salvo en caso de disponer de un Permiso emitido por alguna autoridad nacional correspondiente. Las condiciones para la expedición de un Permiso de ingreso a la Zona son los siguientes:

- se expide por motivos científicos o educativos indispensables que no pueden alcanzarse en ningún otro lugar, o con fines de gestión esencial de conformidad con los objetivos del Plan, como, por ejemplo, inspección, mantenimiento o revisión;
- las acciones permitidas no deben perjudicar los valores ecológicos o científicos de la Zona;
- toda actividad de gestión debe respaldar las finalidades y objetivos del plan de gestión;
- las acciones permitidas serán de conformidad con el presente Plan de gestión;

- se deberá llevar el permiso o una copia autorizada dentro de la Zona;
- se debe proporcionar un informe sobre la visita a la autoridad que conste en el Permiso;
- el Permiso será expedido por un período determinado.
- se debe informar a la autoridad pertinente sobre cualquier actividad o medida efectuada que no esté incluida en el Permiso oficial.

7(ii) Acceso a la zona y desplazamientos en su interior o sobre ella

- Esta zona está situada aproximadamente a 20 km al sur de la estación Syowa. En invierno, se establecen rutas de acceso para motonieves sobre el hielo marino congelado. En verano, se utilizan helicópteros y rompehielos para acceder a la estación Syowa.
- La ruta de acceso para motonieves y helicópteros se muestra en el Mapa 3. El helipuerto está situado en las afueras del límite a 69°14'37"S, 39°42'53"E.
- Se prohíbe el uso de vehículos y el aterrizaje de helicópteros en el interior de la Zona.
- Solo se permite el acceso en el punto de entrada (Mapa 2-E) a peatones que realicen actividades de investigación indispensables.
- En el interior de la Zona no existen rutas peatonales, pero las personas que circulen a pie deben evitar en todo momento pisar las zonas con vegetación o perturbar a las aves y las características naturales.
- La operación de aeronaves sobre la Zona debería efectuarse, como requisito mínimo, en conformidad con las "Directrices para la Operación de Aeronaves cerca de Concentraciones de Aves en la Antártida" contenidas en la Resolución 2 (2004).

7(iii) Actividades que se pueden realizar en la Zona, incluidas las restricciones de tiempo o lugar

- Investigación científica indispensable que no pueda realizarse en ningún otro lugar y que no ponga en peligro el ecosistema de la Zona
- Actividades de gestión esenciales, incluida la vigilancia.

7(iv) Instalación, modificación o desmantelamiento de estructuras

- No se podrán erigir estructuras ni instalar equipo científico en la Zona, salvo para actividades científicas o de gestión indispensables autorizadas en un permiso.
- Todos los marcadores, estructuras o equipos científicos instalados en la Zona deben estar claramente identificados por país, nombre del principal organismo investigador, año de instalación y fecha de desmantelamiento prevista.
- Todos dichos elementos deberían estar libres de organismos, propágulos (por ejemplo, semillas y huevos) y de suelo no estéril, y deberían estar confeccionados con materiales que soporten las condiciones ambientales y que representen el mínimo riesgo posible de contaminación de la Zona.
- La instalación (incluida la selección del lugar), el mantenimiento, la modificación o el desmantelamiento de estructuras y equipos debe realizarse de manera de que se garantice un mínimo de interferencia con los valores de la Zona.
- Deben desmantelarse las estructuras e instalaciones cuando ya no sean necesarias o a la fecha de expiración del permiso, lo que ocurra primero.

7(v) Ubicación de los campamentos

Se prohíben los campamentos dentro de la Zona. Todos los visitantes deben permanecer en la cabaña de investigación biológica (69°14'36"S, 39°42'59"E), en las afueras del límite occidental de la Zona o en una tienda dispuesta alrededor de la cabaña.

7(vi) Restricciones relativas a los materiales y organismos que pueden introducirse en la Zona

No se deben introducir deliberadamente a la Zona animales vivos, material vegetal, microorganismos ni suelos, y se deben adoptar las medidas de cautelares enumeradas en la sección 7(x) para evitar su introducción accidental. Pueden encontrarse orientaciones adicionales en el Manual sobre especies no autóctonas del CPA (CPA, 2011) y en el Código de conducta ambiental sobre el Trabajo de Investigación sobre el Terreno en la Antártida del SCAR (SCAR, 2009). En vista de la presencia en la Zona de colonias de aves reproductoras, no se deben introducir productos avícolas, incluidos los productos que contengan huevos desecados sin cocinar.

No se deben introducir a la Zona herbicidas ni pesticidas. Cualquier otro producto químico, como por ejemplo, radionucleidos o isótopos estables, que pueda introducirse con fines científicos o de gestión especificados en el Permiso, debe ser retirado de la Zona al concluir la actividad para la que se concedió el Permiso, o antes. No se deben almacenar combustibles en la Zona, salvo que se autorice expresamente en el Permiso para fines científicos o de gestión específicos. Todo aquello que se introduzca en la Zona, se mantendrá durante un período de tiempo establecido, y deberá retirarse al concluir la actividad para la que se concedió el Permiso, dicho período, o antes, y deberá ser almacenado y manipulado de manera tal que se reduzca a un mínimo cualquier riesgo de introducción en el medioambiente. Si se produce alguna fuga que pueda arriesgar los valores de la Zona, se recomienda extraer el material únicamente si es improbable que el impacto de dicho retiro sea mayor que el de dejar el material in situ. Se deberá avisar a las autoridades pertinentes sobre los escapes de materiales que no se hayan retirado y que no estén incluidos en el permiso.

7(vii) Toma o intromisión perjudicial de flora y fauna autóctonas

La toma de ejemplares de la flora y fauna autóctonas está prohibida, salvo por Permiso expedido de conformidad con el Anexo II del Protocolo sobre Protección del Medio Ambiente del Tratado Antártico. En los casos de toma de animales o intromisión perjudicial con fines científicos, deberán aplicarse como mínimo las normas del Código de conducta para el uso de animales por motivos científicos en la Antártida del SCAR.

7(viii) Recolección o traslado de materiales que no hayan sido traídos a la Zona por el titular del permiso

La recolección o traslado de material que no haya sido llevado a la Zona por el titular del permiso se hará únicamente de conformidad con un Permiso y debe limitarse al mínimo necesario para fines de índole científica o de gestión. No se otorgarán permisos en los casos en que se proponga la recolección, retiro o daño de una cantidad tal de tierra o ejemplares de la flora o fauna autóctonas que su distribución o abundancia en la Zona puedan verse significativamente afectadas. Todo material de origen humano que tenga probabilidad de arriesgar los valores de la Zona y que no haya sido llevado a esta por el titular del permiso, o que no esté comprendido en otro tipo de autorización, podrá ser retirado salvo que el impacto de su extracción probablemente sea mayor que el efecto de dejar el material en el lugar. En tal caso, se deberá notificar a la autoridad correspondiente.

7(ix) Eliminación de residuos

Los residuos líquidos de origen humano pueden ser dispuestos en el mar frente a la Zona. Todos los demás tipos de desechos deberán retirarse de la Zona. Los residuos sólidos de origen humano no deben verterse al mar, en cambio, deben ser retirados de la Zona. No se debe verter ningún residuo sólido o líquido humano en tierra firme.

7(x) Medidas que puedan requerirse para garantizar el continuo cumplimiento de los objetivos y las finalidades del Plan de gestión

• Se podrán extender permisos para entrar en la Zona a fin de realizar investigaciones científicas, actividades de observación e inspecciones, para lo cual podría ser necesario tomar un número pequeño de muestras para su análisis o examen.

- Toda observación a largo plazo de sitios específicos debe marcarse adecuadamente tanto en el lugar como en los mapas de la Zona. A fin de mantener los valores ecológicos y científicos de la Zona, los visitantes deben tomar precauciones especiales contra la introducción de material de cualquier tipo. De especial preocupación es la introducción de microbios, animales o vegetales provenientes de suelos de otros lugares de la Antártida, incluidas las estaciones, o de regiones fuera de la Antártida. Los visitantes deben, en el mayor grado practicable, asegurarse de que su calzado, ropas y equipos (particularmente sus equipos de campamento y de toma de muestras) se hayan limpiado completamente antes de ingresar a la Zona.

- Para evitar la interferencia con las actividades de investigación y control de largo plazo o la repetición de los esfuerzos, las personas que estén planificando nuevos proyectos dentro de la Zona deberán consultar con los programas establecidos y/o con las autoridades nacionales correspondientes.

7 (xi) Requisitos relativos a los informes

- El principal titular del Permiso para cada visita a la Zona debe presentar un informe a la autoridad nacional pertinente en cuanto sea posible y en un plazo no superior a seis meses tras la conclusión de la visita.

- Tales informes deben incluir, según corresponda, la información identificada en el formulario para informes de visitas que se incluye en la Guía para la Preparación de Planes de Gestión para las Zonas Antárticas Especialmente Protegidas.

- Las partes deben mantener un registro de estas actividades y, en el Intercambio anual de información, proporcionar descripciones resumidas de las actividades efectuadas por las personas sujetas a su jurisdicción, las cuales deben aportar información suficientemente pormenorizada como para permitir la evaluación de la eficacia del Plan de gestión.

- Las partes deben, siempre que sea posible, depositar los documentos originales o copias de dichos informes originales en un archivo de acceso público para mantener un registro de uso, de modo que pueda utilizarse para las revisiones del Plan de gestión y para la organización del uso científico de la Zona.

8. Documentación de apoyo

Akiyama, M. 1985. Biogeographic distribution of freshwater algae in Antarctica, and special reference to the occurrence of an endemic species of *Oegonium*. Mem. Fac. Educ., Shimane Univ., 19, 1-15.

Hirano, M. 1979. Freshwater algae from Yukidori Zawa, near Syowa Station, Antarctica. Mem. Natl Inst. Polar Res., Edición especial 11:1-25.

Inoue, M. 1989 Factors influencing the existence of lichens in the ice-free areas near Syowa Station, East Antarctica. Proc. NIPR Symp. Polar Biol., 2, 167-180.

Ino, Y. y Nakatsubo, T. 1986. Distribution of carbon, nitrogen and phosphorus in a moss community-soil system developed on a cold desert in Antarctica. Ecol. Res., 1:59-69.

Ino, Y. 1994. Field measurement of the photosynthesis of mosses with a portable CO_2 porometer at Langhovde, East Antarctica. Antarct. Rec., 38, 178-184.

Ishikawa, T., Tatsumi,T., Kizaki, K., Yanai, K., Yoshida, M., Ando, H., Kikuchi, T., Yoshida, Y. y Matsumoto, Y. 1976. Langhovde. Antarct. Geol. Map Ser., 5 (con texto explicatorio, 10 p.), Tokyo, Natl Inst. Polar Res.

Kanda, H. 1987. Moss vegetation in the Yukidori Valley, Langhovde, East Antarctica. Papers on Plant Ecology and Taxonomy to the Memory of Dr. Satoshi Nakanishi. Kobe Botanical Society,

Kobe, 17-204.

Kanda, H. e Inoue, M. 1994. Ecological monitoring of moss and lichen vegetation in the Syowa Station area, Antarctica. Mem. NIPR Symp. Polar Biol., 7, 221-231.

Kanda, H. y Ohtani, S. 1991. Morphology of the aquatic mosses collected in lake Yukidori, Langhovde, Antarctica. Proc., NIPR Symp., Polar Biol., 4, 114-122.

Kanda, H., Inoue, M., Mochida, Y., Sugawara, H., Ino, Y., Ohtani, S. y Ohyama, Y. 1990. Biological studies on ecosystems in the Yukidori Valley., Langhovde, East Antarctica. Antarct. Rec., 34, 76-93.

Matsuda, T. 1968. Matsuda, T. 1968. Ecological study of the moss community and microorganisms in the vicinity of Syowa Station, Antarctica. JARE Sci. Rep., Ser. E. (Biol.), 29, 58p.

Nakanishi, S. 1977. Ecological studies of the moss and lichen communities in the ice-free areas near Syowa Station, Antarctica. Antarct. Recom. 59, 68-96.

Nakatsubo, T. e Ino, Y. 1986. Nitrogen cycling in an Antarctic ecosystem. I. Biological nitrogen fixation in the vicinity of Syowa Station. Mem. Natl Inst. Polar Res., Ser. E. 37:1-10.

Ohtani, S. 1986. Epiphytic algae on mosses in the vicinity of Syowa Station, Antarctica. Mem. Natl. Inst. Polar Res., Spec. Issue 44:209-219.

Ohtani, S., Akiyama, M. y Kanda, H. 1991. Analysis of Antarctic soil algae by the direct observation using the contact slide method. Antarctic. Recom. 35, 285-295.

Ohtani, S., Kanda, H. e Ino, Y. 1990. Microclimate data measured at the Yukidori Valley, Langhovde, Antarctica in 1988-1989. JARE Data Rep., 152 (Terrestrial Biol. 1), 216p.

Ohtani, S., Kanda, H., Ohyama, Y., Mochida, Y., Sugawara, H. e Ino, Y. 1992. Meteorological data measured at biological hut, the Yukidori Valley, Langhovde, Antarctica in the austral summer of 1987-1988 and 1988-1989. JARE Data Rep., 178 (Terrestrial Biol., 3), 64p.

Ohyama, Y. y Matsuda, T. 1977. Free-living prostigmatic mites found around Syowa Station, East Antarctica. Antarct. Rec., 21, 172-176.

Ohyama, Y. y Sugawara, H. 1989. An occurrence of cryptostigmatic mite around Syowa Station area. Proc. Int. Symp. Antarct. Rec., pp.324-328. China, Ocean Press. Tianjin.

Sugawara, H., Ohyama, Y. y Higashi, S. 1995. Distribution and temperature tolerance of the Antarctic free-living mire Antarcticola meyeri (Acari, Cryptostigmata). Polar Biol., 15, 1-8.

ZAEP N° 141 - valle Yukidori

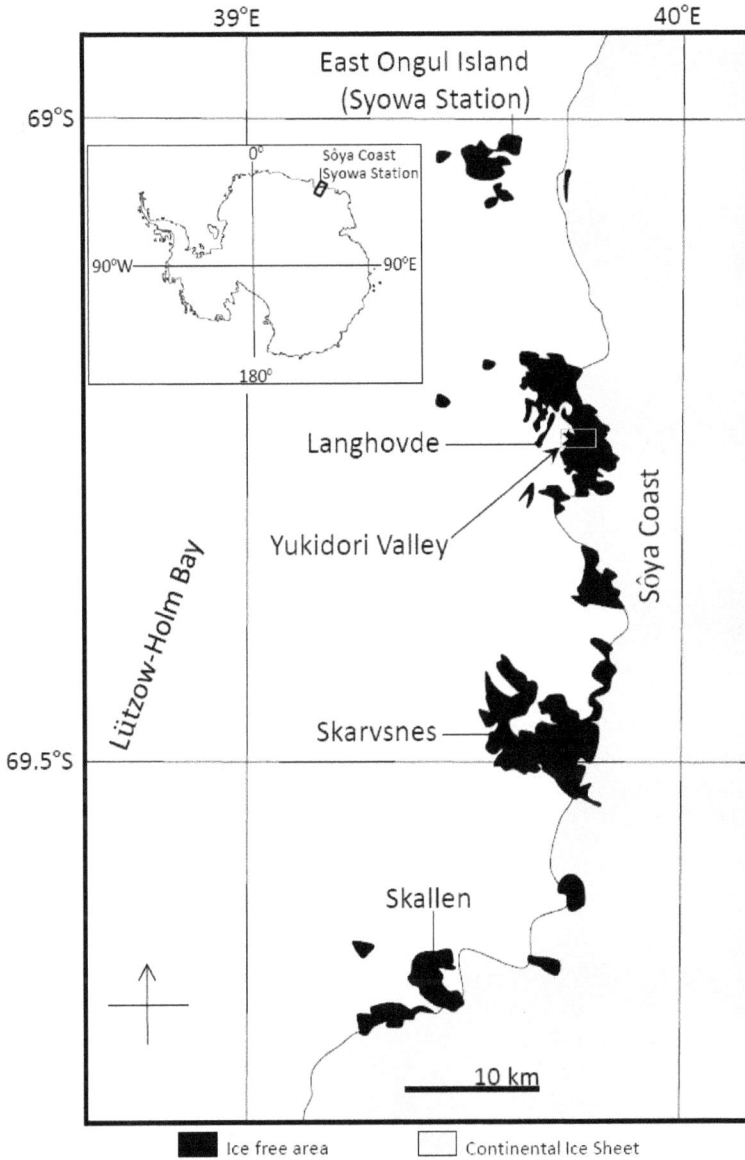

Map 1. The map of Soya Coast, Lutzow-Holm Bay, East Antarctica.
Universal Transverse Mercator projection. Spheroid and Datum: WGS84.

133

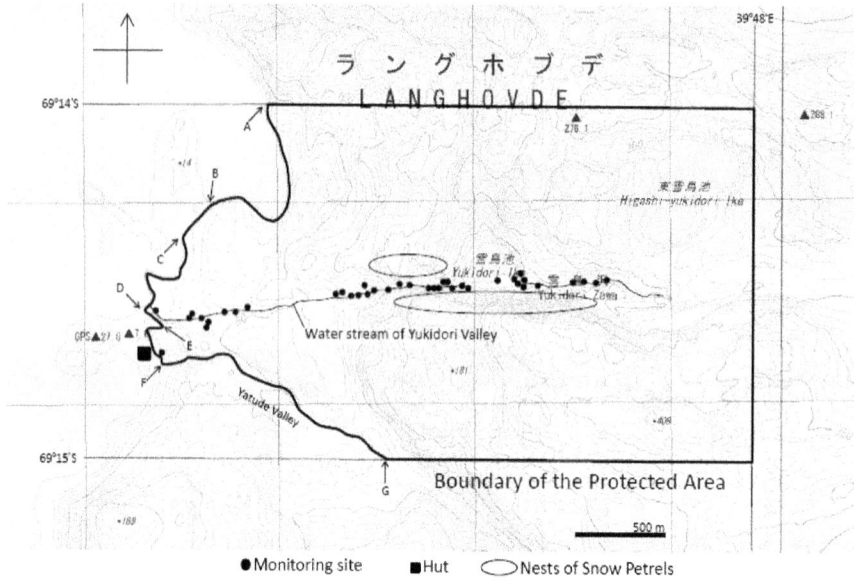

Map 2. Yukidori Zawa Valley, Langhovde and the boundary of the Protected Area.
Universal Transverse Mercator projection. Spheroid and Datum: WGS84.

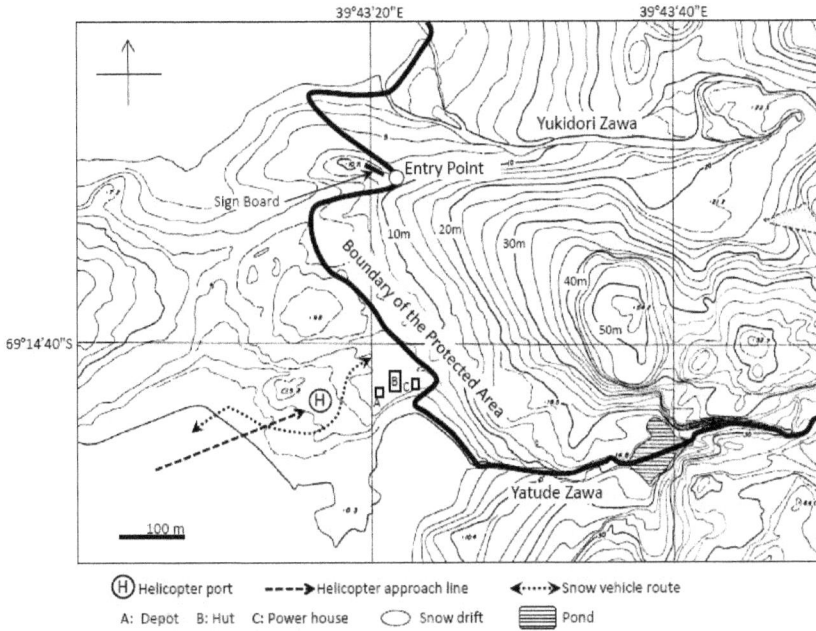

Map 3. The biological research hut and surroundings.
Universal Transverse Mercator projection. Spheroid and Datum: WGS84.

Plan de gestión para la
Zona Antártica Especialmente Protegida N° 142
SVARTHAMAREN

Introducción

El nunatak Svarthamaren (71°33'17''S, 5°09'12''E a 71°55'12''S, 5°15'12''E) forma parte de Mühlig-Hoffmanfjella en la Tierra de la Reina Maud, Antártida. La superficie que ocupa la ZAEP es de alrededor de 7,5 km^2 y consiste en las áreas sin hielo del nunatak Svarthamaren. Incluye también las áreas sin hielo contiguas que forman parte natural del nunatak (es decir, las rocas y los bloques).

El nunatak tiene una característica singular, ya que alberga la colonia de aves marinas más grande que se conoce en la Antártida. Entre 110.000 y 180.000 parejas de petreles antárticos (*Thalassoica antarctica*) se reproducen anualmente en la Zona y durante la temporada de reproducción están presentes varios cientos de miles de parejas no reproductoras de esta especie. Además, en el lugar se encuentran colonias de más de 1.000 parejas de petreles de las nieves (*Pagodroma nivea*) y alrededor de 80 parejas de skúas polares (*Catharacta maccormicki*).

El propósito primordial es evitar los cambios inducidos por los seres humanos en la estructura de la población, la composición y el tamaño de las colonias de aves marinas presentes en el sitio, y posibilitar el estudio sin interferencias de la adaptación del petrel antártico, el petrel de las nieves y la skúa polar a las condiciones del interior de la Antártida.

1. Descripción de los valores que requieren protección

La Zona fue designada originalmente en la Recomendación XIV-5 (1987, SEIC N° 23) luego de una propuesta de Noruega basada en los siguientes factores, los que siguen ofreciendo sólidos fundamentos para su designación:

- la colonia de petreles antárticos (*Thalassoica antarctica*) es la colonia de aves marinas más grande que se conoce en el interior del continente antártico;

- esta colonia representa gran parte de la población mundial conocida de petreles antárticos

- esta colonia es un "laboratorio natural de investigación" excepcional para el estudio del petrel antártico, el petrel de las nieves (*Pagodroma nivea*) y la skúa polar (*Catharacta maccormicki*), así como de su adaptación para la reproducción al interior de la Antártida.

2. Finalidades y objetivos

Las finalidades de la gestión de Svarthamaren son las siguientes:
- evitar los cambios inducidos por los seres humanos en la estructura de la población, la composición y el tamaño de las colonias de aves marinas presentes en el sitio
- evitar la perturbación innecesaria de las colonias de aves marinas y sus alrededores
- posibilitar el estudio sin interferencias de la adaptación del petrel antártico, el petrel de las nieves y la skúa polar a las condiciones del interior de la Antártida (Investigación primaria)
- permitir el acceso por otros motivos científicos en los casos en que los estudios no menoscaben los objetivos de las investigaciones sobre las aves.

Los ejes de las *Investigaciones primarias* que se realizan en la ZAEP Svarthamaren son los siguientes:

- Mejorar la comprensión acerca de cómo afectan los cambios medioambientales naturales y antropogénicos a la distribución espacial y temporal de poblaciones de animales, y, además, la forma en que dichos cambios afectan la interacción entre las especies claves del ecosistema antártico.

3. Actividades de gestión

Las actividades de gestión de Svarthamaren consistirán en lo siguiente:

- mantener la adecuada observación de las colonias de aves marinas, en la medida de lo posible con métodos no invasivos;
- permitir la colocación de señales, carteles, indicadores de límites, etc., en el sitio y cerciorarse de que se los repare y se los mantenga en buen estado;
- realizar las visitas que sean necesarias para determinar si el sitio continúa sirviendo a los fines para los cuales fue designado y cerciorarse de que las medidas de gestión y mantenimiento sean adecuadas.

Toda intervención directa en el sitio con fines de gestión deberá ser objeto de una evaluación del impacto ambiental antes de que se tome una decisión en el sentido de proceder con la misma.

4. Período de designación

Designación con periodo de vigencia indefinida.

5. Mapas e ilustraciones

Mapa A: Mapa de la ZAEP 142, Svarthamaren, en la Tierra de la Reina Maud (con la ubicación del Mapa B 71°53'16"S - 5°9'24"E a 71°56'10"S - 5°15'37"E). Especificaciones del mapa:

- Proyección: Transversal de Mercator, UTM Zona 31S
- Esferoide: WGS 1984
- (Código EPSG: 32731)
- Además, el mapa está rotado 2,5 grados hacia la izquierda

Mapa B: Svarthamaren – ZAEP 142. Límites y principales concentraciones de aves (2014). Especificaciones del mapa:

- Proyección: Transversal de Mercator, UTM Zona 31S
- Esferoide: WGS 1984
- (Código EPSG: 32731)
- Además, el mapa está rotado 2,1 grados hacia la izquierda

Mapa C: Fotografía aérea de Svarthamaren (1996, Instituto Polar Noruego)

6. Descripción de la Zona

6(i) Coordenadas geográficas, indicadores de límites y características naturales

La ZAEP Svarthamaren está ubicada en Mühlig-Hoffmannfjella, Tierra de la Reina Maud, y se extiende desde aproximadamente 71°53'16"S - 5°9'24"E en el noreste a aproximadamente, 71°56'10"S - 5°15'37"E en el sudeste. La distancia respecto del frente de hielo es de unos 200 km. La Zona abarca una superficie de alrededor de 7,5 km², y consiste en las zonas sin hielo del nunatak de Svarthamaren, incluidas las zonas contiguas a las formaciones sin hielo que forman parte del nunatak (es decir, rocas). La Zona figura en los mapas B y C.

La estación noruega Tor está ubicada en el nunatak de Svarthamaren, a 71°53'22"S, 5°9'34"E. La estación, cuyos edificios están rodeados por una zona amortiguadora de 10 metros de diámetro, no se incluye en la

Zona Antártica Especialmente Protegida de Svarthamaren. Se llega a la estación por el camino más corto desde el hielo.

Los principales tipos de roca del sitio son charnoquitas de grano grueso y mediano, con algunas xenolitas. Entre los charnoquitoides hay gneis de franjas, anfibolitas y granitos de facies anfibolíticas. Las laderas están cubiertas de arena feldespática en descomposición. En la cara nordeste del nunatak Svarthamaren predominan las laderas de pedregales (pendiente de 31° a 34°), que se extienden 240 metros hacia arriba desde el pie de la montaña, a unos 1.600 metros sobre el nivel del mar. Las características principales de esta zona son dos anfiteatros rocosos habitados por petreles antárticos reproductores. Este lugar constituye el centro de la zona protegida.

No se han realizado observaciones meteorológicas en la Zona, pero la temperatura prevalente del aire oscila entre -5° y -15° C en enero, con una temperatura mínima un poco más baja en febrero.

La flora y la vegetación de Svarthamaren son escasas en comparación con otras áreas de Mühlig-Hofmannfjella y Gjelsvikfjella, al oeste del sitio. La única especie de planta que abunda, aunque en la periferia de las zonas más cubiertas de guano, es el alga verde frondosa, *Prasiola crispa*. Hay algunas especies de líquenes en rocas erráticas transportadas por glaciares a uno o dos kilómetros de las colonias de aves: *Candelariella hallettensis* (= C. *antarctica*), *Rhizoplaca* (= *Lecanora*) *melanophthalma*, *Umbilicaria* spp. y *Xanthoria* spp. Las zonas cubiertas por *Prasiola* están habitadas por colémbolos. (*Cryptopygus sverdrupi*) y una rica fauna de ácaros ((*Eupodes anghardi*, *Tydeus erebus*)), protozoos, nematodos y rotíferos. Una laguna poco profunda, de unos 20 x 30 m, más abajo de la subcolonia del medio, la más grande de Svarthamaren, hay muchos petreles muertos y abunda un alga unicelular verde amarillenta, *Chlamydomonas*, sp. Todavía no se ha constatado la presencia de invertebrados acuáticos.

Las colonias de aves marinas reproductoras son el elemento biológico más visible de la Zona. Las laderas del nordeste de Svarthamaren están densamente pobladas por una colonia de petreles antárticos (*Thalassoica antarctica*) formada por tres subcolonias separadas.

Se calcula que hay en total entre 100.000 y 200.000 parejas reproductoras, con gran fluctuación interanual. Además, hay colonias de más de 1.000 parejas de petreles de las nieves (*Pagodroma nivea*) y unas 100 parejas de skúas polares (*Catharacta maccormicki*) se reproducen en la Zona. Las dos colonias principales de petreles antárticos se concentran en los dos anfiteatros rocosos. Las principales colonias de petreles de las nieves ocupan sectores separados de las laderas pedregosas con rocas más grandes. Las skúas antárticas anidan en la franja angosta de tierra plana sin nieve que está más abajo de las laderas de pedregales.

Las principales concentraciones de aves marinas están indicadas en el mapa B. El lector debe, sin embargo, tener en cuenta que fuera de estas zonas densamente pobladas también hay aves.

Según el análisis de dominios ambientales de la Antártida (2007, Morgan et al.), ambos ambientes, T (geológico del interior continental) y U (geológico del norte de la Tierra Victoria) están representados en Svarthamaren (2009, Harry Keys, nota personal). Svarthamaren se encuentra dentro de la Región Biogeográfica de Conservación Antártica 6 – Tierra de la Reina Maud (RBCA 6) (2012, Aleks Terauds et al.).

6(ii) Áreas restringidas dentro de la Zona

Ninguna

6(iii) Estructuras dentro de la Zona

En el extremo de la principal colonia de petreles se encuentra una estación meteorológica. Durante el invierno austral se mantiene únicamente el mástil (de 2 metros de altura), en tanto la estación en sí se erige durante la temporada estival. El mástil no se encuentra sujeto al suelo de manera permanente, y puede retirarse con facilidad. Salvo ésta, no hay otras estructuras en la Zona.

La estación noruega Tor está ubicada en el nunatak de Svarthamaren, a 71°53'22"S, 5°9'34"E. La estación, cuyos edificios están rodeados por una zona amortiguadora de 10 metros, no está incluida en la Zona.

6(iv) Ubicación de otras zonas protegidas en las cercanías

Ninguna

7. Condiciones para la expedición de permisos

Los permisos pueden ser expedidos únicamente por autoridades nacionales pertinentes designadas de conformidad con el artículo 7 del anexo V al Protocolo al Tratado Antártico sobre Protección del Medio Ambiente. Las condiciones para la expedición de permisos para entrar en la Zona son las siguientes:

- que las acciones permitidas sean compatibles con este plan de gestión;
- que se lleve el permiso o una copia dentro de la Zona;
- que el permiso sea expedido por un período determinado;
- que se presente un informe de la visita a la autoridad que figure en el permiso.

7(i) Acceso a la Zona y circulación dentro de la misma

El acceso a la Zona está supeditado a las siguientes condiciones:

- No hay caminos peatonales, aunque las personas que circulen a pie deberán evitar en todo momento perturbar a las aves y, en la medida de lo posible, la escasa vegetación de la Zona.
- No se permite el ingreso de vehículos en el sitio.
- No se permite el sobrevuelo de la Zona por helicópteros u otras aeronaves.
- No se permite el aterrizaje de helicópteros dentro de los límites de la ZAEP. Los aterrizajes relacionados con actividades de la estación Tor deberán realizarse preferiblemente en el extremo nordeste del nunatak Svarthamaren (indicado en el mapa C).

7(ii) Actividades que pueden llevarse a cabo dentro de la Zona y restricciones con respecto al momento y el lugar

Se permiten las siguientes actividades dentro de la Zona, de conformidad con el permiso:

- Programas de investigaciones biológicas primarias para los cuales fue designada la Zona.
- Otros programas de investigaciones científicas de carácter indispensable que no interfieran en las investigaciones sobre las aves de la Zona.

7(iii) Instalación, modificación o desmantelamiento de estructuras

No se erigirá ninguna estructura en la Zona ni se instalará equipo científico, excepto el equipo indispensable para las actividades científicas o de gestión que se especifiquen en un permiso o para modificar la estación, lo cual también deberá indicarse en un permiso.

7(iv) Ubicación de los campamentos

No se establecerán campamentos dentro de la Zona. (Véase 6 iii)

7(v) Restricciones relativas a los materiales y organismos que puedan introducirse en la Zona

- Se prohíbe la introducción deliberada de animales vivos y material vegetal en la Zona.
- No se llevarán a la Zona productos avícolas, incluidos productos alimenticios que contengan huevos deshidratados crudos.
- No se introducirán herbicidas ni plaguicidas en la Zona. Cualquier otro producto químico (incluido el combustible) que se introduzca con fines científicos ineludibles especificados en el permiso deberá ser retirado de la Zona a más tardar cuando concluya la actividad para la cual se haya expedido el permiso. (Véase 6 iii) Se acepta el almacenamiento de una cantidad limitada de combustible en la estación Tor, en vista de que la estación misma y sus inmediaciones no forman parte de la Zona.

- Los materiales autorizados podrán permanecer en la Zona durante un período expreso, deberán ser retirados a más tardar cuando concluya dicho período y deberán ser almacenados y manipulados con métodos que reduzcan al mínimo el riesgo de introducción en el medio ambiente.

7(vi) Toma o intromisión perjudicial en la flora y fauna autóctonas

Se prohíbe la toma de ejemplares de la flora o la fauna autóctonas y la intromisión perjudicial en ellas, excepto con un permiso otorgado de conformidad con el Anexo II al Protocolo al Tratado Antártico sobre Protección del Medio Ambiente. En caso de toma de animales o intromisión perjudicial de los mismos, se debería usar como norma mínima el *Código de conducta del SCAR para el uso de animales por motivos científicos en la Antártida.*

Se recomienda consultar a los responsables de las investigaciones primarias en la Zona antes de expedir un permiso para la toma de aves con fines ajenos a las investigaciones primarias. Los estudios para los cuales sea necesario tomar aves con otros fines deben ser planeados y ejecutados de forma tal que no interfieran en los objetivos de las investigaciones sobre las aves en la Zona. ZAEP N° 142: Svarthamaren

7(vii) Toma o traslado de cualquier cosa que el titular del permiso no haya llevado a la Zona

Se podrá recolectar o retirar material de la Zona únicamente de conformidad con un permiso, excepto por los escombros generados por seres humanos, que deben ser retirados, y los especímenes muertos de la fauna, que pueden ser retirados para exámenes de laboratorio.

7(viii) Eliminación de desechos

Se deberán retirar todos los desechos de la Zona.

7(ix) Medidas que podrían requerirse para garantizar el continuo cumplimiento de los objetivos y las finalidades del Plan de gestión

Podrán expedirse permisos para entrar a la Zona a fin de realizar observaciones biológicas e inspecciones del sitio que incluyan la recolección de pequeñas cantidades de material vegetal o de animales para su análisis o inspección, colocar o reparar letreros, realizar tareas de mantenimiento de la estación o tomar medidas de protección.

7(x) Requisitos relativos a los informes

Las Partes deberán cerciorarse de que el titular principal de cada permiso presente a las autoridades pertinentes un informe de las actividades llevadas a cabo. Dichos informes deberán incluir, según corresponda, la información señalada en el Formulario de Informes de Visitas recomendado por el SCAR. Las Partes deberán llevar un registro de dichas actividades y, en el intercambio anual de información, presentar descripciones resumidas de las actividades realizadas por las personas bajo su jurisdicción, suficientemente pormenorizadas como para que se pueda determinar la eficacia del Plan de gestión. Siempre que sea posible, las Partes deberían depositar los originales o copias de los mencionados informes originales en un archivo de acceso público a fin de mantener un registro del uso, para fines de revisión del Plan de gestión y también para fines de la organización del uso científico de la Zona.

Bibliografía

Amundsen, T. 1995. Amundsen, T. 1995. Egg size and early nestling growth in the snow petrel. *Condor* 97:345-351.

Amundsen, T., Lorentsen, S.H. y Tveraa, T. 1996. Effects of egg size and parental quality on early nestling growth: An experiment with the Antarctic petrel. *Journal of Animal Ecology* 65: 545-555.

Andersen, R., Sæther, B.E. y Pedersen, H.C. 1995. Regulation of parental investment in the Antarctic petrel *Thalassoica antarctica*: An experiment. Polar Biology 15:65-68.

Andersen, R., Sæther, B.E. y Pedersen, H.C. 1993. Resource limitation in a long-lived seabird, the Antarctic petrel *Thalassoica antarctica*: a twinning experiment. Fauna Norwegica, Serie C 16:15-18.

Bech, C., Mehlum, F. y Haftorn, S. 1988. Development of chicks during extreme cold conditions: the Antarctic petrel *Thalassioca antarctica*. Proceedings of the 19'th International Ornithological Congress:1447-1456.

Brooke, M.D., Keith, D. y Røv, N. 1999. Exploitation of inland-breeding Antarctic petrels by south polar skuas. *OECOLOGIA* 121: 25-31

Fauchald, P. y Tveraa, T. 2003. Using first-passage time in the analysis of area restricted search and habitat selection. Ecology 84:282-288.

Fauchald, P. y Tveraa, T. 2006 Hierarchical patch dynamics and animal movement pattern. *Oecologia,* 149, 383-395.

Haftorn, S., Beck, C. y Mehlum, F. 1991. Aspects of the breeding biology of the Antartctic petrel (*Thalassoica antarctica*) and krill requirements of the chicks, at Svarthamaren in Mühlig-Hofmannfjella, Dronning Maud Land. Fauna Norwegica, Serie C. Sinclus 14:07-22

Haftorn, S,, Mehlum, F. y Bech, C. 1988. Navigation to nest site in the snow petrel (Pagodrom nivea). Condor 90:484-486.

Lorentsen, S.H. y Røv, N. 1994. Sex determination of Antarctic petrels *Thalassoica antarctica* by discriminant analysis of morphometric characters. Polar Biology 14:143-145.

Lorentsen, S.H. y Røv, N. 1995. Incubation and brooding performance of the Antarctic petrel (*Thalassoica antarctica*) at Svarthamaren, Dronning Maud Land. *Ibis* 137: 345-351.

Lorentsen, S.H., Klages, N. y Røv, N. 1998. Diet and prey consumption of Antarctic petrels *Thalassoica antarctica* at Svarthamaren, Dronning Maud Land, and at sea outside the colony. *Polar Biology* 19:414-420.

Lorentsen, S.H. 2000. Molecular evidence for extra-pair paternity and female-female pairs in Antarctic petrels. Auk 117:1042-1047.

Morgan, F., Barker, G., Briggs, C. Price, R., Keys, H. 2007. Environmental Domains of Antarctica, Landcare Research New Zealand Ltd

Nygård,T., Lie, E., Røv, N., *et al.*2001. Metal dynamics in an Antarctic food chain. *marzo Pollut. Bull.* 42: 598-602

Ohta, Y., Torudbakken, B.O. y Shiraishi, K. 1990. Geology of Gjelsvikfjella and Western Muhlig-Hofmannfjella, Dronning Maud Land, East Antarctica. *Polar Research* 8: 99-126.

Steele, W.K., Pilgrim, R.L.C. y Palma, R.L. 1997. Occurrence of the flea Glaciopsyllus antarcticus and avian lice in central Dronning Maud Land. *Polar Biology* 18: 292-294.

Sæther, B.E., Lorentsen, S.H., Tveraa, T. et al. *et al.* 1997.Size-dependent variation in reproductive success of a long-lived seabird, the Antarctic petrel (*Thalassoica antarctica*). *AUK* 114 (3): 333-340.

Sæther, B.-E., Andersen, R. y Pedersen, H.C. 1993. Regulation of parental effort in a long-lived seabird: An experimental study of the costs of reproduction in the Antarctic petrel (*Thalassoica Antarctica).* Behavioral Ecology and Sociobiology 33:147-150.

Terauds, A., Chown, S. L., Morgan, F, Peat, H.J., Watts, D. J., Keys, H, Convey, P. , Bergstrom, D.M. 2012. Conservation biogeography of the Antarctic. Diversity and Distributions: 1–16.

Amundsen, T., Lorentsen, S.H. y Saether, B.E. 1997. Regulation of foraging trips and costs of incubation shifts in the Antarctic petrel (*Thalassoica antarctica*). *Behavioral Ecology* 8: 465-469.

Tveraa, T. y Christensen, G.N. 2002. Body condition and parental decisions in the Snow Petrel (*Pagodroma nivea*). *AUK* 119 (266): 270-340.

Tveraa, T., Sæther, B.E., Aanes, R. y Erikstad, K.E. 1998. Regulation of food provisioning in the Antarctic petrel; the importance of parental body condition and chick body mass. *Journal of Animal Ecology* 67: 699-704.

Tveraa, T., Sæther, B.E., Aanes, R. y Erikstad, K.E. 1998. Body mass and parental decisions in the Antarctic petrel *Thalassoica antarctica*: how long should the parents guard the chick? Behavioral Ecology and Sociobiology 43:73-79.

Varpe, Ø., Tveraa, T. y Folstad, I. 2004. State-dependent parental care in the Antarctic petrel: responses to manipulated chick age during early chick rearing. Oikos, en imprenta ZAEP N° 142: Svarthamaren

MAPA A: Mapa de la ZAEP 142 Svarthamaren en la Tierra de la Reina Maud

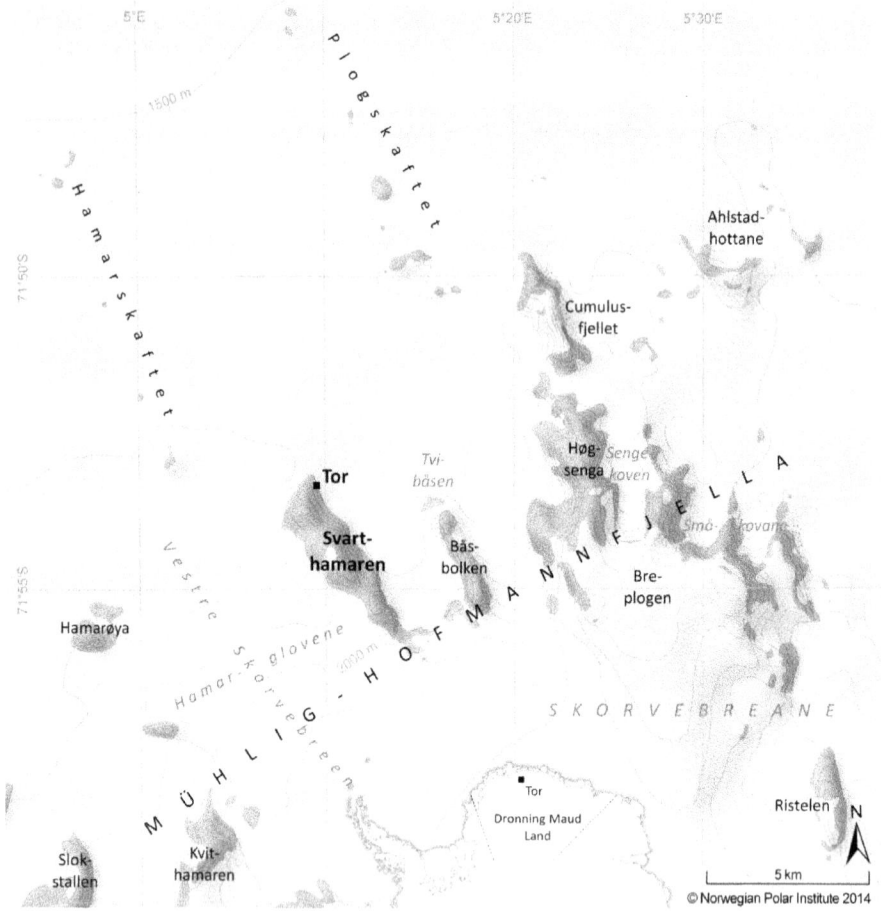

Mapa B: Svarthamaren – ZAEP N° 142. Límites y principales concentraciones de aves (2014).

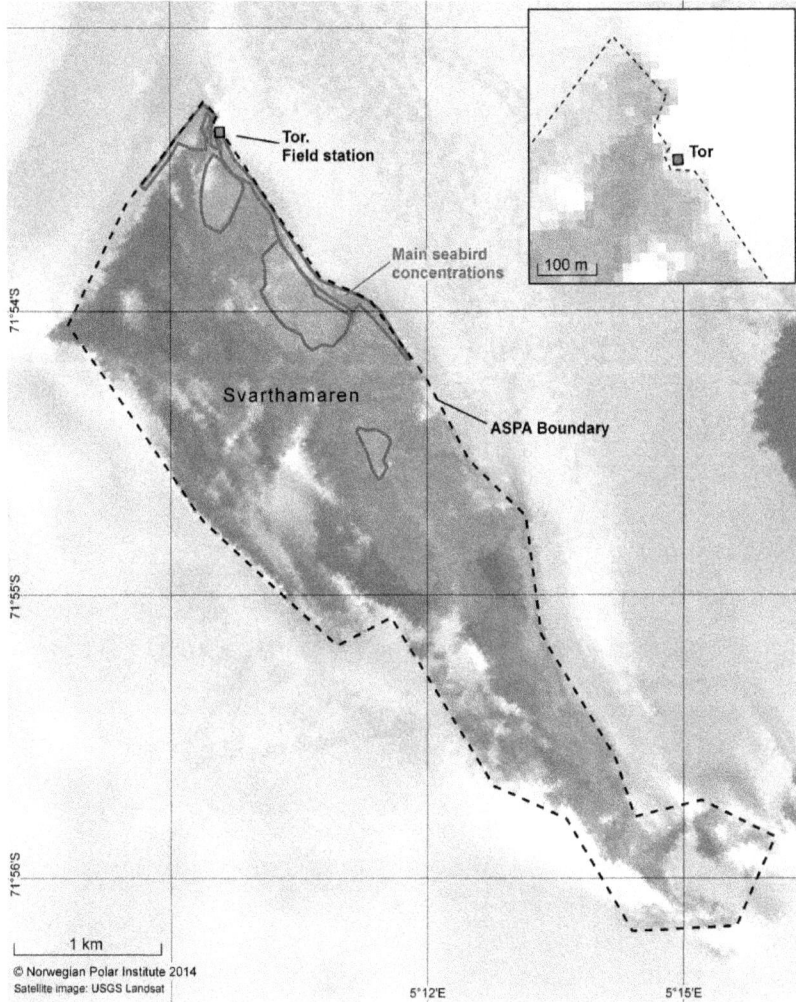

Mapa C: fotografía aérea de la ZAEP 142, Svarthamaren (1996, Instituto Polar Noruego)

Plan de gestión para la

Zona Antártica Especialmente Protegida N° 162

CABAÑAS DE MAWSON, CABO DENISON, BAHÍA COMMONWEALTH, TIERRA DE JORGE V, ANTÁRTIDA ORIENTAL

Introducción

El cabo Denison, en la bahía Commonwealth (67°00'31"S 142°40'43"E) es uno de los principales sitios de actividad humana temprana en la Antártida. Es la ubicación de cuatro cabañas de madera, conocidas como las "Cabañas de Mawson", que sirvió como base para la Expedición Antártica Australo-asiática (AAE) de 1911-1914, organizada y dirigida por el Dr. (posteriormente nombrado Caballero) Douglas Mawson. El cabo Denison, un importante símbolo de la "época heroica" de las exploraciones antárticas (1895-1917), es uno de los seis sitios de cabañas que quedan de este período. El cabo Denison acogió algunos de los primeros estudios completos sobre la geología, geografía, magnetismo terrestre, astronomía, meteorología, glaciología, oceanografía, biología, zoología y botánica de la Antártida. También fue la base de numerosas exploraciones hacia el interior y cuenta con artefactos asociados a estas exploraciones en trineo, incluyendo cajas de víveres y equipos.

El cabo Denison se caracteriza por sus cuatro valles alineados de noroeste a sureste. La mayoría de los artefactos de la Expedición Antártica Australo-asiática, incluidas las cabañas de Mawson y otras estructuras, se concentra en el valle occidental y en las crestas a ambos lados del valle (véase el Mapa A).

En reconocimiento de la rareza y riqueza de este recurso social, cultural y científico, el sitio de las cabañas de Mawson (que comprende las cuatro cabañas y una zona de seguridad de 5 metros alrededor de cada cabaña) fue designada en virtud de la Medida 2 (2004) como Zona Antártica Especialmente Protegida (ZAEP) N° 162, para proteger el valor histórico, técnico, arquitectónico y estético relevante de las cuatro cabañas que pertenecieron a la AAE. La ZAEP también contiene el sitio designado en virtud de la Medida 3 (2004) como Sitio y Monumento Histórico N° 77 cabo Denison, bahía Commonwealth, Tierra de Jorge V, y originalmente formara parte de la Zona Antártica Especialmente Administrada (ZAEA) N° 3 cabo Denison, bahía Commonwealth, Tierra de Jorge V, designado en virtud de la Medida 1 (2004).

En virtud de la Medida 9 (2014), se revocó la designación de la ZAEA N° 3 y el límite de la ZAEP N° 162 se amplió para que coincidiera con el límite de la ZAEA anterior. De este modo se proporciona una protección adicional para el paisaje histórico y los artefactos dispersos en el cabo Denison, y se simplifican los mecanismos de gestión para el sitio.

Aunque el cabo Denison está sujeto a un nivel relativamente bajo de actividad humana, recibe la visita periódica de pequeños equipos de trabajo de conservación y grupos turísticos comerciales durante los meses de verano. Las Directrices para visitantes aprobadas en la Resolución 4 (2011) se encuentran en vigencia para el sitio.

1. Descripción de los valores que requieren protección

La ZAEP fue designada principalmente para proteger las cabañas de Mawson y su entorno asociado, que contiene considerables valores históricos, arqueológicos, técnicos y sociales. La forma en que se construyeron muestra la planificación funcional y eficiente que se efectuó teniendo en cuenta la ubicación del sitio y los elementos a los cuales estaban expuestos los integrantes de la expedición. El desgaste de las cabañas y el deterioro de los restos dan una idea del tiempo transcurrido y del grado de exposición a los elementos.

Valor histórico

Las cabañas de Mawson enmarcan las construcciones, estructuras y reliquias de la Expedición Antártica Australo-asiática (AAE) de 1911–1914, encabezada por Douglas Mawson. Constituyen uno de apenas seis sitios de la "época heroica", donde la consideración pragmática de la necesidad de un refugio permanente en el medio antártico condujo al diseño de una estructura de cabaña para expediciones apta para regiones polares.

El foco principal de Mawson era la investigación científica. No obstante, la expedición también tenía un programa exploratorio, con el objetivo de trazar toda la costa de la Antártida inmediatamente al sur de Australia. Para este fin se llevaron a cabo al menos cinco expediciones en trineo desde cabo Denison desde la primavera de 1912, incluido el tristemente célebre grupo de trineos del extremo oriental, cuyos miembros Belgrave, Ninnis y Xavier Mertz murieron, y el propio Mawson sobrevivió a duras penas. En total, más de 6.500 km de costa y el interior fueron explorados por los grupos en trineo de la expedición.

El cabo Denison contiene numerosas reliquias relacionadas con la labor de la expedición de Mawson, incluidas las cabañas de Mawson y otros artefactos importantes y relativamente intactos de la "época heroica". Si bien la mayoría se concentra en el valle occidental y su periferia inmediata, los límites históricos de la base principal se extienden más allá. Los artefactos y demás evidencia de ocupación, como cajas de alimentos, se extienden por todo el cabo, y constituyen una rica fuente de material para la investigación e interpretación, que podría brindar información sobre aspectos de la vida de los expedicionarios que no aparecen en los relatos oficiales.

Las cabañas de Mawson fueron construidas entre enero, febrero y marzo de 1912 y mayo de 1913. El entorno y el estado actual de las cabañas ilustran el aislamiento y el duro ambiente del cabo Denison. Muestran también el poco espacio del que disponían los integrantes de las expediciones. La sección de la cabaña principal destinada a vivienda, por ejemplo, consistía en un solo cuarto de 7,3m x 7,3m con cocina donde dormían 18 hombres.

La forma exterior y la estructura interna de la cabaña más grande, conocida como la Cabaña Principal (67°00'31"S, 142°39'39"E), integran un concepto arquitectónico sencillo, pero sólido: una base cuadrada con un tejado en pirámide (para evitar daños por ventiscas), con claraboyas para proporcionar iluminación natural. Tras la decisión de combinar las dos bases de la expedición en una sola, se construyó una cabaña de 5,5 m x 4,9 m, con tejado a cuatro aguas, adosada al cuarto destinado a vivienda, que fue equipada como taller. La estructura estaba rodeada en tres lados por una galería de 1,5 m de ancho, bajo el mismo tejado. Esta galería se usaba como depósito y ayudaba también a proteger la cabaña de las inclemencias del clima.

Las dos cabañas que forman la cabaña principal fueron construidas con entramado de pino de Oregón revestido de tablas de ranura y lengüeta de pino báltico. Las cabañas fueron prefabricadas en Australia y, para facilitar la construcción in situ, se utilizó un código de letras grabadas en las piezas del entramado y distintos colores pintados en los extremos de las tablas. (Ninguno de los integrantes de la expedición tenía experiencia en construcción). La subsistencia de la cabaña principal en uno de los sitios más ventosos del planeta da fe de la durabilidad del diseño y el esmero de la construcción.

Las cabañas de Mawson contienen numerosos artefactos importantes, relativamente intactos, de la "época heroica", que constituyen una rica fuente de material para la investigación e interpretación y que podrían brindar información sobre aspectos de la vida de los expedicionarios que no aparecen en los relatos oficiales.

Las otras tres cabañas de la Expedición Antártica Australo-asiática son las siguientes:

- La Cabaña de Mediciones Magnéticas Absolutas (67°00'23"S, 142°39'48"E), construida en febrero de 1912. Medía 1,8 m x 1,8 m según el plano y tenía tejado a una sola agua, con entramado de pino de Oregón sobre el cual se colocaron las tablas sobrantes. La cabaña se usaba junto con la caseta del magnetógrafo y como punto de referencia para la misma. En la actualidad se la considera como ruina en pie.

- La Caseta del Magnetógrafo (67°00'21"S, 142°39'37"E) fue erigida en marzo de 1912 a fin de alojar el equipo utilizado para medir las variaciones del polo sur magnético. Mide 5,5 m x 2 m, tiene tejado a una sola agua de pendiente suave y no tiene ventanas. Después que la primera caseta fuera tumbada por fuertes vientos, se apilaron piedras grandes junto a la nueva cabaña como barrera contra el viento. En el techo se colocó también piel de cordero y arpillera para ayudar a mantener la temperatura constante en el interior y reducir al mínimo el ingreso de la nieve acarreada por el viento. A estas innovaciones posiblemente se deba el estado relativamente intacto de la cabaña en la actualidad.

- La construcción de la Cabaña de Tránsito (67°00'30"S, 142°39'42"E) comenzó en mayo de 1913, con madera de cajas de embalaje sobre entramado de pino de Oregón. La estructura también estaba revestida de piel de cordero y lona. Conocida originalmente como el observatorio astronómico, alojaba el teodolito que se usó para observar las estrellas a fin de determinar la longitud exacta del cabo Denison. En la actualidad se la considera como ruina en pie.

Valores estéticos

La Zona fue designada para preservar no sólo los artefactos restantes in situ, sino también el paisaje cultural del cabo Denison, en el que Mawson y sus hombres vivieron y trabajaron. El cabo Denison se caracteriza por sus condiciones de ventisca casi incesantes, que limitan mayormente el acceso a la región y las actividades en el sitio. Los vientos catabáticos escurren por la meseta y se encauzan a través de los valles del cabo, impactando la cabaña con ráfagas que en mayo de 1912 alcanzaron los 322 km/h. (La velocidad media del viento durante ese mes fue de 98 km/h). El cabo Denison es no solo el lugar más ventoso de la Antártida, sino también el lugar más ventoso de todo el planeta a nivel del mar. Así, el sitio refleja el contexto físico y simbólico del aislamiento extremo y las duras condiciones sufridas por los miembros de la expedición y, por asociación, el resto de investigadores y exploradores de la "época heroica". Al designar a toda la zona como ZAEP se protegen las características únicas del cabo Denison, siendo las cabañas de Mawson y puerto Boat el foco de su carácter visual.

Valores educativos

La vida silvestre y los artefactos intactos del cabo Denison, enmarcados contra el espectacular telón de fondo de la meseta antártica, representan valores educativos significativos. El aislamiento de la Zona y el clima extremo proporcionan al visitante una visión única de las condiciones que debieron soportar los investigadores y los exploradores de la "época heroica", y la oportunidad de desarrollar una apreciación más profunda de sus logros.

Valores ambientales

La escasez de áreas relativamente libres de hielo en la región inmediata hacen que el cabo Denison represente un conjunto importante de formas de vida (Apéndice A). Las zonas libres de hielo más cercanas de tamaño similar o superior al cabo Denison están a unos 20 km al este del cabo (desde el centro de la ZAEP), y aproximadamente a 60 kilómetros al oeste. El cabo, sitio de acceso a tierra para focas de Weddell, focas leopardo y elefantes marinos, es también una importante zona de reproducción para los pingüinos Adelia, los petreles de Wilson, los petreles de las nieves y las skúas polares.

La flora en el cabo Denison está representada por 13 especies de líquenes distribuidas en rocas grandes y otras morrenas en toda la península. Estas especies figuran en el Apéndice A del Plan de gestión para la ZAEP 162. No se observaron briofitas. La distribución de líquenes en las rocas, que están sujetas a diferentes patrones de ablación por nieve, los hace vulnerables al pisoteo y otras interferencias causadas por los visitantes, por muy baja que sea la frecuencia de las visitas.

El cabo Denison cuenta con 13 lagos pequeños. Estos lagos, asociados con la acción de los glaciares, son una característica permanente, y durante la mayor parte del año están congelados. Dado que estos lagos también son susceptibles a ser modificados física, química y biológicamente dentro de los límites de su cuenca de captación, se requiere un enfoque basado en las cuencas de captación en cuanto a la gestión de las actividades humanas.

Valores científicos

Mawson, geólogo, planeó su expedición con el fin de examinar las teorías acerca de la conexión continental y los procesos de glaciación y el clima. También trató de estudiar el Polo Sur magnético y la cartografía magnética para fines de navegación, realizar estudios biológicos, incluida la identificación de nuevas especies, y crear una estación meteorológica.

El cabo Denison ofrece la oportunidad de repetir los experimentos de Mawson y realizar nuevas investigaciones en torno al magnetismo, la meteorología, la biología y otras ciencias. Por ejemplo, aunque los lagos antárticos son generalmente reconocidos como valiosos por sus ecosistemas naturales relativamente sencillos, los lagos en el cabo Denison no han sido muestreados ni se ha estudiado su biota. También hay numerosas algas no marinas, si bien no se han estudiado. Los registros de la expedición de Mawson proporcionan un conjunto de datos que puede ser comparado con los resultados de las investigaciones modernas, y el aislamiento de este sitio entrega considerable valor para su uso a futuro como sitio de referencia para otras áreas que experimenten un mayor nivel de actividad humana.

2. Finalidades y objetivos

La finalidad del plan de gestión es proteger la Zona de forma tal que puedan preservarse los valores que se han identificado. Los objetivos de la gestión de la Zona son los siguientes:

- mantener los valores históricos de la Zona por medio de la conservación planificada[1] y programas de trabajo arqueológico;
- permitir las actividades de gestión que faciliten la protección de los valores y las características de la Zona, sus características y artefactos mediante un acceso controlado a las cabañas;
- permitir en la Zona las visitas con propósitos educativos y de difusión (incluido el turismo), siempre y cuando estas sean por razones convincentes, que no puedan llevarse a cabo en otro lugar y que no arriesguen los sistemas ecológicos naturales ni los valores culturales de la Zona;
- permitir las investigaciones científicas; y
- evitar la degradación de, o el riesgo importante para, los valores de la Zona, evitando toda interferencia humana innecesaria dentro de la Zona y en sus características y artefactos por medio

---

[1] En el contexto del presente Plan de gestión, la palabra *conservación* significa "todos los procesos comprendidos en el cuidado de un lugar para mantener su importancia cultural", tal como se define en el artículo 1.4 de la Carta de Burra: Carta del ICOMOS de Australia para Sitios de significación cultural, 1999.

del acceso gestionado a las cuatro cabañas de la Expedición Antártica Australo-asiática y los artefactos dispersos de los alrededores.

3. Actividades de gestión

Se podrán llevar a cabo las siguientes actividades de gestión a fin de proteger los valores de la Zona:

- la investigación y otras actividades esenciales o convenientes para la comprensión, la protección y el mantenimiento de los valores de la zona;
- programas de conservación, trabajos arqueológicos y vigilancia ambiental en las cabañas de Mawson y con cualquier artefacto que esté en las cabañas y se encuentre en la Zona;
- el retiro de objetos no relacionados con la AAE de 1911-1914 o las Expediciones Antárticas Británicas, Australianas y Neozelandesas (BANZARE) de 1929–1931 y que comprometan los valores históricos y estéticos de la Zona, a condición de que retirar el objeto no ocasione un impacto adverso en contra de los valores de la zona, y que los objetos estén debidamente documentados antes de ser retirados. Se debe dar prioridad al retiro de la infraestructura de campo del Área de Protección Visual, tomando en consideración las necesidades (incluidas las de seguridad) de los trabajadores de conservación y el programa de tareas de conservación;
- mantenimiento esencial de otros objetos e infraestructuras, incluida la estación meteorológica automática;
- las visitas que sean necesarias con fines de gestión;
- revisión del Plan de gestión al menos una vez cada cinco (5) años y actualización del mismo según se requiera;
- consultas entre Programas Antárticos Nacionales que operen en la región o que tengan interés o experiencia en la gestión de sitios históricos en la Antártida, a fin de que las disposiciones precedentes se apliquen de forma efectiva.

4. Período de designación

Esta ZAEP fue designada por un período indeterminado.

5. Mapas

Mapa A: cabañas de Mawson, cabo Denison.

El mapa muestra los límites de la ZAEP, el Sitio Histórico, el Área de Protección Visual y las principales características topográficas de la Zona. El mapa del recuadro muestra la ubicación en el continente antártico.

Mapa B: área de protección visual del cabo Denison.

El mapa muestra los límites del Área de Protección Visual y la ubicación de artefactos históricos importantes, entre ellos las cuatro cabañas de la Expedición Antártica Australo-asiática, la cruz conmemorativa y el cerro Anemometer, donde se encuentra el poste con la proclama de BANZARE.

Mapa C: trayectos de los vuelos en el cabo Denison y colonias de aves.

En este mapa se muestran las rutas de aproximación y despegue y el sitio para el aterrizaje de helicópteros, así como la ubicación de las colonias de aves de los alrededores.

Especificaciones cartográficas de todos los mapas:

Proyección: UTM Zona 54
Datum horizontal: WGS84

6. Descripción de la Zona

6(i) Coordenadas geográficas, indicaciones de límites y rasgos naturales

El cabo Denison (142°40'6"E—67°00'35"S) está situado en la costa de la bahía Commonwealth, un tramo de 60 kilómetros de costa en la Tierra de Jorge V a unos 3.000 km al sur de Hobart, Australia. El cabo en sí es una lengua robusta de hielo, nieve, roca y morrenas de 1,5 km de ancho que se proyecta en la bahía Commonwealth desde el empinado y sobresaliente muro del casquete glacial de la Antártida continental. En el extremo occidental del cabo se encuentra el puerto Boat, una entrada de 330 m de largo en la costa.

La ZAEP designada (Mapa A) se extiende desde Land's End (67° 00' 47" S, 142° 39' 28" E) en el oeste, y a lo largo de la costa, hasta el extremo norte de la costa occidental del puerto Boat (67° 00' 21" S, 142° 39' 28" E), a través de la boca del puerto Boat (en una recta diagonal en dirección noreste), a la orilla del este de dicho puerto (67° 00' 21" S, 142° 39' 27" E), al sur-oeste de Penguin Knob y, a continuación, a lo largo de la costa en dirección sureste hasta John O'Groats (67° 00' 47" S, 142° 41' 27" E). El límite sur se extiende en línea recta desde Land's End a John O'Groats a lo largo de la latitud 67° 00' 47" S. Con excepción de la frontera que se extiende a través del puerto Boat, la frontera norte costera se extiende hacia la tierra que está por encima de la marea más baja.

La costa y los acantilados de hielo en ambos extremos del cabo (Land's End y John O'Groats) forman una frontera claramente definida y, como tal, no hay indicadores de límites instalados debido a que la costa es una frontera claramente definida.

Dominios ambientales y regiones biogeográficas
De acuerdo con el Análisis de dominios ambientales para la Antártida (Resolución 3(2008)) la Zona se ubica dentro del medioambiente L, Plataforma de hielo continental costera. La Zona no forma parte de la clasificación de Regiones biogeográficas de conservación antártica, identificadas en la Resolución 6 (2012).

Características naturales: Topografía y geomorfología

El cabo Denison presenta una serie de cuatro crestas rocosas en sentido sudsudeste a nornoroeste y tres valles. El más grande y occidental de estos valles contiene los edificios de la AAE. El basamento de la zona del cabo Denison consiste en un ortogneis félsico masivo parcialmente migmatizado, que irrumpió hace unos 2.350 millones de años (Ma) en una secuencia metamorfoseada más antigua. Por sobre el basamento, la zona cuenta con un área inferior de roca relativamente pulida y un área más alta de roca relativamente no pulida, de las cuales la primera es especialmente prominente por debajo de los 12 metros sobre el nivel del mar y evidencia una exposición y elevación más reciente que el área superior. Las morrenas superior e inferior son evidentes. La morrena superior, más cercana al borde de la meseta, contiene una diversidad de rocas angulares. La morrena inferior está dominada por rocas locales ordenadas en bandas, lo que puede deberse a una "presión de hielo" desde el mar en lugar de tratarse de una morrena glacial genuina.

Masas de agua

El cabo Denison contiene 13 pequeños lagos de origen glaciar, que se orientan generalmente de forma paralela a la foliación de las rocas del basamento. En el punto álgido del verano, el cabo Denison también cuenta con numerosos arroyos de agua de deshielo que desembocan en la bahía Commonwealth. No se sabe si las corrientes fluyen aguas abajo por cursos establecidos, o si dichas corrientes son una característica del ciclo de congelación y deshielo regular.

Características biológicas

El cabo Denison es el hábitat de verano de pingüinos Adelia, petreles de Wilson, petreles de las nieves y skúas polares reproductores (Mapa C). Otras especies avistadas en la zona son el petrel damero, el petrel antártico, el petrel gigante antártico y el pingüino emperador. Una lista completa de especies, y el número de parejas reproductoras (donde se encuentre disponible), se adjunta como Apéndice B. Se han avistado focas de Weddell, elefantes marinos y focas leopardo en tierra y, en el caso de los elefantes marinos, mudando el pelaje en el cabo Denison. Sin embargo, la naturaleza esporádica de las visitas a la Zona ha implicado un seguimiento poco consistente, lo que hace incierta la dimensión exacta de la población de focas. Algunos datos se presentan en el Apéndice B (ii).

La única flora visible en el cabo Denison son los líquenes, de los que se incluye una lista de especies en el Apéndice A y algas no marinas, las cuales aún no se han estudiado.

6(ii) Acceso a la zona

El acceso a las cabañas de Mawson por mar, tierra y aire es difícil debido al terreno accidentado y el clima riguroso que presenta la zona. La extensión del hielo marino y la falta de cartas batimétricas restringen el acceso de los buques a diez millas náuticas o más de la costa. En consecuencia, para ingresar en la Zona se pueden usan embarcaciones pequeñas o helicóptero, aunque el fuerte oleaje y los vientos prevalentes del nordeste o catabáticos suelen dificultar los aterrizajes. Se puede desembarcar de lanchas en el puerto Boat y al norte de la cabaña de Sørensen. El sitio para el aterrizaje de helicópteros (67°0'30"S, 142°39'19"E) y los trayectos para la aproximación y el despegue figuran en el Mapa C.

Los viajes dentro de la ZAEP deben realizarse a pie, excepto cuando se haya autorizado el uso de vehículos de los equipos de trabajo, de acuerdo con los términos y las condiciones de entrada que se describen en la Sección 7 (ii). El acceso peatonal dentro de la zona no está restringido, excepto en los lugares donde estén presentes edificios de la AAE, artefactos, o colonias de aves o líquenes, y debe llevarse a cabo de conformidad con los términos y condiciones de entrada. Con la excepción de una breve pasarela cerca de la cabaña principal, no hay caminos ni otra infraestructura de transporte en tierra. La pasarela suele estar cubierta de nieve, por lo que permanece intransitable excepto por unas pocas semanas del año.

Las operaciones de helicópteros tienen el potencial de perturbar la zona de reproducción y muda de la fauna. Para reducir a un mínimo la perturbación de las focas y las aves que anidan en el cabo Denison durante los meses de verano, los helicópteros deberían aterrizar solamente en el lugar indicado en el Mapa C y acercarse o abandonar el lugar de acuerdo con las trayectorias de vuelo indicadas en el mapa. Los caminos de salida han sido seleccionados para evitar las concentraciones de fauna silvestre tanto como sea posible. El uso de un helicóptero monomotor es preferible; sin embargo, es posible utilizar helicópteros bimotores con la debida consideración en función de la perturbación posiblemente mayor de la fauna. La presencia de focas y el ciclo de reproducción de las aves que anidan en la zona están descritas en los Apéndices B (i) y B (ii). Deben evitarse las operaciones de helicópteros bimotores durante las semanas en que las aves están incubando o criando polluelos (finales de octubre a principios de marzo).

6(iii) Ubicación de estructuras dentro de la Zona o en áreas adyacentes

El cabo Denison se caracteriza por ser la ubicación de cuatro edificios históricos (descritos en la sección 1) y una Cruz conmemorativa (67°0'36"S, 142°39'48"E) erigida por la AAE de 1911-1914. La AAE también instaló marcadores topográficos y un poste, que todavía están presentes en la parte superior del cerro Anemometer, a unos 150 m al este de la cabaña principal de Mawson. El 5 de enero de 1931 los miembros de la Expedición de investigación antártica británica, australiana y neozelandesa (BANZARE) (incluido Douglas Mawson) visitaron cabo Denison para reclamar la posesión formal de la Tierra de Jorge V, en nombre de Gran Bretaña, y utilizaron el poste para soportar la bandera de proclamación y el recipiente que contiene la proclama en sí. Una pequeña placa de madera y una proclama, todavía unidas al poste, son los únicos artefactos "formales" que permanecen hasta hoy en el lugar desde aquella visita. Una cápsula del tiempo se instaló el 16 de enero de 2012 en la base del poste de la proclama (142°39'51.9"E 67°0'33.3"S) para conmemorar el centenario de la AAE. Junto a la cápsula del tiempo fue colocada, en la base del poste de la proclama, una placa conmemorativa del evento.

El cabo Denison cuenta además con otras siete estructuras: una estación meteorológica automática (EMA), un medidor de mareas; un refugio de campo y un laboratorio de conservación conocido como la cabaña de Sørensen; una caseta de tipo manzana de fibra de vidrio de color rojo; una plataforma de madera para levantar tiendas de campaña; un refugio de campo conocido como la Cabaña de Granholm y una placa cercana a la cabaña principal de Mawson que indica que la cabaña es un Monumento Histórico.

La EMA está situada a 67°00'33"S, 142°39'51"E en un lugar cerca del lago Round y a unos 150 metros al sureste de la cabaña principal de Mawson. Ha estado funcionando desde 1990 como parte del proyecto meteorológico antártico automático de la Universidad de Wisconsin-Madison, y es propiedad de la institución.

En 2008 personal de origen francés instaló un mareógrafo en la Zona. El medidor está atornillado a una roca en el fondo del mar en el lado este del puerto Boat en 142°39'30"E, 67°0'25"S. Se debe instalar un cable en la orilla, cuando surja la oportunidad, para permitir la transmisión de los datos del mareógrafo de forma remota a través del satélite Iridium.

La cabaña Sørensen se encuentra a unos 400 metros al este de la cabaña principal de Mawson en 67°00'29"S, 142°40'12"E. Fue construida en el marco del Programa Antártico de Australia en 1986 para proporcionar un refugio temporal para los grupos que llevan a cabo trabajos de conservación en las cabañas de Mawson y contiene algunas provisiones y equipo de campo. Numerosos artículos también se almacenan debajo y exactamente al lado de la cabaña de Sørensen, y en la cabaña tipo manzana adyacente. El acceso a la cabaña de Sørensen se limita a quienes forman parte de equipos de trabajo autorizados.

La Cabaña Granholm está situada a 67°00'29"S, 142°39'26"E, a unos 160 m al noroeste de la cabaña principal de Mawson. Fue construida en 1978 para proporcionar un refugio temporal y taller para los grupos de trabajo en las cabañas de Mawson. Contiene varios materiales de construcción, equipo de campaña y algunas provisiones. La cabaña fue pintada para integrarse al paisaje rocoso y así disminuir su impacto visual en el sitio.

Los objetos dejados por la expedición de Mawson se encuentran dispersos en la Zona, y aparecen de año en año en función de la capa de nieve. Estos incluyen montículos; grupos de cadáveres de focas y pingüinos, tablas y una gran colección de esqueletos desarmados de pingüinos. Se piensa que bajo la nieve hay una cantidad importante de artefactos que aún no se han descubierto. Es posible, además, que los artefactos de la cueva de hielo conocida como la "Cueva de Aladino", un depósito de trineos excavado por la expedición de Mawson en 1912, también pueden estar presentes en las inmediaciones de la ZAEP, o incluso dentro de la propia ZAEP. La cueva se encontraba originalmente en la meseta a 67°05'S, 142°38'E, a unos 8 km al sur de la cabaña principal de Mawson, pero es posible que haya sido trasladada (a causa del movimiento del hielo) hasta 4,5 km por la pendiente de su ubicación original de 1912. Su ubicación exacta aún no se ha determinado.

6(iv) Ubicación de las zonas protegidas en las cercanías

No hay otras ZAEP o ZAEA a 50 km del cabo Denison.

6(v) Zonas especiales al interior del área

El carácter visual de las cabañas de Mawson y la cruz conmemorativa son de particular importancia en el paisaje cultural del cabo Denison. Con el fin de proteger el entorno paisajístico y las características únicas de las cabañas de Mawson, se debe definir un Área de Protección Visual dentro de la ZAEP. Para preservar estos valores, no se deben erigirse nuevas estructuras dentro del Área de Protección Visual. El Área de Protección Visual se ilustra en los Mapas A y B, y generalmente se define como el área delimitada por las líneas de crestas de los bordes occidental y oriental del valle en que se encuentran las estructuras históricas. El límite se extiende desde la costa (67°00'24.9"S, 142°39'14.3"E) y transcurre por el sureste a lo largo del lado occidental de la cresta occidental hacia la meseta de hielo (67°00'46.8"S, 142°39'37.2"E), al noreste a lo largo del borde de la meseta de hielo a 67°00'43.9"S, 142°40'5.6"E, al nor-noroeste entre el lago Round y el lago Long a 67°00'33.7"S, 142°39'59.8" E, luego hasta alcanzar la casa del magnetógrafo (67°00'20.3" S, 142°39'46.6"E), y finalmente al noroeste a lo largo del lado oriental de la línea de la cresta oriental hasta el mar (67°00'15.7"S, 142°39'28.2"E).

7. Términos y condiciones para los permisos de entrada

En el Anexo V al Protocolo al Tratado Antártico sobre Protección del Medio Ambiente se prohíbe la entrada en una ZAEP excepto con un permiso. Los permisos podrán ser expedidos únicamente por autoridades nacionales competentes y podrán contener condiciones generales y específicas. Las autoridades nacionales podrán expedir permisos que abarquen varias visitas del mismo operador en una temporada. Las Partes que operen en la bahía Commonwealth deberán consultar entre ellas y con los operadores no gubernamentales interesados en visitar la Zona a fin de que dichas visitas se hagan debidamente controladas.

7(i) Condiciones generales de los permisos

Las condiciones para expedir un permiso de ingreso a la Zona son las siguientes:
- que se haya expedido por razones científicas, educativas (turismo, por ejemplo) o de difusión convincentes, que no puedan llevarse a cabo en otro lugar, o por razones que sean indispensables para la gestión de la Zona;
- actividades relacionadas con fines de conservación, inspección, mantenimiento, investigación y/o supervisión, de conformidad con las finalidades y objetivos de este Plan de gestión;
- Las acciones permitidas son compatibles con este Plan de gestión;
- las actividades permitidas darán la debida consideración, a través del proceso de Evaluación de impacto ambiental, a la protección continua de los valores históricos de la Zona;
- el permiso será expedido por un período determinado; y
- se deberá llevar el permiso dentro de la Zona.

Se deberá presentar un informe de la visita a la autoridad designada en el permiso sobre o con anterioridad a la fecha de vencimiento del permiso.

7 (ii) Acceso a la Zona y desplazamiento en su interior o sobre ella

Todos los vehículos terrestres están prohibidos dentro de la zona, con la excepción de pequeños vehículos todo terreno de los equipos de trabajo autorizados que, debido a la colonización de las zonas rocosas por líquenes y aves marinas, se deben utilizar en superficies de hielo de nieve y solo y con la debida consideración de la ubicación de los artefactos históricos. El acceso peatonal al interior de la Zona no está restringido, pero debe evitarse estar cerca de las colonias de las zonas que contienen artefactos (como la dispersión de éstos justo al norte de la cabaña principal), las colonias de aves o líquenes, y los senderos de los pingüinos, es decir, la ruta establecida de las aves que se mueven entre el nido y el mar.

Las cuadrillas de trabajo autorizadas que realicen tareas de conservación de las cabañas podrán usar vehículos todo terreno en la Zona para facilitar el transporte de materiales y equipo a los edificios y desde los mismos.

El acceso a la cabaña de Sørensen se limita a quienes forman parte de equipos de trabajo autorizados.

Los visitantes podrán entrar en la cabaña principal y en la caseta del magnetógrafo con la condición de que:

- ingresen en las cabañas acompañados por una persona autorizada que posea conocimientos sobre el patrimonio cultural (a satisfacción de la Parte autorizante);
- no haya en ningún momento más de cuatro (4) personas (incluido el guía) en el interior de la cabaña principal, ni más de tres (3) (incluido el guía) en la caseta del magnetógrafo;
- no se toquen los artefactos, el equipo científico y el equipo de conservación conexo ni la estructura interior de las cabañas.
- antes de las visitas, se informe a los visitantes sobre el presente Plan de gestión y los valores de la ZAEP, y se proporcione a cada uno de ellos el material adecuado para facilitar la interpretación del sitio;
- los visitantes que lleguen a la Zona eviten los artefactos históricos delicados, como los que están dispersos justo al norte de la cabaña principal, y otras áreas delicadas, como las comunidades de líquenes;
- los visitantes no toquen ningún artefacto ni la estructura al exterior de las cabañas; y
- no se permite fumar al interior de las cabañas o cerca de ellas.

Las disposiciones de esta subsección no se aplican a las expediciones autorizadas que lleven a cabo programas aprobados de conservación o arqueología.

7(iii) Actividades que pueden llevarse a cabo dentro de la zona

Las actividades que pueden llevarse a cabo dentro de la Zona incluyen las siguientes:
- investigación científica indispensable que no puede realizarse en otro lugar;
- toma de muestras, que debería ser la mínima requerida para ciertos programas de investigación aprobados;
- conservación, inspección y mantenimiento;
- actividades administrativas esenciales, incluidas las de control;
- actividades de funcionamiento en apoyo de la investigación científica o de las actividades administrativas al interior de la Zona o fuera de ella, incluyendo visitas con objeto de evaluar la eficacia del Plan de gestión y las actividades administrativas; y
- visitas educativas o recreativas, incluido el turismo.

7(iv) Instalación, modificación o desmantelamiento de estructuras

Para preservar los valores históricos, arqueológicos, sociales, estéticos y ambientales de la ZAEP, no deben construirse nuevas estructuras o equipos, ni debe instalarse equipo científico adicional en la Zona, a excepción de las actividades de conservación, investigación o mantenimiento especificadas en la Sección 3 supra.

Todo el equipo y la infraestructura que queda en la Zona deberán ser revisados periódicamente para su mantenimiento y eventual retiro.

El cabo Denison ha sido designado también Sitio Histórico. De conformidad con el artículo 8 (4) del Anexo V al Protocolo, no se podrá dañar, retirar o destruir ninguna estructura histórica ni ningún otro artefacto del cabo Denison (incluidas las cabañas de Mawson) excepto en el marco de un programa aprobado de conservación o trabajos arqueológicos. Se podrán retirar artefactos históricos de la Zona únicamente con fines de conservación o de preservación y solo de conformidad con un permiso expedido por una autoridad nacional, previa consulta con la División Antártica Australiana.

Generalmente es preferible repatriar el artefacto a su lugar original en el cabo Denison salvo que dicha repatriación le ocasione mayores daños o deterioro.

7(v) Ubicación de los campamentos

- Solo las tiendas de campaña asociadas a los equipos de trabajo autorizados deberán instalarse sobre la plataforma de madera que está junto a la cabaña de Sørensen.
- El resto del personal tiene permitido acampar dentro del Área de Protección Visual.
- No se permite usar las cabañas de Mawson como alojamiento.
- Si la cabaña de Sørensen se utiliza en caso de emergencia, el uso de los suministros debe ser reportado a la División Antártica Australiana en cuanto sea posible para garantizar la seguridad de otras personas que puedan depender de fuentes de aprovisionamiento conocidas.
- Las Partes que lleven a cabo actividades de conformidad con el presente plan de gestión deberán usar la infraestructura actual que no reviste importancia histórica, en lugar de establecer infraestructura nueva.

7(v) Restricciones relativas a los materiales y organismos que puedan introducirse en la Zona

- Se prohíbe la introducción deliberada de animales vivos, material vegetal, microorganismos o tierra en la Zona, y se deberán tomar todas las precauciones que sean razonables para evitar su introducción accidental.
- No se podrá llevar productos avícolas a la Zona, con la excepción de huevos en polvo esterilizados.
- No se podrán llevar envases de poliestireno a la Zona.
- No se podrán llevar plaguicidas o herbicidas a la Zona, excepto los que se utilicen para la conservación o preservación de estructuras o artefactos históricos, los cuales se podrán llevar a la Zona con un permiso siempre que se los retire cuando concluya la actividad para la cual se haya otorgado el permiso o con anterioridad.
- No se podrá almacenar combustible, alimentos u otros materiales en la Zona, salvo que sean indispensables para la actividad para la cual se haya expedido el permiso.
- En ningún caso se permitirá usar faroles de combustión en la Zona.

7(vii) Recolección de flora y fauna autóctonas o daños que puedan sufrir éstas

Están prohibidas la recolección de flora y fauna autóctonas o la interferencia perjudicial que pudieran sufrir éstas, salvo en conformidad con un permiso expedido de acuerdo al Artículo 3 del Anexo II (del Protocolo al Tratado Antártico sobre Protección del Medio Ambiente) específicamente para ese propósito.

Las distancias de acercamiento a la vida silvestre deben ser coherentes con las acordadas en el Comité para la Protección del Medio Ambiente. Hasta que las directrices sean aprobadas por el Comité, el Cuadro 1 a continuación proporciona orientación.

Los visitantes tienen prohibido lavarse, nadar o bucear en los lagos. Estas actividades pueden contaminar la masa de agua y perturbar la columna de agua, las comunidades microbianas y los sedimentos.

Cuadro1: Distancia mínima que debe mantener al acercarse a la fauna a pie

Especie	Fase de la vida	A pie (m)
Petreles de las nieves	Anidación	15
Petrel de Wilson	Anidación	15
Skúas polares	Anidación	15
Pingüinos Adelia	Verano: en el hielo o apartado de la colonia	5
	Verano: aves reproductoras en colonias	15
Focas de Weddell reproductoras y sus cachorros (incluye destetados)	En todo momento	15
Focas maduras solas (todas las especies)	En todo momento	5

7(viii) Recolección o retiro de cualquier objeto que no haya sido traído a la Zona por el titular del permiso.

- No se podrá manipular, perturbar o retirar ninguna estructura histórica ni ningún otro artefacto de la Zona, excepto con fines de conservación, preservación o protección o por motivos científicos y sólo de conformidad con un permiso expedido por una autoridad nacional competente.

- Generalmente es preferible repatriar el artefacto al lugar del cual haya sido retirado en el cabo Denison salvo que dicha repatriación le ocasione mayores daños o deterioro.

- Si se va a retirar un artefacto, se deberá informar al Programa Antártico Australiano a fin de que se pueda modificar debidamente la documentación relativa a las investigaciones arqueológicas del programa en las cabañas de Mawson.

- Todo material de origen humano (sin incluir el material histórico) que probablemente comprometa los valores de la Zona y que no haya sido llevado a la Zona por el titular del permiso o que no esté comprendido en otro tipo de autorización podrá ser retirado salvo que el impacto de su extracción probablemente sea mayor que el efecto de dejar el material *in situ*. Si se va a retirar material, se deberá avisar a la autoridad competente y obtener su aprobación.

7(ix) Eliminación de residuos

- Deberán retirarse de la Zona todos los residuos, incluidos los residuos de origen humano.

- El reabastecimiento de combustible de vehículos, generadores y otros equipos esenciales debe llevarse a cabo con el debido cuidado por el medio ambiente circundante. Las actividades de reabastecimiento de combustible no deben llevarse a cabo en cuencas de los lagos o arroyos de agua de deshielo, en el borde de hielo o en otras áreas sensibles.

7(x) Medidas que podrían requerirse para que se puedan seguir cumpliendo las finalidades del Plan de gestión

- Suministro de información a turistas y otros visitantes de la Zona, incluido un video de orientación y material impreso que facilite la interpretación.

- Estudio posterior a la visita para facilitar la observación formal del impacto de los visitantes (prestando atención principalmente a los requisitos en materia de conservación, en lugar del acceso de los visitantes);

- Interpretación de la Zona ex situ aprovechando al máximo los medios de comunicación disponibles, entre ellos Internet.

- Desarrollo de conocimientos y recursos, en particular los relacionados con la excavación de artefactos sepultados en el hielo, para facilitar la protección de los valores de la Zona.

7(xi) Requisitos relativos a los informes

Para cada visita a la Zona, el titular principal de un permiso debe presentar un informe ante la autoridad nacional correspondiente tan pronto como sea posible, y no más allá de los seis meses luego de concluida la visita.

Estos informes de visita deben incluir, según convenga, la información identificada en el formulario de informes de visita contenido en la *Guía para la Preparación de Planes de Gestión para las Zonas Antárticas Especialmente Protegidas* disponible en el sitio Web de la Secretaría del Tratado Antártico www.ats.aq.

Si resultara apropiado, la autoridad nacional también debería enviar una copia del informe de visitas a la Parte que haya propuesto el Plan de Gestión, a fin de ayudar en la administración de la Zona y en la revisión del Plan de Gestión.

Las Partes deberían, en la medida de lo posible, depositar los originales o copias de dichos informes originales sobre visitas en un archivo de acceso público a fin de mantener un registro de su uso, con objeto de llevar a cabo cualquier revisión del Plan de gestión y de organización a futuro del uso científico de la Zona.

8. Documentación de apoyo

División Antártica Australiana 2013. *Mawson's Huts Historic Site Management Plan 2013-18.* Kingston, Tas.

Australia ICOMOS Inc. 2000. *The Burra Charter: The Australian ICOMOS Charter for Place of Cultural Significance,* 1999. Burwood: Australia ICOMOS Inc.: 2.

Ayres, P. 1999. *Mawson: a Life.* Melbourne: Melbourne University Press/Miegunyah Press: 68–69 passim.

Dodge, CW. 1948. *BANZARE Reports*, Series B, Vol. Vii. British Australia New Zealand Antarctic Expedition.

Godden Mackay Logan 2001. *Mawson's Huts Historic Site, Cape Denison Commonwealth Bay Antarctica: Conservation Management Plan 2001*. Sidney: Godden Mackay Logan: 36, 41–43, 110, 146, 147, passim.

Godfrey, I. 2006. *Mawson's Huts Conservation Expedition 2006*. Mawson's Huts Foundation, Sidney

Hughes, J (2012). *Deterioration processes affecting historic sites in Antarctica and the conservation implications*. Tesis de doctorado, Universidad de Canberra. http://www.canberra.edu.au/researchrepository/items/e3d37990-6655-337a-f1e1-b317f04f1200/1/

Hughes, J. y B. Davis. "The Management of Tourism at Historic Sites and Monuments." En: Hall, C. M. y M.E. Johnston. 1995. *Polar Tourism: Tourism in the Arctic and Antarctic Regions*. Londres: John Wiley & Sons Ltd: 242, 245, 246.

Lazer, E. *"Recommendations for Future Archaeological and Conservation Work at the Site Associated with Mawson's Hut Commonwealth Bay Antarctica".* Octubre de 1985: 1, 9, 10, Mapa 3.

Hayes, J. Gordon 1928. *Antarctica: a treatise on the southern continent.* Londres: The Richards Press Ltd.: 212.

McGregor, A. 1998. *Mawson's Huts: an Antarctic Expedition Journal.* Sidney: Hale e Iremonger: 7-15.

McIntyre, D y M. McIntyre 1996. "Weddell seal survey in Boat Harbour". División Antártica Australiana 1997. *Initial Environmental Evaluation: AAP Mawson's Huts Foundation Conservation Program 1997–98*: Anexo D.

Mawson, D. 1996 (reimpresión). *The Home of the Blizzard.* Adelaida: Wakefield Press: 53, 54, 62, 68.

Fundación de las Cabañas Mawson 2005. *Mawson's Huts Conservation Expedition 2005.* Sidney

Fundación de las Cabañas Mawson 2008. *Mawson's Huts Conservation Expedition 2007-08.* Sidney

Fundación de las Cabañas Mawson 2009. *Mawson's Huts Conservation Expedition 2008-09.* Sidney

Fundación de las Cabañas Mawson 2011. *Mawson's Huts Conservation Expedition 2010-11.* Sidney

Patterson, D. 2003. *Mawson's Huts Conservation Expedition 2002: Field Leader's Report.*

Secretaría del Tratado Antártico, *Environmental Protection, Protected Areas* http://www.ats.aq/e/ep_protected.htm (consultado el 5 de julio de 2013).

Stillwell, F.L. 1918. *The metamorphic rocks of Adélie Land. Australasian Antarctic Expedition,* Informes científicos, Serie A, Vol. III parte 1:15-22.

Apéndice A

Flora encontrada en el cabo Denison, bahía Commonwealth

La Expedición Antártica Australo-asiática (AAE) de 1911–1914 y las Expediciones Antárticas Británicas, Australianas y Neozelandesas (BANZARE) de 1929–1931 encontraron los siguientes grupos taxonómicos en el cabo Denison, que fueron publicados por Carroll W. Dodge en BANZARE Reports, Serie B, vol. VII, julio de 1948.

LÍQUENES

Lecideaceae

Lecidea cancriformis Dodge y Baker
Toninia johnstoni Dodge

Umbilicaiaceae

Umbilicaria decussata (Vill.) Zahlbr.

Lecanoraceae

Rhizoplaca melanophthalma (Ram.) Leuck. y Poelt
Lecanora expectans Darb.
Pleopsidium chlorophanum (Wahlenb.) Zopf

Parmeliaceae

Physcia caesia (Hoffm.) Th. Fr.

Usnaeceae

Pseudephebe minuscula (Nyl. ex Arnold) Brodo y D. Hawksw.
Usnea antarctica Du Rietz

Blasteniaceae

Candelariella flava (C.W. Dodge y Baker) Castello y Nimis
Xanthoria elegans (Link) Th. Fr.
Xanthoria mawsonii Dodge

Buelliaceae

Buellia frigida Darb.

BRIOFITAS

No se observaron briofitas en el cabo Denison.

Hay numerosas algas no marinas, pero no se han estudiado.

Apéndice B (i)

Ciclos de reproducción de aves marinas anidantes en el cabo Denison, bahía Commonwealth

Especies que se reproducen en el cabo Denison	Cantidad	Ciclo de reproducción de verano
Petrel de Wilson (*Oceanites oceanicus*)	Aproximadamente 38 pares, tres colonias pequeñas	Antes de mediados de diciembre: adultos; después de mediados de diciembre: adultos, huevos y polluelos
Petrel de las nieves (*Pagodroma nivea*)	Aproximadamente 30, una colonia pequeña	Antes de finales de noviembre: adultos; después de finales de noviembre: adultos, huevos y polluelos
Pingüino Adelia (*Pygoscelis adeliae*)	Aproximadamente 18.800 parejas; colonias numerosas	Antes de finales de noviembre: adultos; después de finales de noviembre: adultos, huevos y polluelos
Skúa polar (*Catharacta maccormicki*)	Aproximadamente 8 parejas; nidos dispersos en los márgenes de las colonias de pingüinos	Antes de mediados de diciembre: adultos; después de mediados de diciembre: adultos, huevos y polluelos

Apéndice B (ii)

Ciclos de reproducción de focas en el cabo Denison, bahía Commonwealth

Especie	Cantidad	Ciclo de reproducción estival
Foca de Weddell (*Leptonychotes weddellii*)	El número exacto no se conoce, no hay colonias establecidas	Antes de noviembre: no hay focas; entre mediados de noviembre a finales de diciembre aprox. 24 adultos por día
Elefante marino del sur (*Mirounga leonina*)	El número exacto no se conoce, no hay colonias establecidas	Aprox. 2 o más adultos por día en diciembre

Map A Mawson's Huts, Cape Denison

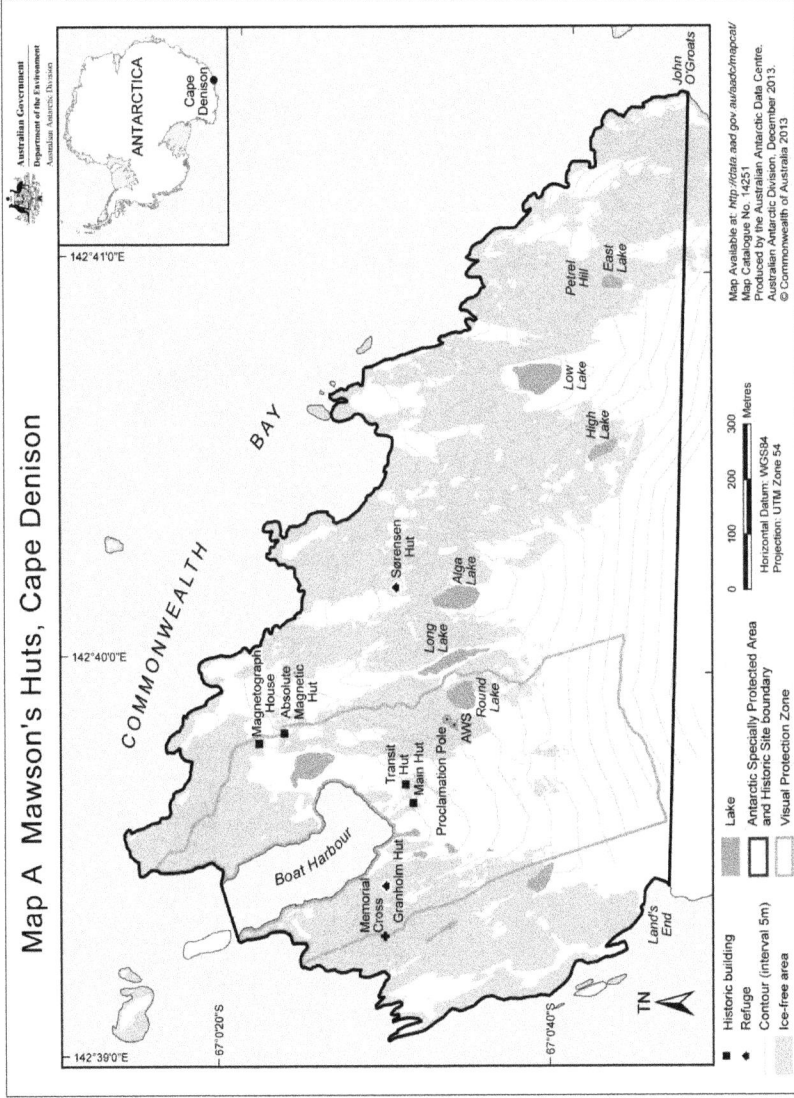

Map Available at: http://data.aad.gov.au/aadc/mapcat/
Map Catalogue No. 14251
Produced by the Australian Antarctic Data Centre,
Australian Antarctic Division, December 2013.
© Commonwealth of Australia 2013

Horizontal Datum: WGS84
Projection: UTM Zone 54

0   100   200   300   Metres

Historic building
Refuge
Contour (interval 5m)
Ice-free area

Lake
Antarctic Specially Protected Area and Historic Site boundary
Visual Protection Zone

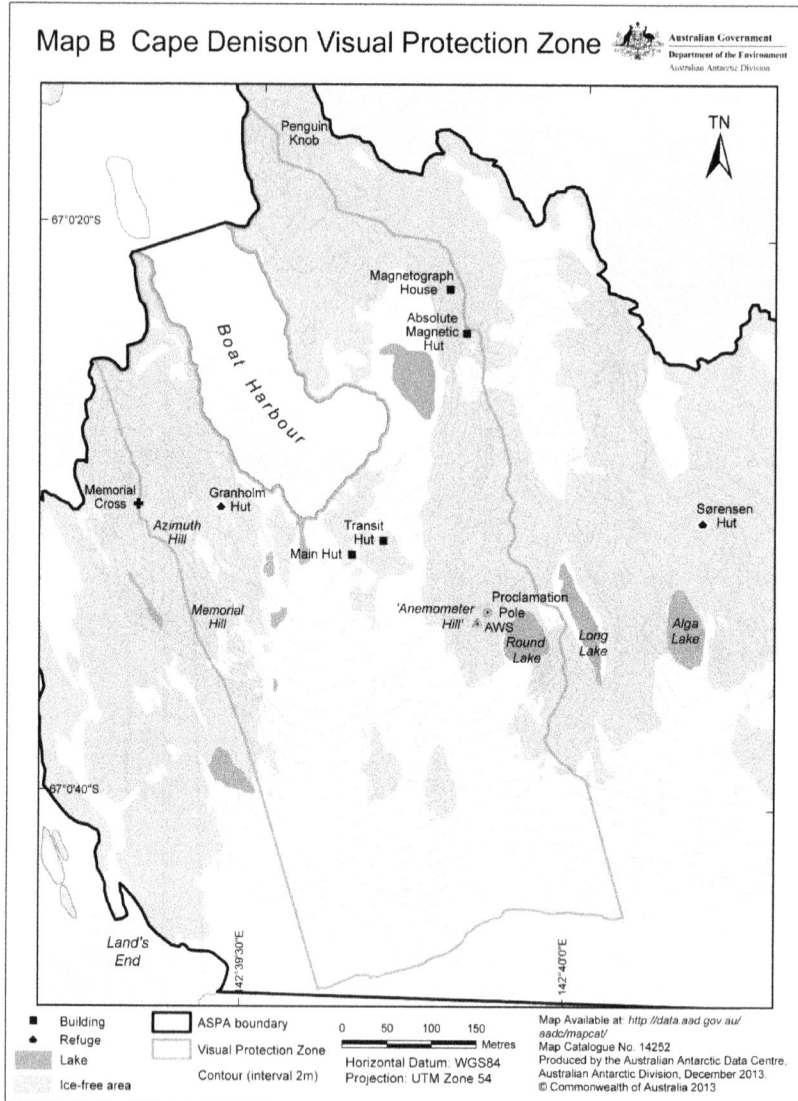

Map B Cape Denison Visual Protection Zone

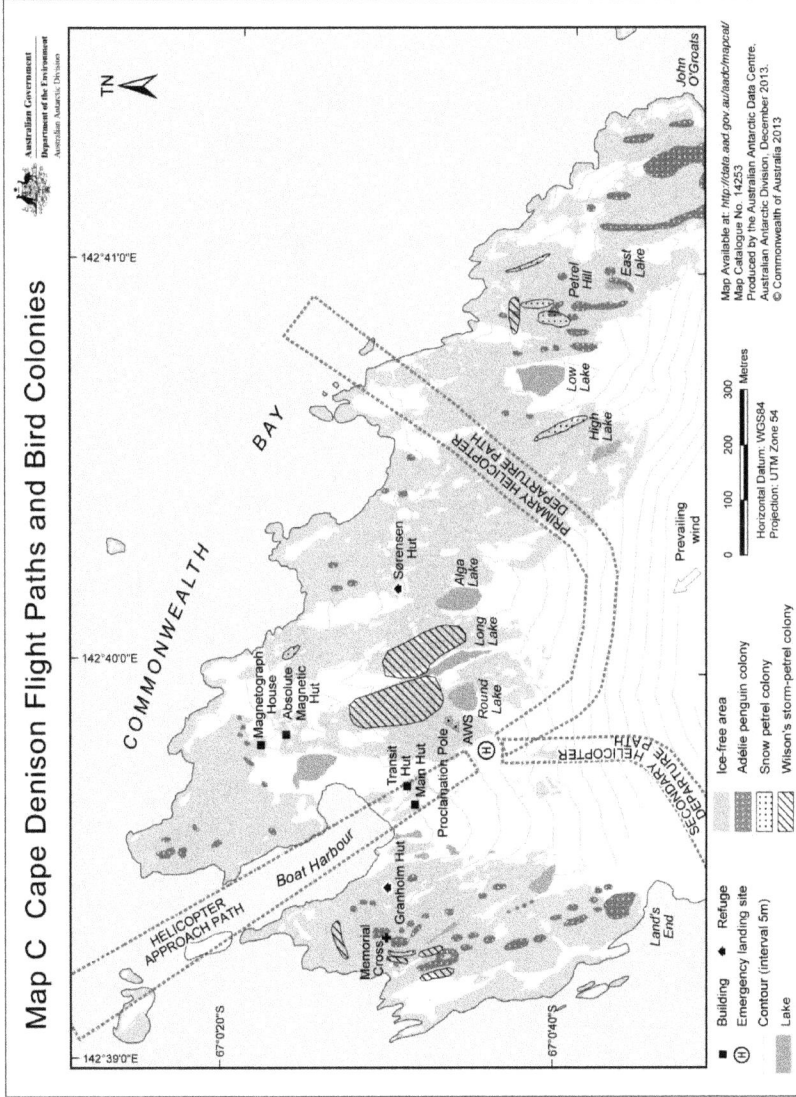

Map C Cape Denison Flight Paths and Bird Colonies

Plan de Gestión para la Zona Antártica Especialmente Protegida Nº 169

BAHÍA AMANDA, COSTA INGRID CHRISTENSEN, TIERRA DE LA PRINCESA ISABEL, ANTÁRTIDA ORIENTAL

Introducción

La Zona Antártica Especialmente Protegida (ZAEP) de la bahía Amanda se encuentra adyacente a la bahía Prydz, en la Costa Ingrid Christensen de la Tierra de la Princesa Isabel, Antártida oriental, a 69°15' S, 76°49'59,9" E (Mapa A). La Zona fue designada ZAEP en virtud de la Medida 3 (2008) tras una propuesta de China y Australia, principalmente con el fin de proteger la colonia reproductora de varios miles de parejas de pingüinos emperador (*Aptenodytes forsteri*).

Solamente tres otras colonias de pingüinos emperador de la Antártida oriental cuentan con protección al interior de las ZAEP (ZAEP 101 del glaciar Taylor, ZAEP 120 del archipiélago de Punta Géologie y la ZAEP 167 de isla Haswell). Al estar próxima a las estaciones de investigación de las colinas de Larsemann y de los cerros Vestfold, la bahía Amanda se encuentra entre las colonias de pingüinos emperador más accesibles de la Antártida Oriental. Su ubicación permite la recolección de valiosos datos de largo plazo sobre la observación de las poblaciones y realizar estudios comparativos con otras colonias de pingüinos emperador de la Antártida oriental. Si bien es ventajosa para la investigación, la proximidad de la bahía Amanda con las otras estaciones de investigación aumenta la posibilidad de perturbación de la colonia de pingüinos emperador por los seres humanos.

La bahía Amanda y su colonia residente de pingüinos emperador fueron descubiertas el 30 de noviembre de 1956 durante un reconocimiento aéreo realizado por expedicionarios de la ex Unión Soviética. El 26 de agosto de 1957 una expedición de reconocimiento Australiana observó un señalizador Astrofix en las colinas de Larsemann. Durante el vuelo de retorno a Davis se tomaron fotografías de la Zona, la cual se denominó bahía Amanda en honor a la hija recién nacida del piloto, Peter Clemence, jefe de escuadrón de la Real Fuerza Aérea Australiana. Desde 1957 la colonia ha sido visitada por investigadores de Australia, China, Rusia y la ex Unión Soviética (véase el Apéndice 1). Una pequeña cantidad de operadores turísticos también han visitado la zona.

1. Descripción de los valores que requieren protección

La Zona se designó primordialmente para proteger la colonia reproductora de pingüinos emperador. La colonia posee valores intrínsecos y científicos. La recolección de valiosos datos de observación de las poblaciones de largo plazo en la Zona es de gran valor para la realización de estudios comparativos con otras colonias de pingüinos emperador de la Antártida Oriental.

Durante el invierno, la colonia de pingüinos emperador se ubica en el hielo fijo de la esquina sudoeste de la bahía Amanda. A medida que avanza la temporada de reproducción, las diversas partes de la colonia se apartan del terreno de invernada para cubrir la mayor parte del sector meridional de la ZAEP. La colonia está conformada por hasta 11.000 parejas, aunque la cantidad de aves que llegan a la colonia es muy variable (Wienecke y Pedersen, 2009).

Los pingüinos emperador viven todo el año en aguas antárticas y tienen una distribución reproductiva circumpolar. En la actualidad hay 46 colonias reproductoras conocidas (Fretwell *et al.* 2012). Muchas de estas colonias no se han contabilizado de manera sistemática.

El primer cálculo de la población global de pingüinos emperador tomó en cuenta imágenes satelitales e indicó que es posible que haya unas 238.000 parejas reproductoras (Fretwell *et al.* 2012).

Las colonias de pingüinos emperador generalmente están situadas en el hielo fijo de invierno en zonas donde el hielo se forma temprano y permanece estable hasta principios del verano. Solamente dos están ubicadas en tierra: una cerca del glaciar Taylor, en la Tierra de Mac Robertson (ZAEP No 101, a 67°28'S, 60°53'E), y otra en la zona de los lagos Richardson, cerca de la bahía Amundsen, Tierra de Enderby (a 66° 45'S, 50° 38'E). En la isla Dion, en la bahía Marguerite, en la parte occidental de la Península Antártica (ZAEP 107, 67°52'S, 68°43' O), existió una pequeña colonia (de menos de 200 parejas reproductoras) pero se estima que ahora debe haberse extinguido (Trathan *et al.* 2011).

La zona de la bahía Amanda alberga además colonias reproductivas de otras especies de aves marinas y es una zona de acceso a tierra para las focas Weddell.

2. Finalidades y objetivos

La finalidad de la gestión de la bahía Amanda es:

* evitar la degradación de la colonia de pingüinos emperador, o los riesgos importantes para dicha colonia, previniendo y reduciendo al mínimo las perturbaciones innecesarias causadas por los seres humanos;
* posibilitar las investigaciones y la observación continuas de la colonia de pingüinos emperador, así como otras actividades científicas indispensables que no puedan realizarse en otro lugar;
* recopilar regularmente datos sobre la situación de la colonia de pingüinos emperador; y
* reducir al mínimo la posibilidad de introducir patógenos que pudieran causar enfermedades en la fauna de la Zona.

3. Actividades de gestión

Se deberán realizar las siguientes actividades de gestión con el fin de proteger los valores de la Zona:

* la información acerca de la Zona, incluyendo sus límites y las restricciones especiales que aplican en su interior, así como también las copias del presente Plan de gestión, se pondrán a disposición en las estaciones científicas y de investigación de los cerros Vestfold y las colinas de Larsemann, y además deberán estar a disposición de los buques que visiten las proximidades;
* todos los pilotos que operen en la región deberán estar informados respecto de la ubicación, límites y restricciones que apliquen al ingreso y sobrevuelo de la Zona;
* el personal de los programas nacionales que realice actividades en las proximidades de la Zona, que acceda a ella o que vuele sobre la misma debe estar específicamente instruido por su programa nacional acerca de las disposiciones y el contenido del Plan de gestión;
* se realizarán las visitas necesarias a la Zona (en la medida de lo posible, por lo menos una vez cada cinco años) para determinar si la Zona continúa sirviendo a los fines para los que fue designada y procurar que las actividades de gestión sean las adecuadas;
* el plan de gestión será revisado por lo menos cada cinco años y actualizado cuando sea necesario; y

- deben consultarse los Programas antárticos nacionales que operan en el área con el propósito de asegurar que se estén aplicando las actividades de gestión mencionadas.

4. Período de designación

La designación abarca un período indeterminado.

5. Mapas

- Mapa A: Zona Antártica Especialmente Protegida de la bahía Amanda, Costa Ingrid Christensen, Tierra de la Princesa Isabel, Antártida oriental. Ubicación de la bahía Amanda en la Costa Ingrid Christensen. Especificaciones cartográficas: Proyección: conforme cónica de Lambert; Nivel de referencia horizontal: WGS84; Nivel de referencia vertical: nivel medio del mar.
- Mapa B: Zona Antártica Especialmente Protegida de bahía Amanda, Costa Ingrid Christensen, Tierra de la Princesa Isabel, Antártida oriental. Ubicación de la colonia de pingüinos emperador y características físicas. Especificaciones cartográficas: Nivel de referencia horizontal: WGS84; Nivel de referencia vertical: nivel medio del mar.

6. Descripción de la Zona

6(i) Coordenadas geográficas, indicadores de límites y características naturales

Descripción general

La bahía Amanda (69°15'S, 76°49) está al sudoeste de los acantilados Brattstrand, entre los cerros Vestfold en el nordeste y las colinas de Larsemann en el sudoeste, en la Costa Ingrid Christensen, Tierra de la Princesa Isabel, Antártida oriental (véase el Mapa A). La bahía Amanda tiene alrededor de 3 km de ancho y 6 km de largo, se abre en el noroeste a la bahía Prydz, y está flanqueada por la lengua de hielo Flatnes y el glaciar Hovde al sudoeste y al sudeste, respectivamente. Su lado meridional está delimitado por acantilados de hielo continentales y afloramientos rocosos. Hacia el sector sudoeste hay algunos islotes y varias islas sin nombre a pocos kilómetros de la costa.

La ZAEP comprende las rocas, las islas y el agua, (incluido el hielo fijo), que comienza en un punto situado al nordeste de la isla Hovde, en el frente del glaciar Hovde, a 76°53'54,48"E, 69°13'25,77"S, sigue hacia el sur a lo largo de la costa al pie de los acantilados de hielo del glaciar Hovde hasta un punto situado a 76°53'44,17"E, 69°16'22,72"S, después hacia el oeste a lo largo de la costa al pie de una serie de farallones sin hielo hasta un punto situado a 76°49'37,47"E, 69°16'58'48"S, después hacia el norte a lo largo del pie de los acantilados de la lengua de hielo Flatnes hasta un punto situado en el frente de la lengua de hielo Flatnes, a 76°46'41,07"E, 69°14'44,37"S, y después en línea recta en dirección nordeste hasta llegar al punto de origen situado a 76°53'54,48"E, 69°13'25,77"S (mapa B)

Pingüinos emperador

Durante el invierno, la colonia de pingüinos emperador se ubica en el hielo fijo de la esquina sudoeste de la bahía Amanda. Durante la temporada de reproducción y en especial cuando los polluelos pueden desplazarse, diversos grupos enfilan hacia el norte, sur y oeste del área de invernada. Las islas también son ocupadas durante la primavera y el verano. Las fuertes corrientes circulares de la bahía Prydz, vuelven inestable al hielo marino durante la mayor parte del año, ofreciendo a los pingüinos un buen acceso al mar abierto por el norte para alimentarse. La colonia ha ocupado una serie de sitios en la bahía Amanda desde su descubrimiento en 1957.

Otros tipos de biota

Se sabe que las skúas polares (*Catharacta maccormicki*) y los petreles de Wilson (*Oceanites oceanicus*) se reproducen en las islas de bahía Amanda, si bien se desconoce en la actualidad el tamaño de su población reproductora. Durante el verano las islas son ocupadas además por más de 20 skúas polares juveniles. Los pingüinos Adelia (*Pygoscelis adeliae*) visitan la zona con frecuencia y utilizan las islas durante la muda anual de su plumaje. Decenas de focas Weddell (*Leptonychotes weddellí*) suelen permanecer en tierra en la Zona, en particular en el sector sur donde el hielo marino durante se mantiene durante la mayor parte del verano.

Clima

La bahía Amanda está cubierta casi por completo por hielo fijo (incluso durante los meses de verano) lo que la convierte en un importante y poco común hábitat tanto para los pingüinos emperador como para las focas de Weddell.

Hay pocos datos sobre las condiciones meteorológicas de las inmediaciones. Las zonas más cercanas de las cuales se dispone de un registro sustancial de datos meteorológicos son los cerros Vestfold (estación Davis), 75 km al nordeste, y las colinas de Larsemann (estaciones Zhongshan, Progress II y Bharati), 22 km al sudoeste.

El viento prevalente en la bahía Amanda parece ser muy variable, si bien llega desde el este-sudeste. En Davis, los vientos prevalentes son de nordeste a este, y de intensidad moderada. La velocidad media anual del viento es de 18 km por hora. En promedio el mes más ventoso es noviembre, en tanto que los vientos más leves se registran en abril. En las colinas de Larsemann suele haber vientos del sur muy violentos. También soplan desde el nordeste vientos catabáticos persistentes y fuertes durante la mayoría de los días de verano.

Entre diciembre y febrero, la temperatura del aire durante el día en las colinas de Larsemann suele exceder de 4 °C y puede pasar de 10 °C, con una temperatura media mensual un poco superior a 0 °C. En invierno, las temperaturas medias mensuales se sitúan entre -15 °C y -18 °C. Las precipitaciones consisten en nevadas y es improbable que excedan el equivalente en agua de 250 mm anual. La temperatura media mensual de Davis oscila entre 1 °C en enero y -18 °C en julio. Las nevadas son muy leves y la mayor parte de la nieve que se acumula es nieve que el viento arrastra desde la meseta entre marzo y octubre.

Características geológicas

Los afloramientos rocosos del sur de la bahía Prydz, que comprenden las islas Svenner, los acantilados Brattstrand, la bahía Amanda, las colinas de Larsemann, la isla Bolingen, la isla Søstrene, las montañas Munro Kerr y el farallón Landing, consisten en paragneis y ortogneis intercalados con conjuntos y estructuras minerales de alta temperatura de alrededor de 500 Ma de edad (panafricanos). El paragneis no conserva pruebas concluyentes de un metamorfismo anterior, pero el ortogneis contiene reliquias locales del metamorfismo de alto grado sufrido hace 1000 Ma. El evento panafricano consistió en el engrosamiento crustal y el entierro del paragneis, seguido de su exhumación. También hay numerosas intrusiones de rocas ígneas posteriores al metamorfismo máximo, entre ellas plutones granitoides y filones pegmatíticos generalizados que cortan transversalmente tanto los paragneis como los plutones. Uno de esos plutones granitoides se encuentra en la bahía Amanda. Rico en feldespato potásico, es posterior a las primeras foliaciones del gneis de campo. Los plutones presentan foliación de biotita, contienen granate, espinela y apatita, y se piensa que es sintectónico, y que su introducción ocurrió durante las etapas tardías del metamorfismo.

6(ii)   Acceso a la zona

Puede ingresarse a la Zona por medio de helicóptero o vehículo terrestre, de acuerdo a las condiciones presentadas en la sección 7(ii) de este plan.

6(iii)   Ubicación de estructuras dentro de la Zona y en sus proximidades

Se instalaron de manera provisoria dos cámaras automáticas en la isla grande en la esquina sudeste de la bahía Amanda, con el fin de observar la colonia y las condiciones del hielo.

6(iv)   Ubicación de otras zonas protegidas en las cercanías

Las colinas de Larsemann, Zona Antártica Especialmente Administrada No 6, se encuentran aproximadamente a 22 km al sudoeste (69°30'S 76°19'58"E) de la bahía Amanda. Las otras zonas protegidas más cercanas son la llanura Marine, ZAEP N° 143 (68°36'S, 78°07'E), y la isla Hawker, ZAEP N° 167 (68°35'S, 77°50'E), a unos 75 km al nordeste, en los cerros Vestfold.

6(v)   Áreas especiales al interior de la Zona

No hay áreas especiales en la Zona.

7. Términos y Condiciones para los permisos de entrada

7(i)   Condiciones generales para la expedición de permisos

Se prohíbe el ingreso a la zona excepto con un permiso expedido por una autoridad nacional pertinente. Las condiciones para la expedición de permisos para entrar en la Zona son las siguientes:

- que el permiso se expida solo para investigaciones científicas indispensables que no puedan realizarse en otro lugar, en particular para el estudio científico de la avifauna y el ecosistema de la Zona, o con fines de gestión indispensables y compatibles con los objetivos del plan, como inspecciones, tareas mantenimiento o examen;
- las acciones permitidas no pondrán en peligro los valores de la Zona;
- Las acciones permitidas son compatibles con este Plan de gestión;
- se deberá llevar el permiso, o una copia autorizada de este, dentro de la Zona;
- se suministrará un informe de la visita a la autoridad que aprobó el permiso, cuanto antes tras la visita a la ZAEP, pero no más de seis meses después de ésta;
- los permisos serán expedidos por un período determinado;
- los titulares de los permisos deberán avisar a las autoridades apropiadas sobre cualquier actividad o medida que no esté autorizada en el permiso; y
- deberán proporcionarse todos los datos censales y de GPS a la autoridad que haya expedido el permiso y a las Partes responsables del Plan de gestión.

7(ii)   Acceso a la zona y desplazamientos en su interior o sobre ella

Debe reducirse a un mínimo la perturbación de la colonia en todo momento, y debe tenerse en cuenta que las condiciones medioambientales y la ubicación de la colonia varían durante las temporadas y entre ellas.

La costa consiste en parte en un muro de hielo muy grande. Este muro de hielo impide el acceso directo por tierra desde el oeste, el sur, y el este.

No hay rutas peatonales marcadas en la Zona. A menos que en el permiso se autorice la perturbación de los pingüinos, los peatones, como mínimo, deben mantenerse a una distancia de 50 m de estos.

El acceso en vehículo se hará por tierra desde el sur o por el hielo marino hacia el norte, evitando el cruce entre la colonia y el mar. Los vehículos deberían mantenerse a una distancia de 500 m como mínimo de los pingüinos o concentraciones de éstos.

Como la colonia de pingüinos emperador no permanece en una ubicación fija, no es posible designar sitios de aterrizaje de helicópteros y vías de acceso aéreo que eviten su perturbación en todo momento. Deben evaluarse las rutas de vuelo apropiadas y un sitio de aterrizaje en función de cada visita, y se debe tener la debida cautela de acuerdo con las disposiciones del presente Plan de gestión. Al acercarse a un sitio de aterrizaje o salir de éste, debe aprovecharse la topografía para proteger del ruido directo a las concentraciones de pingüinos.

El uso de aeronaves está supeditado a las siguientes condiciones:

- no se debe operar aeronaves sobre la Zona entre el 01 de mayo y el 01 de octubre de cada año;
- no deberán aterrizar en la Zona aeronaves de ala fija;
- no se podrá reabastecer de combustible a las aeronaves dentro de la Zona;
- los helicópteros pueden aterrizar únicamente en un sitio de aterrizaje, identificado en cada visita al realizar una evaluación inicial del vuelo en torno al perímetro exterior de la Zona para determinar la distribución y las concentraciones de pingüinos con respecto de la topografía;
- en cuanto a los helicópteros de dos motores, el sitio de aterrizaje deberá estar ubicado por lo menos a 1.000 m de las concentraciones de pingüinos;
- con respecto a los helicópteros de un solo motor, el sitio de aterrizaje debe estar a una distancia de 1.000 m de las concentraciones de pingüinos, o donde la topografía (témpanos, islas, etc.) sirvan de escudo contra el ruido directo para las concentraciones de pingüinos. (Nota: *puede* haber un sitio de aterrizaje en el lado interior del borde costero de la isla grande en la esquina sudeste de la bahía Amanda, a 69°16'21.2"S, 76°50'52.6"E).

7 (iii) Actividades que pueden llevarse a cabo dentro de la zona

Se permiten las siguientes actividades dentro de la Zona:

- investigaciones científicas indispensables que no puedan realizarse en otro lugar y que no pongan en peligro la avifauna o el ecosistema de la Zona;
- actividades de gestión indispensables, entre ellas la observación; y
- muestreo, que debería limitarse al mínimo necesario para los programas de investigación aprobados.

Como los pingüinos son particularmente sensibles a las perturbaciones durante los siguientes períodos:

- mediados de mayo a fines de julio, cuando están incubando los huevos;
- fines de julio a fines de septiembre, cuando los adultos están empollando;
- fines de noviembre a fines de diciembre, cuando los polluelos están en la fase de muda y les están creciendo las plumas, y
- durante la fase de muda de los adultos a fines del verano,

los visitantes deberán tener un cuidado especial de no perturbar indebidamente a los pingüinos emperador o interferir en ellos durante estos períodos.

7(iv)   Instalación, modificación o desmantelamiento de estructuras

Se prohíben las estructuras o instalaciones permanentes en la Zona. Las estructuras, instalaciones, marcadores y equipos temporales sólo se instalarán en la Zona con fines científicos o de gestión ineludibles, y según se especifique en un permiso.

Las estructuras provisionales instaladas en la Zona deberán:

- estar claramente identificadas con el nombre del país, el nombre del organismo principal, la fecha de instalación y la fecha prevista de desmantelamiento;
- deberán limpiarse previamente de organismos, propágulos (p. ej. semillas, huevos) y suelo no estéril;
- estar confeccionadas con materiales que soporten las condiciones ambientales antárticas y que representen el mínimo riesgo posible de contaminación de la Zona; y
- retirarse cuando no sean necesarias, o cuando caduque el permiso, lo que acontezca antes.

7(v) Ubicación de los campamentos

Pueden instalarse campamentos en la Zona siempre y cuando:

- estos ayuden en las operaciones indispensables de investigación y gestión;
- se instalen únicamente de manera provisional; y
- se realicen todos los esfuerzos para ubicar y mantener los campamentos al menos a 500 m de distancia de las concentraciones de pingüinos.

7(vi) Restricciones relativas a los materiales y organismos que puedan introducirse en la Zona

Se aplican las siguientes restricciones:

- no podrán introducirse productos avícolas, incluyendo alimentos deshidratados que contengan huevo en polvo;
- no se podrán dejar en la Zona depósitos de alimentos u otros suministros una vez concluido el período durante el cual son necesarios;
- ningún animal, material vegetal o microorganismos vivos ni suelos no estériles deben ingresarse en la Zona en forma deliberada. Se deben tomar las precauciones para evitar que ingresen a la Zona de manera accidental: animales, material vegetal o microorganismos vivos o suelos no estériles;
- no se podrán llevar herbicidas o plaguicidas a la Zona. Cualesquiera otras sustancias químicas (incluidos los radionúclidos y los isótopos estables, que puedan ser introducidos para fines científicos o de gestión especificados en un permiso) deberán ser retirados de la Zona a más tardar cuando concluya la actividad para la cual se haya expedido el permiso;
- no se deberá almacenar combustible en la Zona salvo que se requiera con fines indispensables relacionados con la actividad para la cual se ha expedido el permiso. En ese caso, todo el combustible deberá ser retirado a más tardar cuando concluya la actividad permitida. No se permiten los depósitos de combustible permanentes o semipermanentes; y
- todo el material que se introduzca en la Zona podrá permanecer durante un período determinado únicamente, y en caso de quedar sin vigilancia, debe quedar etiquetado con un identificador del país al cual pertenece. Todo el material introducido en la Zona deberá ser retirado cuando concluya dicho período o con anterioridad y deberá ser almacenado y manipulado de forma tal que se reduzca a un mínimo el riesgo de repercusiones en el medioambiente.

7(vii) Toma o intromisión perjudicial de flora y fauna autóctonas

Se prohíbe la toma de ejemplares de la flora o la fauna autóctonas y la intromisión perjudicial en ellas, excepto con un permiso. En caso de toma de animales o intromisión perjudicial en los mismos, se debería usar como norma mínima el *Código de conducta del SCAR para el uso de animales con fines científicos en la Antártida.*

Las investigaciones ornitológicas sobre las aves reproductoras presentes en la Zona deberán limitarse a actividades que no sean invasivas y que no las perturben. En caso de que sea necesaria la captura de ejemplares, esta deberá realizarse, de ser posible, fuera de la Zona a fin de reducir la perturbación de la colonia.

7(viii) Recolección o traslado de materiales que el titular del permiso no haya llevado a la Zona

Se podrá recolectar o retirar material de la Zona únicamente de conformidad con un permiso, y dicho material deberá limitarse al mínimo necesario para cubrir las necesidades científicas o de gestión.

Todo material de origen humano que probablemente comprometa los valores de la Zona y que no haya sido llevado a la Zona por el titular del permiso o que no esté comprendido en otro tipo de autorización, podrá ser retirado salvo que el impacto de su retiro probablemente sea mayor que el efecto de dejar el material *in situ*. En tal caso se deberá notificar a las autoridades nacionales pertinentes y recibir su aprobación.

7(ix) Eliminación de desechos

Todos los desechos, incluso los desechos humanos, deberán ser retirados de la zona.

7(x) Medidas que podrían ser necesarias para garantizar el continuo cumplimiento de los objetivos y las finalidades del Plan de Gestión

Puede expedirse un Permiso para la observación biológica de la Zona o para permitir algunas actividades de gestión, que abarquen:

- la recolección de muestras para análisis o examen;
- tareas de emplazamiento o mantenimiento de equipo científico, estructuras y postes señalizadores; y
- otras medidas de protección.

Todos los sitios donde se lleven a cabo actividades de observación a largo plazo deberán estar debidamente marcados y se deberá determinar su ubicación con el sistema mundial de geoposicionamiento (GPS), a fin de asentarla en el Sistema del Directorio de Datos Antárticos por medio de la autoridad nacional pertinente.

Las investigaciones ornitológicas deberán limitarse a actividades que, en la medida de lo posible, no sean invasivas y no perturben a las aves reproductoras presentes en la Zona. Se autorizarán investigaciones invasivas o que causen perturbación solo si tendrán un efecto temporal y pasajero en la población.

Los visitantes deberán tomar precauciones especiales para evitar la introducción de especies no autóctonas en la Zona. Es especialmente preocupante la introducción de agentes patógenos, microbios o vegetación provenientes de suelos o de la flora o la fauna de otros sitios antárticos (incluidas las estaciones de investigación). Para reducir al mínimo el riesgo de las introducciones, antes de ingresar en la Zona los visitantes deberán limpiar meticulosamente el calzado y el equipo, el equipo de muestreo y los señalizadores que vayan a usar.

7(xi) Requisitos relativos a los informes

Las Partes deberán cerciorarse de que el titular principal de cada permiso expedido presente a la autoridad nacional correspondiente un informe en el cual se describan las actividades realizadas.

Dichos informes deben incluir, según corresponda, la información señalada en el formulario para informes de visitas incluido en el Apéndice 4 de la *Guía para la Preparación de Planes de Gestión para las Zonas Antárticas Especialmente Protegidas* anexado a la Resolución 2 (1998).

Las Partes deberán mantener un registro de dichas actividades.

Durante el intercambio anual de información, la Partes deben presentar descripciones resumidas de las actividades realizadas por las personas bajo su jurisdicción, suficientemente pormenorizadas como para que se pueda evaluar la eficacia del Plan de Gestión.

Siempre que sea posible, las Partes deberán depositar el informe original o una copia de este en un archivo públicamente accesible, a fin de llevar un registro del uso que pueda utilizarse en las revisiones del plan de gestión y en la organización del uso científico de la Zona.

Deberá enviarse una copia del informe a la Parte responsable del desarrollo del Plan de gestión.

En todos los informes de visitas se deberá proporcionar información detallada sobre los datos censales, la ubicación de colonias o nidos nuevos que no hayan sido documentados anteriormente, un resumen de las conclusiones de la investigación y copias de las fotografías tomadas de la Zona.

8. Documentación de apoyo

Algunos de los datos utilizados en este documento, o todos ellos, se obtuvieron del Centro Australiano de Datos Antárticos (IDN Node AMD/AU), que forma parte de la División Antártica Australiana (Commonwealth de Australia).

Budd, G.M. (1961). The biotopes of Emperor Penguin Rookeries. *Emu* 61:171-189.

Budd, G.M. (1962). Population studies in rookeries of the emperor penguin *Aptenodytes forsteri. Proceedings of the Zoological Society, London* 139:365-388.

Cracknell, G.S. 1986). Population counts and observations at the emperor penguin *Aptenodytes forsteri* colony at Amanda Bay, Antarctica. *Emu* 86(2):113-117.

Crohn, P.W. (1959). A contribution to the geology and glaciology of the western part of the Australian Antarctic Territory. *Bulletin of the Bureau of Mineral Resources, Geology and Geophysics Australia* No 32.

Easther, R. 1986). Winter journey to the Amanda Bay emperor penguin rookery. *ANARE News* September 1986. P. 14.

Fitzsimons, I. (1988). Amanda Bay region geology studies fill important information gap. *ANARE News*, March 1988. P. 5.

Fitzsimons, I. (1997). The Brattstrand Paragneiss and the Søstrene Orthogneiss: A Review of Pan-African Metamorphism and Grevillian Relics in Southern Prydz Bay. In *The Antarctic Region: Geological Processes*. Pp. 121-130.

Fretwell, P.T., LaRue, M. A., Morin, P., Kooyman, G.L., Wienecke, B., Ratcliffe, N., Fox, A.J., Fleming, A.H.

Porter, C. y Trathan, P. (2012). An emperor penguin population estimate: the first global, synoptic survey of a species from space. *PLoS ONE* 7(4): e33751. doi:10.1371/journal.pone.0033751

Gales, N.J., Klages, N.T.W., Williams, R. and Woehler, E.J. (1990). The diet of the emperor penguin, *Aptenodytes forsteri*, in Amanda Bay, Princess Elizabeth Land, Antarctica. *Antarctic Science* 2(1):23-28.

Giese, M. y Riddle, M. (1999). Disturbance of emperor penguin *Aptenodytes forsteri* chicks by helicopters. *Polar Biology* 22(6):366-371.

Horne, R.S.C. (1983). The distribution of penguin breeding colonies on the Australian Antarctic Territory, Heard Island, the McDonald Islands and Macquarie Island. *ANARE Research Notes* No 9.

Johnstone, G.W., Lugg, D.J. y Brown, D.A. (1973). The biology of the Vestfold Hills, Antarctica. Melbourne. Department of Science, Antarctic Division, *ANARE Scientific Reports, Series B (1) Zoology* No 123.

Kirkwood, R. y Robertson, G. (1997). Seasonal change in the foraging ecology of emperor penguins on the Mawson Coast, Antarctica. *Marine Ecology Progress Series* 156:205-223.

Kirkwood, R. y Robertson, G. (1997). The energy assimilation efficiency of emperor penguins, *Aptenodytes forsteri*, fed a diet of Antarctic krill, *Euphausia superba*. *Physiological Zoology* 70:27-32.

Kirkwood, R. y Robertson, G. (1997). The foraging ecology of female emperor penguins in winter. *Ecological Monographs* 67:155-176.

Kirkwood, R. y Robertson, G. (1999). The occurrence and purpose of huddling by Emperor penguins during foraging trips. *Emu* 99:40-45.

Korotkevich, E.S. (1964). Observations on birds during the first wintering of the Soviet Antarctic Expedition in 1956-1957. *Soviet Antarctic Expedition Information Bulletin*, Elsevier Publishing Company, Amsterdam. Pp. 149-152.

Lewis, D. (1987). (1984). Icebound in Antarctica. *National Geographic* 166(5):634-663.

Lewis, D. (1987). (1987). *Icebound in Antarctica.* William Heinemann Australia, Richmond, Victoria.

Lewis, D. (1987). Lewis, D. y George, M., eds. (1984). The Initial Reports of the Mawson Anniversary and Frozen Sea Expeditions, nos. 4 y 11. *Oceanic Research Foundation Occasional Publication* 1.

Robertson, G. (1990). Huddles. *Australian Geographic* 20:76-94.

Robertson, G. (1992). Population size and breeding success of Emperor penguins *Aptenodytes forsteri* at the Auster and Amanda Glacier Colonies, Mawson Coast, Antarctica. *Emu* 92:62-71.

Robertson, G. y Newgrain, K. (1992). Efficacy of the tritiated water and 22Na turnover methods in estimating food and energy intake by Emperor penguins *Aptenodytes forsteri*. *Physiological Zoology*. 65:933-951.

Robertson, G. (1994). *The Foraging Ecology of Emperor Penguins* (Aptenodytes forsteri) *at two Mawson Coast Colonies, Antarctica.* Tesis de doctorado, Universidad de Tasmania.

Robertson, G., Williams, R., Green, K. y Robertson, L. (1994). Diet composition of Emperor penguin chicks *Aptenodytes forsteri* at two Mawson Coast colonies, Antarctica. *Ibis* 136:19-31.

Robertson, G. (1995). The foraging ecology of Emperor penguins *Aptenodytes forsteri* at two Mawson Coast colonies, Antarctica. *ANARE Reports* No 138.

Schwerdtfeger, W. (1970). The climate of the Antarctic. En: Orvig, S. (ed). *Climates of the Polar Regions.* Pp. 253-355.

Schwerdtfeger, W. (1984). Weather and climate of the Antarctic. En: Orvig, S. (Ed). *Climates of the Polar Regions.* 261.P.

Todd, F.S., Splettstosser, J.F., Ledingham, R. y Gavrilo, M. (1999). Observations in some emperor penguin *Aptenodytes forsteri* colonies in East Antarctica. *Emu* 99:142-145.

Trathan, P.N., Fretwell, P.T. y Stonehouse, B. 2011). First recorded loss of an emperor penguin colony in the recent period of Antarctic regional warming: implications for other colonies. *PLoS ONE* 6(2): e14738. doi:10.1371/journal.pone.0014738.

Wienecke, B.C. y Pedersen, P. (2009). Population estimates of emperor penguins at Amanda Bay, Ingrid Christensen Coast, Antarctica. *Polar Record* 45:207-214.

Wienecke, B., Kirkwood, R. y Robertson, G. (2004). Pre-moult foraging trips and moult locations of Emperor penguins at the Mawson Coast. *Polar Biology* 27:83-91.

Wienecke, B.C. y Robertson, G. (1997). Foraging space of emperor penguins *Aptenodytes forsteri* in Antarctic shelf waters in winter. *Marine Ecology Progress* Series 159:249-263.

Willing, R.L. (1958). Feeding habits of emperor penguins. *Nature* 182:194-195.

Willing, R.L. (1958). Australian discoveries of emperor penguin rookeries in Antarctica during 1954-57. *Nature*, Londres, 182:1393-1394.

Woehler, E.J. [compilador], Poncet, S. y Consejo Internacional de Uniones Cientificas. Comité Cientifico de Investigación Antártica. Subcomité de biología de las aves, Scott Polar Research Institute. (1993). *The distribution and abundance of Antarctic and subantarctic penguins.* Comité cientíifico de Investigación Antártica (SCAR)

Woehler, E.J. *et. al.* y Consejo Internacional de Uniones Cientificas. Comité cientíifico de Investigación Antártica, Subcomité de biología de las aves, Comisión para la Conservación de los Recursos Vivos Marinos Antárticos, Fundación nacional de ciencias [EE. UU.]. (2001). *A statistical assessment of the status and trends of Antarctic and sub-Antarctic seabirds.* Comité cientíifico de Investigación Antártica (SCAR)

Woehler, E.J. y Johnstone, G.W. (1991). Status and conservation of the seabirds of the Australian Antarctic Territory Islands. En: *Seabird - status and conservation: a supplement.* International Council for Bird Preservation, 279-297. Pp. 279-297.

Apéndice1. Apéndice 1. *Historia de las observaciones de las poblaciones de pingüinos emperador en la bahía Amanda, 1956-1997*

Fecha	Número estimado de pingüinos presentes en la colonia	Comentarios	Referencia
1956/1957	5.000 aves a lo largo de la Costa Ingrid Christensen	Referencia general; no se hizo un censo sistemático.	Korotkevich (1964)
Septiembre de 1957	1.000 – 2.000 aves	No se hizo un recuento sistemático; no se hizo una distinción entre adultos y polluelos.	Willing (1958)
(1961).	1.500 adultos	Referencia no especificada; no se indica la fecha; no se hizo un recuento sistemático.	ANARE en Horne (1983)
29-30 de septiembre de 1983	2339 ± 69 polluelos, 2448 ± 23 adultos	Adultos: recuento en masa después de Budd (1961), polluelos: recuento combinado del grupo I y recuento indirecto del grupo II (véase Budd 1961).	Cracknell (1986)
1987	¿9.000?	Referencia no especificada; no se indica la fecha; no se hizo un censo sistemático.	ANARE en Woehler y Johnstone (1991)
13 de diciembre de 1992	5.500 – 6.000 polluelos	Polluelos en cinco grupos, cálculo basado en recuentos con cuadrícula.	Todd (1999)
21 de diciembre de 1996	1.000 – 5.000 aves en total	Cálculo aproximado realizado en un sobrevuelo.	Todd (1999)
Noviembre 1997	8.000 polluelos	Cálculo aproximado; no se hizo un recuento sistemático.	J. Gallagher, pers. J. Gallagher, nota personal, en Giese y Riddle (1999)

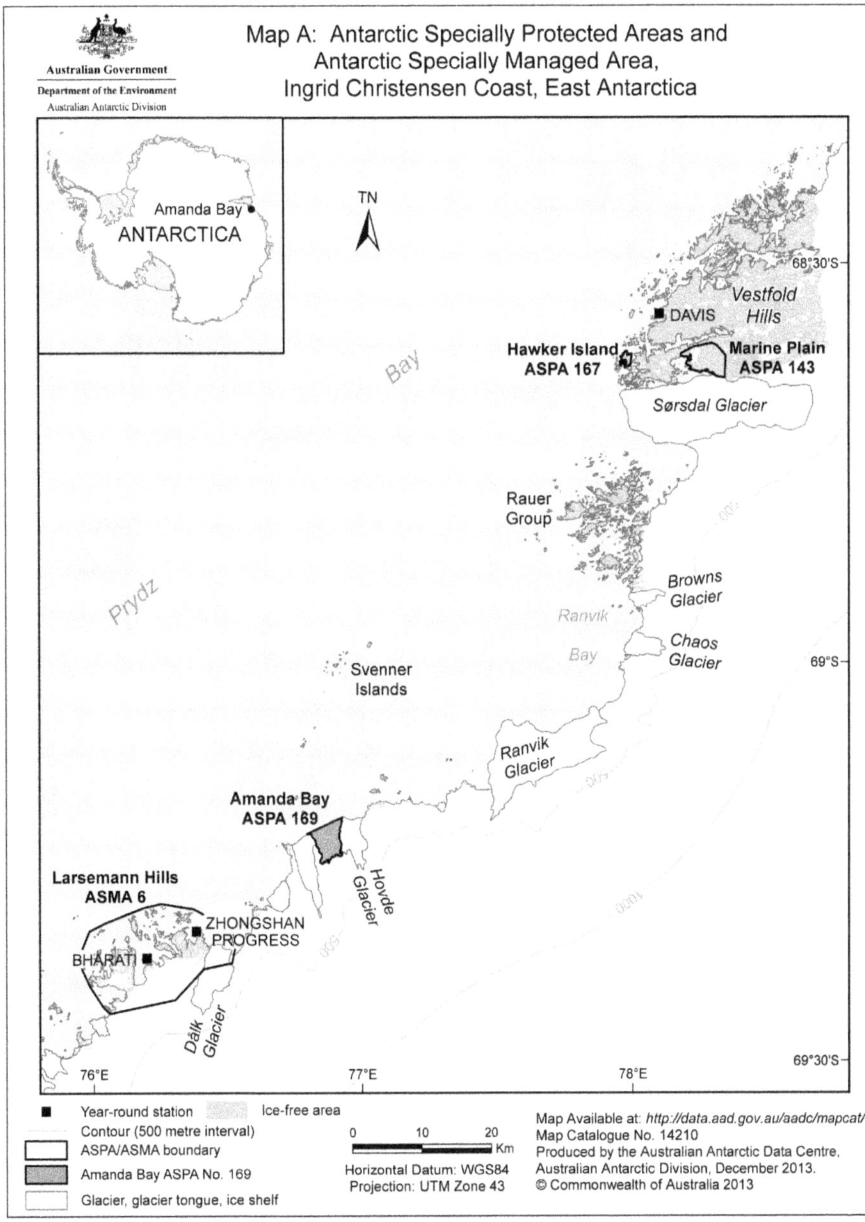
Australian Government
Department of the Environment
Australian Antarctic Division
Map A: Antarctic Specially Protected Areas and
Antarctic Specially Managed Area,
Ingrid Christensen Coast, East Antarctica
Amanda Bay
ANTARCTICA
TN
68°30'S
Vestfold Hills
DAVIS
Hawker Island
ASPA 167
Marine Plain
ASPA 143
Bay
Sørsdal Glacier
Rauer Group
Browns Glacier
Prydz
Ranvik Bay
Chaos Glacier
69°S
Svenner Islands
Ranvik Glacier
Amanda Bay
ASPA 169
Larsemann Hills
ASMA 6
ZHONGSHAN
PROGRESS
BHARATI
Hovde Glacier
Dålk Glacier
69°30'S
76°E
77°E
78°E
Year-round station
Ice-free area
Contour (500 metre interval)
ASPA/ASMA boundary
Amanda Bay ASPA No. 169
Glacier, glacier tongue, ice shelf
0 10 20 Km
Horizontal Datum: WGS84
Projection: UTM Zone 43
Map Available at: http://data.aad.gov.au/aadc/mapcat/
Map Catalogue No. 14210
Produced by the Australian Antarctic Data Centre,
Australian Antarctic Division, December 2013.
© Commonwealth of Australia 2013

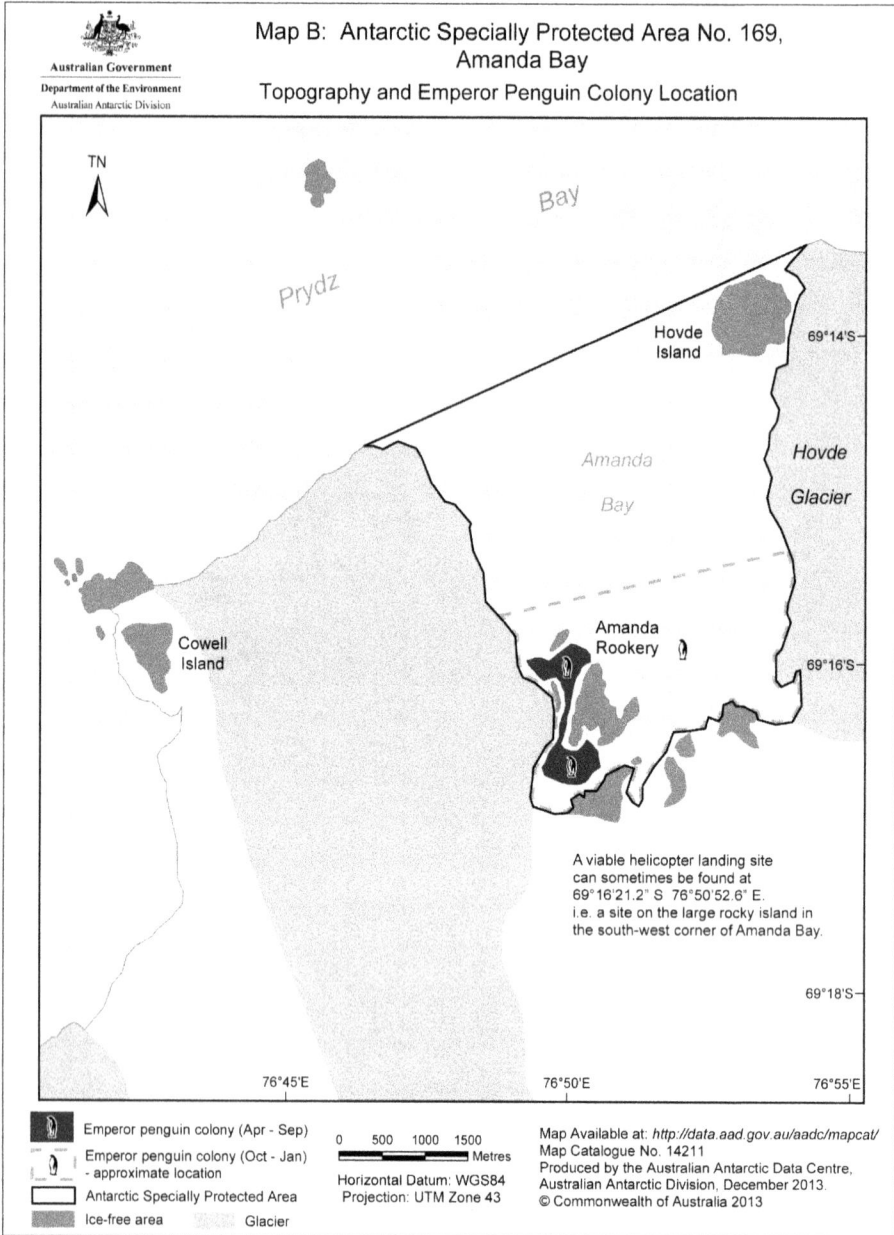

Map B: Antarctic Specially Protected Area No. 169, Amanda Bay

Topography and Emperor Penguin Colony Location

Plan de gestión para

Zona Antártica Especialmente Protegida N° 171

Punta Narębski , península Barton, isla Rey Jorge (isla 25 de mayo)

Introducción

La punta Narębski está en la costa sudeste de la península Barton, en la isla Rey Jorge (isla 25 de mayo). La Zona se sitúa entre los 62° 13' 40"S - 62° 14' 23"S y los 58° 45' 25"O - 58° 47' 00"O. Se distingue fácilmente por las montañas situadas en el límite septentrional y oriental y la costa que constituye el límite sudoccidental.

La topografía fuera de lo común dota a la Zona de una belleza estética sobresaliente y paisajes panorámicos. La Zona ofrece oportunidades excepcionales para realizar estudios científicos de comunidades biológicas terrestres con ecosistemas sumamente diversos y complejos. La cubierta de musgos y líquenes, en particular, es muy extensa. Las comunidades de plantas más conspicuas son las asociaciones de líquenes y los colchones de musgo en los que predomina la *Usnea himantormia*. La flora consiste en una especie de planta floral antártica (hasta ahora se han encontrado solamente dos especies de plantas florales en la Antártida), 51 especies de líquenes, 29 especies de musgos, seis especies de hepáticas y una especie de alga.

Otra característica notable de la Zona es que está habitada por más de 3.000 parejas de pingüinos de barbijo (*Pygoscelis antarcticus*), el mayor número de la isla Rey Jorge (isla 25 de mayo), y más de 2.300 parejas de pingüinos de pico rojo (*Pygoscelis papua*) (MOE 2013). Hay además otras 16 especies de aves. Entre ellas, ocho aves reproductoras incluyen skúas pardas (*Stercorarius antarcticus lonnbergi*), skúas polares (*Stercorarius maccormicki*), gaviotas cocineras (*Larus dominicanus*), gaviotines antárticos (*Sterna vittata*), petreles de Wilson (*Oceanites oceanicus*), petreles de vientre negro (*Fregetta tropica*), palomas antárticas (*Chionis albus*), y petreles gigantes (*Macronectes giganteus*).

En la Zona hay también sistemas de cuencas hidrográficas, tales como lagos y arroyos, donde se encuentran con frecuencia densos tapetes de microbios y algas con conjuntos complejos de especies. Estas fuentes de agua dulce son esenciales para los diversos biotipos de esta Zona. La gran biodiversidad de la vegetación terrestre, y la complejidad de los hábitats realzan los posibles valores de la Zona que requieren protección.

La Zona ha sido visitada regularmente desde los años ochenta por científicos del Programa de Investigaciones Antárticas de Corea, a fin de estudiar su fauna, flora y características geológicas. Sin embargo, en los últimos años la punta Narębski ha sido frecuentemente visitada por personas de estaciones cercanas con fines distintos a los de investigación científica, en particular durante la temporada de reproducción, lo que ha aumentado la vulnerabilidad de la zona ante la interferencia humana. En algunos estudios se señala que la isla Rey Jorge (isla 25 de mayo) tiene potencial para el desarrollo del turismo (ASOC, 2007 y 2008; Peter *et al.*, 2005), y los visitantes de la Estación Rey Sejong han pasado de menos de 20 personas anuales a fines de la década de los ochenta a más de 110 en los últimos años.

La razón primordial de la designación de esta zona como Zona Antártica Especialmente Protegida es proteger de la interferencia humana sus valores ecológicos, científicos y estéticos. La protección y la observación a largo plazo de la diversa gama de especies y conjuntos en la punta Narębski contribuirán a la formulación de estrategias regionales y globales apropiadas para la conservación de las especies y proporcionarán información para comparar este sitio con otros.

1. Descripción de los valores que requieren protección

La zona de la punta Narębski se designa como Zona Antártica Especialmente Protegida con la finalidad de proteger sus valores ambientales sobresalientes y facilitar las investigaciones científicas previstas y en curso.

La Zona ofrece oportunidades excepcionales para estudios científicos de comunidades biológicas terrestres. Varios países han realizado investigaciones científicas, incluida la observación de las colonias de pingüinos, desde principios de los años ochenta. Los resultados de las investigaciones han mostrado el potencial valor de la Zona como sitio de referencia, particularmente en lo que se refiere al calentamiento global y al impacto de las actividades humanas.

La topografía singular de la Zona, sumada a la abundancia y la diversidad de la fauna y la flora, le confieren un valor estético extraordinario. Las montañas y las cumbres del extremo sur, entre otros rasgos, ofrecen vistas panorámicas imponentes.

Por las razones antedichas, la Zona debería estar protegida y expuesta a una perturbación mínima por la actividad humana, excepto por la observación ocasional de la vegetación y las poblaciones de aves, y los estudios geológicos y geomorfológicos.

2. Finalidades y objetivos

La finalidad de la gestión de la punta Narębski es:

- Evitar la degradación de la Zona y los riesgos importantes para sus valores, previniendo las perturbaciones innecesarias causadas por los seres humanos; evitar las perturbaciones humanas innecesarias de la Zona;

- Permitir las investigaciones científicas que no puedan realizarse en otro lugar, así como la continuidad de los estudios biológicos de largo plazo que se están llevando a cabo en la Zona;

- Proteger los valores estéticos y científicos de la Zona.

3. Actividades de gestión

Para proteger los valores de la Zona, se llevarán a cabo las siguientes actividades de gestión:

- El programa nacional (o la autoridad competente) informará específicamente al personal que ingrese en el sitio con respecto al contenido del plan de gestión.

- En lugares apropiados en los límites de la Zona se colocarán letreros que ilustren sobre la ubicación y los límites del lugar, que indiquen claramente las restricciones al ingreso.

- Todos los carteles, así como el equipo científico y los señalizadores instalados en la Zona, deberán estar bien sujetos y en buen estado.

- Se efectuará una vigilancia adecuada de las condiciones ecológicas de la Zona, incluidos censos de las poblaciones de pingüinos y de otras aves.

- Se realizarán las visitas necesarias (por lo menos una vez cada cinco años) para determinar si la Zona continúa sirviendo a los fines para los cuales fue designada y cerciorarse de que las medidas de gestión y mantenimiento sean adecuadas.

- Se alienta a los Programas Antárticos Nacionales que operen en la región a que consulten entre sí e intercambien información a fin de cerciorarse de que las actividades que se realicen en la Zona sean compatibles con las finalidades y los objetivos de este plan de gestión.

4. Período de designación

Designación con período de vigencia indefinida.

5. Mapas

Los mapas 1 a 6 adjuntos al final del Plan de gestión, en el anexo II.

* Mapa 1: Ubicación de la punta Narębski en relación con la isla Rey Jorge (isla 25 de mayo) y las actuales zonas

    protegidas (ZAEP, ZAEA, y SMH)

* Mapa 2: Límites de la ZAEP N° 171

* Mapa 3: Distribución de las colonias de aves y los revolcaderos de focas en la ZAEP N° 171

* Mapa 4: Distribución de las comunidades de plantas en la ZAEP N° 171

* Mapa 5: Detalles geomorfológicos de la ZAEP N° 171

* Mapa 6. Rutas de acceso a la ZAEP N° 171

6. Descripción de la Zona

6(i) Coordenadas geográficas, indicaciones de límites y rasgos naturales

La punta Narębski se ubica en la costa sudeste de la península Barton, isla Rey Jorge (isla 25 de mayo), y el área está delimitada como latitud 62° 13' 40"S - 62° 14' 23"S y longitud 58° 45' 25" O - 58° 47' 00" O. Los límites están delimitados por las cumbres de montañas en el norte y en el este y por el borde costero en el sudoeste. El límite sudoeste es fácil de reconocer debido a sus características geomorfológicas distintivas. La Zona incluye solamente la parte terrestre, y no abarca el área intermareal. La superficie total de la Zona es de alrededor de 1 km^2.

La Zona cuenta con una rica flora y fauna, y la abundancia de algunas especies es excepcional. La cubierta de musgos y líquenes es muy extensa. Hay un gran número de pingüinos de barbijo y de pico rojo, así como lugares donde se reproducen otras ocho especies de aves, incluidos los nidos de petreles gigantes comunes. La gran diversidad del relieve y las formas costeras producidas por las diferentes características geológicas y un prominente sistema de fracturas, además de una cubierta de vegetación extensa y variada, crea una variedad de paisajes poco común en el medio antártico.

Clima

Los datos meteorológicos de la Zona se limitan en su totalidad a las observaciones realizadas en la Estación Rey Sejong (1998-2013), situada a unos 2 km al noroeste de la punta Narębski. El clima es húmedo y relativamente benigno debido al fuerte efecto del mar. La temperatura media anual de la Zona es de -1,8 °C (máxima: 9,8°C; mínima: -23,1°C), la humedad relativa es de 89%, las precipitación total asciende a 597,2 mm y la cubierta de nubes es de 6,8 octas. La media de la velocidad del viento es de 7,1 m/s (37,6 m/s fue la máxima registrada). Los vientos soplan principalmente del noroeste y del este durante todo el año. Las ventiscas ocurridas entre 2007 y 2013 se contaron en 30.7 (con un promedio de duración total de 332 horas).

Características geológicas

La unidad litoestratigráfica más baja de la península Barton es la formación Sejong (Yoo *et al.*, 2001), considerada formalmente como un miembro volcánico inferior. La formación Sejong está distribuida en los acantilados meridionales y sudorientales de la península Barton (Lee *et al.*, 2002). Se compone en su mayor parte de constituyentes vulcaniclásticos que descienden en pendiente suave en el sur y el sudoeste. Hay lavas que van de máficas a volcánicas intermedias sobre la formación Sejong que están ampliamente distribuidas en la península Barton, incluso en la Zona. En su mayor parte son andesitas basálticas con plagioclasa fírica o con plagioclasa y clinopiroxeno fíricos, así como andesitas con raras formaciones de andesita masiva. Hay algunas capas gruesas de tobas de lapilli intercaladas en los flujos de lava. Diques máficos (uno de ellos es la punta Narębski) que cortan la formación Sejong a lo largo de la costa meridional de la península. Los suelos de la península corresponden a cuatro ciclos según el tipo de roca de fondo: granodiorita, andesita basáltica, toba de lapilli y la formación Sejong (Lee *et al.*, 2004). Los suelos generalmente tienen poco material orgánico y nutrientes, con excepción de los que están cerca de las colonias de aves.

Pingüinos

Hay colonias reproductoras de pingüinos de barbijo (*Pygoscelis antarcticus*) y pingüinos de pico rojo (*Pygoscelis papua*) distribuidas en las pendientes rocosas y las crestas de los cerros de la punta Narębski.

Los pingüinos de barbijo son la especie reproductora que más abunda en el sitio, observándose un total de 3.157 parejas en la temporada 2013/1014. Los pingüinos de barbijo comienzan a poner huevos a principios de noviembre y los incuban durante 32 a 43 días, estimándose que los períodos de mayor intensidad se producen a mediados de noviembre para la puesta y su eclosión se produce a mediados de diciembre (Kim, 2002). El número máximo de pingüinos de barbijo reproductores ascendió a 3.332 parejas, aproximadamente, en 2012-2013. Desde 1989-1990, las parejas reproductoras de pingüinos de barbijo han aumentado gradualmente y la población se mantuvo entre las 2.600 y las 3.000 parejas entre las temporadas 1994-1995 y 2013-20014 (véase la figura 1).

El número de parejas reproductoras de pingüinos de pico rojo ha aumentado constantemente, pasando de 500 en 1984-1985 a un total de 2.378 parejas de pingüinos de pico rojo contabilizados en 2013/2014 (véase la figura 1). Los pingüinos de pico rojo comienzan a poner huevos a mediados de octubre, y el período de máxima intensidad es a fines de octubre. A principios de diciembre, al cabo de 33 a 40 días de incubación, los huevos hacen eclosión (Kim, 2002).

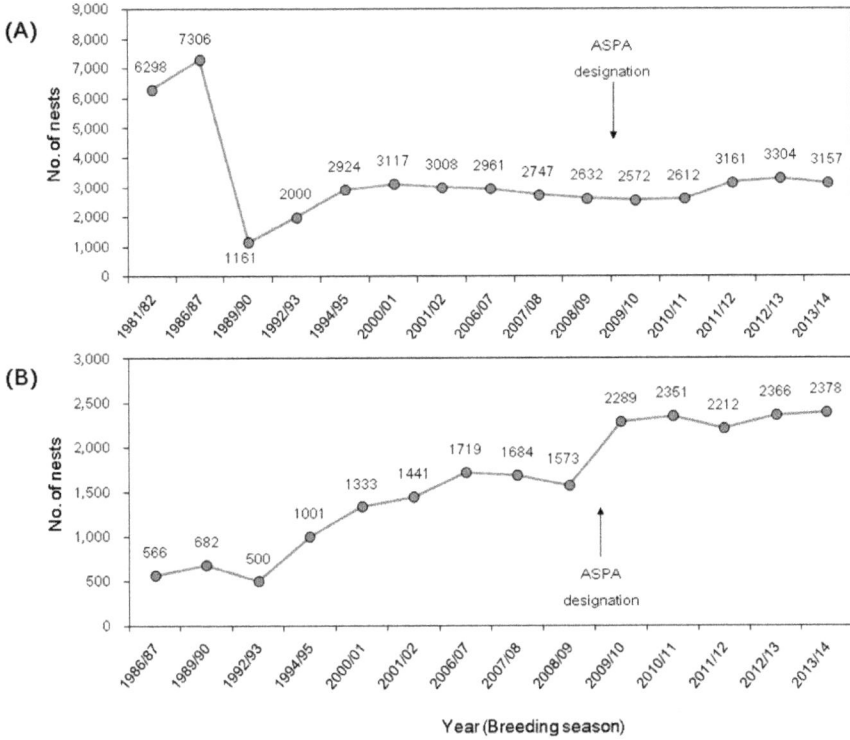

Figura 1. Las poblaciones reproductoras de (A) pingüinos de barbijo y (B) pingüinos de pico rojo en la punta Narębski (Peter *et al.*, 1986; Rauschert *et al.*, 1987; Mönke & Bick, 1988; Yoon, 1990; MOST, 1993; MAF, 1997; Kim, 2002; MOE, 2007; MOE, 2011; MOE, 2012; MOE, 2013)

Otras aves

Hay otras 8 especies de aves que anidan en la Zona junto a las dos especies de pingüinos: skúas pardas (*Stercorarius antarcticus lonnbergi),* skúas polares (*Stercorarius maccormicki*), gaviotas cocineras (*Larus dominicanus*), gaviotín antártico (*Sterna vittata*), petreles gigantes antárticos (*Macronectes giganteus*), petreles de Wilson (*Oceanites oceanicus*), petreles de vientre negro (*Fregetta tropica*), y palomas antárticas (*Chionis albus*). Además, se registraron en la Zona ocho especies de aves no reproductoras, incluidos pingüinos Adelia (*Pygoscelis adelie*), pingüinos de penacho anaranjado (*Eudyptes chrysolophus*), cormoranes antárticos (*Leucocarbo bransfieldensis*), gaviotín ártico (*Sterna paradisaea),* petreles dameros (*Daption capense*), petreles antárticos (*Thalassoica antarctica*), petreles de las nieves (*Pagodroma nivea*), y fulmares australes (*Fulmarus glacialoides*). En el cuadro 1 se presenta un resumen del número aproximado de nidos por especie.

Las skúas pardas y las skúas polares se alimentan de huevos y polluelos de pingüino, y algunas parejas de skúas ocupan subcolonias de pingüinos como territorio de alimentación durante la temporada de reproducción (Trivelpiece *et al.*, 1980; Hagelin and Miller, 1997; Pezzo *et al.*, 2001;

Hahn y Peter, 2003). Las skúas polares que anidan en la Zona no dependen de los huevos y polluelos de pingüino para criar a sus propios polluelos. Por el contrario, durante la temporada 2006-2007 se observó que las cuatro parejas de skúas pardas que se reproducían en la Zona ocupaban su propio territorio de alimentación en subcolonias de pingüinos y las defendían.

Dos parejas de palomas antárticas se reprodujeron en las cercanías del criadero de pingüinos de punta Narębski (en 2006/07 y 2013/2014). Las palomas antárticas son omnívoras y buscan alimento alrededor de las colonias reproductoras de aves marinas. Se alimentan de heces, huevos y polluelos muertos de pingüino, y también les roban krill a los pingüinos en el sitio.

Cuadro 1. Número aproximado de nidos, por especie (2006/2007 y 2013/2014)

Especie		Número de nidos	
		2006/2007	2013/2014
Pingüino de pico rojo	*Pygoscelis papua*	1.719	2.378
Pingüino de barbijo	*Pygoscelis antarcticus*	2.961	3.157
Skúa parda	*Stercorarius antarcticus lonnbergi*	4	7
Skúa polar	*Stercorarius maccormicki*	27	-
Gaviota cocinera	*Larus dominicanus*	6	-
Gaviotín antártico	*Sterna vittata*	41	-
Petrel gigante	*Macronectes giganteus*	9	5
Petrel de Wilson	*Oceanites oceanicus*	19	>10
Paloma antártica	*Chionis albus*	2	2

Vegetación

La mayoría de las áreas sin hielo de la península Barton están cubiertas por una vegetación relativamente rica en la que predominan las especies criptógamas. La cubierta de musgos y líquenes es muy extensa en la Zona. Las comunidades de plantas más conspicuas son asociaciones de líquenes, con predominio de *Usnea himantormia*, y colchones de musgo en los que predomina *Sanionia chorisodontium*. En la comunidad de algas predomina el alga verde de agua dulce *Prasiola crispa,* que se ha establecido alrededor de las colonias de pingüinos. La actual flora consiste en una especie de planta floral antártica, 51 especies de líquenes, 29 especies de musgos, seis especies de hepáticas y una especie de alga. En el caso de las algas, se registró solamente una especie de alga que forma rodales macroscópicamente detectables. No se dispone de información sobre cianobacterias y micobiota en la Zona, ya que no se han realizado estudios al respecto. En el anexo I se presenta una lista detallada de la vegetación.

6(ii) Acceso a la Zona

Se podrá ingresar en la Zona a pie a lo largo de la costa o en lancha pequeña sin fondear. Las rutas de acceso y el lugar de desembarco se indican en el mapa 6.No se permite la circulación de vehículos de ningún tipo dentro de la Zona. Se aplican restricciones de acceso a la Zona, las condiciones de las mismas se establecen en la Sección 7 (ii) más adelante.

6(iii) Estructuras situadas dentro de la Zona y en sus proximidades

Solamente una instalación de refugio se encuentra ubicada en la costa sudeste de la Zona. La Estación Rey Sejong (República de Corea), situada a 2 kilómetros al noroeste de la punta Narębski, es la instalación importante más cercana.

6(iv) Ubicación de las zonas protegidas en las cercanías

- ZAEA N° 1, bahía Almirantazgo (bahía Lasserre), isla Rey Jorge (isla 25 de mayo), islas Shetland del Sur, a unos 8 km al nordeste.

- ZAEP N° 125, península Fildes, isla Rey Jorge (isla 25 de mayo), islas Shetland del Sur, a unos 11 km al oeste.

- ZAEP N° 128, costa occidental de la bahía Almirantazgo (bahía Lasserre), isla Rey Jorge (isla 25 de mayo), islas Shetland del Sur, a unos 17 km al este.

- ZAEP N° 132, península Potter, isla Rey Jorge (isla 25 de mayo), islas Shetland del Sur, a unos 5 km al este.

- ZAEP N° 133, punta Armonía, isla Nelson, islas Shetland del Sur, a unos 25 km al sudoeste.

- ZAEP N° 150, isla Ardley, isla Rey Jorge (isla 25 de mayo), islas Shetland del Sur, a unos 9 km al oeste.

- ZAEP N° 151, Lions Rump, isla Rey Jorge (isla 25 de mayo), islas Shetland del Sur, a unos 35 km al nordeste.

- SMH N° 36, réplica de una placa de metal colocada por Eduard Dallmann en la caleta Potter, isla Rey Jorge (isla 25 de mayo), a unos 5 km al este.

- SMH N° 50, placa para conmemorar el buque de investigación científica Professor Siedlecki, que en febrero de 1976 llegó a la península Fildes, isla Rey Jorge (isla 25 de mayo), a unos 10 km al oeste.

- SMH N° 51, Tumba de W. Puchalski, artista y productor de películas documentales, que murió el 19 de enero de 1979, a unos 18 km al nordeste.

- HSM N° 52, monolito erigido para conmemorar la inauguración de la Estación Gran Muralla (China) el 20 de febrero de 1985, península Fildes, isla Rey Jorge (isla 25 de mayo), a unos 10 km al oeste.

- HSM N° 82, placa al pie del monumento conmemorativo de los signatarios del Tratado Antártico y de los sucesivos API, a unos 12 km al oeste.

6(v) Zonas especiales al interior del área

No existen áreas especiales dentro de la Zona.

7. Términos y Condiciones para los permisos de entrada

7(i) Condiciones para la expedición de permisos

Se prohíbe el ingreso en la Zona excepto con un permiso expedido por las autoridades nacionales pertinentes designadas de acuerdo con el artículo 7 del Anexo V del Protocolo al Tratado Antártico sobre Protección del Medio Ambiente.

Las condiciones para la expedición de permisos son las siguientes:

- que el permiso se expida solo con fines científicos que no puedan alcanzarse en otro lugar;

- que las acciones permitidas no pongan en peligro el sistema ecológico natural de la Zona;

- las actividades permitidas deberán atenerse a este Plan de Gestión;

- que toda actividad de gestión facilite el logro de los objetivos del plan de gestión;
- que se lleve el permiso o una copia autorizada dentro de la Zona;
- que el permiso sea expedido por un período determinado y lleve el nombre de la autoridad competente; y
- que se presente un informe de la visita a la autoridad nacional competente que figure en el permiso.

7(ii) Acceso a la zona y desplazamientos en su interior o sobre ella

- Se podrá ingresar en la Zona a pie a lo largo de la costa o en lancha pequeña sin fondear. Las rutas de acceso y el lugar de desembarco se indican en el mapa 6.
- Los peatones deberían desplazarse con cautela a fin de ocasionar una perturbación mínima a la flora y la fauna y deberían caminar en terreno nevado o rocoso si es factible, teniendo cuidado de no dañar los líquenes.
- No se permite la circulación de vehículos de ningún tipo dentro de la Zona.
- Las operaciones de aeronaves sobre la Zona deberán ceñirse como mínimo a los requisitos de la Resolución 2 (2004), "Directrices para la operación de aeronaves cerca de concentraciones de aves en la Antártida". Como regla general, ninguna aeronave podrá volar sobre la ZAEP a menos de 610 metros de altura, excepto en situaciones de emergencia o en casos en que lo exija la seguridad de la aeronave. Sin embargo, se deberían evitar los sobrevuelos.

7(iii) Actividades que pueden llevarse a cabo dentro de la Zona

- Investigaciones científicas que no puedan realizarse en otro lugar y que no pongan en peligro el ecosistema de la Zona;
- Actividades administrativas esenciales, incluidas las de control;
- Podría ser necesario establecer restricciones al uso de herramientas con motor y a toda actividad que probablemente genere ruido y, por consiguiente, perturbe los nidos de las aves durante el período de reproducción (del 1 de octubre al 31 de marzo).

7(iv) Instalación, modificación o desmantelamiento de estructuras

- No se podrán erigir estructuras ni instalar equipo en la Zona, excepto para actividades científicas o de gestión especificadas en el permiso.
- El equipo científico que se instale en la Zona debería estar aprobado en un permiso y llevar claramente el nombre del país que haya expedido el permiso, el nombre del investigador principal, el año de instalación y la fecha en que se planee retirarlo. Todo el equipo debería presentar un riesgo mínimo de contaminación de la Zona o un riesgo mínimo de perturbación de la flora o de la fauna.
- No se deben dejar los letreros de las investigaciones una vez vencido el permiso. Si no se puede terminar un proyecto determinado dentro del plazo permitido, se debe pedir una prórroga que autorice la continuación de la presencia de cualquier objeto en la Zona.

7(v) Ubicación de los campamentos

- Se prohíbe acampar en la Zona excepto en una situación de emergencia. Si es necesario, se recomienda enfáticamente usar el refugio situado en la costa cerca del límite oriental de la Zona (véase el mapa 2).

7(vi) Restricciones de materiales y organismos que pueden introducirse en la Zona

- Se prohíbe la introducción deliberada de animales vivos y material vegetal en la Zona.

- No se podrán llevar productos avícolas sin cocinar ni frutas y verduras frescas a la Zona.

- A fin de reducir al mínimo el riesgo de introducción de microbios o vegetación de suelos de otros lugares de la Antártida, incluidas las estaciones, o de regiones fuera de la Antártida, el calzado y todo equipo que vaya a usarse en la Zona, en particular el equipo de muestreo y los señalizadores, deberán limpiarse minuciosamente antes de entrar en la Zona (toda actividad terrestre debería ceñirse al Código de conducta ambiental del SCAR para las investigaciones científicas en el terreno en la Antártida).

- No se podrán introducir herbicidas o plaguicidas en la Zona. Cualquier otro producto químico, que podrá introducirse con el permiso correspondiente, deberá ser retirado de la Zona cuando concluya la actividad para la cual se haya expedido el permiso. Se deberán documentar los tipos de productos químicos y su uso lo más claramente posible para conocimiento de los demás investigadores.

- No se podrán almacenar combustible, alimentos u otros materiales en la Zona, salvo que sean indispensables para la actividad para la cual se haya expedido el permiso, siempre que se almacenen de forma segura de forma tal que estén fuera del alcance de la fauna silvestre.

7(vii) Toma o intromisión perjudicial de flora y fauna autóctonas

- Se prohíbe la toma de ejemplares de la flora o la fauna autóctonas y la intromisión perjudicial en ellas, excepto con un permiso, en cuyo caso deberá ceñirse como mínimo al *Código de conducta del SCAR para el uso de animales con fines científicos* en la Antártida.

- Por medio del Sistema de Intercambio de Información del Tratado Antártico se intercambiará información sobre la toma de ejemplares de la flora o la fauna o la interferencia perjudicial en ellas.

7(viii) Recolección o traslado de materiales que no hayan sido llevados a la Zona por el titular del permiso

- Se podrá recolectar o retirar materiales no llevados a la Zona por el titular de un permiso, únicamente de conformidad con un permiso y dicho material debería limitarse al mínimo necesario para fines de índole científica o de gestión.

- Todo material de origen humano que tenga probabilidad de arriesgar los valores de la Zona y que no haya sido llevado a ésta por el titular del permiso, o que no esté comprendido en otro tipo de autorización, podrá ser retirado salvo que el impacto de su extracción probablemente sea mayor que el efecto de dejar el material en el lugar. En tal caso, se deberá notificar a la autoridad correspondiente.

7(ix) Eliminación de residuos

- Deberán retirarse de la Zona todos los residuos, incluidos todos los residuos de origen humano. Los desechos orgánicos humanos podrán verterse en el mar de conformidad con el artículo 5 del Anexo III del Protocolo al Tratado Antártico sobre Protección del Medio Ambiente.

7(ix) Medidas que puedan requerirse para garantizar el continuo cumplimiento de los objetivos y las finalidades del Plan de gestión

- Se podrán conceder permisos para ingresar en la Zona a fin de realizar actividades de monitoreo biológico e inspección del sitio, que podrían incluir la recolección de un número pequeño de muestras para análisis científicos, de emplazar o reparar carteles o de implementar medidas de protección.

7(xi) Requisitos relativos a los informes

El titular principal de cada permiso expedido deberá presentar un informe de las actividades realizadas en la Zona. Dichos informes deberían incluir la información señalada en el formulario para el informe de visitas recomendado por el SCAR. Este informe deberá presentarse a la autoridad que figure en el permiso cuanto antes pero no más de seis meses después de la visita. Tales informes deberán archivarse por un período indefinido y estar a disposición de cualquier parte interesada, el SCAR, la CCRVMA y el COMNAP, si se los solicita, a fin de proporcionar la información necesaria sobre las actividades humanas en la Zona para su gestión adecuada.

8. Documentación de apoyo

Aguirre, C.A. y Acero, J.M. (1995) Distribution and abundance of birds in the Errera Channel, Antarctic Peninsula during the 1992/93 breeding season. Mar. Ornithol. 23, 129-134.

ASOC (2007) Implementing the Madrid Protpcol: A case study of Fildes Peninsula, King George Island, XXX ATCM/IP136.

ASOC (2008) Some land-based facilities used to support/manage Antarctic tourism in King George Island, XXXI ATCM/IP41.

Bednarek-Ochyra, H., Vana, R. y Lewis-Smith, R.I. (2000) The liverwort flora of Antarctica. Academia de Ciencias de Polonia, Instituto de Botánica, Cracovia.

Chang, S.K. (2004) Preliminary report on the ecology of the penguins observed in the cold years and a less cold year in the vicinity of King Sejong Station, King George Island off the Antarctic Peninsula. En: Annual report of environmental monitoring on human impacts at the King Sejong Station, Antarctica. KORDI, ECPP 03 102.

Esponda, C.M.G. Coria, N.R. y Montalti, D. (2000) Breeding birds at Halfmoon Island, South Shetland Islands, Antarctica, 1995/96. Mar. Ornithol. 28, 59-62.

Hagelin, J.C., y Miller, G.D. (1997) Nest-site selection in South polar skuas: Balancing nest safty and access to recources. Auk 114, 638-546.

Hahn, S., Peter, H-U., Quillfeldt, P. y Reinhardt, K. (1998) The birds of the Potter Peninsula, King George Island, South Shetland, Antarctica, 1965–1998, Mar. Ornithol. 26, 1-6.

Jablonski, B. (1984) Distribution and number of penguins in the region of King George Island, South Shetland Islands in the breeding season 1980/81. Polish Polar Research 5, 17-30.

Kim, D. (2002) Effect of variation in food supply on reproduction in Gentoo (*Pygoscelis papua*) and Chinstrap penguins (*P. antarctica*). p.195-222. En: Annual report of environmental monitoring on human impacts at the King Sejong Station, Antarctica. KORDI EC PP 01 001-B2.

Kim, J.H. Ahn, I.Y., Lee , K.S., Chung, H. y Choi, H.-G. (2007) Vegetation of Barton Peninsula in the neighbourhood of King Sejong Station (King George Island, Maritime Antarctic). Polar Biol. 30, 903-916.

Kim J.H., Chung, H., Kim, J.H., Yoo, J.C. y Ahn, I.Y. (2005) Nest distribution of skuas on Barton and Weaver peninsulas of the King George Island, the Antarctic. Ocean and Polar Research 27(4), 443-450.

KORDI (1998-2007) Annual Weather Report at King Sejong Station.

Lee, J.I., Hur, S.D., Yoo, C.M., Ueo, J.P., Kim, H., Hwang J., Choe, M.Y., Nam, S.H., Kim. Y., Park, B-K., Zheng X. y López- Martínez, J. (2002) Explanatory text of the geological map of Barton and Weaver Peninsulas, King George Island, Antarctica. Instituto de Investigación y Desarrollo Oceánicos de Corea.

Lee YI, Lim HS & Yoon HI (2004) Geochemistry of soils of King George Island, South Shetland Islands,

West Antarctica: implication for pedogenesis in cold polar regions. Geochim Cosmochim Acta 68, 4319–4333.

Lewis-Smith, R.I. y Poncet, S. (1985) New southernmost record for Antarctic flowering plants. Polar Record 22, 425-427.

López- Martínez, J., Serrano, E. y Lee, J.I. (2002) Geomorphological map of Barton and Weaver Peninsulas, King George Island, Antarctica. Korea Ocean Research and Development Institute.

Lumper, P., y Weidinger, K. (2000) Distribution, numbers and breeding of birds at the Northern Ice-free areas of Nelson Island, South Shetland Islands, 1990–1992. Mar. Ornithol. 28, 41-56.

Ministry of Environment (MOE) (2007) The fundamental study for designation of Antarctic Specially Protected Area. BSPN07030-71-3.

Ministry of Environment (MOE) (2011) Management of and monitoring on Antarctic Specially Protected Area . Ministry of Environment.

Ministry of Environment (MOE) (2012) Management of and monitoring on Antarctic Specially Protected Area (II). Ministry of Environment.Ministry of Environment (MOE) (2013) Management of and monitoring on Antarctic Specially Protected Area (III). Ministry of Environment.

Ministry of Maritime Affairs and Fisheries (MAF) (1997) Overwintering Report of the 8th Korea Antarctic Research Program at King Sejong Station (noviembre de 1994 a diciembre de 1995). BSE 520001-982-7.

Ministry of Science and Technology (MOST) (1989) A study on Natural Environment in the area around the Korea Antarctic Station, King George Island (II). BSPG00081-246-7.

Ministry of Science and Technology (MOST) (1992) The Research on Natural Environments and Resources of Antarctica. BSPG 00169-5-485-7.

Ministry of Science and Technology (MOST) (1993) Overwintering Report of the 4th Korea Antarctic Research Program at King Sejong Station (December 1991-December 1992). BSPN 00221-1-678-7.

Mönke, R. & Bick, A. (1988) Fachlicher Bericht über die Teilnahme der DDRBiologengruppe an der 31. Sowjetischen Antarktisexpedition (SAE), Station "Bellingshausen", King-George-Island (Südshetland Inseln/Antarktis), Berlin, Potsdam.

Ochyra, R. (1998) The moss flora of King George Island Antarctica. Academia de ciencias de Polonia, W. Szafer
   Instituto de Botánica, Cracovia.

Øvstedal, D.O. y Lewis-Smith. R.I. (2001) Lichens of Antarctica and South Georgia: a guide to their identification and ecology. Cambridge University Press, Cambridge, P. 411.

Peter, H.-U., Kaiser, M. & Gebauer, A. (1986) Reisebericht - Teil 2, Wissenschaftliche Ergebnisse der Teilnahme an der 29. Sowjetischen Antarktisexpedition Überwinterungsgruppe, Station Bellingshausen 21.11.1983-18.05.1985, Berlin, Potsdam.

Peter, H.-U., Busser, C., Mustafa, O y Pfeiffer, S. (2005) Preliminary Results of the Research Project "Risk assessment for the Fildes Peninsula and Ardley Island and the development management plans for designation as ASMA (unpublished survey results presented at the Fildes meeting at INACH).

Pezzo, F.,Olmastroni, S., Corsolini, S., y Focardi, S. (2001) Factors affecting the breeding success of the south polar skua *Catharacta maccormicki* at Edmonson Point, Victoria Land, Antarctica. Polar Biol 24, 389-393.

Rauschert, M., Zippel, D. & Gruner, M. (1987) Reisebericht Teil 2. Fachlicher Bericht über die Teilnahme der Biologengruppe der DDR an der 30. Sowjetischen Antarktisexpedition (SAE), Station "Bellingshausen", King George Island (Südshetlandinseln/Antarktis), unveröffentl. Ber. Berlin, Potsdam.

Schroeter, B., Kappen, L. Green, T.G.A. y Seppelt, R.D. (1997) Lichens and the Antarctic environment: effect of temperature and water availability on phytosynthetisis. En Ecosystem processes in Antarctic ice-free landscapes, ed. W.B. Lyons, C. Howard-Williams y I. Hawes, pp. 103-117. Rotterdam, Balkema.

Shuford, W.D. y Spear, L.B. (1988) Survey of Breeding Penguins and other seabirds in the South Shetland Islands, Antarctica, January-February 1987. NOAA Technical Memorandum NMFS-F/NEC-59.

Takahashi, A., Kokubun N., Mori, Y. y Shin, H-C. (2008) Krill-feeding behaviour of gentoo penguins as shown by animal-borne camera loggers. Polar Biol. 31, 1291-1294.

Trivelpiece, W, Butler, R.G. y Volkman, N.J. (1980) Feeding territoties of brown skuas (*Catharacta lonnbergi*). Auk 97, 669-676.

Trivelpiece, W.Z., Trivelpiece, S.G. y Volkman, N.J. (1987) Ecological segregation of adelie, gentoo, Chinstrap penguins at King George Island, Antarctica. Ecology 68, 351-361.

Yoon, M.B. Yoon, M.B. (1990) Observation of birds around King Sejong Station during 1989/90 austral summer. In A study on Natural Environment in the Area Around the Korean Antarctic Station, King George Island (III). págs.433-459. MOST BSPG-00111-317-7.

Yoo, C.M., Choe, M.Y., Jo, H.R., Kim, Y. y Kim, K.H. (2001) Vocaniclastic sedimentation of the Sejong Formation (Late Paleocene-Eocene), Barton Peninsula, King George Island, Antarctica. Ocean and Polar Research, 23, 97-107.

Vaughan, D.G., Marshall, G.J., Connolley, W.M., King, J.C. y Mulvaney, R. (2001) Devil in the detail. Antarctic Science 293, 1777-1779.

Anexo I Lista de la flora del sitio

Taxones

Líquenes

Acrospora austroshetlandica (C.W. Dodge) Øvstedal
Bryoria sp.
Buellia anisomera Vain.
Buellia russa (Hue)Darb.
Caloplaca lucens (Nyl.) Zahlbr.
Caloplaca sublobulata (Nyl.) Zahlbr.
Cetraria aculeata (Schreb.) Fr.
Cladonia borealis S. Stenroos
Cladonia chlorophaea (Flörke ex Sommerf.) Spreng.
Cladonia furcata (Huds.) Schaer.
Cladonia gracilis (L.) Willd.
Cladonia merochlorophaea var *novochlorophaea* Sipman
Cladonia pleurota (Flörke) Schaer.
Cladonia pyxidata (L.) Hoffm.
Cladonia scabriuscula (Delise) Nyl.
Haematomma erythromma (Nyl.) Zahlbr
Himantormia lugubris (Hue.) I. M. Lamb
Huea coralligera (Hue) C. W. Dodge y G. E. Baker
Lecania brialmontii (Vain.) Zahlbr.
Lecania gerlachei (Vain.) Darb.
Lecanora polytropa (Hoffm.) Rabenh.
Lecidea cancriformis C.W. Dodge y G.E. Baker
Lecidella carpathica Körb.
Massalongia carnosa (Dicks.) Körb.
Ochlorechia frigida (Sw.) Lynge
Pannaria austro-orcadensis Øvstedal
Pertusaria excudens Nyl.
Physcia caesia (Hoffm.) Fürnr.
Physcia dubia (Hoffm.) Lettau
Physconia muscigena (Ach.) Poelt
Placopsis contourtuplicata I. M. Lamb
Porpidia austrosheltandica Hertel
Pseudophebe pubescens (L.) M. Choisy
Psoroma cinnamomeum Malme
Psoroma hypnorum (Vahl) Gray
Ramalina terebrata Hook f, y Taylor
Rhizocarpon geographicum (L.) DC.
Rhizoplaca aspidophora (Vain.) Redón
Rhizoplaca melanophthalma (Ram.) Leuckert y Poelt
Rinodina olivaceobrunnea C.W. Dodge y G. B. Baker
Sphaerophorus globosus (Huds.) Vain.
Stereocaulon alpinum Laurer
Tephromela atra (Huds.) Hafellmer ex Kalb
Tremolecia atrata (Ach.) Hertel
Turgidosculum complicatulum (Nyl.) J. Kohlm. y E. Kohlm.
Umbilicaria antarctica Frey y I. M. Lamb

Umbilicaria decussata (Vill.) Zahlbr.
Usnea antarctica Du Rietz
Usnea aurantiaco-atra (Jacq.) Bory
Xanthoria candelaria (L.) Th. Fr.
Xanthoria elegans (Link) Th. Fr.

Musgos
Andreaea depressinervis Cardot
Andreaea gainii Cardot
Andreaea regularis Müll. Hal.
Bartramia patens Brid.
Bryum argenteum Hedw.
Bryum orbiculatifolium Cardot y Broth.
Bryum pseudotriquetrum (Hedw.) C.F. Gaertn. et al.
Ceratodon purpureus (Hedw.) Brid.
Chorisodontium aciphyllum (Hook. f. y Wils.)
Dicranoweisia brevipes (Müll. Hal.) Cardot
Dicranoweisia crispula (Hedw.) Lindb. Ex Milde
Ditrichum hyalinum (Mitt.) Kuntze
Ditrichum lewis-smithii Ochyra
Encalypta rhaptocarpa Schwägr.
Hennediella antarctica (Angstr.) Ochyra y Matteri
Notoligotrichum trichodon (Hook. f. Wils.) G. L. Sm.
Pohlia drummondii (Müll. Hal.) A. K. Andrews
Pohlia nutans (Hedw.) Lindb.
Pohlia wahlenbergii (Web. y Mohr) A. L. Andrews
Polytrichastrum alpinum (Hedw.) G. L. Sm.
Polytrichum strictum Brid.
Racomitrium sudeticum (Funck) Bruch y Schimp.
Sanionia georgico-uncinata (Müll. Hal.) Ochyra y Hedenäs
Sanionia uncinata (Hedw.) Loeske
Schistidium antarctici (Card.) L. I. Savicz y Smirnova
Syntrichia filaris (Müll. Hal.) Zand.
Syntrichia princeps (De Not.) Mitt.
Syntrichia saxicola (Card.) Zand.
Warnstorfia sarmentosa (Wahlenb.) Hedenäs

Hepáticas
Barbilophozia hatcheri (A. Evans) Loeske
Cephalozia badia (Gottsche) Steph.
Cephaloziella varians (Gottsche) Steph.
Herzogobryum teres (Carrington y Pearson) Grolle
Lophozia excisa (Dicks.) Dumort.
Pachyglossa disstifidolia Herzog y Grolle

Algas
Prasiola crispa (Ligtf.) Menegh.

Plantas florales
Deschampsia antarctica Desv.

ANEXO II. Mapas

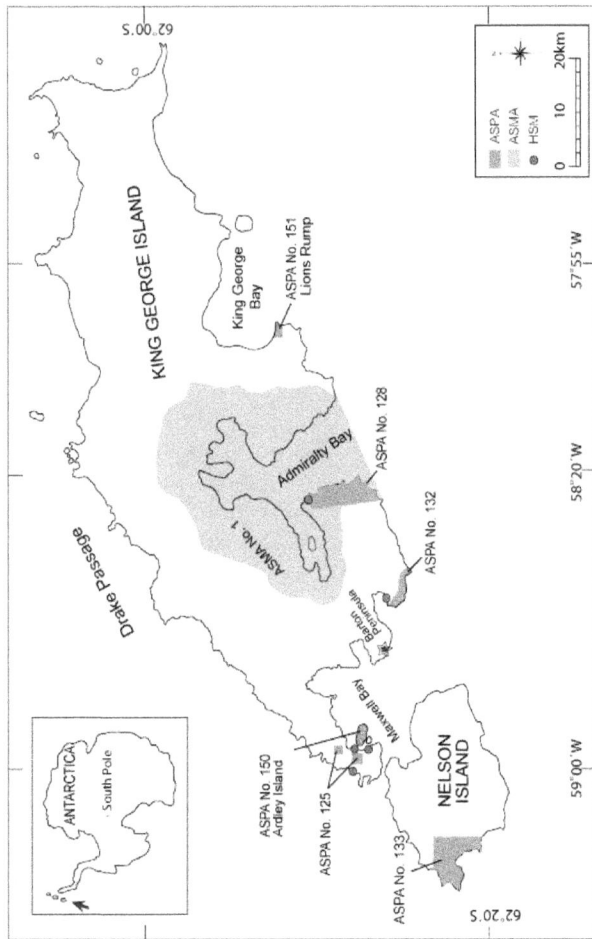

Mapa 1: Ubicación de la punta Narębski (★) en relación con la isla Rey Jorge (isla 25 de mayo) y las zonas protegidas existentes (ZAEA, ZAEP, SMH)

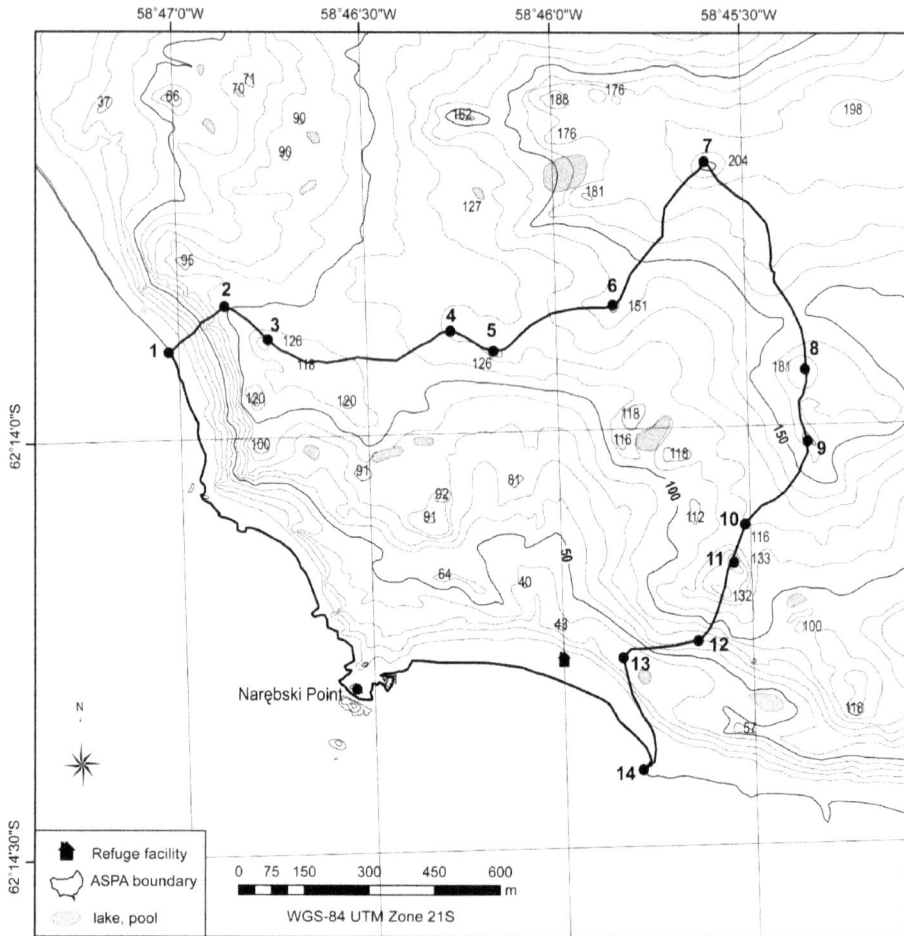

	Latitud	Longitud		Latitud	Longitud
1	62°13′53.69″S	58°47′01.31″O	9.	62°14′00.86″S	58°45′20.85″O
2	62°13′50.48″S	58°46′52.37″O	10	62°14′06.96″S	58°45′30.62″O
3	62°13′52.85″S	58°46′45.84″O	11	62°14′09.73″S	58°45′33.08″O
4	62°13′52.53″S	58°46′16.62″O	12	62°14′15.30″S	58°45′38.87″O
5	62°13′54.18″S	58°46′09.53″O	13	62°14′16.43″S	58°45′50.37″O
6	62°13′51.11″S	58°45′50.64″O	14	62°14′24.55″S	58°45′48.00″O
7.	62°13′40.97″S	58°45′35.60″O	NP	62°14′18.17″S	58°46′32.99″O
8.	62°13′55.95″S	58°45′20.71″O			

Mapa 2. Límite de la ZAEP N° 171

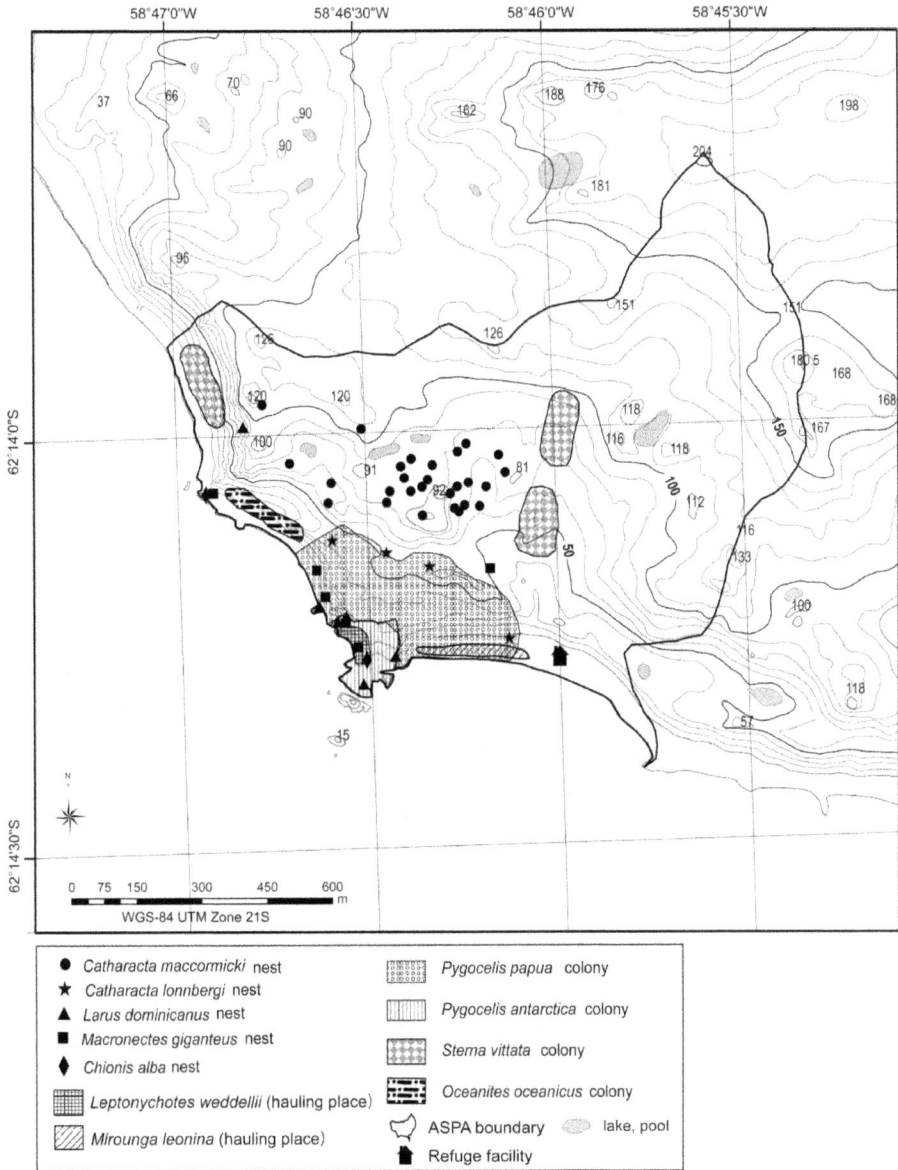

Mapa 3. Distribución de las colonias de aves y los lugares donde las focas permanecen en tierra en la ZAEP N° 171

Abreviaturas

UV: zona sin vegetación
Cr. liquenes crustosos
S: *Sanionia* spp., Pr: *Prasiola*
Chr: *Chorisodontium aciphyllum*
A: *Andreaea*, Us: *Usnea* spp.
R: *Ramalina terebrata*
Us-Cr: *liquenes lisnea-Crustosos*
R-Cr: *liquenes crustosos - ramalina-Crustose*
S-Us: *Sanionia-Usnea* spp.
Us-A: *Usnea-Andreaea*
H: *Himantormia lugubris*
H-Us: *Himantormia-Usnea*
Us-H: *Usnea-Himantormia*

Cobertura total de cada comunidad (%)

Cr: 75.2   S: 99.9   Pr: 86.8
Chr: 100   A: 93.8   Us: 95.4
R: 100   Us-Cr: 93.1
R-Cr: 100   S-Us: 98.2
Us-A: 98   H: 100

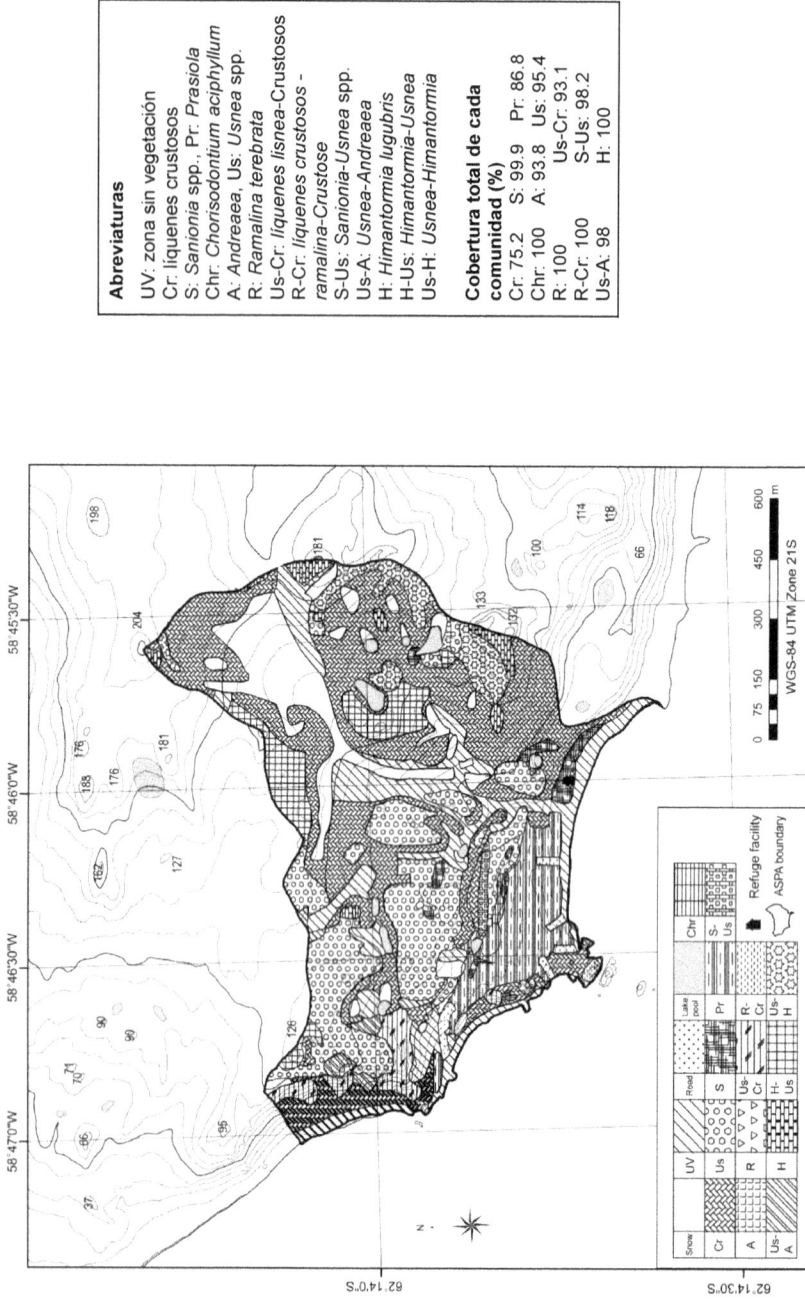

Mapa 4: Distribución de las comunidades de plantas en la ZAEP N° 171

58°47'0"W   58°46'30"W   58°46'0"W   58°45'30"W

62°14'0"S

62°14'30"S

37 66 70 71 90 90 95 162 188 176 176 181 127 198 204 126 120 150 118 116 133 132 100 100 50 43 14 12 15 57 118

0 75 150 300 450 600
m
WGS-84 UTM Zone 21S

Legend

Contours on rock
Scarp
Over-deepened basin
Rock bar, riegel
Roches moutonnees, abraded & plucked surfaces

Lake, pool
Seasonal streams
Gorge
Nivation niche
Patterned ground

Present-day beach & Holocene raised beaches
Middle platforms and scarps
Upper platforms and scarps
Highest marine deposits
Till, glacial deposit

Stone stripes
Gelifluction lobes
Debris slope
Stone stream
Refuge facility
ASPA boundary

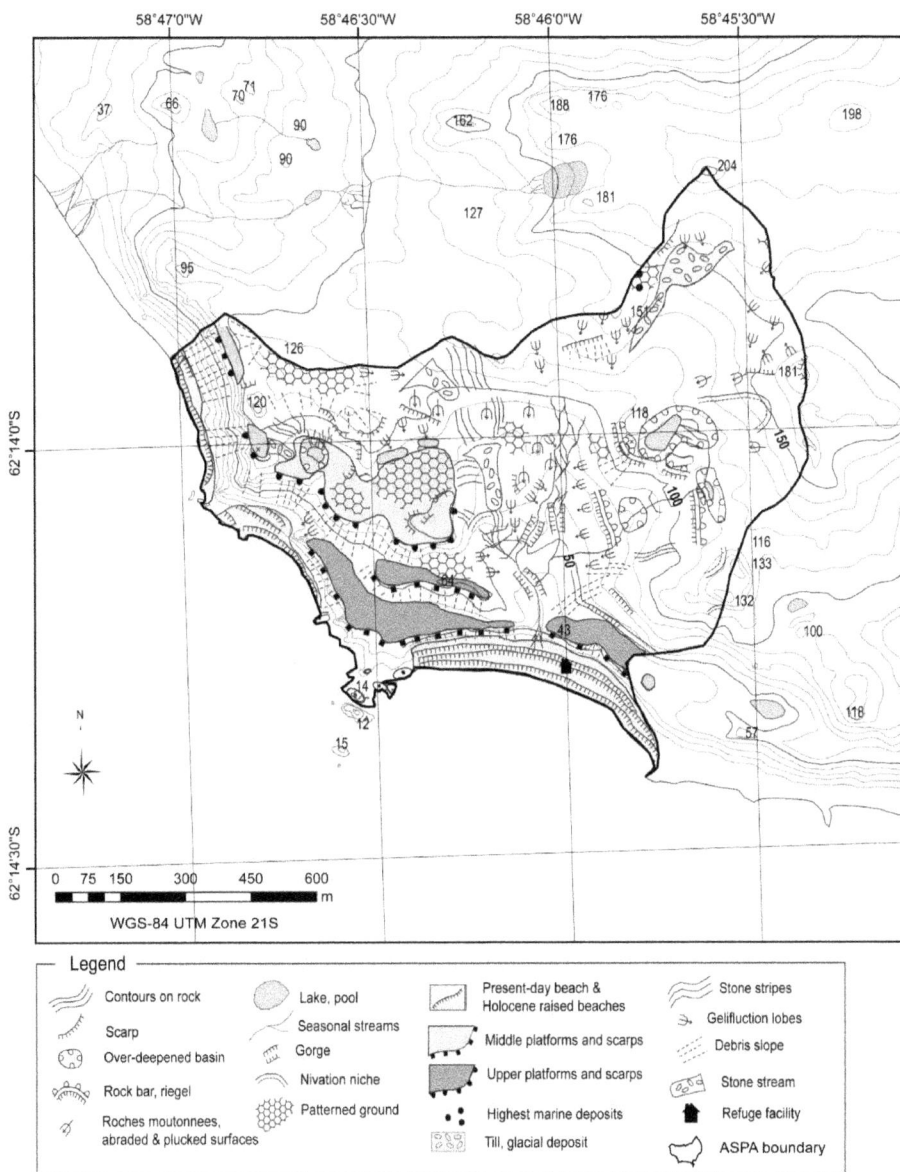

Mapa 5. Detalles geomorfológicos de la ZAEP N° 171

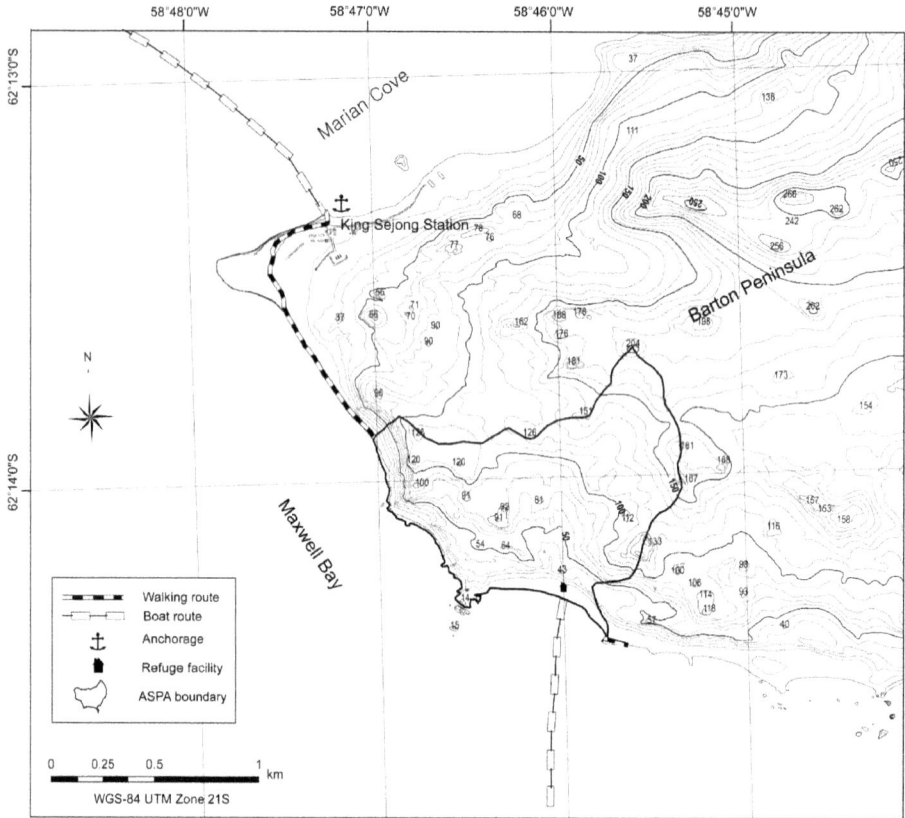

Mapa 6. Rutas de acceso a la ZAEP N° 171

Plan de Gestión para la Zona Antártica Especialmente Protegida Nº 174

STORNES, COLINAS DE LARSEMANN, TIERRA DE LA PRINCESA ISABEL

Introducción

Stornes (69°25'S, 76°6'E) es la mayor península en las colinas de Larsemann, en la costa sudeste de la bahía Prydz, Tierra de la Princesa Isabel, Antártida Oriental. Stornes está situado en la Zona Antártica Especialmente Administrada (ZAEA) No. 6, Colinas de Larsemann, que fue designada en la Medida 2 (2007). En el plan de gestión original de la ZAEA de colinas de Larsemann, Stornes había sido designada como zona restringida.

Stornes parece ser geológicamente único en el desarrollo de los minerales de borosilicato: boralsilita, prismatina y grandidierita, y del mineral de fosfato wagnerita. Estos conjuntos de minerales se consideran muy relevantes tanto en su variedad como en la extensión de su área, y la riqueza extremadamente poco común de su mineralogía de facies de granulita borosilicato y fosfato es notable. La ZAEP está destinada principalmente a proteger las características geológicas del área, concretamente los casos de minerales poco comunes y las rocas poco habituales, en los casos en que se encuentran. Esta protección también mantendrá la integridad global geológica y el contexto de estos poco comunes casos de minerales para su futuro estudio, y para preservar la posibilidad de descubrir nuevas especies y ocurrencias de mineral.

Stornes es también una de las dos únicas localizaciones en el margen de la Antártida Oriental donde los sedimentos fosilíferos contienen evidencias del paleoambiente en un momento de volumen de hielo reducido, hace unos 4 millones de años.

La Zona está situada en una proximidad relativa a estaciones continuamente ocupadas y sus valores geológicos son por lo tanto susceptibles de ser afectados por el excesivo muestreo o la extracción no autorizada, y la investigación de campo y las actividades logísticas, incluido el uso de vehículos y la instalación de infraestructuras. La designación ZAEP ayuda a garantizar que este lugar geológicamente importante esté protegido para futuros estudios paleoambientales de la Antártida.

La designación de Stornes como ZAEP también reconoce el deseo de proteger esta península, pocas veces visitada y con un impacto relativamente mínimo como lugar de referencia para futura comparación con otras partes de las colinas de Larsemann donde se encuentran situadas varias estaciones.

Descripción de los valores que requieren protección

Valores Geológicos

Stornes es único ya que cuenta con la presencia de un diverso conjunto de minerales de borosilicato (cinco tipos) y minerales de fosfato (nueve tipos). La prismatina y la grandidierita, borosilicatos relativamente poco comunes, se encuentran en abundancia en cristales y segregaciones espectaculares en una amplia zona, en tanto que la wagnerita (fluorfosfato ferromagnesiano) forma nódulos espectaculares a nivel local y granos microscópicos a nivel regional.

Stornes es la localidad de descubrimiento (o tipo) de tres minerales nuevos: el mineral de boro boralsilita y los minerales fosfatos stornesita-(itrio) y tassieita. Además, la wagnerita se encuentra en dos politipos diferentes (es decir, con la misma fórmula química pero con diferente estructura cristalina); de hecho el primer descubrimiento de la wagnerita que demostraba politipismo era en muestras de las colinas de Larsemann. Además, los minerales de boro grandidierita, prismatina y dumortierita, así como la wagnerita, se encuentran en abundancia poco común o en grandes cristales en las colinas de Larsemann; pocas localidades en el mundo son comparables. El espectacular desarrollo de estos minerales y la boralsilita, uno de los minerales recientemente descritos como visible a simple vista, que hace que estos poco comunes minerales sean vulnerables a los daños.

Valores científicos

Los conjuntos de borosilicato y fosfato en Stornes se consideran científicamente significativos tanto en su variedad como en su origen. Una pregunta importante que se lanza en la investigación actual es qué procesos geológicos concentran boro y fósforo en tal extensión.

Los sedimentos al noroeste de Stornes (aproximadamente en 69°25'S 76°0'E) contienen foraminíferos, diatomeas y moluscos fragmentarios en abundancia y bien conservados, que permiten determinar la edad y el paleoambiente en el momento (hace 4 millones de años) cuando el volumen de hielo antártico era reducido. Esta localización representa uno de los dos sitios registrados en la Antártida Oriental con sedimento de este intervalo de tiempo. Los sedimentos son finos y friables y por lo tanto requieren protección de la actividad humana que pueda poner en peligro investigaciones científicas futuras.

La capa de hielo en Stornes casi no tiene conexión con la meseta antártica. Su tamaño (aproximadamente 2 km de diámetro), posición y aislamiento lo hacen accesible y un objeto interesante para la investigación de glaciología en las colinas de Larsemann. Las técnicas de supervisión modernas permiten observaciones de este tipo. Al ser un cuerpo de hielo comparativamente pequeño, el glaciar no tiene mucha inercia y como tal responderá rápidamente e indicará un cambio de clima. Los estudios en este emplazamiento, combinados con las observaciones de supervisión glaciológica realizadas en otros oasis, generarán nuevos conocimientos sobre la región.

Stornes no ha sido muy visitado y apenas presenta impacto de actividad humana. La protección ZAEP también sirve para establecer un lugar de referencia para posibles comparaciones futuras con otras penínsulas en las colinas de Larsemann que han estado sometidas a alteraciones notables como resultado del establecimiento y operación de estaciones de investigación. Con este fin, la ZAEP abarca la superficie más extensa posible de la península a fin de acomodar la logística que puede necesitarse en las estaciones de investigación establecidas en el lugar antes de la designación de la ZAEP y de la ZAEA.

1. Finalidades y objetivos

La gestión de la ZAEP pretende:

- evitar la degradación de, o el riesgo importante para, los valores de la Zona evitando en ella toda interferencia humana innecesaria o accidental producida por el acceso no controlado y la recolección no adecuada del material geológico;

- permitir las investigaciones científicas en la Zona siempre que sean indispensables y que no puedan realizarse en otro lugar;

- conservar la Zona como un lugar de referencia para futuros estudios comparativos, en especial con respecto a las áreas de estaciones en las colinas de Larsemann, y

- permitir visitas con fines de gestión para facilitar el cumplimiento de los objetivos del Plan de gestión.

2. Actividades de gestión

Para proteger los valores de la Zona:

- la información sobre la ZAEP, incluidas copias de este plan de gestión, debe estar disponible en los buques y en las instalaciones que operan en la región;
- el personal en las proximidades de la Zona, que acceda a ella o que vuele sobre la misma debe estar específicamente instruido por su programa nacional en cuanto a las disposiciones y el contenido del Plan de gestión;
- los marcadores o señales erigidos en la Zona con fines científicos o de gestión deben estar asegurados y conservados en buenas condiciones, y deben ser retirados cuando ya no son necesarios;
- en el mayor grado posible deberá retirarse todo equipo abandonado, siempre y cuando no se produzca un impacto negativo en los valores de la Zona;
- los programas antárticos nacionales que operan en la Zona deben trabajar de forma conjunta para garantizar que se cumplen los objetivos anteriores; y
- el plan de gestión debe ser revisado al menos una vez cada cinco años, y debe ser actualizado de manera conjunta por las Partes que mantienen actividades en las colinas de Larsemann (por ejemplo, quienes participan en el Grupo de gestión de la ZAEA).

3. Período de designación

Designación con período de vigencia indefinida.

4. Mapas

Mapa A: Zona Antártica Especialmente Protegida N° 174, Stornes, colinas de Larsemann, Tierra de la Princesa Isabel.

Mapa B: Zona Antártica Especialmente Protegida N° 174, Stornes, Colinas de Larsemann, Geología.

Todas las especificaciones del mapa: Datum horizontal: WGS84; Proyección: UTM Zona 43

5. Descripción de la Zona

5(i) Coordenadas geográficas, indicadores de límites y características naturales

Descripción general

La ZAEP de Stornes (69°25'S, 76°6'E) se encuentra entre las colinas de Larsemann, una superficie sin hielo al sur de la bahía Prydz, Antártida Oriental. Stornes se encuentra entre el fiordo Thala y la bahía Wilcock y su superficie se extiende 21,13 km^2. La ZAEP abarca la mayor parte de Stornes, además de pequeños promontorios ubicados hacia el suroeste (véase el Mapa B). La Zona no cuenta con un componente marino.

Las coordenadas de los límites para la Zona se indican en el Apéndice 1. El límite de la Zona sigue la línea de la costa (siguiendo la marca baja) entre un punto en el lado occidental del fiordo Thala a 76°8'29"E, 69°25'29"S (punto limítrofe 1) hasta un punto en el sur de punta McCarthy Point a 76°3'22"E, 69°28'40"S (punto limítrofe 25). El resto del límite sigue el borde austral de los afloramientos rocosos entre los puntos mencionados. En el lado oriental de la península, una entrada desde la costa de la península cubre la posible necesidad de llegada de vehículos y el acceso a tierra firme y a Broknes cuando las condiciones del hielo no se prestan para el uso de las rutas y lugares de desembarco recomendables en otros lugares de las colinas de Larsemann.

Cuando es posible, el límite utiliza los rasgos naturales (es decir, borde costero, contornos y afloramientos rocosos) para facilitar los desplazamientos sobre el terreno.

Características geológicas

La zona de las colinas de Larsemann contiene rocas sedimentarias y volcánicas que se depositaron hace entre 900 y 550 millones de años. Stornes está cimentado sobre metasedimentos proterozoicos, ortogneis félsico deformado y granitos de la primera época Paleozoica y pegmatitas postectónicas. Los metasedimentos proterozoicos, denominados en su conjunto Paragneis de Brattstrand, están expuestos a lo largo de un corredor con orientación norte a este a través del centro de Stornes y un área al sur y al este del domo de hielo Allison. Los metasedimentos comprenden un paquete heterogéneo de rocas pelíticas, psamitas y posiblemente volcanogénica que se caracterizan por una riqueza poco frecuente en boro (b) y fósforo (P) y que acoge los extraños minerales que incluyen B y P y que se encuentran en Stornes. Los sedimentos precursores al Paragneiss de Brattstrand se depositaron (probablemente en torno a 950-1000 millones de años) en "base" cristalina en el Mesoproterozoico representado por el ortogneis de Søstrene (aprox. 1.125 millones de años), un ortogneis estratificado félsico-máfico que se muestra mejor en islas al norte y noreste de Stornes (ej: islas McLeod, véase Carson y Grew 2007). Durante un evento tectonometamórfico de alto grado a principios del Paleozoico (aprox. 530-515 millones de años), el Paragneis de Brattstrand fue transpuesto tectónicamente e interestratificado con el ortogneis félsico de Blundell (aprox. 970 millones de años), una unidad ampliamente extendida al norte y al sur de Stornes. Un número de cuerpos de granito (ej.: granito Progress) también se emplazó a principios del Paleozoico (aprox. 520 millones de años), un evento tectonometamórfico de alto grado seguido del emplazamiento de pegmatitas félsicas menores planares postectónicas.

En el noreste de la Zona, las rocas de base están superpuestas por una capa discontinua desigual de sedimentos marinos sueltos redepositados, con abundantes moluscos fragmentarios, foraminíferos bénticos bien conservados (Quilty *et al.*, 1990) y diatomeas (McMinn y Harwood, 1995) que proporcionan la base para la determinación de la edad y el paleoambiente. Los fósiles siguen proporcionando datos sobre edad y temperatura del agua en el pasado.

Glaciología

La península incluye un pequeño glaciar (aproximadamente 2 km de diámetro) que está separado de la meseta Antártica, y casi no tiene conexión con ésta. Su posición, aislamiento y tamaño lo convierten en un lugar accesible y en un objeto interesante para la investigación glaciológica en las colinas de Larsemann.

Vegetación

La macroflora terrestre de las colinas de Larsemann consiste al menos en 31 líquenes, 6 musgos y 1 hepática. No se han realizado estudios sistemáticos sobre las algas terrestres y lacustres, ni de las cianobacterias. No obstante, en muchas áreas de fundición de nieve estacional se pueden observar extensas áreas ennegrecidas, donde predominan las cianobacterias y las algas microscópicas. La disponibilidad de refugio ante el viento y los abrasivos transportados por éste (nieve, arena), y las características topográficas locales juegan un papel importante en la determinación de la distribución y la abundancia de la flora criptogámica autóctona. En lugares de humedad dispersa, pueden producirse pequeños lechos de musgo. El musgo subfósil (*Bryum pseudotriquetrum*) anterior al último período glacial máximo se ha recuperado de los depósitos lacustres. La vegetación predominante de liquen se encuentra principalmente en laderas y afloramientos rocosos, si bien en ningún sitio es especialmente abundante. En cuanto a su flora, se piensa que las colinas de Larsemann son similares a muchos otros afloramientos de la costa Ingrid Christensen al sur de las cerros Vestfold y las islas Rauer.

Meteorología

Una característica principal de la zona de las colinas de Larsemann es la existencia de vientos catabáticos persistentes y fuertes que soplan del noreste casi todos los días de verano. Entre diciembre y febrero las temperaturas diarias del aire suelen superar los 4° C y pueden incluso ser superiores a 10° C, la media mensual de temperatura está ligeramente por encima de los 0° C. En invierno, las temperaturas medias mensuales se sitúan entre -15 °C y -18 °C. El bloque de hielo se extiende hacia la costa durante el verano y los fiordos y bahías pocas veces están sin hielo. Las precipitaciones consisten en nevadas y es poco probable que excedan el equivalente en agua de 250 mm anual. La cobertura de nieve es generalmente más profunda y más persistente en Stornes que en Broknes, al este. Esto se debe a los vientos predominantes del noreste y al hielo marino perenne presente en las islas fuera de Stornes.

Focas

En las costas de las colinas de Larsemann son numerosas las focas de Weddell (*Leptonychotes weddelli*). Se ha observado la cría desde octubre en adelante en el hielo marino adyacente a las pequeñas islas al noreste de la parte oriental de Broknes, y a finales de diciembre se han observado grupos de focas en proceso de muda aislados cerca de la costa de Broknes adyacente a las estaciones y en grietas de corrientes en los fiordos al este. Los levantamientos aéreos durante el período de muda, han observado más de 1.000 focas, con varios grupos grandes de entre 50 y 100 focas aislados en el fiordo Thala en cúmulos de hielo inmediatamente al oeste de Stornes, y numerosos grupos más pequeños entre islas offshore y hielo al noreste de Broknes. Las focas cangrejeras (*Lobodon carcinophagus)* y las focas leopardo *(Hydrurga leptonyx)* también son visitantes ocasionales de la región.

Aves marinas

En el área de las colinas de Larsemann se reproducen tres especies de aves marinas (skúas antárticas, petreles blancos y petreles de Wilson). Se han documentado las cantidades aproximadas y la ubicación de parejas reproductoras en Broknes, y especialmente en el este de Broknes, pero no está clara su distribución por el resto del área, incluido Stornes.

En las colinas de Larsemann también hay presencia de skúas polares (*Catharacta maccormicki*) desde mediados-fines de octubre a principios de abril, contándose aproximadamente 17 parejas reproductoras que anidan en Broknes y cantidades similares no reproductoras de estas mismas aves.

Los nidos de petreles de las nieves (*Pagodroma nivea*) y los petreles de Wilson (*Oceanites oceanicus*) se encuentran a resguardo en los fragmentos de lechos rocosos, grietas, laderas rocosas y desmoronamientos de piedras, y por lo general están con huevos o crías desde octubre hasta febrero. En Broknes hay entre 850 y 900 parejas de petreles de las nieves y entre 40 y 50 parejas de petreles de Wilson aproximadamente, con concentraciones de petreles blancos en la Base Ridge y en los afloramientos rocosos adyacentes al glaciar Dålk al este y en la meseta por el sur.

A pesar del hábitat aparentemente adecuado para anidar, no se han encontrado colonias reproductoras de pingüinos Adelia (*Pygoscelis adeliae*) en Stornes, probablemente debido a la persistencia de hielo marino durante el pasado período de incubación. Las aves de las colonias de los grupos de islas cercanas (entre las islas Svenner y Bolingen) visitan la Zona durante el verano para mudar el plumaje.

Dominios ambientales y regiones biogeográficas

Stornes es una de las pocas ZAEP designadas fundamentalmente para la protección de sus valores geológicos (a saber, ZAEP 125 de la península Fildes, ZAEP 147 de la punta Ablación, ZAEP 148, del monte Flora y ZAEP 168, de monte Harding), y la única ZAEP designada básicamente para la protección de sus especies minerales. Basadas en los Análisis de Dominios Ambientales para la Antártida (Resolución 3 (2008)) Stornes está situado en el Medioambiente D: zona geológica de la costa antártica oriental. En relación con las Regiones Biogeográficas de Conservación de la Antártida identificadas en la Resolución 6 (2012), Stornes está situado en la Región Biogeográfica de la Antártida Oriental.

5(ii) Acceso a la zona

Una parte del límite oriental de la ZAEP se aproxima a una ruta hacia la meseta que puede abordarse por vehículos desembarcados cerca del punto limítrofe 1 (véase el Mapa B y las coordenadas en el Apéndice 1) en el lado occidental del fiordo Thala. Los vehículos que viajan hacia la meseta siguiendo este límite pueden desviarse entre los puntos limítrofes 3 y 12 hacia el oeste en caso de que esto sea indispensable para evitar los peligros de la navegación. Cualquiera de estos desvíos no puede superar los 200 m desde la línea del límite, y estará restringido al cruce de la nieve o el hielo. Los vehículos no deben ingresar en la Zona por ningún otro motivo.

No existen sitios específicos para el aterrizaje de helicópteros o la llegada de buques, ni hay puntos de acceso, y tampoco existen rutas peatonales marcadas dentro de la Zona. Se permiten los aterrizajes y sobrevuelos, y en la medida de lo posible deberán evitarse las rutas sobre los lagos.

5(iii) Ubicación de estructuras dentro de la Zona y en sus proximidades

No hay estructuras permanentes en la Zona.

La Zona está aproximadamente a 1,6 km al suroeste de la estación Bharati (India) y aproximadamente 9,3 km al suroeste de Broknes oriental, donde están situadas las estaciones Zhongshan (China), Progress (Federación de Rusia) y Law-Racovita-Negoita (Australia y Rumania).

Hay una cabaña rusa situada a 69°25'27"S, 76°08'25"E en el fiordo Thala en la parte de Stornes fuera de la ZAEP (véase el Mapa B).

5(iv) Ubicación de las zonas protegidas en las cercanías

La Zona está enmarcada totalmente en la ZAEA 6, colinas de Larsemann, Antártida Oriental (69°30'S, 76°19'58"E).

ZAEP 169, bahía Amanda, Costa Ingrid Christensen, tierra de la Princesa Isabel, Antártida Oriental (69°15'S, 76°49'59.9"E.) situada aproximadamente a 27 km del noreste.

5(v) Zonas especiales al interior de la Zona

No hay áreas especiales al interior de la Zona.

6. Términos y condiciones para los permisos de entrada

6(i) Condiciones para la expedición de permisos

Se prohíbe el ingreso a la Zona excepto con un permiso expedido por una autoridad nacional pertinente. Las condiciones para la expedición de permisos son las siguientes:

- que se haya expedido por razones científicas indispensables, que no puedan llevarse a cabo en otro lugar, o por razones que sean esenciales para la gestión de la Zona;
- las acciones permitidas son compatibles con el presente Plan de gestión;
- las actividades permitidas darán la correspondiente consideración a través del proceso de Evaluación de impacto ambiental a la protección continua de los valores científicos de la Zona.
- el permiso será expedido por un período determinado.
- se deberá llevar el permiso, o una copia de este, dentro de la Zona.

6 (ii) Acceso a la zona y desplazamientos en su interior o sobre ella

Los vehículos están prohibidos en la Zona excepto de conformidad con lo descrito en la Sección 5 (ii), todos los movimientos en la Zona deben realizarse a pie.

El tránsito peatonal debe mantenerse en el mínimo necesario para llevar a cabo las actividades permitidas y deberá realizarse cualquier esfuerzo razonable para reducir a un mínimo la alteración de los sedimentos, vegetación, afloramientos y otras características de los valores científicos y ambientales.

Todos los aterrizajes y movimientos de aeronaves en las proximidades de la Zona deben evitar la perturbación de las concentraciones de vida silvestre. La operación de aeronaves sobre la Zona debería efectuarse, como requisito mínimo, en conformidad con las "Directrices para la Operación de Aeronaves cerca de Concentraciones de Aves en la Antártida", contenidas en la Resolución 2 (2004). Deben reducirse a un mínimo los aterrizajes en la zona.

6(iii) Actividades que pueden llevarse a cabo dentro de la zona, incluyendo restricciones de tiempo y lugar

Entre las actividades que pueden llevarse a cabo dentro de la Zona se incluyen:

- investigación científica que no puede realizarse en otros lugares y que no pongan en peligro los valores por los que ha sido designada la Zona, o su ecosistema;
- observación glaciológica y
- actividades de gestión indispensables, como la de vigilancia.

Cuando se realice muestreo geológico, este debería, como norma mínima, hacerse de acuerdo con los siguientes principios:

- El muestreo debe realizarse con la mínima alteración práctica.
- La toma de muestra debe ser la mínima necesaria para lograr los objetivos de la investigación.
- Deben dejarse suficientes materiales/especímenes para permitir que los futuros trabajadores entiendan el contexto del material.
- El lugar de muestreo debe quedar libre de marcas (pintura, etiquetas, etc.).

- Los especímenes deben ser conservados en un repositorio reconocido una vez que el proyecto acabe.

- En los informes sobre permisos debe entregarse en forma pormenorizada la información acerca de la ubicación GPS de los sitios de recolección, el volumen/peso y tipo de materiales recolectados, y el lugar donde se almacenará el material retirado. Además, debe entregarse una copia de esa información al Grupo de gestión de la ZAEA 6, Colinas de Larsemann, para facilitar la revisión del Plan de gestión y para permitir que el Grupo de gestión proporcione asesoría a las demás Partes en relación con la existencia de materiales en los repositorios geológicos, con el fin de reducir a un mínimo los nuevos o adicionales muestreos innecesarios.

6(iv) Instalación, modificación o desmantelamiento de estructuras

No se levantarán estructuras ni equipos científicos en la Zona, excepto con fines científicos o por motivos de gestión de la Zona. Las instalaciones/estructuras solo se deben mantener durante un período preestablecido de acuerdo con lo especificado en el permiso.

Todos los marcadores, estructuras o equipos científicos instalados en la Zona deben estar claramente identificados, indicando el país al que pertenecen, el nombre del principal organismo investigador, el año de instalación y la fecha de su desmantelamiento.

Todos estos artículos deberían estar libres de organismos, propágulos, (ej.: semillas, insectos, huevos) y suelo no estéril, y deben estar confeccionados de materiales que puedan soportar las condiciones medioambientales y presenten un riesgo mínimo de contaminación de la Zona.

La instalación (incluyendo la selección del lugar), el mantenimiento, modificación o desmantelamiento de estructuras y equipos debe realizarse de manera de garantizar un mínimo de interferencia con los valores de la Zona.

Cualquier instalación/estructura nueva no será para duplicar ninguna instalación/estructura existente.

Están prohibidas las estructuras o instalaciones permanentes, a excepción de los marcadores topográficos.

6(v) Ubicación de los campamentos

Para reducir a un mínimo el impacto asociado a la actividad humana, están prohibidos los campamentos en la ZAEP. En la medida de lo posible deben utilizarse los campamentos existentes en caso de que acampar sea inevitable. Algunos sitios previamente utilizados son el norte central de Stornes (a 69°24'13.1"S, 76°6'10.6"E), donde existe una llanura de aluvión entre dos pequeños lagos de agua dulce, y en el promontorio Priddy (en 69°25'39.9"S, 76°1'56.2"E) donde existe una playa estrecha junto a una poza que se llena con la marea.

6(vi) Restricciones relativas a los materiales y organismos que pueden introducirse en la Zona

No debe permitirse la introducción deliberada de animales, material vegetal, microorganismos y suelos no estériles a la Zona.

Deben tomarse precauciones a fin de evitar la introducción accidental de animales, material vegetal, microorganismos y suelos no estériles provenientes de otras regiones con características biológicas distintas (dentro de la Antártida o fuera del área comprendida en el Tratado Antártico); las disposiciones sobre bioseguridad para la ZAEA 6, colinas de Larsemann, rigen para la ZAEP.

No deben almacenarse combustibles ni otros productos químicos en la Zona, salvo que esto se haya autorizado específicamente en las condiciones del permiso. Estos deben almacenarse y manipularse de manera de reducir al mínimo el riesgo de su introducción accidental en el medioambiente.

Los materiales que se introduzcan en la Zona deberán permanecer en ella solo por un período determinado y deben retirarse al concluir dicho período.

6(vii) Toma o intromisión perjudicial de flora y fauna

Se prohíbe la toma de vegetación y fauna autóctonas, o su intromisión perjudicial en éstas, salvo que se haga de conformidad con un permiso expedido de acuerdo con el Anexo II del Protocolo al Tratado Antártico sobre Protección del Medio Ambiente. En caso de toma de animales o perturbación perjudicial de los mismos, se debería usar como norma mínima el *Código de conducta del SCAR para el uso de animales con fines científicos en la Antártida.*

6(viii) Recolección o retiro de materiales que el titular del permiso no haya llevado a la Zona

Se podrá recolectar o retirar material de la Zona si está autorizado por un permiso y dicho material deberá limitarse al mínimo necesario para fines de índole científica o de gestión. Hasta que se complete el estudio, todas las muestras geológicas deben guardarse en una instalación educativa apropiada o en un instituto geológico nacional para permitir el acceso de terceros, reduciéndose con eso la cantidad de muestras extraídas de la Zona. Los registros de muestras y los lugares de muestreo serán mantenidos por la autoridad nacional correspondiente.

El material de origen humano que pueda comprometer los valores de la Zona y que no haya sido llevado a la Zona por el titular del permiso, o que no esté comprendido en otro tipo de autorización, podrá ser retirado, salvo que el impacto de su extracción probablemente sea mayor que el efecto de dejar el material *in situ*. Si se encuentra este tipo de materiales, debe notificarse a la autoridad nacional correspondiente.

6(ix) Eliminación de residuos

Deberán retirarse de la Zona todos los residuos, incluidos todos los residuos de origen humano.

6(ix) Medidas que puedan requerirse para garantizar el continuo cumplimiento de los objetivos y las finalidades del Plan de gestión

Se pueden otorgar permisos de ingreso a la Zona con el fin de:

- realizar actividades de observación e inspección de la Zona, que puedan incluir la recolección de muestras o datos esenciales para análisis o revisión;
- erigir o realizar el mantenimiento de postes señalizadores, estructuras o equipos científicos; y
- implementar medidas de protección.

Toda vigilancia a largo plazo de sitios específicos debe marcarse en forma adecuada tanto en el lugar mismo como en los mapas de la Zona. Debe solicitarse a las autoridades nacionales correspondientes la posición GPS a fin de asentarla en el Sistema de Directorio de Datos Antárticos.

A fin de mantener los valores ecológicos y científicos de la Zona, los visitantes deben tener precauciones especiales relativas a la introducción de material de cualquier tipo. De especial preocupación es la introducción de microbios, animales o vegetales provenientes de suelos de otros lugares de la Antártida, incluidas las estaciones, o de regiones fuera de la Antártida. En el máximo nivel practicable los visitantes deben limpiar meticulosamente el calzado y el equipo, especialmente el equipo de muestreo y de campamento antes de su ingreso en la Zona.

6(x) Requisitos relativos a los informes

Para cada visita a la Zona, el titular principal de un permiso debe presentar un informe ante la autoridad nacional correspondiente tan pronto como sea posible, y no más allá de los seis meses luego de concluida la visita.

Dichos informes deberán incluir, según corresponda, la información señalada en el formulario de informe de la visita contenido en la *Guía para la Preparación de Planes de Gestión para las Zonas Antárticas Especialmente Protegidas*. Si corresponde, la autoridad nacional también debe remitir una copia del informe de la visita a la Parte que ha propuesto el Plan de gestión, como ayuda en la gestión de la Zona y en la revisión del Plan de gestión.

Las Partes deberían, en la medida de lo posible, depositar los originales o copias de dichos informes originales sobre visitas en un archivo de acceso público a fin de mantener un registro de su uso, con el fin de llevar a cabo cualquier revisión del Plan de gestión y de organización del uso científico de la Zona.

7. Documentación de apoyo

Andreev, M.P. (1990). Lichens of oazis of the East Antarctic. *Novosti Sistematiki Nizshikh Rastenii* **27**:93-95.

Andreev, M.P. (2006). Lichens of the Prydz Bay area (Eastern Antarctica). *Novosti Sistematiki Nizshikh Rastenii* **39**:188-198.

Andreev, M.P. (2006). Lichens from Prince Charles Mountains (Radok Lake area, Mac. Robertson Land). SCAR XXIX/COMNAP XVIII Hobart Tasmania. Conferencia Abierta de Ciencias del SCAR, 12-14 julio. Simposio del Scalop, 13 de julio. Abstract volume. Hobart, Tasmania. P. 421.

Andreev, M.P. (2006). The lichen flora of oases of continental Antarctic, and the ecological adaptations of Antarctic lichens. *KSM Newsletter* **18**(s):24-28.

Andreev, M.P. (2006). The lichen flora of oases of continental Antarctic, and the ecological adaptations of Antarctic lichens. 2006 International Meeting of the Federation of Korean Microbiological Societies, October 19-20, 2006, Seoul, Korea. Abstracts. Seúl. Pp. 77-80.

Andreev, M.P. (2008). Lichens from Prince Charles Mountains (Radok Lake area), Mac. Robertson Land. Polar research – Arctic and Antarctic perspectives in the International Polar Year. SCAR/IASC IPY Open Science Conference. San Petersburgo, Rusia, 8–11 de julio. 2008. Abstract volume. P. 205.

Carson, C.J. y Grew, E.S. (2007). *Geology of the Larsemann Hills Region, Antarctica.* Primera edición (escala del mapa: 1:25 000). Geoscience Australia, Canberra.

Carson, C.J., Hand, M. y Dirks, P.H.G.M. (1995). Stable coexistence of grandidierite and kornerupine during medium pressure granulite facies metamorphism. *Mineral Magazine* **59**:327-339.

Grew, E.S. y Carson, C.J. (2007). A treasure trove of minerals discovered in the Larsemann Hills. *Australian Antarctic Magazine* **13**:18-19.

Grew, E.S., McGee, J.J., Yates, M.G., Peacor, D.R., Rouse, R.C, Huijsmans, J.P.P., Shearer, C.K., Wiedenbeck, M., Thost, D.E., y Su, S.-C. (1998). Boralsilite ($Al_{16}B_6Si_2O_{37}$): A new mineral related to sillimanite from pegmatites in granulite-facies rocks. *American Mineralogist* **83**:638-651.

Grew, E.S, Armbruster, T., Medenbach, O., Yates, M.G., Carson, C.J. (2006). Stornesite-(Y), (Y, Ca)$_2$Na$_6$(Ca,Na)$_8$(Mg,Fe)$_{43}$(PO$_4$)$_{36}$, the first terrestrial Mg-dominant member of the fillowite group, from granulite-facies paragneiss in the Larsemann Hills, Prydz Bay, East Antarctica. *American Mineralogist* **91**:1412-1424.

Grew, E.S, Armbruster, T., Medenbach, O., Yates, M.G., Carson, C.J. (2007). Chopinite, [(Mg,Fe)$_3$](PO$_4$)$_2$, a new mineral isostructural with sarcopside, from a fluorapatite segregation in granulite-facies paragneiss, Larsemann Hills, Prydz Bay, East Antarctica. *European Journal of Mineralogy* **19**:229-245.

Grew, E.S, Armbruster, T., Medenbach, O., Yates, M.G., Carson, C.J. (2007). Tassieite, (Na,)Ca$_2$(Mg,Fe^{2+},Fe^{3+})$_2$(Fe^{3+},Mg)$_2$(Fe^{2+},Mg)$_2$(PO$_4$)$_6$(H$_2$O)$_2$, a new hydrothermal wicksite-group mineral in fluorapatite nodules from granulite-facies paragneiss in the Larsemann Hills, Prydz Bay, East Antarctica. *The Canadian Mineralogist* **45**:293-305.

Grew, E.S. y Carson, C.J. (2007) A treasure trove of minerals discovered in the Larsemann Hills. *Australian Antarctic Magazine* **13**:18-19.

Grew, E.S., Carson, C.J. Christy, A.G. y Boger, S.D. (en impresión). Boron- and phosphate-rich rocks in the Larsemann Hills, Prydz Bay, East Antarctica: Tectonic Implications. *Geological Society of London, Special Publications, Antarctic Thematic Set 2012, Volumen I. Antarctica and Supercontinent Evolution.*

Grew, E.S., Christy, A.G. y Carson, C.J. (2006) A boron-enriched province in granulite-facies rocks, Larsemann Hills, Prydz Bay, Antarctica. *Geochimica et Cosmochimica Acta* **70***(18) Supplement, A217* [abstract].

Grew, E.S., Graetsch, H., Pöter, B., Yates, M.G., Buick, I., Bernhardt, H.-J., Schreyer, W., Werding, G., Carson, C.J. y Clarke, G.L. (2008). Boralsilite, $Al_{16}B_6Si_2O_{37}$, and "boron-mullite": compositional variations and associated phases in experiment and nature. *American Mineralogist* **93**:283-299.

McMinn, A. y Harwood, D. (1995). Biostratigraphy and palaeoecology of early Pliocene diatom assemblages from the Larsemann Hills, Eastern Antarctica. *Antarctic Science* **7**:115-116.

Peacor, D.R., Rouse, R.C. y Grew, E.S. (1999). Crystal structure of boralsilite and its relation to a family of boroaluminosilicates, sillimanite and andalusite. *American Mineralogist* **84**:1152-1161.

Quilty, P.G., Gillieson, D., Burgess, J., Gardiner, G., Spate, A., and Pidgeon, D. (1990). (1990). *Ammoelphidiella* and associated benthic foraminifera, Larsemann Hills, East Antarctica. *Journal of Foraminiferal Research* **20**:1-7.

Ren, L., Grew, E.S., Xiong, M., and Ma, Z. (2003). (2003). Wagnerite-*Ma5bc*, a new polytype of $Mg_2(PO_4)(F,OH)$, from granulite-facies paragneiss, Larsemann Hills, Prydz Bay, East Antarctica. *Canadian Mineralogist* **41**:393-411.

Ren, L., Zhao, Y, Liu X, Chen, T. (1992). Re-examination of the metamorphic evolution of the Larsemann Hills, East Antarctica. En: Y. Yoshida, K. Kaminuma y K. Shiraishi (Eds). *Recent Progress in Antarctic Earth Science*. Pp. 145-153. Terra Scientific Publishing Co., Tokyo.

Ren, L., Grew, E.S., Xiong, M. y Wang, Y. (2005). Petrological implication of wagnerite-*Ma5bc* in the quartzofeldspathic gneiss, Larsemann Hills, East Antarctica. *Progress in Natural Science* **15**:523-529.

Wadoski, E.R., Grew, E.S. y Yates, M.G. (2011). Compositional evolution of tourmaline-supergroup minerals from granitic pegmatites in the Larsemann Hills, East Antarctica. *The Canadian Mineralogist* **49**(1):381-405.

Wang, Y., Liu, D., Chung, S.L., Tong, L. y Ren, L. (2008). SHRIMP zircon age constraints from the Larsemann Hills region, Prydz Bay, for a late Mesoproterozoic to early Neoproterozoic tectono-thermal event in East Antarctica. *American Journal of Science* **308**:573–617.

Zhao, Y., Song, B., Wang, Y., Ren, L., Li, J. y Chen, T. (1992). Geochronology of the late granite in the Larsemann Hills, East Antarctica. En: Yoshida, Y., Kaminuma, K. y Shiraishi, K. (Editores). *Recent Progress in Antarctic Earth Science.* Pp.155-161. Terra Scientific Publishing Co., Tokyo.

Zhao, Y., Liu, X, Song, B., Zhang, Z., Li, J., Yao, Y. y Wang, Y. (1995). Constraints on the stratigraphic age of metasedimentary rocks from the Larsemann Hills, East Antarctica: possible implications for Neoproterozoic tectonics. *Polar Research* **75**: 175-188.

Apéndice 1: Stornes, Zona Antártica Especialmente Protegida N° 174, coordenadas limítrofes

Límite Punto	Longitud	Latitud	Límite Punto	Longitud	Latitud
1	76°8'29"E	69°25'29"S	15	76°8'25"E	69°26'39"S
2	76°8'6"E	69°25'29"S	16	76°8'28"E	69°26'42"S
3	76°7'45"E	69°25'34"S	17	76°8'30"E	69°26'47"S
4	76°5'60"E	69°26'1"S	18	76°8'29"E	69°26'51"S
5	76°5'52"E	69°26'4"S	19	76°8'26"E	69°26'55"S
6	76°5'44"E	69°26'8"S	20	76°8'22"E	69°26'60"S
7.	76°5'38"E	69°26'11"S	21	76°8'18"E	69°27'3"S
8.	76°5'37"E	69°26'15"S	22	76°8'14"E	69°27'6"S
9.	76°5'38"E	69°26'19"S	23	76°8'8"E	69°27'10"S
10	76°5'44"E	69°26'22"S	24	76°3'36"E	69°28'39"S
11	76°5'51"E	69°26'24"S	25	76°3'22"E	69°28'40"S
12	76°6'1"E	69°26'26"S	A partir de ahí, al noreste siguiendo la línea de la costa en la marca baja de la marea hasta la marca del límite punto 1 (76°8'29"E, 69°25'29"S).		
13	76°8'12"E	69°26'36"S			
14	76°8'21"E	69°26'38"S			

Map A: Larsemann Hills, Princess Elizabeth Land

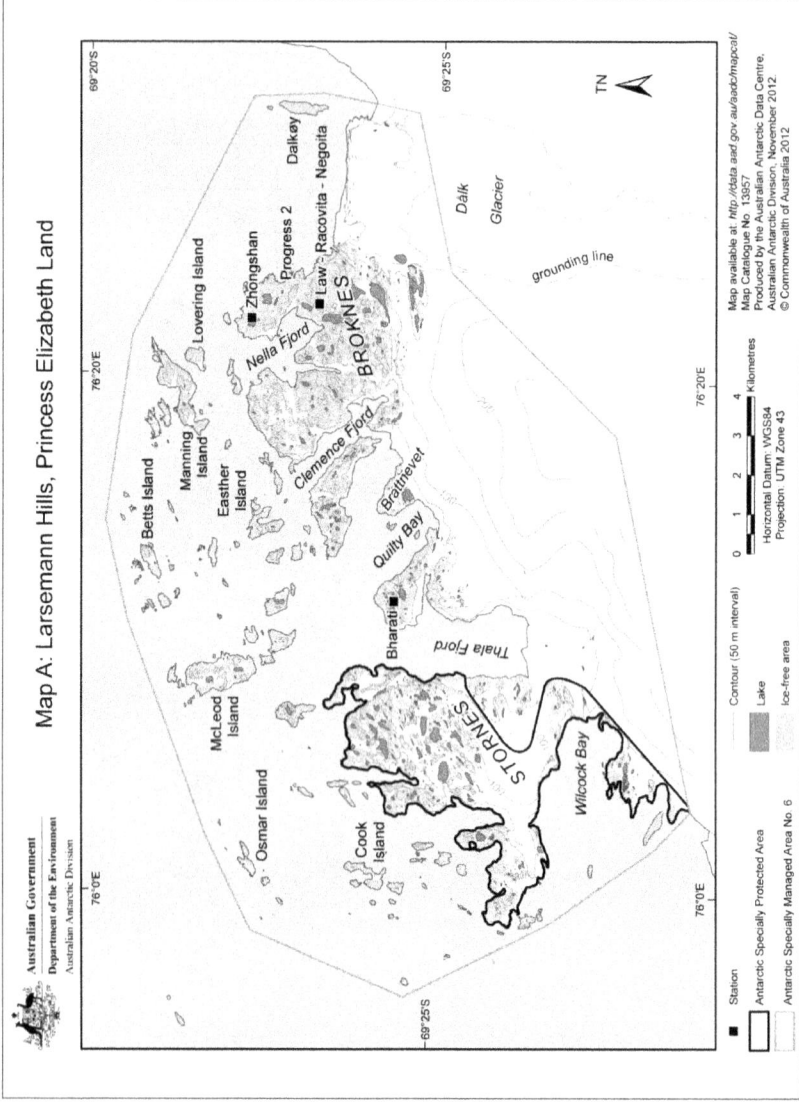

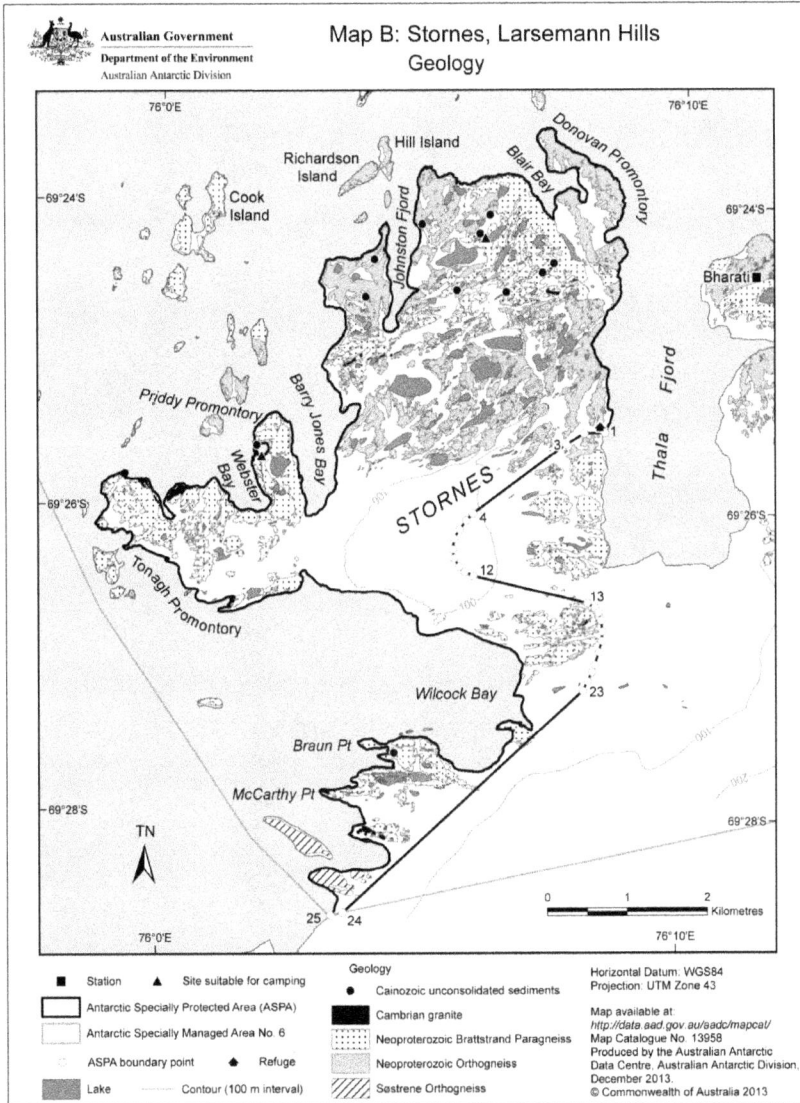

Map B: Stornes, Larsemann Hills
Geology

Plan de Gestión para la
Zona Antártica Especialmente Protegida N° 175,
SITIOS GEOTÉRMICOS A ELEVADA ALTITUD DE LA REGIÓN DEL MAR DE ROSS.
(incluidas partes de las cumbres del monte Erebus, la isla Ross y el monte Melbourne y el monte Rittmamn, en Tierra de Victoria septentrional)

Introducción:

Existen algunos sitios aislados en la Antártida en los cuales la superficie del suelo recibe el calor de la actividad geotérmica por encima de la temperatura del aire ambiente. Las emanaciones de vapor de las fumarolas (orificios en la corteza terrestre que emiten vapor y gases) se condensan y forman un curso de agua regular que, al combinarse con las temperaturas cálidas del suelo, brindan un medioambiente apto para albergar un conjunto único y diverso de organismos. Los sitios geotérmicos son poco frecuentes y poco extensos, llegando a cubrir apenas algunas hectáreas del continente antártico y las islas circumpolares (o sitios marítimos). Las comunidades biológicas que se encuentran en los sitios geotérmicos continentales se hallan a gran altitud y presentan diferencias marcadas respecto de las comunidades que se encuentran en sitios geotérmicos marinos debido a las diferencias en el medio abiótico.

Hay tres sitios geotérmicos de gran altitud en la región del Mar de Ross, reconocida por sus comunidades biológicas únicas. Estas son las cumbres del monte Erebus, en la isla Ross, y los montes Melbourne y Rittmamn, ambos en Tierra de Victoria septentrional. El único otro sitio conocido de gran altitud en la Antártida donde se ha visto evidencia de actividad fumarólica es en el monte Berlín, en la Tierra de Marie Byrd, Antártida Occidental, si bien no se ha llevado a cabo en este sitio investigación biológica alguna.

Los sitios geotérmicos de gran altitud son vulnerables a la introducción de nuevas especies, particularmente a partir de vectores humanos, ya que presentan un entorno donde pueden sobrevivir organismos típicos de otras regiones más templadas. Estos sitios, aislados en el pasado, son ahora frecuentados más habitualmente con fines científicos y recreativos por los seres humanos, los cuales requieren de apoyo logístico. Las especies propias de los sitios al interior de la Antártida, y aquellas especies localmente no autóctonas de los sitios geotérmicos, o que provienen de regiones fuera de la Antártida, pueden introducirse accidentalmente en la Zona por medio de la actividad humana. Los sitios geotérmicos de gran altitud también son vulnerables al daño físico al sustrato a causa del pisoteo y al exceso de muestreo, ya que los cambios en la estructura del suelo pueden afectar a la ubicación y la velocidad de las emisiones de vapor en las que se producen las comunidades biológicas. El alcance limitado y la fragilidad de estas comunidades biológicas evidencia su necesidad de protección.

La razón principal para la designación como Zona Antártica Especialmente Protegida de los sitios geotérmicos de gran altitud en la región del Mar de Ross es proteger sus valores ecológicos sobresalientes, específicamente las comunidades biológicas únicas que se producen en un medioambiente con factores selectivos particulares y que ofrecen, en consecuencia, un conjunto de organismos que no se encuentra en ninguna otra parte del mundo. Las comunidades biológicas son extremadamente vulnerables a la introducción de especies de plantas, animales, microorganismos y suelos no estériles no autóctonos procedentes de regiones biológicamente distintas dentro de la Antártida y de las regiones fuera de la Antártida, y a las perturbaciones físicas del pisoteo y del muestreo excesivo producidos por la actividad humana. Si bien los sitios geotérmicos de gran altitud son protegidos fundamentalmente por sus excepcionales valores ecológicos (en concreto, las comunidades biológicas), también reciben protección en función de otros valores científicos, como su microbiología, botánica, biología terrestre, geomorfología y geología.

La Zona comprende tres sitios geotérmicos a gran altitud; cresta Tramway en la cumbre del monte Erebus (77° 31'S; 167° 06'E), tres lugares de actividad geotérmica en la cumbre del monte Melbourne (74° 21'S; 164° 42'E), y la cumbre del monte Rittmann (73° 28'S; 165° 37'E) (Mapa A).

La cresta Tramway, en el monte Erebus, fue designada originalmente mediante la Recomendación XIII-8 (1985) como Sitio de Especial Interés Científico (SEIC) N° 11 tras una propuesta de Nueva Zelandia, que sostiene que la Zona contiene un ecosistema poco común de excepcional valor científico para los botánicos y los microbiólogos. El Plan de Gestión fue revisado y aprobado en la Medida 2 (1995) y en la Medida 3 (1997). El sitio volvió a ser designado como Zona Antártica Especialmente Protegida (ZAEP) N° 130 por medio de la Decisión 1 (2002). El Plan de Gestión fue revisado y aprobado en la Medida 1 (2002). Fue revisado y refrendado, sin modificaciones en la X Reunión del CPA (2007).

La cumbre del monte Melbourne fue designada originalmente en la Recomendación XVI-5 (1987) como SEIC N° 24, tras las propuestas de Nueva Zelandia e Italia, con el argumento de que el área contiene suelos geotérmicos que sustentan una comunidad biológica única y diversa. Un área cerrada en el SEIC N° 24, en la cresta Cryptogam, fue designada originalmente como Zona Especialmente Protegida (ZEP) N° 22 en virtud de la Recomendación XVI-8 (1991). El SEIC N° 24 y la ZEP N° 22 fueron redesignados como ZAEP N° 118a y 118b, respectivamente, en la Decisión 1 (2002). En la Medida 2 (2003) se aprobó un plan de gestión fusionado con el fin de designar ambas zonas como ZAEP 118, con condiciones de acceso más estrictas, como Zonas Prohibidas y Restringidas, al interior de la anterior ZEP N° 22. Un Plan de gestión revisado fue aprobado por la Medida 5 (2008).

El monte Rittmann fue descubierto durante la 4ª expedición italiana en la temporada de trabajo en terreno 1988/1989. Durante la 6ª expedición italiana, en la temporada de trabajo en terreno 1991-1992, se descubrieron fumarolas y suelos calentados por la actividad geotérmica en un pequeño cráter volcánico. Este sitio no ha sido designado anteriormente para su protección.

Tanto el monte Erebus como el monte Melbourne son visitados anualmente por científicos de diversas disciplinas y por razones de gestión (por ejemplo, marcadores topográficos, repetidores de radio y cabañas de campaña). Desde el descubrimiento del monte Rittmamn, se ha incrementado la cantidad de visitantes que llegan a la región.

La cresta Tramway, en el monte Erebus, se encuentra en el Dominio S (McMurdo - geológico de Tierra de Victoria Meridional) de acuerdo al Análisis de dominios ambientales para la Antártida (Resolución 3 (2008)) y en la Región 9 (Tierra de Victoria Meridional) conforme a las Regiones biogeográficas de conservación antártica (Resolución 6 (2012)). Otras áreas protegidas dentro del Dominio S son las ZAEP 105, 116, 121, 122, 123, 124, 131, 137, 138, 154, 155, 156, 157, 158, 161 y 172 y la ZAEA 2.

El monte Melbourne y el monte Rittmann están situados en el Dominio U (geológico de Tierra de Victoria Septentrional), basado en el Análisis de Dominios Ambientales para la Antártida y en la Región 8 (Tierra de Victoria septentrional, basado en las Regiones biogeográficas de conservación antártica). Otras áreas protegidas dentro del Dominio U incluyen las ZAEP 106, 165 y 173.

Esta es la única ZAEP o ZAEA en la región del Mar de Ross designada para proteger entornos geotérmicos. Sólo existe una ZAEP más dentro del sistema de áreas protegidas que protege un ambiente geotérmico, la ZAEP 140 Partes de la isla Decepción, islas Shetland del Sur. Cabe mencionar que la ZAEP 140 protege a las comunidades biológicas de la Antártida marina, las que difieren significativamente de las comunidades biológicas de gran altitud.

La designación de estos sitios como un área protegida complementa el sistema de áreas protegidas de la Antártida debido a que la Zona: (i) contiene las ubicaciones conocidas de suelo antártico de gran altura calentado por fuentes geotérmicas, que, debido a las características físicas y químicas de la zona, apoya a las comunidades biológicas, únicas tanto a nivel regional como a nivel mundial, y (ii) es vulnerable a la interferencia humana, en particular a la posibilidad de la introducción de especies no autóctonas no solo de las regiones biológicamente distintas dentro de la Antártida y de regiones fuera de la misma, sino también entre los lugares geotérmicos de algún sitio específico y a los daños ocasionados por pisoteo y muestreo excesivo. Se considera que la zona tiene el tamaño suficiente para proporcionar una adecuada protección a los valores identificados.

1. Descripción de los valores que requieren protección

La región del Mar de Ross cuenta con áreas considerables de vulcanismo de finales del Neógeno y del Cuaternario. No obstante, solamente en tres sitios, los montes Erebus, Melbourne y Rittmamn, se han confirmado los indicios de actividad geotérmica presente. Las fumarolas (aperturas en el suelo que emiten vapor) y los suelos cálidos que sueltan vapor son la manifestación superficial de la actividad geotérmica en estos sitios. Se pueden formar torres de hielo huecas o pináculos de hielo (chimeneas) alrededor de las fumarolas, alcanzando varios metros de diámetro y altura debido a la condensación y congelación del vapor de agua. También hay montículos de hielo y nieve sobre el suelo calentado por fuentes geotérmicas. Es común que otras áreas de suelo calentado estén comúnmente libres de hielo durante el verano y que mantengan temperaturas de superficie mayores que la temperatura del aire del ambiente.

La mayoría de las áreas de fumarolas y suelo templado se encuentran adyacentes a las calderas de la cumbre de cada volcán, aunque las áreas de actividad superficial se extienden pendiente abajo por el lado noroeste del monte Melbourne. Aunque estas áreas en la región del Mar de Ross se restringen a las cumbres de gran altitud de los volcanes, el entorno ofrece a las comunidades biológicas residentes un suministro regular de agua libre (que proviene del vapor condensado y del derretimiento de la nieve), a las temperaturas adecuadas para procurar el crecimiento y la protección física o refugio ante las condiciones meteorológicas extremas (bajo los montículos de hielo y nieve). Debido al gran aislamiento y al conjunto poco usual de presiones de selección evolutiva, algunos investigadores piensan que estos hábitats pueden albergar algunas de las primeras formas de vida en el planeta, de las cuales muchas aún no han sido descritas.

Las comunidades vegetales presentes en los sitios geotérmicos continentales de gran altitud difieren notablemente de otros sitios geotérmicos marítimos en la Antártida y en las zonas subantárticas. Las comunidades de la región del Mar de Ross son predominantemente algas, cuya diversidad de especies presentes es baja en comparación con los sitios de la Antártida marítima. Estas últimas están dominadas por las briofitas y tienen una alta diversidad de especies a través de varios grupos. En los sitios calentados por fuentes geotérmicas del Mar de Ross no hay presencia de diatomeas y solo se ha encontrado una especie posible de liquen no identificada de costra negruzca, reportada en el monte Melbourne. Doce especies de briofitas, algas y protozoos que se producen en uno o más de estos sitios no tienen otro registro conocido en la Antártida (Anexo 1, Cuadro 1). Aunque estas zonas se encuentran dentro de la misma región geográfica, las comunidades vegetales en cada uno de los tres sitios se diferencian entre sí: cinco de las doce especies de briofitas, algas y protozoos no tienen otro registro en la Antártida, y solo han sido reportadas en un sitio geotérmico en la región del Mar de Ross (Anexo 1, Cuadro 1).

Los microorganismos en estas comunidades han sido mal caracterizados, o incluso aun no lo han sido. Sin embargo, algunos estudios recientes están empezando a revelar las comunidades microbianas únicas y diversas presentes. Los estudios sobre los extremófilos (organismos que prosperan en entornos físicos o geoquímicos extremos) se reconocen como útiles para entender la evolución de la vida debido a que los primeros habitantes de la Tierra posiblemente evolucionaron en hábitats extremos. No todos los microorganismos identificados a partir de estos sitios son termófilos (organismos que tienen sus tasas de crecimiento óptimas a altas temperaturas, normalmente entre los 45° y 122°°C). Algunos crecen óptimamente a temperaturas mesófilas (temperatura moderada, por lo general entre 20°C y 45°C) a cierta distancia de las fumarolas (Anexo 1, Cuadro 2). Esto pone en relieve la vulnerabilidad de estas comunidades biológicas a las perturbaciones físicas del sustrato por el pisoteo o el muestreo.

Si bien las condiciones ambientales (es decir, el suministro regular de agua libre, temperaturas adecuadas para el crecimiento y la protección física o refugio del clima extremo) en los tres sitios geotérmicos de gran altitud aislados en la región del Mar de Ross se ven similares en la superficie, las comunidades biológicas difieren entre un sitio y otro. Una posible explicación es que las diferencias físico-químicas de los suelos (por ejemplo, pH, disponibilidad de nutrientes, tamaño de grano, contenido de humedad) brindan las condiciones para un conjunto único de especies en cada sitio. Una hipótesis alternativa sugiere que estos ambientes pueden haber sido colonizados de forma ocasional por propágulos viables transportados por el viento hacia otros lugares de la Antártida, o provenientes de las islas circumpolares u otros continentes. La dispersión puede tratarse de eventos raros que causan la colonización del suelo por propágulos viables de las pocas especies que se depositan en cada sitio. Por ejemplo, varias de las cepas aisladas de *B. fumarioli* del monte Rittmann mostraron una notable similitud con cepas identificadas en las islas Candlemas, en el archipiélago Sandwich del Sur, aun considerando que los dos sitios quedan a más de 5.600 km de distancia. Se han propuesto como causas la colonización de una fuente común, siendo más probables la dispersión aérea de esporas libres o la potencial contaminación humana. Una explicación más simple es que las diferencias podrían deberse a factores estocásticos.

Un aumento de la actividad humana en los tres sitios de la Zona enfatiza la necesidad de medidas de protección adecuadas para reducir la posibilidad de introducción de nuevos organismos por un vector humano.

Las comunidades biológicas altamente inusuales de los tres sitios son de gran valor científico. Estas áreas brindan información sobre la biogeografía y la dispersión, así como sobre la fisiología de los organismos antárticos que actúan en condiciones sumamente inusuales. La poca extensión geográfica de los ecosistemas de la zona, la vulnerabilidad de los sitios a la introducción de especies no autóctonas provenientes de regiones biológicamente distintas, no solo dentro de la Antártida y de las regiones fuera de la ella, sino también entre los lugares geotérmicos en un mismo sitio, y la alteración del suelo es tal que se requiere una adecuada gestión de estos sitios para asegurar su protección a largo plazo.

2. Finalidades y objetivos

La gestión de sitios geotérmicos a gran altitud de la región del mar de Ross tiene por objeto:

- evitar la degradación o los riesgos importantes para los valores de la zona, evitando la perturbación humana innecesaria en la misma;
- prevenir o reducir a un mínimo la introducción a la Zona de plantas, animales, microorganismos y suelos no estériles no autóctonos procedentes de regiones biológicamente distintas dentro de la Antártida y de las regiones fuera de la Antártida y entre lugares geotérmicos en un sitio específico;
- preservar una parte del ecosistema natural de cada uno de los tres sitios de la Zona, que se declaran como Zonas Prohibidas, como zonas de referencia para futuros estudios científicos;
- permitir la investigación científica en la Zona siempre y cuando esto sea por razones convincentes, que no puedan llevarse a cabo en otro lugar y que no arriesguen el sistema ecológico natural de la Zona; específicamente las comunidades biológicas y la geología en los tres sitios de la Zona;
- garantizar que las comunidades biológicas y la geología no se verán afectadas de manera adversa por el muestreo excesivo o la alteración del suelo en la zona;
- permitir visitas con fines de gestión para cumplir los objetivos del Plan de gestión.

3. Actividades de gestión

Se deberán emprender las siguientes actividades de gestión en aras de proteger los valores de la Zona:

- La información sobre la ubicación de los tres sitios de la Zona, indicando las restricciones especiales que se aplican, deberá exhibirse de forma visible, y se pondrá a disposición una copia del presente Plan de gestión, en las estaciones y en los refugios de los Programas Antárticos Nacionales, que esténcercanos a los tres sitios de la Zona.
- Se deben instalar en lugares adecuados en cada uno de los sitios [y de las Zonas Prohibidas] carteles señalizadores e indicadores de límites que ilustren el lugar y sus límites para ayudar a evitar los ingresos inadvertidos.
- Los postes indicadores, carteles o estructuras instaladas en la Zona con fines científicos o de gestión deberán estar bien sujetos y en buen estado y serán retirados cuando ya no sean necesarios.

- Deberán realizarse las visitas necesarias a la Zona, por lo menos una vez cada cinco años, para determinar si continúa sirviendo a los fines para los que fue designada y garantizar que las medidas de gestión sean las apropiadas.
- Deben realizarse consultas con los Programas Antárticos Nacionales que operen en la Zona para garantizar que se implementan las actividades de gestión anteriores. En particular, se alienta a los Programas Antárticos Nacionales a consultarse entre sí, a fin de prevenir la toma excesiva de muestras de suelos y material biológico dentro de la Zona. Se recomienda también a los Programas Antárticos Nacionales a considerar la implementación conjunta de las directrices orientadas a reducir al mínimo la introducción y dispersión de especies no autóctonas dentro de los tres sitios de la Zona.

4. Período de designación

Designación por tiempo indeterminado.

5. Mapas

Mapa A: mapa de localización de sitios geotérmicos de gran altitud de la región del Mar de Ross. Datum horizontal: WGS84, proyección estereográfica de la Antártida polar. Fuente de datos: base de datos vectoriales, Base de datos antárticos digitales Versión 6.

Mapa A1: mapa topográfico de la ZAEP 175 cresta Tramway, monte Erebus. Datum horizontal: WGS72, proyección de la zona del campamento. Datum vertical: nivel medio del mar. Fuentes de datos - Datos del estudio: plan de topografía 37/142 de Department of Survey and Land Information (DoSLI) (plan obtenido de Land Information New Zealand (LINZ)). Curvas de nivel y zonas calentadas por fuentes geotérmicas: datos de la Universidad de Canterbury. Mapa principal e imágenes del diagrama resumen: satélite Digital Globe WorldView-2 (0,5 m de resolución). Fecha de las imágenes: 23 de enero de 2011. Imágenes proporcionadas por el Centro Polar Geoespacial, Departamento de Ciencias de la Tierra de la Universidad de Minnesota. Fotografía del sitio del recuadro: fotografía terrestre del suelo calentado por fuentes geotérmicas de la cresta Tramway mirando en pendiente ascendente hacia el norte. Imagen tomada el 26 de noviembre de 2010. Imagen cedida por la Universidad de Waikato.

Mapa A2: ZAEP 175 cresta Cryptogam y pendiente Geotérmica, mapa topográfico del monte Melbourne. Datum Horizontal: WGS84, proyección UTM zona 58S. Datum vertical: WGS84. Fuentes de datos – Curvas de nivel y áreas protegidas derivadas de los datos recogidos durante el estudio de campo llevado a cabo el 17 de noviembre de 2012 por LINZ. Mapa principal e imágenes del diagrama resumen: imágenes de satélite DigitalGlobe GeoEye (0,5 m de resolución). Datos de las imágenes: 14 de noviembre de 2011. Imágenes proporcionadas por el Centro Polar Geoespacial, Departamento de Ciencias de la Tierra de la Universidad de Minnesota. Fotografía del sitio del recuadro: fotografía terrestre tomada mirando hacia el noreste con la cresta Cryptogam en primer plano. Imagen tomada el 17 de noviembre de 2012. Imagen facilitada por Antarctica New Zealand.

Mapa A2 / 1: mapa topográfico de la ZAEP 175, pendiente Noroeste, monte Melbourne. Datum Horizontal: WGS84, proyección UTM zona 58S. Datum vertical: WGS84. Fuentes de datos: Mapa principal e imágenes del diagrama resumen: satélite Digital Globe WorldView-2 (0,5 m de resolución). Datos de las imágenes: 14 de noviembre de 2011. Imágenes proporcionadas por el Centro Polar Geoespacial, Departamento de Ciencias de la Tierra de la Universidad de Minnesota. Fotografía del sitio del recuadro: fotografía terrestre de la pendiente noroeste calentada por fuentes geotérmicas, mirando hacia este. Imagen tomada en 2002. Imagen proporcionada por R. Bargagli y el PNRA (Programa nacional italiano para la investigación antártica).

Mapa A3: mapa topográfico de la ZAEP 175 monte Rittmann. Datum Horizontal: WGS72, proyección UTM zona 58S. Datum vertical: WGS84. Fuentes de datos – Curvas de nivel y áreas protegidas derivadas de los datos recogidos durante el estudio de campo llevado a cabo el 16 de noviembre 2012 por LINZ. Mapa principal: imágenes de satélite Digital Globe World View-1 (0,5 m de resolución). Fecha de las imágenes: 03

de marzo de 2009. Imágenes proporcionadas por el Centro Polar Geoespacial, Departamento de Ciencias de la Tierra de la Universidad de Minnesota. Fotografía del sitio del recuadro: fotografía terrestre tomada mirando hacia el norte en dirección a los vestigios de la caldera del monte Rittmann. Imagen tomada el 16 de noviembre de 2012. Imagen facilitada por Antarctica New Zealand.

6. Descripción de la Zona

6(i) Coordenadas geográficas, indicaciones de límites y rasgos naturales

Esta ZAEP está conformada por tres sitios, incluyendo la cresta Tramway en la cumbre del monte Erebus, tres lugares en la cumbre del monte Melbourne y la cumbre del Monte Rittmann.

Cresta Tramway, monte Erebus

Descripción del sitio:

El monte Erebus (77° 31'S, 167° 06'E) es el volcán más grande y con mayor actividad de la Antártida, y se encuentra ubicado en la Isla Ross (Mapa A). Tiene una altitud de 3.794 metros sobre el nivel del mar. Es un estratovolcán único con un lago de lava de fonolita anortoclasa convectiva en el cráter principal. El tipo de roca predominante, y la única que aflora cerca de la cumbre, es la fonolita anortoclasa.

Las laderas empinadas del cráter principal se aplanan hasta formar una gran meseta, a una altitud de aproximadamente 3.200 a 3.500 metros sobre el nivel del mar, salvo en las laderas del lado sudeste, donde la pendiente exterior mantiene su gran pendiente. La cresta Tramway es una cresta que se eleva hasta aproximadamente 3.450 metros sobre el nivel del mar en la pendiente noroeste del cráter principal (Mapa A1; Recuadro 1). La Zona está situada a lo largo de esta cresta, aproximadamente a 1,5 kilómetros del cráter principal. Ubicada en la cumbre del Monte Erebus, es el área de suelo calentado por fuentes geotérmicas más extensa, si bien las ubicaciones de suelos calentados por fuentes geotérmicas abundan en la cumbre.

La mayor parte de esta Zona se encuentra sobre una pendiente suave de aproximadamente 5°, y gran parte del suelo libre de hielo se manifiesta en forma de terrazas cuya altura vertical habitual es de aproximadamente 0,5 metros, y cuyas laderas con mayor pendiente tienen una inclinación de hasta 30°. Las laderas empinadas de las terrazas han sido colonizadas por la mayoría de la vegetación visible, y es a partir de estos extremos que se producen emisiones visibles de vapor. La vegetación visible cubre aproximadamente el 16% del sitio. En el sitio se encuentran distribuidos montículos de hielo bajos, de hasta aproximadamente un metro de altura, donde el vapor se ha congelado. Se han registrado temperaturas del suelo de hasta aproximadamente 75 °C a 4 centímetros de profundidad.

Límites: los límites del sitio designado se definen como un rectángulo de 200 por 200,8 metros que abarca la mayor parte del suelo calentado por fuentes geotérmicas del tramo inferior de la cresta Tramway. El límite occidental del sitio en la esquina límite noroeste se extiende desde las coordenadas 77° 31' 01.853" S; 167° 06' 21.251"E (Punto A) hacia el sur hasta la esquina suroeste límite en 77° 31' 08.327" S; 167° 06' 20.686"E (Punto E). El límite se extiende hacia el este hasta la esquina límite sudeste en las coordenadas 77° 31' 08.448" S; 167° 06' 50.521"E (Punto D). El límite se extiende hacia el norte hasta la esquina límite noreste en las coordenadas 77° 31' 01.976" S; 167° 06' 51.074"E (Punto B) (Mapa A1).

El sitio se divide en dos partes de casi igual tamaño; la mitad que se encuentra más al norte es una Zona Prohibida (Mapa A1). Los límites de la zona prohibida se describen en la Sección 6 (v).

Los límites del sitio (marcados por indicadores de límites en cada esquina), la Zona Prohibida y las características destacadas se muestran en el Mapa A1. Los puntos limítrofes de la Zona, y la Zona Prohibida, están marcados por un indicador de límites (Mapa A1; Punto A-F) con un indicador de límite adicional (Punto H) situado en un punto a lo largo del límite sur de la Zona Prohibida. Se fijaron dos indicadores de límites (G y H) para facilitar la identificación del límite sur de la Zona Prohibida a quienes trabajan dentro de la ZAEP, y así evitar que ingresen en la zona (Mapa A1; Cuadro de coordenadas de límites de ZAEP).Cuando se insertan banderas de bambú en cada indicador de límite, son visibles los límites del sitio y la Zona Prohibida cuando se trabaja en la ZAEP.

Monte Melbourne
Descripción del sitio: el monte Melbourne (74° 21'S 164° 42'E) es un estratovolcán situado en Tierra de Victoria septentrional, entre la bahía Wood y la bahía de Terra Nova, del lado occidental del Mar de Ross, y aproximadamente 10 kilómetros al este del Glaciar Campbell (Mapa A). Tiene una altitud de 2.733 metros sobre el nivel del mar.

El monte Melbourne forma parte de las estructuras volcánicas McMurdo, una línea de volcanes inactivos y extinguidos situados a lo largo de la costa de la Tierra de Victoria. Se considera que la edad del área del monte Melbourne corresponde al Cuaternario tardío, y su erupción más reciente puede haberse producido hace aproximadamente 150 años. Las rocas volcánicas son de traquita a traquiandesita en la montaña misma, con basalto en la base.

El monte Melbourne es un cono volcánico de ángulo bajo casi perfecto, con áreas de suelo calentado por fuentes geotérmicas, fumarolas y torres de hielo prominentes alrededor del cráter de la cumbre y en algunas partes altas de la montaña. La caldera de la cumbre tiene aproximadamente un kilómetro de diámetro y forma el ventisquero de un glaciar que fluye hacia el oeste. Cerca de la base y en los flancos de la montaña hay varios conos y montículos basálticos más pequeños. El suelo calentado por fuentes geotérmicas está marcado generalmente por suelo sin nieve que libera vapor, o fumarolas y torres de hielo o pináculos de hasta un metro de altura. Se han registrado temperaturas del suelo superficial de hasta 50 °C a una profundidad de un par de centímetros.

Límites: el sitio está conformado por tres lugares distintos, dos en el cráter de la cumbre principal (Mapa A2) y un tercero en la pendiente noroeste de la montaña (Mapa A2/1). En el borde sureste del principal cráter de la cumbre principal del monte Melbourne, hay dos lugares designados que son adyacentes.

La primera ubicación, la cresta Cryptogam, una cresta con forma definida de media luna que consta de áreas de suelo no calentado cubiertas de nieve, áreas de suelo calentado por fuentes geotérmicas sin nieve y montículos de hielo que cubren las emisiones de vapor, y cuya extensión es de cerca de 40 metros en todas las direcciones desde la línea de la cresta.

El límite occidental del sitio en la esquina limítrofe noroeste se extiende desde las coordenadas 74° 21' 20.389" S; 164° 41' 31.652" E (Punto 1A) hacia el sur aproximadamente 50 metros, hasta la esquina limítrofe suroccidental en las coordenadas 74° 21' 22.096" S; 164° 41' 32.551" E (Punto 1N). El límite se extiende al este siguiendo la forma de media luna de la cresta Cryptogam a puntos sin marcar en las coordenadas 74° 21' 21.383" S; 164° 41' 38.254" E (Punto 1M); 74° 21' 20.840" S; 164° 41' 45.230" E (Punto 1L); 74° 21' 21.220" S; 164° 41' 49.934" E (Punto 1K); 74° 21' 21.815" S; 164° 41' 54.574" E (Punto 1J); 74° 21' 22.588" S; 164° 41' 58.044" E (Punto 1I) a la esquina limítrofe sudoriental en las coordenadas 74° 21' 24.103" S; 164° 42' 00.579" E (Punto 1H). El límite se extiende hacia el norte hasta la esquina limítrofe nororiental en las coordenadas 74° 21' 23.355" S; 164° 42' 07.010" E (Punto 1G). El límite norte se extiende al oeste siguiendo la forma de media luna de la cresta Cryptogam a puntos sin marcar en las coordenadas 74° 21' 21.523" S; 164° 42' 03.989" E (Punto 1F); 74° 21' 20.117" S; 164° 41' 57.869" E (Punto 1E); 74° 21' 19.307" S; 164° 41' 51.137" E (Punto 1D); 74° 21' 19.153" S; 164° 41' 45.329" E (Punto 1C); 74° 21' 19.650" S; 164° 41' 37.695" E (Punto 1B) a la esquina limítrofe nororiental (Punto 1A) (Mapa A2). Tanto los límites norte y sur se encuentran debajo de la cresta sin hielo.

La cresta Cryptogam está dividida en dos partes. La parte occidental está designada como una Zona Prohibida (Mapa A2). Los límites de la Zona prohibida se describen en la Sección 6 (v).

La segunda ubicación (pendiente Geotérmica) en el borde sur oriental del cráter principal de la cumbre del monte Melbourne se encuentra junto a la cresta Cryptogam en una pendiente que conduce hasta el borde oriental del cráter de la cumbre (Mapa A2; Recuadro 2). La actividad geotérmica es evidente en la cuesta de la colina en forma de grietas y torres de hielo que se extienden hasta el borde escarpado de la caldera, a de unos 50 metros de ancho (Mapa A2). El límite norte del sitio en la esquina límite noroeste se extiende desde las coordenadas 74° 21' 13.740" S; 164° 42' 01.816" E (Punto 2A) hacia el sur aproximadamente 50 metros hasta la esquina limítrofe suroccidental en las coordenadas 74° 21' 15.620" S; 164° 42' 03.474" E (Punto 2D). El límite luego se extiende por el este hacia la pendiente hasta la esquina limítrofe suroriental en las coordenadas 74° 21' 14.567" S; 164° 42' 12.729" E (Punto 2C) hacia el norte hasta la esquina limítrofe noreste en las coordenadas 74° 21' 12.865" S; 164° 42' 08.972" E (Punto 2B) (Mapa A2).

La tercera ubicación (pendiente Noroeste) se encuentra en las laderas noroccidentales del volcán (Mapa A2/1) a aproximadamente 1,5 kilómetros al noroeste de la cresta Cryptogam. La actividad geotérmica se evidencia en la forma de una línea de torres de hielo con tendencia al sureste y pequeños parches de suelo desnudo a lo largo del borde de un acantilado escarpado. Los límites de la ubicación no fueron determinados en el campo, sino que se obtuvieron mediante inferencia a partir de imágenes de satélite. El límite norte del sitio en la esquina limítrofe noroeste se extiende desde las coordenadas 74° 21' 00" S; 164° 39' 02" E (Punto 3A) en pendiente descendiente hacia el sur hasta la esquina limítrofe suroccidental en las coordenadas 74° 21' 11" S; 164° 39' 02" E (Punto 3D). El límite luego se extiende por el este hasta la esquina limítrofe suroriental en las coordenadas 74° 21' 11" S; 164° 42' 05" E (Punto 3C) hacia el norte en pendiente ascendente hasta la esquina limítrofe nororiental en las coordenadas 74° 21' 00" S; 164° 40' 05" E (Punto 3B) (Mapa A2/1).

Monte Rittmann

Descripción del sitio: El monte Rittmann (73° 28'S, 165° 37'E) se encuentra ubicado en el cordón montañoso del lado izquierdo del glaciar Aviator, entre el glaciar Pilot y la punta del glaciar Icebreaker, en Tierra de Victoria septentrional (Mapa A3). Se eleva a una altura de 2.600 metros sobre el nivel del mar, y se encuentra a unos 103 kilómetros al norte del monte Melbourne y aproximadamente a 50 kilómetros hacia el interior desde la costa.

Las fumarolas y el suelo calentado por fuentes geotérmicas se encuentran dentro del mismo afloramiento en la cumbre del monte Rittmann en un borde de la caldera menor a aproximadamente 2.000 metros sobre el nivel del mar. Todo el sitio está rodeado por hielo glacial (Mapa A3; Recuadro). El sitio consta de una pendiente escarpada difícil e inestable de aproximadamente 300 metros de ancho y a 80 metros de altura (Mapa A3). El terreno consiste de rocas piroclásticas y detritus volcánico en una matriz arenosa.

En el centro del sitio se sitúan dos áreas adyacentes sin hielo. El suelo sin hielo, calentado por fuentes geotérmicas, y las fumarolas dominan las zonas con montículos de hielo y torres de hielo, situadas por lo general alrededor de los bordes de las zonas sin hielo y por el borde de la estructura de la caldera. Alrededor de las fumarolas, el suelo está cubierto por eflorescencias blanquecinas y manchas de musgo visibles en la superficie de estas áreas. Se han registrado temperaturas de la superficie del suelo entre 50 y 63°C a 10 centímetros de profundidad. Aun cuando el lado occidental del sitio está cubierto de hielo, hay actividad geotérmica visible a lo largo del borde de la caldera en forma de torres de hielo o tierra humeante.

Límites: el sitio abarca toda la caldera expuesta del monte Rittmann. La esquina limítrofe más occidental se encuentra en el borde occidental del borde de la caldera en las coordenadas 73° 28' 18.797"S; 165° 36' 43.851"E (Punto A). El límite sigue el borde de la caldera hacia el este a puntos sin marcar en las coordenadas 73° 28' 16.818" S; 165° 36' 54.698" E (Punto B); 73° 28' 16.290" S; 165° 37' 00.144" E (Punto C); 73° 28' 16.405" S; 165° 37' 04.438" E (Punto D); 73° 28' 17.655" S; 165° 37' 12.235" E (Punto E); 73° 28' 18.024" S; 165° 37' 14.468" E (Punto F); 73° 28' 19.823" S; 165° 37' 16.943" E (Punto G); 73° 28' 20.628" S; 165° 37' 20.089" E (Punto H); 73° 28' 21.530" S; 165° 37' 21.567" E (Punto) a la esquina limítrofe más oriental en las coordenadas 73° 28' 22.015" S; 165° 37' 23.817" E (Punto J).

El límite se extiende al sur (pendiente abajo) hasta la esquina límite sudoriental en las coordenadas 73° 28' 23.436" S; 165° 37' 20.540" E (Punto K). El límite sigue la parte inferior de la pendiente escarpada por debajo del borde de la caldera y las áreas libres de hielo a los puntos sin marcar en las coordenadas 73° 28' 22.414" S; 165° 37' 17.302" E (Punto L); 73° 28' 20.945" S; 165° 37' 13.936" E (Punto M); 73° 28' 19.430" S; 165° 37'

08.865" E (Punto N); 73° 28' 18.558" S; 165° 37' 03.457" E (Punto O); 73° 28' 18.722" S; 165° 37' 56.296" E (Punto P); 73° 28' 19.778" S; 165° 36' 50.065" E (Punto Q), y luego pendiente arriba a la esquina limítrofe más occidental (Punto A).

El área libre de hielo oriental está designada como Zona Prohibida (Mapa A3). Los límites de la zona prohibida se describen en la Sección 6 (v).

6(ii) Acceso a la Zona

Las condiciones de acceso aplicables a todos los sitios se enumeran en la Sección 7 (ii). Las condiciones específicas para ingresar a cada sitio se enumeran a continuación.

Cresta Tramway, monte Erebus
- Debido a la gran altura de la cresta Tramway, la carga de los helicópteros no debe ser excesiva.
- Hay un sitio de aterrizaje de helicópteros, a unos 250 metros al noroeste de la localidad en las coordenadas 77° 31' 00" S; 167° 05' 48" E, o bien pueden aterrizar helicópteros cerca de las cabañas Erebus superior (77° 30' 37.857"S; 167° 08' 48.5736"E) o inferior (77° 31' 32.6172"S; 167° 08' 12.8688"E) (Mapa A1; Recuadro 1) del Programa antártico de Estados Unidos (USAP).
- Al viajar entre las cabañas Erebus Superior e Inferior, se recomienda enfáticamente mantener la ruta recomendable para motonieves, y siempre que sea factible, mantenerse a menos de 200 metros de distancia del límite del sitio (Mapa A1; Recuadro 1).
- El acceso al sitio debe realizarse principalmente desde el indicador de límite D (Mapa A1; Recuadro 2).

Monte Melbourne
- Hay un lugar de aterrizaje de helicópteros a unos 40 metros de la cresta Cryptogam en las coordenadas 74° 21' 24.6" S; 164° 41' 56.0" E o en el lugar de aterrizaje alternativo en la cumbre del monte Melbourne en las coordenadas 74° 20' 57.7"S; 164° 41' 28.9"E (Mapa A2 y A2/1; Recuadro 1).

Monte Rittmann
- El sitio es una pendiente inestable escarpada rodeada de hielo glacial. Los helicópteros sólo podrán aterrizar, cuando sea seguro hacerlo, en el hielo glacial. Frente de la pendiente, los helicópteros no deben aterrizar, siempre y cuando sea posible y seguro, a menos de 100 metros de los límites de los sitios. Por sobre la pendiente, los helicópteros no deben aterrizar, siempre y cuando sea posible y seguro, a menos de 25 metros de los límites del sitio (borde de la caldera) (Mapa A3).

6(iii) Estructuras situadas dentro de la Zona y en sus proximidades

Cresta Tramway, monte Erebus
- Hay siete indicadores de límites que señalan los puntos de las esquinas limítrofes y el límite sur de la Zona Prohibida (Mapa A1; Tabla de coordenadas de los límites de la ZAEP). Se puede fijar una bandera como marcador unida a un poste en los indicadores de límites para definir la Zona y evitar el ingreso accidental a esta o a la Zona Prohibida.
- Hay tres marcas topográficas adyacentes al sitio (Mapa A1; Tabla de coordenadas de marcas topográficas).
- Las cabañas Erebus superior e inferior están situadas aproximadamente a 1 kilómetro al noreste (3.400 metros sobre el nivel del mar) y al sureste (3.612 metros sobre el nivel del mar) del sitio, respectivamente (Mapa A1; Recuadro).

Monte Melbourne
- Hay dos marcas topográficas. La marca MM01 se encuentra junto a la Ubicación 2 y es un signo de metal fijado a una roca. La marca MM02 se encuentra junto a la Ubicación 1 y consiste en un tubo de metal ubicado en una base de hormigón (Tabla de coordenadas de marcas topográficas; Mapa A2).

- Los programas nacionales que operan en la zona mantienen un número de instalaciones (estaciones meteorológicas, repetidores de radio y experimentos científicos) en la cumbre más alta del monte Melbourne (Mapa A2; Recuadro 1).

Monte Rittmann

- Hay dos marcas topográficas a lo largo del borde del límite noreste por encima del borde de la caldera (Mapa A3; Tabla de coordenadas de marcas topográficas). Ambas marcas topográficas constan de un signo de metal ubicado en una roca.

6(iv) Ubicación de otras zonas protegidas en las cercanías de la zona

Cresta Tramway, monte Erebus

Las zonas protegidas más cercanas a la cresta Tramway, en el monte Erebus están en la isla Ross (Mapa A).

- La ZAEP 116: valle New College, playa Caughley, cabo Bird está a 37 km al nor noroeste.
- La ZAEP 156: bahía Lewis, monte Erebus, isla Ross está a 14 km al norte.
- La ZAEP 124: cabo Crozier, isla Ross está a 54 km al este.
- La ZAEP 122: alturas de Arrival, península Hut Point, isla Ross y la ZAEP 158: punta Hut, isla Ross están a 35 km y a 38 km al sur, respectivamente.
- La ZAEP 155: cabo Evans, isla Ross está a 21 km al este.
- Las ZAEP 121: cabo Royds, isla Ross y ZAEP 157: bahía Backdoor, cabo Royds, isla Ross están a 23 km al oeste.

Monte Melbourne

Las áreas protegidas más cercanas al monte Melbourne están en la bahía de Terra Nova (Mapa A).

- La ZAEP 161: bahía de Terra Nova, mar de Ross se encuentra a 45 km al sureste.
- La ZAEP 165: punta Edmonson Point, bahía Wood, Mar de Ross se encuentra a 22 km al sureste.
- La ZAEP 173: cabo Washington y bahía Silverfish, norte de la bahía de Terra Nova, Mar de Ross está a 34 km al sur.

Monte Rittmann

El monte Rittmann está a 103 km al norte del monte Melbourne. No hay áreas protegidas dentro de un radio de 100 km del monte Rittmann (Mapa A).

6(v) Áreas especiales dentro de la Zona

El acceso a la Zona Prohibida en cada uno de los tres sitios de la Zona está estrictamente prohibido hasta llegado el momento acordado en que debiese permitirse el acceso al momento de revisar el Plan de gestión.

Cresta Tramway, monte Erebus

La mitad norte del sitio (Mapa A1) se designa como Zona Prohibida para preservar parte del sitio como zona de referencia para futuros estudios científicos, mientras que la mitad sur del sitio (que es similar en biología, características y carácter) está disponible para la investigación científica.

El límite sur de la Zona Prohibida está definido por una línea entre las coordenadas 77° 31' 05.103"S; 167° 06' 20.968"E (Punto F) y 77° 31' 05.224"S; 167° 06' 50.792"E (Punto C) que divide la zona en dos. Los otros tres límites de la Zona Prohibida se definen por los límites de la Zona, donde el tramo del Punto C (77° 31' 05.224"S; 167° 06' 50.792"E "E) al Punto B (77° 31' 01.967"S; 167° 06' 51.074"E) constituye el límite oriental, el tramo del Punto B al Punto A (77° 31' 01.853"S; 167° 06' 21.251"E) constituye el límite norte, y el tramo del Punto A al Punto F constituye el límite occidental.

El límite sur de la Zona Prohibida puede ser identificado sobre el suelo, de forma aproximada, como una extensión hacia el oeste de la línea de la cresta sur de la cresta Tramway inferior. Al estar en la Zona, los indicadores de límite (G, H y C) permiten que la bisectriz sea claramente visible.

Cima del monte Melbourne

Los 100 metros más occidentales de la cresta Cryptogam (Ubicación 1; Mapa A2) fueron designados como Zona Prohibida con el fin de proteger los rodales más extensos de vegetación y preservar una parte del sitio como zona de referencia para futuros estudios científicos, mientras que el resto de la cresta Cryptogam y las Ubicaciones 2 y 3 están disponibles para la investigación científica.

El límite occidental del sitio en la esquina limítrofe noroeste se extiende desde las coordenadas 74 21' 20.389" S; 164 41' 31.652" E (Punto 1A) hacia el sur aproximadamente 50 metros, hasta la esquina limítrofe suroccidental en las coordenadas 74 21' 22.096" S; 164 41' 32.551" E (Punto 1N). El límite luego se extiende por el este siguiendo la forma de media luna de la cresta Cryptogam a puntos sin marcar en las coordenadas 74° 21' 20.840" S; 164° 41' 45.230" E (Punto 1L) hacia el norte hasta la esquina limítrofe noreste en las coordenadas 74° 21' 19.153" S; 164° 41' 45.329" E (Punto 1C) (Mapa A2).

La Zona Prohibida puede ser identificada por el cambio notorio que se produce en la pendiente del cerro, ya que comienza a disminuir en su elevación.

Monte Rittmann

De las tres zonas calentadas por fuentes geotérmicas identificadas en el sitio (Mapa A3), la zona más oriental se designa como Zona Prohibida para preservar parte del sitio como zona de referencia para futuros estudios científicos, mientras que el resto del sitio (que es similar en biología, características y carácter) está disponible para la investigación científica.

El límite occidental del sitio en la esquina limítrofe noroeste se extiende desde el borde de la caldera en las coordenadas 73° 28' 17.655" S; 165° 37' 12.235" E (Punto E) hacia el sur aproximadamente 80 metros hasta la esquina limítrofe suroccidental en las coordenadas 73° 28' 19.430" S; 165° 37' 08.865" E (Punto N). El límite se extiende hacia el este siguiendo la parte inferior de la pendiente a la esquina limítrofe sudoriental en las coordenadas 73° 28' 20.945" S; 165° 37' 13.936"E (Punto M). El límite se extiende pendiente arriba hacia el norte hasta la esquina limítrofe noreste a 73° 28' 19.823" S; 165° 37' 16.943"E (Punto G) (Mapa A3).

7. Términos y condiciones para los permisos de entrada

TODAS LAS DISPOSICIONES RESPECTO DE LOS PERMISOS DE ENTRADA SE APLICAN A LOS TRES SITIOS DE LA ZONA

7(i) Condiciones generales para la expedición de permisos
Se prohíbe el ingreso a los tres sitios de la Zona excepto con un permiso expedido por una autoridad nacional pertinente. Las condiciones para la expedición de un permiso de ingreso a la Zona son las siguientes:

- se expide solo para actividades científicas indispensables que no puedan realizarse en otro lugar, o con fines de gestión de la Zona.
- las acciones permitidas no habrán de poner en peligro las comunidades biológicas ni los valores ecológicos o científicos de la Zona;
- que las acciones permitidas sean compatibles con el presente Plan de gestión;
- el acceso a las Zonas Prohibidas estará prohibido;
- toda actividad de gestión deberá estar alineada con los objetivos del Plan de gestión.
- dentro de las Zonas, se deberá llevar un Permiso, o una copia de este, lo cual incluye una copia de todos los mapas pertinentes del Plan de gestión.

7(ii) Acceso a la Zona y desplazamientos en su interior o sobre ella
- El acceso a la cumbre de cada volcán se hará por medio de un helicóptero.

- Está estrictamente prohibido el aterrizaje de helicópteros dentro de los tres sitios de la Zona.
- Los helicópteros deben aterrizar en los lugares de aterrizaje fuera de los tres sitios de la zona (véase la Sección 6 (ii) o los Mapas A1, A2 y A3).
- Los helicópteros solamente podrán aterrizar fuera de los lugares de aterrizaje designados en caso de una emergencia.
- Se debe evitar que los helicópteros sobrevuelen o planeen sobre cualquiera de los tres sitios de las Zonas, salvo para fines científicos o de gestión que resulten esenciales. No deberá permitirse, en ningún caso, que los helicópteros vuelen a menos de 50 metros de la superficie terrestre.
- Se prohíbe el uso de granadas de humo de helicópteros dentro de los tres sitios de la Zona.
- Los vehículos (por ejemplo, motonieves) están prohibidos dentro de los tres sitios de la Zona.
- Podrán ingresar en la Zona solo las personas específicamente autorizadas por un Permiso.
- Todo movimiento dentro de los tres sitios de la Zona debe ser a pie.
- Los visitantes deben estar conscientes de que caminar sobre la Zona puede hacer que el suelo se compacte, que se alteren las gradientes de temperatura (lo cual puede modificar los índices de emanación de vapor) y se rompa la delgada corteza de hielo que puede formarse sobre los suelos calentados por fuentes geotérmicas, con los consiguientes daños al suelo y a la biota que están debajo. La presencia de superficies de nieve o hielo no es una indicación garantizada de una vía adecuada, por lo que se deben realizar todos los esfuerzos razonables para reducir a un mínimo los efectos de la actividad de caminar. La circulación peatonal deberá reducirse al mínimo indispensable para alcanzar los objetivos de las actividades permitidas.
- Los titulares de un permiso deben además evitar caminar sobre áreas de vegetación visible o suelos húmedos, tanto en suelos sin hielo como, en la medida de lo posible, en las áreas de suelos calentados por fuentes geotérmicas.
- A los visitantes se les recomienda enfáticamente recoger los datos de GPS para todos los desplazamientos dentro de la Zona y presentar estos datos a la autoridad nacional que corresponda junto con el informe de la visita (véase la Sección 7 (x)).
- Los titulares de un permiso no podrán intervenir (taladrar, tomar muestras, dañar) ninguna estructura de hielo a menos que eso esté especificado en un permiso.

7(iii) Actividades que pueden llevarse a cabo dentro de la zona
Las actividades que se pueden llevar a cabo en la Zona son las siguientes:
- investigaciones científicas indispensables que no puedan emprenderse en otro lugar y que no pongan en peligro las comunidades biológicas, ecológicas o los valores científicos de la Zona;
- actividades de gestión esenciales, que incluyen observación e inspección.

7(iv) Instalación, modificación o desmantelamiento de estructuras
- No se podrán erigir estructuras (letreros o indicadores de límites, por ejemplo) ni instalar equipo científico en la Zona, salvo para las actividades científicas o de gestión indispensables y para el plazo de validez preestablecido que se especifiquen en el permiso.
- Todos los marcadores, estructuras o el equipo científico que se instalen en la Zona deben estar claramente identificados por país, nombre del investigador principal, año de instalación y fecha estimada de desmantelamiento.
- Todos estos elementos deben esterilizarse antes de su instalación para garantizar que se encuentren libres de organismos, propágulos y suelo no estéril, y deben estar confeccionados con materiales que soporten las condiciones ambientales y que representen el mínimo riesgo posible de contaminación de la Zona.
- El desmantelamiento de estructuras o equipos específicos cuyos Permisos hayan expirado será responsabilidad de la autoridad que haya expedido el Permiso original y debe ser una condición para el otorgamiento del Permiso.

7(v) Ubicación de los campamentos
- Se prohíben los campamentos dentro de la Zona.

- Cuando se requiere acampar para realizar labores en la cresta Tramway, monte Erebus, se debe estar cerca de las cabañas Erebus disponibles: las cabañas superior (77° 30' 37.857"S; 167° 08' 48.5736"E) o inferior (77° 31' 32.6172"S; 167° 08' 12.8688"E) (Mapa A1; Recuadro 1).
- No se recomienda acampar en ningún lugar a menos de 100 metros de los tres lugares en el monte Melbourne y el monte Rittmann.
- Se debe acampar solamente en suelos cubiertos de hielo.

7(vi) Restricciones relativas a los materiales y organismos que puedan introducirse en la Zona
Para evitar poner en peligro los valores ecológicos, específicamente las comunidades biológicas únicas que justifican la protección de la Zona, se aplican las siguientes restricciones a todas las actividades en la Zona:
- Se prohíbe la introducción deliberada de plantas, animales, microorganismos o tierra no estéril en la Zona.
- Para garantizar que se mantengan los valores ecológicos de la Zona, se tomarán precauciones especiales para evitar la introducción accidental de plantas, animales, microorganismos o suelo no estéril provenientes de otros lugares de la Antártida, incluyendo otros sitios, lugares o estaciones dentro de la misma Zona, o de regiones fuera de la Antártida, a cualquiera de los tres sitios de la Zona. También se evitará el traslado de especies entre los tres sitios de la Zona de acuerdo con las medidas indicadas en la Sección 7 (x).
- Deberá limpiarse o esterilizarse todo el equipo de recolección de muestras que se introduzca en la Zona, así como también los marcadores.
- En el mayor grado posible, deberán limpiarse rigurosamente el calzado y demás equipos utilizados o introducidos en la Zona (bolsas o mochilas incluidas) antes de su ingreso a la Zona.
- Los visitantes que circulen entre los tres sitios de la Zona deberán tener especial cuidado para garantizar de que todos los materiales y equipos utilizados en un sitio se limpien o se esterilicen antes de su traslado a otro sitio para evitar la transferencia de especies entre estos sitios, que, si bien son similares en términos físicos y climáticos, son distintos en su biología. Además, debido a que la diversidad microbiana puede variar aún a corta distancia, los visitantes que se desplacen entre ubicaciones geotérmicas dentro de un sitio habrán de tomar las mismas precauciones.
- No se deberá llevar combustible ni alimentos a la Zona.
- No deben almacenarse en la Zona equipos u otros materiales.
- Los productos químicos, incluidos radionúclidos o isótopos estables, que se introduzcan en las Zonas con fines científicos o de gestión especificados en el permiso no deberán liberarse en el ambiente y deberán retirarse de la Zona cuando concluya la actividad para la cual se haya expedido el Permiso o con anterioridad.
- Los materiales que se introduzcan en la Zona deberán permanecer en ella solo por un período determinado y deberán retirarse al concluir dicho período.
- Para obtener orientaciones más pormenorizadas sobre el riesgo de transferencia de especies no autóctonas, se deberá consultar el Manual sobre especies no autóctonas del CPA (Edición 2011) y las Listas de verificación del COMNAP/SCAR para gestores de cadenas de suministro de los Programas Antárticos Nacionales.

7(vii)   Toma o intromisión perjudicial de de flora y fauna autóctonas
- Está prohibida la toma de flora y fauna autóctonas y de comunidades biológicas (específicamente la microbiológica) o su intromisión perjudicial, salvo en conformidad con un permiso expedido de acuerdo al Anexo II del Protocolo al Tratado Antártico sobre Protección del Medio Ambiente.

7(viii) Recolección o retiro de materiales que no hayan sido traídos a la Zona por el titular del permiso
- Se podrá recoger o retirar material de la Zona únicamente de conformidad con un permiso, y dicho material deberá limitarse al mínimo indispensable para fines de índole científica o de gestión. Los permisos no se concederán si existe una preocupación razonable en cuanto a que el muestreo propuesto pudiera tomar, retirar o dañar cantidades tales de suelo, flora y fauna autóctonas que se viese seriamente afectada su distribución o abundancia en la Zona.

- Todo material de origen humano que probablemente comprometa los valores de la Zona y que no haya sido llevado a la Zona por el titular del permiso o que no esté comprendido en otro tipo de autorización podrá ser retirado salvo que el impacto de su extracción probablemente sea mayor que el efecto de dejar el material *in situ*. En tal caso se deberá notificar a las autoridades pertinentes.

7(ix) Eliminación de residuos
- Deberán retirarse de la Zona todos los residuos, incluidos aquellos de origen humano.

7(ix) Medidas que puedan requerirse para garantizar el continuo cumplimiento de los objetivos y las finalidades del Plan de gestión
Se podrán otorgar permisos para entrar a la Zona para:
- realizar actividades científicas de observación e inspección de la Zona, que podrán incluir la recolección de muestras o de datos para su análisis o examen;
- erigir o mantener postes señalizadores, estructuras o equipo científico;
- llevar a cabo actividades de gestión.

Para ayudar a mantener los valores ecológicos y científicos derivados del aislamiento y del nivel relativamente bajo del impacto humano en la Zona, los visitantes deberán tomar precauciones especiales para evitar la introducción de especies, especialmente si visitan más de uno de los tres sitios de la zona en una temporada. Es de particular preocupación la introducción a partir de:

- áreas geotérmicas, tanto antárticas como no antárticas;
- áreas geotérmicas ubicadas en el mismo sitio de gran altitud que no estén incluidas dentro de la Zona;
- el movimiento entre cualquiera de los tres sitios de la Zona;
- suelos de cualquier otro sitio antártico, incluidos los que se encuentran cerca de las estaciones; y
- suelos de regiones fuera de la Antártida.

A tal efecto, los visitantes tomarán las siguientes medidas para reducir a un mínimo el riesgo de introducción de materiales de cualquier tipo:

- Todos los equipos de muestreo o marcadores que se lleven a la Zona deberán esterilizarse y mantenerse en condiciones estériles antes de ser utilizados en la Zona. En el mayor grado posible, antes de ingresar en la Zona se deberá limpiar o esterilizar minuciosamente el calzado y demás equipos que se usen o ingresen a la Zona (incluidas las mochilas o los bolsos), y deberán mantenerse en estas condiciones.
- La esterilización debe realizarse a través de un método aceptable, como por ejemplo, a través de luz UV, autoclave, o lavando las superficies con una solución de 70% de etanol en agua.
- Se deberá utilizar prendas protectoras estériles. Las prendas protectoras serán aptas para trabajar a temperaturas de –20 C o inferiores, y estarán compuestas, como mínimo, por overoles estériles para cubrir los brazos, las piernas y el cuerpo, y guantes estériles aptos para ser usados sobre los guantes para clima frío. Las cubiertas para pies estériles/protectoras desechables no son aptas para la superficie de escoria, y no deben utilizarse. En lugar de ello, todo el calzado debe ser cuidadosamente cepillado para eliminar las partículas de suelo, y limpiado con una solución de 70% de etanol.
- Debe limpiarse tanto el interior como el exterior de los helicópteros, en la medida de lo posible, antes de trasladarse hacia y desde la Zona, o entre los tres sitios de la Zona.

7(xi) Requisitos relativos a los informes
El principal titular del permiso presentará a la autoridad nacional correspondiente un informe de cada visita a la Zona, en cuanto sea posible, y antes de los seis meses posteriores a la finalización de la visita. Estos informes de visita deberían incluir, según corresponda, la información identificada en el formulario de informes de visita recomendado, contenido en el Apéndice 2 de la Guía Revisada para la Preparación de Planes de Gestión para las Zonas Antárticas Especialmente Protegidas anexado a la Resolución 2 (2011), disponible en el sitio web de la Secretaría del Tratado Antártico (www.ats.aq) y, en la medida de lo posible,

deben incluir además los datos de GPS de todos los movimientos al interior de la Zona. El informe tendrá en cuenta e identificará cuál de los tres sitios de la Zona fue visitado.

Si resultara apropiado, la autoridad nacional también debería enviar una copia del informe de visita a la Parte que haya propuesto el Plan de Gestión, como ayuda en la gestión de la Zona y en la revisión del Plan de gestión.

8. Documentación de apoyo

Allan, R.N., Lebbe, L., Heyrman, J., De Vos, P., Buchanan, C.J. y Logan, N.A. 2005. *Especie Brevibacillus levickii* nov. y la especie *Aneurinibacillus terranovensis* sp. nov., two new thermoacidophiles isolated from geothermal soils of northern Victoria Land, Antarctica. International Journal of Systematics and Evolutionary Microbiology 55: 1039-1050.

Armienti, P. y Tripodo, A. 1991. Petrography and chemistry of lavas and comagmatic xenoliths of Mount Rittmann, a volcano discovered during the IV Italian expedition in northern Victoria Land (Antarctica). Memorie della Societa Geologica Italiana 46: 427-451.

Bargagli, R., Broady, P.A. y Walton, D.W.H. 1996. Preliminary investigation of the thermal biosystem of Mount Rittmann fumaroles (northern Victoria Land, Antarctica). Antarctic Science 8(2): 121-126.

Bargagli, R., Skotnicki, M.L., Marri, L., Pepi, M., Mackenzie, A. y Agnorelli, C. 2004. New record of moss and thermophilic bacteria species and physicochemical properties of geothermal soils on the north-west slope of Mt. Melbourne (Antarctica). Polar Biology 27: 423-431.

Bonaccorso, A., Maione, M., Pertusati, P.C., Privitera, E. y Ricci, C.A. 1991. Fumarolic activity at Mount Rittmann volcano (northern Victoria Land, Antarctica). Memorie della Societa Geologica Italiana 46: 453-456.

Broady, P.A. 1984. Taxonomic and ecological investigations of algae on steam-warmed soil on Mt. Erebus, Ross Island, Antarctica. Phycologia 23: 257-271.

Broady, P.A. 1993. Soils heated by volcanism. Páginas 413-432 en E.I. Friedmann (ed.), Antarctic microbiology. New York, Wiley-Liss.

Broady, P.A., Given, D., Greenfield, L.G. y Thompson, K. 1987. The biota and environment of fumaroles on Mt. Melbourne, northern Victoria Land. Polar Biology 7: 97-113.

Greenfield, L.G. 1983. Thermophilic fungi and actinomycetes from Mt. Erebus and a fungus pathogenic to *Bryum antarcticum* at Cape Bird. New Zealand Antarctic Record 4(3): 10-11.

Hudson, J.A. y Daniel, R.M. 1988. Enumeration of thermophilic heterotrophs in geothermally heated soils from Mount Erebus, Ross Island, Antarctica. Applied and Environmental Microbiology 54: 622-624.

Hudson, J.A., Daniel, R.M. y Morgan, H.W. 1988. Isolation of a strain of *Bacillus schlegelii* from geothermally heated Antarctic soil. FEMS Microbiology 51(1): 57-60.

Hudson, J.A., Daniel, R.M. y Morgan, H.W. 1989. Acidophilic and thermophilic Bacillus strains from geothermally heated Antarctic soil. FEMS Microbiology Letters 60: 279-282.

Imperio, T., Viti, C. y Marri, L. 2008. *Alicyclobacillus pohliae* sp. Nov., a Thermophilic, endospore forming bacterium isolated from geothermal soil of the north west slope of Mount Melbourne (Antarctica). International Journal of Systematic and Evolutionary Microbiology 58: 221-225.

Janetschek, H. 1963. On the terrestrial fauna of the Ross Sea area, Antarctica. Pacific Insects 5: 305-311.

LeMasurier, W.E. y Wade, F.A. 1968. Fumarolic activity in Marie Byrd Land, Antarctica. Science 162: 352.

Lesser, M.O., Barry, T.M and Banaszak, A.T. 2002. Effects of UV radiation on a chlorophyte alga (*Scenedesmus* sp.) isolated from the fumarole fields of Mt. Erebus, Antarctica. Journal of Phycology 38: 473-481.

Logan, N.A., Lebbe, L., Hoste, B., Goris, J., Forsyth, G., Heyndrickx, M., Murray, B.L., Syme, N., Wynn-Williams, D.D. y De Vos, P. 2000. Aerobic endospore-forming bacteria from geothermal environments in northern Victoria Land, Antarctica, and Candlemas Island, South Sandwich archipelago, with the proposal of *Bacillus fumarioli* sp. nov. International Journal of Systematic and Evolutionary Microbiology 50: 1741-1753.

Logan, N. y Allan, R.N. 2008. Aerobic endospore forming bacteria from Antarctic geothermal soils. Páginas 155-175. En: Dion, P. y Nautiyal, C.S. (Eds.). Microbiology of Extreme Soils. Springer Verlang Berlin Heidelberg.

Lyon, G.L. y Giggenbach, W.F. 1974. Geothermal activity in Victoria Land, Antarctica. New Zealand Journal of Geology and Geophysics 17(3): 511-521.

Melick, D., Broady, P.A. y Rowan, K.S. 1991. Morphological and physiological characteristics of a non-heterocystous strain of *Mastigocladus laminosus* Cohn from fumarolic soils on Mount Erebus, Antarctica. Polar Biology 11:81-89.

Nathan, S. y Schulte, F.J., 1967. Recent thermal and volcanic activity on Mount Melbourne, northern Victoria Land, Antarctica. New Zealand Journal of Geology and Geophysics 10: 422-430.

Nicolaus, B., Marsiglia, F., Esposito, E., Tricone, A., Lama, L., Sharp, R., Di Prisco, G. y Gambacarta, A. 1991. Isolation of five strains of thermophilic eubacteria in Antarctica. Polar Biology 11: 425-429.

Nicolaus, B., Lama, L., Esposito, E., Manca, M.C., Di Prisco, G. y Gambacorta, A. 1996. *Bacillus thermoantarcticus* sp. nov. from Mount Melbourne, Antarctica: a novel thermophilic species. Polar Biology 16: 101-104.

Nicolaus, B., Improta, R., Manca, M.C., Lama, L., Esposito, E. y Gambacorta, A. 1998. Alicyclobacilli from an unexplored geothermal soil in Antarctica: Mount Rittmann. Polar Biology 19: 133-141.

Nicolaus, B., Lama, L., Esposito, E., Bellitti, M.R., Improta, R., Panico, A. y Gambacorta, A. 2000. Extremophiles in Antarctica. Italian Journal of Zoology 1: 169-174.

Nicolaus, B., Improta, R., Manca, M.C., Lama, L., Esposito, E. y Gambacorta, A. 2001. Lipid modulation by environmental stresses in two models of extremophiles isolated from Antarctica. Polar Biology 24: 1-8.

Nicolaus, B., Lama, L. y Gambacorta, A. 2002. Thermophilic Bacillus isolates from Antarctic environments. Páginas 47-63 en Berkeley, R., Heyndrickx, M., Logan, N. y De Vos, P. (eds.), Applications and systematic of Bacillus and relatives. Balckwell Publishing.

Pepi, M., Agnorelli, C. y Bargagli, R. 2005. Iron demand by Thermophilic and mesophilic bacteria isolated from an Antarctic geothermal soil. Biometals 18(5): 529-536.

Poli, A., Esposito, E., Lama, L., Orlando, P., Nicolaus, G., deAppolonia, F., Gambacorta, A. y Nicolaus, B. 2006 *Anoxybacillus amylolyticus* sp. nov., a thermophilic amylase producing bacterium isolated from Mount Rittmann (Antarctica). Systematics and Applied Microbiology 29: 300-307.

Skotnicki, M.L., Selkirk, P.M., Broady, P., Adam, K.D. y Ninham, J.A. 2001. Dispersal of the moss *Campylopus pyriformis* on geothermal ground near the summits of Mount Erebus and Mount Melbourne, Victoria Land, Antarctica. Antarctic Science 13(3): 280-285.

Skotnicki, M.L., Bargagli, R. y Ninham, J.A. 2002. Genetic diversity in the moss *Pohlia nutans* on geothermal ground of Mount Rittmann, Victoria Land, Antarctica. Polar Biology 25: 771-777.

Soo, R.M., Wood, S.A., Grzymski, J.J., McDonald, I.R. y Cary, S.C. 2009. Microbial biodiversity of thermophilic communities in hot mineral soils of Tramway Ridge, Mount Erebus, Antarctica. FEMS Microbiology 11(3): 715-728.

Smith, G.H. 1992. Distribution and ecology of the testate rhizopod fauna of the continental Antarctic zone. Polar Biology 12: 629-634.

Ugolini, F.A. y Starkey, R.L. 1966. Soils and micro-organism from Mt. Erebus, Antarctica. Nature 211:440-441.

Vickers, C.J. 2012. Investigating the physiological and metabolic requirements of the Tramway Ridge microbial community, Mount Erebus, Antarctica. Tesis de MSc, University of Waikato, Nueva Zelandia.

ANEXO 1: Descripción específica del sitio de las comunidades biológicas en cada sitio geotérmico.

Cresta Tramway, monte Erebus

A 1,5 kilómetros al noroeste del cráter principal del monte Erebus se encuentra una zona geotérmica sin hielo y de pendiente ligera conocida como cresta Tramway (Mapa A1). Se han registrado temperaturas del suelo de hasta 75°C a 4 centímetros de profundidad. Los litosoles calentados por el vapor que se hallan en el sitio brindan un hábitat inusual de dimensiones reducidas. El calor geotérmico, los suelos ácidos y el inusual suministro regular de humedad gracias a la condensación de vapor producen condiciones que contrastan notablemente con la mayoría de los suelos antárticos.

La vegetación comprende una sola especie de briofitas y una diversa gama de algas que difiere de la que se encuentra en otros sitios geotérmicos de gran altitud, así como otras comunidades de plantas antárticas de zonas de baja altitud (Cuadro 1). También se ha identificado una serie de hongos, pero no se han realizado estudios detallados. La única especie de musgo, *Campylopus pyriformis*, es poco usual ya que nunca se ha visto que produzca hojas, sino que persiste en la fase protonemática (una cadena filiforme de células). *C. pyriformis* es ampliamente conocido en las regiones templadas, tanto del norte y del sur del mundo, incluyendo Australia, Nueva Zelandia y Sudamérica. Esta especie no ha sido registrada en otro lugar de la Antártida continental, excepto en el monte Melbourne, donde se presenta como pequeños cojines de gametofitos de hojas maduras de hasta aproximadamente 4 cm^2 formando poblaciones que cubren áreas de hasta 200 cm^2 con hasta un 70% de cobertura del suelo.

La vegetación aflora en determinadas zonas según la temperatura de la superficie. El suelo más cálido, entre aproximadamente 35 y 60 °C, está colonizado por tapetes oscuros de cianobacterias de color verde azulado y marrón rojizo, mientras que en las superficies de menor temperatura, entre 10 y 30 °C, predominan cortezas verdes de clorofitas cocoides y musgos protonemáticos. El suelo desnudo, que carece de cualquier tipo de vegetación macroscópica, tiene una temperatura de entre 0 y 20 °C. Es especialmente notable la presencia de una cianobacteria termófila, ya que se trata de una variedad poco frecuente de la cianobacteria de aguas termales *Mastigocladus laminosus*, común en otras partes del mundo. Hay poca evidencia de la presencia de microinvertebrados en los suelos. Una investigación temprana reportó la presencia de protozoos rizópodos y rotíferos bdelloidea, si bien otros estudios posteriores más detallados no los informaron.

Los primeros estudios que investigaron las comunidades bacterianas en la cresta Tramway utilizando técnicas de cultivo clásicas cultivaron con éxito un número limitado de nuevas bacterias termófilas de los géneros *Clostridia* y *Bacillus*. Las tres especies de bacterias que se encuentran en el monte Erebus (*Bacillus schlegelii*, *Alicyclobacillus acidocaldarius* (previamente *Bacillus acidocaldarius*) y *Thermoanaerobacter thermohydrosulfuricus* (previamente *Clostridium thermohydrosulfuricum*)) no se han identificado en las muestras tomadas en el monte Melbourne y en el monte Rittmann (Cuadro 2). Varias cepas halófilas (organismos que viven en altas concentraciones de sal) también fueron aisladas de muestras de suelo de la cresta Ridge y con base en las características fenotípicas asignadas a *Micrococcus*.

Se han empleado nuevas técnicas (métodos independientes de cultivos basados en la genética) en este sitio para caracterizar la diversidad microbiana. Los análisis muestran una clara delimitación de la estructura de las comunidades bacteriana y cianobacteriana entre las comunidades más cercanas y las más alejadas a las fumarolas. La temperatura del suelo, el pH, el porcentaje de carbono y la humedad en los sitios de temperatura más cálidas próximos a fumarolas fueron significativamente diferentes respecto a las de los sitios lejanos a las fumarolas, propiciando organismos con rasgos fisiológicos únicos. El análisis filogenético identificó la presencia de ramificaciones excepcionalmente profundas de secuencias bacterianas que variaban de las cepas microbianas conocidas, lo que sugiere que los suelos en la cresta Tramway proporcionan un hábitat atípico y único para la vida microbiana, y contienen varios grupos de bacterias que no han sido descritos. Se encontró que la diversidad arqueobacteriana era baja, con una homología de alta secuencia con cepas arqueobacterianas conocidas superficiales a gran profundidad, lo que indica que las especies de cresta Tramway provienen de linajes antiguos.

Monte Melbourne:
La actividad geotérmica en el monte Melbourne se concentra en dos áreas principales; en el borde del cráter de la cumbre principal y en la pendiente nororiental de la montaña. En el cráter de la cumbre principal, hay dos lugares al interior de la Zona. En el borde sur del cráter de la cumbre principal del Monte Melbourne se encuentra una cresta en forma de media luna, ubicada en la cresta Cryptogam (Ubicación 1; Mapa A2). Aquí el suelo templado se extiende a lo largo de aproximadamente 110 metros de la cresta. Las zonas de suelos geotérmicos cálidos están marcadas por zonas sin nieve, y por montículos de hielo y nieve de hasta un metro de altura. Junto a la cresta Cryptogam se encuentra una pendiente (en adelante, la pendiente geotérmica) que conduce hasta el borde oriental del cráter de la cumbre (Ubicación 2; Mapa A2). El suelo se caracteriza por grietas y torres de hielo que se extienden hasta el borde de la caldera escarpada. En las pendientes del noroeste del volcán hay una línea de torres de hielo orientada de noroeste a sudeste, y pequeños parches de suelo desnudo que conforman el tercer lugar en este sitio (Mapa A2/1).

Las temperaturas del suelo en estos lugares suelen alcanzar entre 30 y 50 °C a una profundidad de unos pocos centímetros. La supervivencia de la vida vegetal solo es posible a través de la aparición de gotículas de agua, formadas por la condensación de vapor de agua, que mantiene los suelos húmedos y actúa como una fuente de agua para la vegetación.

El monte Melbourne alberga un grupo biológico único con alta biodiversidad en relación con los otros dos sitios geotérmicos a gran altitud en la región del Mar de Ross (Cuadro 1). La biota incluye (i) las algas (11 especies) dentro de las cortezas y las esteras que recubren pequeños sustratos, (ii) las briofitas (dos especies de musgo y una de hepática), y (iii) un protozoario. Muchas de las especies no son de procedencia local y se cree que han sido dispersas en el sitio desde fuera de la Antártida, probablemente por los vientos. Se ha observado una asociación de líquenes como componente de capas negras sobre pequeñas áreas de suelo tibio. En las partes más tibias del suelo en la cresta Cryptogam (Ubicación 1) hay manchas verde amarillentas del musgo *Campylopus pyriformis,* junto con la hepática *Cephaloziella varians* y capas marrones de algas. La presencia inusual de turba de poca profundidad es un indicio de crecimiento de briofitas durante varias décadas como mínimo. No se han observado esporofitas de *C. pyriformis* en el monte Melbourne, lo que indica que se reproduce asexualmente por la dispersión de propágulos vegetativos. El análisis de la población encontró evidencia genética que indica un único evento de colonización que probablemente se produjo seguido por múltiples mutaciones. En una comparación con muestras de *C. pyriformis* recogidas desde el monte Erebus, a 350 kilómetros al sur del monte Melbourne, se descubrió que las dos poblaciones están estrechamente relacionadas, lo que aporta pruebas de la dispersión entre áreas de suelo calentado. Solamente se han observado manchas esporádicas de musgo en la ladera geotérmica (Ubicación 2). Se han encontrado membranas vacías del protozoo ameboide *Corython dubium* en sustratos minerales y entre briofitas. Esta especie no es común en la Antártida continental, y se encuentra solamente en otro sitio de la Tierra de Victoria. También se identificó una serie de hongos, si bien no se han realizado estudios detallados.

La descripción de la biota en el monte Melbourne se centra generalmente en la cresta Cryptogam (Ubicación 1). Investigaciones más recientes de la biota en la pendiente noroeste (Ubicación 3) no encontraron diferencias significativas entre la flora de algas, que es generalmente menos desarrollada que la de la cresta Cryptogam. Sin embargo, se identificó una tercera especie de briofitas *Pohlia nutans* en este lugar, que está estrechamente relacionada con las poblaciones encontradas en el monte Rittmann y no está presente en la cresta Cryptogam. Por otra parte, se identificaron diferentes poblaciones de bacterias de las dos áreas separadas de actividad geotérmica en el monte Melbourne, a pesar de que solo están separadas por unos pocos kilómetros.

Investigaciones microbianas tempranas realizadas en muestras obtenidas en la cresta Cryptogam (ubicación 1) aislaron nuevas especies de bacterias termófilas como *Bacillus thermoantarcticus* (ahora *thermantarcticus*), *Bacillus* (ahora *Alicyclobacillus*) *acidocaldarius* y *Bacillus fumarioli*. Las investigaciones posteriores se ocuparon de los suelos en la pendiente noroeste (ubicación 3) y en ellas se identificaron las cepas termófilas de la especie *Alicyclobacillus.* y tres bacterias mesófilas de las especies *Micrococcus, Paenibacillus validus* y *Paenibacillus apiaries*. Recientemente se identificaron otras dos nuevas especies en la ladera noroccidental, *Alicyclobacillus pohliae* sp. nov y *Brevibacillus levickii*, las cuales no han sido encontradas en la cresta Cryptogam; sin embargo, durante la misma investigación se aisló una nueva especie del género

Aneurinibacillus en la cresta Cryptogam, y no en la pendiente noroccidental. Se propuso *Aneurinibacillus terranovensis* nov. como nombre para la especie (Cuadro 2).

Debido a la restricción de ciertas especies a ciertos lugares del Monte Melbourne, las investigaciones se centraron en el metabolismo de las distintas especies y las características del suelo y se consideró que las características físico-químicas del suelo calentado por fuentes geotérmicas pueden afectar el historial de colonización y dispersión de los microorganismos y los musgos en este sitio.

Monte Rittmann:
Aunque varias expediciones en Tierra de Victoria septentrional reconocieron la distribución general de los centros volcánicos en la región, el monte Rittmann fue descubierto a fines de los años 80. Una estructura de cráter menor del monte Rittmann, situada al este de la punta del glaciar Aviator, es visible como afloramiento en forma de media luna con una pendiente difícil e inestable, casi vertical y escarpada (de unos 300 metros de ancho y 80 metros de altura), rodeada por hielo glacial (Mapa A3). Las temperaturas del suelo varían desde 50 hasta 63°C a 10 centímetros de profundidad.

Al igual que en la cresta Tramway, el monte Erebus y las tres ubicaciones en el Monte Melbourne, la biota se compone de briofitas y una amplia gama de algas y protozoos que difiere de la encontrada en otros sitios geotérmicos de gran altitud, así como otras comunidades de plantas antárticas de las zonas de baja altitud (Cuadro 1). Una sola especie de briofitas, *Pohlia nutans*, se produce como pequeñas colonias sueltas de brotes cortos de solo 1 a 2 mm de longitud con tierra visible entre los brotes. Se trata de una especie cosmopolita propia de Europa, Asia, África, Australia y de varios lugares alrededor de la Antártida, como el monte Melbourne, aunque es notable su ausencia en el monte Erebus. No se han observado esporofitas y parece ser que *P. nutans* se reproduce asexualmente. El análisis genético concluyó que la población en el monte Rittmann tiene bajos niveles de diversidad genética y parece derivar de un solo evento de inmigración seguido por mutaciones, similar al caso de *C. pyriformis* en el monte Melbourne. Se ha cultivado e identificado una amplia gama de algas, mientras que el examen microscópico directo de las muestras originales solo reveló algas ocasionales. Al examinar los cultivos de las algas, se encontraron dos protozoos: un pequeño rizópodo desnudo que formaba quistes y un flagelado parecido a *Bodo sp*, ninguno de los cuales fue encontrado en el monte Melbourne o en el monte Erebus.

Las investigaciones microbianas efectuadas en muestras recogidas del monte Rittmann aislaron cepas acidofílicas (organismos que sobreviven en condiciones de acidez) termófilas pertenecientes al género *Alicyclobacillus* y al género termofílico *Anoxybacillus*. La relación genética de las cepas aisladas de *Alicyclobacillus* sugiere que las cepas podrían estar relacionadas con la especie *A. acidocaldarius*, o podrían ser lo suficientemente diferentes como para conformar una nueva sub especie, para la que se propuso el nombre de *Alicyclobacillus acidocaldarius* subsp. *rittmannii*. Se encontró que las características de la cepa aislada de *Anoxybacillus* representaban una nueva especie, para la que se propuso *Anoxybacillus amylolyticus* sp. nov. como nombre. Dos especies de bacterias, entre ellas *Aneurinibacillus terranovensis* y *Bacillus fumarioli*, fueron aisladas a partir de muestras tomadas en la cresta Cryptogam en el monte Melbourne y en el monte Rittmann, pero no pudieron aislarse de la pendiente noroccidental del monte Melbourne, a pesar de que los dos sitios en el monte Melbourne están a aproximadamente 1,5 kilómetros de distancia y el monte Melbourne y el monte Rittmann están a unos 103 kilómetros de distancia (Cuadro 2).

Cuadro 1: Flora y fauna de suelo fumarólico en áreas geotérmicas a gran altitud de la región del mar de Ross.

Taxon	Monte Erebus [a]	Monte Melbourne [b]	Monte Rittmann [c]
Briofitas			
Campylopus pyriformis[†] (Musgo)	+	+	
Pohlia nutans (Musgo)		+	+
Cephaloziella exiliflora[‡] (Hepática)		+	
Algas - cianobacterias			
Aphanocapsa elachista[†]	+	+	
Gloeocapsa magma[‡]		+	
Phormidium fragile	+	+	
Véase Phormidium fragile			+
Tolypothrix bouteillei[‡]		+	
Mastigocladus laminosus[†]	+	+	+
Sin heterocisto *M. laminoso*	+		
Stigonema ocellatum[†‡]		+	
Especie Nostoc			+
Algas - clorófitas			
Bracteacoccus cf. Menores.	+		
Chlorella emersonii[†]	+	+	
Chlorella prototheoides[†]	+		
Chlorella cf. prototheoides			+
Chlorella reisiglii	+		
Chlorella cf. reisiglii			+
Chlorella cf. reniformis[†]		+	+
Chlorella saccharophila[†‡]	+		
Coccomyxa curvata[‡]	+		
Coccomyxa gloeobotrydiformis	+	+	
Coccomyxa cf. gloeobotrydiformis			+
Coenocystis oleifera	+	+	
Coenocystis cf. oleifera			+
Oocystis minuta	+		
cf. Oocystis minuta			+
Pseudococcomyxa simplex	+	+	
cf. Pseudococcomyxa simplex			+
Scotiellopsis terrestris[†]	+		
Scotiellopsis cf. terrestris			+
cf. Especie Lyngbya[†‡]			+
Especie Scenedesmus[‡]	+		
Protozoos			
Corythion dubium[‡]		+	
Rizópodo desnudo que forma pequeños quistes			+
Flagellate *cf. Especie Bodo*			+
Protozoos rizópodos	+		

Taxon	Monte Erebus [a]	Monte Melbourne [b]	Monte Rittmann [c]
Rotífero Bdelloidea	+		
Hongos			
Especie Aspergillus	+	+	
Especie Chaetomium		+	
Especie Cryptococcus		+	
Especie dematiácea no identificada	+		
Variedad de Malbranchea pulchella sulfurea		+	
Especie Mucor	+		
Myceliophthora thermophila		+	
Especie Neurospora	+		
Especie Paecilomyces		+	
Especie Penicillium	+		
Levadura no identificada	+		
Actinomicetos			
Streptomyces coelicolor[†]	+	+	
Thermoactinomyces vulgaris	+		
Especie Thermomonospora[†]	+	+	

[a] Broady, 1984; Ugolini y Starkey, 1966; Hudson y Daniel, 1988; Skotnicki et al., 2001; Janetschek, 1963
[b] Broady et al., 1987; Nicolaus et al., 1991; Lesser at al., 2002
[c] Skotnicki et al., 2002; Bargagli et al., 1996 (la identificación de especies es tentativa, ya que no se aislaron ejemplares para permitir un estudio más detallado).
[†] No hay otros registros antárticos.
[‡] No hay otros registros de la Tierra de Victoria.

Cuadro 2: Diversidad bacteriana de suelo fumarólico en áreas geotérmicas a gran altitud de la región del mar de Ross.

Especies del género	Monte Erebus	Monte Melbourne	Monte Rittmamn	Referencia
Bacterias termofílicas				
Bacilos				
- *Bacillus schlegelii*	+			Hudson and Daniel, 1988
- *Bacillus thermoantarcticus*		+		Hudson et al., 1988
- *Bacillus fumarioli*		+	+	Nicolaus et al., 1996 Logan et al., 2000
Aliciclobacilos				
- *Alicyclobacillus acidocaldarius* (anteriormente *Bacillus acidocaldarius*)	+			Hudson y Daniel, 1988
- *Alicyclobacillus acidocaldarius* subsp. *rittmannii*			+	Nicolaus et al., 1998
- *Especie Alicyclobacillus*		+	+	Pepi et al., 2005 Bargagli et al., 2004 Nicolaus et al., 1998
- *Alicyclobacillus pohliae*		+		Imperio et al., 2008
Aneurinibacilos				
- *Aneurinibacillus terranovensis*		+	+	Allan et al., 2005
Anoxybacilos				
- *Anoxybacillus amylolyticus*			+	Poli et al., 2006
Brevibacilos				
- *Brevibacillus levickii*		+		Allan et al., 2005
Termoanaerobacter				
- *Thermoanaerobacter thermohydrosulfuricus* (anteriormente *Clostridium thermohydrosulfuricum*)	+			Hudson y Daniel, 1988
Bacterias mesofílicas				
- *Especie Micrococcus*	+	+		Nicolaus et al., 2000; Nicolaus et al., 2001;
- *Paenibacillus validus*		+		Pepi et al., 2005 Bargagli et al., 2004
- *Paenibacillus apiarius*		+		Pepi et al., 2005 Bargagli et al., 2004

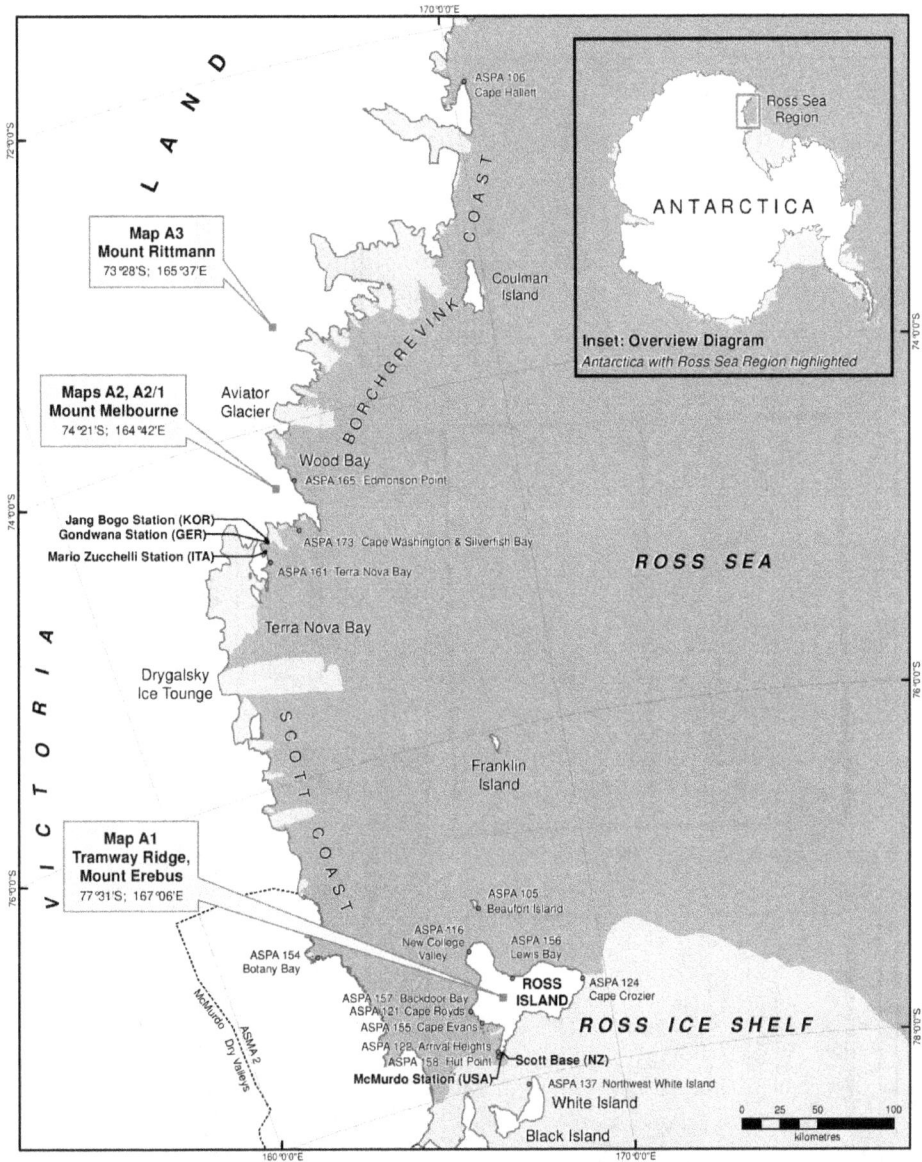

Map A - High Altitude Geothermal Sites of the Ross Sea Region
Location Diagram

Map Information:
Version 1.5 - 9 May 2014 (final).
Horizontal Datum: WGS84, Antarctica Polar Stereographic Projection.
True north is coincident with lines of longitude.

Data Sources:
Base Vector Data: Antarctic Digital Database Version 6.

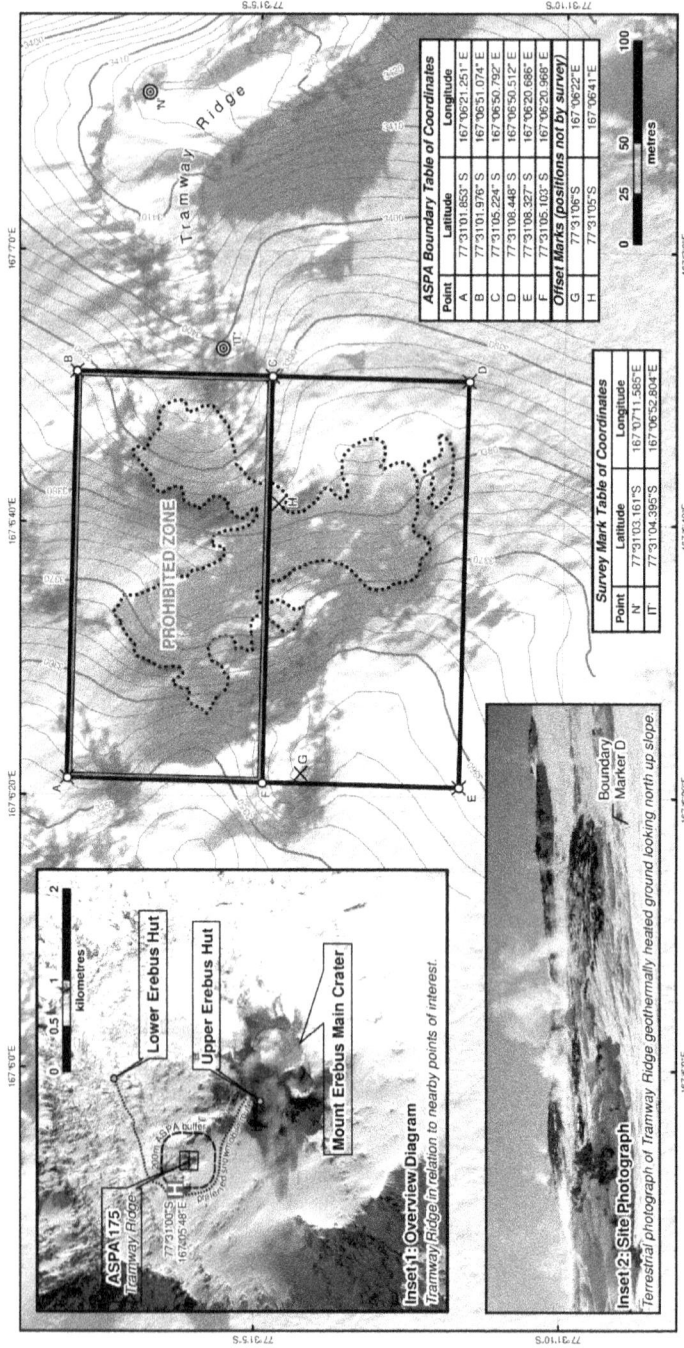

Map A1 - ASPA 175: High Altitude Geothermal Sites of the Ross Sea Region
Tramway Ridge, Mount Erebus Topographical Map

ASPA Boundary Table of Coordinates

Point	Latitude	Longitude
A	77°31'01.853" S	167°06'21.251" E
B	77°31'01.976" S	167°06'51.074" E
C	77°31'05.224" S	167°06'50.792" E
D	77°31'08.448" S	167°06'50.512" E
E	77°31'08.327" S	167°06'20.686" E
F	77°31'05.103" S	167°06'20.968" E

Offset Marks (positions not by survey)

G	77°31'06"S	167°06'22"E
H	77°31'05"S	167°06'41"E

Survey Mark Table of Coordinates

Point	Latitude	Longitude
N	77°31'03.161"S	167°07'11.585"E
TT	77°31'04.395"S	167°06'52.804"E

Legend

◉ Survey Mark	⌁⌁ Contour ~ 10-metre interval
○ ASPA Boundary Point	⌁⌁ Contour ~ 2-metre interval
✕ Boundary Marker (approx.)	⊞ Helicopter Landing Site
▭ ASPA Boundary	⬚ Geothermally Heated Ground (approx. & subject to change)
▭ Prohibited Zone Boundary	

Inset 1: Overview Diagram
Tramway Ridge in relation to nearby points of interest.

Inset 2: Site Photograph
Terrestrial photograph of Tramway Ridge geothermally heated ground looking north up slope.

Map Information:
Version 1.7 - 9 May 2014 (final).
Horizontal Datum: WGS72. Camp Area Projection.
Vertical Datum: Mean Sea Level.
Satellite Imagery: orthorectified without ground-truthing.

Data Sources:
Survey Data: DOSLI Survey Plan 37/142.
Contours & Geothermally Heated Area: University of Canterbury.
Main Map & Overview Diagram Imagery: Digital Globe WorldView-2 Satellite (0.5 m resolution).
Site Photograph: University of Waikato.

242

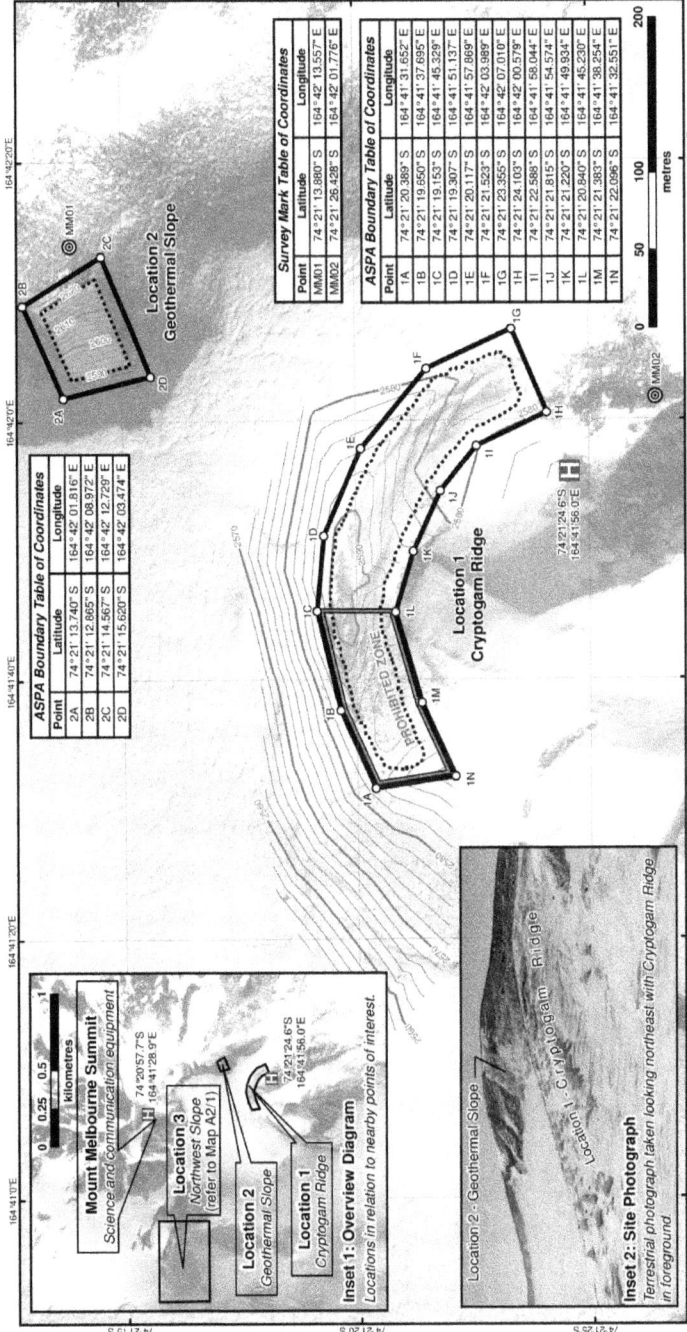

Map A2 - ASPA 175: High Altitude Geothermal Sites of the Ross Sea Region
Cryptogam Ridge and Geothermal Slope, Mount Melbourne Topographical Map

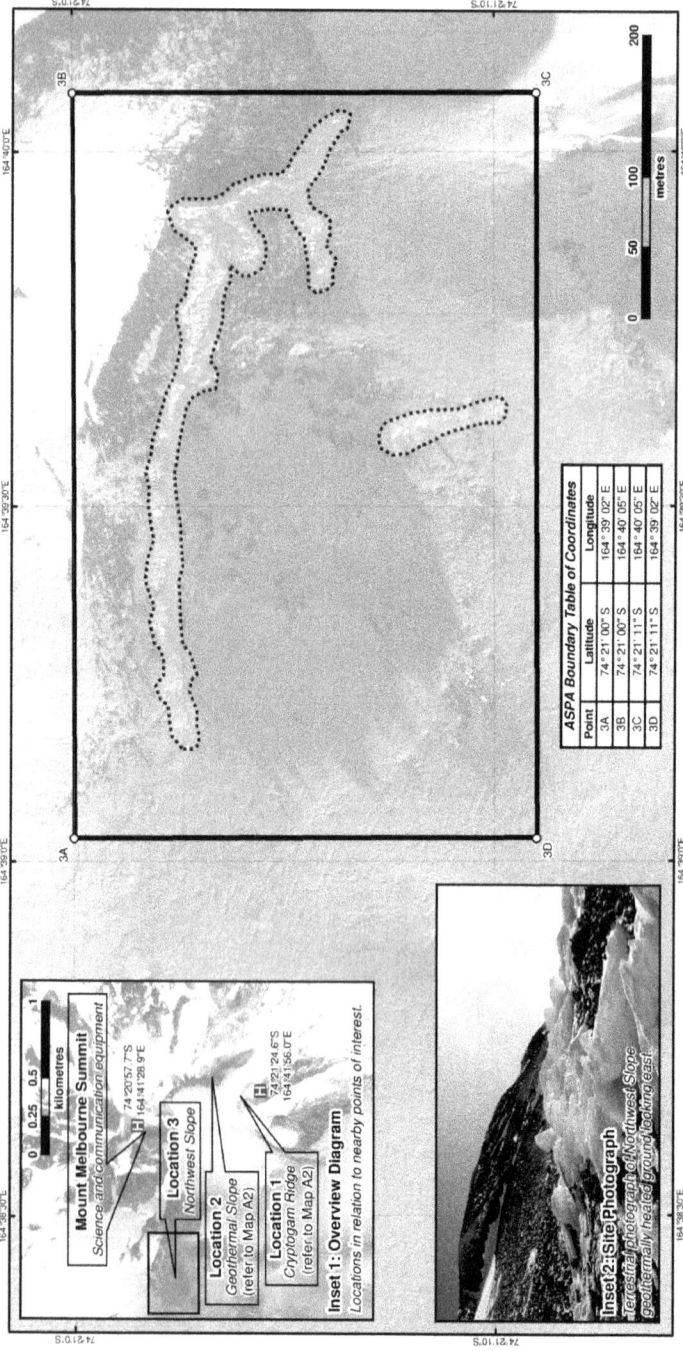

Map A2/1 - ASPA 175: High Altitude Geothermal Sites of the Ross Sea Region
Northwest Slope, Mount Melbourne Topographical Map

ASPA Boundary Table of Coordinates		
Point	Latitude	Longitude
3A	74° 21' 00" S	164° 39' 02" E
3B	74° 21' 00" S	164° 40' 05" E
3C	74° 21' 11" S	164° 40' 05" E
3D	74° 21' 11" S	164° 39' 02" E

○ ASPA Boundary Point (unmarked)   ▣ Helicopter Landing Site

▢ ASPA Boundary   ⌇ Geothermally Heated Ground (approx. & subject to change)

Map Information:
Version 1.4 - 9 May 2014 (final).
Horizontal Datum: WGS84, UTM Zone 58 Projection.
Vertical Datum: WGS84.
Satellite Imagery: orthorectified without ground-truthing.

Data Sources:
Survey Data: Data not by field survey. ASPA boundary obtained via inference from satellite imagery.
Main Map & Overview Diagram Imagery: Digital Globe GeoEye Satellite (0.5 m resolution).
Site Photograph: University of Siena.

Mount Melbourne Summit
Science and communication equipment

74°20'57.7"S
164°41'28.9"E

Location 3
Northwest Slope

Location 2
Geothermal Slope
(refer to Map A2)

Location 1
Cryptogam Ridge
(refer to Map A2)

74°21'24.6"S
164°41'56.0"E

Inset 1: Overview Diagram
Locations in relation to nearby points of interest.

Inset 2: Site Photograph
Terrestrial photograph of Northwest Slope geothermally heated ground, looking east.

244

Map A3 - ASPA 175: High Altitude Geothermal Sites of the Ross Sea Region
Mount Rittmann Topographical Map

Survey Mark Table of Coordinates

Point	Latitude	Longitude
MR01	73° 28' 20.402" S	165° 37' 19.232" E
MR02	73° 28' 20.098" S	165° 37' 31.624" E

ASPA Boundary Table of Coordinates

Point	Latitude	Longitude
A	73° 28' 18.797" S	165° 36' 43.851" E
B	73° 28' 18.818" S	165° 36' 54.698" E
C	73° 28' 16.290" S	165° 37' 00.144" E
D	73° 28' 16.405" S	165° 37' 04.438" E
E	73° 28' 17.655" S	165° 37' 12.235" E
F	73° 28' 18.024" S	165° 37' 14.468" E
G	73° 28' 19.923" S	165° 37' 16.943" E
H	73° 28' 20.628" S	165° 37' 20.089" E
I	73° 28' 21.530" S	165° 37' 21.567" E
J	73° 28' 22.015" S	165° 37' 23.817" E
K	73° 28' 23.436" S	165° 37' 20.540" E
L	73° 28' 22.414" S	165° 37' 17.302" E
M	73° 28' 20.945" S	165° 37' 13.936" E
N	73° 28' 19.430" S	165° 37' 08.865" E
O	73° 28' 18.558" S	165° 37' 03.457" E
P	73° 28' 18.722" S	165° 36' 56.296" E
Q	73° 28' 19.778" S	165° 36' 50.065" E

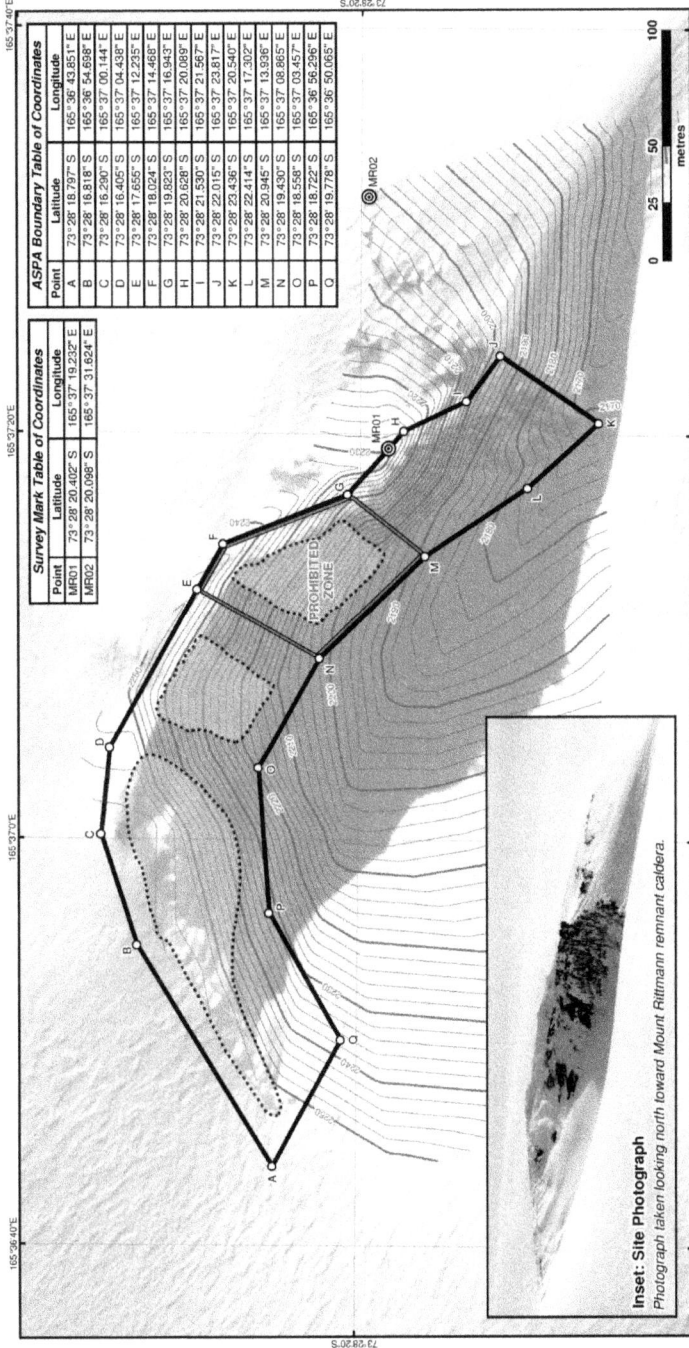

Inset: Site Photograph
Photograph taken looking north toward Mount Rittmann remnant caldera.

N

0   25   50   100
metres

Survey Mark

o ASPA Boundary Point (unmarked)

ASPA Boundary

Prohibited Zone Boundary

Contour ~ 10-metre interval

Contour ~ 2-metre interval

Geothermally Heated Ground (approx. & subject to change)

Map Information:
Version 1.5 - 9 May 2014 (final).
Horizontal Datum: WGS84, UTM Zone 58 Projection.
Vertical Datum: WGS84.
Satellite Imagery: orthorectified with limited ground-truthing.

Data Sources:
Survey Data: Obtained by field survey 16 November 2012.
Main Map & Overview Diagram Imagery: Digital Globe WorldView-1 Satellite (0.5 m resolution).
Site Photograph: Antarctica New Zealand.

245

Plan de Gestión de la Zona Antártica Especialmente Protegida (ZAEP) N° 1

BAHÍA ALMIRANTAZGO (BAHÍA LASSERRE), ISLA REY JORGE (ISLA 25 DE MAYO)

Introducción

La bahía Almirantazgo (bahía Lasserre) se ubica en la isla Rey Jorge (isla 25 de mayo) de las islas Shetland del sur a aproximadamente 125 kilómetros del extremo norte de la península Antártica (Fig. 1). Se designó como Zona Antártica Especialmente Administrada (ZAEA) principalmente para proteger sus extraordinarios valores ambientales, históricos, científicos y estéticos. La bahía Almirantazgo (bahía Lasserre) fue visitada por primera vez por cazadores de focas y balleneros en el siglo XIX y a principios del siglo XX, y aún quedan vestigios de estos períodos. La zona se caracteriza por un magnífico paisaje montañoso glaciar, diversos rasgos geológicos, ricos suelos para la reproducción de mamíferos y aves marinas, distintas comunidades marinas y hábitats de plantas terrestres. Durante casi cuatro décadas, cinco países han llevado a cabo investigación científica coordinada en la bahía Almirantazgo (bahía Lasserre). Desde 1976, se han efectuado estudios continuos sobre pingüinos, siendo estos los estudios más prolongados de la Antártida. La bahía Almirantazgo (bahía Lasserre) tiene además una de las series históricas más largas de datos meteorológicos recogidos en la Península Antártica, y se considera una de las zonas más sensibles al cambio climático del planeta.

La Zona abarca medioambientes situados dentro de tres dominios definidos en el Análisis de dominios ambientales para la Antártida: Ambiente A, Geológico del Norte de la Península Antártica; Ambiente E, Península Antártica y los principales campos de hielo de la Isla Alexander; y Ambiente G, Geológico de las islas costa afuera de la Península Antártica (Resolución 3 (2008)). Según la clasificación de las Regiones Biogeográficas de Conservación de la Antártida (RBCA), la Zona se sitúa dentro de las RBCA 3, Noroeste de la Península Antártica (Resolución 6 (2012)).

La Zona, que incluye todas las áreas marinas y terrestres dentro de la cuenca de drenaje glaciar de la bahía Almirantazgo (bahía Lasserre), se considera lo suficientemente extensa como para proporcionar una protección adecuada a los valores descritos a continuación.

La bahía Almirantazgo (bahía Lasserre) se ha convertido en un lugar donde cada vez se llevan a cabo más actividades humanas diferentes, las que aumentan constantemente y son cada vez más complejas, creando una conflictiva situación asociada a sus usos. Durante los últimos 30 años, se han establecido más estaciones, el número de visitantes ha aumentado cada año, pasando de varios centenares a más de 3000, y en la temporada 2009/2010 se realizaron en la Zona operaciones de captura comercial del krill. Una mejor planificación y coordinación de las actuales y futuras actividades ayudará a evitar o a disminuir el riesgo de interferencia mutua y a reducir a un mínimo los impactos ambientales, proporcionando así mecanismos más eficaces para la conservación de las valiosas características de la Zona.

Cinco Partes Consultivas -Polonia, Brasil, Estados Unidos, Perú y Ecuador- tienen programas de investigación activos en la zona. Polonia y Brasil operan dos estaciones durante todo el año (Polonia, la estación Henryk Arctowski en punta Tomás; y Brasil: la estación antártica Comandante Ferraz, en la península Keller). Perú y Estados Unidos operan dos estaciones estivales (Perú, la estación Machu Picchu en punta Crepin, y EE. UU., el campamento Copacabana al sur de punta Llano). Ecuador posee un refugio en punta Hennequin. En otros lugares existen varias instalaciones pequeñas permanentes y semipermanentes.

La Zona incluye una ZAEP (ZAEP N° 128, costa oeste de la bahía Almirantazgo (bahía Lasserre), antigua SEIC N° 8) y un Sitio y Monumento Histórico (SMH N° 51: Tumba de Puchalski) en la estación Arctowski. Siete tumbas reciben una atención especial en la Península Keller.

Además del gran número de científicos, personal de apoyo y expediciones de investigación, la bahía Almirantazgo (bahía Lasserre) recibe una cantidad cada vez mayor de turistas, principalmente en forma de expediciones turísticas marítimas organizadas y yates privados.

De manera conjunta entre Brasil y Polonia, y coordinada por Ecuador y Perú, se presentó una propuesta de Plan de Gestión para designar la bahía Almirantazgo (bahía Lasserre) y sus alrededores (en lo sucesivo, la

Zona) como Zona Antártica Especialmente Administrada (ZAEA), de conformidad con el Anexo V del Protocolo al Tratado Antártico sobre Protección del Medio Ambiente (en lo sucesivo, el Protocolo), la que fue aprobada voluntariamente por las PCTA en ocasión de la XX RCTA, en Utrecht, en 1996. En 2006, se presentó una versión revisada del Plan de Gestión, la que fue aprobada por el Comité de Protección del Medio Ambiente, designándose la Zona como ZAEA N° 1 (Medida 2, IX Reunión del CPA, XXIX RCTA, 2006, Edimburgo). Este plan de gestión revisado se preparó en referencia a la "Guía para la Preparación de Planes de Gestión para las Zonas Antárticas Especialmente Protegidas" (Resolución 2, XIV Reunión del CPA, XXXIV RCTA, 2011, Buenos Aires).

1.Descripción de los valores que requieren protección

i. Valores estéticos

La bahía Almirantazgo (bahía Lasserre) tiene valores estéticos y fisiográficos básicos representativos de la mayoría de los ejemplos más típicos del paisaje de bahía/fiordo de las Islas Shetland del Sur. Las áreas sin hielo de la bahía Almirantazgo (bahía Lasserre) fueron formadas por playas recientes y elevadas de piedras y guijarros, morrenas subrecientes y recientes, penínsulas montañosas, islotes rocosos, espolones y nunataks. El terreno está fuertemente moldeado por los procesos marinos costeros, glaciales y nivales. Estos, junto con los rasgos geológicos de la zona, se suman a la gran belleza panorámica del paisaje.

ii. Valores ambientales

La zona de la bahía Almirantazgo (bahía Lasserre) es representativa de los ecosistemas inferiores terrestres, litorales, costeros, pelágicos y de fiordos de la Isla Rey Jorge (isla 25 de mayo). La flora está formada por más de 300 especies de líquenes, alrededor de 60 especies de musgos y un gran número de algas, así como por dos especies de plantas vasculares nativas (*Deschampsia antarctica* y *Colobanthus quitensis*) (Apéndice A). Las asociaciones de plantas están acompañadas de una gran diversidad de microorganismos de suelo. Se han registrado veinticuatro especies de aves y seis especies de pinnípedos en la Zona, pero solo se reproducen catorce especies de aves y tres especies de pinnípedos en la Zona (Apéndice C, Fig. 5 y 6). El ecosistema marino de la bahía refleja gran parte de las condiciones ambientales generales que prevalecen en las Islas Shetland del Sur. La comunidad bentónica de las plataformas de la bahía Almirantazgo (bahía Lasserre) se caracteriza por una gran riqueza de especies y una gran diversidad de conjuntos. En varios puntos de la bahía, cerca de la zona costera, entre 15 y 30 metros de profundidad, se encuentran algas gigantes (especialmente *Himantothallus* sp.), con una gran diversidad de fauna asociada, (Apéndice B). En Roca Napier, un lugar único situado en la entrada de la bahía, hay una fauna especialmente diversa y rica de invertebrados bentónicos. Los peces están representados por quince especies de *Nototheniidae*.

iii. Valores científicos

La bahía Almirantazgo (bahía Lasserre) reviste sumo interés científico, en particular para estudios de ciencias biológicas y geociencias. La isla Rey Jorge (isla 25 de mayo) fue descubierta en el año 1908, y desde entonces ha sido visitada ocasionalmente por balleneros, navegantes y científicos. Entre 1948 y 1960, desde la base G en la Península Keller en la bahía Almirantazgo (bahía Lasserre), científicos británicos llevaron a cabo más investigaciones geológicas importantes. Más adelante se llevaron a cabo varias expediciones científicas, si bien las actividades científicas diversas y constantes en la Zona comenzaron a partir de la década de los 70 con el apoyo de la estación polaca Henryk Arctowski, la estación brasileña Comandante Ferraz y el Programa Antártico de EE. UU. en la ZAEP N° 128, Costa Oeste de bahía Almirantazgo (bahía Lasserre). Durante el verano se llevaron a cabo actividades intermitentes de investigación en la estación peruana Machu Picchu (en punta Crepin) y en el refugio ecuatoriano (en Punta Hennequin).

Los principales temas de investigación de campo y de laboratorio en las estaciones polaca y brasileña han sido la biología terrestre y marina, incluyendo la fisiología y adaptación de los peces y krill antárticos, la taxonomía y ecología de la fauna bentónica, plantas vasculares, musgos y líquenes, ecología terrestre y marina y migración y dispersión de aves, y estudios microbiológicos. Se llevó a cabo un proyecto de investigación sobre la biología y la dinámica de la población de aves (principalmente los pingüinos pigoscélidos y skúas *Catharacta*) en aras del Programa Antártico de EE. UU. desde 1976. Este estudio es relevante para el Programa de Seguimiento del Ecosistema (CEMP) de la CCRVMA. Desde 1985, se ha llevado a cabo un programa de investigación de observación de la hierba no autóctona *Poa annua* en torno a la estación Arctowski y en la ZAEP N° 128. El seguimiento a largo plazo de los registros de la temperatura atmosférica y del aire llevado a cabo por investigadores brasileños ha revelado un aumento de 1,1 °C en la temperatura media del aire entre 1956 y 2000. Este aumento de la temperatura se ha relacionado con un 12% de repliegue frontal del glaciar durante el mismo período. En la Isla Rey Jorge (isla 25 de mayo), se observó un repliegue glacial frontal de un kilómetro de los glaciares de marea de tipo valle a partir de 1956. El repliegue glacial en las partes central y exterior de la bahía Almirantazgo (bahía Lasserre) ha expuesto nuevas zonas costeras sin hielo que son adecuadas para los suelos de reproducción de algunas especies de focas. Las áreas sin hielo se han triplicado durante los últimos 20 años, creando las condiciones para ser ocupadas como hábitat y para la reproducción. En el lugar se lleva a cabo investigación fitosociológica y se ha cartografiado la vegetación de las zonas gradualmente liberadas por el repliegue de los glaciares.

Debido a las temperaturas más cálidas, la duración del hielo marino invernal en la región disminuye, afectando a las zonas de desove y reproducción del krill (*Euphausia superba*). Se ha descubierto que la reducción de la población de krill coincide con un aumento de las salpas (*Salpa thompsoni*). Estos cambios entre las especies clave pueden tener profundas implicaciones en la red alimenticia de la Zona.

El número de pingüinos en la Zona ha disminuido durante los últimos 30 años: los pingüinos Adelia (*Pygoscelis adeliae*) y de barbijo (*Pygoscelis antarctica*) sufrieron un descenso general de aproximadamente 57%, y la población de pingüinos papúa (*Pygoscelis papua*) ha aumentado en aproximadamente 64% desde el establecimiento de la ZAEA. Las cifras de lobos finos cambian en ciclos multianuales. La abundancia de elefantes marinos se ha mantenido estable, en tanto las poblaciones de focas de Weddell y cangrejeras se han reducido (Salwicka y Sierakowsky, 1998).

Otros estudios realizados en la Zona incluyen: geología y paleontología, glaciología y paleoclimatología en el casquete glacial de la Isla Rey Jorge (isla 25 de mayo) y sobre sedimentación glaciomarina en la bahía Almirantazgo (bahía Lasserre). Las rocas paleógenas y neógenas de la Isla Rey Jorge (isla 25 de mayo) conservan evidencias de transición climática y ambiental de importancia global desde una fase invernadero a una fase nevera, que culminó en el límite Eoceno-Oligoceno. Este mejor registro de la primera glaciación cenozoica en el Hemisferio Sur está bien documentado en las investigaciones estratigráficas, litológicas y paleontológicas de la Isla Rey Jorge (isla 25 de mayo), resumidas por Birkenmajker en un mapa geológico en el año 2002. La base eocena de estas formaciones rocosas conformó el lecho del área de la ZAEA 1 y continúa hacia el este en las rocas más jóvenes hasta el extremo de la isla, demostrando las glaciaciones del Oligoceno y del Mioceno.

Otros valores científicos adicionales que se deben señalar desde el punto de vista del paisaje, incluidos los atributos geológicos y geomórficos, son:

• La isla muestra topografías en zonas sin hielo producto de la erosión proglacial y eólica. La acción marina condujo a la formación de bandas de playa a lo largo de la costa, varias de ellas elevándose 20 m/snm debido a la elevación glacioisostática durante el Holoceno.

• Hay presencia de lugares fosilíferos del Eoceno temprano o medio de gran importancia científica en las Puntas Ulmann y Hennequin, Península Keller y la ensenada Ezcurra, a lo largo de la zona costera, detrás de la estación Arctowski en la morrena Błaszczyk y el Monte Read. Los fósiles de madera de araucaria, *Nothofagus* y las impresiones de hojas de plantas más altas y de pteridofitos son comunes y están bien conservados.

• Hay presencia de paleosuelos bien conservados que datan de hace 20 milenios, con evidencias de paleoclimas templados a subtropicales en su formación, que tienen gran importancia científica. Estos rasgos se pueden encontrar en punta Plaza, Copacabana y punta Hennequin.

• En las laderas septentrionales suele haber permafrost, por lo general a altitudes superiores a los 30 metros, los que por debajo de ese nivel son ausentes o esporádicos. La bahía Almirantazgo (bahía Lasserre) se considera una zona clave para observar el permafrost en el archipiélago Shetland y representativa de las zonas interiores de la bahía bien protegidas bajo el clima antártico marino.

Desde 1978 hasta 1994 en la estación Arctowski estuvo en funcionamiento durante todo el año un observatorio sísmico y magnético terrestre, y en 2013 comenzó en esta estación un programa de investigación dirigido a la observación de la estructura del campo eléctrico de la Tierra. Desde 1984, se han llevado a cabo estudios sobre química atmosférica, geomagnetismo, ionosfera y astrofísica en la estación Ferraz. En Arctowski ha funcionado una estación meteorológica desde 1977 hasta 2000, y desde 1984 en la estación Ferraz, destinados a proporcionar datos básicos y apoyar las operaciones logísticas. En la estación Machu Picchu se ha desarrollado una investigación sobre los vientos atmosféricos superiores con la ayuda de un radar MST. Desde 2006, se lleva a cabo un proyecto de investigación a largo plazo sobre el plancton marino, la biodiversidad macrobentónica y la calidad del entorno marino en la ensenada Mackellar. También se ha desarrollado un estudio sobre las anomalías de la disminución de la capa de ozono.

Tanto la estación Arctowski como la estación Ferraz han recibido a científicos de muchos países (Argentina, Bélgica, Chile, Alemania, Rusia, los Países Bajos, Nueva Zelandia, América del Norte, Uruguay, España, Italia, República Checa, Ucrania, Bulgaria, Perú, entre otros). Existe una fuerte tradición de cooperación entre los científicos de Brasil y Polonia en asuntos relacionados en general con la bahía Almirantazgo (bahía Lasserre) y las islas Shetland del Sur. Ambos países cooperaron durante el pasado Año Polar Internacional (2007-2008) en el Censo de Vida Marina Antártica y en la exhaustiva recolección de datos bentónicos marinos durante los últimos 30 años.

Desde 2002 se lleva a cabo en la estación Ferraz un exhaustivo estudio sobre el estado del medio ambiente en la Zona, que comprende el análisis de una serie de parámetros bióticos y abióticos. En 2008, Brasil creó un Instituto Nacional de Ciencia y Tecnología Antártica para Investigaciones Ambientales (INCT-APA, en portugués), y dicho organismo ha garantizado la continuidad de un programa de observación y de otros estudios medioambientales. Se estableció una base de datos biológica y medioambiental para apoyar las evaluaciones de las tendencias terrestres, oceánicas y atmosféricas. Esto contribuirá al seguimiento de las actividades humanas en la Zona y en la implementación de estrategias de gestión ambiental para la ZAEA.

iv. Valores históricos

La presencia de puertos de aguas profundas protegidos y de playas accesibles garantizó un inicio temprano de las actividades en la bahía Almirantazgo (bahía Lasserre). La bahía proporcionaba protección para los buques en la zona durante los períodos de caza de focas y ballenas en el siglo XIX y a principios del siglo XX, y aún existen vestigios de las instalaciones de dichos períodos (por ejemplo, un buque ballenero antiguo en la Península Keller y un conjunto de arpones balleneros en la estación Arctowski). Los esqueletos de ballena cubren las playas y forman parte del paisaje, constituyendo un legado de esas épocas.

La Zona fue visitada por la segunda expedición antártica francesa Pourquoi Pas?, bajo la dirección del Dr. J B Charcot (1908-10), y por D Ferguson (1913-14), un geólogo que participó en una expedición ballenera británica. Los informes sobre minerales y rocas recogidos durante estas expediciones y publicados entre 1910 y 1921 se cuentan entre las primeras publicaciones científicas terrestres sobre la bahía Almirantazgo (bahía Lasserre) y las Islas Shetland del Sur. En los famosos viajes de la expedición británica Discovery de 1934 y 1937 se recogieron más rocas, así como plantas y animales de la Zona. Los resultados publicados entre 1948 y 1964 constituyeron un sustancial aporte a los conocimientos sobre la geología de la bahía Almirantazgo (bahía Lasserre). En 1948 Argentina estableció una caseta-refugio en la Península Keller (desmantelada desde entonces) y el trabajo de los geólogos argentinos en la bahía Almirantazgo (bahía Lasserre) se ha centrado en las plantas fósiles del Terciario.

La base británica "G", en la Península Keller, se estableció en 1947 como centro de observaciones meteorológicas e investigaciones glaciológicas y geológicas en la Zona. En 1961 se cerró y más adelante fue desmantelada.

En 1975, la expedición italiana liderada por Giacomo Bove construyó una pequeña caseta llamada Campo Bove en la ensenada Ezcurra. Esta se desmanteló en marzo de 1976.

v. Valores educativos y turísticos

La bahía Almirantazgo (bahía Lasserre) es un lugar particularmente atractivo para los turistas debido a su accesibilidad, diversidad biológica y a la presencia de varias estaciones científicas. Por consiguiente, los lugares de interés ecológico y las instalaciones científicas de la Zona reciben la frecuente visita de turistas y miembros de expediciones no gubernamentales, los cuales tienen así la oportunidad de familiarizarse con el entorno antártico y las operaciones científicas internacionales.

La educación y el alcance de la ciencia antártica deben fomentarse en países que desarrollan investigaciones científicas en la Zona. Los pingüinos y el krill se observan fácilmente y se consideran especies emblemáticas de la Antártida. La captura de imágenes y videos proporciona un potencial educativo de alto nivel. El fomento y la facilitación de la incorporación de la ciencia antártica en todos los niveles de educación oficial, e informar al público y a los medios sobre la importancia de los estudios en la Antártida, forman parte de la estrategia para la conservación antártica (véase el Resumen del Plan Estratégico del SCAR 2011-2016 - http://www.scar.org/treaty/atcmxxxiv/ATCM34_ip054_e.pdf). Asimismo, como región que refleja claramente los efectos del cambio climático, la Zona se considera un laboratorio al aire libre, y representa una gran oportunidad para fomentar el interés y la formación de los investigadores en la fase inicial de su carrera (Estrategia de creación de capacidades, educación y formación del SCAR, Informe 27, 2006).

2. Finalidades y objetivos

El objetivo de este Plan de gestión es conservar y proteger el extraordinario y único medioambiente de la bahía Almirantazgo (bahía Lasserre), al gestionar y coordinar las actividades humanas en la Zona de manera de proporcionar protección a largo plazo de sus valores, evitar los posibles conflictos de intereses y alentar la cooperación.

Los objetivos de gestión específicos de la Zona son los de:

• Proteger la investigación científica a largo plazo en la Zona, manteniendo a la vez la vigilancia del medioambiente;

• Proteger los importantes rasgos fisiográficos y los destacados valores biológicos, ecológicos, científicos, históricos y estéticos de la Zona;

• Gestionar los conflictos de intereses reales o posibles entre las distintas actividades, incluidas las relacionadas con la ciencia, la logística, la pesca comercial y el turismo;

•Asistir en la planificación y coordinación de las actividades humanas en la Zona;

• Garantizar que las actividades de cosecha marina se coordinen con la investigación científica y las demás actividades que tengan lugar en la Zona y que se basen en un enfoque preventivo;

• Evitar o reducir a un mínimo el riesgo de interferencia mutua y de los impactos acumulativos en el entorno terrestre y marino;

• Mejorar el nivel de asistencia mutua y cooperación entre las Partes que operen en la Zona;

•Alentar la comunicación y la cooperación entre los usuarios de la Zona mediante la difusión de información sobre la Zona y sobre las disposiciones que aplican;

• Reducir a un mínimo la posibilidad de introducción de especies no autóctonas a través de actividades humanas y gestionar las especies no autóctonas ya establecidas en la Zona;

•Gestionar las visitas a la Zona y promover la conciencia acerca de su importancia ecológica y científica a través de la educación.

3. Actividades de gestión

Para alcanzar los objetivos del Plan de gestión, se deberían llevar a cabo las siguientes actividades de gestión:

• Las Partes que cuentan con programas de investigación activos en la Zona deberían establecer un Grupo de gestión de la bahía Almirantazgo (bahía Lasserre) para:

◦ revisar el funcionamiento y la implementación del Plan de gestión;

◦ realizar el seguimiento de la Zona para investigar posibles fuentes de impacto ambiental, incluidos los impactos acumulativos;

◦ proporcionar un espacio para facilitar la comunicación entre quienes visitan o trabajan en la Zona y para resolver los posibles conflictos;

◦ promover la difusión de información sobre este Plan de gestión entre quienes visitan o trabajan en la Zona;

◦ promover y alentar la coordinación de actividades entre quienes visitan y trabajan en la Zona con el objetivo de proteger los valores importantes de la Zona;

◦ promover y alentar la cooperación entre los Programas antárticos nacionales realizando vigilancia medioambiental de la Zona con el objetivo de desarrollar un estudio ambiental conjunto de la Zona;

◦ mantener un registro de actividades que tengan lugar en la Zona.

• Las Partes que pertenezcan al Grupo de gestión deberían consultarse entre sí para:

◦ designar a una persona que coordine la implementación del Plan de gestión en la Zona (coordinador de la ZAEA). La designación será por un período de cinco años de forma rotativa. Las tareas del Coordinador de la ZAEA son:(i) Coordinar el intercambio de información de las Partes sobre las actividades efectuadas en la ZAEA y analizarlas para identificar posibles redundancias y disconformidades en relación con los objetivos del presente Plan de gestión. (ii) Informar a las Partes y, cuando proceda, a la Secretaría de la CCRVMA, sobre cualquier incidente que pueda provocar un impacto en el medio ambiente o en las actividades de investigación que se realizan en la Zona.

• Las Partes que pertenezcan al Grupo de gestión deberían reunirse anualmente o cada vez que sea necesario para analizar todos los asuntos relativos a la gestión de la Zona. Se puede invitar a otras Partes y organizaciones activas en la Zona a participar en las deliberaciones.

• Los Programas nacionales que operen en la Zona, así como el resto de los visitantes, deben llevar a cabo sus actividades de acuerdo con el Código general de conducta incluido en el presente Plan de gestión.

• Siempre que sea posible, se deben proporcionar marcadores que delimiten las actuales zonas protegidas o las demás zonas de interés científico o ecológico identificadas en el presente Plan de gestión con advertencias para los visitantes sobre su naturaleza y deberán ser retirados cuando ya no sean necesarios.

• Los operadores turísticos y las demás organizaciones que planifiquen actividades en la Zona deben coordinarlas con antelación con los Programas antárticos nacionales que operan en la Zona a fin de garantizar que no presentan riesgos a sus importantes valores.

• Los Programas antárticos nacionales que dispongan de programas de investigación activos en la Zona deberán organizarse con las demás Partes que tengan instalaciones y/o estructuras ya abandonadas para considerar el valor de su reutilización. Se deben formular planes de conservación si alguna de las instalaciones se considera de valor histórico. Si no es así, se deben formular planes para su desmantelamiento de conformidad con las cláusulas del Anexo III sobre la Eliminación y gestión de residuos del Protocolo ambiental.

• Se insta a que las Partes que operan instalaciones permanentes o estacionales en la Zona consulten y, en la medida de lo posible, coordinen sus planes de contingencia ante situaciones de derrame de hidrocarburos y otros accidentes posibles, a fin de desarrollar un plan de múltiples operadores que abarque la Zona.

• Los Programas antárticos nacionales, los operadores turísticos y demás organizaciones activas en la Zona deben procurar reducir a un mínimo el riesgo de introducción de especies no autóctonas en el mayor grado posible. Deben observarse sistemáticamente las especies no autóctonas presentes dentro de la Zona y como prioridad, deben elaborarse políticas de contención y/o erradicación.

• Los Programas antárticos nacionales que operen en la Zona deben asegurarse de que su personal reciba información sobre los requisitos del Plan de gestión y, en especial, del Código de conducta para visitantes (Apéndice E) y las Directrices científicas y ambientales (Apéndice F) que apliquen en la Zona.

• Los operadores turísticos que visiten la Zona deberán asegurar que sus empleados, miembros de la tripulación y pasajeros reciban información y estén informados sobre los requisitos del presente Plan de gestión y del Código de conducta para visitantes (Apéndice E).

• Se deben guardar copias del presente Plan de gestión y de su documentación de apoyo (mapas y apéndices), en las estaciones y los refugios de la Zona, y estos deben ser puestos a disposición de todas las personas que ingresen a la Zona.

•Se deben realizar visitas a la Zona según sea necesario (por lo menos una vez cada cinco años) para evaluar la efectividad del Plan de gestión y asegurar el cumplimiento de sus requisitos.

4. Período de designación

Designado por un período indefinido.

5. Mapas

Figura 1: Ubicación de la ZAEA N° 1 en la isla Rey Jorge (isla 25 de mayo) de la Península Antártica.

Figura 2: Zona Especialmente Administrada de la bahía Almirantazgo (bahía Lasserre) – ZAEA N° 1.

Figura 3: Ubicación de las zonas científicas.

Figura 4: Zona de observación medioambiental permanente (INCT-APA Brasil).

Figura 5: Flora (zonas colonizadas) y aves (sitios de incidencia).

Figura 6: Principales lugares de reproducción de aves.

Figure 7: Zona de visitantes – Estación Comandante Ferraz.

Figure 8: Zona de visitantes – Estación Henryk Arctowski.

Figura 9: Zona de instalaciones – Estación Machu Picchu.

6. Descripción de la Zona

6(i) Coordenadas geográficas, indicadores de límites y características naturales

Descripción general

La bahía Almirantazgo (bahía Lasserre) es un gran fiordo situado en la costa sur de la Isla Rey Jorge (isla 25 de mayo), la isla más grande del Archipiélago Shetland del Sur, frente a la costa noroeste de la Península Antártica y separado de ella por el estrecho de Bransfield (Fig. 1). La bahía se caracteriza por una heterogeneidad de fondo extrema. Está rodeada por distintos tipos de paisajes, como litorales con criaderos de pingüinos y revolcaderos de focas, grandes promontorios glaciales, rodales de líquenes, ciénagas, pastizales o tierras rocosas áridas. Una zona de aproximadamente 360 km^2 que abarca la bahía Almirantazgo (bahía Lasserre) y la zona circundante fue designada Zona Antártica Especialmente Administrada para gestionar las actividades humanas de protección de sus valores científicos, ambientales, históricos y estéticos.

ZAEA N° 1: La bahía Almirantazgo (bahía Lasserre), Isla Rey Jorge (isla 25 de mayo) (Lat. 62° 01' 21" S – Long. 62° 14' 09" S/ Lat. 58° 15' 05" O – Long. 58° 41' 02" O) abarca las zonas terrestres y marinas inmediatamente dentro de la cuenca de drenaje glacial de esta bahía (Fig. 2). Además, incluye la ZAEP N° 128, Costa Oeste de la bahía Almirantazgo (bahía Lasserre), parte de la cual se encuentra fuera de la zona de cuenca de drenaje. El Sitio y monumento Histórico (SMH) N° 51, Tumba de Puchalski, se encuentra ubicado dentro de la Zona.

La Zona está delimitada por una línea que se extiende desde el margen sur en punta Telefon (Lat. 62° 14' 09.3" S, Long. 58° 28' 00.5" O) hasta La Torre (Lat. 58° 28' 48" O, Long. 62° 12' 55" S) y, luego hacia el pico Jardine (Lat. 58° 29' 54" O, Long. 62° 10' 03" S), atravesando la divisoria de hielo del campo de hielo Warszawa y, desde allí, siguiendo la divisoria hacia el oeste de la ensenada Ezcurra, hacia el este para encerrar las ensenadas Mackellar y Martel y, luego hacia el sur a través del Monte o Colina Ternyck (Lat. 62° 04' 52.6" S, 58° 15' 24.1" O) hacia Cabo Syrezol (Lat. 62° 11' 38.4" S, Long. 58° 16' 29.6" O), en la costa este de la bahía Almirantazgo (bahía Lasserre). También se incluyen en la ZAEA las aguas de la bahía Almirantazgo (bahía Lasserre) y una pequeña parte del Estrecho de Bransfield, al norte de la línea recta entre Cabo Syrezol y Punta Telefon. No existen puntos topográficos fijos en las fronteras de la Zona, pero se fijarán marcadores que indican la ZAEA en los puntos de llegada correspondientes en tierra.

La superficie total revisada de la ZAEA N° 1 es de 360 km², de los cuales, 194 km² están cubiertos por el hielo, incluidos los 138 km² de las aguas de la bahía Almirantazgo (bahía Lasserre) y los 7 km² colindantes del estrecho de Bransfield (mapa Admiralty N ° 6258, 1968, Londres; mapa polaco de la bahía Almirantazgo (bahía Lasserre), isla Rey Jorge (isla 25 de mayo), 1:50.000, Battke, S, Warszawa, 1990; ZAEP N° 128: costa occidental de la bahía Almirantazgo (bahía Lasserre), isla Rey Jorge (isla 25 de mayo), 1:12.500, ed. Departamento de Biología Antártica, Academia de Ciencias de Polonia, Pudełko R., 2002; Mapa brasileño N° 25121, Baía do Almirantado, 01:40.000, 1984, Rio de Janeiro; Braun *et al.* 2001a y b; Arigony-Neto, 2001). Alrededor del 90% de la superficie terrestre de la ZAEA propuesta está cubierta por el hielo y las zonas sin hielo ocupan unos 37 km².

Características científicas de la tierra

La cuenca de drenaje glacial está conformada por el casquete glacial principal de la Isla Rey Jorge (isla 25 de mayo), que fluye desde el norte, este y oeste hacia la depresión de la bahía Almirantazgo (bahía Lasserre). En la cabecera de la bahía, el casquete glacial se vierte hacia tres ensenadas: Ezcurra, Mackellar y Martel. Hay glaciares de desbordamiento muy agrietados que descienden hacia el mar, convirtiéndose en glaciares de marea o flotantes.

La geomorfología de la zona tiene predominio de topografías deposicionales, erosionales y glaciales, las crestas de morrenas nuevas y antiguas, morrenas basales planas, valles de hielo rocoso con cursos de agua y depósitos de arena, playas formadas recientemente ~~cubiertas~~ de guijarros y piedras y terrazas marinas elevadas. Los conjuntos de poca vegetación de tundra ya se han descrito en el área costera influenciada por la fertilización de aves, focas y el rocío de agua salada, y en ecosistemas del interior del continente con pocos nutrientes. Se propusieron unidades de suelo adecuadas para estos ecosistemas (en modos taxonómicos diversificados). Sin embargo, el mapeo ecológico de la zona no se había realizado hasta ahora. Se han desarrollado unos ecosistemas terrestres especialmente ricos y diversificados alrededor de las colonias de pingüinos. Se describieron perfiles paternales de los suelos ornitogénicos de la Antártida marítima que se formó como resultado de la fosfatización considerada como el proceso de formación de suelo a lo largo de la costa de varios lugares. Las rocas de andesita basáltica ígnea que afloran alrededor de la bahía Almirantazgo (bahía Lasserre) intercaladas con plantas fósiles compuestas por depósitos glaciales locales, terrestres y sedimentarios registran una formación en la criósfera y una evolución cenozoica de un arco de isla volcánica. Las secuencias de rocas volcánicas, piroclásticas y sedimentarias del Eoceno evidencian los cambios ambientales previos a la glaciación del Oligoceno; los primeros signos de enfriamiento se encontraron en tillitas de la caleta Herve (Lat. 62° 10' 44.7" S, Long. 58° 32' 00.6" O) de lo que se interpretó como glaciación alpina del Eoceno.

Clima

El clima de la Zona es típico de la Antártida marítima. Basándose en más de 25 años de datos obtenidos en la estación polaca Arctowski y en la estación brasileña Comandante Ferraz, el microclima local se caracteriza por una temperatura media anual de alrededor de -1,8 °C (-2,1 ± 1,0 °C, establecida a partir de los datos de la Isla Decepción y medidos en las estaciones "G" del R.U., Bellingshausen y Ferraz, entre los años 1944 y

2010) y una velocidad media anual del viento del orden de 6,5 m s-¹ (6,0 ± 1,2 ms -¹, medida en las estaciones Base G, Bellingshausen y Ferraz, entre los años 1986 y 2010). La precipitación media anual es de 508,5 mm, la humedad es de un 82% y la presión de 991 hPa (991,6 ± 1,3 hPa, establecidas a partir de los datos de la Isla Decepción y medida en las estaciones Base "G" británica, Bellingshausen y Ferraz, entre los años 1948 y 2010). Las aguas de la bahía Almirantazgo (bahía Lasserre) tienen un promedio de temperatura anual de entre -1,8° a +4° C, bien combinada con las mareas y fuertemente influenciada por las corrientes procedentes del oeste del Estrecho de Bransfield. Actualmente, la reconstrucción de la fluctuación del clima en tiempo histórico es objeto de una investigación multicriterio que se realiza con base en los núcleos de sedimentos extraídos de la bahía Almirantazgo (bahía Lasserre).

Hábitat de agua dulce

En el área de la ZAEA N° 1, no existe presencia significativa de lagos, aunque sí de pequeños estanques y arroyos, situados principalmente en las costas sur y suroeste de la bahía Almirantazgo (bahía Lasserre). Los arroyos sustentan algunos musgos, así como algunas algas y cianobacterias. La fauna de agua dulce encontrada en los pequeños estanques, bancos de musgo y arroyos está formada por protozoos, rotíferos, nematodos, tardígrados, colémbolos (*Cryptopygus antarcticus* y *Friesea grisea*) y solo dos especies de crustáceos (*Branchinecta gainii* y *Pseudoboeckella poppei*).

Últimamente, se ha prestado especial atención a la laguna que se ha estado formando en la parte frontal del repliegue glacial Ecology (Lat. 62° 11' 00.0" S, Long. 58° 28' 00.0" O) durante los últimos 30 años. La laguna permitió un amplio espectro de medioambientes: desde un arroyo de glaciar de agua dulce hasta aguas marinas. Se desarrollaron lagunas similares a lo largo de la costa de la bahía Almirantazgo (bahía Lasserre) en el Holoceno tardío, durante el intenso repliegue de glaciares del último tiempo.

Flora

En las zonas sin hielo colindantes de la bahía Almirantazgo (bahía Lasserre), la distribución de comunidades de plantas está estrechamente relacionada con la topografía y la presencia de aves y suelo. Siempre que las condiciones edáficas sean favorables, los musgos forman hebras que también contienen formaciones de líquenes y hongos. Los micobiontes liquenizados se limitan a los fragmentos de roca y afloramientos rocosos, a veces asociados a colonias de aves. Las zonas costeras son las que presentan una mayor población de flora representada principalmente por formaciones de tapetes de musgos. Cerca de la estación brasileña Ferraz, se encuentran dos de estas áreas, ambas de casi 300 metros de longitud. Punta Hennequin también contiene grandes tapetes de musgos. A medida que suben las elevaciones mostrando afloramientos rocosos, predominan los líquenes y musgos crustosos que crecen directamente en la roca. El alga verde *Prasiola crispa* ocupa superficies con alta concentración de nutrientes, cerca de los puntos de reproducción de las aves, y cuenta con una gran fauna asociada. Las especies se enumeran en los Apéndices A y B.

Aves

Dentro de la Zona, se reproducen 14 especies de aves. Tres pingüinos pigoscélidos de reproducción simpátrica conforman el 91% del total y hasta el 95% de la biomasa de las comunidades de aves reproductoras. Entre las otras especies de aves reproductoras en la Zona se encuentran: el petrel gigante (*Macronectes giganteus*); el cormorán antártico (*Phalacrocorax atriceps bransfieldensis*); las skúas pardas y polares (*Stercorarius antarcticus, Stercorarius maccormicki* y *Catharacta chilensis*); petreles de Wilson (*Oceanites oceanicus*); los petreles de vientre negro (*Fregetta tropica*); el petrel damero (*Daption capense*); las gaviotas cocineras (*Larus dominicanus*); el gaviotín antártico (*Sterna vittata*) y las palomas antárticas (*Chionis albus*). Las áreas de la ZAEP N° 128 Costa Oeste de la bahía Almirantazgo (bahía Lasserre), cabo Vauréal, isla Chabrier, isla Shag y los alrededores son los puntos más importantes de reproducción de aves de la bahía Almirantazgo (bahía Lasserre). En cabo Vauréal se encuentra el 50% de la población de petrel gigante de la Zona y en la Isla Shag se encuentran todos los nidos de cormorán antártico, que comparten territorio con pingüinos de barbijo (*Pygoscelis antarcticus*). En la punta Hennequin y la península Keller se encuentra el 90% de las parejas reproductoras de *Stercorarius maccormicki,* por lo que son las ubicaciones más importantes de reproducción de esta especie. En el caso de la *S. lonnbergi,* las áreas con mayor concentración de pingüinos, como la ZAEP N° 128, son las más importantes. Existe un registro de parejas reproductoras híbridas de *C. chilensis* y *Stercorarius maccormicki* en la punta Hennequin.

Han llegado a ser frecuentes dos especies que se clasificaron como esporádicas: *Aptenodytes patagonicus* y *Eudyptes chrysocome. A. patagonicus* se registra anualmente en la estación Arctowski y ha habido dos asentamientos en la península Keller. La *E. chrysocome* se ha encontrado todos los años desde 2004 en Roca Chabrier, siempre seguida de un espécimen de *Eudyptes chrysolophus*. Las especies se enumeran en el Apéndice C.

Mamíferos

Hay seis especies de pinnípedos en la Zona (Apéndice C). El mamífero más frecuente durante el invierno es la foca cangrejera (*Lobodon carcinophagus*). Durante el verano, los elefantes marinos (*Mirounga leonina)* y los lobos finos (*Arctocephalus gazella)* son las especies más frecuentes y abundantes. En períodos en que se reducen las superficies cubiertas de hielo, es posible encontrar muchas focas cangrejeras en la Zona, especialmente en la región de Ezcurra. Los lobos finos, que una vez fueron relativamente escasos, han aumentado su número en los últimos años. Los elefantes marinos y las focas de Weddell (*Leptonychotes weddelli*) se reproducen en la zona. Se encuentran focas leopardo (*Hydrurga leptonyx*) a lo largo de todo el año en cantidad variada. La presencia de focas de Ross (*Ommatophoca rossi*) en la Zona es escasa. La ballena jorobada (*Megaptera novaeangliae*) es el cetáceo más frecuente durante el verano, aunque también se han visto en la zona orcas y (*Orcinus orca*) y ballenas minke (*Balaenoptera bonaerensis*).

Ecología marina

La corriente marina, las corrientes de marea y los cambios biológicos estacionales impulsan la fluctuación estacional de la condición del ecosistema marino. Durante los últimos años, la atención se concentró en el derretimiento rápido del hielo fijo del invierno que cubre la bahía Almirantazgo (bahía Lasserre) durante todo el invierno (caso poco común, ya que normalmente la bahía no presenta hielo perenne durante el invierno). Se realizó una investigación detallada del fitoplancton y del medioambiente en el marco de los proyectos internacionales ClicOPEN IPY e IMCOAST UE, y se sincronizaron los resultados de toda la región.

Por lo general las algas multicelulares, principalmente heterocontofitos, clorófitos y rodófitos, caracterizan la comunidad de fondo de las aguas poco profundas a una profundidad de 50-60 metros. A excepción de la lapa (*Nacella concinna)*, la epifauna está prácticamente ausente en la zona intermareal. El bentos móvil abunda con una gran variedad y densidad de anfípodos. Por debajo de los 4-5 metros, los sustratos son normalmente arenosos y están dominados por isópodos, especialmente del género *Serolis*. A más profundidad, predominan las especies móviles como *Sterechinus, Neobuccinum* y *Parborlasia*. En aguas más profundas, sobre un sustrato más lodoso y estable, las formas sésiles incluyen esponjas, anémonas, el bivalvo *Laternula elliptica* y tunicados, además de concentraciones muy densas de equinodermos como *Amphioplus acutus, Ophionotus victoriae* y *Odontaster validus*. Los carroñeros invertebrados incluyen: *Labidiaster annulatus, Gliptonotus antarcticus, Parborlasia corrugatus, Odontaster validus* y *Neobuccinum eatoni*. En total, se han reconocido casi 1300 especies bentónicas, incluidos diatomeas (157), foraminíferos (135), macro algas (55), invertebrados (>400 especies) y peces demersales (30) en la bahía Almirantazgo (bahía Lasserre). Las especies encontradas en la Zona en gran medida son las mismas que aquellas que se observan en sustratos similares en otros lugares de la región, lo que indica homogeneidad en la fauna bentónica de la Península Antártica y áreas relacionadas. Los peces están representados por quince nototénidos, principalmente *Notothenia rossii, N. neglecta, N. gibberifrons, N. coriiceps, Nototheniops nudifrons, Trematodus newnesi, T. borchgrewincki* y *Pleuragramma antarcticum,* dos especies de calíctidos, hapagiferidos y zoárcidos. Las especies se enumeran en los Apéndices B y D.

Actividades humanas e impacto

Desde el establecimiento de la ZAEA, las actividades humanas en la Zona han estado asociadas a la investigación científica, las actividades logísticas relacionadas con la ciencia y al turismo. Recientemente, ha tenido lugar la captura de krill en la Zona. Se recibe apoyo científico y logístico de barcos que pertenecen a las Partes nacionales o alquilados por estas.

La Base G, la primera estación permanente en la Isla Rey Jorge (isla 25 de mayo), fue construida por Gran Bretaña en 1947 en la península Keller. En 1948, Argentina estableció una cabaña-refugio en la misma zona. La Base G se cerró en 1961 y se desmanteló más tarde, al igual que sucedió con la caseta argentina. En el verano de 1975-1976 una expedición de alpinistas italianos construyó una pequeña caseta (Campo Bove) en las costas de la ensenada Ezcurra, en el Valle Italia. En marzo de 1976 el campamento desmantelado.

Durante los últimos diez años, el número de embarcaciones turísticas ha fluctuado entre 13 y 25, y el número de turistas entre 3.000 y 5.700 por verano austral. Los turistas suelen desembarcar en las estaciones Arctowski o Ferraz para realizar una gira por las instalaciones, caminar por la costa y, a veces, realizar pequeños cruceros en Zodiac. En los últimos cinco años, han empezado a visitar la bahía Almirantazgo (bahía Lasserre) los yates privados (3-4 yates por temporada).

Una especie exógena de hierba (*Poa annua*) se registró en el verano de 1985-1986 en la estación Arctowski. Desde entonces, se observaron pequeñas poblaciones en varios lugares alrededor de la estación y, en 2008/2009, en las morrenas deglaciadas del glaciar Ecology (ubicado aproximadamente en Lat. 62° 10' 7" S, Long. 58° 27' 54" O). En 2009/2010 se encontró un banco de semillas de *P. annua* cerca de la estación Arctowski. La alta variabilidad genética sugiere varios eventos de inmigración independientes desde distintas fuentes, incluida Europa y Sudamérica. En 2009 se encontraron propágulos y polen del junco no autóctono *Juncus bufonius* en el límite noroeste de la ZAEP N° 128. En 2007-2010 se llevó a cabo una exhaustiva investigación (parte del proyecto internacional "Aliens in Antarctica") en la estación Arctowski para evaluar los vectores por los cuales pueden llegar a la estación las especies no autóctonas.

Actualmente, toda la pesca de peces con aletas está prohibida en la región occidental de la península Antártica (subárea estadística de la a CCRVMA 48.1) en virtud de la Medida de Conservación de la CCRVMA 32-02 (CCRVMA 2012a). Durante la temporada 2009-2010 se produjo captura de krill dentro de la bahía Almirantazgo (bahía Lasserre), registrándose una captura total de 11.500 toneladas (CCRVMA 2012b). En 2013 la CCRVMA decidió que todas las propuestas de cosecha comercial dentro de la ZAEA se deben remitir a la CCRVMA para su consideración y que las actividades presentadas en la propuesta solo se deberán realizar con la aprobación previa de la CCRVMA (XXXII Reunión de la CCRVMA, Hobart, 2013, párrafo 5.83).

6(ii) Acceso a la zona

El acceso a la zona normalmente es por buque o yate, o, con menos frecuencia, helicóptero. Las condiciones específicas de acceso se presentan en la Sección 7(i).

6(iii) Estructuras situadas dentro de la Zona

Actualmente en la Zona existen dos estaciones de investigación permanente durante todo el año (la estación Henryk Arctowski y la estación Comandante Ferraz), tres estaciones/instalaciones de investigación estacionales (estación Machu Picchu, campamento Copacabana y refugio de punta Hannequin) y varias estructuras menores (vestigios históricos, refugios de emergencia, campamentos permanentes).

Principales estructuras permanentes y campamentos de la Zona (Fig. 2):

• *Estación Henryk Arctowski (Polonia):* Lat. 62° 09' 34" S – Long. 58° 28' 15" O

La estación fue establecida en punta Tomás en 1977 como instalación destinada a investigaciones científicas y a operaciones logísticas relacionadas en el marco del Programa Antártico de Polonia y, desde entonces funciona durante todo el año. Tiene dormitorios para 14 residentes en invierno y para hasta 25 en verano, laboratorios biológicos, meteorológicos y geofísicos, almacenes, una pequeña unidad hospitalaria, depósitos de combustible de doble pared con una capacidad total de más de mil toneladas, hangares para embarcaciones y vehículos terrestres, etc. La estación está equipada con dos helipuertos.

• *Estación Comandante Ferraz (Brasil):* Lat. 62° 05' 07" S – Long. 58° 23' 32" O

La estación se estableció en 1984 en la costa oriental de la península Keller como base de investigación científica y operaciones logísticas relacionadas llevadas a cabo en marco del Programa Antártico de Brasil. Empezó sus operaciones durante todo el año en 1986. En el verano de 2012, un accidente destruyó el 70% de la estación Ferraz. Actualmente, se encuentran disponibles dos refugios, algunos laboratorios aislados, 10 depósitos de combustible (con capacidad para 300.000 litros de diésel ártico), dos módulos de captura de agua dulce y los Módulos Antárticos de Emergencia (MAE) para prestar apoyo a las operaciones brasileñas y la construcción de una nueva estación. Están formadas por 38 módulos (con capacidad para acomodar a unas 60 personas) que incluyen laboratorio, dormitorios, tratamiento de aguas residuales, almacenamiento de residuos sólidos, generadores de diésel, etc.

•*Estación Machu Picchu (Perú):* Lat. 62° 05' 30" S – Long. 58° 28' 30" O

La estación se construyó en 1988 en punta Crepin, ensenada Mackellar. Actualmente, se usa solo para operaciones de verano. La estación está formada por cuatro módulos metálicos, incluidos 2 dormitorios, 1 cocina y comedor, 1 sala de generador, 1 laboratorio científico, 1 edificio de tratamiento de residuos, 1 sala de emergencia y 1 sala de mantenimiento. La estación está equipada con un helipuerto portátil.

• *Campamento Copacabana (EE.UU.):* Lat. 62° 10' 45" S – Long. 58° 26' 49" O

La estación de verano, formada por tres cabañas de madera para 4-6 personas, se encuentra situada al sur de Punta Llano. Se ha utilizado todos los veranos desde su construcción en 1977 como base en terreno para el Programa de Investigación de Aves Marinas (EE. UU.), en estrecha colaboración con la estación Arctowski.

• *Refugio en Punta Hennequin (Ecuador):* Lat. 62° 07' 16" S – Long. 58° 23' 42" O

El refugio se construyó en 1989 y se ha usado ocasionalmente desde entonces durante las temporadas estivales. Es un punto de apoyo logístico muy importante para investigadores con actividades en esta región.

(b)Refugios de emergencia en la Zona (Fig. 2)

•tres refugios de emergencia brasileños (Refugio I - Lat. 62° 05' 16" S, Long. 58° 23' 43" O, Refugio II - 62° 04' 24" S, Long. 58° 25' 10" O, Refugio Ipanema - Lat. 62° 05' 10" S, Long. 58° 25' 3" O) y el módulo científico brasileño en la península Keller (Lat. 62° 05' 28" S, Long. 58° 24' 15" O);

• Refugio polaco en punta Demay que sirve de campamento estival (Lat. 62° 13' 2.9" S, Long. 58° 26' 32.27" O);

• Refugio polaco (una cabaña de tipo manzana) en el Valle Italia que funciona como campamento de verano (Lat. 62° 10' 32.3" S, Long. 58° 0' 49.0" O).

(c) Vestigios históricos en la Zona

•SMH N° 51, Tumba de Puchalski, cerca de la estación Arctowski (Lat. 62° 13' S Long. 58° 28' O) (Fig. 2)

•los vestigios de la cabaña italiana Campo Bove en el Valle Italia, ensenada Ezcurra (Lat. 62° 10' 32.3" S, Long. 58° 30' 49.0" O);

• los vestigios de un ballenero antiguo en la estación Ferraz, en la península Keller (Lat. 62° 05' 1.0" S, Long. 58° 23' 30.0" O);

• un esqueleto de ballena armado, en la estación Ferraz, en la península Keller (Lat. 62° 04' 55.0" S, Long. 58° 23' 32.0" O);

• toneles de madera del período ballenero en punta Barril (Lat. 62° 10' 00.0" S, Long. 58° 35' 00.0" O), ensenada Ezcurra;

• un conjunto de arpones balleneros dispuestos en las costas de la bahía Almirantazgo (bahía Lasserre), expuestos en la estación Arctowski;

• un grupo de siete cruces y tumbas en la península Keller sobre la estación Ferraz. Cuatro de ellas son tumbas británicas, con cruces erigidas en memoria de miembros de las expediciones británicas que perecieron en el mar y en el hielo. Se erigieron tres cruces en honor de los miembros de la milicia brasileña fallecidos, dos de ellas en honor de la milicia brasileña que perecieron en el incendio de la estación Ferraz; y

• una cruz de madera en la cima del monte Flagstaff (Lat. 62° 04' 52.8" S, Long. 58° 24' 14.0" O) en la península Keller.

6(v) Áreas restringidas y administradas en la Zona

Hay designadas tres tipos de zonas de gestión (instalaciones, científicas, de visitantes) dentro de esta Zona.

a. Zona de Instalaciones

Las Zonas de instalaciones se establecieron para asegurar que las instalaciones permanentes y semipermanentes en la Zona estén concentradas en ubicaciones definidas con objeto de reducir a un mínimo el impacto humano en los valores importantes de la Zona. Las actuales Zonas de instalaciones de la Zona se enumeran en 6(iii) Estructuras en la Zona (Fig. 2).

La designación de nuevas Zonas de instalaciones se debe realizar de manera muy ocasional y luego de considerar cuidadosamente su justificación logística y/o científica. En la medida de lo posible, las nuevas instalaciones deben ubicarse dentro de las actuales Zonas de instalaciones. Se insta a las Partes activas en la Zona a practicar el uso cooperativo de la infraestructura.

b. Zonas Científicas

Las Zonas científicas se establecen para proteger los valores científicos y ecológicos importantes de la Zona de perturbación humana. Estas zonas tienen un interés científico/ecológico considerable como lugares de reproducción y/o concentraciones de aves y/o mamíferos, lugares de alimentación de las aves y de los mamíferos marinos, lugares de cubierta de vegetación típica y distintos hábitats marinos. Algunas de estas zonas, como la Roca Chabrier y Cabo Vaureal, en la costa oriental de la bahía Almirantazgo (bahía Lasserre) son de gran importancia, puesto que son el único lugar de reproducción del cormorán de ojos azules, pingüinos y petrel gigante del sur antárticos fuera de la ZAEP 128: Costa oeste de la bahía Almirantazgo (bahía Lasserre).

En todas estas zonas, las actividades se deben realizar prestando especial atención para evitar o reducir a un mínimo la perturbación de la vida silvestre, el pisoteo de la vegetación y el entorpecimiento de la investigación en curso.

Zonas científicas designadas en la Zona (véanse las Fig. 3, 5 y 6):

A - Lagos de agua dulce alrededor de la estación Arctowski y Ferraz: ejemplo de entorno de agua dulce;

B - Valle Italia (Lat. 62° 10' 32.3" S, Long. 58° 30' 49.0" O): concentración de focas;

C - Isla Dufayel /ensenada Ezcurra (Lat. 62° 09' 59.4" S, Long. 58° 33' 29.5" O): concentración de focas;

D - Estación Machu Picchu (Lat. 62° 05' 30" S, Long. 58° 28' 30" O): áreas de reproducción de skúas y gaviotines antárticos;

D - Punta Crépin (Lat. 62° 05' 28.6" S, Long. 58° 28' 09.5" O): concentración de focas y lugar de reproducción de la *Sterna vittata*;

E - Zona noroeste de la estación Ferraz: concentración de focas;

F - Zona oeste de la estación Ferraz: concentración de focas;

G - Zona costera del Refugio N° 1 (estación Ferraz) a punta Plaza (extremo sur de la península Keller, Lat. 62° 05' 27.4" S, Long. 58° 24' 18.9" O): concentración de focas y pingüinos, lugar de reproducción del *Larus dominicanus*;

H - Ipanema, costa sudoeste de la península Keller, ubicación aproximada (Lat. 62° 05' S, Long. 58° 26' O): lugar de reproducción de *Larus dominicanus*, presencia de banco de vegetación;

I - Zona costera hasta 7 m en la orilla, norte de la colina de la Base "G", sobre la estación Ferraz: presencia de bancos de vegetación;

J - Crosses Hill en el flanco norte de la estación Ferraz, en la Península Keller (Lat. 62° 05' 07" S, Long. 58° 23' 32" O): concentración de gaviotines.

K - Espolón Ullman (ensenada Martel) (Lat. 62° 04' 39.4" S, Long. 58° 20' 34.5" O): concentración de focas;

L - Punta Hennequin (Lat. 62° 07' 24.9" S, Long. 58° 23' 52.3" O): concentración de focas y localizaciones de plantas fósiles;

M - Cabo Vaureal (Lat. 62° 10' 49" S, Long. 58° 17' 19.5" O) - Roca Chabrier (Lat. 62° 11' 00" S, Long. 58° 19' 00" O): área de reproducción de pingüinos, petreles gigantes y cormoranes de ojos azules;

N- Aguas marinas poco profundas hasta los 100 metros frente a: ZAEP N° 128, Martel, ensenadas Martel, Mackellar y Ezcurra; roca Napier (Lat. 62° 10' 00.9" S, Long. 58° 26' 22.7" O) y caleta Monsinet (Lat. 62° 10' 49.2" S, Long. 58° 33' 07.8" O): distintas comunidades bentónicas, experimentos científicos y concentraciones de distintas especies de peces adultos y juveniles;

P - Área comprendida entre la estación Arctowski y la ZAEP N° 128: presencia de bancos de vegetación;

R - Zona costera del Refugio N° 2 (costa sudoeste de la península Keller, ubicado aproximadamente en Lat. 62° 04' 20.0" S, Long. 58° 25' 30.0" O) al sector sudoeste del glaciar Domeyco (Lat. 62° 04' 00.0" S, Long. 58° 25' 00.0" O): el lugar de reproducción más importante de *Larus dominicanus* en la península Keller, concentración de *Sterna vittata*, presencia de bancos de vegetación;

S – Vigilancia medioambiental de largo plazo (véase la Fig. 4) - Programa brasileño de vigilancia, activo desde 2002, que utiliza equipo de recolección remota de muestras (mini nucleador de caja), vehículos teledirigidos de toma de imágenes y equipo de buceo. Las estaciones de recolección de muestras se escogieron tomando en cuenta el área de impacto potencial de Ferraz y otras tres o cuatro estaciones como zonas de referencia. Coordenadas aproximadas:

Lat. 62° 05' 03.78" S, Long. 58° 23' 12.18" O (profundidad de 20-30 m)

Lat. 62° 05' 59.94" S, Long. 58° 23' 34.93" O (profundidad de 20-30 m)

Lat. 62° 05' 09.00" S, Long. 58° 20' 59.20" O (profundidad de 20-30 m)

Lat. 62° 04' 26.00" S, Long. 58° 25' 24.70" O (profundidad de 20-30 m)

Lat. 62° 05' 44.76"S, Long. 58° 21' 48.52" O (profundidad de 100 m)

Lat. 62o 06' 03.99"S, Long. 58o 25' 92.33" O (profundidad de 100 m)

Lat. 62° 06' 63.11"S, Long. 58° 27' 11.33" O (profundidad de 100 m)

Lat. 62° 06' 74.74" S, Long. 58° 26' 21.06" O (profundidad de 300 m)

Lat. 62° 07' 69.40" S, Long. 58° 24' 62.52" O (profundidad de 300 m)

Lat. 62° 08' 87.72" S, Long. 58° 23' 30.66" O (profundidad de 300 m)

Lat. 62° 09' 53.22" S, Long. 58° 24' 27.68" O (profundidad de 500 m)

Lat. 62° 10' 15.76" S, Long. 58° 23' 03.80" O (profundidad de 500 m)

Lat. 62° 10' 74.74" S, Long. 58° 23' 20.08" O (profundidad de 500 m)

En el Apéndice F se entregan las orientaciones sobre conducta específicas para las Zonas científicas (Directrices científicas y medioambientales)

c. Zonas de visitantes

Las Zonas de visitantes se establecen para gestionar las actividades de los turistas, las expediciones no gubernamentales y los científicos y personal de los Programas antárticos nacionales durante visitas recreacionales a la Zona.

Las rutas turísticas para visitantes existentes en las cercanías de las estaciones Arctowski y Ferraz se presentan en las Fig. 7 y 8. Estas rutas ofrecen la oportunidad de observar la vida silvestre y las instalaciones de la estación, reduciendo al mismo tiempo a un mínimo la perturbación del medioambiente y de las actividades de la estación, y evitando la degradación del hábitat. En el futuro, se deben establecer rutas turísticas en la estación Machu Picchu (Fig. 9) y el campamento ecuatoriano.

Se pueden realizar visitas a la estación Arctowski y Ferraz con el consentimiento previo del jefe de estación correspondiente.

Módulos de laboratorios aislados, refugios y la zona posterior a la estación Ferraz: las visitas solo deben realizarse en pequeños grupos acompañados por personal de la estación.

En el Apéndice E se entregan las directrices de conducta específicas dentro de las Zonas de visitantes (Código de conducta para visitantes).

6(v)

Ubicación de las zonas protegidas dentro de la Zona

Las siguientes zonas están actualmente designadas dentro de la propuesta de ZAEA:

• *ZAEP N° 128 (Costa oeste de la bahía Almirantazgo (bahía Lasserre)):* Lat. 62° 09' 46" S – 62° 14' 10" S – Long. 58° 25' 15" O – 58° 29' 58" O

Esta zona es el lugar de estudios de largo plazo sobre biología ornitológica efectuados por el Programa Antártico de EE. UU., así como de investigación biológica intensiva de la Academia de Ciencias polaca. Está completamente contenida dentro de la ZAEA N°1. Comparte parte del límite oeste de la Zona (desde la punta Telefon al campo de hielo de Warszawa – Lat. 62° 12' S, Long. 58° 29' O) con la ZAEP N° 128.

•*Sitio histórico N° 51, en la estación Arctowski: Lat. 62° 10' S – Long 58° 28' O:*

Tumba de Wlodzimierz Puchalski, fotógrafo y productor de películas documentales sobre la naturaleza, que murió el 19 de enero de 1979. La cruz de bronce se encuentra ubicada en un monte al sur de la estación Arctowski, cerca del último lugar de trabajo del fallecido fotógrafo. La cruz es, de hecho, una monumental escultura con impresiones artísticas de fauna que se pueden ver por el objetivo de una cámara fotográfica. Es obra del famoso artista Bronislaw Chromy, amigo cercano de Wlodzimierz Puchalski.

6(vi). *Ubicación de las zonas protegidas en las cercanías de la Zona*

- ZAEP N° 125, península Fildes, isla Rey Jorge (isla 25 de mayo) y ZAEP N° 150, isla Ardley, bahía de Maxwell, isla Rey Jorge (isla 25 de Mayo) a unos 27 km al oeste de la Zona.

- La ZAEP N° 132, península Potter, isla Rey Jorge (isla 25 de mayo), se encuentran a unos 15 km al oeste.

- La ZAEP N° 151, Lion's Rump, en la isla Rey Jorge (isla 25 de mayo), se encuentra a 20 km al este de la Zona (véase la Fig. 1).

7. Código de conducta general

El Código general de conducta se propone como instrumento de gestión de las actividades de la Zona y como guía para las operaciones logísticas y de investigación en curso y prevista de las Partes, los operadores turísticos y otras organizaciones activas en la Zona. El Código de conducta para visitantes y las Directrices científicas y ambientales se presentan en los Apéndices E y F.

7(i) Acceso a la Zona y circulación dentro de la Zona a o sobre la misma.

El acceso a la zona normalmente es por buque o yate, o, con menos frecuencia, helicóptero. No existen lugares de aterrizaje para aviones de ala fija en la Zona.

•No hay restricciones especiales para el tránsito de buques en la Zona, pero al recalar se deben evitar los componentes marinos de las Zonas científicas y las zonas de observación ambiental (Fig. 3 y 4). Si no se puede evitar el anclaje cerca de la estación Ferraz, se debe realizar frente a la estación en la Lat. 62° 05.111 S, 58° 22.565 S (profundidad de 50-60 m) o entre la Punta Botany y el espolón Ullman en la Lat. 62° 05.735 S, Long. 58° 20.968 O (ubicación aproximada);

• No se aplican restricciones a las embarcaciones pequeñas que desembarquen en cualquiera de las playas fuera de la ZAEP N° 128. Cuando se efectúen desembarcos en lancha se deberá tener cuidado de no perturbar las aves y las focas. Se deberán tomar precauciones extremas al tratar de desembarcar en lugares donde se encuentren rocas sumergidas. Los sitios recomendados para el desembarque para quienes visitan las estaciones ubicadas en la bahía Almirantazgo (bahía Lasserre) se muestran en la Fig. 3;

• Las operaciones de sobrevuelo de aviones de ala fija y helicópteros, como requisito mínimo, deben llevarse a cabo de acuerdo con las "Directrices para la operación de aeronaves cerca de las concentraciones de aves" contenidas en la Resolución 2 (2004). Se debe evitar el sobrevuelo de las colonias de vida silvestre a lo largo de la Zona. En la ZAEP 128 aplican restricciones específicas de vuelo, las cuales se encuentran contenidas en el Plan de gestión.

•Los lugares recomendados para el aterrizaje de helicópteros son: la estación Arctowski (Lat. 62° 09' 34" S, Long. 58° 28' 15" O), la estación Ferraz (Lat. 62° 05' 07" S, Long. 58° 23' 32" O), la estación Machu Picchu (Lat. 62° 05' 30" S, Long. 58° 28' 30" O). Está prohibido aterrizar en el campamento Copacabana ubicado dentro de la ZAEP N° 128, excepto en caso de emergencias.

•Salvo en casos de emergencia o de inspecciones realizadas en virtud del Artículo VII del Tratado Antártico, los helicópteros que transporten a científicos y visitantes desde y hacia las estaciones Arctowski, Ferraz y Machu Picchu y el campamento de Ecuador deben informar al responsable de la estación/campamento en cuestión con la debida antelación acerca del momento estimado de llegada. Deben aterrizar sólo en los helipuertos/lugares habilitados para el aterrizaje indicados en cada estación. No hay instalaciones de reabastecimiento de combustible en las estaciones;

•Los desplazamientos por tierra dentro de la Zona se harán preferentemente a pie, aunque se pueden utilizar vehículos terrestres con fines logísticos o científicos dentro de las Zona de instalaciones (estación Arctowski, desde la punta Thomas a la punta Shag; estación Ferraz, desde el recinto principal de la estación a los refugios de la península Keller y los laboratorios modulares aislados en torno al recinto principal, la estación Machu Picchu, dentro del recinto principal de la estación).

•Se pueden utilizar motonieves con fines logísticos y científicos en los sectores de la Zona que tengan glaciares, y, durante el invierno, en toda la Zona.

• El uso de vehículos terrestres está regulado por los jefes de las estaciones y se realizará de forma de reducir a un mínimo la perturbación de la vida silvestre, los suelos y las zonas con vegetación. En la medida de lo posible, se deben utilizar los senderos existentes.

• El desplazamiento al interior de las Zonas científicas debe estar restringido, en la medida de lo posible, a las personas que lleven a cabo investigaciones científicas y tareas esenciales de apoyo logístico. Todos los movimientos deben efectuarse con cuidado para reducir a un mínimo la perturbación de los animales, los suelos y las zonas con vegetación.

•Los desplazamientos de los turistas y otros visitantes dentro de las Zonas de visitantes en las estaciones Arctowski y Ferraz deben seguir las rutas que se muestran en las Figuras 7 y 8 siempre que sea posible. Estas rutas permiten la observación de la fauna y la flora, reduciéndose a un mínimo los impactos ambientales.

•El Apéndice F contiene las directrices especiales que regulan el acceso y los desplazamientos dentro de las Zonas científicas. Las directrices que regulan el acceso y los desplazamientos dentro de la ZAEP N°128 se encuentran en el Plan de gestión de la ZAEP.

7(ii) Actividades que se pueden efectuar en la Zona que no perjudicarán los valores de la zona y que se adhieren al Código de conducta

• Investigaciones científicas o apoyo logístico para investigaciones científicas que no pongan en peligro los valores de la Zona;

• Visitas de expediciones privadas o turísticas que sean coherentes con las disposiciones del Plan de gestión, con las Directrices científicas y medioambientales, y con el Código de conducta para visitantes.

• Actividades de gestión, incluido el mantenimiento o desmantelamiento de instalaciones, la limpieza de los sitios abandonados y el seguimiento de la implementación del presente Plan de gestión;

• Visitantes de los medios, artes, educación u otros programas nacionales oficiales;

• La captura comercial de recursos vivos marinos debe realizarse en coordinación con las actividades de investigación y de otra índole que tengan lugar, y podrían incluir la elaboración de un plan y de directrices que ayuden a garantizar que las actividades de captura no supongan un riesgo importante para otros valores importantes de la Zona.

Todas las actividades de la Zona se deben realizar de forma que se reduzcan a un mínimo los impactos medioambientales. En los Apéndices E, F y en el Plan de gestión de la ZAEP N° 128, costa oeste de la bahía Almirantazgo (bahía Lasserre), se pueden encontrar las directrices específicas sobre el desarrollo de actividades en la Zona, incluyendo aquellas dentro de la Zona científica.

7(iv) Instalación, modificación o desmantelamiento de estructuras

La instalación de nuevas estaciones/refugios y la modificación, o desmantelamiento de instalaciones ya existentes u otras instalaciones en la Zona, puede realizarse únicamente tras consulta con las Partes que tengan programas de investigación activos en la Zona y de conformidad con las cláusulas del Artículo 8 y el Anexo 1 del Protocolo Ambiental y el presente Plan de gestión, de forma que no se perjudiquen los valores de la Zona. Las instalaciones existentes y los sitios de las instalaciones se deben reutilizar, en la medida de lo posible, y se insta a compartir las instalaciones entre los Programas antárticos nacionales.

En la medida de lo posible, no se deben instalar estructuras permanentes o semipermanentes fuera de las Zonas de instalaciones, a menos que sean de tamaño reducido y no constituyan una amenaza a los valores importantes de la Zona.

El equipo científico instalado en la Zona debe estar claramente identificado por país, nombre del investigador principal, datos de contacto y fecha de instalación. Todos estos elementos deben estar libres de organismos, propágulos (por ejemplo, semillas y huevos) y suelo no estéril, y deben estar confeccionados con materiales que soporten las condiciones ambientales y que representen el mínimo riesgo posible de contaminación o daño a los valores de la Zona. Todo el equipo y materiales asociados deben retirarse cuando dejen de utilizarse.

Antes de construir nuevas instalaciones en la Zona, los Programas antárticos nacionales deben intercambiar información a través del Coordinador de la ZAEA con el objetivo de compartir las instalaciones existentes y de reducir a un mínimo la construcción de nuevas instalaciones.

7(iv) Ubicación de los campamentos

Los campamentos se deben ubicar lo más lejos posible, en lugares sin vegetación como, por ejemplo, planicies, laderas o playas áridas de cenizas o, cuando sea posible, sobre capas gruesas de hielo o nieve, y deben evitar además las concentraciones de mamíferos y aves y sus lugares de reproducción. En la medida de lo posible, deben reutilizarse los campamentos ocupados con anterioridad.

Debe registrarse la ubicación de los campamentos, y se debe intercambiar la información a través del Coordinador de la ZAEA.

7(v) Toma o intromisión perjudicial de la flora y fauna autóctonas

Se prohíbe la toma o intromisión perjudicial de fauna y flora nativas, salvo lo establecido en el Permiso expedido según las disposiciones contenidas en el Artículo 3 del Anexo III del Protocolo. Cuando se tomen animales, o se produzca una intromisión perjudicial de los mismos, se debe tomar como referencia mínima el *Código de Conducta del SCAR para el Uso de Animales con Fines Científicos en la Antártida*.

La recolección de organismos marinos con fines científicos debe limitarse a lo estrictamente indispensable para cumplir el objetivo de la investigación. Los métodos que involucren dragado, arrastre, uso de redes, etc. se deben utilizar de manera muy ocasional, y con el mayor cuidado posible.

Deben evitarse las operaciones que provoquen sismos, especialmente con el uso de explosivos. La recolección de muestras de sedimentos del fondo marino, especialmente en aguas poco profundas, debe realizarse con extremo cuidado para reducir a un mínimo su impacto adverso en el medio ambiente o el entorpecimiento de otras investigaciones científicas sobre ecología bentónica en curso.

Se deben registrar las coordenadas de los sitios en donde se han utilizado métodos invasivos, y dicha información debe transmitirse a través del Coordinador de la ZAEA.

La captura de recursos vivos marinos deberá realizarse según las cláusulas del presente Plan de gestión, y con el debido reconocimiento de los valores ambientales y científicos importantes de la Zona. Quienes planifiquen llevar a cabo capturas marinas comerciales en la Zona deben enviar antes su propuesta a la CCRVMA. Las actividades estipuladas en la propuesta solo se deben llevar a cabo con la aprobación de la CCRVMA.

7(vi) Restricciones relativas a los materiales y organismos que puedan introducirse en la Zona

Deben planificarse todas las actividades en la Zona, a fin de reducir a un mínimo el riesgo de introducción de especies no autóctonas, incluida la transferencia entre distintas localidades de la Antártida.

No se deben introducir deliberadamente en la Zona animales vivos, material vegetal o microorganismos, excepto que se haga de acuerdo con un permiso otorgado de conformidad con el Anexo II del Protocolo al Tratado Antártico sobre Protección del Medio Ambiente.

Debe utilizarse el "Manual sobre especies no autóctonas" (Resolución 6, 2011) para reducir a un mínimo el riesgo de introducciones accidentales.

Los Programas Antárticos Nacionales, los operadores turísticos y las organizaciones activas en la Zona deben educar a todos los visitantes (científicos, personal de la estación, tripulación de nave, personal de los operadores turísticos, turistas, etc.) sobre los riesgos de la introducción accidental de especies no autóctonas y sobre los métodos utilizados para reducir a un mínimo la probabilidad de dicha introducción.

Los Programas Antárticos Nacionales, los operadores turísticos y las organizaciones activas en la Zona deben, en la medida de lo posible, reducir a un mínimo la importación de madera sin tratar, arena, hormigón y grava en la Zona.

Los Programas Antárticos Nacionales, los operadores turísticos y las organizaciones activas en la Zona deben, en la medida de lo posible, supervisar la carga, los alimentos y los equipos descargados en la Zona en busca de especies no autóctonas y propágulos. Los Programas Antárticos Nacionales también deben realizar inspecciones periódicas de sus instalaciones en la Zona.

Los visitantes a la Zona deben adoptar medidas de precaución especiales contra la introducción de especies no autóctonas. En el nivel máximo practicable, el calzado, ropa de abrigo, mochilas y otros equipos utilizados o transportados hacia la Zona, incluidos los señalizadores o extractores de muestras científicos, deben limpiarse rigurosamente antes de su ingreso a la Zona. Las personas que visiten lugares en los que haya pasto no autóctono *Poa anuua* deben tener especial cuidado.

Teniendo en cuenta el alto nivel de bentos marino endémico en la Antártida, los Programas Antárticos Nacionales, los operadores turísticos y las organizaciones activas en la Zona deben, en la medida de lo factible, tomar precauciones para reducir a un mínimo la posibilidad de introducción de larvas invertebradas marinas en el agua de lastre. Se deben seguir las Directrices prácticas para el cambio de agua de lastre (Resolución 3, 2006) como guía.

En vista de la presencia numerosa de colonias de aves reproductoras en la Zona, las aves de corral preparadas no deben presentar enfermedades ni infecciones antes de su transporte a la Zona y, en caso de su introducción en la zona como alimento, todos los desechos de las aves de corral deben eliminarse por completo de la Zona, incinerarse o cocinarse durante el tiempo suficiente para eliminar las bacterias o los virus potencialmente infecciosos. Se debe evitar que la vida silvestre del lugar tenga acceso a alimentos y residuos.

Se deben informar a las autoridades apropiadas los posibles avistamientos de especies no autóctonas en la Zona, y los registros deben ponerse a disposición del Coordinador y del Grupo de gestión de la ZAEA.

El Grupo de gestión de la ZAEA y las demás Partes u organizaciones, según corresponda, deben intercambiar información sobre el hallazgo y la distribución de toda especie no autóctona al interior de la Zona que resulte de los programas de observación, y se deben aplicar métodos para reducir a un mínimo el riesgo de su introducción accidental. Se deben analizar y desarrollar a la brevedad políticas de contención o de erradicación de las especies no autóctonas.

7(vii) Recolección o retiro de materiales no llevados hasta la Zona

Los materiales sólo deben recogerse y retirarse de la Zona con fines científicos, de gestión o educativos y se deben limitar al mínimo necesario para satisfacer esas necesidades.

No deben recogerse ni retirar de la zona elementos como recuerdo, especialmente rocas, minerales, fósiles, huevos, flora y fauna y cualquier otro material que no haya sido llevado por el visitante hasta la Zona.

Puede ser permisible retirar materiales de la zona como basura de la playa o restos y artefactos abandonados sin valor histórico que hayan quedado de actividades previas. Los restos y artefactos históricos deben retirarse solo con fines científicos. La fauna o flora muerta o enferma debe retirarse solo con fines científicos, con el permiso específico, ya que sirven de alimento a mamíferos y aves.

7(viii) Eliminación de desechos

La eliminación de residuos generados por los programas de investigación científica, el turismo y todas las demás actividades gubernamentales y no gubernamentales en la ZAEA deben llevarse a cabo de acuerdo con las disposiciones del Anexo III del Protocolo al Tratado Antártico sobre Protección del Medio Ambiente.

Deben retirarse de la Zona todos los residuos que no sean de índole humana y doméstica líquida. Los desechos humanos y los desechos domésticos líquidos podrán retirarse de la zona o verterse en el mar.

7(ix) Requisitos relativos a los informes

Los informes sobre actividades realizadas en la zona que no estén comprendidos en los requisitos vigentes en materia de presentación de informes se deben poner a disposición del Coordinador de la ZAEA al nivel máximo practicable. El Coordinador de la ZAEA debe conservarlos, y ponerlos a disposición de todas las Partes interesadas.

8. Intercambio anticipado de información

En la medida de lo posible, las Partes que operen en la zona deberán intercambiar información a través del Coordinador de la ZAEA con el fin de permitir la mayor coordinación entre sus programas de investigación, la mejor cooperación y reducir a un mínimo el posible impacto acumulativo.

Se insta a las partes que realicen una propuesta para realizar, apoyar o autorizar investigaciones u otras actividades en la Zona a que informen al Coordinador de la ZAEA con la máxima antelación posible sobre sus actividades programadas. El Coordinador deberá poner esta información a disposición del Grupo de gestión y las demás Partes interesadas. También se deben proporcionar copias de los permisos otorgados al Coordinador de la ZAEA para autorizar la entrada a una zona protegida designada dentro de la misma. El Coordinador de la ZAEA deberá mantener un registro de las notificaciones y proporcionar información cuando se solicite.

Todas las expediciones turísticas y de ONG que planeen realizar actividades en la Zona (miembros y no miembros de la IAATO), en la medida de lo posible, deben proporcionar con antelación al Coordinador de la ZAEA los datos de las visitas planificadas.

Quienes planifiquen llevar a cabo capturas marinas dentro de la Zona deben notificar, en la mejor medida posible, con antelación al Coordinador de la ZAEA sobre su ubicación, duración y carácter. La captura comercial especificada en la propuesta solo se podrá llevar a cabo después de seguir los procedimientos de revisión designados por la CCRVMA.

9. Documentación de apoyo y bibliografía seleccionada

Manual sobre especies no autóctonas. Resolución 6 (2011) – XXXIV RCTA – XIV Reunión del CPA, Buenos Aires (disponible en *http://www.ats.aq/documents/atcm34/ww/atcm34_ww004_e.pdf*)

Directrices para la operación de aeronaves en las cercanías de concentraciones de aves en la Antártida. Resolución 2 (2004) – XXVII RCTA - VII Reunión del CPA, Ciudad del Cabo (disponible en *http://www.ats.aq/documents/recatt/Att224_s.pdf*)

Listas de verificación del COMNAP/SCAR para gestores de cadenas de suministro de los Programas Antárticos Nacionales para la reducción del riesgo de transferencia de especies no autóctonas – XXXIV RCTA/XIV Reunión del CPA, Buenos Aires (disponible en https://www.comnap.aq/Shared%20Documents/checklistsbrochure.pdf)

Directrices prácticas para el cambio de agua de lastre en el Área del Tratado Antártico. Resolución 3 (2006) – XXIX RCTA – IX Reunión del CPA, Edimburgo (disponible en http://www.ats.aq/documents/recatt%5Catt345_s.pdf)

Código de Conducta del SCAR para el Uso de Animales con Fines Científicos en la Antártida (disponible en *http://www.scar.org/treaty/atcmxxxiv/ATCM34_ip053_e.pdf*)

Código de conducta ambiental sobre el Trabajo de Investigación sobre el Terreno en la Antártida del SCAR (disponible en *http://www.scar.org/researchgroups/lifescience/Code_of_Conduct_Jan09.pdf*

Directrices Generales para visitantes a la Antártida. Resolución 3 (2011) – XXXIV RCTA – XIV Reunión del CPA, Buenos Aires (disponible en http://www.ats.aq/documents/atcm5/ww/atcm34_ww004_e.pdf)

Una propuesta formulada por Brasil y Polonia, en coordinación con Ecuador y Perú, para designar la bahía Almirantazgo (bahía Lasserre), Isla Rey Jorge (isla 25 de mayo), Islas Shetland del Sur como Zona Antártica Especialmente Administrada (ZAEA) 1996. Tema del programa XX RCTA WP 15 (Rev).

Guía para la Preparación de Planes de Gestión para las Zonas Antárticas Especialmente Protegidas anexo a la Resolución 2 (1998) de la XXII Reunión Consultiva del Tratado Antártico.

Informe final de la Décimo Segunda Reunión Consultiva del Tratado Antártico. La Haya, 11-15 septiembre de 2000 Plan de gestión para el Sitio y Monumento Histórico N° 8 (ZAEP 121), costa occidental de bahía Almirantazgo (bahía Lasserre), isla Rey Jorge (isla 25 de mayo), Islas Shetland del Sur, 68-73.

Informe final de la Décimo Segunda Reunión Consultiva del Tratado Antártico. La Haya, 11-15 septiembre de 2000 Plan de gestión para el Sitio y Monumento Histórico N° 34. (ZAEP 151) Lion's Rump, Isla Rey Jorge (isla 25 de mayo), Islas Shetland del Sur, 95-102.

• ALBUQUERQUE, M.P.; VICTORIA, F.C.; SCHUNEMANN, A.L.; PUTZKE, J.; GUNSKI, R.J.; SEIBERT, S.; PETRY, M.V.; PEREIRA, A.B. 2012. Plant Composition of Skuas Nests at Hennequin Point, King George

Island, Antarctica. American Journal of Plant Sciences 3: 688-692.

•ANGIEL, P.J.; KORCZAK M. 2008. Comparison Of Population Size of Penguins Concerning Present And Archive Data From ASPA 128 and ASPA 151 (King George Island). Scientific Committee on Antarctic Research (SCAR), International Arctic Science Committee (IASC), Polar Research. En San Petersburgo, Rusia. 8 al 11 de julio de 2008: SCAR/IASC API. Conferencia Abierta de Ciencias.

•AUGUSTYNIAK-KRAM, A.; CHWEDORZEWSKA, K.J.; KORCZAK-ABSHIRE, M.; OLECH, M.; LITYŃSKA-ZAJĄC, M. 2013. An analysis of fungal propagules transported to the *Henryk Arctowski* Stadion. Polish Polar Research, 34, 269-278

•AQUINO, F.E.; FERRON, F.A.; SIMÕES, J.C.; SETZER, A.W. 2001. Série temporal de temperatura média em superfície na Ilha Rei George. Revista do Departamento de Geografia/USP 14: 25-32.

•BATTKE, Z.; MARSZ A.; PUDEŁKO, R. 2001. Procesy deglacjacji na obszarze SSSI No. 8 i ich uwarunkowania klimatyczne oraz hydrologiczne (zatoka Admiralicji, Wyspa Króla Jerzego, Szetlandy Południowe). Problemy Klimatologii Polarnej 11: 121–135.

•BÍCEGO, M.C.; ZANARDI-LAMARDO, E.; WEBER, R.R. 2003. Four-year of dissolved/dispersed petroleum hydrocarbons on surface waters of Admiralty Bay, King George Island, Antarctica. Revista Brasileira de Oceanografia 51: 33-38.

BIRKENMAJER, K. 2001. Geological results of the Polish Antarctic Expeditions (part XIII). Studia Geologica Polonica 118.

•BIRKENMAJER K. 2002 Retreat of Ecology Glacier, Admiralty Bay, King George Island (South Shetland Islands, West Antarctica), 1956-2001. Bulletin of the Polish Academy of Sciences 50,1: 15-29.

BIRKENMAJER, K. 2003. Admiralty Bay King George Island, South Shetland Islands, West Antarctica. Geological Cross-sections and geological mao. Studia Geologica Polonica 120.

•BIRKENMAJER, K. 2008. Geological results of the Polish Antarctic Expeditions (part XV). Studia Geologica Polonica 128.

•BIRKENMAJER, K.; GAZDZICKI, A.; KRAJEWSKI, A.; PRZYBYCIN, A.; SOLECKI, A.; TATUR, A.; YOON IL. 2005. First Cenozoic glaciers in West Antarctica. Pol. Polar Res 26,1: 3-12.

•BRANCO, J.O.; COSTA, E.S.; ARAUJO, J.; DURIGON, E., ALVES, M.A.S. 2009. Kelp gulls, *Larus dominicanus* (Aves: Laridae), breeding in Keller Peninsula, King George Island, Antarctic Peninsula. Zoologia (Curitiba, Impresso) 26: 562-566.

•CAMPOS, L.S.; BARBOZA, C.A.M.; BASSOI, M.; BERNARDES, M.; BROMBERG, S.; CORBISIER, T.; FONTES, R.C.; GHELLER, P.F.; HAJDU, E.; KAWALL, H.G.; LANGE, P.K.; LANNA, A.M.; LAVRADO, H.P.; MONTEIRO, G.C.S.; MONTONE, R.; MORALES, T.; MOURA, R.B.; NAKAYAMA, C.R.; OACKES, T.; PARANHOS, R.; PASSOS, F.D.; PETTI, M.A.V.; PELLIZARI, V.H.; REZENDE, C.E.; RODRIGUES, M.; ROSA, L.H.; SECCHI, E.; TENENBAUM, D.R.; YONESHIGUE-VALENTIN, Y. 2013. Environmental processes, biodiversity and changes in Admiralty Bay, King George Island, Antarctica. En: VERDE, C.; DI PRISCO, G. (eds). Adaptation and evolution in marine environments - The impact of global change on biodiversity, Vol.2. Series "From Pole to Pole", Springer-Verlag Berlin Heidelberg: 127-156.

•CAMPOS, L.S.; MONTONE, R.C.; MOURA, R.B.; YONESHIGUE-VALENTIN, Y.; KAWALL, H.G.; CONVEY, P. 2013. Anthropogenic impacts on sub-Antarctic and Antarctic islands and the adjacent marine environments In: VERDE, C.; DI PRISCO, G. Adaptation and evolution in marine environments - The impact of global change on biodiversity, Vol.2. Series "From Pole to Pole", Springer-Verlag Berlin Heidelberg: 177-203.

•CCAMLR. 2012a. Schedule of Conservation Measures in force 2012/2013 season. CCAMLR, Hobart, Australia.

•CCAMLR. 2012b. Statistical Bulletin Vol. 24 (2002-2011). CCRVMA, Hobart, Australia.

•CHWEDORZEWSKA, K.J. 2008. *Poa annua* L. in Antarctic: searching for the source of introduction. Polar

Biology 31:263-268.

•CHWEDORZEWSKA, K.; KORCZAK-ABSHIRE, M.; OLECH M.; LITYŃSKA-ZAJĄC, M.; AUGUSTYNIUK-KRAM, A. 2013. Alien invertebrates transported accidentally to the Polish Antarctic Station in cargo and on fresh food. Polish Polar Research, 34, 55-66

•CIAPUTA, P.; SALWICKA, K. 1997. Tourism at Antarctic Arctowski Station 1991-1997. Policies for better management. Polish Polar Research 18(3-4): 227-239.

•CIAPUTA, P.; SIERAKOWSKI, K. 1999. Long-term population changes of Adelie, chinstrap, and gentoo penguins in the regions of SSSI No. 8 and SSSI No. 34, King George Island, Antarctica. Polish Polar Research, 20, 4-355

•CORBISIER, T.N.; PETTI, M.A.V.; SKOWRONSKI, R.S.P.; BRITO, T.A.S. 2004. Trophic relationships in the nearshore zone of Martel Inlet (King George Island, Antarctica): 13C stable isotope analysis. Polar Res 27,2: 75-82.

•COSTA, E.S.; ALVES, M.A.S. 2008. The breeding birds of Hennequin Point: an ice-free area of Almiralt Bay (Antarctic Specially Managed Area), King George Island, Antarctic. Revista Brasileira de Oceanografia 16: 137-141.

•DANI, N.; SIMÕES, J.C.; ARIGONY NETO, J.; AHLERT, S.A. 2004. Geographical Information System applied to the Antarctic Specially Managed Area (ASMA) of Admiralty Bay. Terra Nostra 4: 349-350.

•ECHEVERRÍA, C.A.; LAVRADO, H.P.; CAMPOS, L. S.; PAIVA, P.C. 2009. A new mini box corer for sampling muddy bottoms in Antarctic shallow waters. Brazilian Archives of Biology and Technology 52: 629-636.

•FILGUEIRAS, V.L.; CAMPOS, L. S.; LAVRADO, H.P.; FRENSEL, R.; POLLERY, R. C. G. 2007. Vertical distribution of macrobenthic infauna from the shallow sublittoral zone of Admiralty Bay, King George Island, Antarctica. Polar Biology 11:1439-1447.

•FRASER, R.W.; HOFMANN, E.E. 2003. A predatoe's perspective on casual links between climate change, physical forcing and ecosystem response. Mar. Ecol. Prog. Series, 265: 1-15.

•HARRIS, C.M. 1991. Environmental management on King George Island, South Shetland Islands, Antarctica. Polar Record 27, n 16: 1-24.

•HEADLAND, R.K.; KEAGE, P.L. 1985. Activities on the King George Island Group, South Shetland Islands, Antarctica. Polar Record 22, n 140: 475-484.

•JAŻDŻEWSKI, K.; DE BROYER, C.; PUDLARZ, M.; ZIERLIŃSKI, D. 2001. Seasonal fluctuations of vagile benthos in the uppermost sublittoral of a maritime Antarctic fjord. Polar Biology 24:910-917.

•KEJNA, M. 1999. Air temperature on King George Island, South Shetlands, Antarctica. Polish Polar Research 20(3-183): 201-239.

•KITTEL, P. 2001. Inventory of whaling objects on the Admiralty Bay shores (King George Island, South Shetland Islands) in the years 1996-1998. Polish Polar Research, 45, 70

•KORCZAK-ABSHIRE, M.; LEES, A.C.; JOJCZYK, A. 2011. First documented record of Barn Swallow Hirundo rustica in the Antarctic. Polish Polar Research 32 (4): 355-360.

•KORCZAK-ABSHIRE, M.; CHWEDORZEWSKA, K.J.; WĄSOWICZ. P.; BENDAREK, P. 2012. Genetic structure of declining chinstrap penguin (Pygoscelis antarcticus) populations from South Shetland Islands (Antarctica). Polar Res 35,11: 1681-1689.

•KULESZ, J. 1999. Ichthyofauna of lagoons of the Admiralty Bay (King George Island, Antarctica) in 1997. Polish Archives of Hydrobiology 46, 2: 173-184.

•LANGE, P.K.; TENENBAUM, D.R.; BRAGA, E.S.; CAMPOS, L. S. 2007. Microphytoplankton assemblages in shallow waters at Admiralty Bay (King George Island, Antarctica) during the summer 2002-2003. Polar Biology 30:1483-1492.

•LAPAG – Laboratório de Pesquisas Antárticas e Glaciológicas. 2003. CD-Rom. Projeto Integração de dados ambientais da área AAEG da Baía do Almirantado. Porto Alegre.UFRGS.

•LITYŃSKA-ZAJĄC M.; CHWEDORZEWSKA, K.; OLECH, M.; KORCZAK-ABSHIRE, M.; AUGUSTYNIUK-KRAM, A. 2012. Diaspores and phyto-remains accidentally transported to the Antarctic Station during three expeditions. Biodiversity and Conservation 21: 3411-3421.

•LYNCH, H.J.; NAVEEN, R.; FAGAN, W.F. 2008. Censuses of penguin, blue-eyed shag, *Phalacrocorax atriceps*, and southern giant petrel, *Macronectes giganteus* populations on the Antarctic Peninsula, 2001-2007. Mar. Ornithology, 36: 83-97.

•MAJEWSKI, W. 2005. Benthic foraminiferal distribution and ecology in Admiralty Bay, King George Island, West Antarctica. Polish Polar Research, vol. 26, no. 3, págs. 159–214, 2005.

•MAJEWSKI, W.; LECROQ, B.; SINNIGER. F.; PAWŁOWSKI, J. 2007. Monothalamous foraminifera from Admiralty Bay, King George Island, West Antarctica. Polish Polar Research, 28, 187–210.

•MAJEWSKI, W.; OLEMPSKA, E. 2005. Recent ostracods from Admiralty Bay, King George Island, West Antarctica. Polish Polar Research, 26,1 13-36, 187–210.

•MAJEWSKI, W.; TATUR, A. 2009. *Criboelphdium webbi* sp. Nov.: A new Antarctic foraminifer species for detecting climate changes in sub Recent glacier – proximal sediments. Antarctic Science 21,5: 439-448

•MARTINS, C.C.; VENKATESAN, M.I.; MONTONE, R.C. 2002. Sterols and linear alkyl benzenes in marine sediments from Admiralty Bay, Antarctica. Antarctic Science 14,3: 244-252

•MARTINS, C.C.; BÍCEGO, M.C.; TANIGUCHI, S.; MONTONE, R.C. 2004. Aliphatic (Ahs) and Aromatic Hydrocarbons (PAHs) in surface sediments in Admiralty Bay, King George Island, Antarctica: A regional survey of organic contaminants resulting from human activity. Antarctic Science 16 (2): 117-122.

•MONTONE, R.C.; TANIGUCHI, S.; WEBER, R.R. 2003. PCBs in the atmosphere of King George Island, Antarctica. The Science of the Total Environment 308: 167-173.

•MONTONE, R.C.; MARTINS, C.C.; BÍCEGO, M.C.; TANIGUCHI, S.; SILVA, D.A.M.; CAMPOS, L.S.; WEBER, R.R. 2010. Distribution of sewage input in marine sediments around a maritime Antarctic research station indicated by molecular geochemical indicators. Science of the Total Environment 408: 4665–4671.

•MONTONE, R.C.; ALVAREZ, C.E.; BÍCEGO, M.C.; BRAGA, E.S.; BRITO, T.A.S.; CAMPOS, L.S.; FONTES, R.F.C.; CASTRO, B.M.; CORBISIER, T. N.; EVANGELISTA, H.; FRANCELINO, M.; GOMES, V.; ITO, R.G.; LAVRADO, H.P.; LEME, N.P. ; MAHIQUES, M.M.; MARTINS, C. C.; NAKAYAMA, C. R.; NGAN, P.V.; PELLIZARI, V.H.; PEREIRA, A.B.; PETTI, M.A. V.; SANDER, M.; SCHAEFER, C.E.G.R.; WEBER, R.R. 2013. Chapter 9- Environmental Assessment of Admiralty Bay, King George Island, Antarctica. En: VERDE, C.; DI PRISCO, G. (Eds.). Adaptation and Evolution in Marine Environments 157, Vol. 2. From Pole to Pole. Springer-Verlag Berlin Heidelberg: 157-175.

•MORGAN, F.; BARKER, G.; BRIGGS, C.; PRICE, R.; KEYS, H. 2007. Informe final del Análisis de dominios ambientales para el continente antártico versión. 2.0, Manaaki Whenua Landcare Research New Zealand Ltd, 89 páginas.

•NAVEEN, R.; FORREST, S.C.; DAGIT R.G.; BLIGHT, L.K.; TRIVELPIECE, W.Z.; TRIVELPIECE, S.G. 2000. Census of penguin, blue-eyed shag, and southern giant petrel populations in the Antarctic Peninsula region, 1994-2000. Polar Record 36, n 323: 334-484.

•NONATO, E.F.; BRITO, T.A.S.; PAIVA, P.C.D.; PETTI, M.A.V.; CORBISIER, T. N. 2000. Benthic megafauna of the nearshore zone of Martel Inlet (King George Island, South Shetland Islands, Antarctica): depth zonation and underwater observations. Polar Biology 23:580-588.

•OLECH, M. 1996. Human impact on terrestrial ecosystems in west Antarctic. Proceder Of the NIPR Symp. Polar Biology 9:299-306.

•OLECH M.; CHWEDORZEWSKA, K.J. 2011. The first appearance and establishment of an alien vascular plant in natural habitats on the forefield of a retreating glacier in Antarctica. Antarctic Science 23,153: 154-

448

•OLECH, M. 2002. Plant communities on King George Island. Geoecology of Antarctic Ice-Free Coastal Landscapes: 215-231.

•OLECH, M, MASSALSKI, M. 2001. Plant colonization and community development on the Sphinx Glacier forefield. Geographia 25: 111–119.

•OSYCZKA, P.; MLECZKO, P.; KARASIŃSKI, D.; CHLEBICKI, A. 2012. Timber transported to Antarctica: a potential and undesirable carrier for alien fungi and insects. Biological Invasions 14: 15-20.

•PUDEŁKO, R. 2007. Orthophotomap Western Shore of Admiralty Bay, King George Island, South Shetland Islands. Warsaw, Poland: Dept. Antarctic Biology PAS.

•PUTZKE, J.; PEREIRA, A.B. 1990. Mosses of King George Island, Antarctica. Pesquisa Antartica Brasileira 2 (1): 17-71.

•PRESLER, P.; FIGIELSKA, E. 1997. New data on the Asteroidea of Admiralty Bay, King George Island, South Shetland Islands. Polish Polar Research 18 (2): 107-117.

•PRUSZAK, Z. 1980. Currents circulation of water of Admiralty Bay (region of Arctowiski Station on King George Island). Polish Polar Research 1: 55-74.

•RAKUSA-SUSZCZEWSKI, S. 1995. The hydrography of Admiralty Bay and its inlets, coves and lagoons (King George Island, Antarctica). Polish Polar Research 16: 61-70.

•RAKUSA-SUSZCZEWSKI, S. 1996. Spatial and seasonal variability of temperature and salinity in Bransfield Strait and Admiralty Bay, Antarctica. Polish Polar Research 17: 29-42.

•RAKUSA-SUSZCZEWSKI, S. 2002. King George Island – South Shetland Islands, Maritime Antarctic Ecological Studiem, vol. 154. Beyer, L.; Bolter, M. (eds.) Geoecology of Antarctic Ice-Free Coastal Landscapes. Sprinter-Verlag Berlin Heidelberg: 23-39.

•ROBAKIEWICZ, M.; RAKUSA-SUSZCZEWSKI, S. 1999. Aplication of 3D Circulation Model on Admiralty Bay. Polish Polar Research 1.

•SALWICKA, K.; SIERAKOWSKI, K. 1998. Seasonal numbers of five species of seals in Admiralty Bay (South Shetland Islands, Antarctica). Polish Polar Research 3-4: 235–247.

•SALWICKA, M.; RAKUSA-SUSZCZEWSKI, S. 2002. Long-term Monitoring of Antarctic pinnipeds in Admiralty Bay (south Shetlands, Antarctica). Acta Theriologica 47 (4): 443-457.

•SANDER, M.; CARNEIRO, A.P.B.; MASCARELLO, N.E.; SANTOS, C.R.; COSTA, E.S.; BALBÃO, T.C. 2006 Distribution and status of the kelp gull, *Larus dominicanus* Lichtenstein (1823), at Admiralty Bay, King George Island, South Shetland, Antarctica. Polar Biology 29:902-904.

•SANDER, M.; COSTA, E.S.; SANTOS, C.R.; PEREIRA, A.B. 2004. Colônias de Aves e Comunidades Vegetais da Península Keller, Ilha Rei George, Antártica. In: V Simpósio Argentino y 1º Latino Americano sobre investigaciones Antárticas, Livro de resumos.

•SANTOS, I.R.; SILVA FILHO, E.V.; SCHAEFER, C.G.R; ALBUQUERQUE FILHO, M. R.; CAMPOS, L. S. 2005. Heavy metals contamination in coastal sediments and soils near the Brazilian Antarctic Station, King George Island. Marine Pollution Bulletin 50: 185-194.

•SCAR'S Summary of Strategic Plan 2011-2016. Disponible en: http://www.scar.org/strategicplan2011/SCAR_Strat_Plan_2011-16.pdf. Acesso em 07 de março de 2013.

•SCAR strategy for capacity building. Education and training Report 27. 2006 Disponible en: http://www.scar.org/strategicplan2011/CBETplan.pdf. Acesso em 07 de março de 2013.

•SCHAEFER, C.E.G.R.; FRANCELINO, M.R.; SIMAS, F.N.B.; ALBUQUERQUE FILHO, M.R. (eds) 2004. Ecossistemas Costeiros e Monitoramento Ambiental da Antártica Marinha. NEPUT, Viçosa, Minas Gerais, 192 pg.

•SICIŃSKI, J.; JAŻDŻEWSKI, K.; DE BROYER, C.; PRESLER, P.; LIGOWSKI, R.; NONATO, E.F.; CORBISIER, T.N.; PETTI, M.A.V.; BRITO, T.A.S.; LAVRADO, H.P.; BŁAŻEWICZ-PASZKOWYCZ, M.; PABIS, K.; JAŻDŻEWSKA, A.; CAMPOS, L.S. 2011. Admiralty Bay Benthos Diversity - A census of a complex polar ecosystem. Deep Sea Research Part II: Topical Studies in Oceanography 58 (1-2): 30-48.

•SIMÕES, J.C.; DANI, N.; BREMER, U.F.; AQUINO, F.E; ARIGONY NETO, J. 2004. Small cirque glaciers retreat on Keller Peninsula, Admiralty Bay, King George Island, Antarctica. Pesquisa Antártica Brasileira 4: 49-56.

•TATUR, A. 2002 Ornithogenic Ecosystems in Maritime Antarctic – Formation, Development and Disintegration Ecological Studies Vol.154. Beyer, L.; Bolter, M. (eds). Geoecology of Antarctic Ice-Free Coastal Landscapes. Springer-Verlag Berlin Heidelber.

•TERAUDS, A.; CHOWN, S.L.; MORGAN, F.; PEAT, H.J.; WATTS, D.J.; KEYS H.; CONVEY, P.; BERGSTROM D.M. 2012. Conservation biogeography of the Antarctic. Diversity Distrib., 18: 762-741.

•WEBER, R.R.; MONTONE, R.C. 2006 Rede 2 - Gerenciamento ambiental na Baía do Almirantado, Ilha Rei George, Antártica. Technical Report, Universidade de São Paulo, 252 pp.

•WHYTE, L.G.; SCHULTZ, A.; VAN BEILEN, J.B.; LUZ, A.P.; PELLIZARI, V.; LABBÉ, D.; GREER, C.W. 2002. Prevalence of Alkane Monooxygenase Genes in Arctic and Antarctic Hydrocarbon-Contaminated and Pristine Soils. FEMS Microbial Ecology 41(2): 141-5.

•WÓDKIEWICZ, M.; GALERA, H., CHWEDORZEWSKA, K.J.; GIEŁWANOWSKA, I.; OLECH, M. 2013. Diaspores of the introduced species *Poa annua* L. in soil samples from King George Island (South Shetlands, Antarctica). Arctic, Antarctic and Alpine Research, 45, 415-419

•YONESHIGUE-VALENTIN, Y.; DALTO, A.G.; LAVRADO, H.P. 2009. Annual Activity Report 2009. Annual Activity Report of National Institute for Science and Technology Antarctic Environmental Research.   –   :

Editora Cubo.

•YONESHIGUE-VALENTIN, Y.; DALTO, A.G, LAVRADO, H.P. 2010. Annual Activity Report 2010. Annual Activity Report of National Institute for Science and Technology Antarctic Environmental Research.   –   :

Editora Cubo.

•YONESHIGUE-VALENTIN, Y.; DALTO, A.G, LAVRADO, H.P. 2011. Annual Activity Report 2011. Annual Activity Report of National Institute for Science and Technology Antarctic Environmental Research.   –   :

Editora Cubo.

•YONESHIGUE-VALENTIN, Y.; DALTO, A.G, LAVRADO, H.P., 2012. Annual Activity Report 2011. Annual Activity Report of National Institute for Science and Technology Antarctic Environmental Research.   –   :

Editora Cubo.

•ZDANOWSKI, M.K.; WĘGLEŃSKI, P. 2001. Ecophysiology of soil bacteria in the vicinity of Henry Arctowski Station, King George Island, Antarctica. Soil Biology and Biochemistry 33: 819-829.

APÉNDICE A

Lista de comprobación preliminar de plantas de áreas sin hielo adyacentes a bahía Almirantazgo (bahía Lasserre), Isla Rey Jorge (isla 25 de mayo)

ANGIOSPERMAS
POACEAE
Deschampsia antarctica Desv.

CARYOPHYLLACEAE
Colobanthus quitensis (Kunth) Bartl.

MUSGOS
AMBLYSTEGIACEAE
Orthotheciella varia (Hedw.) Ochyra
Sanionia uncinata (Hedw.) Loeske
S. georgico-uncinata (Mull Hal.) Ochyra & Hedenas
Warnstorfia laculosa (Müll. Hal.) Ochyra & Matteri
Warnstorfia sarmentosa (Wahlenb.) Hedenäs

ANDREAEACEAE
Andreaea depressinervis Card.
Andreaea gainii Card.
Andreaea regularis Muell.

BARTRAMIACEAE
Bartramia patens Brid.
Conostomum magellanicum Sull.

BRACHYTHECIACEAE
Brachythecium austrosalebrosum (Müll. Hal.) Kindb.
Brachythecium glaciale B.S.G.

BRYACEAE
Bryum amblyodon Müll. Hal.
Bryum argenteum Hedw.
Bryum orbiculatifolium Card. et Broth.

Bryum pallescens Schleich. ex Schwaegr.

Bryum pseudotriquetrum (Hedw.) Schwaegr.

Pohlia cruda (Hedw.) Lindb.

Pohlia drummondii (Müll. Hal.) A. L. Andrews in Grout

Pohlia nutans (Hedw.) Lindb.

Pohlia wahlenbergii (Web. Et Mohr.) Andrews

DICRANACEAE

Anisothecium cardotii (R. Br. ter.) Ochyra

Chorisodontium aciphyllum (Hook. f. et. Wills.) Broth.

Kiaeria pumila (Mitt. in Hook. f.) Ochyra – muy poco común.

DITRICHACEAE

Ceratodon purpureus (Hedw.) Brid.

Distichum capillaceum (Hedw.) B.S.G.

Ditrichum hyalinum (Mitt.) Kuntze

Ditrichum lewis-smithii Ochyra

ENCALYPTACEAE

Encalypta rhaptocarpa Schwaegr.

GRIMMIACEAE

Grimmia reflexidens Müll. Hal.

Racomitrium sudeticum (Funck) Bruch & Schimp. in BSG.

Schistidium amblyophyllum (Müll. Hal.) Ochyra & Hertel

Schistidium antactici (Card.) L. I. Savicz & Smirnova

Schistidium cupulare (Müll. Hal.) Ochyra

Schistidium falcatum (Hook. f. at Wils.) B. Bremer

Schistidium halinae Ochyra

Schistidium occultum (Müll. Hal.) Ochyra & Matteri

Schistidium rivulare (Brid.) Pobp.

Schistidium steerei Ochyra

Schistidium urnulaceum (Müll. Hal.) B. G. Bell.

HYPNACEAE

Hypnum revolutum (Mitt.) Lindb.

Platydictya jungermannioides (Brid.) Crum

MEESIACEAE
Meesia uliginosa Hedw.

ORTHOTRICHACEAE
Muelleriella crassifolia (Hook. f. et Wils.) Dus.

POLYTRICHACEAE
Polytrichastrum alpinum (Hedw.) G. L. Smith
Polytrichum strictum Brid.
Polytrichum juniperinum Hedw.
Polytrichum piliferum Hedw.

POTTIACEAE
Dydimodon gelidus Card.
Hennediella antarctica (Angstr.) Ochyra & Matteri
Hennediella heimii (Hedw.) Zand.
Stegonia latifolia (Schwaegr. in Schult.) Vent in Broth.
Syntrichia filaris (Müll. Hal.) Zand.
Syntrichia princeps (De Not.) Mitt.
Syntrichia saxicola (Card.) Zand.

SELIGERACEAE
Dicranoweisia brevipes (Müll. Hal.) Card.
Dicranoweisia crispula (Hredw.) Milde
Dicranoweisia grimmiaceae (Müll. Hal.) Broth.

ALGAS
MACROSCOPIC CONTINENTAL ALGAE
Prasiola crispa (Lightfoot) Menegh

MICROSCOPIC CONTINENTAL ALGAE
Bacillariophyceae

Coscinodiscales
Orthoseira cf. *dendroteres* (Ehrenberg) Crawford

Naviculales

Amphora veneta Kützing

Achnanthes lanceolata (Brébisson) Grunow

Achnanthes marginulata Grunow

Caloneis cf. *silicula* (Ehrenberg) Cleve

Caloneis cf. *schumanniana* (Grunov) Cleve

Cocconeis sp.,

Fragilaria bidens Heiberg

Fragilaria capucina Desmazieres

Fragilaria construens f. *binodis* (Ehrenberg) Hustedt

Fragilaria pinnata Ehrenberg

Gomphonema parvulum (Kützing) Kützing

Hantzschia amphioxys (Ehrenberg) Grunow

Luticola muticopsis (Van Heurck) D. G. Mann

Luticola mutica var. *ventricosa (*Kützing) Cleve et Grunow

Navicula cf. *bryophila* Petersen

Navicula elginensis (Gregory) Ralfs

Navicula glaciei Van Heurck,

Navicula phyllepta Kützing

Nitzschia agnita Hustedt

Nitzschia cf. *fontifuga* Cholnoky

Nitzschia frustulum (Kützing) Grunow

Nitzschia gracilis Hantzsch

Nitzschia homburgiensis Lange-Bertalot

Nitzschia cf. *hybrida* Grunow

Nitzschia inconspicua Grunow

Nitzschia perminuta (Grunow) M. Pergallo

Opephora olsenii Moeller

Pinnularia borealis Ehrenberg

Pinnularia ignobilis (Krasske) Cleve-Euler

Pinnularia microstauron (Ehrenberg) Cleve

Stauroneis cf. *anceps* Ehrenberg

Stauroneis cf. *simulans* (Donkin) R. Ross.

HONGOS MACROSCÓPICOS

Omphalina antarctica Sing.

Galerina moelleri Bas.

LÍQUENES Y HONGOS LIQUENÍCOLAS

Acarospora macrocyclos Vain.

Alectoria minuscula – Lindsay

Arthopyrenia maritima Øvstedal

Arthrorhaphis citrinella (Ach.) Poelt

Austrolecia antarctica Hertel

Bacidia stipata Lamb

Biatorella antarctica Murray

Bryonora castanea (Hepp) Poelt

Bryoria chalybeiformis (L.) Brodo et D. Hawksw.

Buellia anisomera Vain.

Buellia augusta Vain.

Buellia cladocarpiza Lamb

Buellia coniops (Wahlenb. in Ach.) Th. Fr.

Buellia granulosa (Darb.) Dodge

Buellia latemarginata Darb.

Buellia papillata (Sommerf.) Tuck.

Buellia perlata (Hue) Darb.

Buellia pycnogonoides Darb.

Buellia russa (Hue) Darb.

Buellia subpedicillata (Hue) Darb.

Caloplaca amniospila

Caloplaca athallina Darb.

Caloplaca buelliae Olech & Søchting

Caloplaca cirrochrooides (Vain.) Zahlbr.

Caloplaca citrina (Hoffm.) Th. Fr.

Caloplaca iomma Olech & Søchting

Caloplaca millegrana

Caloplaca psoromatis Olech & Søchting

Caloplaca regalis (Vain.) Zahlbr.

Caloplaca siphonospora Olech & Søchting

Caloplaca sublobulata (Vain.) Zahlbr.

Caloplaca tetraspora (Nyl.) H. Oliv.

Caloplaca tiroliensis Zahlbr.

Candelaria murrayi (Dodge) Poelt

Candelariella hallettensis (Murray) Øvstedal

Candelariella vitellina (Hoffm.) Müll. Arg.

Carbonea vorticosa (Flörke) Hertel

Catapyrenium daedaleum (Kremp.) Stein

Catapyrenium lachneum (Ach.) R. Sant.

Catillaria corymbosa (Hue) Lamb

Cladonia cariosa (Ach.) Spreng.

Cladonia furcata (Huds.) Schrader

Cladonia phyllophora Ehrh. ex Hoffm.

Cladonia pyxidata (L.) Hoffm.

Coelocaulon aculeatum (Schreber) Link

Coelocaulon epiphorellum (Nyl. in Crombie) Kärnef.

Cystocoleus ebeneus (Dillwyn) Thwaites

Dermatocarpon intestiniforme (Körb.) Hasse

Haematomma erythroma (Nyl.) Zahlbr.

Himantormia lugubris (Hue) Lamb

Hypogymnia lugubris (Pers.) Krog

Hypogymnia lububris (Pers.) Krog f. *compactior* (Zahlbr.) D. C. Linds.

Japewia tornoensis (Nyl.) Tønsberg

Lecania brialmontii (Vain.) Zahlbr.

Lecania gerlachei (Vain.) Zahlbr.

Lecanora dispersa (Pers.) Sommerf.

Lecanora expectans Darb.

Lecanora physciella (Darb.) Hertel

Lecanora polytropa (Hoffm.) Rabenh.

Lecidea assimilata Nyl.

Lecidea atrobrunnea (Ramond ex Lam. et DC.) Schaer.

Lecidea lapicida (Ach.) Ach.

Lecidea sarcogynoides Körb.

Lecidea sciatrapha Hue

Lecidella aff. *carpathica* Körb.

Lecidella stigmatea (Ach.) Hertel y Leuckert

Lecidella wulfenii (Hepp) Körb.

Leptogium puberulum Hue

Massalongia carnosa (Dicks.) Körb.

Mastodia tesselata Auct.

Megaspora verrucosa (Ach.) Hafellner

Microglaena antarctica Lamb

Ochrolechia frigida (Sw.) Lynge

Ochrolechia parella (L.) A. Massal.

Pannaria hookeri (Borrer ex Sm.) Nyl.

Parmelia saxatilis (L.) Ach.

Physcia caesia (Hoffm.) Fürnr.

Physcia dubia (Hoffm.) Lettau

Physcia cf. *wainioi* Räs.

Physconia muscigena (Ach.) Poelt

Placopsis contortuplicata Lamb

Poeltidea perusta (Nyl.) Hertel et Hafellner

Polyblastia gothica Th. Fr.

Porpidia albocaerulescens (Wulfen) Hertel et Knoph

Porpidia crustulata (Ach.) Hertel et knoph

Pseudephebe minuscula (Nyl. ex Arnold) Brodo et D. Hawksw.

Pseudephebe pubescens (L.) Choisy

Pseudevernia pubescens

Psoroma hypnorum (Vahl) Gray

Ramalina terebrata Hook et Tayl.

Rhizocarpon geminatum Körb.

Rhizocarpon geographicum (L.) DC.

Rhizocarpon polycarpon (Hepp) Th. Fr.

Rhizoplaca aspidophora (Vain.) Redón

Rhizoplaca melanophthalma (DC. in Lam. et DC.) Leuck. et Poelt

Rinodina deceptionis Lamb

Rinodina mniaraea (Ach.) Körb.

Rinodina petermanii (Hue) Darb.

Rinodina turfacea (Wahlenb.) Körb.

Sphaeorophorus fragilis (L.) Pers.

Sphaeorophorus globosus (Hudson) Vain.

Sphaeorophorus cfr. *melanocarpus* (Sw.) DC.

Staurothele gelida (Hook & Tayl.) Lamb

Stereocaulon alpinum Laurer ex Funck

Stereocaulon glabrum (Müll. Arg.) Vain.

Tephromela atra (Hudson) Hafellner

Thelocarpon cyaneum Olech et Alstrup

Tremolecia atrata (Ach.) Hertel

Umbilicaria aprina Nyl.

Umbilicaria cfr. *cristata* Dodge et Baker

Umbilicaria decussata (Vill.) Zahlbr. –

Umbilicaria propagulifera (Vain.) Llano

Umbilicaria rufidula (Hue) Filson

Usnea acromelana Stirton

Usnea antarctica Du Rietz

Usnea aurantiaco-atra (Jacq.) Bory

Verrucaria ceuthocarpa Wahlenb.

Verrucaria cylindrophora Vain.

Verrucaria dispartita Vain.

Verrucaria elaeoplaca Vain.

Verrucaria psycrophila Lamb

Verrucaria tesselatula Nyl.

Xanthoria candelaria (L.) Th. Fr.

Xanthoria elegans (Link.) Th. Fr.

APÉNDICE B

Lista de comprobación de macroalgas de la

bahía Almirantazgo (bahía Lasserre), Isla Rey Jorge (isla 25 de mayo)

RODÓFITOS

Bangiales

Bangiaceae

Porphyra plocamiestris R.W. Ricker

Pyropia endiviifolia (A.Gepp & E.Gepp) H.G. Choi & M.S. Hwang

Hildenbrandiales

Hildenbrandiaceae

Hildenbrandia lecannellieri Hariot

Bonnemaisoniales

Bonnemaisoniaceae

Delisea pulchra (Greville) Montagne

Palmariales

Palmariaceae

Palmaria decipiens (Reinsch) R.W. Ricker

Palmaria georgica (Reinsch) R.W. Ricker

Ceramiales

Wrangeliaceae

Georgiella confluens (Reinsch) Kylin

Delesseriaceae

Delesseria lancifolia J. Agardh

Delesseria salicifolia Reisch

Microrhinus carnosus (Reinsch) Skottsberg

Myriogramme manginii (Gain) Skottsberg

Neuroglossum delesseriae (Reinsch) M.J. Wynne

Phycodrys antartica (Skottsberg) Skottsberg

Phycodrys austrogeorgica Skottsberg

Phycodrys quercifolia (Bory) Skottsberg

Rhodomelaceae

Picconiella plumosa (Kylin) J. De Toni

Gigartinales

Cystocloniaceae

Acanthococcus antarcticus J.D. Hooker et Harvey

Gigartinaceae

Gigartina skottsbergii Setchell & N.L. Gardner

Iridaea cordata (Turner) Bory de Saint-Vincent

Sarcothalia papillosa (Bory) Leister

Kallymeniaceae

Callophyllis atrosanguinea (J.D.Hooker & Harvey) Hario

Callophylis pinnata Setchell & Swezy

Phyllophoraceae

Gymnogongrus antarcticus Skottsberg

Gymnogongrus turquetii Hariot

Gracilariales

Gracilariaceae

Curdiea racovitzae Hariot

Halymeniales

Halymeniaceae

Pachymenia orbicularis (Zanardini) Setchell & N.L. Gardner

Plocamiales

Plocamiaceae

Plocamium cartilagineum (L) P.S. Dixon

Plocamium hookeri Harvey

Rhodymeniales

Rhodymeniaceae

Rhodymenia coccocarpa (Montagne) M.J.Wynne

CLORÓFITOS

Chaetophorales

Chaetophoraceae

Endophyton atroviride O´Kelly

Ulotrichales

Gomontiaceae

Monostroma hariotii Gain

Ulotrichaceae

Protomonostroma undulatum (Wittrock) K.L.Vinogradova

Ulothrix australis Gain

Ulothrix flacca (Dillwyn) Thuret

Ulvales

Kornmanniaceae

Blidingia minima (Nägeli ex Kützing) Kylin

Ulvaceae

Ulva bulbosa (Suhr) Hariot

Ulva compressa Linnaeus

Ulva intestinalis Linnaeus

Prasiolales

Prasiolaceae

Prasiola crispa (Lightfoot) Kützing

Prasiola sp.

Acrosiphoniales

Acrosiphoniaceae

Acrosiphonia arcta (Dillwyn) J. Agardh

Urospora penicilliformis (Roth) Areschoug

Cladophorales

Cladophoraceae

Chaetomorpha sp

HETEROCONTOFITOS

Syringodermatales

Syringodermataceae

Syringoderma australe Levring

Fucales

Seirococcaceae

Cystosphaera jacquinotii (Montagne) Skottsberg

Ectocarpales

Chordariaceae

Haplogloia moniliformis Ricker

Haplogloia andersonii (Farlow) Levring

Elachista antarctica Skottsberg

Acinetosporaceae

Geminocarpus austrogeorgiae Skottsberg

Geminocarpus geminatus (Hooker & Harvey) Skottsberg

Pylaiella littoralis (L.) Kjellman

Adenocystaceae

Adenocystis utricularis (Bory) Skottsberg

Scytosiphonaceae

Petalonia fascia (O. F. Müller) Kuntze

Desmarestiales

Desmarestiaceae

Desmarestia anceps Montagne

Desmarestia antarctica R.L. Moe & P.C. Silva

Desmarestia confervoides (Bory) M.E. Ramírez & A.F. Peters

Desmarestia menziesii J Agardh

Himantothallus grandifolius (A y E Gepp) Zinova

Phaeurus antarcticus Skottsberg

Ascoseirales

Ascoseiraceae

Ascoseira mirabilis Skottsberg

APÉNDICE C

Fauna registrada en la bahía Almirantazgo (bahía Lasserre), Isla Rey Jorge (isla 25 de mayo)

Aves registradas en la bahía Almirantazgo (bahía Lasserre)

Especies reproductoras:

Pygoscelis adeliae

Pygoscelis papua

Pygoscelis antarctica

Macronectes giganteus

Daption capense

Oceanites oceanicus

Fregetta tropica

Phalacrocorax bransfieldensis

Chionis alba

Catharacta maccormicki

Catharacta lonnbergi

Catharacta chilensis

Larus dominicanus

Sterna vittata

No reproductoras

Frecuentes:

Aptenodytes patagonicus

Eudyptes chrysolophus

Edyptes chrysocome

Fulmarus glacialoides

Pagodroma nivea

Sterna paradisaea

Esporádicos:

Aptenodytes forsteri

Spheniscus magellanicus

Talassarche melanophris

Phoebetria fusca

Phoebetria palpebrata

Thalassoica Antarctica

Halobaena caerulea

Pachyptila desolata

Bubulcus ibis

Cygnus melanocoryphus

Anas sibilatrix

Anas georgica

Calidris fuscicollis

Steganopus tricolor

Hirundo rustica

Pinnípedos registrados en la bahía Almirantazgo (bahía Lasserre)

Especies reproductoras:

Mirounga leonina

Leptonychotes weddelli

Arctocephalus gazelle (solo dos casos)

No reproductoras

Frecuentes:

Arctocephalus gazella

Hydrurga leptonyx

Lobodon carcinophagus

Esporádicos:

Ommatophoca rossi (dos visitas)

Cetáceos registrados en la Bahía Del Almirantazgo (bahía Lasserre)

Megaptera novaeangliae

Balaenoptera bonaerensis

Orcinus orca

APÉNDICE D

Invertebrados marinos, bentónicos marinos, foraminíferos y ostrácodos registrados en la bahía Almirantazgo (bahía Lasserre), Isla Rey Jorge (isla 25 de mayo)

Puede encontrar una lista actualizada de invertebrados marinos en el sitio de ABBED, la Base de datos de diversidad bentónica de la bahía Almirantazgo (bahía Lasserre) (www.abbed.uni.lodz.pl/). Esta base de datos fue creada por Polonia, Bélgica y Brasil, en el Año Polar Internacional (2007-2009).

Se puede acceder a la lista de foraminíferos marinos (Majewski 2005, Majewski et al. 2007, Majewski y Tatur 2009) y ostrácodos (Majewski y Olempska 2005) en línea en los documentos mencionados.

APÉNDICE E

Código de conducta para los visitantes

Este código de conducta se ha elaborado para los operadores de turismo comercial (afiliados y no afiliados a la IAATO), expediciones privadas y científicos y personal de Programas Nacionales Antárticos en su realización de visitas recreativas a la bahía Almirantazgo (bahía Lasserre).

•Todos los visitantes se deben familiarizar con los siguientes preceptos de las Directrices Generales para visitantes a la Antártida (Resolución 3 (2011).

•El operador turístico debe hacer entrega de sus programas de visita al Coordinador de la ZAEA antes de la visita a la Zona. El Grupo de gestión de la ZAEA debe distribuir esta información entre los Programas Antárticos Nacionales activos de la Zona.

•Se pueden realizar visitas a la estación Arctowski y Ferraz con el consentimiento previo del jefe de estación correspondiente. La visita a los módulos de laboratorios aislados, refugios y la zona posterior a la estación Ferraz: sólo deben realizarse en pequeños grupos acompañados por personal de la estación con el consentimiento previo del jefe de la estación.

•Las visitas se deben realizar de conformidad con la Recomendación XVIII-1, Medida 15 (2009) "Desembarco de personas desde buques de pasajeros", Resolución 7 (2009) "Principios generales del turismo antártico", y Resolución 3 (2011) "Directrices generales para visitantes a la Antártida). Se debe informar a los visitantes sobre los principios de este código de conducta, así como del plan de gestión de la ZAEA.

•Se insta a los operadores turísticos a intercambiar la información sobre su itinerario con los Programas Antárticos Nacionales que cuentan con embarcaciones de apoyo en la Zona para evitar que dos buques converjan de manera accidental.

• Se insta a los operadores de cruceros comerciales a que se encarguen de que no desembarquen a más de cien pasajeros a la vez en ningún lugar, que vayan acompañados por un miembro del personal de la expedición por cada 20 pasajeros como mínimo.

• Los miembros de expediciones turísticas y no gubernamentales, además del personal del Programa Antártico Nacional durante visitas recreacionales a las estaciones Arctowski y Ferraz, deben utilizar las rutas que se muestran en la Fig. 7 y 8. Estas rutas ofrecen la oportunidad de observar la vida silvestre y las instalaciones de la estación, reduciendo al mismo tiempo a un mínimo la perturbación del medioambiente y de las actividades de la estación, y evitando la degradación del hábitat.

• Para evitar el impacto ambiental, la perturbación de la vida marina y la interferencia en la investigación científica en curso, no deben producirse desembarcos ni accesos a las Zonas científicas enumeradas en la sección 6(iv) (Fig. 3, 5 y 6), excepto en caso de emergencia.

• Todos los movimientos en tierra deben efectuarse con cuidado para reducir a un mínimo la perturbación de los animales, el suelo y las zonas con vegetación o el equipo científico. El visitante debe:

◦ evitar caminar sobre vegetación como musgos o líquenes.

◦ mantener una distancia apropiada y segura con respecto a las aves o las focas a fin de no perturbarlas. Como regla general, se mantendrá una distancia de 5 metros. Cuando fuera práctico, se debe mantener al menos una distancia de 15 metros de los lobos marinos.

◦ lavar las botas y la ropa, los bolsos, trípodes y bastones antes de desembarcar, para evitar introducciones biológicas.

◦ no dejar basura de ningún tipo.

◦ no recolectar piezas biológicas o geológicas como recuerdo ni perturbar artefactos.

° no escribir o dibujar sobre ninguna estructura hecha por el hombre o sobre una superficie natural.

° no tocar ni perturbar los instrumentos o marcadores científicos;

° no tocar ni perturbar los depósitos u otro equipo almacenado por los Programas nacionales antárticos.

APÉNDICE F

Directrices científicas y ambientales

Durante los últimos 60 años, la bahía Almirantazgo (bahía Lasserre) y sus zonas costeras se han convertido en un lugar importante para la investigación científica, trabajando en su entorno, todos los años, muchos equipos de investigación de distintas especialidades. Estas directrices recomiendan un código de conducta formulado con el fin de proteger los valores ambientales, científicos, históricos y estéticos de la zona para las futuras generaciones.

- Todas las actividades logísticas y científicas en la Zona se deben planificar con el objetivo de reducir a un mínimo el impacto humano en los valores de la Zona;

- La investigación científica que pueda perturbar las aves reproductoras o los mamíferos marinos se debe realizar con un especial cuidado y sólo con fines científicos; en el caso de que haya toma de animales o intromisión perjudicial sobre éstos, se debe tomar como referencia mínima el *Código de Conducta del SCAR para el Uso de Animales con Fines Científicos en la Antártida*.

- Debe prohibirse la recolección de especímenes (p. ej., piedras, fósiles, objetos históricos, etc.) salvo aquella autorizada en los permisos adecuados para fines educativos o científicos;

- El tamaño de las muestras de material biológico y no biológico debe limitarse al mínimo, siempre que sea posible;

- Los sitios de vigilancia a largo plazo o los sitios en los que se realizan experimentos deben poder identificarse con claridad, en la medida de lo posible, y se debe intercambiar la información a través del Coordinador de la ZAEA;

- Deben tomarse medidas estrictas para evitar la introducción o diseminación de especies no autóctonas;

- El tráfico humano se debe realizar con cuidado para reducir a un mínimo la perturbación de los animales, el suelo y las zonas con vegetación.; y siempre que sea posible se deben utilizar los senderos existentes;

- El uso de helicópteros y vehículos terrestres se debe mantener al mínimo absoluto, y jamás (excepto en caso de emergencia) se deben utilizar en los lugares donde se congregan o reproducen los mamíferos marinos o las aves;

- Los campamentos deben ubicarse lo más lejos posible, en lugares sin vegetación, y además deben evitarse las concentraciones de mamíferos y aves o sus lugares de reproducción. En la medida de lo posible, deben reutilizarse los campamentos ocupados con anterioridad. Debe registrarse la ubicación de los campamentos, y se debe intercambiar la información a través del Coordinador de la ZAEA.

- Debe realizarse la investigación científica en las zonas restringidas prestando especial atención, evitándose o reduciéndose su impacto medioambiental;

- Las visitas y actividades que se llevan a cabo en las Zonas científicas deben registrarse (especialmente el tipo y la cantidad de muestras) y debe intercambiarse la información a través del Coordinador de la ZAEA;

- Entre el 1 de octubre al 15 de abril debe limitarse el acceso a las Zonas científicas designadas para la presencia de aves reproductoras solo a las personas que conducen la investigación científica, la observación o el mantenimiento esencial.

- Debe limitarse el acceso a las Zonas científicas designadas para la presencia de bancos de vegetación durante el verano a las personas que conducen la investigación científica, la observación o el mantenimiento esencial.

- Entre el 1 de octubre y el 31 de diciembre, el acceso a la Zona científica designada en Crosses Hill, en el flanco norte de la estación Ferraz, debido a la concentración de gaviotines, debe estar limitado a las personas que llevan a cabo la investigación científica, la observación o las operaciones esenciales de la estación;

- En las investigaciones en las Zonas científicas designadas en aguas marinas poco profundas se debe evitar o reducir a un mínimo el uso de métodos invasivos (dragado, arrastre, uso de redes, etc.), al nivel máximo posible. Se deben registrar las coordenadas de los sitios en donde se han utilizado métodos invasivos, y dicha información debe transmitirse a través del Coordinador de la ZAEA.

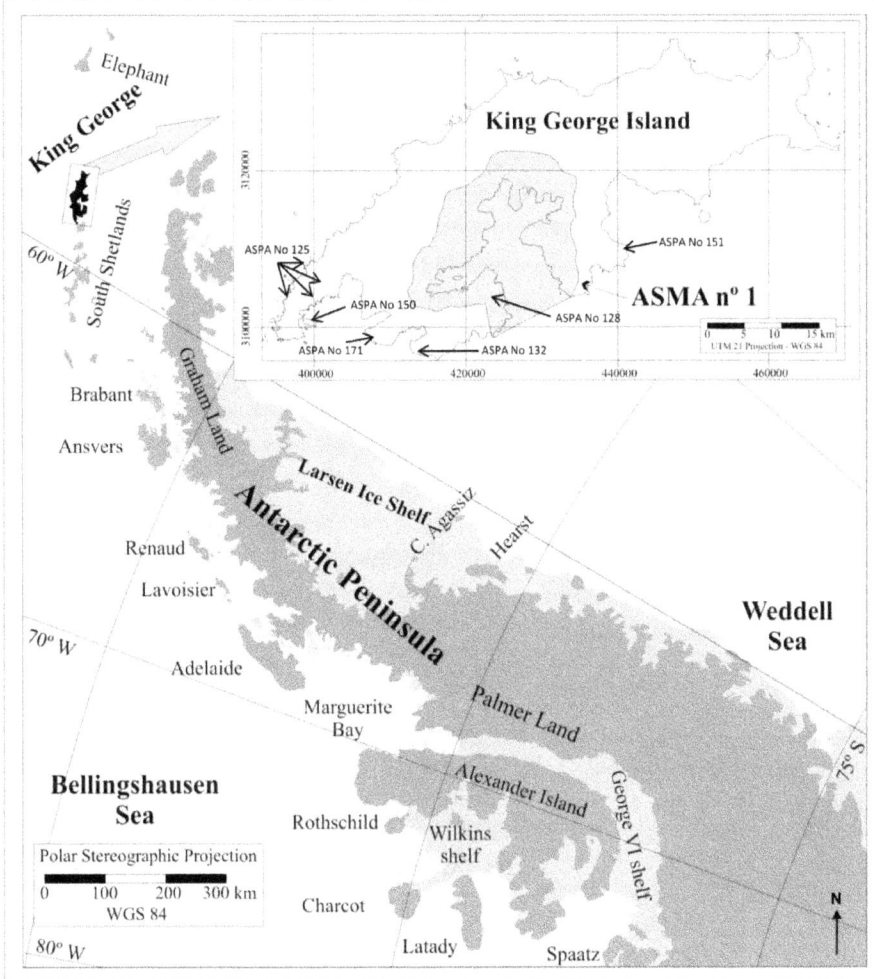

Fig. 1. Location of ASMA No 1 on King George Island, Antarctic Peninsula

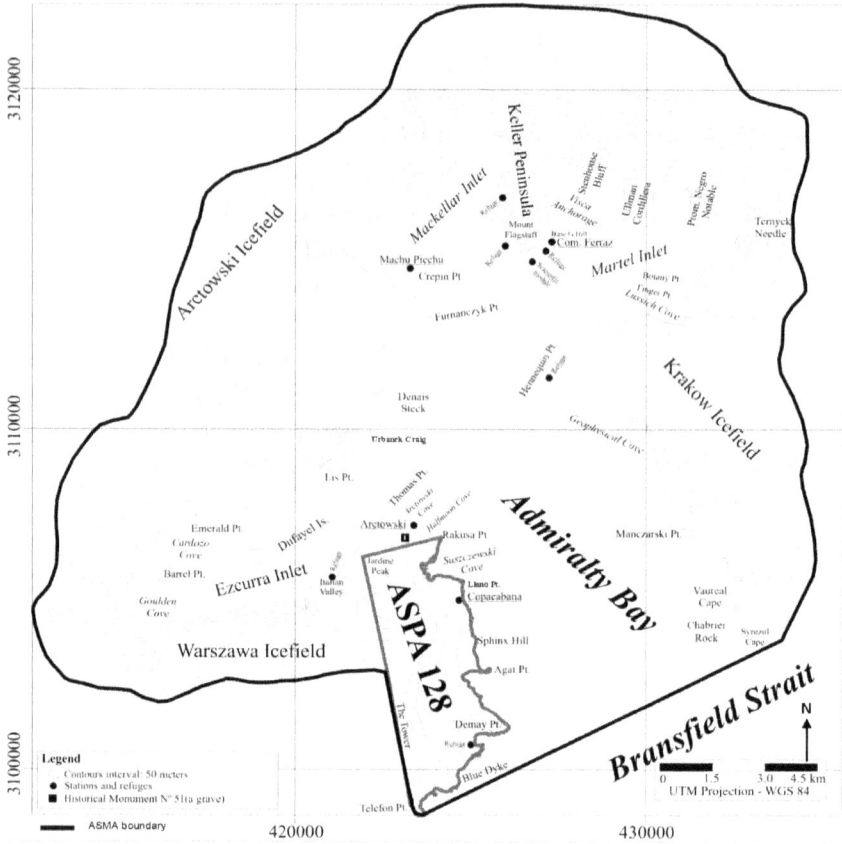

Fig. 2. Admiralty Bay Antarctic Specially Protected Area – ASMA No 1

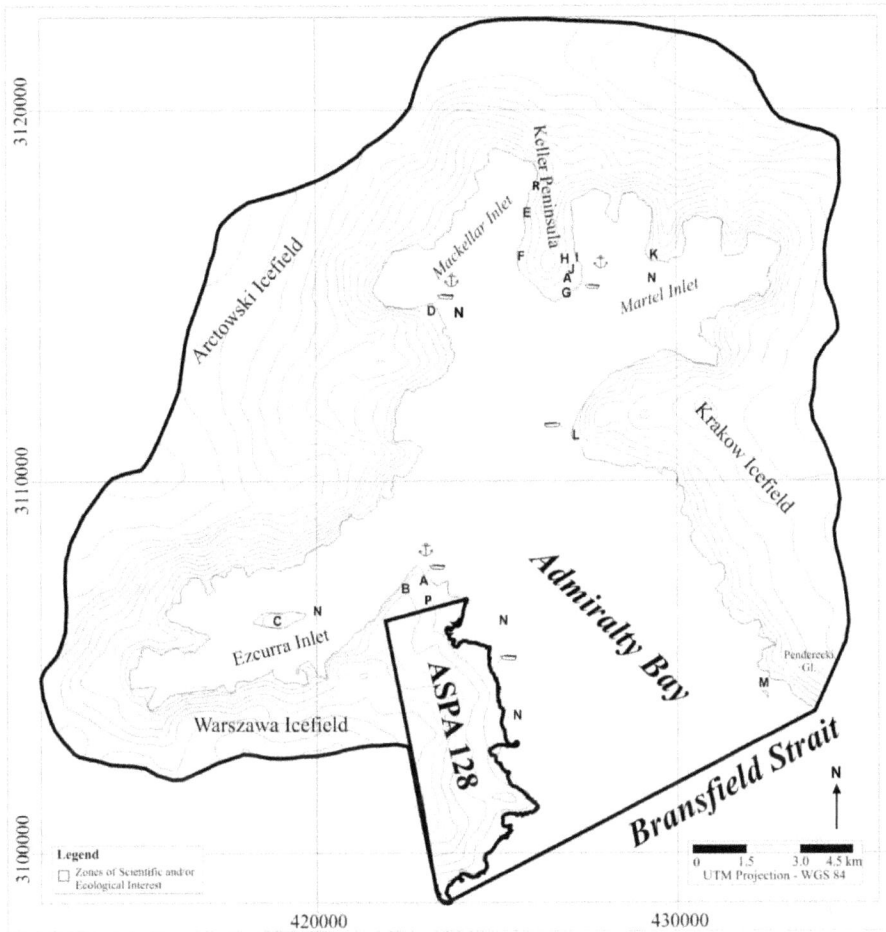

Fig. 3. Location of Scientific Zones (see 6(iv) Restricted and managed zones in the Area)

🛶   small boat landing site

⚓   anchorage

━━   ASMA boundary

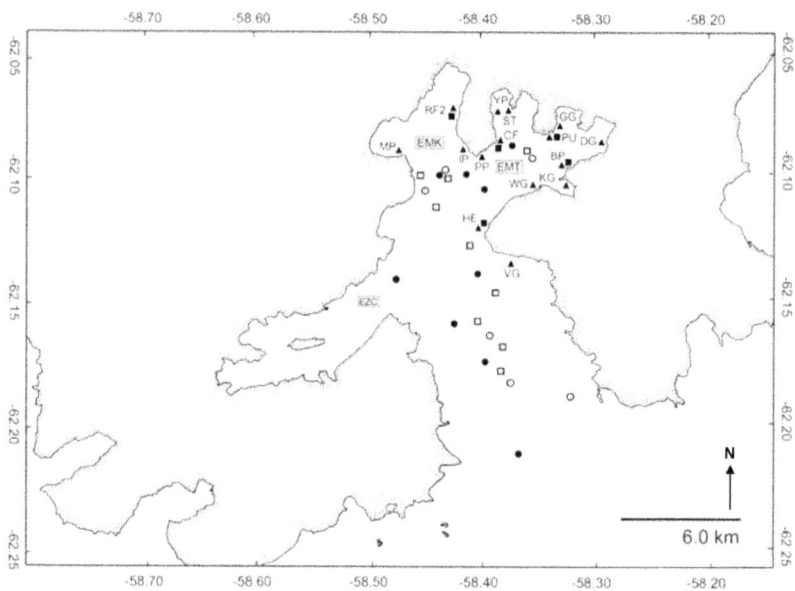

Fig. 4. Long-term Environmental Monitoring (INCT-APA, Brazil)

▲ Imaging stations

● Stations sampled with a box-corer (2008-2009)

○ Stations sampled with a box-corer (2009-2010)

■ Stations sampled with dredge (2008-2009)

□ Stations sampled with dredge (2009-2010)

EFC – Ezcurra Inlet, EMK – Mackellar Inlet, EMT – Martel Inlet

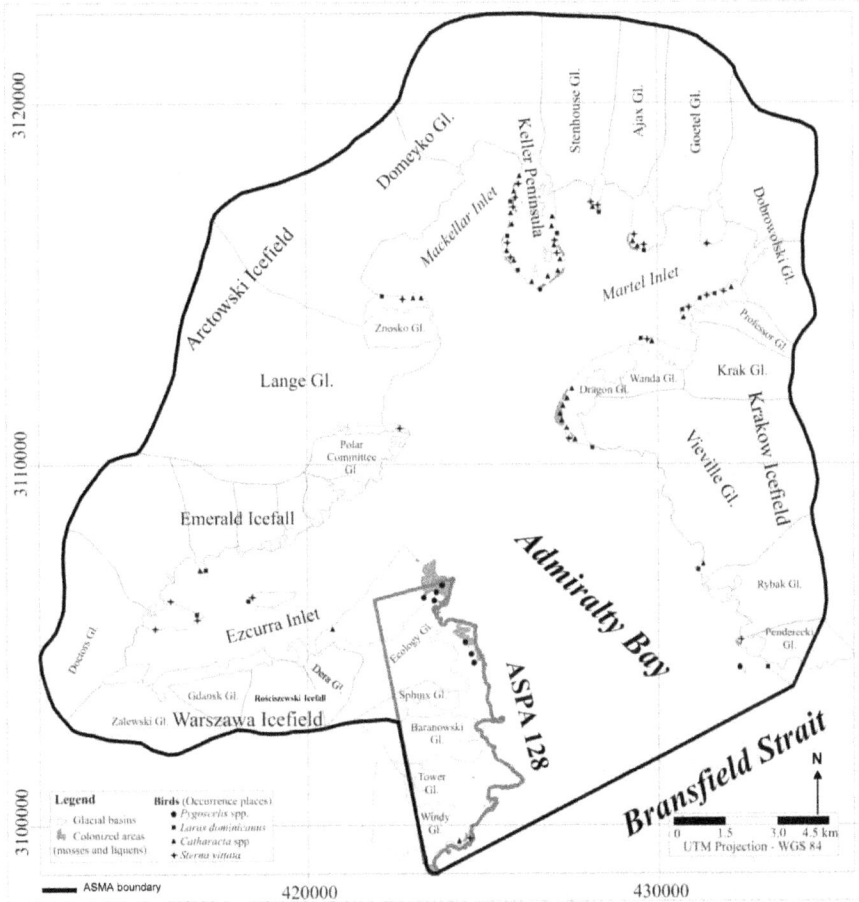

Fig. 5. Flora (colonized areas) and Birds (occurence sites)

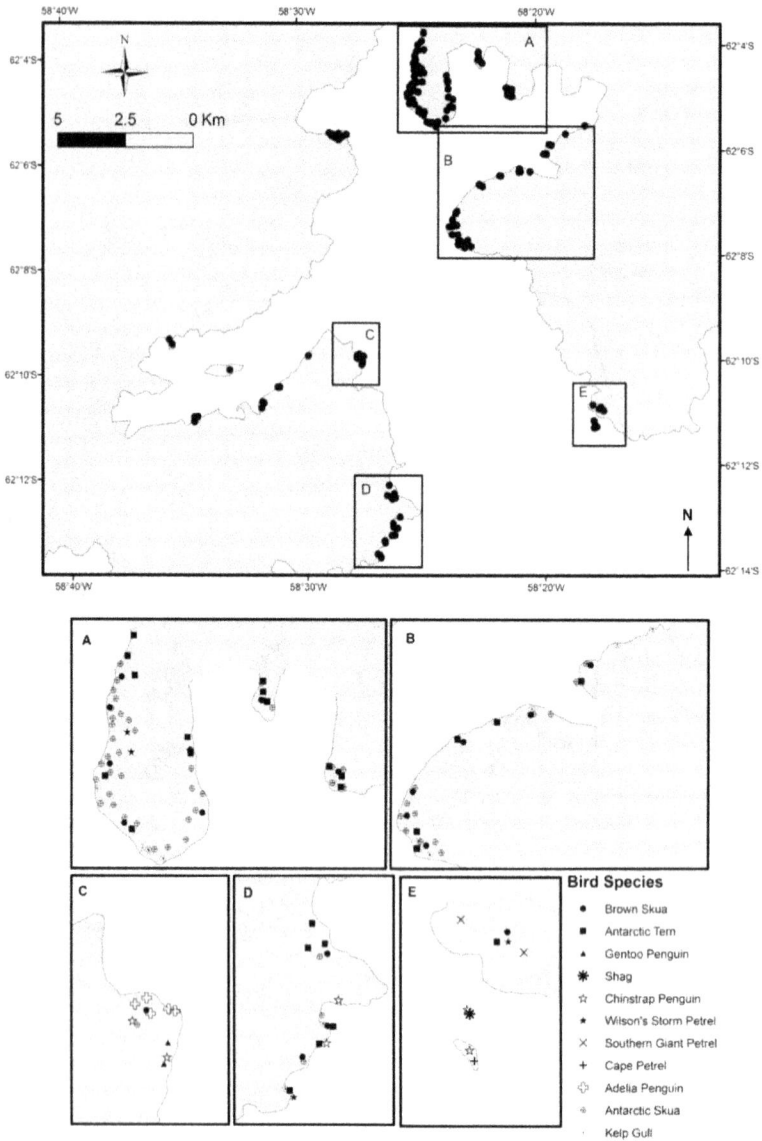

Fig. 6. Main birds breeding sites

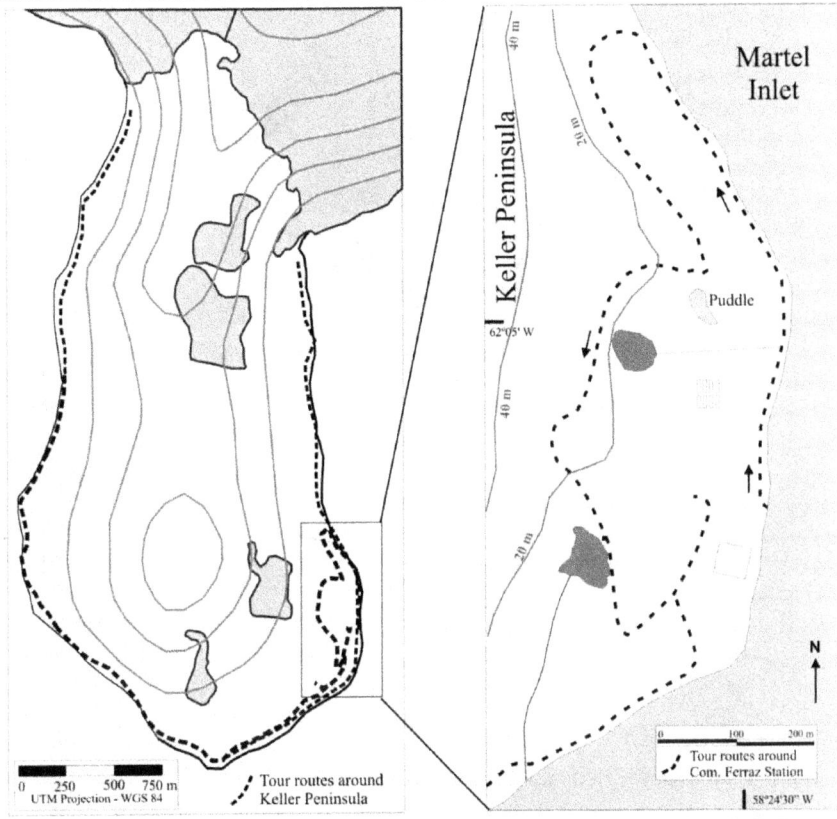

Fig. 7. Visitor Zone – Comandante Ferraz Station

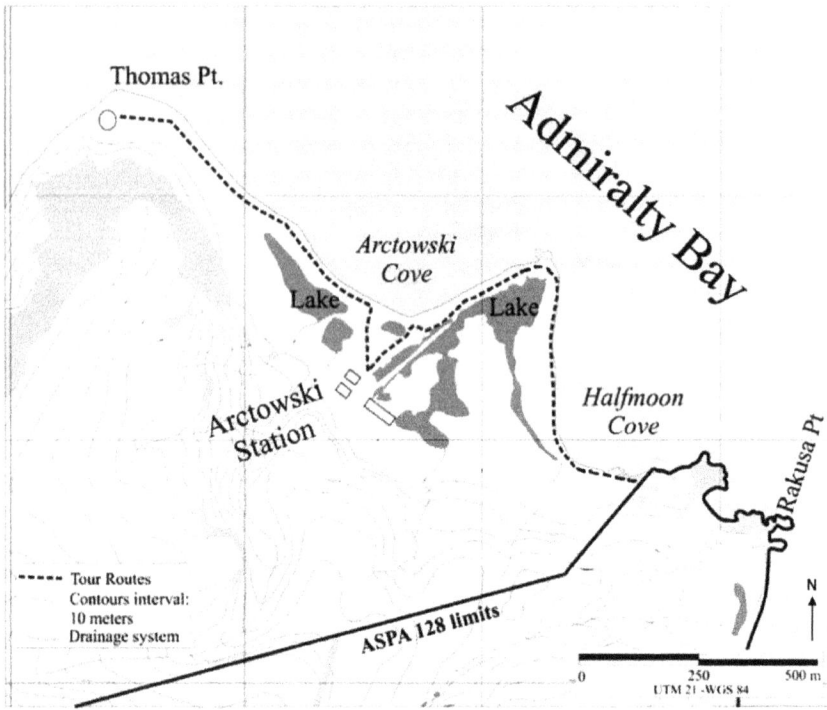

Fig. 8. Visitor Zone – Henryk Arctowski Station

1.Disembarkation point
2.Scientific Laboratory
3.Dining room/Kitchen
4.Generator room/ Maintenance room/Wate treatment building
5.Living quarters
6.Emergency refuge
7.Portable helicopter pad
8.Flag

Fig. 9. Facilities Zone – Machu Picchu Station

Colinas de Larsemann, Antártida Oriental
Zona Antártica Especialmente Administrada
Plan de gestión

Contenidos

1. Introducción 1

1.1 Geografía 1
1.2 Presencia humana 1
   1.2.1 Historia de las visitas humanas 1
   1.2.2 Actividades científicas.. 1
   1.2.3 Visitas turísticas 2
   1.2.4 Actividades futuras 2
1.3 Período de designación...2

2. Valores de la Zona...2

2.1 Valores ambientales y científicos 2
2.2 Valores logísticos 3
2.3 Valores naturales y estéticos 3

3. Finalidades y objetivos..3

4. Descripción de la Zona 4

4.1 Geografía y límites de la Zona 4
4.2 Clima 4
4.3 Características naturales 5
   4.3.1 Geología 5
   4.3.2 Características geomorfológicas 5
   4.3.3 Lagos y campos nevados 5
   4.3.4 Biota de los lagos y cursos de agua 6
   4.3.5 Aves marinas 6
   4.3.6 Focas 7
   4.3.7 Microfauna... 7
   4.3.8 Vegetación terrestre 7
4.4 Impacto de los seres humanos 8
4.5 Acceso a la Zona..8
   4.5.1 Acceso por tierra 8
   4.5.2 Acceso por mar 9
   4.5.3 Acceso por aire 9
   4.5.4 Acceso a pie 10
4.6 Estructuras situadas dentro de la Zona y en sus proximidades........ 10
   4.6.1 Zhongshan (República Popular de China)............................ 10
   4.6.2 Progress (Rusia) 11
   4.6.3 Bharati (India)... 13
   4.6.4 Law-Racovita-Negoita (Australia-Rumania) 14
   4.6.5 Pista de aterrizaje de nieve compactada e instalaciones conexas (Rusia) 15
   4.6.6 Estructuras menores 15
4.7 Ubicación de las zonas protegidas en las cercanías 16

5. Áreas especiales situadas dentro de la Zona 17

    5.1 Área de instalaciones 17

    5.2 Área magnética silenciosa 17

6. Actividades de gestión 17

    6.1 Logística e instalaciones 17

    6.2 Especies introducidas 18

    6.3 Perturbación de la vida silvestre 19

    6.4 Manejo de datos 19

    6.5 Ciencia 19

    6.6 Observación 19

    6.7 Monumentos 19

    6.8 Intercambio de información 19

Apéndice1. Código de conducta ambiental 21

Apéndice 2: Información sobre los contactos en los programas nacionales 25

Apéndice 3: Referencias y bibliografía selecta de las colinas de Larsemann 26

Apédice 4: Mapas de las Colinas de Larsemann 32

1. Introducción

Las colinas de Larsemann son una zona sin hielo de aproximadamente 40 km^2 y el "oasis" costero más austral de bahía Prydz de la Antártida oriental. Las zonas costeras sin hielo son poco comunes en la Antártida y, por ende, la región de las colinas de Larsemann es importante a nivel ambiental, científico y logístico.

En el 2007 las colinas de Larsemann fueron designadas como Zona Antártica Especialmente Administrada (ZAEA) en respuesta a una nominación conjunta de Australia, China, India, Rumania y la Federación de Rusia. La principal razón para su designación fue el promover la coordinación y cooperación de las Partes en la planificación y realización de actividades en la región, con el propósito de lograr mayores resultados de protección del medioambiente.

El plan de gestión original para colinas de Larsemann ZAEA N° 6 fue aprobado en virtud de la Medida 2 (2007). En el 2013 se terminó la primera revisión del plan.

1.1 Geografía

Las Colinas de Larsemann están ubicadas a medio camino entre los cerros Vestfold y la plataforma de hielo Amery, en la costa sudeste de la bahía Prydz, Tierra de la Princesa Isabel, Antártida Oriental (69°30'S, 76°19'58"E) (mapa A). La zona sin hielo está compuesta de dos penínsulas grandes (Stornes y Broknes), cuatro pequeñas y unas 130 islas cercanas a la costa. La península Broknes —la que está más al este— está dividida en un componente occidental y otro oriental por el fiordo Nella. Las zonas sin hielo de importancia más cercanas son las islas Bølingen (69°31'58" S, 75°42' E), 25 km al sudoeste, y las islas Rauer (68 °50'59" S, 77°49'58" E) 60 km al noroeste.

1.2 Presencia humana

1.2.1 Historia de las visitas humanas

Los primeros mapas de la zona de las colinas de Larsemann fueron realizados en 1935 por una expedición noruega al mando del capitán Klarius Mikkelsen. Aunque varias naciones realizaron breves visitas durante los 50 años siguientes, la actividad humana de carácter importante o sostenido no comenzó sino hasta mediados de los años ochenta. El período de 1986 a 1989 observó un rápido desarrollo de infraestructura en la zona: se estableció una base de verano de investigación australiana (base Law), una estación de investigación china (Zhongshan) y dos estaciones de investigación rusas (en esa época identificadas como Progress I y Progress II) separadas aproximadamente por 3 km entre ellas en Broknes oriental. Durante este período funcionó también una pista de 2.000 metros para aviones con esquíes, operada por Rusia en la meseta de hielo al sur de Broknes, la que se usó para más de 100 vuelos intercontinentales e intracontinentales. La base Law actualmente funciona por temporadas como Law-Racovita-Negoita, en conjunto con la Fundación Antártica Rumana. Zhongshan y Progress (anteriormente Progress II) funcionan todo el año, al igual que la estación Bharati, que fue fundada por la India en 2012/13.

1.2.2 Actividades científicas

En las estaciones se llevan a cabo importantes investigaciones sobre meteorología, sismología, geomagnetismo, química atmosférica, seguimiento del sistema mundial de determinación de la posición (GPS), física atmosférica y espacial, y fisiología humana. La investigación de campo en las colinas de Larsemann se ha concentrado en la geología, la geomorfología, la ciencia cuaternaria, la glaciología, la hidrología, la limnología, la ecología, la geoecología, la biología y los estudios de la biodiversidad (incluida la molecular), la biotecnología y los impactos de los seres humanos.

1.2.3 Visitas turísticas

Se han realizado visitas turísticas esporádicas en buque desde 1992. Estas han implicado viajes de medio día, durante los cuales, los pasajeros han sido trasladados a tierra en helicóptero para que paseen a pie y vean la zona de las estaciones, los lagos, las colonias de aves y otras características de los alrededores de Broknes oriental.

1.2.4 Actividades futuras

Las actividades humanas sostenidas que se llevan a cabo en las colinas de Larsemann son promovidas por la ubicación costera y el paisaje sin hielo. Es evidente el compromiso de las Partes activas en la Zona con el uso sostenido de esta, tanto en el desarrollo y remodelación de las instalaciones de las estaciones, como en la organización de las travesías al interior. Durante los siguientes cinco años se le prestará mayor atención al mejoramiento de los caminos, lo que incluye la nivelación propuesta de las cumbres en el camino entre Progress y el aeródromo.

1.3 Período de designación

La designación de la ZAEA abarca un período indeterminado. El plan de gestión se revisará cada cinco años, como mínimo.

2. Valores de la Zona

La región de la bahía Prydz contiene diferentes afloramientos rocosos e islas frente a la costa, que representan una fracción importante del componente sin hielo de la costa de la Antártida oriental. Las colinas de Larsemann comprenden una zona sin hielo de alrededor de 40 km^2, que constituye el "oasis" costero más austral (69°30' S) de este sector geográfico y el segundo en tamaño después de los cerros Vestfold (~410 km^2), 110 km al nordeste. Estos oasis costeros son muy poco comunes en la Antártida. Es por eso que las colinas de Larsemann representan un lugar biogeográfico importante de valor ambiental, científico y logístico.

2.1 Valores ambientales y científicos

Gran parte de la investigación científica en las colinas de Larsemann depende del estado relativamente inalterado del medio ambiente natural, por lo que la protección de los valores científicos contribuirá en gran medida a la comprensión y la protección de los abundantes valores ambientales de la Zona.

Con su geología extremadamente distinta de la de los demás afloramientos en la región de la bahía Prydz, las colinas de Larsemann ofrecen una ventana geológica importante a la historia de la Antártida. Las características geológicas y geomorfológicas expuestas y generalizadas son muy útiles para comprender la formación del paisaje y la historia de la capa de hielo polar y del nivel del mar. Muchas de estas características son especialmente vulnerables a las perturbaciones físicas.

La península de Broknes es una de las pocas zonas costeras de la Antártida que permaneció parcialmente sin hielo durante la última glaciación; los sedimentos allí depositados contienen registros biológicos y paleoclimáticos continuos de hace unos 130.000 años.

Las penínsulas Stornes y Brattnevet son únicas en términos de su gran desarrollo de conjuntos diversos de borosilicato y fosfato que son científicamente importantes en su variedad y origen. La investigación actual busca identificar los procesos geológicos que han concentrado boro y fósforo en dicho grado. Stornes también cuenta con sedimentos que contienen foraminíferos, diatomeas y moluscos abundantes y bien conservados. A los valores geológicos destacados de Stornes y su valor como lugar referencial para el más afectado Broknes se les otorgó la protección dentro de la Zona Antártica Especialmente Protegida (ZAEP) N° [???].

2

En las colinas de Larsemann hay más de 150 lagos. Aunque algunos de los más importantes desde el punto de vista científico están en la parte oriental de Broknes, los lagos de las colinas de Larsemann son reconocidos colectivamente como la característica ecológica más importante de la Zona. Los lagos son valiosos en especial para los ecosistemas naturales relativamente simples. Como son susceptibles a modificaciones físicas, químicas y biológicas, para proteger los valores científicos es adecuado un enfoque que se base en las cuencas para gestionar las actividades humanas. Los campos nevados de estas cuencas y cursos de agua también son temas importantes para medir los procesos hidrológicos naturales y cualquier ampliación de los impactos de los seres humanos.

El microclima comparativamente benigno y la presencia de agua dulce durante el verano también contribuyen a las formas de vida antártica. Los petreles blancos, los petreles de Wilson y las skúas antárticas se reproducen en la zona, y las focas de Weddell se acercan a la costa para reproducirse y mudar el pelaje. Musgos, líquenes y tapetes de cianobacterias están distribuidos de manera generalizada y en concentraciones grandes en algunos lugares. Debido a la facilidad de acceso comparativa de estos lugares biológicos, se convierte en una característica valiosa y vulnerable de la zona.

Debido a la historia de actividad humana reducida, concentrada y bien documentada, las colinas de Larsemann también presentan una excelente oportunidad de estudiar y cuantificar el impacto de los seres humanos.

2.2 Valores logísticos

Como el lugar de las estaciones que funcionan todo el año pertenecientes a tres programas antárticos nacionales, la ZAEA de las colinas de Larsemann es una base de apoyo logístico importante para el acceso a la región sur de la bahía Prydz y el interior de la Antártida, lo que incluye las estaciones Kunlun en el Domo A (China) y Vostok (Rusia), y la región de las montañas Groves. Australia y China han realizado travesías apreciables en el interior apoyadas por instalaciones en las colinas de Larsemann. En los últimos años, Rusia reubicó su base de apoyo para el suministro de la estación Vostok desde Mirny a las colinas de Larsemann.

2.3 Valores naturales y estéticos

Stornes y las penínsulas menores e islas cercanas a la costa presentan menos evidencia de la presencia humana que cualquier otro lugar en la ZAEA. El valor estético de las colinas accidentadas y sin hielo de ZAEA están salpicadas por lagos y fiordos con el glaciar Dålk, las islas cercanas a la costa, los icebergs y la meseta como trasfondo, lo que las hace dignas y les garantiza la protección.

3. Finalidades y objetivos

Las colinas de Larsemann son designadas ZAEA a fin de proteger el medio ambiente mediante la promoción de la coordinación y la cooperación de las Partes en la planificación y la realización de las actividades humanas en la Zona.

Mediante la aprobación de este plan de gestión, las partes se comprometen a:

- suministrar orientación a todos los visitantes (como el personal que participa en programas nacionales de investigación, visitantes transitorios de programas nacionales y participantes en actividades no gubernamentales) sobre la forma apropiada de realizar sus actividades;
- reducir al mínimo el impacto acumulativo y ambiental mediante la comunicación y una estrategia congruente de cooperación para la protección del medio ambiente en la realización de actividades de investigación y apoyo;
- reducir al mínimo los impactos ocasionados por la perturbación física, la contaminación química y biológica en la región, principalmente a través de la administración adecuada del uso de los vehículos;

- prevenir la contaminación del medio ambiente mediante prácticas integrales de manejo de residuos y el manejo y almacenamiento apropiados de sustancias peligrosas;
- implementar las medidas necesarias para proteger el medioambiente de la introducción accidental o la liberación de especies no autóctonas;
- mantener los valores silvestres y estéticos de la Zona;
- proteger la capacidad de realizar investigaciones científicas sin comprometer los valores científicos de la zona; y
- mejorar la comprensión de los procesos naturales de la zona, incluso mediante programas cooperativos de observación y documentación.

4. Descripción de la Zona

4.1 Geografía y límites de la Zona

La ZAEA comprende la zona sin hielo y las islas cercanas a la costa conocidas como las colinas de Larsemann (véase el mapa A) y la meseta adyacente. La ZAEA comprende la tierra

comenzando en	69°23'20" S, 76°31'0" E al este del extremo meridional de Dalkoy y de allí
al norte hasta	69°22'20" S, 76°30'50" E al norte de Dalkoy,
noroeste hasta	69°20'40" S, 76°21'30" E al norte de la isla Striped
noroeste hasta	69°20'20" S, 76°14'20" E al nordeste de la isla Betts
sudoeste hasta	69°20'40" S, 76°10'30" E al noroeste de la isla Betts
sudoeste hasta	69°21'50" S, 76°2'10" E al noroeste de la isla Osmar
sudoeste hasta	69°22'30" S, 75°58'30" E al oeste de la isla Osmar
sudoeste hasta	69°24'40" S, 75°56'0" E al oeste de la isla Mills
sudeste hasta	69°26'40" S, 75°58'50" E al sur de Xiangsi Dao
sudeste hasta	69°28'10" S, 76°1'50" E al sudoeste de punta McCarthy
sudeste hasta	litoral a 69°28'40" S, 76°3'20" E
nordeste hasta	69°27'32" S, 76°17'55" E al sur de la pista de aterrizaje rusa
sudeste hasta	69°25'10" S, 76°24'10" E en el lado occidental del glaciar Dålk
nordeste hasta	69°24'40" S, 76°30'20" E en el lado oriental del glaciar Dålk, y
nordeste, regresando a	69°23'20" S, 76°31'0" E.

No obstante, de conformidad con este plan de gestión, la intención es administrar la conducción de toda actividad humana sustancial en relación con las colinas de Larsemann.

No hay indicadores artificiales de límites.

4.2 Clima

Una característica importante del clima de las colinas de Larsemann es la existencia de vientos catabáticos persistentes y fuertes que soplan desde el nordeste la mayoría de los días estivales. Entre diciembre y febrero las temperaturas diarias del aire suelen superar los 4 °C y pueden incluso ser superiores a 10 °C, la media mensual de temperatura está ligeramente por encima de los 0 °C. En invierno, las temperaturas medias mensuales se sitúan entre -15 °C y -18 °C. Las precipitaciones consisten en nevadas y es poco probable que excedan el equivalente en agua de 250 mm anual. La cubierta de nieve generalmente es profunda y más persistente en Stornes que en Broknes. El bloque

4

de hielo se extiende hacia la costa durante el verano y los fiordos y bahías pocas veces están sin hielo.

4.3 Características naturales

4.3.1 Geología

Las colinas de Larsemann (así como las islas Bolingen y los farallones Brattstrand de los alrededores) difieren de otras partes de la bahía Prydz, debido principalmente a la ausencia de contravetas máficas y grandes filones de charnoquita. Los cimientos de roca expuestos en las colinas de Larsemann se componen de rocas volcanogénicas y sedimentarias supracrustales metamorfoseadas en condiciones de facies de granulita (800–860 ˚C, 6–7 kbar en el período de máxima intensidad) durante el evento "panafricano" del paleozoico inferior (~500-550 Ma). Al período de máximas condiciones metamórficas siguió la descompresión. Las rocas fueron sometidas a extenso derretimiento y varios episodios de deformación, y sufrieron la intrusión de varias generaciones de pegmatitas y granitos. Debajo de las rocas supracrustales hay un basamento de ortogneis con ortopiroxeno del proterozoico, del cual posiblemente deriven.

4.3.2 Características geomorfológicas

La forma alargada de los accidentes topográficos en gran escala de las colinas de Larsemann se debe a las capas, los pliegues y las fallas composicionales (lineamientos) de la roca base metamórfica. El paisaje es diseccionado por grandes fiordos, y valles empinados y controlados estructuralmente que pocas veces exceden los 100 m de profundidad en la tierra; el más largo es de 3 km (bahía Barry Jones). La elevación máxima sobre el nivel medio del mar es de 162 m (pico Blundell).

En general, la costa consiste en roca subyacente y hay playas sólo en las cabeceras de los fiordos o en bahías aisladas protegidas. Existen varias secuencias de lagos con diques de hielo, además de las gargantas y los abanicos aluviales asociados. Es probable que las islas mar adentro sean formaciones rocosas erosionadas por los glaciares, aisladas unas de otras por el actual nivel del mar.

Son comunes las formaciones geológicas modeladas por el viento, si bien las cuñas de hielo y sal desempeñan claramente una función importante en el desgranulado y el viento actúa fundamentalmente como un agente transportador. Las formaciones geológicas periglaciales también están extendidas pero no son especialmente abundantes ni están bien desarrolladas.

Debido a la falta de procesos químicos y biológicos formadores de suelos, prácticamente no hay suelos verdaderos. Los depósitos superficiales son generalizados, pero se limitan a las zonas más bajas e incluyen gravas en bancos de nieve, materiales depositados por el viento, taludes y materiales depositados por las lluvias. Se encuentran también suelos muy delgados (de menos de 10 cm de espesor) en asociación con lechos de musgos dispersos y líquenes de distribución discontinua. En algunos lugares, entre los 20–70 cm debajo de la superficie existe una capa permacongelada.

Al nordeste de Stornes, aproximadamente a 69°31'48" S 76°07' E, hay un afloramiento de sedimento marino posdeposicional del plioceno (4,5-3,8 Ma) de hasta 40 cm de espesor. Estos sedimentos ocupan un banco estrecho de aproximadamente 55 m sobre el nivel del mar y producen foraminíferos abundantes y bien conservados, además de diatomeas y moluscos bien conservados.

En Broknes, las áreas que permanecieron sin hielo durante el último máximo glacial contienen depósitos sedimentarios (en los lagos) que constituyen registros de los cambios climáticos, biológicos y ecológicos del último ciclo glacial.

4.3.3 Lagos y campos nevados

Las colinas de Larsemann contienen más de 150 lagos con diferentes grados de salinidad, desde agua dulce hasta levemente salada, y tamaños, desde estanques poco profundos hasta cuencas más profundas modeladas por el hielo, pero, en general, son pequeñas (de 5.000 a 30.000 m^2) y poco profundos (de 2 a 5 m). La superficie de los lagos se congela en invierno y se deshiela, en la mayoría de los casos, durante un máximo de dos meses en verano, lo cual permite que el agua se mezcle bien como consecuencia de la acción de los vientos catabáticos. A la mayoría de los lagos llega agua de fusión de la nieve y algunos tienen cursos de agua de ingreso y de salida que fluyen constantemente durante el verano y sirven de hábitat para crustáceos, diatomeas y rotíferos. Estos cursos de agua son particularmente evidentes en la península Stornes.

Las pequeñas cuencas y las aguas prácticamente prístinas hacen que los lagos de las colinas de Larsemann sean especialmente susceptibles al impacto de las actividades humanas. La investigación ha revelado que varios lagos en Broknes oriental, en las inmediaciones de las áreas de la estación y la red de caminos de interconexión, han sufrido una modificación de las características químicas del agua y han recibido aportes de nutrientes, agua de deshielo y sedimentos. Si bien estos lagos muestran claramente el impacto de los seres humanos, la mayoría de los lagos de Broknes y los lagos de otras partes de la Zona parecen estar en gran medida intactos.

Los lagos de Broknes oriental tienen el registro sedimentario más largo de todos los lagos superficiales de la Antártida. Al parecer, la capa de hielo no pasó del lago Nella y no desgastó el lago Progress, de modo que estos lagos y otros situados hacia el extremo norte de la península son particularmente útiles para la comunidad científica.

La superficie de los campos nevados de las colinas de Larsemann ha aumentado en un 11% durante los últimos 50 años. Durante el período estival, se forma una red hidrográfica temporal a partir de los deshielos de los campos nevados y los glaciares. Los cursos de agua transportan agua, iones, material suspendido y contaminantes en las cuencas y hacia los lagos y las bahías.

4.3.4 Biota de los lagos y cursos de agua

La mayor parte del fitoplancton está compuesto de nanoflagelados autotróficos, aunque muchos lagos presentan dinoflagelados, y una desmidácea que pertenece al género *Cosmarium* es un componente importante de al menos un lago. Los nanoflagelados heterotróficos son más comunes que los nanoflagelados autotróficos, aunque presentan menor diversidad de especies (solo tres o cuatro especies en la mayoría de los lagos). Son particularmente abundantes en los lagos poco profundos; *Parphysomonas* es muy común. Las amebas ciliadas se encuentran en bajos números, siendo las *Strombidium* la especie más común. Una especie de *Holyophyra* también se encuentra en casi todos los lagos. Los rotíferos están presentes esporádicamente en algunos lagos y el cladocerano *Daphniopsis studeri* está extendido, pero en cantidades pequeñas.

La característica biótica más obvia que se observa en casi todos los lagos son los extensos tapetes verde azulados de cianobacterias, que se han acumulado desde el repliegue del hielo y que en algunos lugares tienen hasta 130.000 años. Estos tapetes tienen un espesor excepcional de hasta 1,5 m, y normalmente no se pueden ver en otros sistemas de agua dulce de la Antártida. Además están ampliamente distribuidos en los cursos de agua y las zonas de infiltración de agua. Los tapetes contienen cianobacterias que son endémicas de la Antártida y de la región de la bahía Prydz, y se pueden diferenciar claramente los conjuntos de diatomeas de otras regiones de la Antártida. Los tapetes más antiguos en Broknes oriental contienen especies diatomeas que no se encuentran en ninguna otra parte del continente. Aproximadamente el 40% del taxón de diatomeas de agua salada y dulce de las colinas de Larsemann son endémicas de la bahía Prydz o la Antártida.

4.3.5 Aves marinas

En las colinas de Larsemann se reproducen las skúas antárticas (*Catharacta maccormicki*), los petreles blancos (*Pagodroma nivea*) y los petreles de Wilson (*Oceanites oceanicus*). Se han documentado las cantidades aproximadas y la ubicación de parejas reproductoras en Broknes, y especialmente en Broknes oriental, pero no está clara su distribución por el resto del área.

6

Entre mediados de octubre y principios de abril hay skúas antárticas anidando en Broknes, casi 17 parejas reproductoras y cantidades similares de aves no reproductoras. En fragmentos de roca subyacente protegidos, hendiduras, laderas de rocas grandes y derrumbes es posible encontrar nidos de petrel blanco y petrel de Wilson, los cuales suelen estar ocupados desde octubre a febrero. En Broknes hay aproximadamente entre 850 y 900 parejas de petreles blancos y entre 40 y 50 parejas de petreles de Wilson, con concentraciones de petreles blancos en la Base Ridge y en los afloramientos rocosos adyacentes al glaciar Dålk al este y en la meseta por el sur.

A pesar del evidente hábitat expuesto, adecuado para la nidificación, no se encuentra ninguna colonia reproductora de pingüinos Adelia (*Pygoscelis adeliae*) en las colinas de Larsemann, posiblemente debido a la persistencia del hielo marino después del período de eclosión. No obstante, durante el verano llegan aves para mudar el plumaje desde las colonias de los grupos de islas circundantes situados entre las islas Svenner y las islas Bølingen. Los pingüinos emperador (*Aptenodytes forsteri*) también son vistos ocasionalmente.

4.3.6 Focas

Las focas de Weddell (*Leptonychotes weddelli*) son numerosas en la costa de las colinas de Larsemann, donde usan el hielo marino de la zona para el nacimiento de sus crías desde octubre y para mudar de pelo de fines de diciembre a marzo. Se han observado crías en el hielo marino adyacente a las pequeñas islas al nordeste de Broknes oriental, y se han observado grupos de focas en proceso de muda cerca de la costa de Broknes adyacente a las estaciones y en grietas de corrientes en los fiordos al oeste. En reconocimientos aéreos realizados durante el período de muda de pelaje se han observado más de 1.000 focas, con varios grupos grandes (de 50 a 100 focas) en el fiordo Thala y en hielo apilado justo al oeste de Stornes y muchos grupos más pequeños entre las islas mar adentro y el hielo al nordeste de Broknes. Las focas cangrejeras (*Lobodon carcinophagus*) y las focas leopardo (*Hydrurga leptonyx*) también son visitantes ocasionales.

4.3.7 Microfauna

Se sabe que están presentes cinco géneros de tardígrados terrestres (*Hypsibius, Minibiotus, Diphascon, Milnesium* y *Pseudechiniscus*), que abarcan seis especies, en lugares con vegetación. Los lagos y los cursos de agua ofrecen una serie de hábitats que contienen una fauna variada y rica. Se han notificado diecisiete especies de rotíferos, tres tardígrados, dos artrópodos, dos protozoos, un platelminto y nematodos. El cladocerano *Daphniopsis studeri*, una de las pocas especies de crustáceos de agua dulce que se sabe que está presente en los lagos del continente antártico, ha sido identificado en casi todos los lagos de las colinas de Larsemann, es el animal más grande en estos sistemas y actualmente está restringido a la región de la bahía Prydz y las islas subantárticas en la provincia del Océano Índico Sur. Continuamente ha estado presente en Broknes oriental desde el último período glacial máximo, lo que brinda evidencia de que Broknes ha funcionado como un importante refugio glacial para la biota antártica en uno o más ciclos glaciales completos.

4.3.8 Vegetación terrestre

El muestreo realizado desde las zonas costeras de los cerros Vestfold hasta las colinas de Larsemann indica que la flora de la Costa Ingrid Christensen es relativamente uniforme y se limita a una distribución similar de briofitas, líquenes y algas terrestres. La naturaleza del basamento rocoso y la dirección del viento prevaleciente en la mayor parte de la zona más extensa de la bahía Prydz probablemente contribuyan al hecho de que menos del 1% de las colinas de Larsemann está cubierto con vegetación.

Tierra adentro se encuentra la mayor parte de la vida terrestre, como musgos, líquenes e invertebrados acompañantes. No obstante, se sabe que los grandes lechos de musgo se producen en lugares protegidos en Stornes y en las islas más grandes (principalmente en Kolløy y Sigdøy) y se asocian con los lugares de muda de plumaje de los pingüinos adelia y nunataks al sudoeste. Existen siete especies de musgo identificadas con certeza en la región: *Bryum pseudotriquetum* que es la más abundante, *Grimmia antarctici, Grimmia lawiana, Ceratodon pupureus, Sarconeurum glaciale, Bryum algens* y *Bryum argentum*.

La flora briófita incluyen también la especie de hepático *Cephaloziella exiliflora*, la cual se encuentra en un afloramiento sin nombre al sur de Stornes y se sabe que existe en solo otros cuatro lugares antárticos. La cobertura de líquenes es considerable en el nordeste de Stornes y en el cerro Law en Broknes, y la flora de líquenes de la región comprende al menos 25 especies positivamente identificadas. Los estudios realizados en las cercanías de la costa Ingrid Christensen sugieren que no sería extraño que las colinas de Larsemann presentasen un taxón cercano a las 200 algas no marinas y un taxón fungal de entre 100 y 120.

4.4 Impacto de los seres humanos

La intensa actividad humana en la región desde 1986 ha provocado alteraciones claramente localizadas en el medioambiente, concentradas en Broknes oriental y la península entre el fiordo Thala y la bahía Quilty. La construcción de los edificios de las estaciones, las instalaciones asociadas y los caminos han causado la degradación física de la superficie sin hielo. La ruptura de rocas y la exposición de la capa de permacongelamiento, a raíz del uso repetido de vehículos, han llevado a una erosión de la superficie y a cambios en el régimen de desagüe. La recolección de agua, los derrames accidentales de hidrocarburos y el vertido de aguas residuales han contaminado químicamente algunos lagos y suelos. Los retiros de agua para el uso de la estación han mermado los volúmenes de agua de Broknes.

Se han detectado (y retirado) varias especies florales introducidas y hay indicios históricos de ingestión de alimentos de origen humano por los animales silvestres. La basura esparcida por el viento y la perturbación de la superficie a través del acceso permanente de peatones siguen siendo un problema.

Stornes, las penínsulas menores y las islas cercanas a la costa han sido visitadas con menor frecuencia y han sido menos alteradas. Mantener este buen estado de conservación es una prioridad importante para la gestión de las colinas de Larsemann.

4.5 Acceso a la Zona

4.5.1 Acceso por tierra

En Broknes oriental se han construido quince kilómetros de caminos sin pavimentar a partir de los materiales locales. Esto incluye un camino de 6,7 km que une cada una de las estaciones en Broknes y la meseta continental por el sur. Este camino sigue de cerca la ruta más apropiada para evitar las cuencas lacustres y las pendientes empinadas. Existen cuatro secciones particularmente empinadas, una cresta aproximadamente a 0,5 km al sur de Zhongshan; una serie de laderas empinadas entre Progress y Law-Racovita-Negoita; una sección que atraviesa la ladera, al oeste del lago Sibthorpe y el ascenso a la meseta cercana al glaciar Dålk. El último kilómetro de la ruta antes de ingresar a la meseta está marcado, según corresponde, con estacas en intervalos de 50–100 m. También existen rutas para vehículos dentro de las inmediaciones de las estaciones Zhongshan y Progress y una ruta de acceso corta que conecta Law-Racovita-Negoita con el camino principal. El acceso vehicular sobre las superficies sin hielo de la zona está limitado a estos caminos existentes.

El hielo marino normalmente persiste en los fiordos y entre el litoral y las islas cercanas a la costa hasta finales del verano. Las condiciones de hielo son variables en los límites oriental y occidental de la ZAEA, debido a la presencia de glaciares. Los viajes a través del hielo marino deben considerar estas condiciones. En invierno, el acceso por el hielo marino a Zhongshan y Progress es factible por la playa al oeste de Zhongshan (69°22'30" S, 76°21'33" E) y por la playa contigua a Progress (69°22'44" S, 76°23'36" E), según las condiciones muy variables del hielo. Desde el hielo marino se puede llegar al camino principal al sur del tramo empinado que está al sur de Progress por

8

la bahía más oriental del fiordo Nella (69°22'58" S, 76°22'44" E) o por la caleta Seal (69°23'6" S, 76°23'49" E).

Se puede llegar a la zona por el hielo de la meseta desde Davis en el nordeste (aproximadamente 330 km) y Mawson, en el oeste, siguiendo la ruta de travesía del glaciar Lambert (alrededor de 2200 km). Esto comprende una ruta señalizada con estacas, que vira al norte en el marcador de 69°55'23" S, 76°29'49" E 69o55'23", 76o29'49" E y luego sigue una serie de estacas y balizas instaladas en tambores hacia el norte para conectarse con la ruta principal de acceso en Broknes oriental.

4.5.2 Acceso por mar

No se han designado lugares de anclaje o desembarco de barcazas en la zona, debido a las condiciones variables del hielo marino. Las embarcaciones normalmente anclan aproximadamente a 5 mn mar adentro, según sean las condiciones del hielo, sin embargo, las embarcaciones alquiladas por India se han acercado hasta 50 m de la estación Bharati. Los principales lugares utilizados son:

- la bahía situada aproximadamente a 250 m al nornordeste de Zhongshan, a 69°22'12" S, 76°22'15" E, comprende una abertura de unos 15 m entre los afloramientos rocosos y una gran zona plana en la costa para las operaciones vehiculares;
- la playa contigua a Progress (69°22'44"S, 76°23'53"E); y
- la playa al oeste de Zhongshan situada en el fiordo Nella (69°22'30"S, 76°21'25"E).

El acceso desde buques a la costa oriental de Broknes en lanchas es difícil y algunas veces imposible debido a los trozos de hielo que se encuentran incluso a cientos de metros frente a la costa, transportados por los vientos prevalentes del nordeste. Por tanto, los helicópteros constituyen el único medio confiable para transportar personas y suministros a tierra rápidamente.

4.5.3 Acceso por aire

Los lugares designados de aterrizaje y reabastecimiento de helicópteros se deben usar, de preferencia, para las operaciones generales de los helicópteros.

Existen dos helipuertos de cemento (69°22'44"S, 76°21'32"E) en Zhongshan. El helipuerto sur tiene 15 m de diámetro y muestra un mapa pintado de la Antártida. El otro helipuerto está unos 25 m al norte y tiene 20 m de diámetro. Usualmente los helicópteros pesados (es decir, los Ka-32) aterrizan en el helipuerto más grande y las aeronaves más livianas (Dolphins y Squirrels), en el helipuerto al sur. Los aterrizajes habitualmente se realizan desde el lado occidental de Zhongshan, viajando hacia el edificio principal, desde la dirección del lago y descendiendo gradualmente sobre el lago. Los pilotos deben evitar reducir la altitud en el lado sur del lago, donde hay una colina de 58 m con radares que se usan para los estudio de física atmosférica superior.

Progress cuenta con dos helipuertos. El lugar cercano al almacenamiento de combustible es una superficie plana (~20×20 m) de terreno sin rocas y se encuentra adyacente a un gran depósito de tambores de 200 L de combustible. El otro lugar de aterrizaje es de hormigón y está al noroeste del edificio más grande de la estación (mapa E).

Bharati tiene un helipuerto de hormigón a 69°24.40' S, 76°11.59' E, al oeste del edificio principal de la estación, a una altitud de 38,5 m.

El helipuerto en Law-Racovita-Negoita (69°23'20" S, 76°22'55" E) está unos 60 m al este de la base. Los helicópteros normalmente aterrizan de cara al viento prevalente del nordeste.

En la región se han realizado con poca frecuencia operaciones de aeronaves pequeñas de ala fija con esquíes y ruedas, que son factibles en el hielo marino contiguo a las estaciones, si bien las condiciones del hielo varían anualmente y, debido a la proximidad a las colonias de animales silvestres, son preferibles las operaciones sobre la meseta. El aterrizaje se debe realizar en las cercanías de la pista rusa antigua y en la pista de nieve compactada propuesta a 69°25'59"S,

76°10'25"E. Los vientos prevalecientes de nordeste y un ligero aumento de la superficie sugieren que es preferible el aterrizaje y el despegue en dirección nordeste.

4.5.4 Acceso a pie

El acceso de peatones a la zona no está restringido, pero debe ceñirse al código de conducta ambiental en el apéndice 1. Se deben usar las rutas establecidas para reducir al mínimo la perturbación física de la superficie y evitar la formación de otros senderos. En los casos en que la modificación de la superficie no sea obvia, se tomará la ruta más directa entre puntos y se tratará de evitar el uso repetitivo de la misma ruta y de evitar la vegetación y otros elementos vulnerables del terreno, como los alrededores de los lagos y de las zonas con infiltración de agua.

4.6 Estructuras situadas dentro de la Zona y en sus proximidades

4.6.1 Zhongshan (República Popular de China)

La estación Zhongshan está situada en el extremo nordeste de Broknes oriental, a 69°22'24" S, 76°22'40" E, a unos 11 m sobre el nivel del mar. La estación fue abierta en la temporada de verano de 1988-1989 y ha funcionado ininterrumpidamente desde entonces para facilitar la actividad de investigación científica del programa antártico de China durante todo el año. Como se señaló anteriormente, Zhongshan también funciona como una base de apoyo logístico de la estación Kunlun y para la investigación científica de otras áreas interiores, como las montañas Grove y la plataforma de hielo flotante. Es por ello, que Zhongshan es un centro de apoyo importante para la investigación china de las áreas interiores de la Antártida.

Infraestructura de la estación

La estación cuenta con un personal de aproximadamente 60 personas durante el verano y 20–25 personas en el invierno, con una capacidad máxima para 76 personas. La estación está compuesta de siete edificios principales y varios edificios más pequeños (mapa D). Por el camino principal desde la meseta se llega a Zhongshan en vehículo y una red de rutas conecta los edificios principales del área de la estación. Existen dos helipuertos de hormigón ubicados al oeste del edificio principal de la estación (véase la sección 4.5.3).

Abastecimiento y suministro de combustible y electricidad

La energía eléctrica es suministrada por generadores diésel. El combustible se transfiere desde el buque ya sea en barcaza o por tuberías, según las condiciones del hielo, y se almacena en tanques a granel en el extremo sur de la zona de la estación. Cada año se entregan entre 200 y 300 m^3 de combustible.

Para evitar las actividades asociadas con el almacenamiento y transporte de petróleo que dañen el medioambiente antártico, se construyó en 2011 una nueva instalación de almacenamiento de petróleo en Zhongshan. Esta se encuentra en la parte oriental de la estación, en el límite con Progress. La instalación puede almacenar cerca de 500 t de combustible, además de equipo de prevención de derrame de petróleo. De manera rutinaria se revisa y se le da mantenimiento al sistema antiguo de almacenamiento de petróleo. Este será llevado a una nueva ubicación de almacenamiento de petróleo para reducir la saturación de la estación y mejorar la seguridad de funcionamiento.

Aguas y aguas residuales

El agua para el enfriamiento de los generadores y las instalaciones de duchas se extrae de una gran laguna glacial inmediatamente al oeste de la estación. Las aguas residuales se utilizan en la descarga de inodoros después de ser tratadas en la central eléctrica. Las aguas negras son recolectadas y tratadas en la estación de tratamiento de aguas residuales después de pasar por una serie de tanques decantadores que utilizan la fuerza de gravedad.

10

Gestión de los desechos sólidos

Los desechos combustibles se separan y se queman en un incinerador de alta temperatura que funciona con diésel. La cantidad de desechos combustibles producidos requiere un incinerador que funcione en promedio cada tres o cuatro días. Las cenizas son recolectadas y almacenadas para devolverlas a China. Los residuos no combustibles se clasifican por categoría y se almacenan al sur de la central eléctrica para ser retirados en buque.

Vehículos

Se usan vehículos en las inmediaciones de la estación y para el transporte de materiales a otros sitios de Broknes oriental. El mantenimiento de los vehículos, generadores e instrumentos se realiza en la central eléctrica o en el taller para vehículos. El aceite usado se envía de vuelta a China.

Reabastecimiento

El reabastecimiento se realiza en general una vez al año, durante el verano. El cargamento se transporta a la costa en barcazas o en trineos remolcados por vehículos de travesía.

Comunicaciones

La comunicación verbal con China se realiza principalmente por radio de onda corta, INMARSAT y, cada vez más, la red de área mundial de banda ancha (BGAN). BGAN se ha convertido en el equipo de comunicación principal para enviar y recibir llamadas telefónicas, faxes, correos electrónicos e información científica. Para las comunicaciones en la zona de la bahía Prydz se usa radio de HF y para las comunicaciones locales se usa radio de VHF. Un enlace radiotelefónico permite también el contacto con Davis (y, por medio de Davis, con cualquier lugar del mundo) y se usa para enviar datos meteorológicos a diario. También se instaló un sistema de comunicación satelital de terminales de muy pequeña apertura (VSAT). El sistema establece una comunicación ininterrumpida durante las 24 horas entre la estación y China y ofrece servicios de comunicación por voz, texto y datos. La comunicación Iridium se mantiene para emergencias.

Actividades científicas

Los programas científicos llevados a cabo por Zhongshan se realizan, principalmente, en la estación e incluyen meteorología, observación de la capa de ozono, física de la atmósfera superior, observaciones aurorales, observaciones geomagnéticas (algunas en cooperación con el Programa Antártico Australiano), observaciones gravimétricas, sismología, procesamiento de imágenes de satélites en órbita polar del Organismo Nacional del Océano y la Atmósfera (NOAA), química atmosférica, teleobservación, mediciones con GPS y fisiología humana. Las actividades que se realizan fuera de las inmediaciones de la estación durante las temporadas con programas estivales de investigación comprenden la evaluación ambiental y el monitoreo de la nieve y el hielo, del suelo, el agua de mar, el agua dulce, los musgos, los líquenes, los animales silvestres y los ecosistemas de hielo marino, así como estudios de geología y glaciología. Se han realizado también travesías tierra adentro para llevar a cabo estudios geológicos, geodésicos, glaciológicos y de meteoritos.

4.6.2 Progress (Rusia)

Progress se encuentra en Broknes oriental, aproximadamente a 1 km al sur de Zhongshan, a 69°22'44" S, 76°23'13" E. La estación de fundó en 1988 en una meseta a 300 m desde el litoral occidental de la bahía Dålk. La estación fue ocupada esporádicamente y se cerró durante el verano de 1993-1994, pero se volvió a abrir en la temporada de verano de 1997-1998 para funcionar como una instalación de investigación durante todo el año. La estación puede albergar hasta a 100 personas durante el verano.

Infraestructura de la estación

El principal complejo de la estación incluye:

– un oficina/edificio habitación de tres pisos, con alojamiento para 50 personas (25 personas durante el invierno, cuando se asignan una habitaciones individuales), cinco laboratorios científicos (estudios meteorológicos, oceanográficos "húmedo" y seco, geofísicos, hidrobiológicos y de imágenes satelitales), salas de estar, una oficina de la estación, un centro de radio e información, galería, almacén para suministros de comida, comedores/cafetería, gimnasio, sauna, baños y duchas; y

– una unidad de observación radioelectrónica para observar las órbitas de la constelación de satélites del sistema de navegación GLONASS y la observación geodésica de los movimientos de la corteza tectónica de la Tierra con los sistemas satelitales, GPS y GLONASS, un pabellón geomagnético y un radar para observar el estado del hielo de las costas y los icebergs, y también para control de tráfico aéreo de los helicópteros y aviones que vuelan a baja altura.

La estación fue recientemente remodelada dentro de sus actuales límites y los edificios renovados fueron equipados con instalaciones de tratamiento de los residuos. Cuando concluya el proyecto de remodelación, los edificios e instalaciones antiguos serán demolidos y retirados del Área del Tratado Antártico. Para llegar al sitio se usarán principalmente las rutas existentes.

Por el camino principal desde la meseta se llega a Progress en vehículo y una red de rutas conecta los edificios principales del área de la estación. Hay dos helipuertos en la estación Progress, uno es solo para entrega de combustible (consulte la sección 4.5.3). El otro helipuerto está equipado con iluminación, apoyo de navegación y control aéreo.

Progress también cuenta con un sistema de seguridad por GPS para seguir los movimientos del personal y de los vehículos 100 km alrededor de la estación, que los muestra en el monitor en la sala de radio.

Abastecimiento y almacenamiento de combustible y electricidad

La estación cuenta con un complejo de suministro de electricidad que está compuesto por una central eléctrica - diesel con una capacidad total de 900 kW, un garaje para la reparación y el mantenimiento de hasta ocho transportadores, una caldera automática para la calefacción de la estación que utiliza desechos de lubricantes combustibles, una instalación de tratamiento de agua, lo que incluye destiladores de agua y sistemas de purificación y utilización del agua residual de las instalaciones de la estación, y talleres de reparación.

Las instalaciones de almacenamiento de diesel y combustible de avión incluyen quince tanques de 75 m³ de doble pared, un estante metálico para almacenar el combustible en tambores y los lubricantes, un helipuerto exclusivo para la entrega de combustible y una tubería de combustible hacia la central eléctrica.

Suministro de agua

El agua potable se extrae de un lago pequeño al noroeste de la zona de la estación en verano y del lago Progreso, cerca de la meseta, en invierno. El agua de cualquiera de los dos lagos se transporta a la estación en un tanque de agua y se almacena en un tanque grande contiguo al edificio principal. En los últimos años también se ha obtenido agua dulce derritiendo hielo marino y témpanos pequeños cercanos a la estación. El agua para lavar se produce en una unidad desalinizadora por osmosis inversa, que utiliza el agua ligeramente salubre del lago Stepped.

Manejo de desechos

Los desechos pequeños y no inflamables se separan y se compactan para retirarlos. Los residuos de cocina y los desechos combustibles se queman en un incinerador de alta temperatura. Las aguas residuales del edificio principal se tratan en una unidad biológica y se descargan en la bahía. El edificio garaje/taller/central eléctrica también cuenta con una unidad de tratamiento de desechos. Los edificios más pequeños y antiguos no tienen unidades de tratamiento de desechos, por lo que los desechos humanos son almacenados en tambores y enviados a Rusia.

La chatarra es apilada en la playa adyacente a la estación, para ser devuelta a Rusia.

12

Vehículos

Progress es la base de transporte más importante para apoyar las travesías al interior, lo que incluye travesías a la estación Vostok. Se utilizan hasta doce transportadores Kässbohrer Pisten Bully Polar 300 para este fin.

También se pueden usar otros tipos de vehículos en las cercanías de la estación para recolectar agua, trasladar combustible y desechos, y transportar al personal y el equipo a Progress I y a la meseta. Algunos vehículos están estacionados en Progress I, y algunos vehículos del aeródromo están estacionados en el destacamento pequeño que está hacia el sur. Varios vehículos grandes en desuso están guardados al oeste de la zona principal de la estación Progress.

Reabastecimiento

El reabastecimiento es realizado mediante el RV *Akademik Fedorov* durante el verano (diciembre a marzo). Las cargas pesadas entregadas por buque son transportadas sobre el hielo fijo hasta Progress 4, en la zona de desembarco en Stornes, para luego ser transportadas a Progress. El resto de la carga es trasladada mediante un helicóptero Kamov Ka-32.

Comunicaciones

Para el contacto con otras estaciones rusas se usan las comunicaciones de HF. Para las operaciones locales de aeronaves, embarcaciones y en terreno se usan las comunicaciones de VHF. Los sistemas INMARSAT B y C e Iridium se usan para la comunicación con Rusia y, ocasionalmente, con otras estaciones rusas.

Actividades científicas

El propósito principal es utilizar Progress como una base de apoyo para las operaciones geológicas y glaciológicas en el interior del continente. También se llevan a cabo observaciones meteorológicas, hidrológicas y geomagnéticas, además de la observación del hielo marino.

4.6.3 Bharati (India)

Bharati se encuentra entre el fiordo Thala y la bahía Quilty, al este de Stornes, a 69°24.41' S, 76°11.72' E, aproximadamente 35 m sobre el nivel del mar. La estación fue fundada durante el verano 2012/13 para facilitar la actividad de investigación científica durante todo el año del programa antártico indio. Se puede acceder a la estación en buque a través de la bahía Quilty, pero no tiene acceso directo al continente por vehículo durante el verano. Durante el invierno se puede ingresar a la meseta mediante los pasajes de hielo fijo.

Infraestructura de la estación

Bharati está compuesto de un edificio de usos múltiples, un campamento satélite y unos cuantos módulos de contenedores. Puede alojar a 47 personas en el edificio principal. Una red de rutas conecta los edificios dentro de la zona de la estación. Al oeste del edificio principal se encuentra un helipuerto de hormigón (consulte la sección 4.5.3).

Abastecimiento y almacenamiento de combustible y electricidad

La energía eléctrica es suministrada por tres generadores de electricidad y calefacción a diesel que se encuentran dentro del edificio principal. El combustible para las unidades es provisto desde el tanque para uso diario adyacente a la central eléctrica, la cual a su vez extra el combustible automáticamente del parque de combustible mediante tuberías a prueba de fugas desde una distancia de 300 m.

El combustible Jet-A1 es suministrado anualmente desde un buque al parque de combustible, mediante una manguera de caucho reforzado a prueba de fugas. El parque de combustible cuenta con 13 contendedores de tanques de doble casco, cada uno con una capacidad de 24.000 L y se encuentra en la costa, a 69°24.31'S, 76°11.84' E, a una altitud de 20 m. Además está equipado con sensores de derrame de petróleo y equipo de prevención.

La entrega del combustible a los generadores de calefacción y de electricidad, y a los helipuertos y vehículos, se realiza mediante tuberías, y es controlada automáticamente mediante un sistema de administración de edificios centralizada y basada en microprocesadores. Bharati utiliza GLP para cocinar, que se suministra en balones de gas de 10 a 14 kg.

Gestión del agua y aguas residuales

El agua de mar es extraída de la bahía Quilty (costa oriental) a una profundidad de unos 12 m mediante unas bombas sumergibles y es elevada unos 300 m hacia el edificio principal mediante una red de tuberías aisladas. El agua de mar es enviada a la planta de osmosis inversa, que luego de filtrada es remineralizada y utilizada para beber, aseo personal, etc.

El agua residual se recicla y utilizada para la descarga de inodoros. El agua de la cocina pasa a través de unas trampas de aceite y, junto con el agua residual de los baños, es filtrada y tratada biológicamente. El agua con calidad para bañarse, conforme con las normas europeas, se devuelve a la bahía Quilty unos 100 m aguas abajo del punto de extracción de agua. Todos los desechos líquidos, incluidos los de la cocina, pasan a través de una trampa de aceites y fango, cuyo producto se recolecta en tambores de 200 L.

Los desechos sólidos se separan entre biodegradables y no degradables y se recolectan en tambores de 200 L para su retiro.

Logística

Los vehículos de tracción, como Pisten Bullies y motonieves, se utilizan para el transporte de personal y materiales en torno a la estación. El mantenimiento de los vehículos, los generadores y los instrumentos se realiza en el taller para vehículos. El aceite usado es recolectado en tambores y devuelto a la India.

El reabastecimiento se realiza en general una vez al año, durante el verano. Hasta mediados de diciembre, la carga es transportada en tierra, mediante los Pisten Bullies y los tractores por el hielo fijo. Los viajes después del deshielo del hielo fijo se realizan en barcazas con fondo plano para transporte de carga.

Comunicaciones

Para el contacto con las estaciones vecinas se usan las comunicaciones de HF. Para las operaciones locales de aeronaves, embarcaciones y en el terreno se usan las comunicaciones de VHF. El sistema de puerto libre Iridium ofrece conectividad con el resto del mundo a través de teléfono y fax.

Actividades científicas

Aunque la estación estuvo operacional recién en marzo del 2012, los estudios científicos comenzaron en el 2005 e incluyen evaluación ambiental, observación de la nieve y el hielo, el suelo, el agua de mar, el agua dulce, los musgos, los líquenes, los animales silvestres y los ecosistemas de hielo marino, así como estudios de geología y glaciología. Las observaciones geomagnéticas/GPS comenzaron en 2007.

4.6.4 Law-Racovita-Negoita (Australia-Rumania)

Law-Racovita-Negoita se encuentra hacia el extremo sur de Broknes oriental, aproximadamente 1 km al sur de Progress y 2 km al sur de Zhongshan a 69°23'16" S, 76°22'47" E. La base se fundó durante el verano de 1986/1987.

Infraestructura de la estación

Law-Racovita-Negoita está compuesta por un edificio prefabricado de usos múltiples, cinco cabañas de fibra de vidrio e instalaciones sanitarias pequeñas. Se retiran todos los desechos generados.

Abastecimiento y almacenamiento de combustible y electricidad

Un generador pequeño a gasolina suministra energía eléctrica y se enciende sólo cuando es necesario cargar baterías, etc. Un pequeño panel solar instalado sobre el techo de la cabaña principal carga las baterías de las radios de HF y VHF. Se usa gas para cocinar y calefaccionar la cabaña principal.

Agua

El agua potable y para lavar generalmente se obtiene durante el verano mediante la extracción y el derretimiento de nieve de un banco de nieve de las proximidades. El agua potable se saca de una laguna de montaña contigua al tramo del camino que conecta a Law-Racovita-Negoita con la ruta principal entre el nordeste de Broknes y la meseta.

Logística

Law-Racovita-Negoita es apoyada de diversas maneras mediante helicópteros desde Davis, por las estaciones en la zona inmediata y por buques que abastecen a todas estas instalaciones. Ocasionalmente hay motos quad en Law-Racovita-Negoita. Estas se usan en las rutas de acceso asignadas para apoyar los programas científicos de verano.

Comunicaciones

Law-Racovita-Negoita cuenta con radios de HF y VHF.

Actividades científicas

Los proyectos de investigación de verano han incluido estudios sobre la historia glacial de la zona, geología, geomorfología, hidrología, limnología y biología, además de estudios del impacto de los seres humanos.

4.6.5 Pista de aterrizaje de nieve compactada e instalaciones conexas (Rusia)

Al sitio propuesto para la pista de aterrizaje, a unos 5 km al sur de Progress y en dirección SO-NE de 69°25'43" S, 76°20'36" E a 69°26'51" S, 76°17'18" E, se llega por la ruta de acceso en la meseta sin hielo y el comienzo de la ruta de travesía al interior.

Una pista de nieve compactada de 3000 m de largo y 60 m de ancho puede recibir aeronaves pesadas. El complejo de pistas incluye cuatro módulos de contenedores sobre trineos, que incluye una central eléctrica a diesel, una estación de control de tráfico aéreo, con instalaciones meteorológicas y de acceso a internet y radio, sala para alojar a seis personas y, en el extremo distante, una estación de climatización automática.

4.6.6 Estructuras menores

Progress I (Rusia) – 69°24'02" S, 76°24'07" E

Instalación en la ruta desde la estación al aeródromo, Progress I apoyaba a la población invernada de 16 durante 1987 y 1988. Fue parcialmente desmantelada y retirada en 1991-1992. Actualmente Progress I funciona como lugar para organizar travesías hacia el interior. Uno de los edificios funcionales sigue en el lugar y es utilizado para almacenar equipo ruso de construcción de la pista y tambores de combustible. En las inmediaciones se almacenan trineos y camionetas de travesía, así como tambores de combustible chinos para abastecer a los vehículos de travesía. Australia también mantiene un depósito de combustible para avión en la zona, a 69°23'56" S, 76°24'37" E. En el afloramiento rocoso más al sur, al oeste de la ruta vehicular marcada con estacas hasta la meseta, casi 1 km después de Progress I a 69°24'43" S, 76°24'35" E, hay otra cabaña y zona de almacenamiento de vehículos rusa para la construcción de la pista de aterrizaje.

Progress II (Rusia): 69°23'01" S, 76°22'26" E

Progress II es una cabaña de apoyo estacional de estudios oceanográficos e hidrobiológicos en el fiordo Nella.

Progress III (Rusia): 69°24'25" S, 76°24'14" E

Progress III es un campamento que apoya los estudios geofísicos aéreos. El campamento está compuesto de una pista para aviones con esquíes utilizada por el Antonov An-2, y alojamiento para la tripulación y los equipos geofísicos y de aviación.

Progress IV (Rusia): 69°25'27" S, 76°08'25" E

Progress IV es un lugar en el extremo oriental de la ZAEP Stornes utilizado para organizar la carga pesada que se entrega de buque a costa a través del hielo fijo. Existe una salida sobre la nieve desde este lugar hacia la meseta y el aeródromo.

Lugar de observación

En 1990 se estableció un lugar de observación a largo plazo, aproximadamente a 250 m al nordeste de Law-Racovita-Negoita, con el propósito de medir la tasa de descenso de la superficie a raíz de la abrasión eólica y el desgaste salino. El sitio está en un gneis amarillo expuesto de textura gruesa y comprende 24 sitios de microerosión marcados por anillos pintados de amarillo. Este lugar no debe ser atravesado a pie, pues eso afectaría las mediciones de la erosión natural. (Se prefiere no usar pintura ni otros medios permanentes para marcar los sitios, sino obtener la ubicación por GPS).

Monumentos

Un montículo de piedras erigido el 8 de febrero de 1958 conmemora la primera visita de las Expediciones Nacionales Australianas de Investigaciones Antárticas (ANARE) a las colinas de Larsemann en el punto más alto de la isla Knuckey (69°23'12" S, 76°3'55" E), la más grande de un grupo de tres islas que se encuentran a alrededor de 1,1 km al noroeste de Stornes. El montículo contiene una nota que incluye los nombres del contingente.

La tumba de Skurihin Andrei, un expedicionario ruso que falleció el 7 de julio de 1998, se encuentra en la colina, mirando hacia la costa norte de la caleta Seal a 69°22'58"S, 76°23'49"E. El lugar cuenta con una lápida y un cofre de acero rodeado de una barandilla baja de metal.

Un monumento al vicepresidente de la Administración ártica y antártica de China se encuentra en la ladera norte de la colina en el extremo más al norte de la costa de Broknes orienta, al norte de Zhongshan. El monumento de cemento contiene algunas de las cenizas del vicepresidente.

Víveres

En una caja de plástico en la cumbre del pico Blundell, en Stornes (69°6'14" S, 76°6'14" E), el pico más alto de las colinas de Larsemann, hay una cantidad muy pequeña de provisiones para emergencias.

4.7 Ubicación de las zonas protegidas en las cercanías

Stornes ZAEP [¿N°?] se encuentra dentro de la ZAEA. Para ingresar a la ZAEP y las actividades realizadas dentro de esta, se necesita un permiso, y el ingreso y las actividades se deben realizar en conformidad con el plan de gestión de la ZAEP.

La ZAEP 169, bahía Amanda (69°15'S, 76°49'59.9"E), se encuentra 22 km al nordeste de las colinas de Larsemann. De manera similar, el ingreso a la ZAEP y las actividades realizadas dentro de esta necesitan un permiso y se deben realizar en conformidad con el plan de gestión de la ZAEP.

16

5. Áreas especiales situadas dentro de la Zona

Todas las actividades de la ZAEA deberán ceñirse a las disposiciones del Protocolo al Tratado Antártico sobre Protección del Medio Ambiente y el código de conducta ambiental adjunto a este plan de gestión. Además, hay dos áreas que ayudan a cumplir los objetivos de gestión de la zona.

5.1 Área de instalaciones

La construcción de edificios e infraestructura asociada a la estación en Broknes oriental ha producido el mayor impacto en el medioambiente de las colinas de Larsemann. No obstante, este impacto se ha limitado en gran medida a los alrededores de la estación y las rutas de acceso. Dado que los lagos se reconocen como la característica ecológica más importante de la ZAEA y son vulnerables al impacto de las actividades humanas realizadas dentro de los límites de la cuenca, la manera más apropiada de administrar las actividades en la Zona es con una metodología basada en cuencas. Las estaciones de Broknes están relativamente bien agrupadas, casi toda la infraestructura de las estaciones se encuentra en las cuencas de drenaje que descargan en el mar.

A fin de garantizar el mantenimiento de esta situación, se definió un área de instalaciones dentro de los límites de la ZAEA (mapa B), que abarca la mayor parte de Broknes oriental. Los límites del área de instalaciones son el glaciar Dålk en el este, el mar en el norte, la costa o el límite occidental de las cuencas afectadas en el oeste y la meseta de hielo que incluye la pista de aterrizaje y la ruta de acceso al sur. La instalación de infraestructura dentro de ZAEA se restringirá, en términos generales, a los lugares ya afectados del área de instalaciones. Se puede considerar la construcción de una nueva infraestructura en cualquier otro lugar, si hay justificación adecuada, ya sea científica o logística.

5.2 Área magnética silenciosa

En Zhongshan hay varios magnetómetros. En torno a los sensores de los magnetómetros de inducción se ha definido un área circular de 80 m de radio situada en el barranco al norte de la estación a 69°22'12" S, 76°22'8" E. Se definió otra área con un radio de 80 m desde el sistema de magnetómetros centrado a 69°22'22" S, 76°21'46" E (mapa D), al oeste de los lagos que abastecen de agua. Se deben excluir todos los materiales ferrosos de estas áreas a fin de evitar la contaminación de las mediciones del campo magnético. También se debe obtener un permiso para ingresar. India está planificando un área magnética silenciosa en Grovnes.

6. Actividades de gestión

La comunicación entre las Partes, entre el personal en el terreno, y entre el personal en el terreno y las oficinas nacionales será fundamental para la aplicación satisfactoria del plan de gestión de la ZAEA. En consecuencia, las Partes con programas de investigación en la zona se comprometen a garantizar la comunicación apropiada a nivel del programa nacional y en el terreno. Se realizarán conversaciones anuales para examinar la ejecución del plan de gestión junto con las reuniones anuales del Consejo de Administradores de Programas Antárticos Nacionales.

Los jefes pertinentes de las estaciones y las bases se reunirán también una vez al año (si es factible desde el punto de vista logístico) y se comunicarán oralmente durante el año sobre los distintos aspectos de la gestión de la región de las colinas de Larsemann.

6.1 Logística e instalaciones

- Todo desarrollo adicional de senderos e infraestructura en las zonas sin hielo se limitará a la sección de la parte oriental de Broknes que ya ha sido modificada por las actividades humanas y estará delimitada por el área de instalaciones (véase la sección 5.1), salvo que se justifique hacerlo fuera de dicha área por motivos científicos o de logística razonables. Esta restricción no se aplicará a las instalaciones para garantizar la seguridad de los trabajadores en el terreno.

- La evaluación de impacto ambiental se realizará según lo exigido por el artículo 8 del Protocolo de Madrid antes de construir o modificar las estructuras. Las Partes que propongan realizar dichas actividades informarán a las demás Partes que tengan programas de investigación activos en la Zona.
- Se promoverá el uso cooperativo de infraestructura en lugar de construir instalaciones nuevas.
- Se considerará el posible impacto de las estructuras artificiales en los valores silvestres y estéticos y, siempre que sea posible, estas se reducirán al mínimo mediante la limitación de tales estructuras a las zonas ya afectadas y mediante un emplazamiento que reduzca al mínimo su visibilidad desde las zonas circundantes. Se necesitarán investigaciones para ayudar a evaluar completamente dichos impactos antes de que comiencen las actividades de construcción.
- Siempre que sea posible, las nuevas zonas de almacenamiento de combustible estarán fuera de los límites de la cuenca lacustre y estarán dotadas de muros de contención. Se examinará la idoneidad de la ubicación actual de las zonas de almacenamiento de combustible, antes de revisar el cronograma siguiente del plan.
- Se clausurarán las rutas vehiculares que no concuerden con las metas de este plan de gestión y siempre que sea posible se rehabilitará la zona afectada.
- Se explorarán opciones de cooperación para el traslado de personal, suministros y combustible.
- Como mínimo, las actividades de retiro y manejo de desechos deberán ceñirse a las disposiciones del Anexo II al Protocolo de Madrid.
- Los desechos y los equipos no utilizados serán retirados del Área del Tratado Antártico cuanto antes.
- Las Partes con programas activos de investigación en la Zona formularán conjuntamente planes de contingencia para aquellos incidentes que puedan tener efectos adversos en el medio ambiente.
- La basura dispersa por el viento se recogerá regularmente y cada vez que se presente la oportunidad.
- Periódicamente se revisarán los equipos que se dejen en el terreno para decidir sobre su posible retiro y se evaluará su protección temporal para impedir su dispersión por el viento e incidentes similares.
- Según corresponda, se investigará y avanzará en la rehabilitación de sitios modificados y en desuso.

6.2 Especies introducidas

- Las Partes activas en las colinas de Larsemann:
  - Educarán al personal de los programas, incluidos los contratistas, acerca de los posibles riesgos al medioambiente provocados por la introducción de especies no autóctonas.
  - Garantizarán que el personal que ingrese a la ZAEA limpie su calzado, mediante, por ejemplo, procedimientos de limpiezas de botas (preferiblemente antes de partir hacia la Antártida) o la entrega de calzado nuevo.
  - Evitarán el traslado de arena, materiales o grava sin tratar a la ZAEA.
  - Recolectarán e incinerarán o retirarán de la región todo suelo u otro material orgánico que se encuentre en la carga.
  - Retirarán de la región o mantendrán dentro de los edificios de la estación, todo suelo no estéril que se haya enviado anteriormente a la ZAEA.
  - Recordarán al personal del programa la responsabilidad impuesta por el Protocolo de Madrid en cuanto a no llevar suelo no estéril a la Antártida ni cultivar o importar plantas para fines decorativos.
  - Mantendrán dentro de los edificios de la estación toda planta cultivada como alimento.

o Darán prioridad a la incineración o repatriación de los residuos de alimentos.

o Evitarán que los animales silvestres tenga acceso a los alimentos de la estación y a los residuos de dichos alimentos.

o Elaborarán protocolos para evitar la contaminación biológica o la contaminación cruzada de los lagos de la Zona, particularmente lo que estén fuera de la zona de instalaciones.

o Vigilarán las especies introducidas.

o Compartirán la información acerca del hallazgo de toda especie no autóctona introducida a través de las operaciones del programa y que persistan en la Zona, con el fin de obtener asesoría científica y operacional, y si corresponde, las medidas adecuadas para su erradicación o contención.

o Implementarán de manera conjunta estas medidas, si corresponde.

6.3 Perturbación de la vida silvestre

- En la planificación y la realización de actividades en la Zona se tendrá en cuenta la necesidad de mantener distancias apropiadas respecto de la fauna.

6.4 Manejo de datos

- Las Partes con programas de investigación activos en la Zona elaborarán conjuntamente y contribuirán a una base de datos para almacenar información de gestión pertinente y registros de metadatos con el propósito de facilitar la planificación y la coordinación de actividades. El compartir dichos datos incluirá la información geográfica y la adición de la toponimia en el *Composite Gazetteer of Antarctica* del SCAR.

- Se tomarán iniciativas para aumentar los conocimientos acerca de los valores ambientales de la ZAEA y del impacto de las actividades humanas en los valores, a fin de aplicar dichos conocimientos a la gestión ambiental de la ZAEA.

6.5 Ciencia

- Siempre que sea posible se coordinarán las investigaciones científicas y se cooperará en la materia.

6.6 Observación

- Las Partes con programas de investigación activos en la Zona llevarán a cabo conjuntamente actividades de observación para evaluar la efectividad del presente Plan de gestión.

6.7 Monumentos

- Se administrarán actividades destinadas a garantizar la conservación de los monumentos existentes cuando se considere recomendable.

- Se prohibirá la colocación de otros montículos de piedras o monumentos fuera del área de instalaciones.

6.8 Intercambio de información

- A fin de afianzar la cooperación y la coordinación de actividades en la ZAEA, evitar la repetición de actividades y facilitar la consideración del impacto acumulativo, las Partes que desarrollen actividades en la zona:

  - proporcionarán a las demás Partes los detalles de las actividades que podrían repercutir en la ejecución de este plan de gestión (es decir, propuestas para abandonar actividades de investigación o iniciar actividades nuevas, propuestas para construir instalaciones nuevas, información obtenida en relación con las visitas no gubernamentales, etc.); y

  - brindar informes al Comité para la Protección del Medio Ambiente sobre los sucesos importantes durante la implementación del plan de gestión.

- Otras Partes que propongan realizar actividades en la región, como grupos no gubernamentales, informarán como mínimo a una de las Partes activas en la ZAEA sobre sus intenciones en relación con las finalidades y los objetivos de este plan de gestión.

20

Apéndice1. Código de conducta ambiental

La finalidad de este código de conducta es ofrecer las directrices generales para reducir al mínimo el impacto ambiental en las colinas de Larsemann, especialmente con respecto de las actividades que se realicen lejos de las zonas de las estaciones.

Principios generales

- El medio ambiente antártico es muy vulnerable al impacto de las actividades humanas y, en general, tiene una capacidad natural mucho menor para recuperarse de las perturbaciones que el medio ambiente de otros continentes, lo cual se debe tener en cuenta al realizar actividades sobre el terreno.

- Todo lo que se lleve al terreno deberá retirarse, incluidos los desechos humanos. Eso implica también evitar el uso o la dispersión de materiales foráneos que sean difíciles de recoger y retirar. Se recomienda dejar en la estación, antes de salir de esta, todos los envases y envoltorios innecesarios.

- Está permitida la recolección o alteración de especímenes biológicos, muestras geológicas o artefactos fabricados por el hombre sólo con autorización previa y, si es necesario, de conformidad con un permiso.

- La información relativa a todas las actividades de campo (como sitios de muestreo, campamentos, depósitos, derrames de combustible, marcadores, equipo, etc.), incluidas las personas de contacto de los programas nacionales, deben registrarse de manera precisa para su traspaso a una base de datos sobre gestión.

Viajes

- Algunas comunidades biológicas y formaciones geológicas son particularmente frágiles, aún cuando estén protegidas por la nieve. En los desplazamientos por la región, se debe estar alerta y evitar dichas características.

- Se debe limitar el uso de los vehículos y helicópteros a las tareas esenciales con el fin de reducir las emisiones atmosféricas, la formación de caminos y la perturbación física del terreno, los impactos en las comunidades biológicas, la perturbación de la vida silvestre y la posibilidad de derrames de combustible. Se debe evitar el sobrevuelo de los lagos.

- El uso del vehículo se limitará a las rutas sin hielo, al hielo marino y al hielo de meseta. Solo se ingresará a las instalaciones a través de las rutas existentes.

- Se deberá prever y utilizar los vehículos teniendo en cuenta las distancias mínimas respecto de la vida silvestre identificadas en este Código.

- Se deberá llenar el tanque de combustible de los vehículos y demás equipo en la estación antes de salir, a fin de reducir la necesidad de reabastecimiento cuando se está en terreno.

- Se debe planificar las actividades a fin de evitar los reabastecimientos de combustible o cambios de aceite cuando haya viento que podrían ocasionar derrames accidentales en los lagos, y sobre la vegetación y otras zonas delicadas. El uso de bidones de combustible se hará siempre con boquilla o embudo.

- Al trasladarse a pie, siempre que sea posible, se usarán los senderos existentes y los cruces designados.

- Se evitará marcar nuevos senderos. Si no hay senderos, se deberá tomar la ruta más directa que evite las áreas con vegetación y las formaciones geológicas delicadas (como pedregales, sedimentos, lechos de arroyos y bordes de lagos).

Vida silvestre

- No se debe alimentar a la fauna.

- Mantenga las distancias adecuadas con respecto a los animales silvestres (consulte el cuadro).
- Al trasladarse a pie en torno a la fauna, se debe guardar silencio, moverse con lentitud, mantenerse agachado y alejarse si es evidente que se está perturbando a la fauna.

Distancias a las cuales se puede esperar que haya perturbación
al aproximarse a los animales silvestres a pie

Especie	Distancia (metros)
Petreles gigantes y albatros en temporada de reproducción o nidificación	100 m
Pingüinos emperador (en colonias, apiñados, en fase de muda, con huevos o con polluelos)	50 m
Todos los demás pingüinos (en colonias, en fase de muda, con huevos o con polluelos)	30 m
Petreles paloma, petreles y skúas, en nidos Focas con crías y crías de foca solas	20 m
Pingüinos no reproductores y focas adultas	5 m

Distancia a la cuales se puede esperar que haya perturbación
al aproximarse a los animales silvestres en vehículos pequeños

(como motos quad y motos de nieve)

Toda la fauna	150 m

Distancia a la cuales se puede esperar que haya perturbación
al aproximarse a los animales silvestres en vehículos a tracción

Toda la fauna	250 m

Distancias a las cuales se puede esperar que haya perturbación
al aproximarse a los animales silvestres en aeronaves

Aves	**Vertical** *Helicópteros monomotor* 2.500 pies (~ 750 m) *Helicópteros bimotores* 5.000 pies (~1500 m) **Horizontal:** ½ nm (~930 m)
Focas	**Vertical y horizontal** Helicópteros monomotor 2.500 pies (~ 750 m) Helicópteros bimotores 5.000 pies (~1500 m) Aeronaves bimotores y ala fija 2.500 pies (~750 m)

Campamentos

- Si es posible, se deben usar los alojamientos existentes.
- Los campamentos deben ubicarse lo más lejos posible del borde de los lagos, arroyos, sitios con vegetación y animales silvestres, a fin de evitar la contaminación y perturbación.
- Se debe garantizar que el equipo y los suministros estén bien sujetos en todo momento para evitar que los animales hurguen en ellos en busca de alimento o que sean dispersados por fuertes vientos.
- Se debe recoger todos los desechos producidos en los campamentos, incluidos los desechos humanos y las aguas grises, y deben ser devueltos a la estación para su posterior tratamiento o eliminación.
- Si es posible, se debe utilizar generadores eólicos o solares para reducir al mínimo el uso de combustible.

Trabajo sobre el terreno

- Se deberá limpiar meticulosamente toda la ropa y el equipo antes de su ingreso a la Antártida y antes de su traslado entre lugares de toma de muestras, a fin de evitar la contaminación, la contaminación cruzada, y la introducción y propagación de organismos foráneos.
- No se deben erigir montículos y el uso de otros objetos para marcar lugares debe reducirse a un mínimo. Los marcadores deben ser retirados al completar la tarea relacionada.
- Si se cuenta con un permiso para tomar muestras, el tamaño de estas debe limitarse al mínimo especificado en el permiso y las muestras se extraerán del lugar menos visible que sea posible.
- Se debe usar una tela o lámina protectora al tomar muestras del suelo y rellenar los orificios a fin de prevenir la erosión eólica y la dispersión de sedimentos más profundos.
- Se debe tener mucho cuidado al manipular productos químicos y combustible, y garantizar que se cuente con los materiales apropiados para contener y absorber derrames.
- Se reducirá al mínimo el uso de agua y productos químicos líquidos que puedan contaminar los registros isotópicos y químicos del hielo de lagos y glaciares.
- Los equipos de muestreo de aguas y sedimentos deben limpiarse meticulosamente para evitar la contaminación cruzada entre los lagos.
- Se debe evitar devolver a las fuentes de agua los volúmenes importantes de agua extraída desde una capa inferior para evitar la contaminación del lago o los efectos tóxicos en la biota de la superficie. Los excedentes de agua y sedimentos deberán llevarse de regreso a la estación a fin de eliminarlos correctamente o tratarlos.
- Es necesario cerciorarse de que el equipo de muestreo esté bien amarrado y de no dejar nada congelado en el hielo que posteriormente pueda causar contaminación.
- No se debe realizar el aseo personal en los lagos, como tampoco se debe nadar o bucear. Estas actividades pueden contaminar la masa de agua y perturbar la columna de agua, las comunidades microbianas y los sedimentos.

Nota: Las directrices establecidas en este código de conducta ambiental no se aplicarán en situaciones de emergencia.

24

Apéndice 2: Información sobre los contactos en los programas nacionales

Australia

Australian Antarctic Division

Channel Highway

Kingston

Tasmania 7050

Australia

Teléfono:	+61 (03) 6232 3209
Fax:	+61 (03) 6232 3357
Correo electrónico:	Tony.Fleming@aad.gov.au
	Sandra.Potter@aad.gov.au

República Popular China

Administración ártica y antártica de China (AAC)

1 Fuxingmenwai Street

Beijing 100860

República Popular China

Teléfono:	+86 10 6803 6469
Fax:	+86 10 6801 2776
Correo electrónico:	chinare@263.net.cn

India

National Centre for Antarctic & Ocean Research

Sada, Vasco-da-Gama

Goa 403 804

India

Teléfono:	+91 832 2525 501
Fax:	+91 832 2525 502
	+91 832 2520 877
Correo electrónico:	director@ncaor.org

Federación de Rusia

Russian Antarctic Expedition

Instituto de investigación ártica y antártica

38 Bering Street

199397 San Petersburgo

Rusia

Teléfono:	+7 812 337 3205
Fax:	+7 812 337 3205
Correo electrónico:	lukin@aari.ru
	pom@aari.ru

Apéndice 3: Referencias y bibliografía selecta de las colinas de Larsemann

Antony, R., Krishnan, K.P., Thomas, S., Abraham, W.P. *y* Thamban, M. (2009). Phenotypic and molecular identification of *Cellulosimicrobium cellulans* isolated from Antarctic snow. *Antonie van Leeuwenhoek International Journal of General and Molecular Microbiology* 96(4):627.

Antony, R., Mahalinganathan, K., Krishnan, K.P. *y* Thamban, M. (2011). Microbial preference for different size classes of organic carbon: A study from Antarctic snow. *Environmental Monitoring and Assessment* DOI 10.1007/s10661-011-2391-1.

Antony, R., Mahalinganathan, K., Thamban, M. *y* Nair, S. (2011). Organic carbon in Antarctic snow: spatial trends and possible sources. *Environmental Science and Technology* 45(23):9944–9950, DOI: 10.1021/es203512t.

Antony, R., Thamban, M., Krishnan, K.P. *y* Mahalinganathan, K. (2010). Is cloud seeding in coastal Antarctica linked to biogenic bromine and nitrate variability in snow? *Environmental Research Letters* 5:014009, doi:10.1088/1748-9326/5/1/014009.

Asthana, R., Shrivastava, P.K., Beg, M.J. *y* Jayapaul, D. (2013). Grain size analysis of lake sediments from Schirmacher Oasis (Priyadarshini) and Larsemann Hills, East Antarctica. *Twenty Fourth Indian Antarctic Expedition 2003-2005, Ministry of Earth Sciences Technical Publication* N° 22, pp. 175-185.

Beg, M.J. *y* Asthana, R. (2013). Geological studies in Larsemann Hills, Ingrid Christensen Coast, East Antarctica. *Twenty Fourth Indian Antarctic Expedition 2003-2005, Ministry of Earth Sciences Technical Publication* N° 22 pp. 363-367.

Bian, l., Lu, L. *y* Jia, P. (1996). Characteristics of ultraviolet radiation in 1993-1994 at the Larsemann Hills, Antarctica. *Antarctic Research (Chinese edition)* 8(3):29-35.

Burgess, J., Carson, C., Head, J. *y* Spate, A. (1997). Larsemann Hills – not heavily glaciated during the last glacial maximum. *The Antarctic Region: Geological Evolution and Processes*. Pp. 841-843.

Burgess, J. *y* Gillieson, D. (1988). On the thermal stratification of freshwater lakes in the Snowy Mountains, Australia, and the Larsemann Hills, Antarctica. *Search* 19(3):147-149.

Burgess, J. S. *y* Kaup, E. (1997). Some aspects of human impacts on lakes in the Larsemann Hills, Princess Elizabeth Land, Eastern Antarctica. En: Lyons, W., Howard-Williams, C. y Hawes, I. (Eds). *Ecosystem Process in Antarctic Ice-free Landscapes*. A.A. Balkema Publishers, Rotterdam. Pp. 259-264.

Burgess, J.S., Spate, A.P. *y* Norman, F.I. (1992). Environmental impacts of station development in the Larsemann Hills, Princess Elizabeth Land, Antarctica. *Journal of Environmental Management* 36:287-299.

Burgess, J.S., Spate, A.P. *y* Shevlin, J. (1994). The onset of deglaciation in the Larsemann Hills, East Antarctica. *Antarctic Science* 6(4):491-495.

Carson, C.J. *y* Grew, E.S. (2007). *Geology of the Larsemann Hills Region, Antarctica.* Primera edición (escala del mapa: 1:25 000). Geoscience Australia, Canberra.

Carson, C.J., Dirks, P.G.H.M., Hand, M., Sims, J.P. *y* Wilson, C.J.L. (1995). Compressional and extensional tectonics in low-medium pressure granulites from the Larsemann Hills, East Antarctica. *Geological Magazine* 132(2):151-170.

Carson, C.J., Dirks, P.H. G.M. *y* Hand, M. (1995). Stable coexistence of grandidierite and kornerupine during medium pressure granulite facies metamorphism. *Mineralogical Magazine* 59:327-339.

Carson, C. J., Fanning, C.M. *y* Wilson, C.J. L. (1996). Timing of the Progress Granite, Larsemann Hills: additional evidence for Early Palaeozoic orogenisis within the east Antarctic Shield and implications for Gondwana assembly. *Australian Journal of Earth Sciences* 43:539-553.

China (1996). Oil spill contingency plan for Chinese Zhongshan Station in Antarctica. *Documento de información #87, XXI RCTA*, Christchurch, Nueva Zelandia.

Cromer, L., Gibson, J.A.E., Swadling, K.M. *y* Hodgson, D.A. (2006). Evidence for a lacustrine faunal refuge in the Larsemann Hills, East Antarctica, during the Last Glacial Maximum. *Journal of Biogeography* 33:1314-1323.

Dartnall, H.J.G. (1995). Rotifers and other aquatic invertebrates from the Larsemann Hills, Antarctica. *Papers and Proceedings of the Royal Society of Tasmania* 129:17-23.

Dirks, P.H.G.M., Carson, C.J. *y* Wilson, C.J.L. (1993). The deformational history of the Larsemann Hills, Prydz Bay: The importance of the Pan-African (500 Ma) in East Antarctica. *Antarctic Science* 5(2):179-192.

Ellis-Evans, J.C., Laybourn-Parry, J., Bayliss, P.R. *y* Perriss, S.J. (1998). Physical, chemical and microbial community characteristics of lakes of the Larsemann Hills, Continental Antarctica. *Archiv fur Hydrobiologia* 141(2):209-230.

Ellis-Evans, J.C., Laybourn-Parry, J., Bayliss, P.R. *y* Perriss, S.T. (1997). Human impact on an oligotrophic lake in the Larsemann Hills. En: Battaglia, B., Valencia, J. y Walton, D.W.H. (Editores). *Antarctic communities: Species, structure and survival*. Cambridge University Press, Cambridge, UK. Pp. 396-404.

Fedorova, I.V., Savatyugin, L.M., Anisimov, M.A. *y* Azarova, N.S. (2010). Change of the Schirmacher oasis hydrographic net (East Antarctic, Queen Maud Land) under deglaciation conditions. *Ice and Glacier* 3(111):63-70.

Fedorova, I.V., Verkulich, S.R., Potapova, T.M. *y* Chetverova, A.A. (2011). Postglacial estimation of the Schirmacher oasis lakes (East Antarctic) on the basis of hydrologo-geochemical and paleogeographical investigation. En: Kotlyakov, V.M. (Ed.). *Polar Cryosphere and Land Hydrology*. Pp. 242-251.

Gasparon, M. (2000). Human impacts in Antarctica: Trace element geochemistry of freshwater lakes in the Larsemann Hills, East Antarctica. *Environmental Geography* 39(9):963-976.

Gasparon, M., Lanyon, R., Burgess, J.S. *y* Sigurdsson, I.A. (2002). The freshwater lakes of the Larsemann Hills, East Antarctica: chemical characteristics of the water column. *ANARE Research Notes*147: 1-28.

Gasparon, M. *y* Matschullat, J. (2006). Geogenic sources and sink trace metals in the Larsemann Hills, East Antarctica: Natural processes and human impact. *Applied Geochemistry* 21(2):318-334.

Gasparon, M. *y* Matschullat, J. (2006). Trace metals in Antarctic ecosystems: Results from the Larsemann Hills, East Antarctica. *Applied Geochemistry* 21(9):1593-1612.

Gibson, J.A.E. *y* Bayly, I.A.E. (2007). New insights into the origins of crustaceans of Antarctic lakes. *Antarctic Science* 19(2):157-164.

Gibson, J.A.E., Dartnall, H.J.G. *y* Swadling, K.M. (1998). On the occurrence of males and production of ephippial eggs in populations of *Daphniopsis studeri* (Cladocera) in lakes in the Vestfold and Larsemann Hills, East Antarctica. *Polar Biology* 19:148-150.

Gillieson, D. (1990). Diatom stratigraphy in Antarctic freshwater lakes. *Quaternary Research in Antarctica: Future Directions*, 6-7 December 1990. Pp. 55-67.

Gillieson, D. (1991). An environmental history of two freshwater lakes in the Larsemann Hills, Antarctica. *Hydrobiologia* 214:327-331.

Gillieson, D., Burgess, J., Spate, A. *y* Cochrane, A. (1990). An atlas of the lakes of the Larsemann Hills, Princess Elizabeth Land, Antarctica. *ANARE Research Notes* 74:1-73.

Goldsworthy, P.M., Canning, E.A. *y* Riddle, M.J. (2002). Contamination in the Larsemann Hills, East Antarctica: Is it a case of overlapping activities causing cumulative impacts? In: Snape, I. y Warren, R. (Editores). *Proceedings of the 3rd International Conference: Contaminants in Freezing Ground. Hobart, 14-18 April 2002*, pp. 60-61.

Goldsworthy, P.M., Canning, E.A. *y* Riddle, M.J. (2003). Soil and water contamination in the Larsemann Hills, East Antarctica. *Polar Record* 39(211):319-337.

Grew, E.S., McGee, J.J., Yates, M.G., Peacor, D.R., Rouse, R.C, Huijsmans, J.P.P., Shearer, C.K., Wiedenbeck, M., Thost, D.E. *y* Su, S.-C. (1998). Boralsilite ($Al_{16}B_6Si_2O_{37}$): A new mineral related to sillimanite from pegmatites in granulite-facies rocks. *American Mineralogist* 83:638-651.

Grew, E.S, Armbruster, T., Medenbach, O., Yates, M.G. *y* Carson, C.J. (2006). Stornesite-(Y), (Y, Ca)$\square_2$Na$_6$(Ca,Na)$_8$(Mg,Fe)$_{43}$(PO$_4$)$_{36}$, the first terrestrial Mg-dominant member of the fillowite group, from granulite-facies paragneiss in the Larsemann Hills, Prydz Bay, East Antarctica. *American Mineralogist* 91:1412-1424.

Grew, E.S, Armbruster, T., Medenbach, O., Yates, M.G. *y* Carson, C.J. (2007). Chopinite, [(Mg,Fe)$_3$$\square$](PO$_4$)$_2$, a new mineral isostructural with sarcopside, from a fluorapatite segregation in granulite-facies paragneiss, Larsemann Hills, Prydz Bay, East Antarctica. *European Journal of Mineralogy* 19:229-245.

Grew, E.S, Armbruster, T., Medenbach, O., Yates, M.G. *y* Carson, C.J. (2007). Tassieite, (Na,$\square$)Ca$_2$(Mg,Fe^{2+},Fe^{3+})$_2$(Fe^{3+},Mg)$_2$(Fe^{2+},Mg)$_2$(PO$_4$)$_6$(H$_2$O)$_2$, a new hydrothermal wicksite-group mineral in fluorapatite nodules from granulite-facies paragneiss in the Larsemann Hills, Prydz Bay, East Antarctica. *The Canadian Mineralogist* 45:293-305.

Grew, E.S., Graetsch, H., Pöter, B., Yates, M.G., Buick, I., Bernhardt, H.-J., Schreyer, W., Werding, G., Carson, C.J. *y* Clarke, G.L. (2008). Boralsilite, $Al_{16}B_6Si_2O_{37}$, and "boron-mullite": compositional variations and associated phases in experiment and nature. *American Mineralogist* 93:283-299.

He, J. *y* Chen, B. (1996). Vertical distribution and seasonal variation in ice algae biomass in coastal sea ice off Zhongshan Station, East Antarctica. *Antarctic Research (Chinese)* 7(2):150-163.

Hodgson, D.A., Noon, P.E., Vyvermann, W., Bryant, C.L., Gore, D.B., Appleby, P., Gilmour, M., Verleyen, E., Sabbe, K., Jones, V.J., Ellis-Evans, J.C. *y* Wood, P.B. (2001). Were the Larsemann Hills ice-free through the Last Glacial Maximum? *Antarctic Science* 13(4):440-454.

Hodgson, D.A., Verleyen, E., Sabbe. K., Squier, A.H., Keely, B.J., Leng, M.J., Saunders, K.M. *y* Vtyverman, W. (2005). Late Quaternary climate-driven environmental change in the Larsemann Hills, East Antarctica, multi-proxy evidence from a lake sediment core. *Quaternary Research* 64:83-99.

Jawak, S.D. *y* Luis, A.J. (2011). Applications of WorldView-2 satellite data for Extraction of Polar Spatial Information and DEM of Larsemann Hills, East Antarctica . International Conference on Fuzzy Systems and Neural Computing. Pp. 148-151

Kaup, E. *y* Burgess, J.S. (2002). Surface and subsurface flows of nutrients in natural and human impacted lake catchments on Broknes, Larsemann Hills, Antarctica. *Antarctic Science* 14(4):343-352.

Krishnan, K.P., Sinha, R.K., Kumar, K., Nair, S. *y* Singh, S.M. (2009). Microbially mediated redox transformation of manganese (II) along with some other trace elements: a case study from Antarctic lakes. *Polar Biology* 32:1765-1778.

Li, S. (1994). A preliminary study on aeolian landforms in the Larsemann Hills, East Antarctica. *Antarctic Research (Chinsese edition)* 6(4):23-31.

Mahalinganathan, K., Thamban, M. Laluraj, C.M. *y* Redkar, B.L. (2012). Relation between surface topography and sea-salt snow chemistry from Princess Elizabeth Land, East Antarctica. *The Cryosphere* 6:505-515.

Marchant, H. J., Bowman, J., Gibson, J., Laybourn-Parry, J. *y* McMinn, A. (2002). Aquatic microbiology: the ANARE perspective. In: Marchant, H.J., Lugg, D.J. y Quilty, P.G. (Editores). *Australian Antarctic Science: The first 50 years of ANARE.* Australian Antarctic Division, Hobart. Pp. 237-269.

McMinn, A. *y* Harwood, D. (1995). Biostratigraphy and palaeoecology of early Pliocene diatom assemblages from the Larsemann Hills, eastern Antarctica. *Antarctic Science* 7(1):115-116.

Miller, W.R., Heatwole, H., Pidgeon, R.W.J. *y* Gardiner, G.R. (1994). Tardigrades of the Australian Antarctic territories: the Larsemann Hills East Antarctica. *Transactions of the American Microscopical Society* 113(2):142-160.

Pahl, B.C., Terhune, J.M. *y* Burton, H.R. (1997). Repertoire and geographic variation in underwater vocalisations of Weddell Seals (*Leptonychotes weddellii*, Pinnipedia: Phocidae) at the Vestfold Hills, Antarctica. *Australian Journal of Zoology* 45:171-187.

Quilty, P.G. (1990). Significance of evidence for changes in the Antarctic marine Environment over the last 5 million years. In: Kerry, K.R. y Hempel, G. (Editores). *Antarctic Ecosystems: Ecological change and conservation.* Springer-Verlag, Berlin. Pp. 3-8.

Quilty, P.G. (1993). Coastal East Antarctic Neogene sections and their contribution to the ice sheet evolution debate. In: Kennett, J.P. y Warnke, D. (Editores). *The Antarctic Paleo environment: A perspective on global change. Antarctic Research Series* 60:251-264.

Quilty, P.G., Gillieson, D., Burgess, J., Gardiner, G., Spate, A. *y* Pidgeon, R. (1990). *Ammophidiella* from the Pliocene of Larsemann Hill, East Antarctica. *Journal of Foraminiferal Research* 20(1):1-7.

Ren, L., Zhao, Y., Liu, X. *y* Chen, T. (1992). Re-examination of the metamorphic evolution of the Larsemann Hills, East Antarctica. En: Yoshida, Y., Kaminuma, K. y Shiraishi, K. (Editores). *Recent Progress in Antarctic Earth Science.* Terra Scientific Publishing, Tokyo, Japan. Pp.145-153.

Ren, L., Grew, E.S., Xiong, M. *y* Ma, Z. (2003). Wagnerite-*Ma5bc*, a new polytype of Mg$_2$(PO$_4$)(F,OH), from granulite-facies paragneiss, Larsemann Hills, Prydz Bay, East Antarctica. *The Canadian Mineralogist* 41:393-411.

Riddle, M.J. (1997). The Larsemann Hills, at risk from cumulative impacts, a candidate for multi-nation management. *Proceedings of the IUCN Workshop on Cumulative Impacts in Antarctica.* Washington DC, USA. 18-21 September 1996. Pp. 82-86.

Russia (1999). Initial Environmental Evaluation Compacted Snow Runway at the Larsemann Hills. *Documento de información #79 Corr.2, XXIII RCTA*, Lima, Peru.

Sabbe, K., Verleyen, E., Hodgson, D.A. *y* Vyvermann, W. (2003). Benthic diatom flora of freshwater and saline lakes in the Larsemann Hills and Rauer Islands (East Antarctica). *Antarctic Science* 15:227-248.

Seppelt, R.D. 1986). Bryophytes of the Vestfold Hills. In: Pickard, J. (Ed.) *Antarctic Oasis: Terrestrial environments and history of the Vestfold Hills.* Academic Press, Sydney. Pp. 221-245.

Shrivastava, P.K., Asthana, R., Beg, M.J. y Singh, J. (2009). Climatic fluctuation imprinted in quartz grains of lake sediments from Schirmacher Oasis and Larsemann Hills area, East Antarctica. *Indian Journal of Geosciences* 63(1):81 – 87.

Shrivastava, P.K., Asthana, R., Beg, M.J. y Ravindra, R. (2011). Ionic characters of lake water of Bharati Promontory, Larsemann Hills, East Antarctica. *Journal of the Geological Society of India* 78(3):217-225.

Singh, A.K., Jayashree, B., Sinha, A.K., Rawat, R., Pathan, B.M. *y* Dhar, A. (2011). Observation of near conjugate high latitude substorm and their low latitude implications. *Current Science 101*(8):1073-1078.

Singh, A.K., Sinha, A.K., Rawat, R., Jayashree, B., Pathan, B.M. *y* Dhar, A. (2012). A broad climatology of very high latitude substorms. *Advances in Space Research* 50(11):1512-1523.

Singh, S.M., Nayaka, S. y Upreti, D.K. (2007). Lichen communities in Larsemann Hills, East Antarctica. *Current Science* 93(12):1670-1672.

Spate, A. P., Burgess, J. S. *y* Shevlin, J. (1995). Rates of rock surface lowering, Princess Elizabeth Land, Eastern Antarctica. *Earth Surface Processes and Landforms* 20:567-573.

Stuwe, K. *y* Powell, R. (1989). Low-pressure granulite facies metamorphism in the Larsemann Hills area, East Antarctica: Petrology and tectonic implications for the evolution of the Prydz Bay area. *Journal of Metamorphic Geology* 7(4):465-483.

Stuwe, K., Braun, H.M. *y* Peer, H. (1989). Geology and structure of the Larsemann Hills area, Prydz Bay, East Antarctica. *Australian Journal of Earth Sciences* 36:219-241.

Thamban, M. *y* Thakur, R.C. (2013). Trace metal concentrations of surface snow from Ingrid Christensen Coast, East Antarctica – Spatial variability and possible anthropogenic contributions. *Environmental Monitoring and Assessment* 184(4):2961-2975.

Thamban, M., Laluraj, C.M., Mahalinganathan, K., Redkar, B.L., Naik, S.S. *y* Shrivastava, P.K. (2010). Glacio-chemistry of surface snow from the Ingrid Christensen Coast, East Antarctica, and its environmental implications. *Antarctic Science* 22(4):435–441.

Wadoski, E.R., Grew, E.S. *y* Yates, M.G. (2011). Compositional evolution of tourmaline-supergroup minerals from granitic pegmatites in the Larsemann Hills, East Antarctica. *The Canadian Mineralogist* 49:381-405.

Walton, D. H., Vincent, W. F., Timperley, M.H., Hawes, I. *y* Howard-Williams, C. (1997). Synthesis: Polar deserts as indicators of change. In: Lyons, Howard-Williams y Hawes (Eds). *Ecosystem Processes in Antarctic Ice-free Landscapes*. Balkema, Rotterdam. Pp. 275-279.

Wang, Z. (1991). Ecology of *Catharacta maccormicki* near Zhongshan Station in Larsemann Hills, East Antarctica. *Antarctic Research (edición china)* 3(3):45-55.

Wang, Z. *y* Norman, F.I. (1993). Foods of the south polar skua *Catharacta maccormicki* in the Larsemann Hills, East Antarctica. *Polar Biology* 13:255-262.

Wang, Z. *y* Norman, F.I. (1993). Timing of breeding, breeding success and chick growth in south polar skuas (*Catharacta maccormicki*) in the Eastern Larsemann Hills. *Notornis* 40(3):189-203.

Wang, Z., Norman, F.I., Burgess, J.S., Ward, S.J., Spate, A.P. *y* Carson, C.J. (1996). Human influences on breeding populations of south polar skuas in the eastern Larsemann Hills, Princess Elizabeth Land, East Antarctica. *Polar Record* 32(180):43-50.

Wang, Y., Liu, D., Chung, S.L., Tong, L. *y* Ren, L. (2008). SHRIMP zircon age constraints from the Larsmann Hills region, Prydz Bay, for a late Mesoproterozoic to early Neoproterozoic tectono-thermal event in East Antarctica. *American Journal of Science* 308:573–617.

Waterhouse, E.J. (1997). Implementing the protocol on ice free land: The New Zealand experience at Vanda Station. En: Lyons, Howard-Williams y Hawes (Eds.). *Ecosystem processes in Antarctic ice-free landscapes*. Balkema, Rotterdam. Pp. 265-274.

Whitehead, M.D. *y* Johnstone, G.W. (1990). The distribution and estimated abundance of Adelie penguins breeding in Prydz Bay, Antarctica. *Proceedings of the NIPR Symposium on Polar Biology* 3:91-98.

Woehler, E.J. *y* Johnstone, G.W. (1991). Status and conservation of the seabirds of the Australian Antarctic Territory. *ICBP Technical Publications* 11:279-308.

30

Zhao, Y., Liu, X, Song, B., Zhang, Z., Li, J., Yao, Y. *y* Wang, Y. (1995). Constraints on the stratigraphic age of metasedimentary rocks from the Larsemann Hills, East Antártida: Possible implications for Neoproterozoic tectonics. *Precambrian Research* 75:175-188.

Zhao, Y., Song, B., Wang, Y., Ren, L., Li, J. *y* Chen, T. (1992). Geochronology of the late granite in the Larsemann Hills, East Antarctica. En: Yoshida, Y., Kaminuma, K. y Shiraishi, K. (Editores). *Recent Progress in Antarctic Earth Science.* Terra Scientific Publishing Co., Tokyo. Pp. 155-161.

Apédice 4: mapas de las Colinas de Larsemann

Mapa A. Topograpía y características físicas
Mapa B. Gestión de las zonas y de las zonas sin hielo
Mapa C. Broknes norte detallado
Mapa D. Estación Zhongshan
Mapa E. Estación Progress

Pueden obtenerse mapas detallados de la región en el sitio web del Centro Australiano de Datos Antárticos:
http://aadc-maps.aad.gov.au/aadc/mapcat/search_mapcat.cfm
(referencias de los mapas N° 13130 y 13135).

32

Australian Government

Department of Sustainability, Environment,
Water, Population and Communities
Australian Antarctic Division

Map A: Larsemann Hills Antarctic Specially Managed Area No.6,
Ingrid Christensen Coast, East Antarctica
Topography and Physical Features

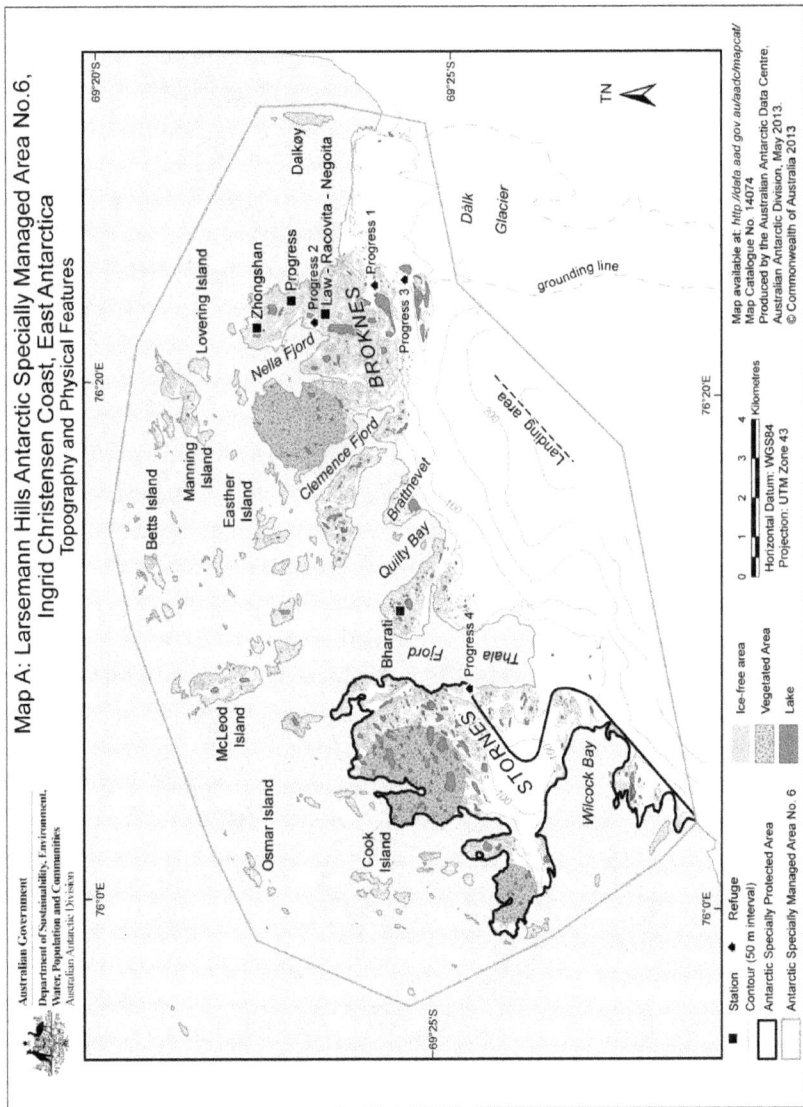

Station   ◆   Refuge

Contour (50 m interval)

Antarctic Specially Protected Area

Antarctic Specially Managed Area No. 6

Ice-free area

Vegetated Area

Lake

0 1 2 3 4
Kilometres

Horizontal Datum: WGS84
Projection: UTM Zone 43

Map available at: http://data.aad.gov.au/aadc/mapcat/
Map Catalogue No. 14074
Produced by the Australian Antarctic Data Centre.
Australian Antarctic Division, May 2013.
© Commonwealth of Australia 2013

335

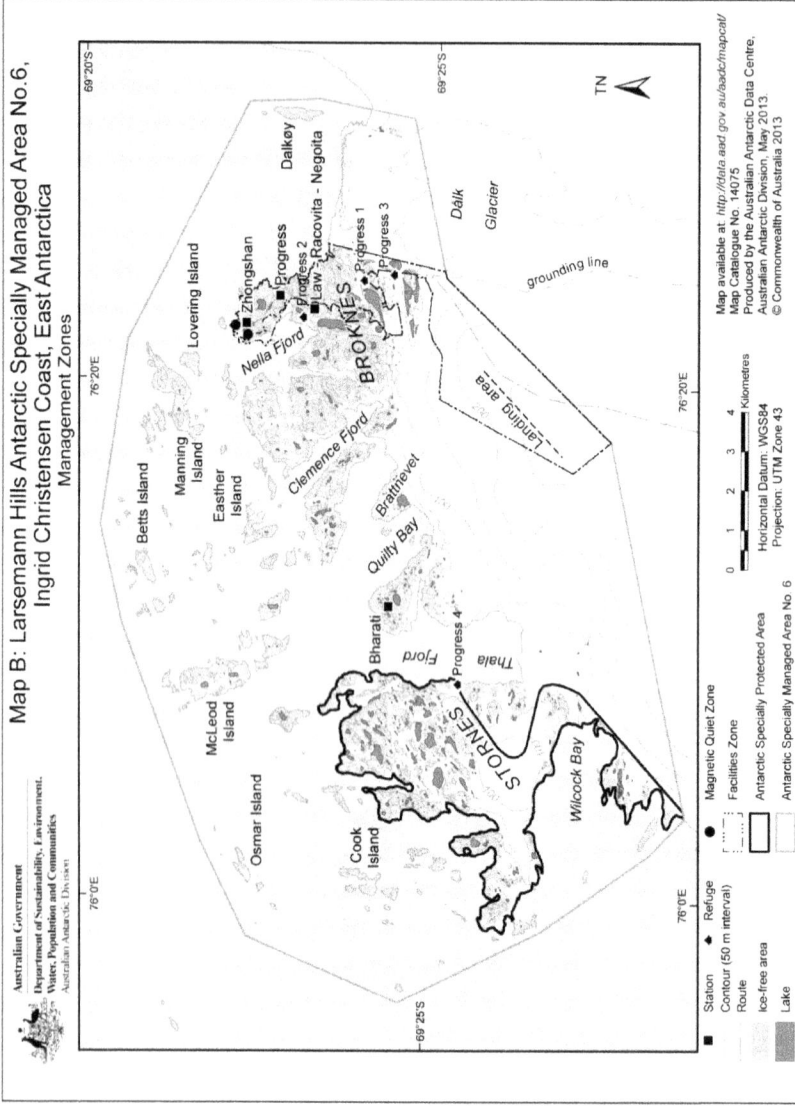

Map B: Larsemann Hills Antarctic Specially Managed Area No.6, Ingrid Christensen Coast, East Antarctica
Management Zones

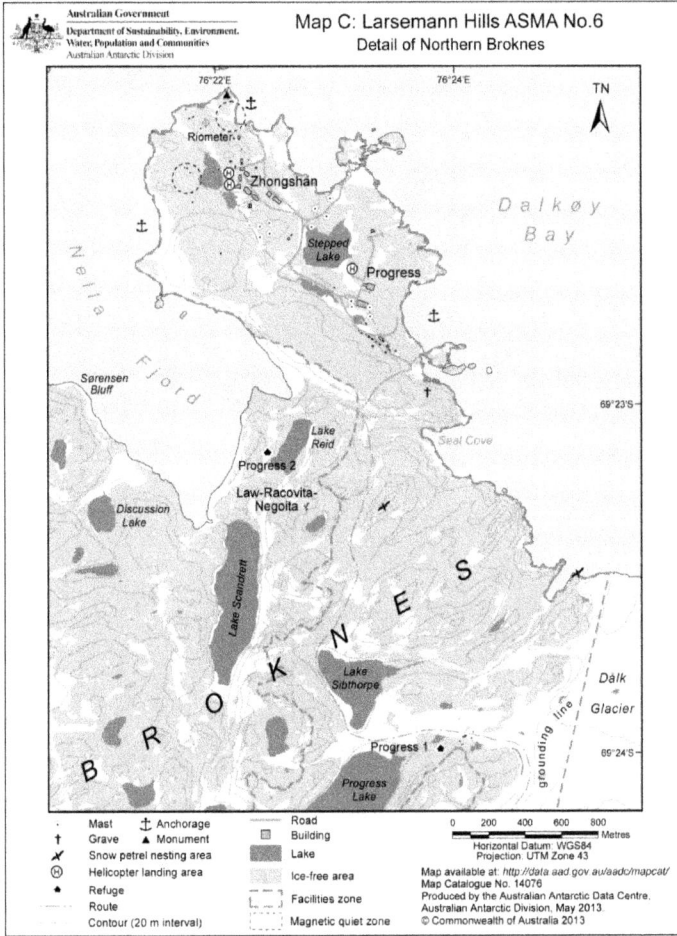

Map C: Larsemann Hills ASMA No.6
Detail of Northern Broknes

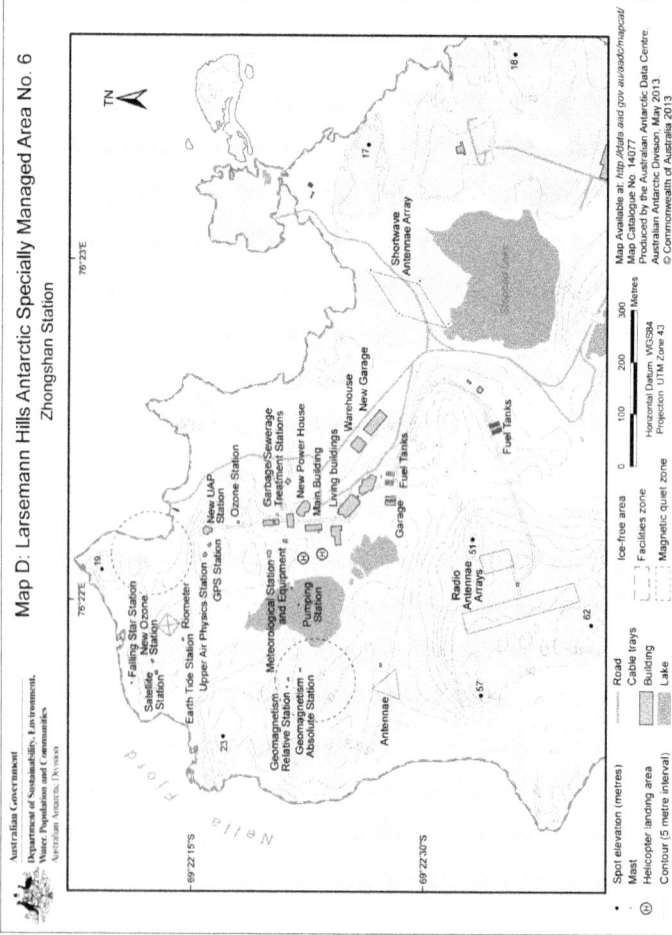

Map D: Larsemann Hills Antarctic Specially Managed Area No. 6
Zhongshan Station

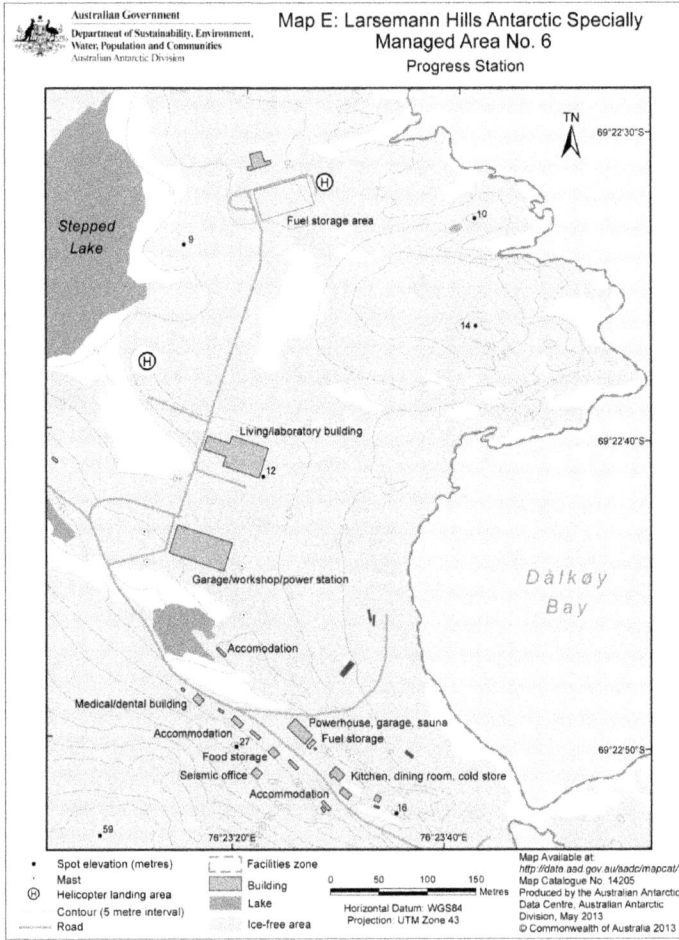

Map E: Larsemann Hills Antarctic Specially Managed Area No. 6
Progress Station

PARTE III

Informes y discursos de apertura y cierre

1. Informes de Depositarios y Observadores

Informe del Gobierno Depositario del Tratado Antártico y su Protocolo de acuerdo con la Recomendación XIII-2

Documento de trabajo entregado por Estados Unidos

Este informe cubre eventos relativos al Tratado Antártico y al Protocolo sobre Protección del Medio Ambiente del Tratado Antártico.

El año pasado no se realizaron accesos al Tratado o al Protocolo. Existen cincuenta (50) Partes en el Tratado y treinta y cinco (35) Partes en el Protocolo.

Los siguientes países han proporcionado una notificación de que han designado a las personas señaladas como Árbitros de acuerdo con el Artículo 2(1) del programa del Protocolo:

Bulgaria	Sra. Guenka Beleva	30 julio 2004
Chile	Emb. María Teresa Infante	junio 2005
	Emb. Jorge Berguño	junio 2005
	Dr. Francisco Orrego	junio 2005
Finlandia	Emb. Holger Bertil Rotkirch	14 junio 2006
India	Prof. Upendra Baxi	6 octubre 2004
	Rr. Ajai Saxena	6 octubre 2004
	Dr. N. Khare	6 octubre 2004
Japón	Judge Shunji Yanai	18 julio 2008
Rep. de Corea	Prof. Park Ki Gab	21 octubre 2008
Estados Unidos	Prof. Daniel Bodansky	1 mayo 2008
	Mr. David Colson	1 mayo 2008

Listas de Partes del Tratado, del Protocolo, y Recomendaciones/Medidas y sus aprobaciones adjuntas.

Fecha de la actividad más reciente: 1 de marzo de 2012

El Tratado Antártico

Elaborado en: Washington; 1 de diciembre de 1959

Entrada en vigor: 23 de junio, 1961

En conformidad con el Artículo XIII, el Tratado estaba sujeto a la ratificación por parte de los Estados signatarios y abierto a la adhesión de cualquier Estado que sea miembro de las Naciones Unidas, o de cualquier otro Estado que pueda ser invitado a adherirse al Tratado con el consentimiento de todas las Partes Contratantes cuyos representantes estén facultados a participar en las reuniones previstas en el artículo IX del Tratado; los instrumentos de ratificación y los de adhesión serán depositados ante el Gobierno de los Estados Unidos de América. Una vez depositados los instrumentos de ratificación por todos los Estados signatarios, el presente Tratado entrará en vigencia para dichos Estados y para los Estados que hayan depositado sus instrumentos de adhesión. En lo sucesivo, el Tratado entra en vigencia para cualquier Estado adherente una vez que deposite su instrumento de adhesión.

Leyenda: (sin marcas) = ratificación; a = adhesión; d = sucesión; w = renuncia o acción equivalente

Participante	Firma	Consentimiento vinculante		Otra acción	Notas
Alemania		5 de febrero, 1979	a		i
Argentina	Diciembre 1, 1959	23 de junio, 1961			
Australia	Diciembre 1, 1959	23 de junio, 1961			
Austria		25 de agosto, 1987	a		
Belarús		27 de Diciembre, 2006	a		
Bélgica	Diciembre 1, 1959	26 de julio, 1960			
Brasil		16 de mayo, 1975	a		
Bulgaria		11 de septiembre, 1978	a		
Canadá		4 de mayo, 1988	a		
Chile	Diciembre 1, 1959	23 de junio, 1961			
China		8 de junio, 1983	a		
Colombia		31 de enero, 1989	a		
Corea (RDC)		28 de noviembre, 1986	a		
Corea (RDPC)		21 de enero, 1987	a		
Cuba		16 de agosto, 1984	a		
Dinamarca		20 de mayo, 1965	a		
Ecuador		15 de septiembre de 1987	a		

España		31 de marzo, 1982	a		
Estonia		17 de mayo, 2001	a		
Estados Unidos	Diciembre 1, 1959	18 de agosto, 1960			
Federación de Rusia	Diciembre 1, 1959	2 de noviembre, 1960			ii
Finlandia		15 de mayo, 1984	a		
Francia	Diciembre 1, 1959	16 de septiembre, 1960			
Grecia		8 de enero, 1987	a		
Guatemala		31 de julio, 1991	a		
Hungría		27 de enero, 1984	a		
India		19 de agosto, 1983	a		
Italia		18 de marzo, 1981	a		
Japón	Diciembre 1, 1959	4 de agosto, 1960			
Malasia		31 de octubre, 2011	a		
Mónaco		31 de mayo, 2008	a		
Noruega	Diciembre 1, 1959	24 de agosto, 1960			
Nueva Zelandia	Diciembre 1, 1959	1 de noviembre, 1960			
Países Bajos		30 de marzo, 1967	a		
Pakistán		1 de marzo de 2012	a		
Papua Nueva Guinea		16 de marzo, 1981	d		iii
Perú		10 de abril, 1981	a		
Polonia		8 de junio, 1961	a		
Portugal		29 de enero, 2010	a		
Reino Unido	Diciembre 1, 1959	31 de mayo, 1960			
Rumania		15 de septiembre, 1971	a		iv
República Checa		Enero 1, 1993	d		v
República de Eslovaquia		1 de enero, 1993	d		vi
Suecia		24 de abril, 1984	a		
Sudáfrica	Diciembre1, 1959	21 de junio, 1960			
Suiza		15 de noviembre, 1990	a		
Turquía		24 de enero, 1996	a		
Ucrania		28 de octubre, 1992	a		
Uruguay		11 de enero, 1980	a		vii
Venezuela		24 de marzo, 1999	a		

[i] La Embajada de la República Federal de Alemania en Washington transmitió al Departamento de Estado norteamericano una nota diplomática fechada el 02 de octubre de 1990 que dice lo siguiente:

"La Embajada de la República Federal de Alemania saluda al Ministerio de Relaciones Exteriores y tiene el honor de informar al Gobierno de Estados Unidos de Norteamérica, en su calidad de Gobierno depositario del Tratado Antártico, que, a través de la adhesión de la República democrática Alemana a la República Federal Alemana que entrara en vigor el 03 de octubre de 1990, ambos estados alemanes habrán de unirse para formar un solo estado soberano que, en su calidad de Parte Contratante del Tratado Antártico, seguirá vinculado por las cláusulas del Tratado y sujeto a aquellas recomendaciones aprobadas en las quince reuniones consultivas aprobadas por la República Federal de Alemania. A partir de la fecha de la unificación de Alemania, la República Federal de Alemania fungirá bajo la denominación "Alemania" en el marco del Sistema Antártico.
"La Embajada agradecerá al gobierno de los Estados Unidos de Norteamérica que tenga a bien informar del contenido de la presente nota a todas las Partes Contratantes del Tratado Antártico."

"La Embajada de la República Federal de Alemania aprovecha esta oportunidad para renovar al Ministerio de Relaciones Exteriores de los Estados Unidos de Norteamérica su más alta consideración."

Antes de la unificación, el 19 de noviembre de 1974, la República Democrática Alemana depositó un instrumento de adhesión al Tratado, acompañado por una declaración con una traducción al inglés del Ministerio de Relaciones Exteriores norteamericano que dice lo siguiente:

"La República Democrática Alemana considera que el Artículo XIII, párrafo 1, del Tratado no es congruente con el principio de que todos los Estados que se orientan en sus políticas por los propósitos y principios de la Carta de las Naciones Unidas tienen el derecho de ser Parte a los tratados que afectan los intereses de todos los Estados".

Por consiguiente, el 5 de febrero de 1979 la República Federal de Alemania depositó un instrumento de adhesión acompañado de una declaración y su traducción al inglés proporcionada por la Embajada de la República Federal de Alemania, que dice lo siguiente:

"Estimado Sr. Ministro:
"En conexión con el depósito con fecha de hoy, del instrumento de adhesión al Tratado Antártico suscrito en Washington el 1 de diciembre de 1959, tengo el honor de declarar en representación de la República Federal de Alemania que con efecto a partir del día en que el Tratado entre en vigor para la República Federal de Alemania aplicará también para Berlín (Occidental) sujeto a los derechos y responsabilidades de la República de Francia, el Reino Unido de Gran Bretaña e Irlanda del Norte y los Estados Unidos de Norteamérica incluyendo aquellos relacionados con el desarme y desmilitarización.
"Acepte, Excelencia, la expresión de mi más alta consideración".

[ii] El tratado fue suscrito y ratificado por la ex Unión de Repúblicas Soviéticas Socialistas. Mediante una nota fechada el 13 de enero de 1992, la Federación de Rusia informó al gobierno de los Estados Unidos que "sigue gozando de los derechos y cumpliendo con las obligaciones derivados de los acuerdos internacionales firmados por la Unión de Repúblicas Soviéticas Socialistas".

[iii] Fecha de depósito de notificación de sucesión por Papúa Nueva Guinea; vigente a partir de 16 de septiembre de 1975, fecha de su independencia.

[iv] El instrumento de adhesión al Tratado de Rumania fue acompañado por una nota del Embajador de la República Socialista de Rumania a los Estados Unidos de Norteamérica, fechada el 15 de septiembre de 1971, que dice lo siguiente:
Estimado Sr. Ministro:
"Al presentarle el instrumento de adhesión de la República socialista de Rumania al Tratado Antártico, firmado en Washington el 1 de diciembre de 1959, tengo el honor de informar a usted lo siguiente:
'El Consejo de Estado de la República Socialista de Rumania señala que las cláusulas contenidas en el primer párrafo del Artículo XIII del Tratado Antártico no son conformes con el principio según el cual los tratados multilaterales cuyos objetivos y propósito atañen a la comunidad internacional en su conjunto deberían quedar abiertos a la participación universal".
"Solicito a usted tenga la gentileza, Sr. Ministro, de trasmitir a las partes interesadas el texto del instrumento de adhesión de Rumania al Tratado Antártico así como también el texto de la presente carta que contiene la declaración del gobierno rumano mencionada anteriormente.
"Aprovecho esta oportunidad para reiterar a usted, Sr. Ministro, las garantías de su mayor consideración".

El Secretario de Estado de Estados Unidos hizo circular copias de la carta del embajador y del instrumento de adhesión al Tratado por parte de Rumania a las partes al Tratado Antártico con una nota circular fechada el 01 de octubre de 1971.

[v] Fecha efectiva de sucesión de la República Checa.
Checoslovaquia depositó un instrumento de adhesión al Tratado el 14 de junio de 1962.
El 31 de diciembre de 1992, a la medianoche, Checoslovaquia dejó de existir y fue sucedida por dos estados separados e independientes, la República Checa y la República Eslovaca

[vi] Fecha efectiva de sucesión de la República de Eslovaquia. Checoslovaquia depositó un instrumento de adhesión al Tratado el 14 de junio de 1962. El 31 de diciembre de 1992, a la medianoche,

Checoslovaquia dejó de existir y fue sucedida por dos estados separados e independientes, la República Checa y la República de Eslovaquia.

[vii] El instrumento de adhesión al Tratado por parte de Uruguay vino acompañado por una declaración con una traducción al inglés del Departamento de Estado norteamericano que dice lo siguiente:

"El gobierno de la República Oriental del Uruguay considera que, a través de su adhesión al Tratado Antártico firmado en Washington (Estados Unidos de Norteamérica) el 01 de diciembre de 1959, colabora en afirmar los principios por los cuales se usa a la Antártida exclusivamente con fines pacíficos, de prohibir toda explosión nuclear o eliminación de desechos radioactivos en la zona, el respeto por la libertad de la investigación científica en la Antártida al servicio de la humanidad y el principio de la cooperación internacional para lograr estos objetivos, los cuales han quedado fijados en dicho Tratado.

"En el contexto de estos principios Uruguay propone, a través de un procedimiento basado en el principio de igualdad jurídica, el establecimiento de un estatuto general y definitivo sobre la Antártida en el cual, respetando los derechos de los Estados tal como han quedado conformados en derecho internacional, los intereses de todos los Estados participantes y de la comunidad internacional en su conjunto se consideren equitativamente.

"La decisión del Gobierno uruguayo de adherir al Tratado Antártico está basada no solamente en los intereses que, al igual que todos los miembros de la comunidad internacional, tiene Uruguay en la Antártida, sino también en un interés especial directo y sustantivo que surge de su ubicación geográfica, del hecho de que su línea costera atlántica se encuentra frente al continente Antártico, de la influencia resultante en su clima, ecología y biología marina, de los vínculos históricos que se remontan a las primeras expediciones que fueran a explorar ese continente y sus aguas y de sus obligaciones asumidas de conformidad con el Tratado interamericano de asistencia recíproca, el cual incluye una parte del territorio Antártico en la zona descrita en el Artículo 4, en virtud del cual Uruguay comparte la responsabilidad de defender la región.

"Al comunicar su decisión de adherir al Tratado Antártico, el gobierno de la República Oriental del Uruguay declara que hace una reserva de sus derechos en la Antártida de conformidad con el derecho internacional."

PROTOCOLO AL TRATADO ANTÁRTICO SOBRE PROTECCIÓN DEL MEDIO AMBIENTE

Suscrito en Madrid el 4 de octubre de 1991*

Estado V	Fecha de Firma	Fecha del depósito de la ratificación, Aceptación (A) o Aprobación (AA)	Fecha del depósito de Adhesión	Fecha de entrada en vigor	Fecha Aceptación ANEXO V**	Fecha de entrada en vigor del Anexo
PARTES CONSULTIVAS						
Alemania	4 Oct. 1991	25 Nov. 1994		14 En. 1998	25 Nov. 1994 (A)	24 May. 2002
Argentina	4 Oct. 1991	28 Oct. 1993 [3]		14 En. 1998	1 Sept. 1998 (B) / 8 Sept. 2000 (A)	24 May. 2002
Australia	4 Oct. 1991	6 Abr. 1994		14 En. 1998	4 Ago. 1995 (B) / 6 Abr. 1994 (A)	24 May. 2002
Bélgica	4 Oct. 1991	26 Abr. 1996		14 En. 1998	7 Jun. 1995 (B) / 26 Abr. 1996 (A) / 23 Oct. 2000 (B)	24 May. 2002
Brasil	4 Oct. 1991	15 Ago. 1995		14 En. 1998	20 May. 1998 (B)	24 May. 2002
Bulgaria	4 Oct. 1991		21 Abr. 1998	21 May. 1998	5 May. 1999 (AB)	24 May. 2002
Chile	4 Oct. 1991	11 Ene. 1995		14 En. 1998	25 Mar. 1998 (A)	24 May. 2002
China	4 Oct. 1991	2 Ago. 1994		14 En. 1998	26 Ene. 1995 (AB)	24 May. 2002
Ecuador	4 Oct. 1991	4 Ene. 1993		14 En. 1998	11May. 2001 (A) / 15 Nov. 2001 (B)	24 May. 2002
España	4 Oct. 1991	1 Jul. 1992		14 En. 1998	8 Dic. 1993 (A) / 18 Feb. 2000 (B)	24 May. 2002
Estados Unidos	4 Oct. 1991	17 Abr. 1997		14 En. 1998	17 Abr. 1997 (A) / 6 May. 1998 (B)	24 May. 2002
Federación de Rusia	4 Oct. 1991	6 Ago. 1997		14 En. 1998	19 Jun. 2001 (B)	24 May. 2002
Finlandia	4 Oct. 1991	1 Nov. 1996 (A)		14 En. 1998	1 Nov. 1996 (A) / 2 Abr. 1997 (B)	24 May. 2002
Francia	4 Oct. 1991	5 Feb. 1993 (AA)		14 En. 1998	26 Abr. 1995 (A) / 18 Nov. 1998 (A)	24 May. 2002
India	2 Jul. 1992	26 Abr. 1996		14 En. 1998	24 May. 2002 (B)	24 May. 2002
Italia	4 Oct. 1991	31 Mar. 1995		14 En. 1998	31 May. 1995 (B) / 11 Feb. 1998 (B)	24 May. 2002
Japón	29 Sept. 1992	15 Dic. 1997 (A)		14 En. 1998	15 Dic. 1997 (AB)	24 May. 2002
Reino Unido	4 Oct. 1991	25 Abr. 1995 [5]		14 En. 1998	21 May. 1996 (B)	24 May. 2002
Rep. de Corea	2 Jul. 1992	2 En. 1996		14 En. 1998	5 Jun. 1996 (B)	24 May. 2002
Países Bajos	4 Oct. 1991	14 Abr. 1994 [6]		14 En. 1998	18 Mar. 1998 (B)	24 May. 2002
Nueva Zelandia	4 Oct. 1991	22 Dic. 1994		14 En. 1998	21 octubre 1992 (B)	24 May. 2002
Noruega	4. Oct. 1991	16 Jun. 1993		14 En. 1998	13 Oct. 1993 (B)	24 May. 2002
Perú	4 Oct. 1991	8 Mar. 1993		14 En. 1998	8 Mar. 1993 (A)	24 May. 2002

351

Informe Final de la XXXVII RCTA

Polonia	4 Oct. 1991	1 Nov. 1995		14 En. 1998	17 Mar. 1999 (B)
Rep. Checa[1,2]	1 En. 1993	25 Ago. 2004[4]		24 Sept. 2004	20 Sept. 1995 (B)
Sudáfrica	4 Oct. 1991	3 Ago. 1995		14 En. 1998	14 Jun. 1995 (B)
Suecia	4 Oct. 1991	30 Mar. 1994		14 En. 1998	30 Mar. 1994 (A)
					7 Abr. 1994 (B)
Ucrania			25 May. 2001	24 Jun. 2001	25 May. 2001 (A)
Uruguay	4 Oct. 1991	11 En. 1995		14 En. 1998	15 May. 1995 (B)

	24 May. 2002
	24 May. 2002
	24 May. 2002
	24 May. 2002
	24 May. 2002

****Lo siguiente denota fechas relacionadas ya sea
de la aceptación del Anexo V o la aprobación de la Recomendación XVI-10
(A) aceptación del Anexo V   Aprobación de la Recomendación XVI-10

Estado	Fecha de Firma	Ratificación / Aceptación o Aprobación	Fecha del depósito de la Adhesión	Fecha de entrada en vigor	Fecha de Aceptación ANEXO V**	Fecha de entrada en vigor del Anexo V
PARTES NO CONSULTIVAS						
Austria	4 Oct. 1991					
Belarús	4 Oct. 1991		16 Jul. 2008	15 Ag. 2008		
Canadá	4 Oct. 1991	13 Nov. 2003		13 Dic. 2003		
Colombia	4 Oct. 1991					
Cuba	2 Jul. 1992					
Dinamarca						
Estonia						
Grecia	4 Oct. 1991	23 May. 1995		14 En. 1998		
Guatemala						
Hungría	4 Oct. 1991					
Malasia						
Mónaco			1 Jul. 2009	31 Jul. 2009		
Pakistán			1 Mar. 2012	31 Mar. 2012		
Papúa Nueva Guinea						
Portugal						
Rep. Democrática Corea	4 Oct. 1991					
Rep. de Eslovaquia[1,2]	1 En. 1993.					
Rumania	4 Oct. 1991	3 Feb. 2003		5 Mar. 2003	3 Feb. 2003	5 Mar. 2003
Suiza	4 Oct. 1991					
Turquía	4 Oct. 1991					
Venezuela						

---

* Firmado en Madrid el 4 de octubre de 1991; después en Washington hasta el 3 de octubre de 1992.
El Protocolo entrará en vigor inicialmente el trigésimo día siguiente a la fecha de depósito de los instrumentos de ratificación, aceptación, aprobación o adhesión de todos los Estados que sean Partes Consultivas del Tratado Antártico en la fecha en que se adopte este Protocolo. (Artículo 23)

**Aprobado en Bonn el 17 de octubre de 1991 en la XVI Reunión de las Partes Consultivas.

1. Firmado por las repúblicas federales checa y eslovaca el 2 de octubre de 1992 – Checoslovaquia acepta la jurisdicción de la Corte Internacional de Justicia y Tribunal arbitral para la resolución de disputas en conformidad con lo establecido en el Artículo 19, párrafo 1. El 31 de diciembre de 1992, a la medianoche, Checoslovaquia dejó de existir y fue sucedida por dos estados separados e independientes, la República Checa y la República de Eslovaquia.

2. Fecha efectiva de sucesión con respecto a la firma de Checoslovaquia, sujeta a ratificación por parte de las Repúblicas Checa y Eslovaca.

353

3. Acompañada de una declaración con traducción informal proporcionada por la Embajada de Argentina, que reza así: "La República de Argentina declara que dado que el Protocolo al Tratado Antártico sobre Protección del Medio Ambiente es un Acuerdo Complementario del Tratado Antártico, y que su Artículo 4 respeta totalmente lo dispuesto por el Artículo IV inciso 1, párrafo A) de dicho Tratado, ninguna de sus estipulaciones deberá interpretarse o aplicarse como afectando sus derechos, fundados en títulos jurídicos, actos de posesión, contigüidad y continuidad geológica en la región comprendida al sur del paralelo 60, en la que ha proclamado y mantiene su soberanía."

4. Acompañada de una declaración con traducción informal proporcionada por la Embajada de la República Checa, que reza así: "La República Checa acepta la jurisdicción de la Corte Internacional de Justicia y el Tribunal de Arbitraje para el establecimiento de disputas de acuerdo con el Artículo 19, párrafo 1 del Protocolo al Tratado Antártico sobre Protección del Medio Ambiente, hecho en Madrid el 4 de octubre de 1991."

5. Ratificación a nombre del Reino Unido de Gran Bretaña e Irlanda del Norte, el Bailiazgo de Jersey, el Bailiazgo de Guernsey, la Isla de Man, Anguilla, Bermuda, el Territorio Antártico Británico, las Islas Caimán, las Islas Falkland, Montserrat, Santa Santa Helena y sus dependencias, Georgia del Sur e Islas Sándwich del Sur, Islas Turcas y Caicos y las Islas Vírgenes Británicas.

6. La aceptación es para el Reino en Europa. Al momento de la aceptación, el Reino de los Países Bajos declaró que escoge ambos medios para la resolución de las disputas mencionados en el Artículo 19, párrafo 1 del Protocolo, esto es, La Corte internacional de Justicia y el Tribunal de Arbitraje.

Una declaración del Reino de los Países Bajos aceptando que el Protocolo para las Antillas Holandesas fue depositado el 27 de octubre de 2004 con una declaración que confirma que escoge ambos medios para la resolución de la disputa mencionados en el Artículo 19, párrafo 1 del Protocolo.

La Embajada del Reino de los Países Bajos en Washington transmitió al Departamento de Estado una nota diplomática, con fecha del 6 de octubre de 2010, que en la parte correspondiente dice lo siguiente:

"El Reino de los Países Bajos consiste actualmente de tres partes: Holanda, las Antillas Holandesas y Aruba. Las Antillas Holandesas son las islas de Curaçao, San Martín, Bonaire, San Eustaquio y Saba.

"Con efecto a partir del 10 de octubre de 2010, las Antillas Holandesas dejan de existir como parte del Reino de los Países Bajos. Desde esa fecha en adelante, el Reino consistirá en cuatro partes: Holanda, Aruba, Curaçao y San Martín. Curaçao y San Martín disfrutarán de un gobierno interno autónomo dentro del Reino, al igual que Aruba y hasta el 10 de octubre de 2010, las Antillas Holandesas.

"Estos cambios son una modificación de las relaciones constitucionales internas en el Reino de los Países Bajos. El Reino de los Países Bajos permanecerá en consecuencia como sujeto de legislación internacional con el que se concluirán los acuerdos. La modificación de la estructura del Reino no afectará por lo tanto la validez de los acuerdos internacionales ratificados por el Reino para las Antillas Holandesas; y estos acuerdos seguirán aplicándose a Curaçao y San Martín.

"Las otras islas que hasta ahora han formado parte de las Antillas Holandesas –Bonaire, San Eustaquio y Saba– serán parte de los Países Bajos, constituyendo así "la parte caribeña de los Países Bajos". Los acuerdos que se aplican actualmente a las Antillas Holandesas seguirán aplicándose a estas islas, no obstante, el gobierno de los Países Bajos será ahora responsable de implementar estos acuerdos."

Departamento de Estado, Washington, 27 de marzo de 2014.

Aprobación, notificada al Gobierno de los Estados Unidos de Norteamérica, de las medidas relativas a la promoción de los principios y objetivos del Tratado Antártico

	16 Recomendaciones aprobadas en la Primera Reunión (Canberra 1961) Aprobada	10 Recomendaciones aprobadas en la Segunda Reunión (Buenos Aires 1962) Aprobada	11 Recomendaciones aprobadas en la Tercera Reunión (Bruselas 1964) Aprobada	28 Recomendaciones aprobadas en la Cuarta Reunión (Santiago 1966) Aprobada	9 Recomendaciones aprobadas en la Quinta Reunión (París 1968) Aprobada	15 Recomendaciones aprobadas en la Sexta Reunión (Tokio 1970) Aprobada
Alemania (1981)+	TODAS	TODAS	TODAS (excepto 8)	TODAS (excepto 16-19)	TODAS (excepto 6)	TODAS (excepto 9)
Argentina	TODAS	TODAS	TODAS	TODAS	TODAS	TODAS
Australia	TODAS	TODAS	TODAS	TODAS	TODAS	TODAS
Bélgica	TODAS	TODAS	TODAS	TODAS	TODAS	TODAS
Brasil (1983)+	TODAS	TODAS	TODAS	TODAS	TODAS	TODAS (excepto 10)
Bulgaria (1998)+						
Chile	TODAS	TODAS	TODAS	TODAS	TODAS	TODAS
China (1985)+	TODAS	TODAS	TODAS	TODAS	TODAS	TODAS (excepto 10)
Ecuador (1990)+						
EE.UU.	TODAS	TODAS	TODAS	TODAS	TODAS	TODAS
España (1988)+	TODAS	TODAS	TODAS	TODAS	TODAS	TODAS
Finlandia (1989)+	TODAS	TODAS	TODAS	TODAS	TODAS	TODAS
Francia	TODAS	TODAS	TODAS	TODAS	TODAS	TODAS
India (1983)+	TODAS	TODAS	TODAS (excepto 8***)	TODAS (excepto 18)	TODAS	TODAS (excepto 9 y 10)
Italia (1987)+	TODAS	TODAS	TODAS	TODAS	TODAS	TODAS
Japón	TODAS	TODAS	TODAS	TODAS	TODAS	TODAS
Nueva Zelandia	TODAS	TODAS	TODAS	TODAS	TODAS	TODAS
Noruega	TODAS (excepto 11 y 15)	TODAS (excepto 3, 5, 8 y 10)	TODAS (excepto 3, 4, 6 y 9)	TODAS (excepto 20, 25, 26 y 28)	TODAS	TODAS (excepto 15)
Países Bajos (1990)+	TODAS	TODAS	TODAS	TODAS	TODAS	TODAS
Perú (1989)+	TODAS	TODAS	TODAS	TODAS	TODAS	TODAS
Polonia (1977)+	TODAS	TODAS	TODAS	TODAS	TODAS	TODAS
Rep. Checa (2014)+						
Rep. de Corea (1989)+	TODAS	TODAS	TODAS	TODAS	TODAS	TODAS
Rusia	TODAS	TODAS	TODAS	TODAS	TODAS	TODAS
Sudáfrica	TODAS	TODAS	TODAS	TODAS	TODAS	TODAS
Suecia (1989)+						
Reino Unido	TODAS	TODAS	TODAS	TODAS	TODAS	TODAS
Uruguay (1985)+	TODAS	TODAS	TODAS	TODAS	TODAS	TODAS

* IV-6, IV-10, IV-12, y V-5 rescindidas por VIII-2

*** Aceptada como directriz interna

+ Año en que obtuvo carácter Consultivo. Dicho Estado necesita aceptar las Recomendaciones o Medidas para que entren en vigor a partir de ese año.

Informe Final de la XXXVII RCTA

Aprobación, notificada al Gobierno de los Estados Unidos de Norteamérica, de las medidas relativas a la promoción de los principios y objetivos del Tratado Antártico

	9 Recomendaciones aprobadas en la Séptima Reunión (Wellington 1972) Aprobada	14 Recomendaciones aprobadas en la Octava Reunión (Oslo 1975) Aprobada	6 Recomendaciones aprobadas en la Novena Reunión (Londres 1977) Aprobada	9 Recomendaciones aprobadas en la Décima Reunión (Washington 1979) Aprobada	3 Recomendaciones aprobadas en la Undécima Reunión (Buenos Aires 1981) Aprobada	8 Recomendaciones aprobadas en la Duodécima Reunión (Canberra 1983) Aprobada
Alemania (1981)+	TODAS (excepto 5)	TODAS (excepto 2 y 5)	TODAS	TODAS	TODAS	TODAS
Argentina	TODAS	TODAS	TODAS	TODAS	TODAS	TODAS
Australia	TODAS	TODAS	TODAS	TODAS	TODAS	TODAS
Bélgica	TODAS	TODAS	TODAS	TODAS	TODAS	TODAS
Brasil (1983)+	TODAS (excepto 5)	TODAS	TODAS	TODAS	TODAS	TODAS
Bulgaria (1998)+						
Chile	TODAS	TODAS	TODAS	TODAS	TODAS	TODAS
China (1985)+	TODAS (excepto 5)	TODAS	TODAS	TODAS	TODAS	TODAS
Ecuador (1990)+						
España (1988)+	TODAS	TODAS	TODAS	TODAS (excepto 1 y 9)	TODAS (excepto 1)	TODAS
EE.UU.	TODAS	TODAS	TODAS	TODAS	TODAS	TODAS
Finlandia (1989)+						
Francia	TODAS	TODAS	TODAS	TODAS	TODAS	TODAS
India (1983)+	TODAS	TODAS	TODAS	TODAS (excepto 1 y 9)	TODAS	TODAS
Italia (1987)+	TODAS (excepto 5)	TODAS	TODAS	TODAS (excepto 1 y 9)	TODAS	TODAS
Japón	TODAS	TODAS	TODAS	TODAS	TODAS	TODAS
Nueva Zelandia	TODAS	TODAS	TODAS	TODAS	TODAS	TODAS
Noruega	TODAS	TODAS	TODAS	TODAS	TODAS	TODAS
Países Bajos (1990)+	TODAS	TODAS	TODAS (excepto 3)	TODAS (excepto 9)	TODAS (excepto 2)	TODAS
Perú (1989)+	TODAS	TODAS	TODAS	TODAS	TODAS	
Polonia (1977)+	TODAS	TODAS	TODAS	TODAS	TODAS	TODAS
Rep. Checa (2014)+						
Rep. de Corea (1989)+	TODAS	TODAS	TODAS	TODAS	TODAS	TODAS
Reino Unido	TODAS	TODAS	TODAS	TODAS	TODAS	TODAS
Rusia	TODAS	TODAS	TODAS	TODAS	TODAS	TODAS
Suecia (1989)+						
Sudáfrica	TODAS	TODAS	TODAS	TODAS	TODAS	TODAS
Uruguay (1985)+	TODAS	TODAS	TODAS	TODAS	TODAS	TODAS

* IV-6, IV-10, IV-12, y V-5 rescindidas por VIII-2

*** Aceptada como directriz interina

+ Año en que obtuvo carácter Consultivo. Dicho Estado necesita aceptar las Recomendaciones o Medidas para que entren en vigor a partir de ese año.

356

Aprobación, notificada al Gobierno de los Estados Unidos de Norteamérica, de las medidas relativas a la promoción de los principios y objetivos del Tratado Antártico

	16 Recomendaciones aprobadas en la Decimotercera reunión (Bruselas 1985) Aprobada	10 Recomendaciones aprobadas en la Decimocuarta Reunión (Río de Janeiro 1987) Aprobada	22 Recomendaciones aprobadas en la Decimoquinta Reunión (París 1989) Aprobada	13 Recomendaciones aprobadas en la Decimosexta Reunión (Bonn 1991) Aprobada	4 Recomendaciones aprobadas en la Decimoséptima Reunión (Venecia 1992) Aprobada	1 Recomendación aprobada en la Decimoctava Reunión (Kioto 1994) Aprobada
Alemania (1981)+	TODAS	TODAS	TODAS (excepto 3,8,10,11 y 22)	TODAS	TODAS	TODAS
Argentina	TODAS	TODAS	TODAS	TODAS	TODAS	TODAS
Australia	TODAS	TODAS	TODAS	TODAS	TODAS	TODAS
Bélgica	TODAS	TODAS	TODAS	TODAS	TODAS	TODAS
Brasil (1983)+	TODAS	TODAS	TODAS	TODAS	TODAS	TODAS
Bulgaria (1998)+				XVI-10		
Chile	TODAS	TODAS	TODAS	TODAS	TODAS	TODAS
China (1985)+	TODAS	TODAS	TODAS	TODAS	TODAS	TODAS
Ecuador (1990)+				XVI-10		
España (1988)+	TODAS	TODAS	TODAS (excepto 1-4,10, y 11)	TODAS	TODAS	TODAS
EE.UU.	TODAS	TODAS		TODAS		
Finlandia (1989)+			TODAS	TODAS	TODAS	TODAS
Francia	TODAS	TODAS	TODAS	TODAS	TODAS	TODAS
India (1983)+	TODAS	TODAS	TODAS	TODAS	TODAS	TODAS
Italia (1987)+	TODAS	TODAS	TODAS	TODAS	TODAS	TODAS
Japón	TODAS	TODAS	TODAS	TODAS (excepto 1, 3-9,12 y 13)	TODAS (excepto 1-2 y 4)	TODAS
Nueva Zelandia	TODAS	TODAS	TODAS	TODAS	TODAS	TODAS
Noruega	TODAS	TODAS	TODAS	TODAS	TODAS	TODAS
Países Bajos (1990)+	TODAS	TODAS (excepto 9)		TODAS	TODAS	TODAS
Perú (1989)+	TODAS		TODAS (excepto 22)	TODAS (excepto 13)	TODAS	TODAS
Polonia (1977)+	TODAS	TODAS	TODAS (excepto 22)	TODAS	TODAS	TODAS
Rep. Checa (2014)+						
Rep. de Corea (1989)+	TODAS	TODAS	TODAS (excepto 1-11,16,18 y 19)	TODAS (excepto 12)	TODAS	TODAS
Rusia	TODAS	TODAS	TODAS	TODAS	TODAS	TODAS
Sudáfrica	TODAS	TODAS	TODAS	TODAS	TODAS	TODAS
Suecia (1989)+			TODAS	TODAS	TODAS	TODAS
Reino Unido	TODAS	TODAS (excepto 2)	TODAS (excepto 3-4,8,10 y 11)	TODAS (excepto 4, 6, 8 y 9)	TODAS	TODAS
Uruguay (1985)+	TODAS	TODAS	TODAS	TODAS	TODAS	TODAS

* IV-6, IV-10, IV-12, y V-5 rescindidas por VIII-2

*** Aceptada como directriz interna

+ Año en que obtuvo carácter Consultivo. Dicho Estado necesita aceptar las Recomendaciones o Medidas para que entren en vigor a partir de ese año.

Informe Final de la XXXVII RCTA

Aprobación notificada al Gobierno de los Estados Unidos de Norteamérica de las medidas relativas a la promoción de los principios y objetivos del Tratado Antártico

	5 Medidas aprobadas en la Novena Reunión (Seúl 1995) <u>Aprobada</u>	2 Medidas aprobadas en la Vigésima Reunión (Utrecht 1996) <u>Aprobada</u>	5 Medidas aprobadas en la Vigésimo primera Reunión (Christchurch 1997) <u>Aprobada</u>	2 Medidas aprobadas en la Vigésimo segunda Reunión (Tromso 1998) <u>Aprobada</u>	1 Medida aprobada en la Vigésimo tercera Reunión (Lima 1999) <u>Aprobada</u>
Alemania (1981)+	TODAS	TODAS	TODAS	TODAS	TODAS
Argentina	TODAS	TODAS	TODAS	TODAS	TODAS
Australia	TODAS	TODAS	TODAS	TODAS	TODAS
Bélgica	TODAS	TODAS	TODAS	TODAS	TODAS
Brasil (1983)+	TODAS	TODAS	TODAS	TODAS	TODAS
Bulgaria (1998)+					
Chile	TODAS	TODAS	TODAS	TODAS	TODAS
China (1985)+	TODAS	TODAS	TODAS	TODAS	TODAS
España (1988)+	TODAS	TODAS	TODAS	TODAS	TODAS
EE.UU.	TODAS	TODAS	TODAS	TODAS	TODAS
Ecuador (1990)+					
Finlandia (1989)+	TODAS	TODAS	TODAS	TODAS	TODAS
Francia	TODAS	TODAS	TODAS	TODAS	TODAS
India (1983)+	TODAS	TODAS	TODAS	TODAS	TODAS
Italia (1987)+	TODAS	TODAS	TODAS	TODAS	TODAS
Japón	TODAS (excepto 2 y 5)	TODAS (excepto 1)	TODAS (excepto 1-2 y 5)	TODAS	TODAS
Nueva Zelandia	TODAS	TODAS	TODAS	TODAS	TODAS
Noruega	TODAS	TODAS	TODAS	TODAS	TODAS
Países Bajos (1990)+	TODAS	TODAS	TODAS	TODAS	TODAS
Perú (1989)+	TODAS	TODAS	TODAS	TODAS	TODAS
Polonia (1977)+	TODAS	TODAS	TODAS	TODAS	TODAS
Reino Unido	TODAS	TODAS	TODAS	TODAS	TODAS
Rep. de Corea (1989)+	TODAS	TODAS	TODAS	TODAS	TODAS
Rep. Checa (2014)+					
Rusia	TODAS	TODAS	TODAS	TODAS	TODAS
Sudáfrica	TODAS	TODAS	TODAS	TODAS	TODAS
Suecia (1989)+	TODAS	TODAS	TODAS	TODAS	TODAS
Uruguay (1985)+	TODAS	TODAS	TODAS	TODAS	TODAS

"+Año en que obtuvo carácter Consultivo. Dicho Estado necesita aceptar las Recomendaciones o Medidas para que entren en vigor a partir de ese año".

358

Aprobación notificada al Gobierno de los Estados Unidos de Norteamérica, de medidas relativas a la promoción de los principios y objetivos del Tratado Antártico

	2 Medidas aprobadas en la Duodécima Reunión Especial (La Haya 2000) Aprobada	3 Medidas aprobadas en la Vigésimo cuarta Reunión San Petersburgo 2001 Aprobada	1 Medida aprobada en la Vigésimo quinta Reunión (Varsovia 2002) Aprobada	3 Medidas aprobadas en la Vigésimo sexta Reunión (Madrid 2003) Aprobada	4 Medidas aprobadas en la Vigésimo séptima Reunión (Ciudad de Cabo 2004) Aprobada
Alemania (1981)+	TODAS	TODAS	TODAS	TODAS	XXVII-1, XXVII-2*, XXVII-3**
Argentina			*	XXVI-1, XXVI-2*, XXVI-3**	XXVII-1*, XXVII-2*, XXVII-3**
Australia	TODAS	TODAS	TODAS	XXVI-1, XXVI-2*, XXVI-3**	XXVII-1*, XXVII-2*, XXVII-3**
Bélgica	TODAS	TODAS	TODAS	TODAS	TODAS
Brasil (1983)+	TODAS	TODAS	*	TODAS	XXVII-1, XXVII-2, XXVII-3
Bulgaria (1998)+				XXVI-1, XXVII-2*, XXVII-3*	XXVII-1, XXVII-2*, XXVII-3**
Chile	TODAS	TODAS	TODAS	TODAS	TODAS
China (1985)+	TODAS	TODAS	TODAS	XXVI-1, XXVI-2*, XXVI-3**	XXVII-1*, XXVII-2*, XXVII-3**
Ecuador (1990)+				XXVI-1, XXVI-2*, XXVI-3**	XXVII-1*, XXVII-2*, XXVII-3**
España (1988)+	TODAS	TODAS	*	XXVI-1, XXVI-2*, XXVI-3**	XXVII-1*, XXVII-2*, XXVII-3**
EE.UU.			*	XXVI-1, XXVI-2*, XXVI-3**	XXVII-1*, XXVII-2*, XXVII-3*,
Finlandia (1989)+	TODAS	TODAS	*	XXVI-1, XXVI-2*, XXVI-3**	XXVII-1*, XXVII-2*, XXVII-3*, XXVII-4
Francia	ALL (excepto RCETA XII-2)	TODAS	*	XXVI-1, XXVI-2*, XXVI-3**	XXVII-1, XXVII-2*, XXVII-3, XXVII-3, XXVII-4
India (1983)+	TODAS	TODAS	TODAS	XXVI-1, XXVI-2*, XXVI-3**	XXVII-1*, XXVII-2*, XXVII-3**
Italia (1987)+			*	XXVI-1, XXVI-2*, XXVI-3**	XXVII-1*, XXVII-2*, XXVII-3**
Japón	TODAS	TODAS	*	TODAS	XXVII-1*, XXVII-2*, XXVII-3**, XXVII-4
Nueva Zelandia	TODAS	TODAS	TODAS	TODAS	XXVII-1*, XXVII-2*, XXVII-3**
Noruega			*	XXVI-1, XXVI-2*, XXVI-3**	XXVII-1*, XXVII-2*, XXVII-3**
Países Bajos (1990)+	TODAS	TODAS	TODAS	TODAS	TODAS
Perú (1989)+	TODAS	TODAS	TODAS	XXVI-1, XXVI-2*, XXVI-3**	XXVII-1*, XXVII-2*, XXVII-3**
Polonia (1977)+	TODAS	TODAS	TODAS	TODAS	TODAS
Reino Unido	ALL (excepto RCETA XII-2)	TODAS (excepto XXIV-3)	TODAS	TODAS	XXVII-1*, XXVII-2*, XXVII-3*, XXVII-4
Rep. Checa (2014)+					
Rep. de Corea (1989)+	TODAS	TODAS	*	XXVI-1, XXVI-2*, XXVI-3**	XXVII-1*, XXVII-2*, XXVII-3**
Rusia	TODAS	TODAS	TODAS	XXVI-1, XXVI-2, XXVI-3**	XXVII-1*, XXVII-2*, XXVII-3**
Sudáfrica	TODAS	TODAS	TODAS	TODAS	TODAS
Suecia (1989)+	TODAS	TODAS	TODAS	TODAS	XXVII-1*, XXVII-2*, XXVII-3**
Ucrania (2004)+	TODAS	TODAS			XXVII-1*, XXVII-2*, XXVII-3**
Uruguay (1985)+	TODAS	TODAS	*	XXVI-1, XXVI-2*, XXVI-3	XXVII-1*, XXVII-2*, XXVII-3*, XXVII-4

"+Año en que obtuvo carácter Consultivo. Dicho Estado necesita aceptar las Recomendaciones o Medidas para que entren en vigor a partir de ese año."

* Se consideró que los Planes de Gestión anexos a la presente Medida habían sido aprobados de conformidad con el Artículo 6(1) del Anexo V al Protocolo al Tratado Antártico sobre Protección del Medio Ambiente y que la Medida no especificaba otro método de aprobación.

** El listado revisado y actualizado de los Sitios y Monumentos Históricos anexo a la Medida se consideró aprobado de conformidad con el Artículo 8(2) del Anexo V al Protocolo al Tratado Antártico sobre Protección del Medio Ambiente y se consideró que la Medida no especificaba otro método de aprobación.

Aprobación, notificada al Gobierno de los Estados Unidos de Norteamérica, de las medidas relativas a la promoción de los principios y objetivos del Tratado Antártico

	5 Medidas aprobadas en la Vigésimo octava Reunión (Estocolmo 2005) Aprobada	4 Medidas aprobadas en la Vigésimo novena Reunión (Edimburgo 2006) Aprobada	3 Medidas aprobadas en la Trigésima Reunión (Nueva Delhi 2007) Aprobada	14 Medidas aprobadas en la Trigésimo primera Reunión (Kiev 2008) Aprobada
Alemania (1981)+	XXVIII-2 *, XXVIII-3 *, XXVIII-4 *, XXVIII-5 **	XXIX-1 *, XXIX-2 *, XXIX-3 **, XXIX-4 ***	XXX-1 *, XXX-2 *, XXX-3 **	XXXI-1 - XXXI-14 *
Argentina	XXVIII-2 *, XXVIII-3 *, XXVIII-4 *, XXVIII-5 **	XXIX-1 *, XXIX-2 *, XXIX-3 **, XXIX-4 ***	XXX-1 *, XXX-2 *, XXX-3 **	XXXI-1 - XXXI-14 *
Australia	XXVIII-2 *, XXVIII-3 *, XXVIII-4 *, XXVIII-5 **	XXIX-1 *, XXIX-2 *, XXIX-3 **, XXIX-4 ***	XXX-1 *, XXX-2 *, XXX-3 **	XXXI-1 - XXXI-14 *
Bélgica	TODAS excepto la Medida 1	TODAS	TODAS	XXXI-1 - XXXI-14 *
Brasil (1983)+	TODAS excepto la Medida 1	XXIX-1 *, XXIX-2 *, XXIX-3 **, XXIX-4 ***	XXX-1 *, XXX-2 *, XXX-3 **	XXXI-1 - XXXI-14 *
Bulgaria (1998)+	XXVIII-2 *, XXVIII-3 *, XXVIII-4 *, XXVIII-5 **	XXIX-1 *, XXIX-2 *, XXIX-3 **, XXIX-4 ***	XXX-1 *, XXX-2 *, XXX-3 **	XXXI-1 - XXXI-14 *
Chile (1985)+	TODAS excepto la Medida 1	XXIX-1 *, XXIX-2 *, XXIX-3 **, XXIX-4 ***	XXX-1 *, XXX-2 *, XXX-3 **	XXXI-1 - XXXI-14 *
China (1985)+	XXVIII-2 *, XXVIII-3 *, XXVIII-4 *, XXVIII-5 **	XXIX-1 *, XXIX-2 *, XXIX-3 **, XXIX-4 ***	XXX-1 *, XXX-2 *, XXX-3 **	XXXI-1 - XXXI-14 *
Ecuador (1990)+	XXVIII-2 *, XXVIII-3 *, XXVIII-4 *, XXVIII-5 **	XXIX-1 *, XXIX-2 *, XXIX-3 **, XXIX-4 ***	XXX-1 *, XXX-2 *, XXX-3 **	XXXI-1 - XXXI-14 *
España (1988)+	XXVIII-1, XXVIII-2 *, XXVIII-3 *, XXVIII-4 *, XXVIII-5 **	XXIX-1 *, XXIX-2 *, XXIX-3 **, XXIX-4 ***	XXX-1 *, XXX-2 *, XXX-3 **	XXXI-1 - XXXI-14 *
Finlandia (1989)+	XXVIII-1, XXVIII-2 *, XXVIII-3 *, XXVIII-4 *, XXVIII-5 **	XXIX-1 *, XXIX-2 *, XXIX-3 **, XXIX-4 ***	XXX-1 *, XXX-2 *, XXX-3 **	XXXI-1 - XXXI-14 *
Francia	XXVIII-2 *, XXVIII-3 *, XXVIII-4 *, XXVIII-5 **	XXIX-1 *, XXIX-2 *, XXIX-3 **, XXIX-4 ***	XXX-1 *, XXX-2 *, XXX-3 **	XXXI-1 - XXXI-14 *
India (1983)+	XXVIII-2 *, XXVIII-3 *, XXVIII-4 *, XXVIII-5 **	XXIX-1 *, XXIX-2 *, XXIX-3 **, XXIX-4 ***	XXX-1 *, XXX-2 *, XXX-3 **	XXXI-1 - XXXI-14 *
Italia (1987)+	XXVIII-2 *, XXVIII-3 *, XXVIII-4 *, XXVIII-5 **	XXIX-1 *, XXIX-2 *, XXIX-3 **, XXIX-4 ***	XXX-1 *, XXX-2 *, XXX-3 **	XXXI-1 - XXXI-14 *
Japón	XXVIII-2 *, XXVIII-3 *, XXVIII-4 *, XXVIII-5 **	XXIX-1 *, XXIX-2 *, XXIX-3 **, XXIX-4 ***	XXX-1 *, XXX-2 *, XXX-3 **	XXXI-1 - XXXI-14 *
Nueva Zelandia	XXVIII-1, XXVIII-2 *, XXVIII-3 *, XXVIII-4 *, XXVIII-5 **	XXIX-1 *, XXIX-2 *, XXIX-3 **, XXIX-4 ***	XXX-1 *, XXX-2 *, XXX-3 **	XXXI-1 - XXXI-14 *
Noruega	XXVIII-1, XXVIII-2 *, XXVIII-3 *, XXVIII-4 *, XXVIII-5 **	XXIX-1 *, XXIX-2 *, XXIX-3 **, XXIX-4 ***	XXX-1 *, XXX-2 *, XXX-3 **	XXXI-1 - XXXI-14 *
Países Bajos (1990)+	TODAS excepto la Medida 1	TODAS	TODAS	TODAS
Perú (1989)+	XXVIII-1, XXVIII-2 *, XXVIII-3 *, XXVIII-4 *, XXVIII-5 **	XXIX-1 *, XXIX-2 *, XXIX-3 **, XXIX-4 ***	XXX-1 *, XXX-2 *, XXX-3 **	XXXI-1 - XXXI-14 *
Polonia (1977)+	TODAS	TODAS	TODAS	XXXI-1 - XXXI-14 *
Reino Unido	XXVIII-1, XXVIII-2 *, XXVIII-3 *, XXVIII-4 *, XXVIII-5 **	XXIX-1 *, XXIX-2 *, XXIX-3 **, XXIX-4 ***	XXX-1 *, XXX-2 *, XXX-3 **	XXXI-1 - XXXI-14 *
Rep. Checa (2014)+				
Rep. de Corea (1989)+	XXVIII-2 *, XXVIII-3 *, XXVIII-4 *, XXVIII-5 **	XXIX-1 *, XXIX-2 *, XXIX-3 **, XXIX-4 ***	XXX-1 *, XXX-2 *, XXX-3 **	XXXI-1 - XXXI-14 *
Rusia	XXVIII-2 *, XXVIII-3 *, XXVIII-4 *, XXVIII-5 **	XXIX-1 *, XXIX-2 *, XXIX-3 **, XXIX-4 ***	XXX-1 *, XXX-2 *, XXX-3 **	XXXI-1 - XXXI-14 *
Sudáfrica	XXVIII-2 *, XXVIII-3 *, XXVIII-4 *, XXVIII-5 **	TODAS	XXX-1 *, XXX-2 *, XXX-3 **	XXXI-1 - XXXI-14 *
Suecia (1989)+	XXVIII-1, XXVIII-2 *, XXVIII-3 *, XXVIII-4 *, XXVIII-5 **	XXIX-1 *, XXIX-2 *, XXIX-3 **, XXIX-4 ***	XXX-1 *, XXX-2 *, XXX-3 **	XXXI-1 - XXXI-14 *
Ucrania (2004)+	XXVIII-2 *, XXVIII-3 *, XXVIII-4 *, XXVIII-5 **	XXIX-1 *, XXIX-2 *, XXIX-3 **, XXIX-4 ***	XXX-1 *, XXX-2 *, XXX-3 **	XXXI-1 - XXXI-14 *
Uruguay (1985)+	XXVIII-2 *, XXVIII-3 *, XXVIII-4 *, XXVIII-5 **	XXIX-1 *, XXIX-2 *, XXIX-3 **, XXIX-4 ***	XXX-1 *, XXX-2 *, XXX-3 **	XXXI-1 - XXXI-14 *
EE.UU.	XXVIII-2 *, XXVIII-3 *, XXVIII-4 *, XXVIII-5 **	XXIX-1 *, XXIX-2 *, XXIX-3 **, XXIX-4 ***	XXX-1 *, XXX-2 *, XXX-3 **	XXXI-1 - XXXI-14 *

"+Año en que obtuvo carácter Consultivo. Dicho Estado necesita aceptar las Recomendaciones o Medidas para que entren en vigor a partir de ese año."

* Se consideró que los Planes de Gestión anexos a la Medida se habían aprobado de conformidad con el Artículo 6(1) del Anexo V al Protocolo al Tratado Antártico sobre Protección del Medio Ambiente y que la Medida no especificaba otro método de aprobación.

** El listado revisado y actualizado de los Sitios y Monumentos Históricos anexo a la Medida se consideró aprobado de conformidad con el Artículo 8(2) del Anexo V al Protocolo al Tratado Antártico sobre Protección del Medio Ambiente y se consideró que la Medida no especificaba otro método de aprobación.

**** La modificación del Apéndice A al Anexo II del Protocolo al Tratado Antártico sobre Protección del Medio Ambiente debería haber sido aprobado de conformidad con el Artículo 9(1) del Anexo II al Protocolo al Tratado Antártico sobre Protección del Medio Ambiente que la Medida no especificaba otro método de aprobación.

Aprobación, notificada al Gobierno de los Estados Unidos de Norteamérica, de las medidas relativas a la promoción de los principios y objetivos del Tratado Antártico

	16 Medidas aprobadas en la Trigésimo segunda Reunión (Baltimore 2009) Aprobada	15 Medidas aprobadas en la Trigésimo tercera Reunión (Punta del Este 2010) Aprobada	12 Medidas aprobadas en la Trigésimo cuarta Reunión (Buenos Aires 2011) Aprobada	11 Medidas aprobadas en la Trigésimo quinta Reunión (Hobart 2012) Aprobada	21 Medidas aprobadas en la Trigésimo sexta Reunión (Bruselas 2013) Aprobada
Alemania (1981)+	XXXII-1 - XXXII-13* y XXXII-14**	XXXIII-1 - XXXIII-14* y XXXIII-15**	XXXIV-1 - XXXIV-10* y XXXIV-11 - XXXIV-12**	XXXV-1 - XXXV-10* y XXXV-11**	XXXVI-1 - XXXVI-17* y XXXVI-18 - XXXVI-21**
Argentina	XXXII-1 - XXXII-13* y XXXII-14**	XXXIII-1 - XXXIII-14* y XXXIII-15**	XXXIV-1 - XXXIV-10* y XXXIV-11 - XXXIV-12**	XXXV-1 - XXXV-10* y XXXV-11**	XXXVI-1 - XXXVI-17* y XXXVI-18 - XXXVI-21**
Australia	XXXII-1 - XXXII-13* y XXXII-14**	XXXIII-1 - XXXIII-14* y XXXIII-15**	XXXIV-1 - XXXIV-10* y XXXIV-11 - XXXIV-12**	XXXV-1 - XXXV-10* y XXXV-11**	XXXVI-1 - XXXVI-17* y XXXVI-18 - XXXVI-21**
Bélgica	XXXII-1 - XXXII-13* y XXXII-14**	XXXIII-1 - XXXIII-14* y XXXIII-15**	XXXIV-1 - XXXIV-10* y XXXIV-11 - XXXIV-12**	XXXV-1 - XXXV-10* y XXXV-11**	XXXVI-1 - XXXVI-17* y XXXVI-18 - XXXVI-21**
Brasil (1983)+	XXXII-1 - XXXII-13* y XXXII-14**	XXXIII-1 - XXXIII-14* y XXXIII-15**	XXXIV-1 - XXXIV-10* y XXXIV-11 - XXXIV-12**	XXXV-1 - XXXV-10* y XXXV-11**	XXXVI-1 - XXXVI-17* y XXXVI-18 - XXXVI-21**
Bulgaria (1998)+	XXXII-1 - XXXII-13* y XXXII-14**	XXXIII-1 - XXXIII-14* y XXXIII-15**	XXXIV-1 - XXXIV-10* y XXXIV-11 - XXXIV-12**	XXXV-1 - XXXV-10* y XXXV-11**	XXXVI-1 - XXXVI-17* y XXXVI-18 - XXXVI-21**
Chile	XXXII-1 - XXXII-13* y XXXII-14**	XXXIII-1 - XXXIII-14* y XXXIII-15**	XXXIV-1 - XXXIV-10* y XXXIV-11 - XXXIV-12**	XXXV-1 - XXXV-10* y XXXV-11**	XXXVI-1 - XXXVI-17* y XXXVI-18 - XXXVI-21**
China (1985)+	XXXII-1 - XXXII-13* y XXXII-14**	XXXIII-1 - XXXIII-14* y XXXIII-15**	XXXIV-1 - XXXIV-10* y XXXIV-11 - XXXIV-12**	XXXV-1 - XXXV-10* y XXXV-11**	XXXVI-1 - XXXVI-17* y XXXVI-18 - XXXVI-21**
Ecuador (1990)+	XXXII-1 - XXXII-13* y XXXII-14**	XXXIII-1 - XXXIII-14* y XXXIII-15**	XXXIV-1 - XXXIV-10* y XXXIV-11 - XXXIV-12**	XXXV-1 - XXXV-10* y XXXV-11**	XXXVI-1 - XXXVI-17* y XXXVI-18 - XXXVI-21**
España (1988)+	XXXII-1 - XXXII-13* y XXXII-14**	XXXIII-1 - XXXIII-14* y XXXIII-15**	XXXIV-1 - XXXIV-10* y XXXIV-11 - XXXIV-12**	XXXV-1 - XXXV-10* y XXXV-11**	XXXVI-1 - XXXVI-17* y XXXVI-18 - XXXVI-21**
EE.UU.	XXXII-1 - XXXII-13* y XXXII-14**	XXXIII-1 - XXXIII-14* y XXXIII-15**	XXXIV-1 - XXXIV-10* y XXXIV-11 - XXXIV-12**	XXXV-1 - XXXV-10* y XXXV-11**	XXXVI-1 - XXXVI-17* y XXXVI-18 - XXXVI-21**
Finlandia (1989)+	XXXII-1 - XXXII-13* y XXXII-14**; XXXII-16	XXXIII-1 - XXXIII-14* y XXXIII-15**	XXXIV-1 - XXXIV-10* y XXXIV-11 - XXXIV-12**	XXXV-1 - XXXV-10* y XXXV-11**	XXXVI-1 - XXXVI-17* y XXXVI-18 - XXXVI-21**
Francia	XXXII-1 - XXXII-13* y XXXII-14**; XXXII-15	XXXIII-1 - XXXIII-14* y XXXIII-15**	XXXIV-1 - XXXIV-10* y XXXIV-11 - XXXIV-12**	XXXV-1 - XXXV-10* y XXXV-11**	XXXVI-1 - XXXVI-17* y XXXVI-18 - XXXVI-21**
India (1983)+	XXXII-1 - XXXII-13* y XXXII-14**	XXXIII-1 - XXXIII-14* y XXXIII-15**	XXXIV-1 - XXXIV-10* y XXXIV-11 - XXXIV-12**	XXXV-1 - XXXV-10* y XXXV-11**	XXXVI-1 - XXXVI-17* y XXXVI-18 - XXXVI-21**
Italia (1987)+	XXXII-1 - XXXII-13* y XXXII-14**	XXXIII-1 - XXXIII-14* y XXXIII-15**	XXXIV-1 - XXXIV-10* y XXXIV-11 - XXXIV-12**	XXXV-1 - XXXV-10* y XXXV-11**	XXXVI-1 - XXXVI-17* y XXXVI-18 - XXXVI-21**
Japón	XXXII-15	XXXIII-1 - XXXIII-14* y XXXIII-15**	XXXIV-1 - XXXIV-10* y XXXIV-11 - XXXIV-12**	XXXV-1 - XXXV-10* y XXXV-11**	XXXVI-1 - XXXVI-17* y XXXVI-18 - XXXVI-21**
Noruega	XXXII-1 - XXXII-13* y XXXII-14**	XXXIII-1 - XXXIII-14* y XXXIII-15**	XXXIV-1 - XXXIV-10* y XXXIV-11 - XXXIV-12**	XXXV-1 - XXXV-10* y XXXV-11**	XXXVI-1 - XXXVI-17* y XXXVI-18 - XXXVI-21**
Nueva Zelandia	XXXII-1 - XXXII-13* y XXXII-14**	XXXIII-1 - XXXIII-14* y XXXIII-15**	XXXIV-1 - XXXIV-10* y XXXIV-11 - XXXIV-12**	XXXV-1 - XXXV-10* y XXXV-11**	XXXVI-1 - XXXVI-17* y XXXVI-18 - XXXVI-21**
Rep. de Corea (1989)+	XXXII-1 - XXXII-13* y XXXII-14**	XXXIII-1 - XXXIII-14* y XXXIII-15**	XXXIV-1 - XXXIV-10* y XXXIV-11 - XXXIV-12**	XXXV-1 - XXXV-10* y XXXV-11**	XXXVI-1 - XXXVI-17* y XXXVI-18 - XXXVI-21**
Países Bajos (1990)+	XXXII-1 - XXXII-13 y XXXII-14	TODAS	XXXIV-1 - XXXIV-10* y XXXIV-11 - XXXIV-12**	TODAS	XXXVI-1 - XXXVI-17* y XXXVI-18 - XXXVI-21**
Perú (1989)+	XXXII-1 - XXXII-13* y XXXII-14**	XXXIII-1 - XXXIII-14* y XXXIII-15**	XXXIV-1 - XXXIV-10* y XXXIV-11 - XXXIV-12**	XXXV-1 - XXXV-10* y XXXV-11**	XXXVI-1 - XXXVI-17* y XXXVI-18 - XXXVI-21**
Polonia (1977)+	XXXII-1 - XXXII-13* y XXXII-14**	XXXIII-1 - XXXIII-14* y XXXIII-15**	XXXIV-1 - XXXIV-10* y XXXIV-11 - XXXIV-12**	XXXV-1 - XXXV-10* y XXXV-11**	XXXVI-1 - XXXVI-17* y XXXVI-18 - XXXVI-21**

Informe Final de la XXXVII RCTA

País	XXXII	XXXIII	XXXIV	XXXV	XXXVI
Reino Unido	XXXII-1 - XXXII-13* y XXXII-14**; XXXII-15 - XXXII-16	XXXIII-1 - XXXIII-14* y XXXIII-15**	XXXIV-1 - XXXIV-10* y XXXIV-11 - XXXIV-12**	XXXV-1 - XXXV-10* y XXXV-11**	XXXVI-1 - XXXVI-17* y XXXVI-18 - XXXVI-21**
Rep. Checa (2014)+					XXXVI-1 - XXXVI-17* y XXXVI-18 - XXXVI-21**
Rusia	XXXII-1 - XXXII-13* y XXXII-14**	XXXIII-1 - XXXIII-14* y XXXIII-15**	XXXIV-1 - XXXIV-10* y XXXIV-11 - XXXIV-12**	XXXV-1 - XXXV-10* y XXXV-11**	XXXVI-1 - XXXVI-17* y XXXVI-18 - XXXVI-21**
Sudáfrica	XXXII-1 - XXXII-13* y XXXII-14**	XXXIII-1 - XXXIII-14* y XXXIII-15**	XXXIV-1 - XXXIV-10* y XXXIV-11 - XXXIV-12**	XXXV-1 - XXXV-10* y XXXV-11**	XXXVI-1 - XXXVI-17* y XXXVI-18 - XXXVI-21**
Suecia (1989)+	XXXII-1 - XXXII-13* y XXXII-14**	XXXIII-1 - XXXIII-14* y XXXIII-15**	XXXIV-1 - XXXIV-10* y XXXIV-11 - XXXIV-12**	XXXV-1 - XXXV-10* y XXXV-11**	XXXVI-1 - XXXVI-17* y XXXVI-18 - XXXVI-21**
Ucrania (2004)+	XXXII-1 - XXXII-13* y XXXII-14**;	XXXIII-1 - XXXIII-14* y XXXIII-15**	XXXIV-1 - XXXIV-10* y XXXIV-11 - XXXIV-12**	XXXV-1 - XXXV-10* y XXXV-11**	XXXVI-1 - XXXVI-17* y XXXVI-18 - XXXVI-21**
Uruguay (1985)+	XXXII-1 - XXXII-13* y XXXII-14**; XXXII-15	XXXIII-1 - XXXIII-14* y XXXIII-15**	XXXIV-1 - XXXIV-10* y XXXIV-11 - XXXIV-12**	XXXV-1 - XXXV-10* y XXXV-11**	XXXVI-1 - XXXVI-17* y XXXVI-18 - XXXVI-21**

"+Año en que obtuvo carácter Consultivo. Dicho Estado necesita aceptar las Recomendaciones o Medidas para que entren en vigor a partir de ese año".

* Se consideró que los Planes de Gestión anexos a la presente Medida habían sido aprobados de conformidad con el Artículo 6(1) del Anexo V al Protocolo al Tratado Antártico sobre Protección del Medio Ambiente y la Medida que no especificaba otro método de aprobación.

** Las modificaciones y/o adiciones a la lista de Sitios y Monumentos Históricos se consideraron aprobadas de conformidad con el Artículo 8(2) del Anexo V al Protocolo al Tratado Antártico sobre Protección del Medio Ambiente y se consideró que la Medida no especificaba otro método de aprobación.

Despacho del Asistente del Asesor jurídico en asuntos relativos a los tratados
Departamento de Estado
Washington, 27 de marzo de 2014.

Informe presentado por el gobierno depositario de la Convención sobre la Conservación de los Recursos Vivos Marinos Antárticos (CCRVMA)

Documento de trabajo entregado por Australia

Resumen

Australia, como país depositario de la Convención para la Conservación de los Recursos Vivos Marinos Antárticos de 1980, presenta un informe sobre la situación de la Convención.

Antecedentes

Australia, como país depositario de la *Convención para la Conservación de los Recursos Vivos Marinos Antárticos* de 1980 ("la Convención") se complace en informar ante la Trigésimo Séptima Reunión Consultiva del Tratado Antártico (XXXVII RCTA) sobre la situación de la Convención.

Australia notifica a las Partes del Tratado Antártico que, desde la XXXV Reunión Consultiva del Tratado Antártico (XXXVI RCTA), ningún estado ha accedido al Acuerdo.

Una copia de la lista de estados respecto de la Convención está disponible en línea en la base de datos australiana en el siguiente enlace:

http://www.austlii.edu.au/au/other/dfat/treaty_list/depository/CCAMLR.html

La lista de estados también se puede obtener solicitándola a la Secretaría de Tratados del Departamento de Asuntos Exteriores y Comercio del Gobierno de Australia. Las solicitudes pueden hacerse llegar a través de las misiones diplomáticas australianas.

Informe presentado por el Gobierno Depositario para la Convención para la Conservación de las Focas Antárticas de acuerdo con la Recomendación XIII-2, Párrafo 2(D)

Informe presentado por el Reino Unido

Nuevas Adhesiones a la CCFA

No se han recibido solicitudes para adherirse a la CCFA desde el informe anterior, IP 013 de la XXXVI RCTA.

Posteriormente a la solicitud de España el 2012, todas las Partes Contratantes confirmaron su consentimiento, de acuerdo con las disposiciones del Artículo 12 de la Convención, para que el Gobierno de España recibiera una invitación formal de depositar un instrumento de adhesión. El Reino Unido comunicó la noticia al Gobierno Español el 25 de marzo de 2013. Sin embargo, hasta la fecha, el Reino Unido no ha recibido un instrumento de adhesión de España. España se adheriría formalmente a la Convención 30 días después de que el Reino Unido recibiera dicho instrumento.

La lista completa de países signatarios originales de la Convención y de países que se han adherido posteriormente se adjunta a este informe (Anexo A).

Informe anual de la CCFA 2012/2013

En el Anexo B las Partes Contratantes de la CCFA enumeran todas las capturas y matanzas de focas antárticas durante el año de referencia, desde el 1 de marzo de 2012 al 28 de febrero de 2013. Todas las capturas informadas se realizaron con fines de investigación científica.

Próximo Informe Anual de la CCFA

Se recuerda nuevamente a las Partes Contratantes de la CCFA que el Intercambio de Información al que se hace referencia en el Párrafo 6(a) del Anexo de la Convención para el periodo del informe del 1 de marzo de 2013 al 28 de febrero de 2014 está previsto para el **30 de junio de 2014.** Las Partes de la CCFA deben enviar sus informes, inclusive si no hay nada que declarar, tanto al Reino Unido como al SCAR. El Reino Unido también quiere animar a todas las Partes Contratantes de la CCFA a presentar sus informes de manera oportuna.

El informe de la CCFA para el periodo 2013/2014 será entregado a la XXXVIII RCTA una vez transcurrido el plazo para el intercambio de información, en junio de 2014.

PARTES DE LA CONVENCIÓN PARA LA CONSERVACIÓN DE LAS FOCAS ANTÁRTICAS (CCFA)

Londres, 1 de junio al 31 de diciembre de 1972
(La Convención entró en vigor el 11 de marzo de 1978)

Estado	Fecha de firma	Fecha de depósito (de la ratificación o aceptación)
Argentina[1]	9 de junio de 1972	7 de marzo de 1978
Australia	5 de octubre de 1972	1 de julio de 1987
Bélgica	9 de junio de 1972	9 de febrero de 1978
Estados Unidos de América[2]	28 de junio de 1972	19 de enero de 1977
Chile[1]	28 de diciembre de 1972	7 de febrero de 1980
Francia[2]	19 de diciembre de 1972	19 de febrero de 1975
Japón	28 de diciembre de 1972	28 de agosto de 1980
Noruega	9 de junio de 1972	10 de diciembre de 1973
Reino Unido[2]	9 de junio de 1972	10 de septiembre de 1974[3]
Rusia[1,2,4]	9 de junio de 1972	8 de febrero de 1978
Sudáfrica	9 de junio de 1972	15 de agosto de 1972

Adhesiones

Estado	Fecha de depósito del instrumento de adhesión
Alemania[1]	30 de septiembre de 1987
Brasil	11 de febrero de 1991
Canadá	4 de octubre de 1990
Italia	2 de abril de 1992
Pakistán	25 de marzo de 2013
Polonia	15 de agosto de 1980

[1] Declaración o reserva
[2] Objeción
[3] El instrumento de ratificación incluía las Islas del Canal de la Mancha y la Isla de Man.
[4] Ex URSS

ANEXO B

INFORME ANUAL 2012/2013 DE LA CCFA

Sinopsis de los informes de conformidad con el Artículo 5 y el Anexo de la Convención: Captura y matanza de focas durante el período del 1 de marzo de 2012 al 28 de febrero de 2013.

Parte contratante	Focas antárticas capturadas	Focas antárticas muertas
Alemania	0	0
Argentina	317 (a)	0
Australia	0	0
Bélgica	0	0
Brasil	0	0
Canadá	0	0
Chile	73 (b)	0
Estados Unidos de América	1575 (d)	2 (e)
Francia	53 (c)	0
Italia	0	0
Japón	0	0
Noruega	0	0
Polonia	0	0
Reino Unido	0	0
Rusia	Aún no se ha recibido información.	
Sudáfrica	0	0

(a) **6** elefantes marinos adultos machos, **44** elefantes marinos juveniles y de sexo desconocido. **197** cachorros de elefante marino del sur, **16** elefantes marinos del sur, juveniles y adultos recapturados, **6** focas leopardo, **48** focas no especificadas (combinación de focas leopardo, cangrejeras y de Weddell).

(b) **24** lobos finos antárticos hembra, **15** elefantes marinos del sur, **16** focas de Weddell, **15** focas leopardo, **3** focas cangrejeras.

(c) **8** focas de Weddell adultas o subadultas y 45 crías de focas de Weddell

(d) **30** lobos finos antárticos adultos macho, **60** lobos finos antárticos adultos hembra, **110** lobos finos antárticos juveniles, **8** focas de Weddell, **45** focas de Weddell juveniles, **25** elefantes marinos adultos machos, **64** elefantes marinos adultos hembra, **123** elefantes marinos juveniles.

(e) **228** focas de Weddell adultas hembra, **122** focas de Weddell adultas macho, **14** focas de Weddell adultas sin divulgar, **1** foca de Weddell juvenil hembra, **2** focas de Weddell juveniles macho, **4** focas de Weddell juveniles desconocidas, **314** cachorros de foca de Weddell, **278** cachorros de foca de Weddell macho, **33** cachorros de foca de Weddell desconocidos **29** focas de Weddell de edad y género sin divulgar, **41** lobos finos antárticos adultos, **9** lobos finos antárticos juveniles, **442** cachorros de lobo fino antártico, **21** focas leopardo adultas, **1** lobos finos antárticos juveniles, **11** elefantes marinos del sur adultos y **25** cachorros de elefante marino del sur.

(f) la muerte de **1** cachorro de foca de Weddell macho, la que se manejó durante el año en que se informó (y se incluyó dentro de la cifra de captura) y la muerte de **1** foca de Weddell hembra, que no se manejó durante el año del informe (y que no se informó dentro del informe 2011-2012 de la CCFA). Aparentemente, ambas muertes se debieron a causas naturales, que sucedieron bastante después de la captura.

Todas las capturas notificadas fueron para investigaciones científicas.

Informe presentado por el Gobierno depositario para el Acuerdo sobre la Conservación de Albatros y Petreles (ACAP)

Documento de trabajo entregado por Australia

Resumen

En su calidad de Depositaria del *Acuerdo sobre la Conservación de Albatros y Petreles* de 2001, Australia presenta un informe.

Antecedentes

Australia, como depositaria del *Acuerdo sobre la Conservación de Albatros y Petreles* de 2001 ("el Acuerdo") se complace en informar ante la Trigésimo Séptima Reunión Consultiva del Tratado Antártico (XXXVII RCTA) sobre la situación del Acuerdo.

Australia notifica a las Partes del Tratado Antártico que, desde la XXXVI Reunión Consultiva del Tratado Antártico, ningún estado ha accedido al Acuerdo.

Se puede obtener en línea una copia de la lista de estados respecto del Acuerdo en la Base de Datos de Tratados de Australia, en el siguiente enlace:

http://www.austlii.edu.au/au/other/dfat/treaty_list/depository/CCAMLR.html

La lista de estados también se puede obtener solicitándola a la Secretaría de Tratados del Departamento de Asuntos Exteriores y Comercio del Gobierno de Australia. Las solicitudes pueden hacerse llegar a través de las misiones diplomáticas australianas.

Informe del observador de la CCRVMA en la Trigésimo Séptima Reunión Consultiva del Tratado Antártico

Resumen del Informe de la Trigésimo Segunda Reunión de la Comisión[1]

Hobart, Australia

23 de octubre al 1 de noviembre de 2013

1.   La Trigésima Segunda Reunión anual de la Comisión para la Conservación de los Recursos Vivos Marinos Antárticos (XXXII Reunión de la CCRVMA) fue presidida por el Sr. Leszek Dybiec (Polonia). Participaron en ella 25 Miembros, además de los Países Bajos, Vanuatu, y representantes de ONG y de la industria. En http://www.ccamlr.org/en/ccamlr-xxxii se encuentra disponible una copia del Informe de la XXXII Reunión de la CCRVMA.

SITUACIÓN DE LA CONVENCIÓN

2.   Australia, país Depositario para la Convención, advirtió que la República de Panamá se adhirió a la Convención el 20 de marzo de 2013. La Convención entró en vigor para Panamá a partir del 19 de abril de 2013. La membresía de la Comisión se mantiene inalterada.

IMPLEMENTACIÓN Y CUMPLIMIENTO

3.   La Comisión aprobó una revisión del Programa de documentación de captura y acordó realizar una convocatoria a licitación pública para el nuevo sistema de observación de buques. Implementó correctamente un Procedimiento de evaluación del cumplimiento por primera vez y aprobó una Lista de barcos de pesca implicados en actividades de pesca ilegal (INN) pertenecientes a Partes no contratantes (http://www.ccamlr.org/en/compliance/illegal-unreported-and-unregulated-iuu-fishing).

ADMINISTRACIÓN Y FINANZAS

4.   La Comisión refrendó los esfuerzos en curso para desarrollar una estrategia de financiamiento sostenible. Solicitó que la Secretaría revisara el actual Plan Estratégico (2012-2014) y lo corrija, según sea necesario, para el período de 2015 a 2017 para su consideración durante la XXXIII Reunión de la CCRVMA.

COMITÉ CIENTÍFICO

Recurso krill

---

[1] Preparado por la Secretaría de la CCRVMA

5.   En 2012/2013, cinco Miembros recolectaron 217.000 toneladas de kril en las subáreas 48.1 (154.000 toneladas), 48.2 (31.000 toneladas) y 48.3 (32.000 toneladas)[2]. En comparación, la captura total de krill notificada en la temporada 2011/2012 fue de 161.000 toneladas extraídas de las Subáreas 48.1 (76.000 toneladas), 48.2 (29.000 toneladas) y 48.3 (56.000 toneladas) (XXXII Reunión del Comité Científico de la CRVMA, Cuadro 2).

6.   Se recibieron notificaciones de captura de krill en 2013/2014 de seis Miembros y 19 buques en la Zona 48 (XXXII Comité Científico de la CRVMA, párrafo 3.3); no se recibieron notificaciones de las pesquerías exploratorias de krill.

7.   La Comisión señaló la reevaluación por parte del Comité Científico del plan de trabajo y el calendario de implementación de un proceso de gestión de comentarios sobre la gestión de las pesquerías de krill. Se agradeció el establecimiento de nuevos sitios del CEMP por parte de Polonia y Ucrania, y la colaboración con la industria pesquera de krill con relación a la recolección de datos acústicos e investigación ecológica en los buques comerciales.

Recurso peces

8.   En la temporada 2012/13, 11 los Miembros pescaron austromerluza (*Dissostichus eleginoides* y/o *D. mawsoni*) en las Subáreas 48.3, 48.4, 48.6, 58.6, 58.7, 88.1 and 88.2 y Divisiones 58.4.1, 58.4.2, 58.4.3a, 58.5.1 and 58.5.2; Los miembros además realizaron pesca investigativa de la *Dissostichus* spp. en la Subárea 48.5 y la División 58.4.4b. La captura total notificada de *Dissostichus* spp. fue de 12.900. En comparación, la captura total notificada de austromerluza en 2011/2012 fue 14.702 toneladas (XXXII Reunión del Comité Científico de la CRVMA, Cuadro 2). La Comisión advirtió que durante el año 2013, habiéndose alcanzado los límites de captura, la Secretaría cerró las pesquerías de austromerluza en las subáreas 48.4N, 88.1 y 88.2.

9.   La Comisión destacó las capturas de *D. eleginoides* que se realizaron desde fuera del área de la Convención, incluidas las regiones de fuera de la ZEE, notificadas por los Miembros a través de CDS (XXXII Reunión del Comité Científico de la CRVMA, Cuadro 3).

10.   En 2012/2013, dos Miembros se enfocaron en el draco rayado (*Champsocephalus gunnari*) en la subárea 48.3 y un Miembro se enfocó en el draco rayado en la división 58.5.2; también se notificó la captura secundaria de esta especie en la captura de krill. La captura total notificada de *C. gunnari* fue de 2.000 toneladas; en comparación, la captura total notificada de draco rayado de 2011/2012 fue de 1.011 toneladas (XXXII Reunión del Comité Científico de la CRVMA, Cuadro 1).

Pesquerías exploratorias

11.   Siete Miembros enviaron notificaciones sobre pesquerías exploratorias en las divisiones 58.4.1, 58.4.2 y 58.4.3a y en las subáreas 48.6, 88.1 y 88.2 (XXXII Reunión del Comité Científico de la CRVMA, párrafo 3.145). Cuatro Miembros presentaron notificaciones para realizar pesca de investigación en las áreas cerradas en las divisiones 58.4.4a y 58.4.4b, y en las subáreas 48.2 y 48.5.

---

[2] Las cantidades de captura de todas las pesquerías se actualizaron después de la conclusión de la XXXII Reunión de la CCRVMA para reflejar las cantidades del final de la temporada preliminar (30 de noviembre de 2013)

No se presentaron notificaciones de pesquerías nuevas para la temporada 2013/14. La Comisión refrendó estas notificaciones con los límites de captura corregidos que se establecieron en las

Medidas de conservación adoptadas en la XXXII Reunión de la CCRVMA (http://www.ccamlr.org/en/document/publications/schedule-conservation-measures-force-2013/14)

Captura secundaria de peces e invertebrados

12.   Las recomendaciones del Comité Científico acerca de asuntos relacionados con la captura secundaria incluyeron la necesidad de examinar la captura secundaria de peces en toda la flota de pesca de kril y con todos los artes de arrastre y el desarrollo de un enfoque de ordenación sostenible basado en el riesgo de que las pesquerías de austromerluza afecten a las poblaciones de rayas.

Evaluación y prevención de la mortalidad incidental

13.   La Comisión destacó la asesoría general del Comité Científico sobre la mortalidad incidental de aves y mamíferos marinos (XXXII Comité Científico de la CRVMA, párrafos 4.1 y 4.4), en particular la mortalidad total de aves marinas dentro del Área de la Convención, que alcanzó los 141 ejemplares (el más bajo que se ha notificado a la fecha).

Pesca de fondo y ecosistemas marinos vulnerables

14.   La Comisión señaló que:

(i)   no se agregaron EMV al registro de EMV durante 2013. Actualmente, cuarenta y seis EMV se encuentran en el registro: subáreas 48.1 (22 EMV), 48.2 (13 EMV) y 88.1 (9 EMV), y en la división 58.4.1 (2 EMV). Estos EMV se observaron utilizando fotografía y muestras del bentos *in situ*.

(ii)   hubo cinco notificaciones de encuentros de posibles EMV durante las pescas de fondo exploratorias en 2012/2013 con una nueva área de riesgo de EMV declarada en la subárea 88.1 en 2013 (XXXII Reunión del CC-CRVMA, Anexo 6, párrafo 7.13; XXXII Reunión de la CCRVMA/BG/06 Rev. 1) y un total de 64 áreas de riesgo de EMV fue cerrado a la pesca desde la introducción de esta medida de conservación en 2008/2009.

Áreas marinas protegidas

15.   La Comisión destacó el progreso hacia un sistema representativo de AMP dentro del área de la Convención en relación con el Dominio 1 (Península Antártica Occidental, Arco de Escocia), el trabajo preparatorio en los Dominios 3 (Mar de Weddell) y hacia el sur del Dominio 4 (Bouvet, Maud) a hasta 20°E. La Comisión recibió favorablemente la propuesta de un taller internacional en abril de 2014 en Bremerhaven (Alemania), para avanzar en el trabajo científico en la AMP del Mar de Weddell. La Comisión también destacó que Noruega sostuvo deliberaciones preliminares sobre el potencial para un proceso de planificación de AMP en torno a la isla Bouvet (parte sur del Dominio 4).

16.   La Comisión advirtió la consideración del Comité Científico de Zonas antárticas especialmente administradas (ZAEA) y Zonas antárticas especialmente protegidas (ZAEP) en el

área de la Convención y acordó el asesoramiento por parte de la CCRVMA a la RCTA, a fin de que dicho asesoramiento se incluya en la toma de decisiones y tenga coherencia con el espíritu de cooperación y armonización entre la CCRVMA y la RCTA.

Cambio climático

17.   La Comisión solicitó que se le dé prioridad en la agenda en la reunión del próximo año.

Asuntos administrativos

18.   La Dra. Anna Panasiuk-Chodnicka, de la Universidad de Gdańsk, Polonia, fue seleccionada para recibir una beca de la CCRVMA en 2013. Es la cuarta beneficiaria de la beca. Los beneficiarios anteriores son de Chile, Argentina y China.

SISTEMA DE OBSERVACIÓN CIENTÍFICA INTERNACIONAL

19.   La Comisión señaló que el Sistema de Observación Científica Internacional (SISO) se revisó en 2013 y que se tendrían en cuenta los entre sesiones los resultados de la revisión, y que se enviaría un informe a su reunión de 2014.

MEDIDAS DE CONSERVACIÓN

Propuestas de AMP y de áreas especiales

20.   Con base en los debates que se llevaron a cabo en la Reunión especial de la Comisión en Bremerhaven, Alemania el 11-16 de julio de 2013, Australia, Francia y la UE presentaron una propuesta revisada para establecer un sistema de delegados de las AMP en el dominio de planificación de la Antártida Oriental (EARSMPA, por sus siglas en inglés; XXXII Reunión de la CCRVMA/34 Rev. 1), y Nueva Zelandia y EE. UU. presentaron una propuesta revisada para establecer una AMP en la región del Mar de Ross (XXXII Reunión de la CCRVMA/27). La XXXII Reunión de la CCRVMA consideró un amplio rango de asuntos asociados con ambas propuestas, incluidos:
- Texto del preámbulo
- Límites y superficie
- Duración y periodos de revisión
- Disposiciones para la pesca y otras actividades
- Arreglos de observación e investigación, y
- Relación con el Marco general para el establecimiento de AMP de la CCRVMA.

21.   La Comisión no logró llegar a un acuerdo en cuanto a la implementación de ninguna de las dos propuestas de AMP.

Obligaciones de inspección y licencia de las Partes Contratantes

22.   La Comisión respaldó la sugerencia del SCIC de revisar la CM 10-02 para mejorar las obligaciones de inspección y licencia con relación a los buques que operan en el área de la Convención y concordaron con que la inscripción en la OMI debe ser obligatoria para todos los buques que operen en el área de la Convención.

23.   Tras las deliberaciones que tomaron lugar en el Grupo de trabajo de búsqueda y rescate establecido en la XXXV RCTA, la Comisión decidió solicitar que se entregasen los detalles de comunicación de los buques para facilitar el uso del VMS de la CCRVMA, como apoyo para las operaciones de búsqueda y rescate en el área de la Convención y para elaborar un Memorando de Entendimiento entre la CCRVMA y los Centros de coordinación de salvamento marítimo para facilitar estos esfuerzos.

Inspección de puertos de buques de pesca

24.   La Comisión respaldó la sugerencia de SCIC de rectificar la CM 10-03 para exigir la entrega obligatoria de informes de inspección en el puerto para los estados de pabellón del buque inspeccionado.

Asuntos generales sobre las pesquerías
Notificaciones

25.   La Comisión revisó los requisitos de las notificaciones de las pesquerías de krill en cuanto a proporcionar información más detallada sobre el procesamiento del krill, la configuración de redes y los dispositivos de exclusión de mamíferos utilizados a bordo de los buques (Anexos 21-03/A), y fortaleció aún más los requisitos relativos a informes para la estimación del peso en vivo del krill capturado (Anexo 21-03/B). También se ampliaron los requisitos de notificación a fin de incluir información sobre la recolección de datos acústicos (XXX CC-CRVMA, párrafo 2.10).

26.   La Comisión aprobó medidas de conservación con relación a las temporadas de pesca, áreas cerradas, prohibición de pesca, límites de captura secundaria, límites de captura, requisitos de investigación en relación con pesquerías exploratorias con información escasa y la gestión de la actividad pesquera en el caso de la inaccesibilidad debido a la cobertura de hielo para las pesquerías de austromerluza negra gestionadas por la CCRVMA (*D. eleginoides),* la austromerluza antártica (*D. mawsoni*) y el draco rayado (*Champsocephalus gunnari).*

27.   Las medidas de conservación y resoluciones adoptadas en la XXXII Reunión de la CCRVMA se publicaron en *Schedule of Conservation Measures in Force 2013/14* *http://www.ccamlr.org/en/conservation-and-management/conservation-measures*

IMPLEMENTACIÓN DE LOS OBJETIVOS DE LA CONVENCIÓN

Seguimiento de la Evaluación del Funcionamiento de la CCRVMA de 2008

28.   La Comisión concuerda en comenzar un proceso para evaluar el alcance potencial de una segunda Evaluación del Funcionamiento de la CCRVMA.

COOPERACIÓN CON EL SISTEMA DEL TRATADO ANTÁRTICO Y ORGANIZACIONES INTERNACIONALES

Cooperación con SCAR

29.   La Comisión destacó la asesoría entregada por el Comité Científico sobre los beneficios de un método más estratégico para la relación entre la CCRVMA y el SCAR y, en particular, los resultados de una reunión del Grupo de Acción entre el SCAR y la CCRVMA en Bruselas, Bélgica, asociados con la XXXVI RCTA.

OTRAS ACTIVIDADES

Fecha y lugar de la próxima reunión

30.   La trigésima tercera reunión se celebrará en la sede de la CCRVMA en Hobart, del 20 al 31 de octubre de 2014. La trigésima tercera reunión del Comité Científico se celebrará en Hobart del 20 de octubre al 24 de octubre de 2014.

Informe anual del Comité Científico de Investigación Antártica (SCAR) para el período 2013/2014

1. Antecedentes

El Comité Científico de Investigación Antártica (SCAR) es un organismo científico interdisciplinario no gubernamental perteneciente al Consejo Internacional de Uniones Científicas (CIUC), y observador del Tratado Antártico y la Convención Marco de las Naciones Unidas sobre Cambio Climático, CMNUCC.

La misión del SCAR es (i) actuar como facilitador, coordinador y defensor líder, independiente y no gubernamental de la excelencia de las actividades científicas y de investigación en la Antártida y el Océano Austral, y (ii) brindar asesoramiento independiente, sólido y científico al Sistema del Tratado Antártico y otras autoridades, incluyendo el uso de la ciencia para identificar las nuevas tendencias y presentar estos aspectos ante los encargados de la elaboración de políticas.

2. Introducción

La investigación científica del SCAR le agrega valor a las iniciativas nacionales al permitir a los investigadores nacionales colaborar en programas científicos de gran escala para alcanzar objetivos que no son fáciles de obtener para un país en forma individual. Los miembros del SCAR actualmente incluyen academias de ciencias de 37 naciones, y 9 uniones científicas del CIUC.

El éxito del SCAR depende de la calidad y el sentido oportuno de sus resultados científicos. Las descripciones de los programas de investigación científica y resultados científicos del SCAR están disponibles en: www.scar.org. Este documento debería leerse junto con un documento de Antecedentes aparte que destaca los informes científicos recientes publicados desde la última reunión del Tratado.

El SCAR publica un boletín electrónico trimestral en el que se destacan los asuntos científicos relevantes y otros asuntos relacionados con el SCAR. Si desea ser agregado a la lista de distribución, envíe un correo electrónico a: info@scar.org. Además de encontrarse en la web (www.scar.org), el SCAR también está disponible en Facebook, LinkedIn, Google+ y Twitter.

3. Puntos destacados del SCAR (2013/2014)

En este documento destacaremos los ejemplos de actividades del SCAR que creemos son de interés especial para las Partes del Tratado. Para obtener más información consulte www.scar.org.

Estado del ecosistema antártico (AntEco) www.scar.org/srp/anteco

El Programa de Investigación Científica (SRP) se diseñó para enfocarse en los patrones de biodiversidad de los entornos terrestres, limnológicos, glaciales y marinos dentro de las regiones antártica, subantártica y del Océano Austral, y ofrecerá los conocimientos científicos sobre la biodiversidad que también pueden usarse para la conservación y gestión. Un producto primario de este programa serían las recomendaciones asociadas a la gestión y conservación de la Antártida.

Umbrales Antárticos: capacidad de adaptación del ecosistema (AnT-ERA) www.scar.org/srp/ant-era

AnT-ERA analiza los procesos biológicos actuales en los ecosistemas antárticos, para definir sus umbrales, y de esta manera determinar la resistencia y la capacidad de recuperación frente al cambio. Los procesos del ecosistema polar son claves para contribuir a un debate ecológico más amplio sobre las características de la estabilidad y el cambio en los ecosistemas. El programa

intentará determinar las probabilidades de que se produzcan cambios cataclísmicos o "puntos de inflexión" en los ecosistemas antárticos.

Cambio climático antártico en el siglo XXI (AntClim[21]) *www.scar.org/srp/antclim21*

Los objetivos del SPR AntClim[21] son proporcionar predicciones regionales más efectivas de los elementos claves de la atmósfera, el océano y la criósfera antártica para los próximos 20 a 200 años, y comprender las respuestas de los sistemas físicos y biológicos frente a los factores de forzamiento antropogénicos. Para validar los resultados de los modelos para la región antártica, se usarán paleorreconstrucciones de determinados períodos, reconocidos como análogos del pasado para las predicciones climáticas del futuro.

Acidificación del Océano Austral *www.scar.org/ssg/physical-sciences/acidification*

El SCAR sintetizará la comprensión científica de la acidificación del Océano Austral. El Grupo de Acción al cual se asigno este objetivo está compuesto por un equipo interdisciplinario internacional de expertos sobre acidificación oceánica, que representa los campos de la química orgánica marina, el modelado global y regional, la ecología marina, la ecotoxicología/fisiología y la paleocenografía. El informe final se publicará en agosto de 2014 y se dispondrá de copias para las Partes del Tratado.

Valores de Herencia Geológica *www.scar.org/ssg/geosciences/geoheritage*

El SCAR formó un nuevo Grupo de Acción sobre valores, conservación y gestión de la herencia geológica. En este contexto, los "valores" geológicos examinarán aspectos como las ubicaciones únicas de minerales o fósiles y las formas fisiográficas o afloramientos con significado especial. Los resultados de los debates realizados durante el Tratado se considerarán cuando los Términos de referencia y el plan de trabajo a futuro de este grupo se debatan durante las reuniones de negocios del SCAR en agosto de 2014.

Informática para la Biodiversidad Antártica *www.scar.org/ssg/life-sciences/abi*

La informática para la biodiversidad es la aplicación de técnicas informáticas para la información sobre la biodiversidad con fines de mejora de la gestión, la presentación, el descubrimiento, la exploración y el análisis. Este Grupo de Expertos coordinará las actividades de informática para la biodiversidad de todo el SCAR para propósitos de investigación, gestión, conservación y observación, además de fomentar el acceso gratuito y libre.

Contaminación Ambiental en la Antártica *www.scar.org/ssg/life-sciences/eca*

Los objetivos principales del Grupo de Acción de Contaminación Ambiental en la Antártica son el análisis y la comparación de proyectos de investigación nacional, la coordinación de estudios sobre la contaminación ambiental en las regiones polares y la identificación de investigaciones nuevas sobre el tema.

Balance de masa de la capa de hielo y el nivel del mar *www.scar.org/ssg/physical-sciences/ismass*

El Grupo de Expertos de SCAR/IASC/CliC sobre el balance de masa de la capa de hielo y el nivel del mar tiene como objetivo mejorar la estimación del balance de masa de las capas de hielo y su aporte al nivel del mar, facilitar la coordinación de los diferentes esfuerzos internacionales enfocados en este campo de investigación, proponer directrices para la investigación a futuro en esta área, integrar los esfuerzos de observación y modelado, además de la distribución y el archivo de los datos correspondientes, y atraer a una nueva generación de científicos hacia este campo de la investigación.

Meteorología Operativa en la Antártida *www.scar.org/ssg/physical-sciences/opmet*

Este Grupo de Expertos se enfoca en establecer vínculos entre los grupos que trabajan en la misma área de meteorología operativa en la Antártida, en especial el grupo del EC-PORS (Panel del Consejo Ejecutivo de Expertos en Observaciones Polares, Investigaciones y Servicios) de la OMM.

Teledetección *www.scar.org/ssg/life-sciences/remotesensing*

El Grupo de Acción del SCAR sobre teledetección se estableció con el nombre completo de "Desarrollo de un enfoque basado en satélites, en toda la Antártida, de teledetección para observar las poblaciones de aves y animales", con el objetivo de tratar el tema de la "Observación animal mediante teledetección".

El Sistema de Observación del Océano Austral *www.soos.aq*

El Sistema de Observación del Océano Austral (SOOS) del SCAR/Comité Científico de Investigaciones Oceánicas [SCOR], tiene la misión de *establecer un sistema de observación multidisciplinario para entregar las observaciones sostenidas del Océano Austral*. Una Oficina Internacional del Proyecto, establecida en Australia y financiada por el Instituto para Estudios Marinos y Antárticos de la Universidad de Tasmania en Hobart y Antarctica New Zealand, avala la implementación del sistema SOOS.

El cambio climático y el medioambiente en la Antártida *www.scar.org/othergroups/acce*

Las propiedades climáticas, físicas y biológicas de la Antártida y del Océano Austral están estrechamente relacionadas con otras partes del medioambiente global mediante los océanos y la atmósfera. En 2009, SCAR publicó su histórico Informe sobre el cambio climático y el medioambiente, y desde entonces ha proporcionado actualizaciones anuales. Consulte el Documento de información separado acerca del informe ACCE.

SCAN científico al horizonte del SCAR *www.scar.org/horizonscanning/*

Después de la externalización abierta de más de 850 preguntas científicas únicas, y la nominación de casi 500 líderes científicos por la comunidad del SCAR, el primer SCAN científico antártico y del Océano Austral al horizonte del SCAR reunió en Queenstown, Nueva Zelanda, a más de 70 de los principales científicos antárticos, autoridades y visionarios (incluidos muchos jóvenes científicos), en abril de ese año. Su cometido era el de identificar las preguntas científicas más importantes, que se tratarían o deberían tratarse durante las próximas dos décadas en la investigación realizada en las regiones polares australes. Los resultados de este Scan ayudarán a alinear los programas, proyectos y recursos internacionales a fin de organizar de manera efectiva la ciencia oceánica antártica y austral en los próximos años. Se presentará un informe completo a la Reunión del Tratado 2015.

Conservación de la Antártida en el siglo XXI *www.scar.org/antarctic-treaty-system/scats*

El SCAR, en colaboración con varios asociados, trabaja en el desarrollo de una estrategia llamada "Conservación de la Antártida en el siglo XXI". La actividad alentará la participación de todos los participantes en la región. Esta metodología se estructurará en línea con el Protocolo al Tratado Antártico sobre Protección del Medio Ambiente y el Plan de trabajo de cinco años del Comité de Protección Ambiental. La Estrategia de Conservación de la Antártida se vincula estrechamente al Portal de medioambientes antárticos. Consulte también el Documento de trabajo WP de COMNAP-SCAR titulado "Antarctic Conservation Strategy: Scoping Workshop on Practical Solutions". Se debe tener presente que, como parte de este proceso, se realizará un "simposio invertido" sobre conservación durante la Conferencia Abierta de Ciencias del SCAR en agosto de 2014.

Gestión de datos Antárticos www.scar.org/data-products

El SCAR fomenta el acceso gratuito y sin restricciones a los datos e información sobre la Antártida al fomentar prácticas de archivo libres y accesibles, a través de sus comités permanentes sobre Gestión de Datos Antárticos (SCADM) y sobre Información Geográfica de la Antártida (SCAGI). El SCAR también cuenta con una variedad de productos para uso de la comunidad antártica.

4. Becas y premios de SCAR

Con el fin de aumentar la capacidad de todos sus Miembros, el SCAR organiza varios programas de becas y premios, como (www.scar.awards):

- *Las becas de SCAR/COMNAP* se centran en jóvenes científicos e ingenieros en investigación científica de la Antártida, y su objetivo es desarrollar nuevas conexiones y reforzar la capacidad y la cooperación internacional para la investigación antártica. Las becas se anunciarán junto con las becas CCRVMA.
- *Premio Martha T Muse para la ciencia y la política en la Antártida,* patrocinado por la Fundación Tinker, es un premio sin restricciones de 100.000 USD que se ofrece a personas que trabajan en el campo de la ciencia o las políticas antárticas. Consulte: www.museprize.org.
- *El Programa de profesor visitante de SCAR* proporciona a los científicos que se encuentren a la mitad o al final de su carrera profesional la oportunidad de participar en visitas breves a una instalación manejada por los países miembros del SCAR u operada por estos, con el fin de proporcionar capacitación y tutoría.

5. El SCAR se adjudicó el Prix Biodiversité 2013 entregado por la Fundación Príncipe Alberto II de Mónaco

El SCAR obtuvo este premio en reconocimiento de su aporte a la ciencia y por su trabajo en mejorar nuestra comprensión del medioambiente.

6. Futuras reuniones del SCAR

Existen varias reuniones importantes del SCAR previstas (www.scar.org/events/), entre las que se incluyen:

- *XXXIII Conferencia Abierta de Ciencias del SCAR.* Del 22 de agosto al 3 de septiembre de 2014, Auckland, Nueva Zelanda. La Conferencia Abierta de Ciencias del SCAR tendrá lugar del 25 al 29 de agosto. Consulte: http://www.scar2014.com.
- *XII Simposio Internacional sobre las Ciencias de la Tierra Antártica (ISAES) 2015.* 13 al 17 de julio de 2015, Goa, India. http://www.ncaor.gov.in/files/ISAES-2015Flyer1.pdf

Informe anual de 2013 del Consejo de Administradores de los Programas Antárticos Nacionales (COMNAP)

El COMNAP es la organización de Programas Antárticos Nacionales que reúne, especialmente, a los administradores de dichos programas, es decir, a las autoridades nacionales responsables de planificar, dirigir y gestionar el apoyo a la ciencia en la Antártida a nombre de sus respectivos gobiernos, todas las Partes Consultivas del Tratado Antártico.

El COMNAP se estableció en septiembre de 1988 y, por lo tanto, en 2013 se cumplió el 25° aniversario de la asociación. Como celebración, el COMNAP publicó la *Historia de la Cooperación Antártica: 25 Años de Consejo de Administradores de los Programas Antárticos Nacionales*. Las copias se distribuyeron en forma gratuita a los Miembros del COMNAP y a las bibliotecas, y se dejó una copia en la casilla de cada delegación de la RCTA. Hay copias adicionales disponibles a petición.

En 2013, el Programa Antártico Nacional de la República Checa obtuvo una membresía en el COMNAP. Por lo tanto, el COMNAP se ha convertido en una asociación internacional cuyos miembros son 29 Programas Antárticos Nacionales pertenecientes a las Partes Consultivas de Argentina, Australia, Bélgica, Brasil, Bulgaria, Chile, China, República Checa, Ecuador, Finlandia, Francia, Alemania, India, Italia, Japón, República de Corea, Países Bajos, Nueva Zelanda, Noruega, Perú, Polonia, Federación de Rusia, Sudáfrica, España, Suecia, Reino Unido, Ucrania, Uruguay y Estados Unidos. Actualmente, el Programa Antártico Nacional de la República de Belarús es una organización observadora del COMNAP.

La Constitución del COMNAP señala su objetivo: desarrollar y promover las prácticas recomendadas en la gestión del apoyo a la investigación científica en la Antártida. Como organización, el COMNAP se encarga de agregar valor a los esfuerzos de los Programas Antárticos Nacionales, desempeñándose como un foro para desarrollar prácticas que mejoren la efectividad de las actividades de manera responsable con el medio ambiente, facilitando y promoviendo alianzas internacionales, y brindando oportunidades y sistemas para el intercambio de información.

El COMNAP se esfuerza por proporcionarle al Sistema del Tratado Antártico el asesoramiento objetivo, práctico, técnico y apolítico que aporta el amplio grupo de expertos de los Programas Antárticos Nacionales y que se basa en su conocimiento directo de la Antártida. Puede encontrarse una lista completa de los documentos del COMNAP en el Documento de información IP007 de la XXXIV RCTA, *Revisión de los Documentos de Trabajo del COMNAP y los Documentos de Información presentados a la RCTA 1988 - 2011.*

El hielo marino antártico está engrosándose en algunas áreas costeras de la Antártida. Mientras que en otras áreas el calentamiento está provocando cambios a las áreas y la infraestructura asociada. Estas condiciones cambiantes están entorpeciendo a los Programas Antárticos Nacionales la entrega de suministros y personal a las estaciones y, por lo tanto, están amenazando la transmisión oportuna de ciencia antártica y de sus resultados. Tales desafíos requieren cooperación. Esta cooperación tiene lugar cada año, bajo circunstancias planificadas, por medio de extensos memorándum de entendimiento establecidos o mediante requisitos a corto plazo de ciencia y operaciones. En ocasiones, se requiere cooperación para abordar eventualidades o situaciones no planificadas. El estudio del COMNAP sobre cooperación internacional demuestra claramente que existe un alto nivel de cooperación internacional entre los Programas Antárticos Nacionales.

El COMNAP asistió a reuniones durante los últimos doce meses en calidad de observador invitado, y desea agradecerle a la CCRVMA, al Foro de operadores de investigación del Ártico (FARO), al Comité Hidrográfico Antártico (HCA) y a la IAATO por esa oportunidad. El Presidente y el Secretario Ejecutivo del COMNAP también participaron en el Retiro de Horizon Scan del SCAR, al igual que varios otros administradores del Programa Antártico Nacional. El COMNAP tuvo el agrado de contribuir con el patrocinio del SCAR para apoyar el proceso Horizon Scan.

La Reunión General Anual del COMNAP se celebró en julio de 2013 en Seúl, República de Corea, y fue organizada por el Instituto Coreano para la Investigación Polar (KOPRI). Heinrich Miller (AWI) continúa como Presidente del COMNAP y Michelle Rogan-Finnemore continúa como Secretaria Ejecutiva.

Puntos destacados y logros del COMNAP en 2013

Libro del COMNAP

Para celebrar su 25° aniversario, el COMNAP publicó *Historia de la Cooperación Antártica: 25 Años de Consejo de Administradores de los Programas Antárticos Nacionales* (ISBN 978-0-473-24776-8). El libro documenta la inmensa contribución que la organización ha realizado en la comunidad antártica. El autor y presidente anterior del COMNAP, Gillian Wratt, redactó este libro como una referencia al trabajo realizado por el COMNAP durante su historia relativamente breve.

Taller exploratorio sobre los Desafíos para la Conservación Antártica

John Shears y Kevin Hughes (ambos de British Antarctic Survey, BAS) coordinaron, en representación del COMNAP y del SCAR, este taller en Cambridge (24 a 25 de septiembre de 2013) destinado a identificar las respuestas prácticas del Programa Antártico Nacional ante los desafíos que enfrenta la conservación antártica (véase Chown et al., 2012). Los resultados del taller debían informar el anteproyecto para una Estrategia de conservación antártica del SCAR. El Informe final del taller puede encontrarse en el documento de información elaborado conjuntamente por el COMNAP y el SCAR para esta RCTA. Se realizará un taller abierto sobre Desafíos para la Conservación en ocasión de la Conferencia Abierta sobre Ciencias (OSC) del SCAR, que tomará lugar el 26 de agosto de 2014, en Auckland, Nueva Zelanda.

Taller sobre Rompehielos

Heinrich Miller (Presidente del COMNAP) coordinó el Taller sobre Rompehielos del COMNAP sostenido entre el 21 y el 23 de octubre de 2013 en Ciudad de Cabo, Sudáfrica. El taller abierto se realizó a bordo del nuevo buque de investigación y estudios, *S.A. Agulhus II*, y fue posible gracias al generoso apoyo organizativo del Programa Antártico Nacional Sudafricano (SANAP). El taller proporcionó una oportunidad para que los Programas Antárticos Nacionales analicen los requisitos y planes para nuevos rompehielos. Puede encontrarse información adicional en el Documento de información *Taller sobre Rompehielos* del COMNAP presentado en esta reunión.

Taller del Sistema de Observación del Océano del Sur (SOOS, por su sigla en inglés)

Rob Wooding (Centro de datos antárticos de Australia, AAD) coordinó el Taller del SOOS del COMNAP que se realizará el 7 de julio de 2013, al margen de la Reunión General Anual del COMNAP en Seúl, República de Corea, con el apoyo de Louise Newman (Sede del Proyecto SOOS). Entre los oradores invitados se incluyó a Oscar Schofield (EE. UU.), Andrew Constable (Australia) y Anna Wahlin (Suecia). Además, los Programas Antárticos Nacionales ofrecieron presentaciones reveladoras sobre sus prioridades científicas marítimas, sobre sus programas de embarcaciones y sobre las capacidades de los buques. Las presentaciones están disponibles en www.comnap.aq/Publications/SitePages/Home.aspx. Como resultado del taller, y tras los debates posteriores sostenidos en su Reunión General Anual, el COMNAP estableció un "grupo de reflexión para el SOOS" para que los Programas Antárticos Nacionales intercambien información que podría ser conveniente para el apoyo del proyecto del SOOS.

Beca de investigación antártica del COMNAP

En 2011, el COMNAP creó la Beca de Investigación Antártica. Para la ronda de 2013, el COMNAP estuvo en condiciones de ofrecer una beca completa a Charlotte Havermans (Bélgica), para llevar a cabo una investigación en el Instituto Alfred Wegener sobre el impacto de los cambios medioambientales en el anfípodo *themisto gaudichaudii*. Tanto el COMNAP como el SCAR ofrecieron una media beca a Luis Rodríguez (España) para que trabajara en el Centro de datos antárticos de Australia (AAD, por sus siglas en inglés), en el modelado de nichos como una herramienta para la evaluación de los riesgos invasivos de las plantas vasculares de la Antártida. El COMNAP y el SCAR acordaron ofrecer nuevamente las becas en 2014. Ambas organizaciones también trabajan con la CCRVMA en la promoción de sus becas. Las postulaciones para los tres programas se encuentran abiertas, y la Beca de Investigación Antártica 2014 del COMNAP se anunciará en agosto de 2014 como parte de la reunión anual del COMNAP en Christchurch, Nueva Zelanda. Para conocer a los beneficiarios de la Beca del COMNAP, visite www.comnap.aq/SitePages/fellowships.aspx.

Productos y herramientas del COMNAP

Página web de Búsqueda y Salvamento

Como resultado de la Resolución 4 de la RCTA (2013), adoptada como resultado del debate del Grupo de trabajo sobre ´Búsqueda y salvamento (SAR) de la RCTA, el COMNAP estableció una página web del SAR, previa consulta con los Centros de coordinación y rescate en www.comnap.aq/membersonly/SitePages/SAR.aspx. Consulte el Documento de información del COMNAP para esta reunión, *Actualización del sitio web del SAR del COMNAP*.

Sistema de notificación de accidentes, incidentes y cuasi accidentes (AINMR)

Siempre se ha intercambiado información sobre los diversos problemas que surgen en la Antártida. La primera RCTA acordó que así fuera en la Recomendación I-VII sobre *Intercambio de información sobre problemas logísticos* (vigente desde el 30 de abril de 1962). Las Reuniones Generales Anuales del COMNAP brindan a los miembros la oportunidad de intercambiar dicha información también en línea, el completo Sistema AINMR está instalado y en funcionamiento en el área para miembros del sitio web del COMNAP. El principal objetivo del AINMR consiste en capturar información sobre hechos que tuvieron o podrían haber tenido consecuencias graves; y/o divulgar lecciones para aprender; y/o brindar información sobre sucesos nuevos y muy poco frecuentes. En el sitio web también se pueden publicar informes completos de accidentes, los que pueden ser debatidos y revisados. De esta forma, los Programas Antárticos Nacionales pueden aprender unos de otros sobre cómo reducir el riesgo de que se produzcan graves consecuencias durante sus actividades antárticas. www.comnap.aq/membersonly/AINMR/SitePages/Home.aspx.

Sistema de Información de Posiciones de Buques (SPRS) del COMNAP

El SPRS (www.comnap.aq/sprs) es un sistema opcional y voluntario para el intercambio de información sobre las operaciones de los buques que participan en los Programas Antárticos Nacionales. Su propósito principal es facilitar la colaboración. Sin embargo, también puede ofrecer una contribución sumamente conveniente para la seguridad, gracias a toda la información del SPRS que se pone a disposición de los Centros de coordinación y rescate, como fuente de información adicional para complementar los demás sistemas nacionales e internacionales establecidos. La información es enviada por correo electrónico y puede presentarse gráficamente en Google Earth.

Hubo un promedio de 21 buques que presentaron informes con regularidad durante los viajes de esta temporada a la Antártida.

Manual de información sobre vuelos antárticos (AFIM)

El AFIM es un manual de información aeronáutica que publica el COMNAP como herramienta para promover operaciones aéreas seguras en la Antártida, conforme a la Recomendación 20 de la XV RCTA, y actualizada en la Resolución 1 (2013). El COMNAP inició la etapa de prueba de un AFIM electrónico. El AFIM continuará actualizándose con la información de los Programas Antárticos Nacionales. La revisión más reciente del AFIM se produjo y se distribuyó a sus suscriptores el 21 de febrero de 2014.

Manual para los operadores de telecomunicaciones antárticas (ATOM)

El Manual para los operadores de telecomunicaciones antárticas (ATOM, por sus siglas en inglés) es una evolución del Manual de prácticas de telecomunicaciones al que se refiere la Recomendación X-3 de la RCTA, *Mejora de las telecomunicaciones en la Antártida, y recopilación y distribución de datos meteorológicos antárticos*. Los miembros del COMNAP y las autoridades del SAR pueden acceder a la versión más reciente (febrero de 2014) a través del sitio web del COMNAP.

————

Para obtener más información, visite www.comnap.aq o envíe un correo electrónico a info@comnap.aq.
Además, consulte los Apéndices 1 y 2 a este Informe anual.

Apéndice1. **Funcionarios, proyectos y grupos de expertos del COMNAP**

Comité Ejecutivo (EXCOM)

El presidente y los vicepresidentes del COMNAP son autoridades elegidas del COMNAP. Las autoridades elegidas junto con el Secretario Ejecutivo componen el Comité Ejecutivo del COMNAP de la siguiente manera:

Cargo	Autoridad	Fin del mandato
Presidente	Heinrich Miller (Instituto Alfred Wegener) heinrich.miller@awi.de	RGA 2014
Vicepresidente	Hyoung Chul Shin (KOPRI) hcshin@kopri.re.kr	RGA 2016
	John Hall (BAS) jhal@bas.ac.uk	RGA 2016
	Juan José Dañobeitía (CSIC) jjdanobeitia@cmima.csic.es	RGA 2014
	Brian Stone (USAP/NSF) bstone@nsf.gov	RGA 2014
	José Olmedo (INAE) jolmedo@midena.gob.ec	RGA 2015
Secretaria ejecutiva	Michelle Rogan-Finnemore michelle.finnemore@comnap.aq	

Cuadro 1 – Comité Ejecutivo del COMNAP.

Proyectos

Proyecto	Gestor del proyecto	Autoridad del EXCOM (supervisión)
Manual de Información sobre Vuelos Antárticos (AFIM) – Implementación de Nuevo Formato	Paul Morin	Brian Stone
Glosario Antártico	Valery Lukin	John Hall
Información Científica de la Península Antártica (APASI)	José Retamales	Heinrich Miller
Desafíos para la conservación	John Hall	Heinrich Miller
Sistema automatizado de advertencia sobre tanques de combustible	Oleksandr Kuzko	Brian Stone
Estudio sobre hidroponía (actualización)	Sandra Potter	Hyoung Chul Shin
Desarrollo de la página web del SAR	Michelle Rogan-Finnemore	Heinrich Miller
Base de datos de proveedores	David Blake	Juan José Dañobeitía
Simposio "Éxito a través de la cooperación internacional"	John Hall	Heinrich Miller
Taller sobre Medicina a distancia	Jeff Ayton	John Hall
Taller sobre Aguas residuales	Sandra Potter/José Retamales	Hyoung Chul Shin

Cuadro 2 – Proyectos del COMNAP actualmente en curso.

Grupo de expertos

Grupo de expertos (tema)	Líder del grupo de expertos	Autoridad del EXCOM (supervisión)
Atmósfera	Giuseppe De Rossi	Brian Stone
Energía y Tecnología	David Blake	Juan José Dañobeitía
Medioambiente	Sandra Potter	Hyoung Chul Shin
Medicina	Jeff Ayton	John Hall
Difusión	Eva Gronlund	Todo el Comité Ejecutivo
De seguridad	Henrik Tornberg	Jose Olmedo
Actividad científica	José Retamales	Heinrich Miller
Navegación	Miguel Ojeda	Juan José Dañobeitía
Capacitación	Verónica Vlasich	Brian Stone

Cuadro 3 – Grupo de expertos del COMNAP.

Apéndice 2. Reuniones

Anteriores 12 meses

7 de julio 2013, Taller SOOS del COMNAP (organizado en conjunto con SCAR), Seúl, República de Corea.

8-10 julio de 2013, Reunión general anual del COMNAP (COMNAP XXV), organizado por KOPRI, Seúl, República de Corea.

25 al 26 de septiembre de 2013, Taller exploratorio sobre los Desafíos para la Conservación Antártica (coordinado en conjunto con el SCAR), Cambridge, Reino Unido.

24 y 27 de septiembre de 2013, Reunión del Comité Ejecutivo del COMNAP, BAS, Cambridge, Reino Unido.

21 al 23 de octubre de 2013, Taller sobre Rompehielos del COMNAP, (a bordo) SA Agulhas II, Ciudad del Cabo, Sudáfrica.

Próximos 12 meses

24 de agosto, Reunión Ejecutiva conjunta del COMNAP y el SCAR, Auckland, Nueva Zelanda.

25 de agosto de 2014, simposio "Éxito a través de la cooperación internacional" del COMNAP, Auckland, Nueva Zelanda.

26 de agosto de 2014, simposio Desafíos para la Conservación Antártica (en conjunto con el SCAR), Auckland, Nueva Zelanda.

27 al 29 de agosto de 2014, Reunión General Anual del COMNAP (XXVI Reunión del COMNAP), organizado por Nueva Zelanda, Christchurch, Nueva Zelanda (incluye un Taller sobre Seguridad y un taller sobre Aguas residuales, programados para el 28 de agosto de 2014).

2. Informes de expertos

Informe de la Coalición Antártica y del Océano Austral

1.   *Introducción*

La ASOC se complace de estar en Brasilia con motivo de la XXXVII Reunión Consultiva del Tratado Antártico. En el presente informe, se describe brevemente el trabajo que realizó la ASOC durante el año pasado y se destacan algunos de los aspectos claves para esta RCTA.

La Secretaría de la ASOC tiene su sede en Washington DC, EE.UU., y su página web es http://www.asoc.org. La ASOC está conformada por 24 grupos con membresía plena distribuidos en 10 países, y por grupos de apoyo en estos y otros países. Las campañas de la ASOC son llevadas a cabo por equipos de expertos de Alemania, Argentina, Australia, China, Corea del Sur, EE. UU., España, Francia, Japón, Noruega, Nueva Zelanda, Países Bajos, Sudáfrica, Reino Unido, Rusia y Ucrania.

2.   *Actividades entre sesiones*

Desde la XXXVI RCTA, la ASOC y los representantes de los grupos miembros participaron activamente en los debates entre sesiones de los foros de la RCTA y del CPA, que incluyen GCI sobre la promoción de una más amplia cooperación antártica (moderado por Chile); el ejercicio de la jurisdicción en la zona del Tratado Antártico (moderado por Francia); debates sobre proyectos de CEE para propuestas de nuevas estaciones (moderados por Australia y EE. UU.); cambio climático (moderado por el Reino Unido y por Noruega); debates informales sobre turismo y el riesgo de introducción de organismos no autóctonos (moderado por Alemania); y debates informales sobre el seguimiento de los valores de vida silvestre de las ZAEP para planes de gestión revisados (moderado por la Federación de Rusia). La ASOC también realizó un seguimiento de los demás GCI.

Por otro lado, la ASOC y los representantes de los grupos miembros asistieron a varias reuniones relativas a la protección medioambiental de la Antártida, incluida la reunión intersesional de la CCRVMA realizada en Bremerhaven, la XXXII Reunión de la CCRVMA, los órganos subsidiarios en Bonn y la 19ª Conferencia de las partes de la Convención Marco sobre el Cambio Climático de la ONU (CMNUCC) celebrada en Varsovia, el Décimo Congreso Mundial de Vida Silvestre, y a una serie de reuniones marítimas internacionales relativas al Código Polar. La ASOC participó además en el Scan Científico al Horizonte del SCAR, al cual los especialistas de la ASOC aportaron cuestiones de investigación sobre asuntos fundamentales.

3.   *Documentos para la XXXVII RCTA*

ASOC presentó 7 documentos de información. Estos documentos abordan temas medioambientales fundamentales e incluyen recomendaciones para la RCTA y CPA que ayudarán a lograr una protección y conservación del medio ambiente más eficaces de la Antártida.

Antarctic Climate Change Report Card 2014 (Documento de información IP 68): en donde la ASOC resume algunas conclusiones del trabajo de investigación relativas a cambio climático que fueron publicadas en el periodo intersesional. Estas conclusiones se suman a la considerable evidencia actual sobre las importantes repercusiones que tiene, y seguirá teniendo, el cambio climático en la Antártida. Si bien el cambio climático es un problema global, las Partes Consultivas del Tratado Antártico tienen la singular posibilidad de plantear los problemas de la Antártida en otros foros de debate sobre el cambio climático, además de tomar medidas en el seno del Sistema del Tratado Antártico, como por ejemplo, financiar más investigación.

Antarctic Resolution at the 10th World Wilderness Congress (Documento de información IP 69): En octubre de 2013 fue convocado en Salamanca, España, el Décimo Congreso mundial de vida silvestre. Profesionales dedicados provenientes de los gobiernos nacionales, regionales, y locales, y personas nativas, estudiantes e investigadores de organizaciones no gubernamentales se reunieron para intercambiar información acerca de la forma en que sus comunidades y programas protegen la vida silvestre. Los delegados de WILD10 aprobaron una resolución en relación con la Antártida. Los miembros del Congreso reafirmaron su compromiso de proteger como vida silvestre toda la zona comprendida en el Tratado Antártico para el año 2016, año en que se celebra el 25° aniversario de la firma del Protocolo, y concordaron en adoptar medidas concretas para evitar el aumento de la huella humana en la Antártida. Instamos a las Partes a adoptar medidas factibles para poner en práctica esta resolución.

Management of Vessels in the Antarctic Treaty Area (Documento de información IP 70): en este documento, la ASOC reflexiona sobre tres incidentes con la participación de buques en el Océano Austral, y sobre la relevancia de dichos incidentes para las anteriores recomendaciones acerca de la importancia de emitir informes completos sobre incidentes con participación de buques planteadas por la ASOC con objeto de informar el desarrollo de nuevas políticas y normativas. El documento destaca asimismo la importancia de ampliar los estudios hidrográficos en la región, y de limitar el acceso a las zonas con insuficientes datos de levantamiento hasta que se pueda disponer de datos hidrográficos actualizados. El documento continúa considerando algunos aspectos del Código Polar, e insta a que se preste mayor atención y a que se fortalezca dicho código antes de su aprobación más adelante, durante 2014.

Managing Human Footprint, Protecting Wilderness: A Way Forward (Documento de información IP 71): el medioambiente antártico es objeto de un diverso abanico de impactos producidos por el ser humano. Al reconocer este fenómeno, el CPA se comprometió a asistir en la gestión de la huella humana y la protección de los valores de vida silvestre, y con ello, las características únicas del continente. Durante los últimos años, las Partes han realizado un considerable trabajo sobre esta materia y han presentado importantes trabajos al CPA. El CPA ha puesto de manifiesto la importancia de abordar estos temas de manera oportuna mediante la inclusión de elementos relevantes en su plan de trabajo. En este documento, examinamos este trabajo y recomendamos los siguientes pasos para una acción inmediata, de modo que el CPA pueda progresar de manera oportuna en estos asuntos antes de la celebración del 25° aniversario del Protocolo en 2016.

Near-term Antarctic Impacts of Black Carbon and Short-lived Climate Pollutant Mitigation (Documento de información IP 72): los anteriores estudios de modelización del impacto de los contaminantes climáticos de vida corta no han incluido a la Antártida, en gran parte debido a lo remoto de la región con respecto de las fuentes más importantes de carbono negro generadas por el hombre. Un reciente informe publicado en noviembre de 2013 conjuntamente por el Banco Mundial y la organización miembro de ASOC, Iniciativa Internacional para el Clima de la Criósfera (ICCI), mostró un sorprendente grado de beneficios para el clima antártico a partir de las reducciones del carbono negro y del metano, equivalentes a dos terceras partes de lo encontrado en el Ártico. La ASOC insta a las Partes Consultivas a que comiencen su trabajo de elaboración de inventarios de fuentes emisión de carbono negro en la Antártida, siguiendo el modelo del Consejo Ártico, y también su trabajo para reducir otros contaminantes climáticos de vida corta provenientes de otras fuentes en el Hemisferio Sur.

New Antarctic stations: Are they justified? (Documento de información IP 73): basándose en las diversas evaluaciones aparecidas en publicaciones de expertos, este Documento de información compara los resultados de la investigación científica producida por las Partes Consultivas del Tratado Antártico entre 1980 y 2004 con la infraestructura existente en 2004. En la práctica, no parece haber ninguna relación sustantiva entre el número de las estaciones antárticas operadas por una Parte en particular, y los resultados de investigaciones producidos por dicha Parte. Los informes oficiales sobre inspecciones correspondientes al periodo 2004-2014 parecen corroborar esta apreciación. En este contexto, la ASOC también plantea varias recomendaciones prácticas para aumentar la cooperación internacional, la cantidad y la calidad de la actividad científica, y para reducir los impactos medioambientales, y recomienda que se consideren detenidamente y por adelantado todas las alternativas a la construcción de una nueva estación.

The West Antarctic Ice Sheet in the Fifth Assessment Report of the Intergovernmental Panel on Climate Change (IPCC): a key threat, a key uncertainty (Documento de información IP 74): este documento de información se centra en uno de los temas de mayor incertidumbre y mayor relevancia global entre los temas del Panel Intergubernamental de Expertos sobre Cambio Climático: la elevación del nivel del mar, en particular la contribución de las capas de hielo y la inestable capa de hielo de la Antártida Occidental. Teniendo en cuenta la información contenida en el informe, incluyendo la mayor proyección de la elevación del nivel del mar, la ASOC alienta a todas las PCTA a dejar de alimentar el "debate" acerca del cambio climático y a comenzar a implementar estrategias de gestión de la mitigación prácticas y proactivas en la Antártida. Además, los programas de investigación antártica respaldan algunas de las más importantes investigaciones sobre el clima que se realizan. La ASOC alienta a respaldar la investigación sobre el clima tal como se ha hecho hasta ahora, o más.

4. *Otros temas importantes para la XXXVII RCTA*

Turismo: sigue teniendo importancia crucial el desarrollo de una estrategia de largo plazo para la gestión del turismo. La ASOC insta a las Partes a centrarse en el cuadro más general del turismo, además de abordar los nuevos asuntos, como por ejemplo el uso de vehículos aéreos no tripulados. Dada la naturaleza dinámica del turismo comercial, la RCTA no puede depender exclusivamente de iniciar el debate acerca de los aspectos particulares del turismo luego de establecimiento de las nuevas modalidades del turismo (incluyendo entre otros, los resultados de nuevas actividades, nuevos medios de transporte, o nuevos lugares*)*. En lugar de eso, deben desarrollarse debates estratégicos que aborden la evolución del asunto.

Protección marina en la zona del Tratado Antártico: muchos de los temas tratados aquí tienen una dimensión marítima que requiere atención por parte de la RCTA, de conformidad con los requisitos del Protocolo, y como complemento del trabajo realizado paralelamente por la CCRVMA, en particular mediante el desarrollo de una red de Áreas Marinas Protegidas. Como resultado de las crecientes presiones locales, regionales y mundiales sobre el medio ambiente marino, en los próximos años será cada vez más importante una mayor armonización del trabajo de estos dos organismos (además del CPA y del CC-CRVMA).

Bioprospección: en opinión de la ASOC, es esencial que las Partes Consultivas desarrollen una mejor comprensión del alcance de las actividades de prospección biológica en la Antártida, su impacto en la investigación científica y la cooperación, así como sobre el medio ambiente.

Plan de trabajo estratégico plurianual: para abordar los problemas actuales y emergentes que enfrenta la Antártida, las Partes Consultivas deben adoptar un enfoque proactivo y estratégico. Debe desarrollarse a la brevedad un plan de trabajo estratégico plurianual, y debe ponerse en práctica de manera eficaz.

5. *Comentarios finales*

Ahora es un momento crucial para la Antártida, y resulta oportuno que la RCTA aborde los temas actuales y emergentes de manera estratégica. La ASOC insta a las Partes Consultivas a que actúen de manera rápida y decidida en todos los asuntos relacionados con la protección del medio ambiente antártico a fin de asegurar que el último gran desierto del mundo esté íntegramente protegido.

Informe de la Organización Hidrográfica Internacional

Estado de los Levantamientos Hidrográficos y de la Cartografía en Aguas Antárticas

Introducción

La Organización Hidrográfica Internacional (OHI) es una organización consultiva intergubernamental. Cuenta con 82 Estados Miembros. Cada Estado está normalmente representado por el Director de su Servicio Hidrográfico Nacional.

La OHI coordina a nivel mundial el establecimiento de las normas para datos hidrográficos y el suministro de servicios hidrográficos, como apoyo de la seguridad de la navegación y de la protección y el uso sostenido del medio ambiente marino. El objetivo principal de la OHI es asegurarse de que todos los mares, los océanos y las aguas navegables mundiales estén levantados y cartografiados.

¿Qué es la Hidrografía?

La Hidrografía es la rama de las ciencias aplicadas que trata sobre la medición y la descripción de las características físicas de los océanos, los mares, las zonas costeras, los lagos y los ríos, al igual que sobre la predicción de sus cambios con el tiempo, teniendo como finalidad principal la seguridad de la navegación y el apoyo de todas las otras actividades marítimas, incluyendo el desarrollo económico, la seguridad y la defensa, la investigación científica y la protección del medio ambiente.

La importancia de la Hidrografía en la Antártida.

La información hidrográfica es un requisito previo fundamental para el desarrollo de actividades humanas ambientalmente sostenibles en los mares y océanos. Desgraciadamente, hay poca o ninguna información hidrográfica para distintos lugares del mundo, especialmente en la Antártida.

Estado de la Hidrografía y la Cartografía en la Antártida.

No se han efectuado levantamientos en más del 90% de las aguas antárticas. Hay vastas zonas sin cartografiar y, cuando existen cartas, tienen una utilidad limitada a causa de la escasez de información fidedigna sobre la profundidad. La varada de buques que operan al exterior de rutas en las que se navegaba anteriormente en la Antártida no es común.

Los levantamientos hidrográficos en aguas antárticas son costosos y problemáticos. Esto es debido a las condiciones del mar, hostiles e imprevisibles, a las breves temporadas para efectuar levantamientos y a la larga serie logística implicada en el apoyo de buques y del equipo. No hay indicios de mejoras significativas en el nivel de los levantamientos hidrográficos efectuados en la Antártida. De hecho, los informes a la OHI indican que la actividad hidrográfica patrocinada por los gobiernos en la Antártida está realmente disminuyendo a causa de presiones de orden financiero y de prioridades concurrentes en aguas territoriales.

> **El hecho de que más del 90% de las aguas antárticas estén sin levantar debería ser motivo de especial preocupación para la ATCM.**

La Comisión Hidrográfica de la OHI sobre la Antártida.

La Comisión Hidrográfica de la OHI sobre la Antártida (CHA de la OHI) se dedica a mejorar la calidad, la cobertura y la disponibilidad de la cartografía náutica y de otra información y servicios hidrográficos que cubren la región. La CHA comprende 23 Estados Miembros de la OHI (Alemania, Argentina, Australia, Brasil, Chile, China, Ecuador, EE.UU., España, Federación Rusa, Francia, Grecia, India, Italia, Japón, Noruega, Nueva Zelanda, Perú, Reino Unido, República de Corea, Sudáfrica, Uruguay, Venezuela), que han adherido todos ellos al Tratado Antártico y que están pues directamente representados en la ATCM.

La CHA de la OHI trabaja en estrecha colaboración con organizaciones de las partes asociadas. Las siguientes organizaciones participan en la CHA de la OHI y en sus actividades: ATS, COMNAP, IAATO, SCAR, OMI, COI.

La 13ª reunión anual de la CHA de la OHI se celebró en España, en Diciembre del 2013. La CHA revisó el progreso de la cartografía y de los levantamientos y actualizó sus programas de producción coordinada de cartas náuticas y de sus publicaciones asociadas.

Informe de Situación sobre los Levantamientos en la Antártida

La mayoría de las aguas antárticas siguen sin levantar. Se han llevado a cabo algunos levantamientos sistemáticos. Los levantamientos se centran principalmente en algunas de las bases antárticas y alrededor de la Península antártica.

Informe de Situación sobre los las cartas náuticas en la Antártida

Cartas de Papel. 71 de las 111 cartas de papel anticipadas en el esquema de cartas INT de la OHI han sido publicadas. Se ha previsto publicar 18 cartas más durante los próximos dos años.

Cartas Electrónicas de Navegación (ENCs).

De acuerdo con los requisitos internacionales (SOLAS), se requieren ahora las ENCs para la navegación en todos los buques de pasajeros y en un número creciente de buques de otros tipos. Hasta ahora, sólo 87 ENCs del requisito anticipado de alrededor de 170 ENCs han sido publicadas para la Antártida.

La producción de Cartas Electrónicas de Navegación (ENCs) para la Antártida se ve seriamente limitada por la ausencia de datos, el pésimo estado de las cartas de papel correspondientes y por la producción y las prioridades financieras de aquellos Estados que se han ofrecido voluntarios para hacer las ENCs.

Opciones realistas para mejorar la Hidrografía y la Cartografía Náutica en la Antártida

Teniendo en cuenta las serias deficiencias en datos de profundidades disponibles para hacer cartas náuticas fidedignas y autorizadas de las aguas antárticas, la OHI, a través de su CHA, considera que un enfoque polivalente y multidisciplinario para obtener datos de profundidades adecuados es necesario para aumentar las operaciones hidrográficas tradicionales, sistemáticas y totalmente reglamentadas.

Levantamientos tradicionales de Alta Resolución que utilizan Buques y Aeronaves especiales para los Levantamientos Hidrográficos

Buques y aeronaves especiales para los levantamientos hidrográficos proporcionan los datos de profundidades de mayor calidad y más fidedignos para fines cartográficos y otros fines especiales, pero su uso puede resultar intrínsecamente costoso. Por esta razón, sería mejor que los buques, las embarcaciones o las aeronaves especiales fuesen desplegados en zonas consideradas de alta prioridad, que hayan experimentado ya una cierta forma de evaluación para confirmar su potencial como rutas marítimas o para otros fines especiales.

Apoyo mediante Contrato Comercial.

Un número creciente de Servicios Hidrográficos nacionales del mundo entero están utilizando un apoyo mediante un contrato comercial para complementar sus propios esfuerzos. Estos contratistas recogen datos de profundidades de alta calidad por cuenta de los gobiernos utilizando buques hidrográficos y aeronaves equipados de sistemas láser aerotransportado (LIDAR). El LIDAR se está utilizando con éxito en la región ártica.

En el 2013, la CHA de la OHI adoptó una Declaración que reconoce y promueve mutuamente una cooperación beneficiosa entre los proveedores comerciales de apoyo hidrográfico y los gobiernos.

El empleo de contratistas que utilizan sensores de levantamientos batimétricos aerotransportados supone una opción atractiva y rentable en regiones como la Antártida, especialmente si se ve apoyado por los recursos existentes de los Estados Miembros que participan en la ATCM.

Batimetría alimentada por los usuarios

Los datos de profundidades recogidos por los denominados *buques de oportunidad* se conocen como *batimetría alimentada por los usuarios*. Dependiendo de su calidad y de su fiabilidad, la batimetría alimentada por los usuarios puede utilizarse para confirmar los datos cartografiados existentes, para determinar nuevas prioridades hidrográficas o, a veces, para mejorar la carta misma directamente. Cantidades limitadas de batimetría alimentada por los usuarios han sido recogidas, principalmente alrededor de la Península Antártica, donde operan la mayoría de los buques comerciales, incluyendo los buques de cruceros. Esto se ha hecho en cooperación con varios socios gubernamentales, de la industria e individuales, incluyendo a la IAATO.

Además, hay varias iniciativas comerciales de externalización abierta en curso, particularmente en el sector pesquero. Los datos de estos programas comerciales tienen que estar disponibles para mejorar las cartas náuticas.

La OHI considera que la recogida alimentada por los usuarios de datos de profundidades debería extenderse a todos los lugares del mundo. La OHI propone ampliar el programa mundial de cartografía oceánica GEBCO OHI-COI, permitiendo que el Centro de Datos de la OHI para Batimetría Digital (DCDB) acepte la batimetría de código abierto (no comercial) alimentada por los usuarios. Esto facilitará la recogida de datos alimentados por los usuarios y permitirá que los Servicios Hidrográficos accedan a los datos para la mejora de las cartas. La OHI ha identificado ya equipo a un coste mínimo para que los buques puedan hacerlo.

La ATCM puede desear considerar los modos de animar a o requerir que todos los buques tripulados y manejados profesionalmente que operen en la Antártida recojan los sondajes de los pasajes a un coste mínimo para ayudar a mejorar las cartas náuticas.

Además,

La ATCM puede desear considerar las maneras de fomentar el concepto de recolección de datos ambientales polivalente, multi-disciplinaria utilizando plataformas de observación.

Batimetría Satelital.

En aguas claras, es posible determinar la profundidad y otros parámetros de la columna de agua hasta alrededor de 20 metros de profundidad, mediante el análisis de imágenes procedentes de sensores multi-espectrales satelitales. La OHI está fomentando el desarrollo adicional de la técnica que es mucho más económica que los levantamientos tradicionales y que, cuando es aplicable, es una opción económica para identificar las zonas no navegables. Sin embargo, es improbable que se puedan reemplazar las medidas de las profundidades tomadas desde un buque o una aeronave o aquellas que se requieren para la seguridad de la navegación (por ejemplo, en aguas restringidas o en zonas de practicaje) cuando las profundidades del agua sean críticas para la seguridad de la navegación.

Prospección de datos

A lo largo de los años, se han recogido cantidades significativas de datos de profundidades, como parte de estudios científicos más amplios en la Antártida pero se desconoce la existencia de los datos o no está disponible para el Servicio Hidrográfico pertinente, para su uso en la mejora de cartas náuticas. Se requieren campañas para localizar y acceder a estos datos potencialmente útiles.

La ATCM puede desear considerar modos de facilitar el acceso a los datos de profundidades existentes obtenidos como parte de las actividades científicas en la Antártida, independientemente de la nacionalidad del buque o de la parte científica.

Conclusión

El estado de los levantamientos hidrográficos

y de la cartografía náutica de la Antártida supone serios riesgos para la seguridad de la navegación e impide también la realización de la mayoría de las actividades que tienen lugar en los mares y en los océanos circundantes.

Un número de Estados Miembros de la OHI, a través de sus Servicios Hidrográficos nacionales, están intentando mejorar esta situación. Sin embargo, los recursos son limitados y no parece haber muchas perspectivas de mejoras significativas en un futuro próximo a menos que los gobiernos y la ATCM adopten nuevas políticas al respecto.

Hay un número de **Recomendaciones** de la ATCM sobre Asuntos Operativos que se refieren directamente a la hidrografía y a la cartografía náutica (ver ATCM XXVII WP1 - *Examen de las Recomendaciones de la ATCM sobre Asuntos Operativos*). Todas las opciones de mejoras que propone la OHI están en armonía con estas Recomendaciones.

La OHI desearía que la ATCM y sus gobiernos miembros actuasen positivamente con respecto a sus propias Recomendaciones sobre Asuntos Operativos, y en particular que consideren medidas prácticas relativas a:

- Las obligaciones de los buques de efectuar sondajes de los pasajes y de garantizar los datos de profundidades observadas a la autoridad cartográfica pertinente,
- La promoción de iniciativas que incluyen un apoyo hidrográfico comercial para ampliar los programas de levantamientos nacionales, de la ATCM y de la CHA de la OHI,

- El concepto de recolección de datos polivalentes, multidisciplinarios que utilizan plataformas comunes de observación, y

- El acceso de los Servicios Hidrográficos a todos los datos de profundidades que se han recopilado ya como parte de las actividades científicas efectuadas en la Antártida.

Informe de la Asociación Internacional de Operadores Turísticos Antárticos 2013-2014

En virtud del Artículo III (2) del Tratado Antártico

Introducción

La Asociación Internacional de Operadores Turísticos Antárticos (IAATO) tiene el placer de informar a la RCTA XXXVII, sobre sus actividades en virtud del artículo III (2) del Tratado Antártico.

La IAATO continúa concentrando sus actividades en apoyo de su declaración de misión de defender, promover y practicar viajes del sector privado a la Antártida seguros y responsables en lo medioambiental, garantizando lo siguiente:
- La eficaz gestión diaria de las actividades de sus miembros en la Antártida;
- Alcance educacional, incluyendo la colaboración científica; y el
- Desarrollo y promoción de las prácticas turísticas antárticas recomendables.

La descripción detallada de la IAATO, su declaración de misión, principales actividades y últimos acontecimientos pueden encontrarse en la *Hoja técnica 2014 – 2015* y en el sitio Web de la IAATO: www.iaato.org.

Membresía de la IAATO y actividades de sus miembros

La IAATO comprende un total de 118 Miembros, Asociados y Afiliados. Las oficinas de los miembros se encuentran en todo el mundo, y representan 61% de los países que son Partes Consultivas del Tratado Antártico y anualmente lleva a la Antártida a ciudadanos de casi todas las Partes del Tratado.

Debido a la agenda de la XXXVII RCTA, no ha sido posible recabar o analizar los datos estadísticos de los informes posteriores a las visitas correspondientes a la temporada 2013-2014 que acaba de concluir. Sin embargo, las cifras preliminares indican que el cuadro general es similar lo previsto en el Documento de información IP 103 de la XXXVI RCTA, *IAATO Overview of Antarctic Tourism: 2012-13 Season and Preliminary Estimates for 2013-14 Season*.

Se espera que la información pormenorizada correspondiente a la temporada 2013-2014, incluida la información acerca del uso del sitio de desembarco, esté disponible en junio de 2014. El documento se publicará en el sitio web de la IAATO (www.iaato.org) en Directrices y recursos, Estadísticas relativas al turismo.

La información estadística prevista para la temporada turística 2014-2015 puede encontrarse en el Documento de información IP 45 de la XXXVII RCTA, *IAATO Overview of Antarctic Tourism: Preliminary Estimates for 2014-15*. Las cifras reflejan sólo a las personas que viajan con empresas que son miembros de la IAATO. En *www.iaato.org* puede encontrarse información sobre los miembros del Directorio y estadísticas adicionales sobre las actividades de las organizaciones miembros de la IAATO.

Trabajo y actividades recientes

Durante el año se llevó a cabo una serie de iniciativas, las cuales incluyen:

- Fortalecimiento de la gobernanza corporativa y de la solidez institucional de la Asociación. Esto incluye un examen de las políticas antimonopolio y de responsabilidad, la creación de la nueva función de Asistente de operaciones y comunicaciones en el marco de la Secretaría, y el traslado de las oficinas desde Providence a Newport, Rhode Island.

- En febrero de 2014, dos operadores pertenecientes a la IAATO realizaron un ejercicio de comunicaciones de Búsqueda y salvamento en asociación con el Centro de coordinación de rescates marítimos Ushuaia y la IAATO. Puede encontrarse la información acerca de este ejercicio en el Documento de información IP 79, *Ejercicio de comunicaciones SAR: Argentina – IAATO* de la XXXVII RCTA (Argentina y la IAATO)

- El programa de Dockside Observer de la IAATO, un nuevo componente en el programa de observación mejorada de la asociación, fue puesto a prueba con éxito. Se trata de la primera ocasión en que se han realizado observaciones reales de las operaciones en yates de la IAATO.

- El programa Evaluación y certificación en línea del personal en terreno sigue evolucionando, con la incorporación de la información aportada por un estudio realizado al personal en terreno. Un total de 383 miembros del personal ha pasado al menos por una de las evaluaciones, contándose más de 243 solo en la temporada pasada. Esto es reflejo del aumento de 17% y 13%, respectivamente, en la participación. Por otro lado, el Boletín Informativo del Personal en terreno de la IAATO, con noticias e información de todo el continente, sigue su trabajo en la creación de un foro para que el personal en terreno comparta asuntos de interés común, así como sus dificultades y oportunidades, incluido el intercambio de prácticas recomendables y debates acerca del liderazgo circunstancial y evaluación de riesgo.

- Se llevó a cabo un examen exhaustivo de las directrices sobre vida silvestre y de las directrices sobre el lavado y descontaminación de botas, incluida la búsqueda de asesoría especializada independiente sobre técnicas de gestión.

- La ficha de información de la IAATO, *Comprensión de cambio climático en la Antártida*, que está disponible para todos los miembros para su distribución a sus clientes, se actualizó considerando la información más reciente sobre el informe ACCE del SCAR. Por otro lado, se distribuyó entre los operadores una lista de acciones que los miembros de la IAATO pueden realizar para reducir su huella de carbono.

- Mejora de la información hidrográfica a modo de prueba y en base a la oportunidad por una serie de operadores de buques de la IAATO. Las iniciativas incluyeron las siguientes:

  1. Proyecto multicolaborativo en conjunto con las oficinas hidrográficas y los proveedores de servicios privados; y

  2. Un esfuerzo colaborativo entre un miembro de la IAATO y la oficina hidrográfica francesa (SHOM), que supervisó, procesó y posteriormente produjo siete mapas de canales y sitios de anclaje poco estudiados en la Península.

- Los comités Marino, de Acreditación y Ejecutivo de la IAATO se reúnen durante el año para adelantar su trabajo en iniciativas tales como la del Programa mejorado de observadores y los procesos de revisión de incidentes.

- La colaboración con la contraparte de la IAATO en el Hemisferio Norte, la Asociación de operadores de cruceros expedicionarios del ártico (AECO), en asuntos de interés común, incluyendo la capacitación de personal, y asuntos relativos a la seguridad y el medioambiente.

Reunión de la IAATO y participación en otras reuniones durante 2013-2014

El personal de Secretaría de la IAATO y representantes de los Miembros participaron en las reuniones internas y externas, estableciendo enlaces con los Programas Antárticos Nacionales y organizaciones no gubernamentales, científicas, ambientales y de la industria.

- Representación en la XXV Reunión del COMNAP en Seúl, Corea (julio de 2013). La IAATO concede gran mérito a la buena cooperación y colaboración entre sus miembros y los Programas Antárticos Nacionales.

- IAATO acogió de buen grado la oportunidad de participar en el la capacitación para la navegación en hielo de CIMAR de Chile, el cual tuvo lugar en Valparaíso, Chile, durante octubre de 2013.

- Un delegado de la IAATO asistió a la 13° Reunión de la Organización Hidrográfica Internacional y de la Comisión Hidrográfica de la Antártida (OHI/CHA) en Cádiz, España (diciembre de 2013). La IAATO sigue prestando su decidido respaldo a la labor en curso de la CHA, y continuará trabajando con las organizaciones hidrográficas y con la CHA en el desarrollo de un sistema de recolección de datos hidrográficos a través de la multicolaboración.

- Como asesor de la Asociación Internacional de Líneas de Cruceros (CLIA), la IAATO continúa activa en el desarrollo del Código Polar obligatorio de la Organización Marítima Internacional (OMI), y ha participado en varias reuniones de comités, subcomités y grupos de trabajo del Comité de Seguridad Marítima y del Comité de Protección del Medio Marino.

- Para el futuro, la 25° Reunión de la IAATO se llevará a cabo entre el 27y el 29 de mayo de 2014 en Providence, Rhode Island, EE.UU. Además de las iniciativas mencionadas, la reunión también considerará lo siguiente:
  - Elaboración de una base de datos sobre accidentes, incidentes y cuasi pérdidas, posiblemente en conjunto con la AECO;
  - Directrices para el uso de drones y cuadricópteros teledirigidos en la toma aérea de fotografías; y
  - Una sesión especial sobre gestión del aumento del turismo.

Inmediatamente después de la 25° Reunión de la IAATO, habrá un taller de turismo aventura de media jornada, que contemplará tanto el turismo terrestre remoto y las actividades adicionales o las nuevas actividades que se están realizando desde las plataformas convencionales de buques o yates. El taller incluirá un panel de debates con la participación de operadores y delegados de las Partes del Tratado, y grupos de participantes para considerar estudios de casos específicos desde la perspectiva de la gestión de riesgos y de las consideraciones medioambientales.

Al igual que en años anteriores, los delegados de las Partes del Tratado están invitados a unirse a las sesiones abiertas durante la Reunión de la IAATO y al taller que se realizará con posterioridad. En http://iaato.org/iaato-25th-annual-meeting puede encontrarse más información.

Monitoreo ambiental

La IAATO continúa proporcionando a la RCTA y al CPA información pormenorizada sobre las actividades de sus miembros en la Antártida. Como se señaló antes, los datos estadísticos de la temporada 2013-2014 estarán disponibles en junio próximo en el sitio web de la IAATO.

La IAATO continúa trabajando en colaboración con las instituciones científicas, en particular sobre la vigilancia del medio ambiente y la difusión con fines educativos. Esto incluye el trabajo en el Inventario de sitios antárticos, en el laboratorio Lynch Lab en la universidad de Stoney Brook y con la Sociedad zoológica de Londres / universidad de Oxford. Asimismo, los operadores de la IAATO señalan avistamientos de buques pesqueros para su consiguiente informe a la CCRVMA en respaldo de su trabajo en contra de la pesca ilegal.

La IAATO acoge las oportunidades de colaboración con otras organizaciones.

Incidentes turísticos ocurridos en el periodo 2013-2014

La IAATO continúa su política de divulgación de los incidentes para garantizar que todos los operadores antárticos comprendan los riesgos y aprendan las lecciones correctas. Hasta ahora, los incidentes en los que han participado operadores de la IAATO informados durante la temporada 2013-2014 incluyeron:

- Durante noviembre, una serie de tres evacuaciones médicas por la bahía Maxwell implicaron el respaldo adicional de los Programas antárticos nacionales, dos de ellos de la base Bellingshausen Base (Expedición antártica rusa) y uno de la estación Gran Muralla (CHINARE). La IAATO y sus operadores miembros implicados expresan su profundo agradecimiento por la ayuda recibida. Luego de esos eventos, se envió un recordatorio a todo el personal en terreno en relación con la importancia de la autosuficiencia. Las evacuaciones médicas posteriores se realizaron sin la ayuda de los Programas antárticos nacionales.

- Durante una expedición en esquí al Polo Sur, no se respetaron las prácticas que establecía el permiso acerca de la gestión de los residuos. El operador de la IAATO que apoyaba la expedición sostuvo algunas conversaciones con la Fundación nacional de ciencias de EE. UU. y con los participantes de la expedición y se realizó la limpieza de los residuos en una expedición posterior. El incidente se analizará en la 25° Reunión de la IAATO con la intención de desarrollar prácticas más estrictas.

- El 20 de febrero pasado, el MV *Orion* tuvo un problema técnico en su sistema de enfriamiento del motor. El buque utilizó sus sistemas auxiliares hasta que el problema fue resuelto algunas horas después. El incidente no constituyó una amenaza para la vida ni para el medioambiente.

Respaldo a las ciencias y a la conservación

Durante la temporada 2013-2014, los miembros de la IAATO transportaron de manera económica o gratuita a 125 científicos, y al personal de respaldo y de conservación, además de sus equipos y provisiones, entre las distintas estaciones, sitios en terreno y puertos de ingreso. Estos incluyeron:

- Traslado de científicos entre las estaciones;
- Evacuaciones médicas no urgentes;

- Recolección de muestras científicas y de otros datos para los programas de investigación (todos permitidos);
- Transporte de equipos científicos hacia o desde las estaciones.

Los operadores de la IAATO y sus pasajeros también contribuyeron con más de 400.000 dólares estadounidenses a las organizaciones científicas y conservacionistas que trabajan en la Antártida y

las zonas subantárticas (por ejemplo, Save the Albatross, Antarctic Heritage Trust, Last Ocean, Fundación Mawson's Huts, Oceanites y el Fondo Mundial para la Naturaleza).

Durante los últimos nueve años, estas donaciones han totalizado aproximadamente 3,5 millones de dólares estadounidenses en donaciones en efectivo.

Agradecimientos

La IAATO agradece la oportunidad de trabajar en cooperación con las Partes del Tratado Antártico, y con la COMNAP, el SCAR, la CCRVMA, OHI/CHA y la ASOC, entre otros, a favor de la protección de la Antártida en el largo plazo.

PARTE IV

DOCUMENTOS ADICIONALES DE LA XXXVII RCTA

1. Resumen de la conferencia del SCAR

Conferencia del SCAR: "De vuelta al futuro: los pasados climas antárticos y la historia de la capa de hielo y su relevancia para comprender las futuras tendencias"

C. Escutia, Consejo Superior de Investigaciones Científica, Granada, España
y el Comité Permanente del SCAR PAIS

El hielo polar es un importante componente de sistema climático moderno, ya que afecta el nivel global del mar, la circulación oceánica, la transmisión del calor, la productividad marina, y el albedo planetario. La glaciación de la Antártida se produjo hace ~34 millones de años, en tanto el hielo continental permanente del Hemisferio Norte solo comenzó a conformarse a escala completa hace ~3 millones de años. El estudio de los núcleos de hielo recogidos en la capa de hielo antártico ha permitido grandes avances en la comprensión de la variabilidad natural del clima durante los últimos 800.000 años, y ofrece una perspectiva de la futura respuesta de la Tierra a las presiones antropogénicas. Sin embargo, las correlaciones entre (i) los registros de la temperatura, el CO_2, y el volumen de la capa de hielo (y el equivalente nivel del mar), y (ii) los mecanismos responsables de los ciclos glaciales-interglaciales (es decir, la función del CO_2 atmosférico) no se han dilucidado a cabalidad.

Con el actual aumento de las concentraciones atmosféricas de gases de efecto invernadero que producen un rápido aumento de las temperaturas en el mundo (Grupo intergubernamental de expertos sobre cambio climático, 2013), cobran importancia primordial en los programas de investigación los estudios de los climas polares y de las dinámicas y estabilidad de la capa de hielo. Los valores más bajos del CO_2 atmosférico y las temperaturas previstos en el informe del Grupo intergubernamental de expertos sobre cambio climático, (2013) para fines del presente siglo no se habían experimentado en nuestro planeta en más de 5 millones de años (esto es, antes de la formación de la capa de hielo), y los más altos previstos desde antes de la formación de la capa de hielo en la Antártida. La Antártida y sus márgenes son por lo tanto el único lugar donde recolectar los registros de largo plazo que se necesitan para comprender profundamente la forma en que las capas de hielo han respondido a las anteriores presiones climáticas y la forma en que podrían responder en el futuro.

El objetivo transversal del Programa de investigación científica de SCAR PAIS (Dinámica pasada de la capa de hielo antártica) es aumentar la confianza en el pronóstico de la respuesta de la capa de hielo y del nivel del mar al futuro cambio climático y al calentamiento de los océanos. A este fin, PAIS aspira a aumentar la comprensión de la vulnerabilidad de las capas de hielo oriental, occidental, y de la Península Antártica a un amplio rango de condiciones climáticas y oceánicas. Los intervalos del estudio abarcan una serie de escalas de tiempo, incluidos los anteriores climas de tipo "invernadero" más templados que los presentes, y las épocas más recientes de calentamiento y repliegue de la capa de hielo durante las terminaciones glaciales. La investigación de PAIS se basa en la integración y comparación entre modelos de datos y en el desarrollo de transectos de datos "desde el hielo hasta el abismo", que se extienden desde el interior de la capa de hielo a la profundidad del mar. El concepto de transectos de datos vinculará los registros obtenidos del núcleo de hielo, del proximal de la capa de hielo, de alta mar, y de campo lejano del comportamiento en el pasado de la capa de hielo y del nivel del mar, lográndose una perspectiva sin precedentes de los cambios ocurridos a la geometría y el volumen de la capa de hielo en el pasado y las interacciones entre esta y el océano.

Informe final de la XXXVII RCTA

2. Lista de documentos

2. Lista de Documentos

Documentos de Trabajo								
Número	**Puntos del programa**	**Título**	**Suministrado por**	**I**	**F**	**R**	**E**	**Adjuntos**
WP001	CPA 3	Plan de trabajo quinquenal del CPA aprobado en la XVI Reunión del CPA en Bruselas	Francia					Plan de trabajo quinquenal del CPA
WP002	RCTA 12	Recomendaciones temáticas claves de 10 años de Informes de inspección del Tratado Antártico	Reino Unido Australia Francia Alemania Países Bajos Federación de Rusia Sudáfrica España Suecia					
WP003	CPA 9a	Plan de gestión revisado para la Zona Antártica Especialmente Protegida Nº 139 Punta Biscoe, isla Anvers, archipiélago Palmer	Estados Unidos					ASPA 139 Map 1 ASPA 139 Map 2 ASPA 139 Map 3 Plan de gestión revisado para la ZAEP Nº 139
WP004	RCTA 11 CPA 10a	Informe sobre el debate informal sobre turismo y sobre el riesgo de introducir organismos no autóctonos	Alemania					
WP005	CPA 8b	Los UAV y sus posibles impactos ambientales	Alemania Polonia					
WP006	CPA 9a	Plan de gestión revisado para la Zona Antártica Especialmente Protegida Nº 113, isla Litchfield, puerto Arthur, isla Anvers, archipiélago Palmer	Estados Unidos					ASPA 113 Map 1 ASPA 113 Map 2 Plan de gestión revisado para la ZAEP 113
WP007	CPA 9a	Plan de gestión revisado para la Zona Antártica Especialmente Protegida Nº 121, Cabo Royds, isla Ross	Estados Unidos					ASPA 121 Map 1 ASPA 121 Map 2 Plan de gestión revisado para la ZAEP Nº 121
WP008	CPA 7	Informe del GCI sobre cambio climático	Noruega Reino Unido					GCI sobre cambio climático: Revisión del progreso en comparación con las Recomendaciones de la RETA Matriz del cambio climático (MCC)
WP009	RCTA 15 CPA 13	Actividades de educación y difusión	Brasil Bélgica					

Documentos de Trabajo								
Número	Puntos del programa	Título	Suministrado por	I	F	R	E	Adjuntos
		asociadas a las Reuniones Consultivas del Tratado Antártico (RCTA)	Bulgaria Portugal Reino Unido	📄	📄	📄	📄	
WP010	CPA 3	Portal de medioambientes antárticos: Informe de progreso	Nueva Zelanda Australia Bélgica Noruega SCAR	📄	📄	📄	📄	
WP011	CPA 9a	Revisión de la Zona Antártica Especialmente Protegida (ZAEP) N° 142, Svarthamaren	Noruega	📄	📄	📄	📄	Plan de gestión revisado para la ZAEP 142
WP012	RCTA 17	Evaluación de la bioprospección en la Antártida	Bélgica	📄	📄	📄	📄	
WP013	RCTA 11 CPA 8b	Actividades de campamento costero realizadas por las organizaciones no gubernamentales	Estados Unidos Noruega	📄	📄	📄	📄	Attachment A - Questions. Attachment B - Summary of Responses
WP014	CPA 11	Avances en la creación de modelos de elevación digitales para zonas antárticas especialmente administradas y protegidas	Estados Unidos	📄	📄	📄	📄	Annex – Supporting Figure (High resolution)
WP015	CPA 9a	Informe sobre los debates informales acerca de la propuesta de una nueva Zona Antártica Especialmente Administrada en la estación antártica china Kunlun, Domo A	China	📄	📄	📄	📄	
WP016	CPA 8a	Proyecto de evaluación medioambiental global para la construcción y operación de la nueva estación de investigación china, en la Tierra de Victoria, en la Antártida	China	📄	📄	📄	📄	Draft CEE New Chinese Research Station. INFORME NO TÉCNICO
WP017	CPA 11	Avance de las recomendaciones del estudio sobre turismo del CPA	Australia Nueva Zelanda Noruega Reino Unido Estados Unidos	📄	📄	📄	📄	
WP018	CPA 9a	Revisión del Plan de gestión para la Zona Antártica Especialmente	Australia China	📄	📄	📄	📄	ASPA 169 Map A ASPA 169 Map B Plan de gestión revisado para la

412

Documentos de Trabajo								
Número	**Puntos del programa**	**Título**	**Suministrado por**	**I**	**F**	**R**	**E**	**Adjuntos**
		Protegida (ZAEP) Nº 169, bahia Amanda, Costa Ingrid Christensen, Tierra de la Princesa Isabel, Antártica Oriental						ZAEP 169
WP019	CPA 9a	Plan de gestión revisado para la Zona Antártica Especialmente Protegida (ZAEP) Nº 136, península Clark, costa Budd, Tierra de Wilkes, Antártida oriental	Australia					ASPA 136 Map A ASPA 136 Map B ASPA 136 Map C ASPA 136 Map D Plan de gestión revisado para la ZAEP 136
WP020	RCTA 5	Áreas marinas protegidas en el Sistema del Tratado del Antártico	Federación de Rusia					
WP021	CPA 9a	Revisión del Plan de gestión para la Zona Antártica Especialmente Protegida (ZAEP) Nº 6, Colinas de Larsemann, Antártida Oriental	Australia China India Federación de Rusia					ASMA 6 Map A ASMA 6 Map B ASMA 6 Map C ASMA 6 Map D ASMA 6 Map E Plan de gestión revisado para la ZAEA Nº 6
WP022	CPA 8a	Construcción y operación de una estación de investigación antártica belarusa en Monte Vechernyaya, Tierra de Enderby. Proyecto de evaluación medioambiental global	Belarús					Draft Comprehensive Environmental Evaluation Informe no técnico
WP023	CPA 9c	Directrices para los visitantes a isla Horseshoe, revisión propuesta	Reino Unido					Directrices para los visitantes a isla Horseshoe, revisiones propuestas
WP024	CPA 8b	Mejoras al proceso de Evaluación de impacto ambiental en la Antártida	Reino Unido					
WP025	CPA 9a	Estado de la Zona Antártica Especialmente Protegida No. 114, Isla Coronación del Norte, Islas Orcadas del Sur	Reino Unido					
WP026	CPA 9a	Plan de gestión revisado para la Zona Antártica Especialmente Protegida Nº 124 Cabo Crozier, Isla Ross	Estados Unidos					ASPA 124 Map 1 ASPA 124 Map 2 Plan de gestión revisado para la ZAEP 124

Documentos de Trabajo								
Número	Puntos del programa	Título	Suministrado por	I	F	R	E	Adjuntos
WP027	CPA 8a	Informe del grupo de contacto intersesional abierto establecido para considerar el Proyecto de Evaluación Medioambiental Global para la "Construcción y operación de la estación de investigación antártica belarusa en Monte Vechernyaya, Tierra Enderby"	Australia					
WP028	CPA 6	Actividades de limpieza de la Antártida: Lista de verificación para la evaluación preliminar de sitios	Australia					Lista de verificación para evaluación preliminar de sitios
WP029	CPA 8b	Revisión de los Lineamientos para la Evaluación del Impacto Ambiental en la Antártida	Australia					
WP030	CPA 9a CPA 9c	Propuesta para modificar las disposiciones en materia de gestión correspondientes a las Cabañas de Mawson y cabo Denison	Australia					ASPA 162 Map A ASPA 162 Map B ASPA 162 Map C Guía para visitantes a las Cabañas de Mawson y cabo Denison Plan de gestión revisado para la ZAEP 162 Revised Visitor Site Guide for Mawson´s Huts and Cape Denison – Texts for maps Revised Visitor Site Guide for Mawson's Huts and Cape Denison - Hut´s interior Revised Visitor Site Guide for Mawson's Huts and Cape Denison - Hut´s picture Revised Visitor Site Guide for Mawson's Huts and Cape Denison - Map 2 Revised Visitor Site Guide for Mawson's Huts and Cape Denison - Revised Map 1
WP031	CPA 9a	Grupo Subsidiario sobre Planes de	Noruega					Anexo A: Plan de gestión revisado

Documentos de Trabajo								
Número	**Puntos del programa**	**Título**	**Suministrado por**	**I**	**F**	**R**	**E**	**Adjuntos**
		Gestión - Informe del Trabajo entre Sesiones 2013/14		📄	📄	📄	📄	para la ZAEP N° 141 Anexo B: Proyecto del plan de gestión de la ZAEP de Stornes Anexo C: Plan de gestión revisado para la ZAEP N° 128 Anexo E: Plan de gestión revisado para la ZAEA N° 1 ASPA 175 Ross Sea Geoghermal Map A2-1 ASPA 175 Ross Sea Geothermal Map A1 ASPA 175 Ross Sea Geothermal Map A2 ASPA 175 Ross Sea Geothermal Map A3 Attachment A - ASPA 141 Map 1 Attachment A - ASPA 141 Map 2 Attachment A - ASPA 141 Map 3 Attachment B - ASPA Stornes Draft Map A Attachment B - ASPA Stornes Draft Map B Attachment C - ASPA 128 Map 1 Attachment C - ASPA 128 Map 2 Attachment E - ASMA 1 Figure 1 Attachment E - ASMA 1 Figure 2 Attachment E - ASMA 1 Figure 3 Attachment E - ASMA 1 Figure 4 Attachment E - ASMA 1 Figure 5 Attachment E - ASMA 1 Figure 6 Attachment E - ASMA 1 Figure 7 Attachment E - ASMA 1 Figure 8 Attachment E - ASMA 1 Figure 9 Plan de gestión de la ZAEP 175 Sitios geotérmicos del mar de Ross
WP032	RCTA 11	Marco para los futuros debates sobre experiencias y desafíos	Noruega	📄	📄	📄	📄	

415

Documentos de Trabajo								
Número	Puntos del programa	Título	Suministrado por	I	F	R	E	Adjuntos
		identificados por las autoridades competentes asociados a los diversos tipos de turismo y a las actividades no gubernamentales						
WP033	CPA 9f	Antecedentes y reflexiones e interrogantes iniciales: necesidad de procedimientos relativos a la designación ZAEP y ZAEA y su elaboración	Noruega					
WP034	CPA 8b	IEE o CEE: ¿cuál elegir?	Francia Bélgica					
WP035	CPA 9f	El Sistema de Zonas Antárticas Protegidas: protección de las características geológicas sobresalientes	Reino Unido Argentina Australia España					
WP036	CPA 9f	Observación de la cubierta vegetal de las Zonas Antárticas Especialmente Protegidas mediante el uso de teledetección satelital: estudio piloto	Reino Unido					
WP037	RCTA 5	Informe del Grupo de contacto intersesional sobre el ejercicio de la jurisdicción en la zona del Tratado Antártico	Francia					
WP038	RCTA 6	Informe del Grupo de contacto intersesional (GCI) sobre el desarrollo de un glosario terminológico y de expresiones de la RCTA	Francia					Draft Glossary
WP039	CPA 9e	El concepto de "valores sobresalientes" en el medioambiente marino bajo el Anexo V del Protocolo	Bélgica Francia					
WP040	RCTA 14 CPA 7	Impulso al seguimiento coordinado del cambio climático en la Antártida	Estados Unidos Noruega Reino Unido					

Documentos de Trabajo

Número	Puntos del programa	Título	Suministrado por	I	F	R	E	Adjuntos
WP041	RCTA 13	Prioridades científicas estratégicas de investigación antártica de los Países Bajos	Países Bajos					
WP042	RCTA 10	Respaldo al desarrollo continuo del Código Polar	Estados Unidos					
WP043	CPA 8a	Informe del Grupo de contacto intersesional abierto establecido para considerar el proyecto de CEE para la "Construcción y operación propuestas de una nueva estación de investigación china en Tierra de Victoria, en la Antártida".	Estados Unidos					
WP044	RCTA 11	Hacia el desarrollo de una evaluación de las actividades turísticas en función del riesgo	Estados Unidos					Appendix – "Assessing Risks and Abating Hazards"
WP045	RCTA 10	GCI sobre asuntos operacionales: Fortalecimiento de la cooperación en materia de levantamientos y cartografía hidrográfica de las aguas antárticas	Estados Unidos					
WP046	CPA 7	Prueba de la herramienta de planificación para la conservación RACER. Evaluación rápida de la resiliencia del ecosistema que rodea al Ártico del WWF en la Antártida	Reino Unido Alemania Noruega España					
WP047 rev.1	CPA 3	Actividades de difusión con motivo del 25 aniversario de la firma del Protocolo al Tratado Antártico sobre Protección del Medio Ambiente	Argentina Chile					
WP048	RCTA 11	Entrada en vigor de la medida 4 (2004)	Francia Reino Unido Chile Finlandia Países Bajos Nueva Zelanda Sudáfrica					
WP049	RCTA 11	Sobre el asunto de	Francia					

Documentos de Trabajo								
Número	Puntos del programa	Título	Suministrado por	I	F	R	E	Adjuntos
	RCTA 16	los cruceros de turismo comercial que navegan bajo bandera de terceros en la zona abarcada por el Tratado Antártico						
WP050	RCTA 11	Continuación del Grupo de Contacto Intersesional sobre Maratones y Eventos deportivos masivos en la Antártica	Chile					
WP051	RCTA 10 CPA 8b	Consideraciones sobre el uso de sistemas de navegación aérea no tripulados (UAS) para la investigación, seguimiento y observación en la Antártida	Estados Unidos					
WP052	CPA 9a	Revisión del Plan de Gestión de la Zona Antártica Especialmente Protegida Nº 150, Isla Ardley (Península Ardley), Bahía Maxwell, Isla Rey Jorge (Isla 25 de Mayo)	Chile					ZAEP 150 Plan de Gestión revisado
WP053	RCTA 10	Búsqueda y salvamento antárticos. Comprensión de las hipótesis sobre planificación	Estados Unidos					
WP054	CPA 9a	Revisión del Plan de Gestión de la Zona Antártica Especialmente Protegida Nº 125, Península Fildes, Isla Rey Jorge (Isla 25 de Mayo)	Chile					ZAEP 125 Plan de gestión revisado
WP055	RCTA 16	Revisión de los requisitos de intercambio de información	Australia					
WP056	RCTA 5	Informe del Grupo de Contacto Intersesional sobre Cooperación en la Antártica	Chile					
WP057	CPA 9f	Aportes a la Protección de Fósiles en la Antártida	Argentina					
WP058 rev.1	CPA 9a	Plan de gestión revisado para la Zona antártica	Corea RDC					Plan de gestión revisado para la ZAEP 171

Documentos de Trabajo

Número	Puntos del programa	Título	Suministrado por	I	F	R	E	Adjuntos
		especialmente protegida Nş 171, punta Narębski, península Barton, isla Rey Jorge (isla 25 de mayo)						
WP059	CPA 9f	Debate informal entre sesiones sobre la necesidad de supervisar los valores de las ZAEP en relación con las revisiones del Plan de Gestión de ZAEP	Federación de Rusia					

Documentos de Información

Número	Puntos del programa	Título	Suministrado por	I	F	R	E	Adjuntos
IP001	RCTA 10	Joint SANAP / MRCC SAR Exercise	Sudáfrica					
IP002	RCTA 15	The mission and objectives of the recently established Polar Educators International (PEI)	Portugal Bélgica Brasil Bulgaria					
IP003	RCTA 4 CPA 5	Informe anual de 2013 del Consejo de Administradores de los Programas Antárticos Nacionales (COMNAP)	COMNAP					
IP004 rev.1	RCTA 4	Informe presentado ante la XXXVII Reunión Consultiva de Tratado Antártico por el Gobierno Depositario para la Convención para la Conservación de las Focas Antárticas de acuerdo con la Recomendación XIII-2, Párrafo 2(D)	Reino Unido					
IP005	RCTA 10	XXXVII Antarctic Operation (OPERANTAR XXXII)	Brasil					
IP006	RCTA 13	Reconstruction Project of the Brazilian Antarctic Station	Brasil					
IP007	CPA 6	Remediation Plan for the Brazilian Antarctic Station area	Brasil					

Documentos de Información								
Número	Puntos del programa	Título	Suministrado por	I	F	R	E	Adjuntos
IP008	CPA 11	Persistent organic pollutants (POPs) in Admiralty Bay - Antarctic Specially Managed Area (ASMA 1): Bioaccumulation and temporal trend	Brasil					
IP009	RCTA 13	An action plan for the Brazilian Antarctic science over the next 10 years	Brasil					
IP010	CPA 5	Informe presentado por el observador del CC-CRVMA a la Décimo Séptima Reunión del Comité para la Protección del Medio Ambiente	CCRVMA					
IP011	RCTA 13 CPA 10c	Antarctic Conservation Strategy: Scoping Workshop on Practical Solutions	COMNAP SCAR					Antarctic Conservation for the 21st Century: Scoping Workshop on Practical Solutions Final Report (ver 13 January 2014).
IP012	CPA 11	Developing a New Methodology to Analyse Site Sensitivities	Australia Nueva Zelanda Noruega Reino Unido Estados Unidos					
IP013	RCTA 4 CPA 5	Informe anual del Comité Científico de Investigación Antártica (SCAR) para el período 2013/2014	SCAR					
IP014	RCTA 13 CPA 11	Report on the 2013-2014 activities of the Southern Ocean Observing System (SOOS)	SCAR					
IP015	RCTA 10 RCTA 4	Informe de la Organización Hidrográfica Internacional. Estado de los Levantamientos Hidrográficos y de la Cartografía en Aguas Antárticas	OHI					
IP016	RCTA 11 RCTA 16 CPA 9b	Sentencia del Tribunal regional de París, con fecha 6 de febrero de 2014 en relación con la realización de actividades no	Francia					

Documentos de Información								
Número	Puntos del programa	Título	Suministrado por	I	F	R	E	Adjuntos
		informadas y no autorizadas en la Zona del Tratado, y daños ocasionados a la casa Wordie (SMH No 62)						
IP017	RCTA 4	Informe del observador de la CCRVMA en la Trigésima Séptima Reunión Consultiva del Tratado Antártico	CCRVMA					
IP018	CPA 9c	Site Guidelines: mapping update	Reino Unido Estados Unidos Argentina Australia					Map of Brown Bluff Map of Orne harbour
IP019	CPA 10c	Use of hydroponics by national Antarctic programs	COMNAP					
IP020	RCTA 10	COMNAP Icebreaker Workshop	COMNAP					Icebreaker Workshop Participants List; Icebreaker Workshop Schedule.
IP021	RCTA 10	Traslado de bases Parodi y Huneeus a Glaciar Unión	Chile					
IP022	CPA 9f	Antarctic Specially Protected Areas protecting geological features: a review	Reino Unido					
IP023	CPA 10a	Colonisation status of known non-native species in the Antarctic terrestrial environment (updated 2014)	Reino Unido					
IP024	CPA 9f	Antarctic Specially Protected Areas: compatible management of conservation and scientific research goals	Reino Unido España					Area protection in Antarctica: How can conservation and scientific research goals be managed compatibly? Hughes et al.
IP025	CPA 9b	The 1912 Ascent of Mount Erebus by members of the Terra Nova Expedition: the location of additional campsites and further information on HSM 89	Reino Unido Nueva Zelanda Estados Unidos					
IP026	CPA 10c	Remote sensing: emperor penguins breeding on ice	Reino Unido Estados Unidos					

421

Documentos de Información								
Número	Puntos del programa	Título	Suministrado por	I	F	R	E	Adjuntos
		shelves						
IP027 rev.1	RCTA 11 CPA 9c	Antarctic Site Inventory: 1994-2014	Estados Unidos					
IP028	CPA 11	Informe de monitoreo ambiental en Base O'Higgins Temporada 2013	Chile					
IP029	RCTA 4 CPA 7	WMO-led developments in Meteorological (and related) Polar Observations, Research and Services	OMM					
IP030	RCTA 5	On the need for alignment in the Use and Provision of Polar Meteorological (and related) Observations, Research and Services	OMM					
IP031	RCTA 10	Antarctic Flight Information Manual (AFIM) - An update on the status of the reformatting	COMNAP					Proposed new page lay-out of the AFIM
IP032	RCTA 10	Update on Search and Rescue (SAR) Website	COMNAP					
IP033	RCTA 13	Australia's Antarctic Strategic Science Priorities	Australia					Executive summary of the Australian Antarctic Science Strategic Plan 2011-12 to 2020-21
IP034	RCTA 13	Japan's Antarctic Research Highlights 2013–14	Japón					
IP035	CPA 13	COMNAP Waste Water Management Workshop Information	COMNAP					
IP036	CPA 8b	Establishment and Beginning of Pilot Operation of the 2nd Korean Antarctic Research Station "Jang Bogo" at Terra Nova Bay	Corea RDC					
IP037	CPA 8a	The Draft Comprehensive Environmental Evaluation for the construction and operation of the New Chinese	China					Full Draft CEE of the new Chinese station in Antarctica (19 MB)

Documentos de Información								
Número	Puntos del programa	Título	Suministrado por	I	F	R	E	Adjuntos
		Research Station, Victoria Land, Antarctica						
IP038	CPA 11	Proposed Long-Term Environmental Monitoring at Bharati Station (LTEM-BS)	India					
IP039	RCTA 14 CPA 7	SCAR engagement with the United Nations Framework Convention on Climate Change (UNFCCC)	SCAR					
IP040	RCTA 4	Informe del Gobierno Depositario del Tratado Antártico y su Protocolo de acuerdo con la Recomendación XIII-2	Estados Unidos					Lista de recomendaciones/medidas y sus aprobaciones Tabla del estado del Protocolo del Tratado Antártico Tabla del Estado del Tratado Antártico
IP041	RCTA 15	Expedición Antártica Conjunta para Estudiantes y Profesores de nivel secundario de Chile y Estados Unidos: un programa piloto	Estados Unidos Chile					Figure 1 in high resolution Figure 2 in high resolution
IP042	CPA 10c	Developing general guidelines for operating in geothermal environments	Nueva Zelanda SCAR Reino Unido Estados Unidos					
IP043	CPA 9f	McMurdo Dry Valleys ASMA Management Group Report	Nueva Zelanda Estados Unidos					ASMA No. 2 Map 1: Overview ASMA No.2 McMurdo Dry Valleys: boundary and zones Attachment 2: ASMA No. 2 Map 2: Overview Central Dry Valleys Attachment 3: ASMA No. 2 Map 8: Lake Bonney, Taylor Valley Attachment 4: ASMA No. 2 Map 17: Mount Feather – Beacon Valley Attachment 5: ASMA No. 2 Map 18: Don Juan Pond, Wright Valley Attachment 6: ASMA No. 2 Management Group Work Plan
IP044	RCTA 4	Informe de la Asociación Internacional de Operadores Turísticos Antárticos 2013-2014	IAATO					

Documentos de Información								
Número	Puntos del programa	Título	Suministrado por	I	F	R	E	Adjuntos
IP045 rev.1	RCTA 11	IAATO Overview of Antarctic Tourism: 2013-14 Season and Preliminary Estimates for 2014-15 Season	IAATO					
IP046	RCTA 15 CPA 13	COMNAP Practical Training Modules: Module 1 – Environmental Protocol	COMNAP					COMNAP Training Module 1 – Environmental Protocol (ver 1)
IP047	RCTA 13 CPA 13	International Scientific and Logistic Collaboration in Antarctica	COMNAP					
IP048	RCTA 11	The SV "Infinity", Ross Sea February 2014	Nueva Zelanda					
IP049	RCTA 5 CPA 9e	The role of the Antarctic Treaty Consultative Meeting in protecting the marine environment through marine spatial protection	Países Bajos					
IP050	RCTA 10	Operational Ice Information around Antarctica	Alemania					
IP051	RCTA 4	Informe presentado por el Gobierno depositario para el Acuerdo sobre la Conservación de Albatros y Petreles (ACAP)	Australia					
IP052	RCTA 4	Informe presentado por el gobierno depositario de la Convención sobre la Conservación de los Recursos Vivos Marinos Antárticos (CCRVMA)	Australia					
IP053	RCTA 9	Implementation of Annex VI of the Protocol on Environmental Protection to the Antarctic Treaty: A South African update	Sudáfrica					
IP054	CPA 8a	The Initial Responses to the Comments on the Draft CEE for the construction and	China					Annex 1: Responses to the Comments on China´s draft CEE Annex 2: A list of main research fields of Chinese

Documentos de Información								
Número	Puntos del programa	Título	Suministrado por	I	F	R	E	Adjuntos
		operation of the New Chinese Research Station, Victoria Land, Antarctica						new station on the Victoria Land Antarctica Annex 3: CFD simulation - risk analysis of wind resistance and snow accumulation on the form of the buildings Annex 4: introduction of Magnetic Pyrolysis Furnace
IP055	RCTA 11	Data Collection and Reporting on Yachting Activity in Antarctica in 2013-14	Reino Unido IAATO					
IP056	CPA 8b	Initial Environmental Evaluation for the realization of a new access road to Enigma Lake Twin Otter Runway at Mario Zucchelli Station, Terra Nova Bay, Ross Sea, Antarctica	Italia					
IP057	CPA 8b	Towards the realization of a gravel runway in Terra Nova Bay: results of the 2013-2014 survey campaign	Italia					
IP058	CPA 9f	Proposal to afford greater protection to an extremely restricted endemic plant on Caliente Hill (ASPA 140 – sub-site C), Deception Island	España					
IP059	RCTA 11 CPA 9c	National Antarctic Programme use of locations with Visitor Site Guidelines in 2013-14	Reino Unido Argentina Australia Estados Unidos					
IP060	RCTA 14 CPA 7	Antarctic Climate Change and the Environment – 2014 Update	SCAR					
IP061	RCTA 10	Status report on the development of the International Code for ships operating in Polar Waters (Polar Code)	OMI					
IP062	RCTA 5	Strengthening Support for the Protocol on Environmental Protection to the	Australia Francia España					

Documentos de Información								
Número	Puntos del programa	Título	Suministrado por	I	F	R	E	Adjuntos
		Antarctic Treaty						
IP063	CPA 8b	Results of drilling operations for the study of the lower part of the glacier in deep borehole at Vostok station in the season 2013-2014	Federación de Rusia					
IP064	CPA 8b	Study of the water column of the Subglacial Lake Vostok	Federación de Rusia					Study of the water column of the subglasial Lake Vostok. Initial Environmental Evaluation
IP065	RCTA 10	Ice incident with the Russian vessel "Akademik Shokalsky" in the season 2013-2014	Federación de Rusia					
IP066	RCTA 10	On rendering urgent medical aid by doctors of Russian Antarctic stations to personnel of foreign Antarctic expeditions and ship crews	Federación de Rusia					
IP067	CPA 9f	Report of the Antarctic Specially Managed Area No. 6 Larsemann Hills Management Group	Australia China India Federación de Rusia					
IP068	RCTA 14 CPA 7	Antarctic Climate Change Report Card 2014	ASOC					
IP069	CPA 9d	Antarctic Resolution at the 10th World Wilderness Congress	ASOC					Antarctic Resolution
IP070	RCTA 10	Management of Vessels in the Antarctic Treaty Area	ASOC					
IP071 rev.1	CPA 9d	Managing Human Footprint, Protecting Wilderness: A Way Forward	ASOC					
IP072	RCTA 14 CPA 7	Near-term Antarctic Impacts of Black Carbon and Short-lived Climate Pollutant Mitigation	ASOC					
IP073	RCTA 13 CPA 8b	New Antarctic stations: Are they justified?	ASOC					
IP074	RCTA 14 CPA 7	The West Antarctic Ice Sheet in the Fifth	ASOC					

Documentos de Información								
Número	Puntos del programa	Título	Suministrado por	I	F	R	E	Adjuntos
		Assessment Report of the Intergovernmental Panel on Climate Change (IPCC): a key threat, a key uncertainty		⟳				
IP075	RCTA 10 CPA 13	Amery Ice Shelf helicopter incident	Australia	⬇ ⟳	⟳	⟳	⟳	
IP076	RCTA 13 RCTA 4	Malaysia's Activities and Achievements in Antarctic Research and Diplomacy	Malasia	⬇ ⟳	⟳	⟳	⟳	
IP077	RCTA 11	Management of tourism in Antarctica – an IAATO perspective	IAATO	⬇ ⟳	⟳	⟳	⟳	
IP078	RCTA 11	Adventure Tourism: Activities undertaken by IAATO Members	IAATO	⬇ ⟳	⟳	⟳	⟳	
IP079	RCTA 10	Ejercicio de comunicaciones SAR: Argentina – IAATO	Argentina IAATO	⬇ ⟳	⟳	⟳	⬇ ⟳	
IP080	RCTA 5	El ejercicio de la Jurisdicción nacional con respecto a los recursos de la Antártida	Bélgica	⬇ ⟳	⬇ ⟳	⬇ ⟳	⬇ ⟳	
IP081	RCTA 13	Norwegian Antarctic research	Noruega	⬇ ⟳	⟳	⟳	⟳	
IP082	CPA 11	Site Sensitivity Analysis approach utilized in the Svalbard context	Noruega	⬇ ⟳	⟳	⟳	⟳	
IP083	CPA 10a	Registro de observación de dos especies de aves no nativas en la Isla 25 de Mayo, Islas Shetland del Sur	Argentina	⬇ ⟳	⟳	⟳	⬇ ⟳	
IP084	RCTA 11	Informe preliminar sobre flujos de visitantes y de buques de turismo antártico que operaron en el puerto de Ushuaia durante la temporada 2013/2014	Argentina	⬇ ⟳	⟳	⟳	⬇ ⟳	
IP085	CPA 10c	Estimación de la población reproductiva de	Argentina	⬇ ⟳	⟳	⟳	⬇ ⟳	

Documentos de Información								
Número	**Puntos del programa**	**Título**	**Suministrado por**	**I**	**F**	**R**	**E**	**Adjuntos**
		Pingüino Emperador, Aptenodytes forsteri, de la Isla Cerro Nevado, al noreste de la Península Antártica						
IP086	CPA 9c	Política de Gestión del Turismo para la Base Científica Carlini	Argentina					Política de Gestión del Turismo para la Base Científica Carlini
IP087	RCTA 11	Áreas de interés turístico en la región de la Península Antártica e Islas Orcadas del Sur. Temporada 2013/2014	Argentina					
IP088	RCTA 11	Embarcaciones de placer y/o deportivas no comerciales que realizaron viajes a la Antártida a través de Ushuaia durante la temporada 2013/2014	Argentina					
IP089	RCTA 11	Actividades opcionales ofrecidas por las operadoras turísticas antárticas que operaron a través del puerto de Ushuaia durante la temporada 2013-2014	Argentina					
IP090	RCTA 13	Scientific activities in Terra Nova Bay: a brief overview of the Italian National Antarctic Program	Italia					
IP091	RCTA 10	An update on the Antarctic Polar View sea ice information service	Reino Unido					
IP092	RCTA 10	Casos de Búsqueda y Rescate en el área de la Península Antártica. Periodo 2013 / 2014. MRCC Chile	Chile					
IP093	RCTA 15	Proyecto A: Residencias artísticas en la	Chile					

Documentos de Información

Número	Puntos del programa	Título	Suministrado por	I	F	R	E	Adjuntos
		Antártica						
IP094 rev.1	CPA 7	Antarctic trial of WWF's Rapid Assessment of Circum-Arctic Ecosystem Resilience (RACER) Conservation Planning Tool – methodology and trial outcomes	Reino Unido					RACER Trial Report: Annexes 1 - 7. RACER Trial Report: Appendix 1
IP095	RCTA 10	Akademik Shokalskiy incident	Australia					
IP096	RCTA 13	Overview of Czech Research Activites in Antarctica in 2013-2014	República Checa					
IP097	CPA 4	CEP XVII – Work done during the intersession period	Francia					
IP098	CPA 9f	Romanian Activities Associated with the Antarctic Specially Managed Area No.6 Larsemann Hills Management Group	Rumania					
IP099	RCTA 10	Contribución de la Patrulla Antártica Naval Combinada a las operaciones maritimas y de protección del medio ambiente en el área antártica	Chile Argentina					
IP100	RCTA 4	Informe de la Coalición Antártica y del Océano Austral	ASOC					

Documentos de la Secretaría

Número	Puntos del programa	Título	Suministrado por	I	F	R	E	Adjuntos
SP001 rev.4	RCTA 3 CPA 2	Programa y calendario de la XXXVII RCTA y XVII Reunión del CPA	STA					Plan de Trabajo Estratégico Plurianual de la RCTA - Decisión 5 (2013) Anexo
SP002	RCTA 6	Informe de la Secretaría 2013/14	STA					Apéndice 2: Informe financiero provisional 2013/14

Documentos de la Secretaría								
Número	Puntos del programa	Título	Suministrado por	I	F	R	E	Adjuntos
								Apéndice 3: Contribuciones recibidas por la Secretaría del Tratado antártico durante 2013/14 Apéndice1: Informe Financiero 2012/13 auditado
SP003 rev.1	RCTA 6	Programa de la Secretaría 2014/2015	STA	🔲	🔲	🔲	🔲	Apéndice 1: Informe provisional para el ejercicio económico 2013/2014, Presupuesto para el ejercicio económico 2014/2015, Presupuesto proyectado para el ejercicio económico 2015/2016 Apéndice 2: Escala de contribuciones 2015/2016 Apéndice 3: Escala de sueldos 2014/2015
SP004	RCTA 6	Perfil del Presupuesto Quinquenal 2014 - 2018	STA	🔲	🔲	🔲	🔲	Perfil del Presupuesto Quinquenal 2014-2018
SP005	CPA 8b	Lista anual de Evaluaciones Medioambientales Iniciales (IEE) y Evaluaciones Medioambientales Globales (CEE) preparadas entre el 1 de abril 2013 y el 31 de marzo de 2014	STA	🔲	🔲	🔲	🔲	
SP007	RCTA 16 RCTA 7 CPA 4	Plan de trabajo estratégico plurianual de la RCTA: Informe de la Secretaría sobre los requisitos de Intercambio de información y el Sistema electrónico de intercambio de información	STA	🔲	🔲	🔲	🔲	

Documentos de la Secretaría

Número	Puntos del programa	Título	Suministrado por	I	F	R	E	Adjuntos
SP008	RCTA 10	Plan de trabajo estratégico plurianual de la RCTA: Recopilación de las recomendaciones de la RCTA existentes sobre cuestiones de seguridad.	STA					
SP009	RCTA 11	Plan de trabajo estratégico plurianual de la RCTA: Resumen de los debates y decisiones de la RCTA sobre turismo terrestre y de aventura	STA					
SP010	RCTA 6	Informes sobre las gestiones para establecer un sistema alternativo de sueldos y remuneraciones	STA					
SP011	RCTA 9	Reedición WP27 CPA XVI: Reparación o Remediación del Daño Ambiental: Informe del grupo de contacto intersesional del CPA	STA					
SP013	CPA 2	CEP XVII Summary of Papers	STA					
SP014 rev.2	RCTA 16 RCTA 17 RCTA 5 RCTA 6 RCTA 7 RCTA 9	WG on Legal and Institutional Matters - Summary of papers	STA					
SP015 rev.2	RCTA 10 RCTA 12 RCTA 13 RCTA 14 RCTA 15	WG on Operational Matters - Summary of Papers	STA					
SP016	RCTA 11	WG on Tourism and Non-governmental Activities - Chairman's Proposed Agenda and Summary of Papers	STA					
SP017 rev.1	RCTA 1	List of Registered Delegates	STA					

Documentos de Antecedentes

Número	Puntos del programa	Título	Suministrado por	I	F	R	E	Adjuntos

Documentos de Antecedentes								
Número	Puntos del programa	Título	Suministrado por	I	F	R	E	Adjuntos
BP001	RCTA 13	Brazilian automatic remote modules in the West Antarctic Ice Sheet	Brasil					
BP002	RCTA 13	Scientific advances of the Brazilian oceanographic research in the Southern Ocean and its vicinity	Brasil					
BP003	RCTA 13	The geological record of the transition from greenhouse to icehouse (Eocene to Oligocene) in Western Antarctica	Brasil					
BP004	RCTA 13	National Institute of Science and Technology of the Cryosphere	Brasil					
BP005	RCTA 13	National Institute for Science and Technology – Antarctic Environmental Research (INCT-APA): Five-Year Highlights	Brasil					
BP006	RCTA 13	Conferencia del SCAR: "De vuelta al futuro: los pasados climas antárticos y la historia de la capa de hielo y su relevancia para comprender las futuras tendencias"	SCAR					
BP007 rev.1	CPA 9f	Monitoring and Management Report of Narębski Point (ASPA No. 171) during the past 5 years (2009-2014)	Corea RDC					
BP008	RCTA 13	Scientific & Science-related Collaborations with Other Parties During 2013-2014	Corea RDC					
BP009	RCTA 4 CPA 5	The Scientific Committee on Antarctic Research (SCAR). Selected Science Highlights for 2013/14	SCAR					
BP010	CPA 12	Recommendations of the Inspection Teams to Maitri Station and their Implementation	India					
BP011	CPA 9a	Initiation of a review of ASPA 104: Sabrina Island, Northern Ross Sea,	Nueva Zelanda					

Documentos de Antecedentes

Número	Puntos del programa	Título	Suministrado por	I	F	R	E	Adjuntos
		Antarctica						
BP012	RCTA 13	New Zealand Antarctic and Southern Ocean Science: Directions and Priorities 2010 - 2020	Nueva Zelanda					New Zealand Antarctic & Southern Ocean Science: Directions and Priorities 2010 - 2020
BP013	CPA 13	Progress on the development of a new waste water treatment facility at Australia's Davis station	Australia					
BP014	CPA 5	Antarctica New Zealand Membership of the International Union for Conservation of Nature (IUCN)	Nueva Zelanda					
BP015	RCTA 13	Digital upgrade of SuperDARN radar at SANAE IV 2013/2014	Sudáfrica					
BP016	RCTA 10 RCTA 13	Compilación de la producción cartográfica antártica española	España					
BP017	CPA 11	Remote sensing of environmental changes on King George Island (South Shetland Islands): establishing a new monitoring program	Polonia					
BP018	CPA 6	Tareas de Gestión Ambiental en la Base Belgrano II	Argentina					
BP019	RCTA 13	Vigésimo Segunda Expedición Científica del Perú a la Antártida (ANTAR XXII)	Perú					
BP020	RCTA 13	Agenda Nacional de Investigación Científica Antártica 2014 – 2016 (ANTARPERU)	Perú					

3. Lista de participantes

3. Lista de participantes

Participantes: PARTES CONSULTIVAS				
Parte	Nombre	Cargo	Fecha de llegada	Fecha de salida
Alemania	Gaedicke, Christoph	Delegado	27-04-2014	02-05-2014
Alemania	Hain, Stefan	Delegado	27-04-2014	07-05-2014
Alemania	Herata, Heike	Representante del CPA	26-04-2014	07-05-2014
Alemania	Heyn, Andrea	Delegado	27-04-2014	07-05-2014
Alemania	Kuhbier, Bernd	Representante	27-04-2014	08-05-2014
Alemania	Läufer, Andreas	Delegado	27-04-2014	02-05-2014
Alemania	Liebschner, Alexander	Delegado	28-04-2014	02-05-2014
Alemania	Lindemann, Christian	Delegado	26-04-2014	04-05-2014
Alemania	Miller, Heinrich	Delegado	27-04-2014	06-05-2014
Alemania	Ney, Martin	Jefe de Delegación	27-04-2014	30-04-2014
Alemania	Nixdorf, Uwe	Delegado	27-04-2014	02-05-2014
Alemania	Schueller, Dirk Gerhard	Delegado	27-04-2014	08-05-2014
Alemania	Schulz, Christian	Suplente	27-04-2014	08-05-2014
Argentina	Adad, Gabriel Carlos	Asesor	28-04-2014	08-05-2014
Argentina	Conde Garrido, Rodrigo	Representante	28-04-2014	07-05-2014
Argentina	Coria, Nestor	Delegado	26-04-2014	08-05-2014
Argentina	Giudici, Tomás Martín	Delegado	26-04-2014	08-05-2014
Argentina	López Crozet, Fausto	Jefe de Delegación	26-04-2014	08-05-2014
Argentina	Memolli, Mariano A.	Representante del CPA	26-04-2014	08-05-2014
Argentina	Ortúzar, Patricia	Delegado	26-04-2014	08-05-2014
Argentina	Rodríguez Lamas, Ezequiel	Delegado	26-04-2014	08-05-2014
Argentina	Vereda, Marisol	Asesora	28-04-2014	08-05-2014
Argentina	Vlasich, Verónica	Delegado	26-04-2014	08-05-2014
Australia	Compton, Peta	Delegado	27-04-2014	07-05-2014
Australia	Cooper, Katrina	Jefe de Delegación	25-04-2014	08-05-2014
Australia	Devlin, Quinton	Delegado	27-04-2014	07-05-2014
Australia	Fleming, Tony	Suplente	25-04-2014	04-05-2014
Australia	Goldsworthy, Lyn	Asesora	25-04-2014	06-05-2014
Australia	Lawless, Patrick	Delegado	27-04-2014	07-05-2014
Australia	Lendels, Lizzie	Delegado	27-04-2014	07-05-2014
Australia	McIvor, Ewan	Representante del CPA	25-04-2014	08-05-2014
Australia	Mundy, Jason	Delegado	25-04-2014	08-05-2014
Australia	Press, Tony	Asesor	25-04-2014	09-05-2014
Australia	Scott-Kemmis, Cary	Delegado	25-04-2014	08-05-2014
Australia	Tracey, Phillip	Delegado	25-04-2014	08-05-2014
Australia	Trousselot, Chrissie	Asesora	26-04-2014	08-05-2014
Bélgica	Chemay, Frédéric	Representante del CPA	26-04-2014	08-05-2014
Bélgica	Hottat, Sophie	Asesora	29-04-2014	07-05-2014
Bélgica	Touzani, Rachid	Delegado	28-04-2014	05-05-2014
Bélgica	Vancauwenberghe, Maaike	Delegado	27-04-2014	03-05-2014
Bélgica	Vanden Bilcke, Christian	Jefe de Delegación	26-04-2014	08-05-2014
Bélgica	Wilmotte, Annick	Delegado	27-04-2014	04-05-2014
Brasil	Abdenur, Adriana Erthal	Asesora	28-04-2014	07-05-2014
Brasil	Azeredo, Raphael	Jefe de Delegación	28-04-2014	07-05-2014
Brasil	Bello Chimos, Cinthya	Delegado	28-04-2014	07-05-2014
Brasil	Boechat de Almeida, Barbara	Delegado	28-04-2014	07-05-2014
Brasil	Brandão Cavalcanti, Roberto	Asesor	27-04-2014	07-05-2014
Brasil	Brasil, Paula Rassi	Delegado	28-04-2014	07-05-2014
Brasil	Buss de Souza, Ronald	Asesor	28-04-2014	07-05-2014
Brasil	Câmara, Paulo	Asesor	28-04-2014	07-05-2014
Brasil	Cardia Simões, Jefferson	Asesor	28-04-2014	07-05-2014

Brasil	Chaim Mattos, Bianca	Delegado	28-04-2014	07-05-2014
Brasil	Costa, Siddhartha	Delegado	28-04-2014	07-05-2014

Participantes: PARTES CONSULTIVAS				
Parte	**Nombre**	**Cargo**	**Fecha de llegada**	**Fecha de salida**
Brasil	Cruz-Kaled, Andrea	Delegado	28-04-2014	07-05-2014
Brasil	Delduque de Medeiros, Marcos F.	Delegado	21-04-2014	07-05-2014
Brasil	Duleba, Wânia	Asesora	28-04-2014	07-05-2014
Brasil	Faria de Mattos, Leonardo	Delegado	28-04-2014	07-05-2014
Brasil	Faria Oliveira., Áthila	Delegado	21-04-2014	07-05-2014
Brasil	Fontes Faria, Maria Rita	Suplente	28-04-2014	07-05-2014
Brasil	Gonçalves, Paulo Rogério	Asesor	28-04-2014	07-05-2014
Brasil	Ibañez de Novion, Henry-Philippe	Delegado	28-04-2014	07-05-2014
Brasil	Legracie Júnior, José Renato	Delegado	28-04-2014	07-05-2014
Brasil	Leite, Marcio Renato	Delegado	21-04-2014	07-05-2014
Brasil	Lemmertz, Heloisa	Asesora	28-04-2014	07-05-2014
Brasil	Luna, Vera	Asesor	30-04-2014	07-05-2014
Brasil	Machado Calaço, Rachel	Delegado	28-04-2014	07-05-2014
Brasil	Madeira, Acir	Asesor	28-04-2014	07-05-2014
Brasil	Madruga, Jaqueline Leal	Delegado	28-04-2014	07-05-2014
Brasil	Marcondes de Carvalho, José Antonio	Presidente de la RCTA	27-04-2014	07-05-2014
Brasil	Montone, Rosalinda	Asesora	28-04-2014	07-05-2014
Brasil	Moraes, Osvaldo	Delegado	28-04-2014	07-05-2014
Brasil	Morais Paranaguá, Marcus Henrique	Asesor	28-04-2014	07-05-2014
Brasil	Moreira Sales de Menezes, Mariana	Delegado	28-04-2014	07-05-2014
Brasil	Nobre, Carlos	Delegado	28-04-2014	07-05-2014
Brasil	Oliveira Caldas, Anderson	Delegado	21-04-2014	07-05-2014
Brasil	Oliveira Costalunga, Ana Lucia	Delegado	28-04-2014	07-05-2014
Brasil	Palazzi, Giovanna	Asesora	28-04-2014	07-05-2014
Brasil	Pellizari, Vivian	Asesora	29-04-2014	07-05-2014
Brasil	Penna Firme Horna, Luciane	Delegado	28-04-2014	07-05-2014
Brasil	Portella Sampaio, Daniela	Asesora	28-04-2014	07-05-2014
Brasil	Quitéria Souza dos Santos Gouvea, Ludmila	Delegado	28-04-2014	07-05-2014
Brasil	Ramos de Alencar da Costa, Felipe Augusto	Delegado	28-04-2014	07-05-2014
Brasil	Resende de Assis, Luis Guilherme	Asesor	05-05-2014	07-05-2014
Brasil	Rocha-Campos, Antonio Carlos	Asesor	28-04-2014	07-05-2014
Brasil	Rodrigues, Marcos Silva	Delegado	21-04-2014	07-05-2014
Brasil	Sodré Polejack, Andrei de Abreu	Delegado	28-04-2014	07-05-2014
Brasil	Sousa Picolo, Kenia Dias	Delegado	28-04-2014	07-05-2014
Brasil	Souza Della Nina, Clarissa	Delegado	28-04-2014	07-05-2014
Brasil	Suarez Sampaio, Carlos Hugo	Asesor	28-04-2014	07-05-2014
Brasil	Teixeira, Antonio José	Delegado	21-04-2014	07-05-2014
Brasil	Trotte-Duhá, Janice Romaguera	Delegado	28-04-2014	07-05-2014
Brasil	Valentin, Yocie	Asesora	28-04-2014	07-05-2014
Brasil	Vieira Carneiro, José Eduardo	Delegado	21-04-2014	07-05-2014
Bulgaria	Jivkov, Christo	Suplente	24-04-2014	08-05-2014
Bulgaria	Kuchev, Yuriy	Delegado	24-04-2014	08-05-2014
Bulgaria	Mateev, Dragomir	Delegado	24-04-2014	08-05-2014
Bulgaria	Petrova, Elena	Delegado	24-04-2014	08-05-2014
Bulgaria	Pimpirev, Christo	Representante del CPA	24-04-2014	08-05-2014
Bulgaria	Popova, Anna	Delegado	24-04-2014	29-04-2014
Bulgaria	Raytchev, Rayko	Jefe de Delegación	24-04-2014	08-05-2014
Bulgaria	Romanska, Tsvety	Delegado	24-04-2014	08-05-2014
Bulgaria	Yotov, Valeri	Suplente	24-04-2014	08-05-2014
Canadá	Taillefer, David	Jefe de Delegación	27-04-2014	03-05-2014
Chile	Barticevic, Elías	Asesor	28-04-2014	07-05-2014

Chile	Berguño, Francisco	Jefe de Delegación	26-04-2014	07-05-2014

Participantes: PARTES CONSULTIVAS

Parte	Nombre	Cargo	Fecha de llegada	Fecha de salida
Chile	Berguño, Fernando	Delegado	28-04-2014	07-05-2014
Chile	Cariceo, Yanko	Asesor	28-04-2014	07-05-2014
Chile	Casiccia, Claudio	Asesor	28-04-2014	07-05-2014
Chile	Chomali, Jaime	Delegado	28-04-2014	07-05-2014
Chile	Durand, Jorge	Asesor	28-04-2014	07-05-2014
Chile	Espinoza, Patricio	Asesor	28-04-2014	07-05-2014
Chile	Ferrada, Luis Valentín	Asesor	28-04-2014	07-05-2014
Chile	Figueroa, Miguel	Asesor	28-04-2014	07-05-2014
Chile	Foxon, Javier	Personal de HCS	21-04-2014	07-05-2014
Chile	Gamboa, César	Delegado	27-04-2014	07-05-2014
Chile	Iturriaga, Javier	Asesor	28-04-2014	07-05-2014
Chile	Madrid, Santiago	Asesor	28-04-2014	07-05-2014
Chile	Mayorga, Pedro	Asesor	28-04-2014	07-05-2014
Chile	Mella, Leopoldo	Asesor	28-04-2014	07-05-2014
Chile	Pizarro, Cristián	Asesor	28-04-2014	07-05-2014
Chile	Retamales, José	Suplente	28-04-2014	07-05-2014
Chile	Vallejos, Verónica	Representante del CPA	28-04-2014	03-05-2014
Chile	Velásquez, Ricardo	Asesor	28-04-2014	07-05-2014
China	Gao, Feng	Jefe de Delegación	26-04-2014	08-05-2014
China	Han, Zixuan	Delegado	26-04-2014	08-05-2014
China	Lu, Zhibo	Representante del CPA	26-04-2014	08-05-2014
China	Qu, Tanzhou	Delegado	26-04-2014	08-05-2014
China	Sun, Bo	Asesor	26-04-2014	08-05-2014
China	Wei, Long	Delegado	26-04-2014	08-05-2014
China	Wu, Chenqi	Delegado	26-04-2014	08-05-2014
China	Zhang, Tijun	Asesor	26-04-2014	08-05-2014
China	Zhuo, Li	Delegado	26-04-2014	08-05-2014
Ecuador	Bonifaz Arboleda, Pablo A.	Asesor	05-05-2014	07-05-2014
Ecuador	Córdova Montero, Maria Soledad	Jefe de Delegación	05-05-2014	07-05-2014
Ecuador	Olmedo Morán, José	Suplente	27-04-2014	30-05-2014
Ecuador	Ruiz Xomchuk, Veronica	Asesora	28-04-2014	07-05-2014
Ecuador	Valenzuela, María José	Delegado	05-05-2014	07-05-2014
España	Catalan, Manuel	Representante del CPA	26-04-2014	08-05-2014
España	Muñoz de Laborde Bardin, Juan Luis	Jefe de Delegación	26-04-2014	08-05-2014
España	Puig Marco, Roser	Asesora	25-04-2014	07-05-2014
España	Ramos, Sonia	Delegado	26-04-2014	08-05-2014
Estados Unidos	Bloom, Evan T.	Jefe de Delegación	26-04-2014	07-05-2014
Estados Unidos	Edwards, David	Asesor	29-04-2014	07-05-2014
Estados Unidos	Falkner, Kelly	Asesora	27-04-2014	02-05-2014
Estados Unidos	Hahs, Ona	Asesora	27-04-2014	07-05-2014
Estados Unidos	Hamady, Li Ling	Asesora	27-04-2014	07-05-2014
Estados Unidos	Jones, Christopher	Delegado	28-04-2014	07-05-2014
Estados Unidos	Karentz, Deneb	Asesora	27-04-2014	03-05-2014
Estados Unidos	McGinn, Nature	Asesora	27-04-2014	07-05-2014
Estados Unidos	Naveen, Ron	Asesor	27-04-2014	06-05-2014
Estados Unidos	O'Reilly, Jessica	Asesora	27-04-2014	07-05-2014
Estados Unidos	Penhale, Polly A.	Representante del CPA	26-04-2014	07-05-2014
Estados Unidos	Rudolph, Lawrence	Asesor	27-04-2014	07-05-2014
Estados Unidos	Stone, Brian	Asesor	27-04-2014	07-05-2014
Estados Unidos	Toschik, Pamela	Asesora	27-04-2014	08-05-2014
Estados Unidos	Trice, Jessica	Asesora	27-04-2014	07-05-2014
Estados Unidos	Watters, George	Asesor	27-04-2014	07-05-2014
Estados Unidos	Wheatley, Victoria	Asesora	27-04-2014	08-05-2014
Federación de Rusia	Alexey, Egoskin	Asesor	28-04-2014	07-05-2014

Federación de Rusia	Chernysheva, Larisa	Delegado	26-04-2014	08-05-2014
Participantes: PARTES CONSULTIVAS				
Parte	**Nombre**	**Cargo**	**Fecha de llegada**	**Fecha de salida**
Federación de Rusia	Gonchar, Dmitry	Jefe de Delegación	26-04-2014	08-05-2014
Federación de Rusia	Konyashkina, Natalia	Delegado	26-04-2014	08-05-2014
Federación de Rusia	Lukin, Valery	Representante del CPA	26-04-2014	10-05-2014
Federación de Rusia	Pomelov, Victor	Delegado	25-04-2014	09-05-2014
Federación de Rusia	Voevodin, Andrey	Delegado	25-04-2014	09-05-2014
Finlandia	Mähönen, Outi	Representante del CPA	26-04-2014	03-05-2014
Finlandia	Valjento, Liisa	Jefe de Delegación	25-04-2014	08-05-2014
Francia	Belna, Stéphanie	Representante del CPA	27-04-2014	05-05-2014
Francia	Bolot, Pascal	Delegado	29-04-2014	02-05-2014
Francia	Choquet, Anne	Asesora	30-04-2014	07-05-2014
Francia	Frenot, Yves	Representante del CPA	25-04-2014	07-05-2014
Francia	Guyomard, Ann-Isabelle	Delegado	27-04-2014	06-05-2014
Francia	Guyonvarch, Olivier	Jefe de Delegación	26-04-2014	08-05-2014
Francia	Jagour, Mathieu	Delegado	28-04-2014	07-05-2014
Francia	Lebouvier, Marc	Representante del CPA	25-04-2014	07-05-2014
Francia	Mayet, Laurent	Delegado	27-04-2014	07-05-2014
Francia	Rocard, Michel	Delegado	27-04-2014	30-04-2014
Francia	Runyo, Fabienne	Suplente	27-04-2014	07-05-2014
India	Chaturvedi, Sanjay	Delegado	02-05-2014	08-05-2014
India	Mohan, Rahul	Delegado	02-05-2014	08-05-2014
India	Rajan, Sivaramakrishnan	Jefe de Delegación	26-04-2014	08-05-2014
India	Rao, Koteswara	Delegado	26-04-2014	07-05-2014
India	Sharma, R K	Delegado	02-05-2014	08-05-2014
India	Tiwari, Anoop	Delegado	26-04-2014	08-05-2014
Italia	Mecozzi, Roberta	Delegado	28-04-2014	07-05-2014
Italia	Sgrò, Eugenio	Jefe de Delegación	28-04-2014	08-05-2014
Italia	Tomaselli, Maria Stefania	Delegado	28-04-2014	07-05-2014
Italia	Torcini, Sandro	Representante del CPA	28-04-2014	07-05-2014
Japón	Hirano, Jun	Delegado	27-04-2014	07-05-2014
Japón	Shiraishi, Kazuyuki	Delegado	29-04-2014	05-05-2014
Japón	Takahashi, Kazuhiro	Jefe de Delegación	27-04-2014	07-05-2014
Japón	Takeda, Sayako	Delegado	28-04-2014	07-05-2014
Japón	Tanaka, Kenichiro	Delegado	27-04-2014	08-05-2014
Japón	Teramura, Satoshi	Delegado	27-04-2014	07-05-2014
Japón	Watanabe, Kentaro	Delegado	26-04-2014	08-05-2014
Noruega	Askjer, Angela Lahelle-Ekholdt	Delegado	29-04-2014	07-05-2014
Noruega	Eikeland, Else Berit	Jefe de Delegación	29-04-2014	07-05-2014
Noruega	Gaalaas, Siv Christin	Delegado	29-04-2014	06-05-2014
Noruega	Halvorsen, Svein Tore	Delegado	27-04-2014	03-05-2014
Noruega	Hodne Steen, Sissel	Delegado	28-04-2014	07-05-2014
Noruega	Korsvoll, Marie Helene	Delegado	30-04-2014	07-05-2014
Noruega	Njaastad, Birgit	Representante del CPA	26-04-2014	07-05-2014
Noruega	Strengehagen, Mette	Suplente	27-04-2014	02-05-2014
Noruega	Wiig, Aud Marit	Delegado	28-04-2014	07-05-2014
Noruega	Winther, Jan-Gunnar	Delegado	28-04-2014	02-05-2014
Nueva Zelandia	Beggs, Peter	Delegado	26-04-2014	08-05-2014
Nueva Zelandia	Dempster, Jillian	Jefe de Delegación	26-04-2014	08-05-2014
Nueva Zelandia	Gilbert, Neil	Representante del CPA	26-04-2014	08-05-2014
Nueva Zelandia	Kendall, Rachel	Delegado	26-04-2014	08-05-2014
Nueva Zelandia	MacKay, Don	Asesor	29-04-2014	08-05-2014
Nueva Zelandia	Morgan, Fraser	Asesor	26-04-2014	03-05-2014
Nueva Zelandia	Poirot, Ceisha	Delegado	26-04-2014	08-05-2014
Nueva Zelandia	Smithyman, Alex	Delegado	27-04-2014	07-05-2014
Nueva Zelandia	Stent, Danica	Delegado	26-04-2014	08-05-2014

Nueva Zelandia	Weeber, Barry	Asesor	27-04-2014	08-05-2014
Participantes: PARTES CONSULTIVAS				
Parte	**Nombre**	**Cargo**	**Fecha de llegada**	**Fecha de salida**
Países Bajos	Bastmeijer, Kees	Asesor	28-04-2014	07-05-2014
Países Bajos	Elstgeest, Marlynda	Asesora	27-04-2014	07-05-2014
Países Bajos	Hernaus, Reginald	Representante del CPA	28-04-2014	06-05-2014
Países Bajos	Lefeber, René J.M.	Jefe de Delegación	26-04-2014	07-05-2014
Países Bajos	Peijs, Martijn	Asesor	28-04-2014	07-05-2014
Perú	Bayona Medina, Jorge	Jefe de Delegación	28-04-2014	07-05-2014
Perú	Espino Sanchez, Marco Antonio	Delegado	28-04-2014	07-05-2014
Perú	Menezes, Raul	Delegado	28-04-2014	07-05-2014
Perú	Palacios, Carlos	Delegado	28-04-2014	07-05-2014
Perú	Rios, Carlos	Delegado	28-04-2014	07-05-2014
Polonia	Kidawa, Anna	Delegado	28-04-2014	03-05-2014
Polonia	Marciniak, Konrad	Suplente	28-04-2014	02-05-2014
Polonia	Misztal, Andrzej	Jefe de Delegación	02-05-2014	07-05-2014
Polonia	Tatur, Andrzej	Delegado	28-04-2014	07-05-2014
Reino Unido	Burgess, Henry	Representante del CPA	26-04-2014	09-05-2014
Reino Unido	Clarke, Rachel	Delegado	27-04-2014	03-05-2014
Reino Unido	Cowan, Caroline	Delegado	27-04-2014	08-05-2014
Reino Unido	Downie, Rod	Asesor	28-04-2014	02-05-2014
Reino Unido	Ford, Andrew	Delegado	27-04-2014	08-05-2014
Reino Unido	Francis, Jane	Delegado	26-04-2014	05-05-2014
Reino Unido	Hughes, Kevin	Delegado	27-04-2014	03-05-2014
Reino Unido	Khan, Akbar	Delegado	26-04-2014	09-05-2014
Reino Unido	Nogueira, Thais	Delegado	27-04-2014	08-05-2014
Reino Unido	Rumble, Jane	Jefe de Delegación	26-04-2014	09-05-2014
Reino Unido	Shears, John	Delegado	27-04-2014	09-05-2014
República Checa	Havlik, Jiri	Jefe de Delegación	28-04-2014	07-05-2014
República Checa	Kapler, Pavel	Delegado	26-04-2014	02-05-2014
República Checa	Nyvlt, Daniel	Representante del CPA	26-04-2014	02-05-2014
República Checa	Smuclerova, Martina	Suplente	27-04-2014	07-05-2014
República Checa	Venera, Zdenek	Representante del CPA	27-04-2014	07-05-2014
República de Corea	Ahn, In-Young	Representante del CPA	27-04-2014	03-05-2014
República de Corea	Chung, Rae-kwang	Delegado	26-04-2014	03-05-2014
República de Corea	Chung, Hosung	Delegado	27-04-2014	03-05-2014
República de Corea	Kim, Yeadong	Delegado	26-04-2014	01-05-2014
República de Corea	Kim, Ji Hee	Delegado	27-04-2014	03-05-2014
República de Corea	Rhee, Zha-hyoung	Jefe de Delegación	26-04-2014	03-05-2014
República de Corea	Seo, Young-min	Delegado	26-04-2014	07-05-2014
República de Corea	Shin, Hyoung Chul	Delegado	27-04-2014	06-05-2014
República de Corea	Son, Eun-jung	Delegado	26-04-2014	02-05-2014
Sudáfrica	Dwarika, Yolande	Delegado	26-04-2014	08-05-2014
Sudáfrica	Jacobs, Carol	Representante del CPA	26-04-2014	04-05-2014
Sudáfrica	Malefane, Nthabiseng	Suplente	27-04-2014	08-05-2014
Sudáfrica	Mbete, Mphakama Nyangweni	Jefe de Delegación	07-05-2014	07-05-2014
Sudáfrica	Mphepya, Jonas	Delegado	27-04-2014	08-05-2014
Sudáfrica	Siko, Gilbert	Asesor	28-04-2014	07-05-2014
Sudáfrica	Skinner, Richard	Delegado	27-04-2014	08-05-2014
Sudáfrica	Solomons, Milicent	Delegado	26-04-2014	04-05-2014
Sudáfrica	Valentine, Henry	Delegado	27-04-2014	08-05-2014
Suecia	Euren Hoglund, Lisa	Jefe de Delegación	27-04-2014	07-05-2014
Suecia	Josefsson Lazo, Pernilla	Delegado	28-04-2014	07-05-2014
Suecia	Linquist, Johanna	Delegado	28-04-2014	07-05-2014
Suecia	Selberg, Cecilia	Representante del CPA	28-04-2014	07-05-2014
Ucrania	Liashenko , Oleksii	Asesor	25-04-2014	10-05-2014
Ucrania	Tronenko, Rostyslav	Jefe de Delegación	25-04-2014	10-05-2014

Uruguay	Blanco, Marcelo	Delegado	27-04-2014	07-05-2014

Participantes: PARTES CONSULTIVAS

Parte	Nombre	Cargo	Fecha de llegada	Fecha de salida
Uruguay	Abdala, Juan	Representante del CPA	27-04-2014	06-05-2014
Uruguay	Fajardo, Alberto	Suplente	26-04-2014	08-05-2014
Uruguay	Gorosito Pereira, Pablo Ricardo	Delegado	27-04-2014	07-05-2014
Uruguay	Lluberas, Albert	Delegado	26-04-2014	08-05-2014
Uruguay	Romano, Claudio	Jefe de Delegación	26-04-2014	08-05-2014
Uruguay	Vignali, Daniel	Asesor	27-04-2014	08-05-2014

Participantes: PARTES NO CONSULTIVAS

Parte	Nombre	Cargo	Fecha de llegada	Fecha de salida
Belarús	Kakareka, Sergey	Delegado	28-04-2014	07-05-2014
Colombia	Cedeño, Alvaro	Delegado	28-04-2014	07-05-2014
Colombia	Fernández Restrepo, Luis Ricardo	Delegado	28-04-2014	07-05-2014
Colombia	García, Miriam	Delegado	27-04-2014	10-05-2014
Colombia	Kecan, Diana	Delegado	28-04-2014	07-05-2014
Colombia	Mikan, Sandra Lucía	Delegado	04-05-2014	10-05-2014
Colombia	Molano, Mauricio	Delegado	27-04-2014	08-05-2014
Colombia	Montenegro Coral, Ricardo	Jefe de Delegación	05-05-2014	07-05-2014
Grecia	Kalaitzakis, Dimitris	Asesor	28-04-2014	07-05-2014
Greece	Panagiotidis, Georgios	Asesor	28-04-2014	07-05-2014
Malasia	Abd Rahman, Mohd Nasaruddin	Delegado	27-04-2014	08-05-2014
Malasia	Jayaseelan, Sumitra	Delegado	27-04-2014	01-05-2014
Malasia	K.R Vasudevan, Sudha Devi	Delegado	27-04-2014	08-05-2014
Malasia	Mansor, Ahmad Salman	Delegado	27-04-2014	08-05-2014
Malasia	Mohd Nor, Salleh	Delegado	27-04-2014	08-05-2014
Malasia	Mohd Shah, Rohani	Delegado	27-04-2014	08-05-2014
Malasia	Shamsuddin, Shamsul Nizam	Delegado	27-04-2014	08-05-2014
Malasia	Yahaya, Mohd Azhar	Jefe de Delegación	27-04-2014	01-05-2014
Mónaco	Van Klaveren, Céline	Representante del CPA	27-04-2014	02-05-2014
Portugal	Ferraz de Lima Sanchez da Motta, Goncalo	Delegado	27-04-2014	07-05-2014
Portugal	Xavier, José Carlos Caetano	Jefe de Delegación	27-04-2014	09-05-2014
República de Eslovaquia	Cigan, Milan	Jefe de Delegación	29-04-2014	07-05-2014
Rumania	Ocneriu, Veronica	Suplente	28-04-2014	07-05-2014
Rumania	Radu, Diana Anca	Jefe de Delegación	28-04-2014	07-05-2014
Suiza	Reto Andreas, Durler	Jefe de Delegación	28-04-2014	07-05-2014
Turquía	Atasoy, Osman	Asesor	28-04-2014	07-05-2014
Turquía	Dirioz, Huseyin	Asesor	28-04-2014	07-05-2014
Turquía	Karasu, Sibel	Asesor	28-04-2014	07-05-2014
Turquía	Ozdemir , Leyla	Asesora	28-04-2014	07-05-2014
Turquía	Ozturk, Bayram	Asesor	28-04-2014	07-05-2014
Turquía	Polat, Orhan Dede	Delegado	25-04-2014	08-05-2014
Turquía	Tabak, Haluk	Delegado	25-04-2014	09-05-2014
Turquía	Türkel, Ebuzer	Delegado	25-04-2014	09-05-2014
Turquía	Türkel, Mehmet Ali	Jefe de Delegación	25-04-2014	09-05-2014
Venezuela	Alfonso, Juan A.	Jefe de Delegación	27-04-2014	08-05-2014
Venezuela	Carlos , Castellanos	Delegado	26-04-2014	08-05-2014
Venezuela	Gilberto, Jaimes	Delegado	28-04-2014	07-05-2014
Venezuela	Ronaldo, Sosa	Delegado	26-04-2014	08-05-2014
Venezuela	Vera, Jonny	Delegado	26-04-2014	08-05-2014

PARTICIPANTES: OBSERVADORES				
PARTE	**NOMBRE**	**CARGO**	**FECHA DE LLEGADA**	**FECHA DE SALIDA**
CCRVMA	Jones, Christopher	Delegado	28/04/2014	7/05/2014
CCRVMA	Reid, Keith	Asesor	27/04/2014	6/05/2014
CCRVMA	Wright, Andrew	Jefe de Delegación	27/04/2014	7/05/2014
COMNAP	Rogan-Finnemore, Michelle	Jefe de Delegación	26/04/2014	9/05/2014
SCAR	Chown, Steven L.	Delegado	27/04/2014	4/05/2014
SCAR	Escutia, Carlota	Delegado	27/04/2014	1/05/2014
SCAR	Hans, Nelson	Asesor	30/04/2014	7/05/2014
SCAR	López-Martínez, Jerónimo	Jefe de Delegación	27/04/2014	8/05/2014
SCAR	Sparrow, Mike	Delegado	27/04/2014	5/05/2014

PARTICIPANTES: EXPERTOS				
PARTE	**NOMBRE**	**CARGO**	**FECHA DE LLEGADA**	**FECHA DE SALIDA**
ASOC	Barroso, Mario	Delegado	28/04/2014	7/05/2014
ASOC	Campbell, Steve	Delegado	27/04/2014	3/05/2014
ASOC	Christian, Claire	Delegado	26/04/2014	8/05/2014
ASOC	Epstein, Mark S.	Jefe de Delegación	27/04/2014	8/05/2014
ASOC	Janovsky, Julie	Delegado	26/04/2014	3/05/2014
ASOC	Kavanagh, Andrea	Delegado	26/04/2014	3/05/2014
ASOC	Lucci, Juan	Delegado	27/04/2014	7/05/2014
ASOC	Lynch, Heather	Delegado	27/04/2014	3/05/2014
ASOC	Pearson, Pam	Delegado	28/04/2014	3/05/2014
ASOC	Roura, Ricardo	Representante del CPA	26/04/2014	8/05/2014
ASOC	Tsidulko, Grigory	Delegado	26/04/2014	3/05/2014
ASOC	Werner Kinkelin, Rodolfo	Delegado	27/04/2014	3/05/2014
ASOC	Zuur, Bob	Delegado	26/04/2014	7/05/2014
IAATO	Crosbie, Kim	Jefe de Delegación	26/04/2014	8/05/2014
IAATO	Hohn-Bowen, Ute	Delegado	29/04/2014	7/05/2014
IAATO	Holgate, Claudia	Suplente	26/04/2014	8/05/2014
IAATO	Lynnes, Amanda	Delegado	27/04/2014	7/05/2014
IAATO	Machado D'Olivera, Suzana	Delegado	27/04/2014	7/05/2014
IAATO	Schillat, Monika	Delegado	27/04/2014	8/05/2014
IAATO	Sharp, Mike	Delegado	29/04/2014	6/05/2014
OHI	Ward, Robert	Jefe de Delegación	27/04/2014	2/05/2014
PNUMA	Gross, Tony	Asesor	27/04/2014	7/05/2014
PNUMA	Hamú Marcos de la Penha, Denise	Delegado	27/04/2014	7/05/2014
PNUMA	Mrema, Elizabeth Maruma	Jefe de Delegación	27/04/2014	3/05/2014
OMM	Ondras, Miroslav	Jefe de Delegación	26/04/2014	10/05/2014
OMM	Pendlebury, Steve	Asesor	26/04/2014	10/05/2014

Participantes: SECRETARÍAS				
Parte	**Nombre**	**Cargo**	**Fecha de llegada**	**Fecha de salida**
Secretaría del TA	Acero, José Maria	Suplente	23/04/2014	09/05/2014
Secretaría del TA	Agraz, José Luis	Personal	21/04/2014	09/05/2014
Secretaría del TA	Balok, Anna	Personal	23/04/2014	09/05/2014
Secretaría del TA	Davies, Paul	Personal	23/04/2014	08/05/2014
Secretaría del TA	Guretskaya, Anastasia	Personal	26/04/2014	07/05/2014
Secretaría del TA	Phillips, Andrew	Personal	21/04/2014	08/05/2014
Secretaría del TA	Reinke, Manfred	Jefe de Delegación	21/04/2014	09/05/2014
Secretaría del TA	Wainschenker, Pablo	Personal	21/04/2014	09/05/2014
Secretaría del TA	Walton, David W H	Personal	22/04/2014	08/05/2014
Secretaría del TA	Wydler, Diego	Personal	21/04/2014	09/05/2014

Participantes: SECRETARÍAS				
Parte	Nombre	Cargo	Fecha de llegada	Fecha de salida
Secretaría del país anfitrión	A Magalhães Ferreira, Gustavo	Personal	21/04/2014	07/05/2014
Secretaría del país anfitrión	Almeida de Sousa, Frank	Personal	21/04/2014	07/05/2014
Secretaría del país anfitrión	Alves Bezerra, Manoel	Personal	21/04/2014	07/05/2014
Secretaría del país anfitrión	Batista da Silva Moura, Maria Aparecida	Personal	21-04-2014	07-05-2014
Secretaría del país anfitrión	Bezerra, Ricardo	Personal	21-04-2014	07-05-2014
Secretaría del país anfitrión	Bezerra Vitor Ramos, Carlota de Azevedo	Personal	21-04-2014	07-05-2014
Secretaría del país anfitrión	Costa Messias, Alvina	Personal	21-04-2014	07-05-2014
Secretaría del país anfitrión	das Chagas Ribeiro, Josilda	Personal	21-04-2014	07-05-2014
Secretaría del país anfitrión	de Araujo Bianchi, Vânia Magda	Personal	21-04-2014	07-05-2014
Secretaría del país anfitrión	de Castro Salvio, José Claudio	Personal	28-04-2014	07-05-2014
Secretaría del país anfitrión	de Freitas, José Silvério	Personal	28-04-2014	07-05-2014
Secretaría del país anfitrión	de Santana, Thássio Felipe	Personal	21-04-2014	07-05-2014
Secretaría del país anfitrión	de Souza, Aline	Personal	28-04-2014	07-05-2014
Secretaría del país anfitrión	Fonseca de Carvalho Gonçalves, Luiz Eduardo	Personal	28-04-2014	07-05-2014
Secretaría del país anfitrión	Freire, Evaldo	Personal	21-04-2014	07-05-2014
Secretaría del país anfitrión	Gomes Pereira, Manoel	Personal	21-04-2014	07-05-2014
Secretaría del país anfitrión	Gonçalves de Oliveira, Ana Christina	Personal	21-04-2014	07-05-2014
Secretaría del país anfitrión	Grinits, Erick	Personal	21-04-2014	07-05-2014
Secretaría del país anfitrión	Lima, Daniel	Personal	21-04-2014	07-05-2014
Secretaría del país anfitrión	Nascimento, Hugo	Personal	21-04-2014	07-05-2014
Secretaría del país anfitrión	Pereira, Adriana	Personal	21-04-2014	07-05-2014
Secretaría del país anfitrión	Pinho, Bruno	Personal	21-04-2014	07-05-2014
Secretaría del país anfitrión	Ponce de León Bezerra, Áurea Cristina	Personal	21-04-2014	07-05-2014
Secretaría del país anfitrión	Rypl, André João	Personal	28-04-2014	07-05-2014
Secretaría del país anfitrión	Sacchi Guadagnin, Luis Henrique	Personal	21-04-2014	07-05-2014
Secretaría del país anfitrión	Sensi, Dario André	Personal	21-04-2014	07-05-2014
Secretaría del país anfitrión	Silva, Silas	Personal	21-04-2014	07-05-2014
Servicios de T&I	Alal, Cecilia	Suplente	28-04-2014	07-05-2014
Servicios de T&I	Boury, Marjorie	Personal	28-04-2014	07-05-2014
Servicios de T&I	Cook, Elena	Personal	28-04-2014	07-05-2014

Participantes: SECRETARÍAS				
Parte	Nombre	Cargo	Fecha de llegada	Fecha de salida
Servicios de T&I	Coussaert, Joelle	Personal	28-04-2014	07-05-2014
Servicios de T&I	Escorihuela, Romina	Personal	28-04-2014	07-05-2014
Servicios de T&I	Fernandez, Jimena	Personal	28-04-2014	07-05-2014
Servicios de T&I	Garteiser, Claire	Personal	28-04-2014	07-05-2014
Servicios de T&I	Gouchtchina, Galina	Personal	28-04-2014	07-05-2014
Servicios de T&I	Lacey, Roslyn	Personal	28-04-2014	07-05-2014
Servicios de T&I	Liapina, Ekaterina	Personal	28-04-2014	07-05-2014
Servicios de T&I	Liegio, Paulo	Personal	28-04-2014	07-05-2014
Servicios de T&I	Mullova, Ludmila	Personal	28-04-2014	07-05-2014
Servicios de T&I	Noble, Ross	Personal	28-04-2014	07-05-2014
Servicios de T&I	Oeyen, Camila	Personal	28-04-2014	07-05-2014
Servicios de T&I	Orlando, Marc	Personal	28-04-2014	07-05-2014
Servicios de T&I	Piccione Thomas, Georgina	Personal	28-04-2014	07-05-2014
Servicios de T&I	Radetskaya, Maria	Personal	28-04-2014	07-05-2014
Servicios de T&I	Rosenbrand, Irina	Personal	28-04-2014	07-05-2014
Servicios de T&I	Speziali, Maria Laura	Personal	28-04-2014	07-05-2014
Servicios de T&I	Tanguy, Philippe	Personal	28-04-2014	07-05-2014

www.ingramcontent.com/pod-product-compliance
Lightning Source LLC
Chambersburg PA
CBHW051332200326
41519CB00026B/7396